2016 年度教育部人文社会科学重点研究基地重大项目
"社会保障权益与收入分配公平问题研究"（项目批准号：16JJD840008）、
国家社会科学基金重点项目"健全退役军人工作体系和保障制度研究"（编号：21AZD072）

THE LOGIC OF SOCIAL SECURITY
ENTITLEMENT ALLOCATION

# 社会保障权益配置逻辑

王增文 著

社会科学文献出版社
SOCIAL SCIENCES ACADEMIC PRESS (CHINA)

# 目 录

绪 论 ……………………………………………………………001

## 第一章 社会保障与收入分配公平的理论建构 ……………011
### 第一节 马克思主义理论视域下社会保障权益精神内核 …………011
### 第二节 西方经济学视角下社会保障再分配偏好 …………………031

## 第二章 社会保障权益配置的结构性转型与模式变迁 …………061
### 第一节 社会保障权益配置的结构性转型 …………………………062
### 第二节 社会保障权益配置的转型概率与系统性动力机制测度 ………080
### 第三节 社会保障权益配置与经济发展的联动性 …………………108
### 第四节 社会保障权益累积模式、分配准则与选择性逻辑 …………134
### 第五节 社会保障权益配置模式变迁的"倒逼机制":演变与定型 …………164

## 第三章 包容性发展理念下社会保障权益配置逻辑 …………189
### 第一节 包容性发展理念下收入再分配政策的公平性分析 …………190
### 第二节 财政支出结构对城乡社会保障及服务差距的影响效应 …………204
### 第三节 社会保障权益配置的优化向度及进路考量 …………………232

## 第四章　经济发展与社会保障权益配置公平 ……260
### 第一节　经济增长效率机制与社会保障权益配置机制的系统理论演绎 ……260
### 第二节　经济增长效率机制与社会福祉共享机制均衡的结构性分析 ……285

## 第五章　社会保障权益配置的收入分配逻辑 ……305
### 第一节　社会保障支出及结构对居民收入分配的影响 ……305
### 第二节　养老保险与医疗保险制度的收入分配 ……327
### 第三节　城乡社会保障制度的发展和整合路径 ……360
### 第四节　中国农村反贫困绩效的推动因素测度及分解 ……388

## 第六章　社会保障权益配置的实践路径与决策机制 ……412
### 第一节　提升社会保障权益配置偏好的实践理路 ……412
### 第二节　优化社会保障分配模式结构性转型路径 ……414
### 第三节　社会保障治理结构优化——范式嵌入与法治保障 ……417
### 第四节　实现社会保障的包容性增长和社会福祉公平目标 ……421

## 参考文献 ……424

## 后　记 ……463

## 作者简介 ……465

# 绪　论

党的十九大报告指出，"中国特色社会主义进入新时代，我国社会主要矛盾已经转化为人民日益增长的美好生活需要和不平衡不充分的发展之间的矛盾"。从"物质文化"到"美好生活"需要的结构性升级，意味着"需要源"从个体和家庭消费承载逐步升级到社区、社会及国家层级的消费承载，我国必须坚持以人民为中心的发展思想，不断促进人的全面发展、全体人民共同富裕。在全面建成小康社会的决胜之年，围绕共享发展理念和为全面建成小康社会提出的新的发展目标而展开的社会保障改革、制度优化及定型的理论探索与实践推进中，社会保障权益与收入分配的公平性再次成为学界和政界关注的焦点。

在当代视域下，通过历史语境与时间主轴，我们可以发现如下四个趋势：一是1820~2014年，世界上有30亿人口日均生活费用低于15.4元，日均2.2万名儿童死于贫困，在22亿名儿童中，有10亿名儿童生活贫困，有2.7亿名儿童没有公共医疗卫生服务；二是1820~2014年，贫困人口与富裕人口之比从1820年的3∶1扩大到20世纪50年代的35∶1，2014年又翻了一番，达到了88∶1；三是从财富的占有及分布来看，80%的人口生活在收入差距不断扩大的国家或地区，占世界人口80%的最贫困人口拥有占全世界25%的财富及收入；四是从资本与劳动力贡献来看，自1820年以来，全世界经济增长率处于[0.01，0.015]的区间内，而资本收益率的增长率却处于[0.04，0.05]的区间内，严重挤占了劳动力贡献产出的增长比例，劳动力平均收益率远低于长期经济增长和社会发展的常态。①四组纵向时域的时间序列数据反映出如下现实：一是社会保障权益中的生存权在某些国家和地区长

---

① 以上数据由笔者根据联合国（United Nations）、世界银行（World Bank）、世界卫生组织（World Health Organization）以及世界经济论坛（World Economic Forum）等官方网站历年公开数据及报告文件整理得到。

期被剥夺，社会保障的"托底效应"未充分发挥出来；二是财富的占有量与财富分配模式存在严重的两极分化现象，并由此导致了巨大的贫富差距；三是资本的强势与劳动的弱势使得在按要素分配财富的过程中，劳动要素被严重边缘化。在这种历史变迁语境与当代视域下，以社会保障权益为核心的再分配机制成为生存权保障、贫富差距缩小的时代挑战与时代命题。

党的十八届五中全会提出了"创新、协调、绿色、开放、共享"的发展理念。其中，创新发展是动力，协调发展是方法，绿色发展是方向，开放发展是战略，共享发展是归宿。共享发展的内涵主要包括全民共享、全面共享、共建共享和渐进共享四个方面。新发展理念把共享作为发展的出发点和落脚点，指明发展价值取向，把握科学发展规律，顺应时代发展潮流，是充分体现社会主义本质和共产党宗旨、科学谋划人民福祉和国家长治久安的重要发展理念。坚持共享发展，必须坚持发展为了人民、发展依靠人民、发展成果由人民共享，做出更有效的制度安排，使全体人民在共建共享发展中有更强的获得感，增强发展动力，促进人民团结，朝着共同富裕方向稳步前进。党的十八大报告指出："社会保障是保障人民生活、调节社会分配的一项基本制度。"这一定位表明我国对社会保障制度地位、功能和作用的认识有了进一步的深化。在研究社会保障对社会分配的影响时，我们需要关注的是社会保障对收入分配结果的影响，税收和社会保障是再分配环节调节收入分配的主要制度安排，而社会保障对收入分配的调节作用在很多国家超过了税收。因此，应高度重视并发挥好社会保障调节收入差距、改善收入分配的功能和作用。

我国以社会保险、社会救助、社会福利为基础的社会保障制度框架基本确立，在维护社会稳定、保障基本生活、调节收入分配、增进社会公平等方面发挥了积极作用。一是最低生活保障制度对收入分配的影响明显而直接，最低生活保障制度对收入低于贫困线的居民给予生活救助和保障，以解决社会贫困问题；二是公平合理的社会保险制度在缩小收入差距方面作用显著，包括养老保险、医疗保险、工伤保险、失业保险在内的社会保险制度，是基于社会风险的大数法则设计的人群之间的风险共担机制和收入延期支付制度；三是社会福利保证收入较低的人群能够得到基本公共服务，有利于缩小收入差距，社会福利保证收入较低的人群能够与其他社会成员一样得到基本公共服务，相当于以公共财政的方式为他们购买公共服务，向他们转移收入。

居民收入分配及收入差距是中国乃至世界重点关注的议题。缩小贫富差距，实现居民收入均等化是长远的理想目标。改革开放以来，中国的基尼系数总体呈上升态势。近十年中国的基尼系数均超过国际警戒线0.4，在0.47以上的水平徘徊，虽然自2008年起逐年回落，但是2012年的基尼系数还是高达0.474。[1]与此同时，中国的基尼系数不仅高于所有的发达国家，而且高于大多数发展中国家，可见中国收入差距问题令人担忧。[2]所以中国越来越重视作为社会"安全网"和收入分配"调节器"的社会保障方面的投入，1996年后，社会保障支出占财政总支出和GDP的比重都得到了大幅提高。鉴于此，研究社会保障支出对居民收入分配是在理论上起到了"正向调节"作用，还是在实践中起到了"逆向分配"的相反效果具有重要意义。

调节收入分配、促进社会公平是社会主义的本质要求，公平与效率是社会主义的两大基本价值。将公平当作社会的基本价值，追求公平与效率的统一，是社会主义的内在要求。社会公平是社会主义的核心价值之一，是衡量社会全面进步的重要尺度。调节收入分配，维护和实现社会公平，不仅关系到社会的和谐与稳定，关系到人民群众对党和政府的信任与合作，关系到党和国家的长治久安，而且关系到公民的基本权利。调节收入分配、促进社会公平是构建和谐社会的重要原则和紧迫任务，和谐社会是追求公平正义的社会，构建社会主义和谐社会必须大力促进社会公平正义。我国社会生活中的一些领域还存在不同程度的社会不公现象，并在一定程度上影响了社会不同阶层的和谐相处。因此，促进社会公平已经成为当前构建社会主义和谐社会的一项紧迫任务。调节收入分配、促进社会公平是构建和谐社会的基本着力点，建设和谐社会的重点在于通过促进经济的发展，实现社会公平和人的全面发展。只有大力促进社会公平，才能减少利益矛盾和冲突，使社会关系趋于和谐，进而为构建和谐社会提供良好的社会条件。

社会保障权益与收入分配公平问题是公共管理学和社会学研究的重要内容。国外学者主要通过四个方面（公平权益的逻辑起点、社会保障收入分配

---

[1] 国家统计局：《居民人均可支配收入基尼系数》，https：//data.stats.gov.cn/easyquery.htm？cn=C01。
[2] 世界银行：《基尼（GINI）系数-China，East Asia & Pacific》，https：//data.worldbank.org.cn/indicator/SI.POV.GINI？locations=CN-Z4&name_desc=true。

优化的潜在动力、城乡社会保障整合的动态调整策略及社会保障权益与收入分配公平的可持续性)来揭示社会保障权益与收入分配公平性的动态机理。①其研究主要分为两大路径：一是把城乡社会保障权益与收入分配公平性推进过程分为理念构化、决策形成、部门采纳和推进实施四个阶段，通过案例描述和历史文本资料，识别社会保障权益与收入分配公平性在不同阶段的特征②；二是建立组织内外部变量与社会保障收入分配公平性匹配率之间的统计关系假设，探讨在不同政府间社会保障收入分配公平性的空间扩散规律，并进行实证检验的扩散研究③。国内相关研究多集中于两个视角：一是社会保障收入分配公平性服务于城乡一体化的劳动力市场的经济学视角④；二是社会保障收入分配公平性可实施的潜在动力的"软环境"的政策学视角⑤，并基于不同的经济、政治和社会发展状况提出了区域性社会保障权益与收入分配公平性进程和推进模式。

上述研究从不同侧面解释了理念构化、决策形成、部门采纳和推进实施等阶段过程的行为机理，但由于中国社会保障权益与收入分配公平性推进过程是一个复杂的动力过程，通过单纯的统计关系来解释社会保障权益与收入分配公平策略和路径的生成及扩散机理，缺乏社会保障金融和精算工具的实证检验，不仅理论视阈狭窄，工具性也不足，更无法全面揭示公平性路径生成、演变的内在因果逻辑和过程。毋庸置疑，经济发展与社会转型是社会保

---

① R.B.Denhardt, "The Future of Public Administration: Challenges to Democracy, Citizenship, and Ethics," *Public Administration and Management: An Interactive Journal*, 1999, Vol.4, No.2, pp.279-292; Selahattin İmrohoroğlu, Sagiri Kitao, "Labor Supply Elasticity and Social Security Reform," *Journal of Public Economics*, 2009, Vol.93, No.7-8, pp.867-878; L. Artige, A.Dedry, P.Pestieau, "Social Security and Economic Integration," *Economics Letters*, 2014, Vol.123, No.3, pp.318-322.

② Jose Cuesta, Mauricio Olivera, "The Impact of Social Security Reform on the Labor Market: The Case of Colombia," *Journal of Policy Modeling*, 2014, Vol.36, No.6, pp.1118-1134.

③ F.Damanpour, M.Schneider "Characteristics of Innovation and Innovation Adoption in Public Organizations: Assessing the Role of Managers," *Journal of Public Administration Research and Theory*, 2009, Vol.19, No.3, pp.495-522; R.M.Walker, "An Empirical Evaluation of Innovation Types and Organizational and Environmental Characteristics," *Journal of Public Administration Research and Theory*, 2008, Vol.18, No.4, pp.591-615.

④ 林毓铭：《体制改革：从养老保险省级统筹到基础养老金全国统筹》，《经济学家》2013年第12期。

⑤ 韩央迪、李迎生：《中国农民福利：供给模式、实现机制与政策展望》，《中国农村观察》2014年第5期。

障权益与收入分配公平的基础和潜在动力;公平性推进过程与整个中国经济发展、共享发展理念推进、新型城镇化进程以及精准扶贫战略和"一带一路"倡议存在一种"生态关系"。既有研究文献为社会保障权益与收入分配公平性的推进提供了一定理论指导,但以下关键性问题并未解决。一是在共享发展理念下,中国社会保障权益与收入分配公平性推进的关键性策略及推进过程的基本环节,即路径生成、演变及扩散的理论分析和实证测度;二是探寻经济和公共服务政策应该如何调整和优化,以此来确保社会保障权益与收入分配公平性推进过程的合理性、健康性及可持续性。

基于我国基本国情,社会保障权益与收入分配公平问题内嵌于政治经济社会发展中。面对尚未解决的问题,我们要结合现实,将理论充分运用到实践中,本书主要有三个研究目的。一是融入共享发展的理念,构建社会保障权益与收入分配公平性的动态机理模型。在共享发展理念下,依据城乡社会保障权益与收入分配公平性机理理论框架的基本要素和假设命题,基于中国不同地区城乡社会保障权益与收入分配公平性推进的"最佳案例"实证,构建中国社会保障权益与收入分配公平性机理模型。二是通过兜底的社会救助政策与"精准扶贫"理念的融合,并进一步提升社会保障公平性的推进层级,以验证和修正社会保障权益与收入分配公平性的动态机理模型。对社会保障权益与收入分配公平性的影响因素及相互作用进行动态的比较分析、质性的批判性分析及假设检验的计量分析,验证和修正中国城乡社会保障权益与收入分配公平性的机理模型。三是以跨越"中等收入陷阱"为主轴,以实现社会保障的公平性为调节工具,提出中国社会保障权益与收入分配公平性的推进策略和路径。理论命题是基于公平的逻辑起点,提升社会保障制度实施的整体收入再分配绩效,并增加和优化公共服务及公共产品福利的公共价值和收入分配结构。

为达到研究目的,本书透过表象发现问题本质,从整体上看,主要运用了文献研究法、实证研究法和定量分析法三种方法。一是文献研究法,本书通过调查文献来获得资料,依据现有的理论、事实和需要,对有关文献进行分析整理或重新归类研究的构思,从而全面地、正确地了解掌握所要研究的问题,特别是针对概念梳理和理论概括,通过对前人研究的整理,为接下来的论证打下基础。例如,第一章针对社会保障与收入分配公平的理论建构重点使用了文献研究法,通过梳理以往研究,结合国情,提出自己的观点。二是实证研究法，确定所要研究的对象，分析研究对象的构成因素、相互关系以及影响因素，收集并分类相关的事实资料，沿着设定假设条件—提出理论假设—验证假设的逻辑路径，试图超越或排斥价值判断，只揭示客观现象的内在构成因素及因素间的普遍联系，归纳概括现象的本质及其运行规律。三是定量分析法，对研究对象进行"质"方面的分析，具体地说，运用归纳与演绎、分析与综合以及抽象与概括等方法，对获得的各种材料进行加工，透过表象发现问题本质。例如，第二章借助Kaplan-Meier法与Cox比例风险模型测度社会保障的功能性分配与规模性分配的转型概率与系统性动力因素；第四章采用社会福利目标函数动态的税率结构及收入再分配的优化指标，对税收与社会保障收入再分配的调节作用进行系统性和层级性考量等。

总体上，本书以解决问题为导向，沿着"理念—制度—问题"主线展开研究，从理念出发，分析制度框架，回归现实，找寻我国社会保障权益与收入分配公平的优化路径。在第一部分，从马克思主义理论和西方经济学视角，建构社会保障与收入分配的理论基础，为下文提供理念指导；在第二部分，基于理论基础，总结国际和国内的制度框架，回顾制度的演进和固化；在第三部分，透过制度的运行机制，结合中国新型城镇化进程，对社会保障权益与收入分配公平性推进的基础性条件进行实证分析；在第四部分，立足国情，在经济发展的背景下，发现社会保障对收入分配发挥了重要作用，评估和测度中国社会保障权益与收入分配公平性的潜在动力、约束条件、路径依赖、影响因子和决定因素。

第一章重点关注社会保障与收入分配公平的理论建构。从马克思主义理论和西方经济学双重视域下分析社会保障权益与收入分配公平问题。因社会保障的筹资与社会保障资源的分配而形成的收入再分配过程"嵌含"了公平与效率两个尺度上的二元兼顾目标。在马克思主义理论视域下，社会保障是基于社会成员身份的社会应得，是国民在脱离家庭、宗族差序格局而融入团体格局时享有的基本保障权益。这种社会保障权益的精神内核是基本社会保障权利的平等与再分配的正义性。作为化解生存与安全风险及调节收入分配的重要工具，社会保障是以社会应得、分配正义及共享发展为向度的标尺。而在西方经济学的视角下，社会保障再分配偏好的产生可归结为社会分配偏好的公平论与理性经济人偏好的自利论。公平论的再分配偏好水平取决于再分配后社会保障制度体系实现的社会正义及公平化程度，自利论的再分配偏好水平取决于社会保障权益给自身带来的效用。国民的再分配偏好是社会保障权益决策机制、推进逻辑及实践过程的动力"助推器"和"引擎"。如何在尊重客观规律的前提下,促进国民的再分配偏好、社会保障权益决策机制及推进逻辑的良性互动是目前包容性增长情境下的时代性命题。

无论是马克思主义理论视域下的权益平等和再分配正义,还是西方经济学视角下的公平论和自利论,其核心思想均是为社会保障实践提供指导。基于第一章对社会保障权益精神内核的把握,接下来的第二部分深入探讨了社会保障权益配置的相关问题,研究了社会保障权益配置制度的转型、模式的演进过程和固化状态。

第二章重点关注社会保障权益配置转型。基于马克思主义理论视域,第一章分别论述了在身份应得、公平论与自利论下的社会保障权益的精神内核。第二章则基于国外视角,进一步探索了社会保障权益配置的发展路径与结构性转型、转型的动力因素等;基于国内视角,结合社会保障政策演变,分别论述了社会保障权益累积的演变逻辑与焦点性事件对权益的"倒逼机制"。从结构—功能主义视角来看,社会保障权益配置模式的演进经历了功能性分配、规模性分配及两者融合三个阶段。社会保障权益配置外在的横向异质性逻辑是由共时性的国家结构形式与经济组织方式差异性来塑造的;而社会保障权益配置结构性转型的内在纵向同质性逻辑却将其本质属性中的功能性分配与规模性分配较好融合。社会保障权益配置模式始终处于动态变化之中,且在时间的长轴与空间的短轴上存在演进与固化并存的格局;社会保障权益配置模式则呈现自上而下的单一制决策过程,同时呈现焦点性社会矛盾事件隐性化的"倒逼式"改革社会化过程。社会保障权益配置模式作为一种制度性的安排,它到底以何种方式对社会公正和收入分配公平产生何种程度的影响?这就需要考虑社会保障权益配置模式的运行机制,下一部分着重论述社会保障和税收作为再分配制度工具调节收入的手段,分析社会保障权益配置优化的具体路径。

第三章重点关注包容性发展理念下的社会保障及服务。社会保障和税收作为调节收入分配与再分配的一项重要制度性工具在共享经济时代发挥着缩小收入分配差距的基础性职能。从再分配机制的内生性结构来看,社会保障与税收是实现社会收入再分配的两大关键的制度工具,要发挥两者之间的"双调"作用,扩大未来社会保障制度对收入的动态提升空间。从社会资源配置的尺度来看，财政支出结构直接关系到政府调动社会公共资源的程度，是能否实现基本公共产品及服务均等化的关键性动态制度安排。从经济、社会及政治三维框架下的不同情境来系统性地分析不同区域的城乡社会保障在既有财政体制下突破城乡隔离的非均衡性发展困境，进而实现共建共享城乡一体化社会保障及服务的公平性均衡。中国现代化社会转型秩序的形成是基于制度的供给逻辑，同时也是国家在现代化变迁中的角色动态转换和智能的结构性调整框架的显现。前文系统地探讨了社会保障权益与收入分配之间的理论基础、制度框架和具体运行机制，第三章将结合我国基本国情，以理论为基础，沿着制度框架和运行机制的发展脉络，研究我国社会保障对收入分配的影响以及与经济发展的关系，并对中国社会保障权益实践路径和实践体系进行构建和宏观规划。

第四章基于公平性视角探讨社会保障与经济发展之间的关系。随着中国经济的持续发展、生产要素分配的不均等，居民收入差距整体呈现扩大趋势，由此引起一系列的社会问题。社会保障作为调节收入差距的重要手段，其支出结构对居民收入差距有着重要的影响，不同的社会保障支出项目对居民收入差距的调节效果也是异质的，社会保障支出结构的优化有利于促进居民收入均等化。通过税收等方式调节收入分配，缩小收入差距，进而充分发挥资本的边际效用以促进经济发展。更为重要的是，社会保障与经济发展的互动不仅关系到社会保障制度的理性发展，更是国家经济社会协调发展的关键所在。在此背景下，重新认识"经济增长效率与社会保障分配公平性"之间的关系具有重要意义。

第五章重点关注社会保障制度对收入分配的影响。社会保障作为收入再分配的重要手段，在调节收入差距、保障收入分配公平方面发挥着重要作用。首先，从时间和空间区域视角出发，分别对1998~2014年统计数据和江苏省13市面板数据进行实证研究，研究社会保障支出及其具体的支出结构对居民收入分配的影响。其次，对具体的社会保险制度即养老保险和医疗保险制度进行研究，测度和评价了城镇职工基本养老保险个人账户超额支出以及城乡医保整合与城乡医疗服务利用均等化之间的关系。再次，从城乡差异视角出发，在新型城镇化背景下对中国城乡社会保障制度发展路径和整合路径进行研究。最后，研究中国农村反贫困绩效的推动因素，并发现随着中国农村贫困率和贫困缺口率的反弹，收入分配和再分配因素缓解贫困的贡献率将会上升。

第六章基于前文的探索，试图建构中国社会保障权益实践路径与决策体系。第一，追溯社会保障的精神内核和权益保障的正义与公平之途，以社会保障为核心的收入再分配机制需要将"聚焦点"从私人所有权的经济维度转向基于社会公共财富和社会公共资源再分配的基本公共价值尺度，社会平等要素应"嵌入"以社会保障为核心的收入再分配应得理论之中，收入分配的社会应得理论是人们对正义判断的重要尺度，社会保障权益的精神内核与收入再分配生成逻辑最终应通过正式的制度性安排来实现均等的社会应得。第二，促进社会保障分配模式结构性转型，从功能性分配到规模性分配再到两者融合的变迁过程，是将国民权利从政治权利、经济权利和民事权利拓展至社会权利来实现"高效率—高公平"的经济社会动力系统的均衡过程。与此同时，要正视"倒逼机制"对社会保障分配模式变迁产生的推进效应，社会矛盾所形成的社会保障分配模式变迁的"倒逼机制"成为社会保障制度走向定型的积极推动力量。第三，社会保障治理结构需要范式嵌入与法治保障，中国社会保障治理的困境根源于社会保障治理的发展忽视全局性结构范式的行政性命令"突进"，那么，中国社会保障治理走出困境的唯一策略和路径便是范式结构的嵌入和充分整合相关要素以实现协同发展。

共享发展理念下，如何保障公民的社会保障权益？在社会保障整体推进过程中，能够分层级地与其他收入分配政策相协同成为突破的重点之一，特别是在推进全面建成小康社会的进程中，提高中等收入群体的比重。如何将社会救助政策的推进与"精准扶贫"战略相衔接，同时通过社会保险和社会福利制度保障中等收入群体不至于陷入"中等收入陷阱"，成为本书的几个着力点。

本书对社会保障权益与收入分配公平性从"单一突破"向"整体推进"、从"政策调整"向"制度规范"、从"城乡保险"向"城乡统筹"转变的约束条件、路径依赖、影响因子及决定因素进行了评估与测度。采用社会保障权益与收入分配公平性推进和优化这种复杂社会建构所涵盖的创新特性、内生变量和外生变量等相关指标，分析共同制约社会保障权益与收入分配公平性生成、演变及扩散的路径问题，"渐进统一"社会保障权益与收入分配公平性模型的建立、释义和实证检验过程，以及中国经济和公共服务政策应该如何调整和优化，以此来确保社会保障权益与收入分配公平性路径合理性和健康性问题。

本书探讨了突破公平权益的逻辑起点、社会保障收入分配优化的潜在动力、城乡社会保障整合的动态调整策略以及社会保障权益与收入分配公平的可持续性测度四种不同的递进路径在解释中国社会保障权益与收入分配公平性方面的研究局限性，并加以拓展与整合，在解释社会保障权益与收入分配公平性推进路径方面取得一定程度的理论进展；探寻在共享发展理念下经济和公共服务政策应如何动态调整和优化，以确保社会保障权益与收入分配公平性推进路径的合理性、健康性及可持续性。本书将利用"时间置换"原理，提出"渐进统一"的两阶段社会保障权益与收入分配公平性推进路径；运用"制度同构"的社会建构理念，提出"133"整合策略。在社会建构主义的视角下，应用新的实证材料，全面揭示中国社会保障权益与收入分配公平性推进的动态策略及路径的生成、实施、演化和扩散机理。

# 第一章
# 社会保障与收入分配公平的理论建构

在马克思主义理论视域下,社会保障是基于社会成员身份的社会应得,是国民在脱离家庭、宗族差序格局而融入团体格局时享有的基本保障权益。这种社会保障权益的精神内核是基本社会保障权利的平等与再分配的正义性。作为化解生存与安全风险及调节收入分配的重要工具,社会保障是以社会应得、分配正义及共享发展为向度的标尺。因此,中国的再分配逻辑应当以社会应得为基本出发点,以社会成员资格为基本条件,同时剥离社会成员的品德、行为及特殊贡献等道德和效率性要素。而以社会成员身份为基本权益资格,在保证初次分配效率的基础之上,再分配应当注重分配的公平性,以实现分配正义、共享发展。而在西方经济学的视角下,社会保障再分配偏好的产生可归结为社会分配偏好的公平论与理性经济人偏好的自利论。公平论的再分配偏好水平取决于再分配后社会保障制度体系实现的社会正义及公平化程度,自利论的再分配偏好水平取决于社会保障权益给自身带来的效用水平。国民的再分配偏好是社会保障权益决策机制、推进逻辑及实践过程的动力"助推器"和"引擎"。如何在尊重客观规律的前提下,促进国民的再分配偏好、社会保障权益决策机制及推进逻辑的良性互动是目前包容性增长情境下的时代性命题。

## 第一节 马克思主义理论视域下社会保障权益精神内核

在马克思主义理论视域下,作为化解生存与安全风险及调节收入分配重要工具的社会保障是以社会应得、分配正义及共享发展为向度的标尺。准确把握社会保障权益的精神内核与再分配的生成逻辑不仅涉及国民的经济利益,还关涉公共资源共享的社会利益。社会保障的权益基础是国民在脱离家庭、宗族差序格局而融入团体格局时享有的基本保障权益。一方面，社会保障权益外显于个体在经济领域中的缴费权益积累（包含国家和单位对个人的积累）；另一方面，社会保障权益是内涉于生存权的保障，即社会领域中的得其应得。从再分配生成逻辑来看，社会保障权益首先是以社会公平为逻辑基点，沿着化解社会主要矛盾与冲突的路径，在保障初次分配效率的自我所有权下，主张国民均等地获得基本的社会资源与共有价值，以共享发展为基本理念、以分配正义和社会应得为基本尺度来促进收入分配格局的整体性演进。若再分配逻辑偏离了马克思主义的基本理论与尺度，则会衍生出马克思异化劳动取向，会"消解和重塑"社会保障权益的精神内核价值皈依，最终会形成反人本主义行为脚本。由此，以马克思主义理论为基础，精准剖析历史语境与当代视域下社会保障权益的精神内核与再分配的生成逻辑是当下的时代性命题。

## 一 社会保障权益

社会保障是在"泛经济化"的市场经济"胎盘"中不断汲取养分发育而成的一种工具性政策。它嵌入经济维度中，与经济"联姻"形成了资本获取更多利润而榨取剩余价值的"缓冲器"；而嵌入政治维度中，与政治"联姻"形成了政治家或政客晋升的"垫脚石"。然而，若道义和平等的要素不被社会保障所"吸纳"，其演变逻辑最终会"固化"为社会收入再分配的"丛林法则"。在包容性经济增长模式下，沿着历史演进脉络，重拾社会保障权益的精神内核与再分配的生成逻辑就显得十分必要、必需。通常来说，社会保障权益可分为广义权益和狭义权益：广义的社会保障权益主要是指国民依据法律普遍享有的、由国家予以平等保障的权利；而狭义的社会保障权益主要是指社会保险个人实际缴费的权益积累。本章讨论的社会保障权益主要是指广义的社会保障权益，指的是社会保障权益的均等性。对应于社会要素的基本架构，社会保障权益的精神内核是基本社会保障权利的平等与再分配的正义性。与探讨构建一般性的与权利义务相关的政治、经济及社会政策等分配正义性原则不同，社会保障作为一般性制度安排，权益的平等及再分配的公正性涉及国民从国家或社会中获取基本权利和再分配利益等问题，其中囊括了国民的基本生存问题、社会风险规避问题、收入不平等和贫富悬殊问题的理性安排。社会保障权益的调整在当代视域下面临的时代性命题是在政治社会领域，国家是否应该保障社会保障权益的社会应得性；国民能否在再分配领域中平等地享有社会权利及再分配利益；若平抑社会不平等这一属性成为政治和社会领域合乎逻辑的价值延伸，那社会保障治理规模要多大；在把握再分配生成逻辑的理论基点下，如何确保这些权利和利益呈现一种"紧密耦合"状态。对这些基本时代性命题的合理回答，一方面会涉及国民对社会、政治及经济三维框架的基本认识与判断；另一方面也涉及国民对社会价值基本判断的取向。

社会保障权益中的生存权发挥的是社会保障的基础性功能。关于基础性功能的规模与范畴，马克思在《哥达纲领批判》中的"六项扣除"做了全面、详尽的阐述与界定，涵盖了"用来应付不幸事故、自然灾害等的后备基金或保险基金""用来满足共同需要的部分，如学校、保健设施等""为丧失劳动能力的人等等设立的基金"。[①]对于贫富差距越来越大的世界性收入分配变动格局，学界和政界的观点被分成两派。一派极力主张社会资源必须实施再分配。例如，约翰·罗尔斯（John B.Rawls）提出了差异性原则理论，该理论提出的基础是社会基本益品理论。[②]在具体实施工具与策略方面，托马斯·皮凯蒂（Thomas Piketty）认为公共财富比重太小，通过其来消除贫富差距意义不大，他主张通过累进的资本税来向劳动者进行分配。[③]

另一派则极力反对社会资源的再分配，持有这种观念的学者主要是基于自我所有权的理念，认为私有财富具有不可侵犯性，国家强制实施的再分配是不正义的，社会保障权益分配的规模应处于最小水平。[④]学界与政界的理论演绎过程依然是以道德为基点来建构社会保障权益的再分配理论，进而使得社会保障制度最终呈现"泛政治化"和"泛经济化"的价值取向。鉴于此，

---

① 马克思：《哥达纲领批判》，人民出版社，2018，第13页。
② John B.Rawls, *A Theory of Justice, Revised Edition* (Cambridge, MA: Harvard University Press, 1999), pp.7-9.
③ Thomas Piketty, *Capital in the Twenty-First Century* (Cambridge, MA: The Belknap Press of Harvard University Press, 2014).
④ John B. Williamson, "Privatization of Social Security in the United Kingdom Warning or Exemplar?," *Journal of Aging Studies*, 2002, Vol.16, No.4, pp.415-430; Gal Gerson, "Liberalism, Welfare and the Crowd in J. A. Hobson," *History of European Ideas*, 2004, Vol.30, No.2, pp.197-215; Mitchel N. Herian, Louis Tay, Joseph A. Hamm, Ed Diener, "Social Capital, Ideology, and Health in the United States," *Social Science & Medicine*, 2014, Vol.105, No.2, pp.30-37.

本章以社会保障权益平等为尺度,以收入再分配生成逻辑为主线,在马克思主义理论框架下用社会应得理论来"肢解"社会保障权益规模之困境。

## 二 社会资源、权益及社会应得

如同权益保障是社会保障的核心要素一样,社会应得是再分配生成逻辑的核心要素。社会应得是一种理论层面的概念,而权益保障则属于实践范畴。在共享发展理念下,个体自我所有权不容侵犯保证了初次收入分配的效率性,社会应得与权益保障的理论和实践则涉及以社会保障为核心的公共资源的公平、公正的共享性。从再分配对抑制贫富差距扩大的效应来看,再分配的社会应得理论与社会保障的权益保障理论涉及国民从政府及社会中获得的社会生存权与再分配利益。在探讨以社会保障为核心的再分配制度的社会应得时仅仅"嵌入"伦理学中的基本道德判断准则,以社会保障为核心的再分配制度则会"矮化"为济贫或社会救济事业,而丢失了收入调节职能。[1]

从历史变迁的视角来看,生产要素拥有者根据不同的生产要素在生产经营中发挥的贡献大小,遵照一种结构比例。对异质性生产要素的拥有者支付相应报酬的分配方式,长期以来被认为是分配正义的经典范式。这种分配方式与理念渗透到社会领域以后,与再分配政策相融合,演变为再分配的效率逻辑。这种再分配的生成逻辑逐步"固化"为社会领域中的"丛林法则"。[2] 然而,社会有共同的价值观,这种共同的价值观源于共同的人性,是对社会法则的认可而非社会的"丛林法则"。社会法则以再分配原理为基点,以社会保障实施为主线,并遵循最低层次的法则(生存法则)及高层次的法则(生活法则)。由此,以社会保障为核心的再分配政策的实施应以社会应得为基本出发点,以社会成员资格为基本条件,同时剥离社会成员的品德、行为及特

---

[1] 李建华、张效锋:《社会保障伦理:一个亟待研究的领域》,《哲学研究》2009年第4期; N.Y. Ng, J.P. Ruger, "Ethics and Social Value Judgments in Public Health," *Encyclopedia of Health Economics*, 2014, pp.287-291;张国清:《分配正义与社会应得》,《中国社会科学》2015年第5期。

[2] Daniel Becquemont, "Social Darwinism: From Reality to Myth and from Myth to Reality," *Studies in History and Philosophy of Science Part C: Studies in History and Philosophy of Biological and Biomedical Sciences*, 2011, Vol.42, No.1, pp.12-19;朱富强:《社会达尔文主义信条下的主流经济学偏见——审视时下流行的"仇富说"》,《人文杂志》2013年第2期;杨天宇:《中国居民收入再分配过程中的"逆向转移"问题研究》,《统计研究》2009年第4期。

殊贡献等道德和效率性要素，而以社会成员身份为基本权益资格。①

再分配生成逻辑与社会保障权益平等性精神内核中的社会应得理论是一项更有佐证力、道德说服力和法治保障基础的社会资源分配法则。在拥有社会成员身份资格后，社会应得法则成为再分配公平的逻辑起点。在这个逻辑起点上，社会成员能够在身份平等条件下获得无差异的社会公共资源及相关权益。其聚焦于投射到社会成员公共价值取向上，如基本生存权、社会保障权等。从公平变动的"连续统"来看，起点公平几乎难以保证，因为出身、家庭背景、才能、禀赋等先天性要素，决定了自然基本益品给人带来后天获取社会资源能力强弱的先天性条件会伴随人的一生。由此，起点的公平是难以保证的。那么，即使过程是公平的，也未必能保证结果公平，而以社会保障为核心的再分配机制正是保证国民基本生存权、发展权及财富合理分布的基本制度安排。那么，这个调节过程就是过程公平的集中体现范式。最终的收入分配格局，应看其所在国家或区域的基本社会制度安排。再分配机制的公平性和均等性可以"对冲"初次分配过度"效率化"的样态，使个体应得与社会应得有一个基本的均衡点。在这个均衡点上，不至于损害效率，同时能够促进社会的整体性公平。

社会保障权益中的保障及再分配公平性是在生存权和发展权得到基本保障的基础之上，抑制贫富差距过大的一种机制。社会应得理论恰好能够从国民在社会中应享有的社会公平权与再分配利益层面予以诠释。该理论从个体应得入手，以共享发展为基本理念和价值取向，以社会成员整体性公平为尺度，以社会保障等公共政策为实践，平衡好个体应得与社会应得的天秤。社会保障再分配机制中"嵌含"着公平、公正、正义及社会应得要素，它们不仅仅是道德层面的要素，更是制度安排层面的要素。按《说文》解，"八"即"背"，分也，"厶"象征财物，"公"平分也。班固《白虎通》曰："公之为言，公正无私也。"公正往往被看作道德的范畴，是摒弃了一己之私的高风亮

---

① 张国清：《分配正义与社会应得》，《中国社会科学》2015年第5期；Catherine Ruhl, Zola Golub, Anne Santa-Donato, Carolyn Davis Cockey, Debra Bingham, "Providing Nursing Care Women and Babies Deserve," *Nursing for Women's Health*, 2016, Vol.20, No.2, pp.129-133; Trude Gjernes, Per Måseide, "Dementia, Distributed Interactional Competence and Social Membership," *Journal of Aging Studies*, 2015, Vol.35, pp.104-110; Wanglin Ma, Awudu Abdulai, "Does Cooperative Membership Improve Household Welfare? Evidence from Apple Farmers in China," *Food Policy*, 2016, Vol.58, No.1, pp.94-102.

节。由此可见，在历史上，中国的"正义""公正"往往是指道德修养，并非"嵌入"了社会制度及社会规则等价值内涵。在现代化视域下，西方制度文明逐步"浸染"着中国传统道德层面的意识形态，使得公平、公正的元素开始逐步落地而形成政策与制度。以社会保障为核心的再分配机制的出现标志着正义、公平的社会应得理论开始落地，并以制度的形式约束实践。然而，其中会有一个由道德向本源价值取向的转换，用弗雷曼（Samuel Freeman）的观点可概括为公平、公正的社会制度不在于操纵社会，而是社会的整体性公平公正，为国民提供平等的社会资源，从而使国民能够在自由、公平和公正的社会氛围下实现自我追求的生活方式。①

按照诺齐克（Robert Nozick）的自我所有权理论所呈现的分配方式，社会应得中的"社会"要素被舍弃了，而退化为个体禀赋所得。以此为出发点，马克思预测，"强盗资本主义"越发展，收入将越不平等，社会矛盾将越激化，资本主义制度最终走向灭亡。库兹涅茨（Simon Kuznets）采用假设演绎法在马克思预测结果基础上，采用美国 1913~1948 年的数据进行了进一步预测，发现进入"权贵资本主义"以后，人类社会收入的不平等程度将集中呈现下降趋势，并最终稳定在社会发展所能容忍的程度。②典型资本主义国家的贫富差距扩大期多集中于 19 世纪 40 年代至第一次世界大战前，即英国 1780~1850 年、美国 1840~1890 年、法国 1860~1880 年；而不平等缓和期从 20 世纪初开始逐渐显现。Piketty 对上述变化做了深入解释，他认为国家的社会福利制度及再分配机制的动态调整在其中发挥了关键性作用。③

在收入初次分配领域，诺齐克的自我所有权理论能够较好地保证分配效率，这种"禀赋"所得理论并不能自然而然地保障全体国民的生存权，亦不能全面地调节贫富差距过大的问题；相反，它能够拉大收入差距，造成贫富悬殊。在以社会保障权益为核心的收入再分配领域，社会成员资格、权益保障在价值优先次序上排在自我所有权之前。在初次分配遵循自我所有权理论

---

① Samuel Freeman, *Rawls*（Routledge, 2007）, pp.89-93.
② Simon Kuznets, "Economic Growth and Income Inequality," *American Economic Growth*, 1955, Vol.45, No.1, pp.1-28.
③ Thomas Piketty, *Capital in the Twenty-First Century*（Cambridge, MA: The Belknap Press of Harvard University Press, 2014）; Thomas Piketty, "Putting Distribution Back at the Center of Economics Reflection on Capital in the 21th Century," *Journal of Economic Perspectives*, 2015, Vol.29, No.1, pp.67-88.

基础上，再分配领域的社会应得要素是在社会维度"脱嵌"于经济维度和社会维度后，在社会公平、经济繁荣及政治平稳中均衡状态的一种表现形式。在中国历史语境下，其属于道德范畴，植根于中国社会的差序格局；而在西方社会，以再分配为核心的社会保障权益分配是政治、经济及社会制度综合平衡的结果与设置，属于制度范畴，植根于团体格局的社会文化。在后现代化进程中，社会应得理论"镶嵌"于以社会保障权益为核心的再分配机制的设立与实践过程中。从制度层面来设立再分配机制会涉及以下三个维度的问题：一是国民生存权的基本宪法契约；二是国民经济社会发展权的民主性契约；三是政府在国民收入差距过大时能够通过再分配机制进行调节所担负责任的结构性约束。

"嵌入"社会应得要素的收入再分配机制的权益保障理论可以概括为几个命题。每个国民都有社会成员资格，这种资格植根于国民身份，要均等地享有社会公共资源要满足如下几个要素。

**要素1**：在以社会保障权益为核心的再分配机制中"嵌入"社会应得要素是基于国民的社会成员资格，这种资格主要是在基于公平的价值取向下，每一位社会成员都能够拥有平等的基本生存权和发展权，能够共享经济和社会发展成果及社会公共资源。

**要素2**：在基本保障权益尺度上，政府、企业及社会是社会保障权益中应得的主要提供主体与保障主体，是生存权、发展权及国民收入调节权的政策实施主体与实践主体。

**要素3**：按照社会契约理论，以社会保障权益为核心的再分配机制的社会应得要素"嵌入"是全体国民作为委托人对国家或政府这一代理人的一种社会赋权的结果。这种社会应得是基于社会公民资格非竞争性和非排他性的社会公共资源量值的一种最基本权利保障的最低阈值。其超越了行政部门的授权，并被列入一个国家的宪法之中；在实施过程中，有效体现的前提是社会维度要"脱嵌"于经济维度和政治维度，并给予社会组织明晰的权利界域，与个体自我所有权有清晰的权利边界均衡界域。

**要素4**：广义的社会保障权益领域"嵌含"了影响全体国民获得保障的五种构成要素的有序政策向量。这五种有序向量按照从低到高的顺序依次为慈善、社会救助、社会保险、社会福利、社会服务。它们之间不同的组合构成了异质性群体的社会保障权益的社会应得。在价值优先次序上，社会保障权益的社会应得在社会成员资格条件下，具有平等无差异性。从五种有序向量来看，在各政策向量面对的人群中，提供的属性与数量是有差异的，如社会救助是针对贫困人口而设立的，其社会应得体现为在保障生存权的目标下具有无差异性和无选择性；而社会保险则是针对18~59周岁工作群体的缴费而设立的，其社会应得集中体现为与工作相关联的发展权益具有无差异性；社会福利集中体现为不同群体特征的社会成员资格的社会应得性，如儿童福利、老年人福利及残疾人福利等。

要素5：政府的再分配部门在保障以社会保障权益为核心的再分配机制的社会应得实践中，应防止"逆向"再分配利益转移输送机制的产生及蔓延。其中包括，一方面不能侵占或分享任何社会成员的再分配权利；另一方面不能过分通过自身侵占或权力寻租形式来"吞噬"不同群体的社会保障收入再分配利益。

要素6：以社会保障为核心的收入再分配的生成逻辑是基于基本生存权和发展权的社会应得理论而生，而非基于效率、按要素分配的初次分配生成逻辑。因此，社会保障权益的基本社会应得并非以稀缺社会资源为基础的效率初次分配的社会应得。由于其生成逻辑是基于平等和公正的社会应得理论，所以，其社会应得是最基本的社会公共资源，体现的是基本生存权、发展权及机会的均等性，体现的是一个国家实现社会公平中的基本价值取向及路径。

要素7：从包容性增长和利益共享的理念视角来看，基于出身、社会地位、运气禀赋等内生性的先天优势来获得利益时，如果能够通过融合包容性增长的制度约束模式来实现社会不同收入阶层的利益共享，则可以实现帕累托最优或次优。因此，这种再分配的结果"落地"应是制度性的安排。

费孝通先生采用社会结构分析方法解剖了中国传统社会，并通过比较与西方社会的异质性提出了中国传统社会的"差序格局"与西方社会的"团体格局"。中国传统社会是以"亲属关系"为主轴的网络关系，而西方社会则是以"社会关系"亲疏为主轴的网络关系。中国的亲疏关系更多的是从君臣、父子、兄弟、夫妇、朋友这五种人伦关系的道德层面来测度。[①]因此，长期

---

① 苏力：《较真"差序格局"》，《北京大学学报》（哲学社会科学版）2017年第1期；阎明：《"差序格局"探源》，《社会学研究》2016年第5期；王明琳、徐萌娜、王河森：《利他行为能够降低代理成本吗？——基于家族企业中亲缘利他行为的实证研究》，《经济研究》2014年第3期；费孝通：《家庭结构变动中的老年赡养问题——再论中国家庭结构的变动》，《北京大学学报》（哲学社会科学版）1983年第3期。

以来，中国以社会保障权益为核心的收入再分配集中落脚于家庭，几乎未从社会基本结构及社会基本制度的尺度来探讨。社会保障权益从道德层级上升到制度层级、从道德的柔性响应到刚性制度应然是中国从传统社会走向现代社会的一个关键转折点，是从道德应得走向社会应得的一种社会平等体现。在制度框架下，基于再分配的生成逻辑，本章可以得到社会保障权益应得的几个演绎性命题。

命题1：以社会保障为核心的再分配机制所承载的生存权与发展权遵循的是平等的生成逻辑，这种权益不能遵循市场交易原则，应与市场原则形成相对封闭的空间，要"嵌含"社会应得要素，应通过最基本的社会结构、社会保障及服务的基本制度的集中安排来达成。

命题2：完全由政府来推动社会保障权益的实施会存在权力寻租的异化样态。从社会治理的维度来看，让国民、社区、社会组织及政府共同参与这一权益的保障过程，被称为实现国民生存权和发展权的最优策略与路径。

命题3：以罗尔斯正义理论为出发点，社会保障权益实施过程中"嵌入"了平等的要素，便也遵循了再分配的生成逻辑。由此，其会秉承差异性原则，即向在初次分配中的最少获益者实施倾斜的"劫富济贫"原则。这样，既不会损害自我发展权的效率原则，又能够保障社会应得的再分配逻辑。

## 三 社会保障权益、再分配生成逻辑及社会应得指向的可行能力

社会保障权益的社会应得指向全方位地展示了从小到家庭社区这一细胞单位大到整个国家的图景中，国民在跨越身份、区域等边界的先决条件下无差别地享受社会公共资源带来的效用。通过社会保障制度的结构性安排来实现社会正义的功能，遵循的是社会保障权益中责任利益相匹配的原则（社会保险）、消除内生性不公的差异性原则（社会救助）。再分配生成逻辑是在承认个体的私人性与特殊利益分配的前提条件下提出的，并在融合社会应得理论后逐步演进。[①]从历史语境的变迁来看，伊格尔顿认为，若没有再分配机制，仅以效率为分配原则，阶级斗争会在资本主义社会中以争夺剩余价值的形式不断展开，而且人类共同创造的剩余价值不

---

① 向玉乔：《社会制度实现分配正义的基本原则及价值维度》，《中国社会科学》2013年第3期。

能被合理共享，这种斗争便会持续下去。①在收入再分配生成逻辑及社会保障权益的争取过程中，马克思给予了更全面的阐释。马克思指出："资本是根本不关心工人的健康和寿命的，除非社会迫使它去关心。"②马克思著作中流露出对社会保障权益的极大关注，他通过资本补偿理论来构建社会保障基本理论框架，认为真正的公共并非用统一的标准去对待社会上的每一位成员，而是对社会成员的异质性需求给予同等的关注③，并用"六项扣除"诠释了其实现路径。从社会维度来看，以社会保障为核心的再分配机制会"脱嵌"于任何制度模式，无论是社会主义还是资本主义，社会应得都是社会维度最基础最本源的元素。"剥离"异质性社会形态后，以社会保障为核心的收入再分配是促进社会价值循环增值的主要环节。由此，马克思的社会保障权益实现路径"嵌含"了三个层级。一是最低层级的收入再分配，即保障基本生存权的社会救助。为了对不幸事故及自然灾害进行预警，应储存后备金。二是中间层级的收入再分配，即保障基本发展权的社会保险。为保障劳动力的生产与再生产，应储备养老、医疗、失业、工伤等社会保险基金、培训基金和保健基金等。三是最高层级的收入再分配，即提高生活整体质量水平的社会福利。马克思认为，满足了上述两条后，生产与再生产虽然能够顺利进行，但这个社会仍不是共享的，由此提出了满足全体社会成员福利整体提升的基金储存，如教育福利基金、健康保障基金等共需性社会公共资源。④这丰富了社会保障权益的整体性内涵，使得社会保障权益概念的广度与深度有了更加具体的内容——社会福利。同时，马克思通过社会再分配理论诠释了全人类从自由解放到共享发展的可行性路径，使得再分配中的社会应得要素更加具体和明晰，进而脱离道德层面逐步走向制度层面。在此基础上，罗尔斯对社会应得理论进行了提炼和升华，并将其有效实施依存于社会结构赋权原理和社会制度的向度，使得以社会保障为核心的再分配机制的保障性更加有效力，进而使国民对社会保障权益与制度收益产生正向的预期。⑤

---

① ［英］特里·伊格尔顿：《马克思为什么是对的》，李杨等译，新星出版社，2011，第48~49页。
② 《马克思恩格斯全集》（第23卷），人民出版社，1972，第299页。
③ 路向峰：《马克思社会保障思想的历史语境与当代视域》，《教学与研究》2015年第6期。
④ 《马克思恩格斯全集》（第19卷），人民出版社，1963，第15~35页。
⑤ Sagiri Kitao, "Sustainable Social Security: Four Options," *Review of Economic Dynamics*, 2014, Vol.17, No.4, pp.756-779; Melanie Sage, Melissa Wells, Todd Sage, Mary Devlin, "Supervisor and Policy Roles in Social Media Use as a New Technology in Child Welfare," *Children and Youth Services Review*, 2017, Vol.78, No.3, pp.1-8.

## 第一章　社会保障与收入分配公平的理论建构

罗尔斯的社会应得理论是在反对诺齐克自然应得理论的前提下提出的，其逻辑起点是否认"自然应得"，而突出"社会应得"核心和主导分配效能。罗尔斯主张，现实中的应得，如生存权、社会保障权等都属于社会最基本结构下的应得，其出发点是基于边际效应原则，即通过以社会保障权益为核心的再分配机制的安排来保障社会中的中低收入阶层对高收入阶层的边际贡献始终处于非负状态。[①]我们认为，完全否定个体所有权的应得是有偏的。因为社会保障权益理论与再分配理论得以存续的前提是在个体所有权基础之上。如果私人产权被剥夺，那么，"皮之不存，毛将焉附"，再分配及社会保障权益便失去了存在的基础。社会治理理论将会"嵌入"社会的各个治理环节中。而社会保障权益与再分配理论及实践正是实施的"抓手"和工具性的价值判断，正是社会应得理论从道德层面上升到社会基本性制度安排，才使社会保障制度不断得到优化和完善。然而，从世界性的演进历程来看，这个过程经历了长期的阶级斗争，如德国风起云涌的工人运动，使得德国成为世界上第一个建立社会保障制度的国家；同时，如果没有"圈地运动"的残酷社会现实所造成的失地农民对生存权的维护，亦不会有《济贫法》的诞生。然而，19世纪后20年到20世纪前40年，社会保障权益仅仅被定位于"生存"，其收入调节功能极其微弱。在从"强盗资本主义"过渡到"权贵资本主义"的过程中，社会保障的另一项重要功能显现出来，那就是收入再分配功能。这时，社会应得已不仅局限于生存权与发展权，收入再分配的生成逻辑中"嵌入"了社会应得的公平性元素。由此，西方社会建立了福利国家，可以用《贝弗里奇报告》中的"3U"原则来概括：普享性原则（Universality）、统一性原则（Unity）和均一性原则（Uniformity）。20世纪30年代的经济大危机诱发了世界性大战，催生了美国的"罗斯福新政"和英国的"人民预算"。随后北欧五国也相继建立了福利国家。社会保障权益从生存权到发展权再到收入分配调节职能的发挥、民主性的现代化进程及现代化国家转型的生成逻辑，是其区别于传统社会与现代社会的关键性标志。收入再分配的生成逻辑也是社会制度转型的重要标志。马克思说过："一旦有适当的利润，资本就胆大起来。如果有10%的利润，它就保证到处被使用；有

---

① ［美］罗尔斯：《正义论》（修订版），何怀宏、何包钢、廖申白译，中国社会科学出版社，2009。

20%的利润，它就活跃起来；有50%的利润，它就铤而走险；为了100%的利润，它就敢践踏一切人间法律；有300%的利润，它就敢犯任何罪行，甚至冒绞首的危险。"①因此，资本主义社会永远是资本家的天堂，即使国家建立了社会保障制度，依然是维护资本的权威性。北欧等福利国家是在后现代主义过程中建立的，并且它们采用了社会主义民主的一些主张。②因此，从历史的语境来看，它们不完全是资本主义性质的国家，而是逐步向社会主义过渡的国家。从现代化视域来看，这些国家把社会应得理论较好地应用到以社会保障为核心的再分配实践中，再分配的生成逻辑早已从道德层面升华为国家的制度性安排，并且已经取得了丰硕的成果。

实现共同富裕是社会主义的根本原则，要坚持社会主义的基本经济制度及收入分配制度，调整国民收入的基本分配格局；与此同时，加大收入再分配力度，全力解决收入分配差距过大的问题。社会保障制度是保障人民基本生活、调节收入分配的一项最基本的制度安排。③近十年来，中国社会保障制度从无到有、从单项突破到整体推进，社会保障制度体系框架基本定型。党的十八大以来，社会保障权益保护被摆在更突出的位置。

从社会保障实际所呈现出的功能来看，其仍然处于生存权的保障起步阶段，2010~2013年，在全国"两会"国民关注的热点问题中，"社会保障"一词连续4年排在首位。特别是国民对农村社会保障关注的"聚焦点"日益明朗化，即农村社会保障的低水平覆盖。从制度的顶层设计来看，农村社会保障基本实现了制度覆盖。因此，农村社会保障的居民权益更停留在思想、价值和理念之上；对制度安排本身所发挥的生存权及发展权的保障依然处于较低水平，如养老金的象征性、异地就医的不可及性、异地就学的无保障性、工伤保险中的同命非同价等问题依然构成了对农村居民生存权及发展权无差异性的"屏障"。因此，在生存权与发展权方面，不但在城乡间有较大差别，而且在城市及农村内部也存在较大的差别，且处于较低水平的保障层次。

世界各国正面临第四次工业革命的冲击，李克强总理在以"在第四次工

---

① 《资本论》(第1卷)，人民出版社，2004，第871页。
② [丹麦]哥斯塔·埃斯平-安德森：《福利资本主义的三个世界》，苗正民、滕玉英译，商务印书馆，2010，第29页。
③ 胡锦涛：《坚定不移沿着中国特色社会主义道路前进 为全面建成小康社会而奋斗——在中国共产党第十八次全国代表大会上的报告》，《人民日报》2012年11月18日。

业革命中实现包容性增长"为主题的2017年达沃斯论坛中所指出的共享发展理念"嵌含"马克思主义政治经济学与哲学的本源性基因。对于以社会保障权益为核心的收入再分配理念，以"共享"的哲学依据为其开辟实施路径，以消弭社会保障权益实施中的"异化"现象，如社会保障制度的工具化、"泛经济化"、"泛政治化"的弊端，即把人类仅仅当作社会发展的手段。基于此，马克思主义确立了人的社会主体性及主体性地位。因此，在历史语境与当代视域下，探索社会保障权益的精神内核与再分配的生成逻辑最初发端于马克思异化劳动理论。从该理论的思想核心出发，马克思于1844年在《经济学哲学手稿》中提出这一劳动异化现象，而在发展传播过程中，马克思将其"嵌入"了浓厚的人本主义色彩。由此，社会应得、人本主义及平等共同构成了以社会保障权益为核心的再分配的关键要素。

## 四　再分配理论中社会应得要素的逻辑论证

提及再分配理论中的社会应得要素时，我们不得不"重拾"社会正义的概念，并且需要从西方现代诸多思想家，如康德、斯密和休谟等的著作中汲取养分。再分配理论中社会应得要素的逻辑论证要从社会正义的视角切入。社会正义的概念范畴相对宽泛，其中涵盖了两个维度的内容，即政治正义和分配正义。①其中，政治正义是探寻国家政治与法律的制定和制度性安排，用正式制度作为约束条件公平地分配国民的权利与义务；而分配正义的着重点则在于探寻社会基本资源的分配，社会基本公共资源的生产、配置、再分配和分享等环节的内容精髓是再分配正义的基本要义。无论是从历史语境还是从现代化视域来审视，国民均等地分享社会基本公共资源均是再分配正义的基本逻辑。而单从当代视域的视角来看，中国以社会保障权益为核心的再分配机制正处于最为关键的定型阶段，定型的过程能否充分"嵌入"再分配"正义"的社会应得要素成为中国收入再分配领域的时代性挑战。这主要体现在养老、医疗、公共卫生、再就业、教育和反贫困等尺度上。在社会维度上，公平地保障国民的基本社会保障权益，均等地分配社会基本公共资源，用社会应得理论实现分配正义是目前最为紧迫的任务。

与社会分配正义有本质的区别，市场分配正义遵循了罗尔斯正义理论中

---

① 张国清：《分配正义与社会应得》，《中国社会科学》2015年第5期。

的第一个原则，即平等自由原则，以市场中的资本、劳动及土地等生产要素为基础平等地分配基本权利和基本义务，而分配正义与之相对应的主要形式为利润、工资及地租等。从这个意义上来说，罗尔斯认为其是非正义的，由此衍生出罗尔斯的第二个正义原则，即差异性原则。因为在利润、工资及地租等形式的分配原则中剔除了"包容性"与"共享性"原则。①

在以社会保障权益为核心的再分配原则方面，笔者并不赞同社会应得与再分配正义相"脱嵌"或"疏松耦合"的主张或论断②，而与张国清观点相一致，即可以参照解决市场分配正义的方法来为社会再分配正义提供一定意义的事实借鉴或反事实借鉴③，也即笔者主张逻辑基点为再分配正义的核心议题是社会基本公共资源的再分配与分享。由此，每个个体具有社会应得权利，且这种权利应变得可能、可及和可行。

接下来，本章基于诺齐克和罗尔斯关于正义的社会理论架构，将再分配的社会应得理论进行结构性的分解，进一步剖析历史语境与当代视域下社会保障权益的精神内核与再分配的生成逻辑。通常来说，公平正义是收入再分配的精神内核。Feinberg将社会应得分解为三元结构，具体描述为：主体基于社会应得逻辑基础而得到客体。④Zwolinski和Schmidtz将该三元结构运用到经济领域来诠释收入的初次分配，坚持认为"个体的应得是基于其本身固有的品质与禀赋"。⑤在此基础上，Nozick提出了关于社会应得的天赋理论推论，即天赋应得理论Nozick推论，也称Nozick命题。推论的核心是，一个人的社会应得应基于其贡献、绩效、禀赋等常识性的要素。那么，我们应思考这样一个问题：一个有社会成员资格的国民是否应该获得与Nozick命题无关的社

---

① Xiaodi Liu, Zengwen Wang, Antoinette Hetzler, "HFMADM Method Based on Nondimensionalization and Its Application in the Evaluation of Inclusive Growth," *Journal of Business Economics and Management*, 2017, Vol.18, No.4, pp.726-744；王增文：《中国农村反贫困绩效的推动因素测度及分解：1978-2014》，《财贸经济》2017年第9期；骆方金：《共享与和谐："包容性增长"论析》，《马克思主义研究》2012年第3期。

② 姚大志：《再论分配正义——答段忠桥教授》，《哲学研究》2012年第5期。

③ 张国清：《分配正义与社会应得》，《中国社会科学》2015年第5期。

④ Joel Feinberg, *Doing and Deserving: Essays in the Theory of Responsibility* (Princeton, New Jersey: Princeton University Press, 1970).

⑤ Matt Zwolinski, David Schmidtz, "Environmental Virtue Ethics: What It Is and What It Needs to Be," in Daniel C. Russell, ed., *The Cambridge Companion to Virtue Ethics* (Cambridge University Press, 2013), pp.221-239.

会应得呢？换言之，在社会领域或者部分经济领域，国民能否均等地分享以社会保障权益为核心的社会公共资源呢？基于此，我们将上述反事实命题进行理论概化，即将社会成员资格对以社会保障权益为核心的再分配的基本益品的共享性Rawls推论阐述如下：具有社会成员资格的国民享有社会应得的基本权益，即以社会保障权益为核心的社会公共资源的获取是基于国民的社会成员资格，而非国民的能力、禀赋、贡献及其他要素。实际上，Nozick的天赋应得理论推论与Rawls共享性应得理论推论是命题与逆命题的逻辑关系。逆命题中更多地考虑了国民的权利、机会、收入存量（财富）等元素，即从个体本身的异质性入手与命题进行"角力"。实际上，命题中基于能力、禀赋、贡献及其他偶然性要素初次分配的差异性所带来的权利和利益分配的异质性是正当的，但并非适用于所有领域。收入再分配领域的社会应得应该摒弃禀赋、背景、运气等偶然应得要素，而秉承社会基本益品的社会应得要义，并为具有社会成员资格的全体国民所共享。

基于上述事实与反事实的归谬，本章提出了如下一个全新命题：以社会保障权益为核心的社会基本公共资源的再分配生成逻辑遵循如下原则——具有社会成员资格的国民均有权平等共享。

上述命题揭示了抛开先天性禀赋、财富、社会地位或身份均能够平等地共享社会基本公共资源的社会应得。简言之，在全体国民的社会保障及收入分配的社会应得中，具有社会成员资格是充分条件。在这样的社会保障权益分配的精神内核及再分配的生成逻辑之下，综合再分配、初次分配领域的所有权理论，以法理性为保障基础，通过宪法及区域性规范可及范围内的社会保障等公共产品及公共服务的制度性安排，在基本生存权、发展权等逻辑起点上保障每一位具有社会成员资格的国民平等地共享基本公共资源的社会应得权利。

从上述理论命题的推导中可以看出，收入再分配的应得理论并非一种全新的理论，其既吸纳了阿马蒂亚·森的贫困理论、诺齐克的"人民所有权"概念、罗尔斯的"基本益品"理论，也超越了"付出-回报"理论后而形成的再分配正义理论。这些理论的一个共同前提是以激进的形式来实现社会的基本分配正义，本质上属于一种调和的、非存量性的社会保障等社会公共资源的分配理论。本章将从以下几个层面来优化收入再分配理论。

第一，社会保障权益分配及再分配生成逻辑的原始假设的优化。收入再分配的社会应得理论是多元要素融合下的聚合型概念。它摒弃了罗尔斯公平理论中的原始假设和"未知"之幕①，以基本生存权和发展权及收入初次分配的事实性差别为基本的逻辑起点，以个体禀赋、背景、运气等差异作为真实的社会性差异，并基于此建构了以基本生存需求、发展需求为基础的社会应得理论。

第二，社会保障异化到社会保障应得权益的本源性回归。以社会保障权益为核心的社会公共资源的再分配从自由主义、合作主义再到社会民主主义的历史演进过程中，社会保障权益中的社会应得理论不断得到拓展和延伸。社会保障从追求工具性价值到聚焦社会平等的理念性价值，并非自由主义、合作主义或社会民主主义的某一项内容占优，而是一种多要素、多元价值融合的社会性平等理论。但这种社会平等性摒弃了社会保障工具性的价值追求、政治化的组织体制模式的内生性要素，而是抽取了社会维度中的生存权、发展权等平等权的理念及价值。以包容性增长为主要模式，为具有社会成员资格的国民提供一种社会公共资源，并"嵌入"共享发展理念与共享的社会价值，而且其在价值优先次序上优于自由。

第三，社会保障权益分配及再分配生成逻辑在社会公共资源再分配路径中的整体性优化。在罗尔斯理论框架下，我们对再分配的策略与路径做进一步的优化。罗尔斯以社会正义理论为前提，提出了收入再分配生成逻辑的三维要义：维度Ⅰ是经济上具有社会成员资格的国民能够获取最低限度收入的权利；维度Ⅱ是政治上具有社会成员资格的国民能够享有基本的自由与权利；维度Ⅲ是社会上确保国民能够拥有过程的公平，即机会均等。然而，罗尔斯忽视了一个重要的概念，即社会公共资源与公共财富，并将两者混淆，应在这三个维度下实现国民的社会保障权益及收入再分配的社会应得。然而，从历史语境及现代化视域来看，社会制度对社会公共财富与公共资源的分配有至关重要的影响。因为收入再分配生成逻辑的演进是以触动不同社会形态的法权制度为前提的，如自由主义的资本主义现代法权制度会限制国家公共财富的增长规模。在以自由主义为主流思想的价值观的引导下，国民财富主要流向了富裕阶层手中，公共财富相对整个国民财富而言微不足道，甚至可以忽略不计，如美国。从社会保障权益视

---

① 张国清：《分配正义与社会应得》，《中国社会科学》2015年第5期。

角来看，基于罗尔斯的差异性原则的公共财富调节对整个社会收入再分配格局的影响极其微弱；而从罗尔斯收入再分配社会应得要素的实施路径的保障条件来看，社会保障权益的构成元素——收入均等、生存权、发展权等的实施要诉诸社会基本公平制度的建构。然而，这种建构过程并非"突兀式"的嬗变，而是一种观念的渗透与内生性的演进过程。因此，这种社会应得理论走向实践需要有基本的环境及实施基础。有时这种理念的重构及制度的建构是以动摇初次分配的现代法权制度为前提的。因此，罗尔斯对于再分配生成逻辑演进的主张是较为理想化的，由于实施过程的不可操作性，而只能从理念上进行诠释。

实际上，以社会保障权益为核心的再分配重点聚焦的是过程的公平，而非起点，如个体禀赋、家庭背景、运气等方面的异质性。改变起点的公平只能采用激进的再分配策略，但实践中很难"落地"。由此，社会应得理论"嵌入"以社会保障权益为核心的收入再分配中时是以认可先天性条件的异质性为前提的，并且在承认这种差异性的前提条件下接受初次分配的效率原则，个体的异质性正是经济发展的强大动力。以社会保障权益为核心的收入再分配机制关注的重点应在政府和社会所拥有的社会公共资源及公共财富的共享方面，而非个体财富或个体收入的再分配，从而促使社会保障权益的精神内核与收入再分配生成逻辑从关注社会公共财富的纯收入再分配向包括服务、机会均等等全方位的社会公共资源的再分配策略及路径转变，形成收入再分配领域中"分配+保障+服务"的全方位立体式再分配模式。

## 五　再分配生成逻辑的路径及社会保障权益保障的正义之途

从历史语境来看，社会保障权益的精神内核与再分配机制的生成逻辑的价值取向是一个演进与固化并存的过程。从西方社会变迁路径来看，追求生存权、发展权及平等权的过程是一部追求平等正义的历史。欧洲文艺复兴实现了西方社会的人格平等，而追求生存权、发展权的平等却更为艰难，社会保障制度的建立实现了强者为弱者买单的生存权和发展权的基本保障。由此，社会保障制度化安排成为19世纪的重要成就之一。

第二次世界大战后，欧洲福利国家的建立实现了社会公共资源平等权的基本制度性保障。欧洲经济在突出增量改革的同时，带动了社会公共财富存量的调整。借鉴历史语境的变迁经验，在现代化视域下，我们需要进一步探析再分配生成逻辑的路径及社会保障权益保障的正义之途，以公平为尺度进行检验。

社会保障权益的基础是对以公共财富为核心的社会公共资源最优占比的保障。从历史变迁的视角来看，西方社会近4个世纪始终以自由主义为基本指导理念，无论是在经济领域还是在社会领域，均以个人私有制为基础来分配社会公共资源。由此，长达3个世纪，欧美等国家的社会保障是以"消防员"的角色来"灭火"；在消除或减弱贫富两极分化方面的调节却是"逆向"的。作为社会保障及收入再分配的重要来源，公共财富占比的多寡直接决定了收入再分配正义与否和再分配公平水平的高低。Piketty对英法两国公共财富进行的测度发现，截至2010年，法国的私人财富占比高达95%以上，而公共财富占比不到5%，英国的分配结构更不乐观，其私人财富占比高达99%以上，而公共财富占比不到1%。①由此，在现有财富占有结构下，要从根本上缩小贫富差距是极其困难的。资本主义社会所推崇的经济自由与政治民主是一种被过度"美化"的产物。因为在资本主义私有产权制度下，以社会保障为核心的再分配利益向社会底层倾斜也仅仅是一种生存权或发展权的保障，而非真正的贫富差距的最优调节。以社会保障为核心的收入再分配机制关注的是在社会保障应得理论前提下，需要将"聚焦点"从私人所有权的经济维度转向基于社会公共财富和社会公共资源再分配的基本公共价值尺度，充分发挥社会主义制度下社会保障公平与正义的先决优势，从而实现收入再分配的社会正义价值。

国民基于社会成员资格的社会应得在获取再分配资源的价值优先次序上应先于个人禀赋。以社会保障为核心的收入再分配机制运行过程中，国民能够均等地分享社会公共资源，其逻辑起点为国民的社会成员资格。在经济领域，个体应得取决于其过去付出、对当前效率提升的贡献力度，而非其他。②然而，回归到再分配领域，我们认为，国民基于社会成员资格的社会应得，并非完全取决于国民在过去的付出，而主要诉诸其在社会领域中的成员资格身份的应得。从包容性增长的视角来看，收入再分配的社会应得理论

---

① Thomas Piketty, *Capital in the Twenty-First Century* (Cambridge, MA: The Belknap Press of Harvard University Press, 2014).
② David Miller, *Political Philosophy: A Very Short Introduction* (Oxford and New York: Oxford University Press, 2003), pp.83-85.

## 第一章 社会保障与收入分配公平的理论建构

是对国民在社会维度和经济维度上分享社会公共资源的合理基石，涉及对社会公平、分配正义的重新理解及阐释。在经济领域，人们习惯于用"有差别的对待"（Discrimination）来对社会经济系统的应得要义进行阐释，并有拥护者将该正义观机械地移植到再分配领域，甚至更有激进者主张用"丛林法则"（Law of the Jungle）来诠释正义观。这些都极大地违背了再分配演进的逻辑。欧美社会中也不乏大量被经济绑架的政客在"开历史的倒车"。实际上，收入再分配领域中，无论是政府还是社会都应将自身的行动定位于"公正的旁观者"（Impartial Spectator）的角色，都应将以社会保障权益为核心的社会基本再分配制度安排作为刚性的设计，在舍弃国家主权组织结构模式、国家统治思想等前提条件下，对公民生存权、发展权及平等权进行刚性回应。由此我们认为，在收入再分配中，以社会保障为核心的收入再分配不是以对人的过去或未来的价值判断为依据展开的再分配；而是对人的基本生存权、发展权及平等权的均等化制度安排，是对具有社会成员资格的个体权利的最基本保障的刚性设计，而非奢侈型追求。

社会平等要素应"嵌入"以社会保障为核心的收入再分配应得理论之中，收入再分配的社会应得理论是人们对正义判断的重要尺度。[①]以社会保障权益为核心的再分配机制的社会应得性的健康运转需要一些准则、尺度和参数来保障社会公共资源的分配，如生存性边界、发展性边界、基尼系数等。从包容性及共享性的视角来看，收入分配的公平不完全局限于再分配领域，再分配领域应通过包容性增长与共享的模式来缩小收入差距。从按要素分配的社会维度视角来看，个体的边际产出水平可以取决于内生性要素，如努力程度和付出水平；也可以取决于外生性要素，如家庭背景、与生俱来的禀赋。从经济维度来看，它们均具有外生性，由此，市场机制难以区分两者的差别，最终形成巨大的贫富差距，而社会机制能够较好地将两者区分。因此，从社会维度切入，区分一个人的边界产出水平中的内生性与外生性要素，在经济分配领域中加以修正。[②]社会的平等理论可以解决社会领域中再分配的公平性问题，而应得理论可以嵌入经济维度之中，以包容性发展机制与共享发展

---

① Emil Dinga, "Social Capital and Social Justice," *Procedia Economics and Finance*, 2014, Vol. 8, pp. 246-253; Gregg Barak, "Social Justice and Social Inequalities," *International Encyclopedia of the Social & Behavioral Science*, 2015, pp.392-396.

② 姚大志：《社会正义论纲》，《学术月刊》2013年第11期。

理念为保障,增强经济领域中收入分配的公平性。由此,可以更好地融合收入再分配中的社会平等理论与收入初次分配中的经济应得理论。

社会保障权益的精神内核与收入再分配生成逻辑最终应通过正式制度安排来实现均等的社会应得。以社会保障权益为核心的再分配机制注重的是社会公共财富和公共资源分配的公平性问题,而提升的是国民分配的均等化水平。这是马克思主义者的一生追求,亦是社会发展的内在动力。这种社会应得的均等化会在很大程度上弱化特权阶层在经济社会领域中"赢者通吃"的强势效应。这种保底效应的无差异化会在很大程度上抵制和化解巨大的社会矛盾。但收入再分配的社会应得理论强调的重点与出发点是社会成员对公平地再分配社会公共财富及基本公共资源的机会均等,而非平均分配。其逻辑起点是现值、削弱或剥夺社会特权阶层或强势群体的"法外"所得及"特供"等特权供给与需求。①在既有的社会基本结构下,收入再分配的实施仍不能抑制或消除不平等问题。我们不得不承认人的社会性差异,因为收入不均等并非意味着社会整体性分配或再分配的不公平。因此,收入再分配有一个分配边界的阈值,即保障个人的基本生存权、发展权及再分配效果与初次分配效果的合理差异区间,这是罗尔斯正义理论所强调的。但基本生存权、发展权和平等权三种权利的保障要诉诸法理基础上的正式制度安排。

虽然不同的社会制度都有适合国情的基本生存权、发展权等分配公平的概念,但从社会保障的精神内核及收入再分配机制的生成逻辑的演变来看,我们始终无法漠视社会基本制度架构对实现生存权、发展权及收入再分配公平权的影响。因为自由主义、国家主义及社会民主主义的思想出发点及演变逻辑有着本质的区别,制度架构的差异决定了再分配原则的异质性。由于社会制度的公有、私有直接决定了社会公共财富及基本公共资源的多寡,并由此决定了社会保障的覆盖边界与再分配程度和项目范围。资本主义制度的私有制决定了其固有的再分配生成逻辑,也决定了社会保障"工具化",并由此出现"泛经济化"和"泛政治化"的外在表现。②由于资本主义私有制的本源性属性导致的社会公共财富及基本公共资源的有限性,私有财富如同"吸金石"被无限地聚集;

---

① 张定胜、成文利:《"嚣张的特权"之理论阐述》,《经济研究》2011年第9期;韩冰:《全面从严治党视阈下的反特权问题探析》,《中共中央党校学报》2016年第5期。
② 王增文:《中国社会保障治理结构变化、理念转型及理论概化——范式嵌入与法治保障》,《政治学研究》2015年第5期。

"大市场、小国家"的自由主义模式使得资本的有机构成不断膨胀，最终使其社会化程度不断提升，财富越来越集聚于富裕阶层。中低收入群体依然沿着"穷忙人生"的生活轨迹，奔波于实现基本的生存权与发展权，以获得基本的生存保障。以社会保障权益为核心的收入再分配机制无法发挥真正的收入分配调节功能。从历史语境和现代化视域的连续"谱系"来看，财富过多地积聚于富裕阶层，导致贫富差距拉大的整体性趋势不断强化。

相反地，社会主义的包容性增长与共享性发展以马克思主义哲学和政治经济学作为其固有基因，以人本主义作为指导思想，明确了人的社会主体性地位及社会发展的根本性目的。从社会公共财富与基本公共资源视角来看，以公有制为基础的社会主义为再分配的公平性及可持续性提供了制度性保障、财政保障及前进的动力。因此，社会主义公有制更能够体现社会保障制度的精神内核及收入再分配的生成逻辑。

## 第二节 西方经济学视角下社会保障再分配偏好

西方经济学关于社会保障的再分配偏好产生的理论前提，可归结为社会分配偏好的公平论与理性经济人偏好的自利论。两者均基于国民对初始分配收入的再分配偏好水平。公平论的再分配偏好水平取决于再分配后社会保障制度体系所能够实现的社会正义与公平化程度，自利论的再分配偏好水平取决于社会保障权益给自身带来的效用水平。国民的再分配偏好是社会保障权益决策机制、推进逻辑及实践过程的动力"助推器"和"引擎"。如何在尊重客观规律的前提下，促进国民的再分配偏好、社会保障权益决策机制及推进逻辑的良性互动是目前包容性增长情境下的时代性命题。我们采用随机对照试验（RCTs），依据中国不同居民社会保障收入再分配层级分布格局，搭建了一个"嵌含"差异化的收入再分配层级的社会保障行动实验室（SSAL）。随机对照试验要求在社会保障收入"已知"和"未知"之幕下对社会保障权益所对应的缴费率进行投票和选择。SSAL中拟定了不同水平的"政社互动"效率水平，"植入"了社会保障权益决策机制的三种原则——多数统治原则（MR）、随机性决策原则（RD）和合议制原则（DC）来测度事实与反事实语境下机制、逻辑及再分配偏好之间的联动关系。SSAL结果显示，在社会保障收入"未知"之幕下，随着"政社互动"效率水平的提升，社会保障权益所呈现的社会净福利水平亦在大幅提升，同时与之同向联动的还有国民的再分配偏好水平；在提升国民再分配偏好的价值优先次序方面，合议制与随机性决策制要在多数统治制之前。在社会保障收入"已知"之幕下，个体的再分配偏好水平与社会保障权益水平具有强烈的正向依附关系，可用自利性归因来解析；社会化程度的高低与社会保障权益决策机制对国民再分配偏好水平的影响效应，可用社会的收入群体因子来解释；控制了自利性归因元素后，社会保障低收入被试者呈现对不平等的厌恶，而高收入被试者则相反。如何正确把握和运用这些事实与反事实的研究结果，促进社会保障权益决策机制、推进逻辑中的"政社互动"，实现经济社会的包容性发展、提升国民的再分配偏好，成为亟待研究的重大时代命题。

## 一 社会保障再分配：效率抑或公平

社会保障制度体系在走向定型的进程中，其治理体系与治理能力面临的关键挑战就是社会保障的治理规模以及由此衍生出的权益而产生的治理负荷。因社会保障的筹资与社会保障资源的分配而形成的收入再分配过程"嵌含"了公平与效率两个尺度上的二元兼顾目标，但如何通过社会保障权益决策机制、推进逻辑及国民的再分配偏好来合理地厘定收入再分配系数的有效区间，是中国目前面临的重大社会科学研究课题之一。哪种社会保障权益决策机制更具包容性？推进过程中遵循何种逻辑？何种因素决定了国民的社会保障再分配偏好？厘清这些命题可以"解构"宏微观间的勾连，为社会保障宏观逻辑探寻微观基石提供一个相对占优的着力点，为中国社会保障的规模参数及制度的定型提供全方位、多角度的理论与实践的事实或反事实参照。

福利经济学认为，在既定的国民再分配偏好水平下，通过社会福利政策将再分配方案贯彻其中，在绝大多数社会成员认可的情况下才能真正促使社会的帕累托改进。[①]在帕累托改进的判断标准下，我们不应跌入另外一个逻辑错误的沼泽——社会福利越均等化越能消除贫困，越能促进社会

---

① R. Durante, L. Putterman, J. van der Weele, "Preference for Redistribution and Perception of Fairness: An Experimental Study," *Journal of the European Economic Association*, 2014, Vol.12, No.4, pp.1059-1086; Eiji Yamamura, "Social Capital, Household Income, and Preferences for Income Redistribution," *European Journal of Political Economy*, 2012, Vol.28, No.4, pp.498-511.

的整体性公平。既有文献以经济合作与发展组织（OECD）国家为被试者，用归谬的假设演绎法否定了上述结构论。①当然也要防止进入另一种极端状态，即以效率为出发点，使得社会保障权益的决策机制异化为经济维度上的效率初次分配模式。②由此，应在社会保障权益决策体制、推进模式所呈现的再分配偏好中，充分考虑公平的需求准绳并在效率的损耗水平上合理取舍社会保障的治理规模。从宏观层面来看，既有文献多数聚焦于政府社会保障公共支出③、基尼系数的连续性变动④，以及财政支出结构⑤等整体性视角；从微观层面来看，这些研究的学理性内涵仍是不足的，最主要的原因是缺乏微观理念和工具的支撑。从国民个体主观效用的感受视角来测度公平，正好可以弥补这一缺陷。这也符合2015年2月习近平总书记在中央全面深化改革领导小组第十次会议上指出的"让人民群众有更多的获得感"。这种共享发展理念的贯彻应从国民的再分配偏好切入，进一步探析社会保障权益推进逻辑的影响，以及更深层次的社会保障的治理规模及社会决策机制。

关于社会保障的再分配偏好产生的理论前提，通常来说可以归结为两种类型：一种是社会分配偏好的公平论，另一种是理性经济人偏好的自利

---

① W. Korpi, J. Palme, "The Paradox of Redistribution and Strategies of Equality: Welfare State Institution, Inequality and Poverty in the Western Countries," *American Sociological Review*, 1998, Vol.63, No.5, pp.661-687；杨晓兰、周业安：《政府效率、社会决策机制和再分配偏好——基于中国被试的实验经济学研究》，《管理世界》2017年第6期。

② 王增文：《中国社会保障治理结构变化、理念转型及理论概化——范式嵌入与法治保障》，《政治学研究》2015年第5期；王增文：《城镇职工基本养老保险个人账户超额支出：测度与评价》，《社会保障评论》2017年第2期；汪良军、童波：《收入不平等、公平偏好与再分配的实验研究》，《管理世界》2017年第6期。

③ R.E. Ling, F. Liu, X.Q. Lu, W. Wang, "Emerging Issues in Public Health: A Perspective on China's Healthcare System," *Public Health*, 2011, Vol.125, No.1, pp.9-14.

④ 汪昊、娄峰：《中国财政再分配效应测算》，《经济研究》2017年第1期；Ricardo Molero-Simarro, "Inequality in China Revisited. The Effect of Functional Distribution of Income on Urban Top Incomes, the Urban-rural Gap and the Gini Index, 1978-2015," *China Economic Review*, 2017, Vol.42, No.2, pp.101-117; Facundo Alvaredo, "A Note on the Relationship between Top Income Shares and the Gini Coefficient," *Economics Letters*, 2011, Vol.110, No.3, pp.274-277。

⑤ 米增渝、刘霞辉、刘穷志：《经济增长与收入不平等：财政均衡研究激励政策研究》，《经济研究》2012年第12期；Miguel Almanzar, Maximo Torero, "Distributional Effects of Growth and Public Expenditures in Africa: Estimates for Tanzania and Rwanda," *World Development*, 2017, Vol.95, No.3, pp.177-195; Bilin Neyapti, "Fiscal Decentralization, Fiscal Rules and Fiscal Discipline," *Economics Letters*, 2013, Vol.121, No.3, pp.528-532。

论。这两种类型的理论均是基于国民对初始分配收入的再分配偏好水平。公平论的再分配偏好水平取决于再分配后社会保障制度体系所能实现的社会正义与公平化程度①，自利论的再分配偏好水平取决于社会保障权益给自身带来的效用水平②。21世纪以来，这两种理论的发展有融合的趋势，出现了一种复合类型的再分配偏好理论，即公平自利论——自利的公平需求边界在于个体付出一定成本后而获得的公平，同时要平衡好公平与效率的均衡域。③20世纪60年代开始，欧美学界开始将随机对照试验引入教育、医疗卫生及社会福利政策领域，由此关于收入分配的研究层出不穷，基本研究路径为通过搭建不同的实验室平台来测度收入初次分配的效率性。④在社会科学的RCTs中，涉及再分配领域的研究较少，在所涉及的文献中，多数以税率或转移支付水平等宏观层级上的指标来测度再分配偏好水平。⑤

既有研究文献主要聚焦于税率、个人初始禀赋、社会决策机制及初次分

---

① John B.Rawls, *A Theory of Justice* (Cambridge, MA: Harvard University Press, 1971); J.C. Harsanyi, "Morality and the Theory of Rational Behavior," *Social Research*, 1977, Vol.44, No.4, pp.623-656.

② Allan H. Meltzer, Scott F. Richard, "Tests of a Rational Theory of the Size of Government," *Public Choice*, 1983, Vol.41, No.3, pp.403-418; Mads M. Jager, "Welfare Regimes and Attitudes Towards Redistribution: The Regime Hypothesis Revisited," *European Sociological Review*, 2006, Vol.22, No.2, pp.157-170.

③ C. Anderson, L. Putterman, "Do Non-strategic Sanctions Obey the Law of Demand? The Demand for Punishment in the Voluntary Contribution Mechanism," *Games and Economic Behavior*, 2006, Vol.54, No.1, pp.1-24.

④ L.Cameron, N.Erkal, L.Gangadharan, X.Meng, "Little Emperors: Behavior Impacts of China's One-child Policy," *Science*, 2013, Vol.339, No.6122, pp.953-957; B.K. Jack, M.P. Recalde, "Leadership and the Voluntary Provision of Public Goods: Field Evidence from Bolivia," *Journal of Public Economics*, 2015, Vol.122, No.2, pp.80-93; P. Glewwe, A. Park, M. Zhao, "A Better Vision for Development: Eyeglasses and Academic Performance in Rural Primary Schools in China," *Journal of Development Economics*, 2016, Vol.122, No.1, pp.170-182.

⑤ R.Durante, L. Putterman, J. van der Weele, "Preference for Redistribution and Perception of Fairness: An Experimental Study," *Journal of the European Economic Association*, 2014, Vol.12, No.4, pp.1059-1086; 汪良军、童波：《收入不平等、公平偏好与再分配的实验研究》，《管理世界》2017年第6期；杨晓兰、周业安：《政府效率、社会决策机制和再分配偏好——基于中国被试的实验经济学研究》，《管理世界》2017年第6期；J.Esarey, T. C. Salmon, C. Barrilleaux, "What Motivates Political Preferences? Self-interest, Ideology and Fairness in a Laboratory Democracy," *Economic Inquiry*, 2012, Vol.50, No.3, pp.604-624.

配原则等要素对再分配偏好的影响。这些研究视角为本章的研究提供了很好的借鉴。但在研究情景、研究路径及被试者的遴选方面亦存在如下不足：(1)缺少决策机制的择优的比较研究，具体表现为仅列出一种决策者类型作为研究前提来测度其对再分配偏好的影响，缺少多元社会决策机制的优劣比较；(2)作为调节社会收入均等化的两项关键工具——社会保障和税收，仅仅研究税率对再分配偏好的影响，而忽视社会保障权益决策机制、推进逻辑对再分配偏好的影响，显然是有偏的，这主要是基于社会保障对收入再分配的调节作用在绝大多数发达国家已经超越了税收制度的作用；(3)对于社会保障权益的调节机制对再分配偏好的调节作用，多数研究将重点投射到社会保障权益的分配这一节点上，仅仅考虑了社会保障制度作为公共产品的本质属性，而忽视了其缴费环节的"漏损"对国民再分配偏好的负向影响效应；(4)在实验的情景选择尺度上，社会决策机制中的被试者几乎都来源于西方发达国家，即以欧美社会制度为背景，这对于采用异质性体制的中国来说未必适用。

基于上述情境，本章基于既有的研究文献与随机田野实验方法（RFTs），并结合中国目前既有的社会保障治理规模存量及现实情景，搭建了一组关于社会保障决策机制、推进逻辑及再分配偏好的社会实验室来解决下列问题：(1)实验拟从多元社会决策者及被试者的视角来探寻其对再分配偏好水平的影响，即测度不同社会保障缴费水平下，社会保障权益决策机制的三个原则——多数统治原则、随机性决策原则以及合议制原则对国民再分配偏好水平的影响；(2)将社会保障实施路径分为缴费和发放两种，一方面测度社会保障作为公共产品和公共服务所带来的社会福利的帕累托改进，另一方面测度社会保障缴费环节所带来的"漏损"，即在社会保障净福利增进和净福利漏损之间，重新检验社会保障效率与国民再分配偏好水平之间的关系；(3)在中国的历史情境及现代化的进程中构建社会保障决策机制，推进对国民再分配偏好的影响逻辑实验平台，就需要"嵌入"中国1949~1978年经济、社会与政治一体化，1979~2008年经济与政治相分离以及2009年至今经济、社会与政治三维治理体系的阶段性独特历程及现实情境特征。

在实验的设计原则、设计流程及设计方式方面的主要贡献集中体现在如下方面：(1)分不同类型的社会保障权益决策机制进行对比性分析，探寻不同社会选择机制对国民再分配偏好水平的影响；(2)将社会保障缴费率对国民收入再分配偏好水平的净影响以社会保障治理规模的不同程度的实验情境化,基于事实与反事实的视角设计了低、中、高三类型的治理规模,以此来测定被试者的再分配偏好水平;(3)为了使得随机对照试验的实验结果更具稳健性,我们在社会实验室中选择本科生作为被试者,而将公共管理硕士作为非本科生被试者,以此作为对照和辅助。本节其余部分内容的结构安排为:第二部分为文献回顾与理论假说;第三部分为RCTs设计与实验过程,第四部分为实验数据分析与结果阐释。

## 二 公平论与自利论

社会保障制度作为19世纪最伟大的发明之一,其成立之初便存在自由主义与社会民主主义之争,导致社会保障制度一度出现"泛经济化""泛政治化"的"异化"现象。[①]自由主义所代表的古典经济学从理性经济人的初始假说出发,认为社会保障权益决策机制的再分配偏好或动机来源于人的自利性。这种自利性可用跨期消费模型(理论)来解释:社会保障再分配偏好由即期的消费所获得的效用和预期的未来消费效用共同决定。由于个体更倾向于使自身效用提升的制度安排,且低收入群体比高收入群体拥有更高的再分配偏好,由此,社会保障权益决策机制是偏向于"穷人"的。[②]从生命周期理论来看,向上流动性预期假说(即POUM假说)认为,预期未来收入的丰腴性会减弱即期个体再分配偏好。从这个视角来看,中低收入群体不支持社会保障缴费率过高的再分配制度安排亦是存在的,因为"穷人"会追求向更高社会阶层的跨越来提升其经济地位和社会政治地位。[③]当把风险要素引入生命周期模型时,再分配偏好的自利性影响因子就发生了选择性偏移。未来收入的不确定性要素成为个体再分配偏好水平的显著性因子。特别是对风险

---

[①] 王增文:《中国社会保障治理结构变化、理念转型及理论概化——范式嵌入与法治保障》,《政治学研究》2015年第5期。

[②] Allan H. Meltzer, Scott F. Richard, "Tests of a Rational Theory of the Size of Government," *Public Choice*, 1983, Vol.41, No.3, pp.403-418.

[③] M. Ravallion, M. Lokshin, "Who Wants to Redistribute: The Tunnel Effect in 1990s Russia," *Journal of Public Economics*, 2000, Vol.76, No.1, pp.87-104;汪良军、童波:《收入不平等、公平偏好与再分配的实验研究》,《管理世界》2017年第6期;杨晓兰、周业安:《政府效率、社会决策机制和再分配偏好——基于中国被试的实验经济学研究》,《管理世界》2017年第6期。

厌恶者而言，社会保障权益决策机制成为由风险导致的未来收入不确定性的"缓冲器"。①

随着社会调查数据的丰富，人的自利动机对其再分配偏好水平高低的解释日益不足。在近几年的社会保障再分配研究中，人们通过社会调查数据的实证检验逐步发现，个体的公平性偏好还受正义与公平认知的影响；人们之所以呈现一定水平的社会保障再分配偏好是基于人们对初次收入不平等的公平性认知。②从既有的研究文献来看，因不平等厌恶偏好而形成的再分配偏好的公平论认定文献中，不同学者发现了不同比例的被试者对于此公平观的认定，如19.40%、43.5%③等。社会保障制度的历史语境及现代化转型路径中，无不被赋予了一定的经济、社会和政治功能。由此，人们重新考察了初次分配的效率、成本与再分配公平间的权衡问题，通过探寻均衡点，考察其与再分配偏好水平的交互影响。一项"漏篮"实验（Leakage Test of Basket）显示，再分配会对财富流量及存量水平的提升产生负向的激励，进而造成效率"损漏"，由此，再分配偏好水平的取舍应在公平与效率间寻找均衡点。④然而，这项"漏篮"实验过于关注分配偏好水平，但同时又没有很好地区分再分配偏好与初次分配偏好的关系，因而对社会保障的公平偏好理论负向影

---

① H. R. Varian, "Redistributive Taxation as Social Insurance," *Journal of Public Economics*, 1980, Vol.14, No.1, pp.49-68；王增文：《中国社会保障治理结构变化、理念转型及理论概化——范式嵌入与法治保障》，《政治学研究》2015年第5期；María Teresa Buitrago Echeverri, César Ernesto Abadía-Barrero, Consuelo Granja Palacios, "Work-related Illness, Work-related Accidents, and Lack of Social Security in Colombia," *Social Science & Medicine*, 2017, Vol.187, No.4, pp.118-125。

② A. Alesina, G. M. Angeletos, "Fairness and Redistribution: US versus Europe," *Social Science Electronic Publishing*, 2002, Vol.95, No.4, pp.960-980; Colin Jennings, Santiago Sanchez-Pages, "Social Capital, Conflict and Welfare," *Journal of Development Economics*, 2017, Vol.124, No.1, pp.157-167；向玉乔：《社会制度实现分配正义的基本原则及价值维度》，《中国社会科学》2013年第3期；张国清：《分配正义与社会应得》，《中国社会科学》2015年第5期。

③ A.W. Cappelen, A.D. Hole, E.Ø. Sørensen, B. Tungodden, "The Pluralism of Fairness Ideals: An Experimental Approach," *American Economic Review*, 2007, Vol.97, No.3, pp.818-827.

④ James P. Vere, "Social Security and Elderly Labor Supply: Evidence from the Health and Retirement Study," *Labour Economics*, 2011, Vol. 18, No. 5, pp. 676-686; Marten Hillebrand, "On the Role of Labor Supply for the Optimal Size of Social Security," *Journal of Economic Dynamics and Control*, 2011, Vol. 35, No. 7, pp. 1091-1105; Stefan Traub, Christian Seidl, Ulrich Schmidt, "An Experimental Study on Individual Choice, Social Welfare, and Social Preferences," *European Economic Review*, 2009, Vol.53, No.4, pp.385-400.

响效应的估计是有偏的；而且，实验室情境以市场经济为主体，忽视了再分配的社会计划者的主观能动性。基于此，Hong等重新修正了收入再分配博弈模型，用CES效用函数来测度被试者的社会福利函数，对因不平等厌恶偏好而形成的再分配偏好的公平观认定的比重进行了重新计算，发现仅有4.60%的被试者具有强烈的效率偏好，19.40%的被试者具有强烈的公平性偏好，而绝大多数被试者（53.70%）具有较为温和的效率偏好，其余约22.2%的被试者具有温和的公平偏好。①

在上述两种情境的研究文献中，均未提及再分配偏好变量的内生性问题。实际上，个体的就业特征和社会阶层特征与社会保障权益决策机制相互影响，互为因果关系，这种内生性的相互作用形成了被试者的再分配偏好。从研究的综合性视角来看，既有文献遵从了公共管理的基本研究范式——制度生成、制度创新、再分配偏好及制度绩效评估，从宏观维度展开关系研究。本章将从社会保障权益决策机制、推进逻辑及再分配偏好的微观视角切入。在考虑到再分配偏好变量的内生性偏好后，如何精确地测度被试者的社会保障再分配偏好水平成为社会保障领域全新的研究命题。2000年以来，随机对照试验及随机田野实验的方法开始被引入社会科学领域，并对再分配偏好进行实验。②从随机对照试验的理论基础来看，多数实验检验的是罗尔斯的分配正义理论，以收入分配或再分配为主体来支持、修正罗尔斯功利主义的最大化原则，从而判断社会福利净提升或净损失对再分配方案的接受或拒绝程度。③2005年以来，社会实验的检验方式越来越多地应用到税收制度社会、

---

① Hao Hong, Jianfeng Ding, Yang Yao, "Individual Social Welfare Preferences: An Experimental Study," *Journal of Behavioral and Experimental Economics*, 2015, Vol.57, pp.89-97.

② R.Durante, L. Putterman, J. van der Weele, "Preference for Redistribution and Perception of Fairness: An Experimental Study," *Journal of the European Economic Association*, 2014, Vol.12, No.4, pp.1059-1086；杨晓兰、周业安：《政府效率、社会决策机制和再分配偏好——基于中国被试的实验经济学研究》，《管理世界》2017年第6期；Guillermo Cruces, Ricardo Perez-Truglia, Martin Tetaz, "Biased Perceptions of Income Distribution and Preferences for Redistribution: Evidence from a Survey Experiment," *Journal of Public Economics*, 2013, Vol.98, No.1, pp.100-112。

③ N. Frohlich, J. A. Oppenheimer, C.L. Eavey, "Laboratory Results on Rawls's Distributive Justice," *British Journal of Political Science*, 1987, Vol. 17, No. 1, pp. 1-21; P. A. Michelbach, J. T. Scott, R. E. Matland, B. H. Bornstein, "Doing Rawls Justice: An Experimental Study of Income Distribution Norms," *American Journal of Political Science*, 2003, Vol.47, No.3, pp.523-539.

## 第一章 社会保障与收入分配公平的理论建构

保险费率厘定以及再分配的社会决策领域。在社会实验室中,被试者会对税率的高低水平、保险费率水平等进行表决,进而测定其再分配偏好水平。例如,Ackert 等通过随机评估实验,检验了在"累进税"和"定额税"两种税制下个体选择受自身和社会偏好的影响[①];Esarey 等在其研究基础上引入再分配偏好,并测度了影响个体再分配偏好的两种动机——社会平等和社会保障抵御自身风险的功能[②]。从再分配偏好得出的实验结果来看,既有研究整体上认同社会决策机制和收入结构对实验结果有影响,在以高收入阶层为主体的被试群体中,实验结果体现为其对不平等的厌恶,而在以中低收入阶层为主体的被试群体中,实验结果则集中体现为被试群体的自利性价值取向,并且这种再分配偏好水平会随着税率或者费率的提升呈现逐步提高的趋势。[③]

综观既有研究文献,我们可以看出,社会保障从建立到不断优化的过程中,其权益决策机制、推进逻辑受不同再分配偏好水平国民的影响。然而,这种再分配偏好水平的高低来源于不同国民群体的选择动机——分配正义的公平性动机和个体效用最大化的自利性动机。当然,除了学界聚焦于这两种动机能够影响社会保障权益决策的再分配偏好外,社会保障缴费率、初次收入分配、社会的整体性决策机制以及不同的居民身份均会对再分配偏好产生影响。而既有的随机实验研究均是在西方社会背景下展开的,仅能充分说明内部的有效性,这会使实验得出的结论不可避免地难以充分诠释外部的有效性。既有研究已经充分证实了个体的决策与个体的行动无不是在制度的内生性框架下进行并受其影响的。因此,在社会实验中,即便是相同的实验条件,由于中国独特的经济、社会和政治制度的历史变迁情境与现代化转型的异质性语境,不同类型的国民群体的再分配偏好与西方社会的再分配偏好可能存在差异性。实验结果可能存在的差异性会进一步对既有

---

① L. F. Ackert, J. Martinez-Vazquez, M. Rider, "Tax Policy Design in the Presence of Social Preferences: Some Experimental Evidence," *Economic Inquiry*, 2007, Vol.45, pp.487-501.

② J. Esarey, T. C. Salmon, C. Barrilleaux, "What Motivates Political Preferences? Self-interest, Ideology and Fairness in a Laboratory Democracy," *Economic Inquiry*, 2012, Vol.50, No.3, pp.604-624.

③ R. Durante, L. Putterman, J. van der Weele, "Preference for Redistribution and Perception of Fairness: An Experimental Study," *Journal of the European Economic Association*, 2014, Vol.12, No.4, pp.1059-1086;杨晓兰、周业安:《政府效率、社会决策机制和再分配偏好——基于中国被试的实验经济学研究》,《管理世界》2017年第6期。

理论进行修正，同时能够更全面地指导实践。这种假设演绎的方法能够更好地促进再分配理论的实践与发展，亦是本章研究的原生动力与创新点。

## 三 社会保障行动实验室

2016年12月、2017年7~8月，课题组通过南京大学文科实验室平台邀请了240位不同学科、不同职业的全日制在读本科生，作为RCTs的被试者。本实验的实验设置（Treatment）和实验局（Session）均是在南京大学文科实验室进行的。为了更好地比照，引入社会情境元素，本实验同时邀请了60位MPA在读硕士研究生参与对照性实验，通过Query软件并安装zTree插件工具来实现。实验大概持续了半小时。被试者是有偿邀请，顺利完成实验后每人将获得30元的实验物质回报。在每个Session中，当被试者进入实验室后，随机抽取0~20的号码（ID），然后对20台计算机对号入座，以此形成20个小组，从而组成一个小型"实验室社会"。被试者的组别间是互相独立而封闭的"小社区"，彼此间信息并不通畅，实验基本流程如图1-1所示。

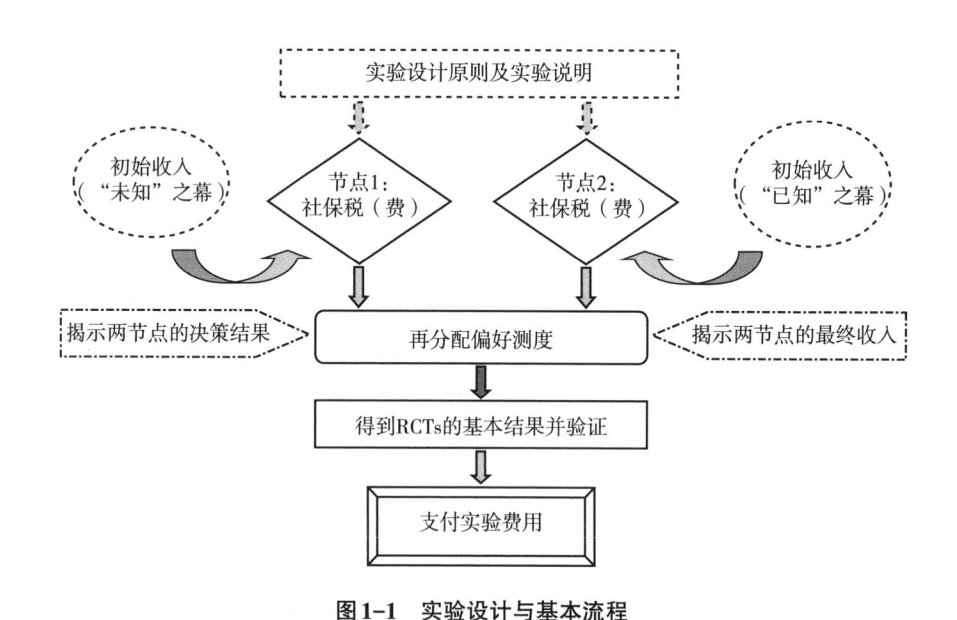

图1-1 实验设计与基本流程

为了研究收入分布结构下社会保障权益决策机制、推进逻辑对不同被试群体再分配偏好水平的影响效应，实验设计中，将不同阶层收入水平分为5

个等级，分别为低收入户、中等偏下收入户、中等收入户、中等偏上收入户、高收入户。在比例结构方面，5个收入等级的人口占社会总人口的比重是均等的。对于不同收入等级群体的平均收入水平分布，以2016年中国城镇居民年收入作为基本参照。在与各被试者相对照匹配的过程中，每位被试者只能获知自己属于哪个收入等级，而不了解其余被试者的收入分布状况。实验设计中，不同组别等级被试者的初始收入水平分别对应于2016年中国城乡居民的5个收入等级（见表1-1）。

表1-1 中国城镇居民五等分收入组及实验基准的对照性分布

单位：万元

| 收入分布等级 | 高收入户 | 中等偏上收入户 | 中等收入户 | 中等偏下收入户 | 低收入户 |
| --- | --- | --- | --- | --- | --- |
| 人均年收入 | 5.9259 | 3.1990 | 2.0924 | 1.2899 | 0.5529 |
| 实验基准收入 | 6.0000 | 3.2000 | 2.1000 | 1.3000 | 0.5600 |

资料来源：《中国统计年鉴2017》。

实验过程分为两个关键节点。节点1的设计如下："未知"之幕下，各位被试者仅仅了解自身的收入分布等级（低、中等偏下、中等、中等偏上、高），而不了解自身具体收入水平值。实验中假设被试者在其所属的经济社会情境之下需要医疗卫生、养老保险及服务、工伤保险、失业保险、社会救助及各种社会福利等公共产品和公共服务。按照权利义务匹配原则，国民要按一定税率（或费率）的成本付出获得上述社会保障权益，由此，被试者可以对不同的税率（或费率）进行投票选择，即社会保障缴费率分为0、10%、20%、30%、40%、50%这6个档次。①按照RCTs设计，被试者需要从6个缴费率等级中选择一个。节点2是在获悉自身收入水平情境下，重新对社会保障缴费率的6个等级进行选择。选择后，社会保障缴费所得在不同年龄、不同生存状况的社会成员中进行代内和代际再分配。被试者的最后实际收入等于税后收入与社会保障收入之和。由于本实验采用的是实验室"元"作为基本单

---

① 最高缴费率之所以选择50%主要是依据《人民日报》的调查报告中列出的世界上缴费率最高的四个国家——法国、德国、意大利及波兰，其缴费率分别为42.58%、41.28%、40.97%及40.09%。

位，由此，最后社会平均收入水平按照一定比例换算成人民币收入。被试者的最后总收入可用式（1-1）来表示：

$$H_j = h_j(1-\sigma) + [(h_1\sigma + h_2\sigma + \cdots + h_m\sigma)\cdot\mu]/m + SSI \qquad (1-1)$$

其中，$H_j$表示被试者的最后总收入，$h_j$为被试者的初始收入，$\sigma$为社会保障缴费率水平，$\mu$为社会化程度，$m$是被试数，$SSI$为社会保障收入。由此，被试者的最后总收入是由其初始收入、社会保障收入、社会保障缴费率及社会化程度共同决定的。社会保障缴费率水平$\sigma$受制于社会保障治理规模，而社会保障治理规模作为内生性变量又受社会保障权益决策机制的约束，通过社会保障权益决策机制的三种原则，看其是否会影响到被试者的社会保障再分配偏好。基于社会保障权益决策机制的三种原则，多数统治原则的实验局中，根据大数原则找到两节点区间中社会保障缴费率相对集中的两个等级，并将这两个等级作为收入水平在"未知"之幕和"已知"之幕下的社会保障缴费率水平。MR原则是西方社会常用的社会决策原则。然而该原则的最大缺陷在于易造成被试者自利性的机会主义选择倾向。这种自利倾向容易产生高、中、低收入阶层之间的选择倾向性，未必能真实地反映被试者的再分配偏好水平。在随机性决策原则下，每位被试者首先依据自己的再分配偏好选择其可接受的社会保障缴费等级水平，在所有参与试验的被试群体所形成的实验局"社会"中，随机选择一位被试者作为两节点区间中的社会保障权益决策主体，由此，将该被试者在两节点区间内所选择的社会保障缴费率水平作为社会保障缴费率。RD原则下，由随机性的决策生成的费率凸显出各被试者被选为社会保障权益决策主体的"概率"是无差异的，由此，更能凸显出RD原则比MR原则在体现被试者的再分配偏好方面更具有效性。在合议制原则下所形成的实验局"社会"中，节点1区间中，所有被试者首先要选择6个费率中的一个；其次进行民主"选举"，选出社会保障决策主体；最后由所"选举"出的社会保障决策主体确定社会保障费（税）率。在节点2区间内，被试者在获得自身收入所处的等级及收入水平值信息后，要完成两项任务：一是非"选举"出的社会保障决策主体（即社会成员）再次选择6个费率中的一个；二是节点1区间中"选举"出的社会保障决策主体要综合考虑各被试者（非"选举"出的社会保障决策主体）的费率选择等级分布，最后合理确定最终的社会保障缴费率。这种"合议制"的社会保障权益决策机制体现了"自下而上"决策的民主性；同时又能体现出"自上而下"集中决策的有效性。在融合了中国社会决策机制的历史变迁及现代化转型情境下，社会保障权益决策者在两节点区间所获得的实际收入是相对稳定的，不会因为选择差异化的缴费率而影响个体自身收益。一般社会成员的社会保障缴费率所形成的不同费率等级集合，是用来确定最终缴费率的信息来源。那么，社会保障权益的最终决策主体的再分配偏好的选择动机来源于其分配正义或福利最大化动机。从中国的政治、经济及社会三维治理体系下所生成社会保障治理规模逻辑来看，合议制的社会保障权益决策模式与中国的历史变迁及现代化转型情境相吻合。合议制体现了"自下而上"的民主与"自上而下"的集中相结合的有机统一治理模式，在实验过程中，社会保障权益决策机制及社会保障治理规模决策者是民主选举与集中所筛选出来的被试者，他们集中构成一个实验室"社会"。在这个微型社会中，先是通过各被试者表达自身的决策偏好，然后形成决策偏好集，形成"自下而上"的决策过程；在此基础上，政治和社会权威根据决策偏好集做出最终的社会决策，进而实现"自上而下"的集中决策过程。

社会化程度（$\mu$）是随机对照试验的关键性变量，实验过程中，我们将 $\mu$ 设置为 40%、80% 和 100% 三个等级。既有的实验设计及实验结果揭示，费率或税率的高低直接影响到被试者的再分配偏好水平，随着社会保障税率或费率的提升，被试者的再分配偏好水平会显著上升。[1]一个治理型或服务型的政府或社区能够通过社会组织这一纽带与居民形成良好的连接，形成"政社互动"和"三社联动"的高效治理模式，通过有效利用社会保障税费提供社会保障及服务，从而能够有效地规避社会保

---

[1] J.Esarey, T. C. Salmon, C.Barrilleaux, "What Motivates Political Preferences? Self-interest, Ideology and Fairness in a Laboratory Democracy," *Economic Inquiry*, 2012, Vol.50, No.3, pp.604-624; P. Glewwe, A. Park, M. Zhao, "A Better Vision for Development: Eyeglasses and Academic Performance in Rural Primary Schools in China," *Journal of Development Economics*, 2016, Vol.122, No.1, pp.170-182；杨晓兰、周业安：《政府效率、社会决策机制和再分配偏好——基于中国被试的实验经济学研究》，《管理世界》2017年第6期。

障税费"漏损"现象的发生,并能够有效地提升被试者的再分配偏好水平,反之则反。基于此,在社会保障权益决策的RCTs实验室中,我们引入相关的社会背景来阐释社会化程度的异质性。在实验过程中,我们告知被试者下列命题。

**命题**:随着社会化程度的提升,社会保障的税费收入将会增值,社会保障公共产品及服务的提供效率将会大幅提升;反之,若社会化程度在降低,则社会保障税费收入将会产生漏损,社会保障公共产品及服务提供的有效性将会降低。[①]"政社互动"、"三社联动"、社会化程度及社会保障税(费)率均为社会化的概念。本章在实验设计过程中"嵌入"这些社会化元素,将实验结果暴露在相对真实的现实情境框架之中,从而更加精确地测度被试者的再分配偏好。在"嵌入"现实情境的过程中,充分遵循了真实性原则,即接近自然的实验环境,还原被试者的真实决策情境,尽量用中性的词语描述所"嵌入"的情景框架,从而削弱被试者的心理效应及结果的最终影响。通过式(1-1),可以选择不同的社会化程度水平等级值,在不同的社会保障缴费率水平下,各被试者所属的收入等级的最终收入分布如表1-2至表1-4所示。

表1-2 缴纳社会保障税(费)后的总收入分布($\mu=100\%$)

单位:万元

| 社会保障税<br>(费)率 | 高收入户 | 中等偏上<br>收入户 | 中等收入户 | 中等偏下<br>收入户 | 低收入户 |
|---|---|---|---|---|---|
| 0 | 6.0000 | 3.2000 | 2.1000 | 1.3000 | 0.5600 |
| 10% | 5.7382 | 3.2006 | 2.1648 | 1.4309 | 0.6936 |
| 20% | 5.5466 | 3.2167 | 2.1851 | 1.5345 | 0.8830 |
| 30% | 5.4297 | 3.2284 | 2.2064 | 1.6260 | 0.9844 |
| 40% | 5.2014 | 3.2366 | 2.2753 | 1.7305 | 1.0575 |
| 50% | 4.9985 | 3.2440 | 2.3069 | 1.8217 | 1.1574 |

---

[①] 社会化程度低存在的问题是政府会存在权力寻租行为;政府大包大揽、机构膨胀、冗员多、管理成本大幅提升;政府职责不清,事情反复做与管理缺位并存,社会保障运行成本高,社保基金挪用及贪污腐败现象严重。

## 第一章 社会保障与收入分配公平的理论建构

表1-3 缴纳社会保障税（费）后的总收入分布（$\mu=80\%$）

单位：万元

| 社会保障税（费）率 | 高收入户 | 中等偏上收入户 | 中等收入户 | 中等偏下收入户 | 低收入户 |
|---|---|---|---|---|---|
| 0 | 6.0000 | 3.2000 | 2.1000 | 1.3000 | 0.5600 |
| 10% | 5.8361 | 3.1876 | 2.1475 | 1.2644 | 0.6118 |
| 20% | 5.6638 | 3.1772 | 2.1854 | 1.3155 | 0.7326 |
| 30% | 5.4292 | 3.1539 | 2.2250 | 1.3859 | 0.8440 |
| 40% | 5.2734 | 3.0526 | 2.2685 | 1.4307 | 0.9748 |
| 50% | 5.0532 | 3.0145 | 2.2984 | 1.4956 | 1.1863 |

表1-4 缴纳社会保障税（费）后的总收入分布（$\mu=40\%$）

单位：万元

| 社会保障税（费）率 | 高收入户 | 中等偏上收入户 | 中等收入户 | 中等偏下收入户 | 低收入户 |
|---|---|---|---|---|---|
| 0 | 6.0000 | 3.2000 | 2.1000 | 1.3000 | 0.5600 |
| 10% | 5.7539 | 3.1426 | 2.0547 | 1.3450 | 0.6458 |
| 20% | 5.5205 | 3.0533 | 2.0104 | 1.3853 | 0.7247 |
| 30% | 5.2180 | 2.9840 | 1.9953 | 1.4197 | 0.8128 |
| 40% | 5.0632 | 2.9277 | 1.9842 | 1.4530 | 0.8559 |
| 50% | 4.8057 | 2.8631 | 1.9805 | 1.4900 | 0.9275 |

在社会化程度为最高级别100%的情境下，高收入户的被试者在不同的社会保障税（费）率下的最后总收入均小于未缴纳社会保障税（费）的收入；在社会化程度为次高级别80%的情境下，随机实验结果显示，高收入户及中等偏上收入户的最后总收入均小于未缴纳社会保障税（费）的收入；在社会化程度为40%的情境下，实验结果显示，高收入户、中等收入户及中等偏上收入户的最后总收入均小于未缴纳社会保障税（费）的收入。本章将上述3种情境下的收入等级被试群称为高收入被试者。他们在社会保障中获得的权益小于其向社会所付出的社会保障缴费额，即成本大于收益。与之相反的被试群体称为低收入被试者。这部分群体社会保障缴费前的收入均小于最后总收入。从福利经济学的效用视角来看，当社会化程度为80%时，无论社会保障税（费）率如何分布，社会总效用水平保持一致；当社会化程度为100%时，随着社会保障税（费）率水

平的不断提升,社会总福利的效用水平不断提高;当社会化程度为40%时,社会保障税(费)的"漏损效应"较为明显,随着社会保障税(费)率水平的不断提升,社会总福利效用水平的损失程度不断提升。本实验采用了3种选举决策机制,并将这三种机制"嵌入"3类社会过程不同的现实情境中,从而形成了($\mu_1$,$\mu_2$,$\mu_3$)×(MR,RD,DC)的三阶矩阵设计模式,依次形成$\mu_1$-MR、$\mu_1$-RD、$\mu_1$-DC、$\mu_2$-MR、$\mu_2$-RD、$\mu_2$-DC、$\mu_3$-MR、$\mu_3$-RD及$\mu_3$-DC这9个实验组别,这9个实验组要进行多个实验局,具体如表1-5所示。

表1-5　RCTs设计及被试分布设置

| 实验组别序号 | 实验组别 | 实验局 | 选举决策机制 | 嵌入变量($\mu$) | 实验样本数 |
| --- | --- | --- | --- | --- | --- |
| A | $\mu_1$-MR | $S_1 \sim S_3$ | MR | 40% | $S_1=S_2=S_3=12$ |
| B | $\mu_2$-MR | $S_4 \sim S_5$ | MR | 80% | $S_4=S_5=12$ |
| C | $\mu_3$-MR | $S_6 \sim S_7$ | MR | 100% | $S_6=S_7=12$ |
| D | $\mu_1$-RD | $S_8 \sim S_9$ | RD | 40% | $S_8=S_9=12$ |
| E | $\mu_2$-RD | $S_{10} \sim S_{12}$ | RD | 80% | $S_{10}=S_{11}=S_{12}=12$ |
| F | $\mu_3$-RD | $S_{13} \sim S_{14}$ | RD | 100% | $S_{13}=S_{14}=12$ |
| G | $\mu_1$-DC | $S_{15} \sim S_{16}$ | DC | 40% | $S_{15}=S_{16}=12$ |
| H | $\mu_2$-DC | $S_{17} \sim S_{18}$ | DC | 80% | $S_{17}=S_{18}=12$ |
| I | $\mu_3$-DC | $S_{19} \sim S_{20}$ | DC | 100% | $S_{19}=S_{20}=12$ |

在"未知"之幕和"已知"之幕下,对两种被试所面临的情境进行了实验设计,并获得了实验结果后,本章将风险偏好型与风险厌恶型两种选择的二元变量分别作为被试者社会保障再分配偏好的问卷设计基础,然后测度每位被试者的风险偏好或风险厌恶时的收入;而在问卷设计过程中,240位被试者需要完成30多项有关其个体或家庭特征的题目,如性别、年龄、民族、户籍、专业及家庭兄弟姐妹数量、家庭收入等。

## 四　社会保障再分配偏好及其影响因素

### （一）社会保障再分配偏好的假说

我们"嵌入"了三种选举决策机制——MR、RD、DC来探究被试者再分配偏好所造成的异质性。此外，根据以"未知"之幕为背景研究社会保障权益相关的再分配偏好的既有文献，考虑社会保障权益决策者的风险偏好或风险厌恶与其所期望的社会保障权益再分配偏好所带来的影响。基于此，在第三部分对照实验的设计过程中，模拟"未知"之幕和"已知"之幕下被试者的风险态度，从而在进行数据挖掘时可以抽取出社会保障的期望收益对再分配决策的影响效应，进而可以得到公平性偏好对被试者再分配偏好的"净"影响效应。在此基础上，我们将进一步测度和检验社会化程度及选举决策机制对被试者社会保障再分配偏好的影响。

按照Rawls的公平理论，被试者在未来收入具有不确定性时，往往会担心收入滑落到低收入群体的行列。从理性经济人视角出发，被试者更倾向于选择社会中低收入群体的社会保障再分配偏好，此乃Rawls公平理论的一个基本原则。在保证中低收入群体再分配利益最大化的前提下，"嵌入"不同的社会化程度，被试者均会偏好更高的社会保障税（费）率。

**假说Ⅰ**：社会化程度不会影响Rawls收入再分配公平理论中的被试者选择更高的社会保障税（费）率。

实际上，在初始收入的"未知"之幕下，被试者最终收入落入的收入等级区间具有随机游走性，并且具有等概率性，那么，被试者选择社会保障税（费）率的基本原则是个体社会保障效用水平更高的税（费）率水平。在社会化程度处于较低水平时，被试者通常会选择更低的社会保障税（费）率；当社会化程度处于较高水平时，被试者往往会选择相对较高的税（费）率水平；而当社会化程度处于中等层次水平时，被试者所处的各个实验局的选择结果是未知的，因此，本章通过实验对其选择偏好及选择结果进行检验。

**假说Ⅱ**：按照海萨尼（John C.Harsanyi）的公平理论，社会化程度越高，个体选择的税（费）率越高，反之则反；而当社会化程度处于中等水平时，个体选择具有无差异性。

实际上，从理性经济人的视角来看，在收入"未知"之幕下，被试者的社会保障再分配偏好会受到风险偏好或风险厌恶态度的影响，由此提出如下假说。

**假说Ⅲ**：如果被试者属于风险偏好类型，则其会选择相对更低的社会保障税（费）率；如果被试者属于风险厌恶类型，则其会选择相对更高的社会保障税（费）率。

对照实验设计和节点2区间，被试者的收入等级及水平处于"未知"之幕时，个体对社会保障税（费）率水平的理性选择会受两类动机的影响，即公平性偏好动机和自利性偏好动机，最终决定被试者再分配偏好的主要影响效应取决于两者的相对强弱。从理性经济人的视角来看，个体是以自利动机为出发点，从而实现自身福利的机制设计。基于此，从理性原则出发，充分对比税前收入与税后的再分配收入得到税后总收入，可以得到假说Ⅳ。

**假说Ⅳ**：从理性经济人视角出发，个体收入在"已知"之幕下，高收入群体会选择更低的社会保障税（费）率，而低收入群体则会选择更高的社会保障税（费）率；按照不平等厌恶理论，高收入群体所选择的社会保障税（费）率会是正值。

由于社会化程度的高低直接决定着社会保障治理规模及水平，那么，在既定收入水平以统一的社会保障税（费）率为基准时，随着社会化程度的提升，社会保障对提升社会总体性福利的效应更明显，还会进一步提升社会成员的社会保障再分配偏好，由此，可以得到假说Ⅴ。

**假说Ⅴ**：在收入"已知"之幕的实验情境下，社会化程度越高，则个体选择更高社会保障税（费）率的概率越大。

从投票选举决策机制的实施路径来看，利用貌似公平的投票决策机制来规避社会保障利益分配的不公平性恰恰成为一个"悖论"。这种引导再分配偏好的重要策略在执行过程中存在两种表决机制，即中位数投票和随机选择社会保障权益决策者。在欧美等收入分布符合"橄榄型"分布的社会中，不同收入阶层的综合性决策恰恰能体现中位数投票原则。而中位数投票对于如中国这种"金字塔"式的社会收入分配结构却是不适用的，因为中国中低收入群体占绝大多数，投票决策的中位数机制势必会导致过高的社会保障缴费率，进而给企业带来巨大负担。基于此，为了更好地与中国的现实情境相吻合，本章引入MR、RD及DC三种决策原则进行比较分析，从而探寻其与社会结构之间的相关性，即不同收入阶层更倾向于一致的选择模式还是符合自身所属阶层的利益决策模式，由此有如下假说。

**假说Ⅵ**：被试者的再分配偏好会受社会保障权益决策机制的影响；在收入"已知"之幕下，被试者相对收入水平这一先决条件决定了社会保障权益决策机制对再分配偏好的影响效用大小。

我们的实验情境分为"未知"之幕与"已知"之幕两种，被试者在这两种情境下选择社会保障税（费）率，在节点1环节，被试者通过公平正义观来思量社会保障缴费水平；在节点2环节，被试者在了解自身的收入水平及相对分布位次后，更多地表现为理性自利选择行为，由此，两节点的实验结果是相互不独立的。那么，有如下的假说。

**假说Ⅶ**："未知"之幕与"已知"之幕两环节实验情境下，被试者的社会保障再分配偏好的前后具有不独立性。

（二）社会保障再分配偏好的影响因素

1."未知"之幕下的社会保障再分配偏好

"未知"之幕下被试者社会保障税（费）率选择的描述性统计结果如表1-6所示，描述性统计结果有最大值，即最高社会保障税（费）率，以及最小值，即最低社会保障税（费）率（零税率）。假说Ⅰ认为，社会化程度不会影响Rawls收入再分配公平理论中被试者选择更高的社会保障税（费）率，但对照性实验结果否定了这一假说。实际上，符合假说Ⅰ的组别为随机性决策原则（RD）的投票机制组，有近一半的被试选择了社会保障最高档次的缴费率等级，这充分凸显出该组别公平正义的再分配偏好，从总体上来看，能够显著提升社会的整体性福利水平及效用水平。

表1-6 "未知"之幕下被试者社会保障税（费）率选择的描述性统计结果

| 序号 | 实验组别 | 零费率选择比重（%） | 50%费率选择比重（%） | 最大值（%） | 最小值（%） | 均值（%） | 标准误 | 实验样本（个） |
|---|---|---|---|---|---|---|---|---|
| A | $\mu_1$-MR | 12.760 | 2.447 | 50 | 0 | 15.246 | 0.113 | 36 |
| B | $\mu_2$-MR | 7.118 | 17.543 | 50 | 0 | 24.027 | 0.164 | 24 |
| C | $\mu_3$-MR | 0.000 | 11.757 | 50 | 10 | 26.926 | 0.147 | 24 |

续表

| 序号 | 实验组别 | 零费率选择比重（%） | 50%费率选择比重（%） | 最大值（%） | 最小值（%） | 均值（%） | 标准误 | 实验样本（个） |
|---|---|---|---|---|---|---|---|---|
| D | $\mu_1$-RD | 11.572 | 7.058 | 50 | 0 | 16.126 | 0.130 | 24 |
| E | $\mu_2$-RD | 2.684 | 11.438 | 50 | 0 | 23.348 | 0.130 | 36 |
| F | $\mu_3$-RD | 0.000 | 42.652 | 50 | 10 | 37.231 | 0.125 | 24 |
| G | $\mu_1$-DC | 11.541 | 3.972 | 50 | 0 | 18.355 | 0.127 | 24 |
| H | $\mu_2$-DC | 0.000 | 12.640 | 50 | 0 | 24.329 | 0.144 | 24 |
| I | $\mu_3$-DC | 0.000 | 15.765 | 50 | 10 | 27.937 | 0.147 | 24 |

接下来，本章将验证社会保障权益分配的功利主义的公平观，社会化程度越低，个体选择社会保障税（费）率的概率就越小。表1-7的结果显示，当社会化程度为40%时，选择社会保障零税（费）率的比重仅仅占到了8.763%；当社会化程度达到100%时，选择社会保障50%税（费）率的被试者比重仅仅为23.416%；而社会化程度处于80%时，被试者对社会保障税（费）率等级的选择呈现非正态分布，并处于随机游走状态。由此，从表1-7的分布结果我们可以看出，随着社会化程度的提升，被试者社会保障再分配偏好水平亦处于提升态势，但与假说Ⅱ并非完全吻合。

表1-7 不同社会化程度下被试者社会保障税（费）率选择的描述性统计结果

| 序号 | 实验组别 | 零费率选择比重（%） | 50%费率选择比重（%） | 最大值（%） | 最小值（%） | 均值（%） | 标准误 | 实验样本（个） |
|---|---|---|---|---|---|---|---|---|
| J | $\mu_1$=40% | 8.763 | 3.793 | 50 | 0 | 0.160 | 0.128 | 97 |
| K | $\mu_2$=80% | 2.922 | 11.450 | 50 | 0 | 21.563 | 0.170 | 97 |
| L | $\mu_3$=100% | 0.000 | 23.416 | 50 | 10 | 24.324 | 0.182 | 75 |

## 第一章 社会保障与收入分配公平的理论建构

从图1-2不同社会化程度下不同社会保障税（费）率的被试者选择分布状态来看，社会化程度与社会保障税（费）率选择存在明显的集中趋势，随着社会化程度的提升，对社会保障税（费）率等级的选择呈现上升的趋势；但当社会化程度处于80%时，社会保障税（费）率选择等级会在0.10~0.50区间呈现均匀分布格局。

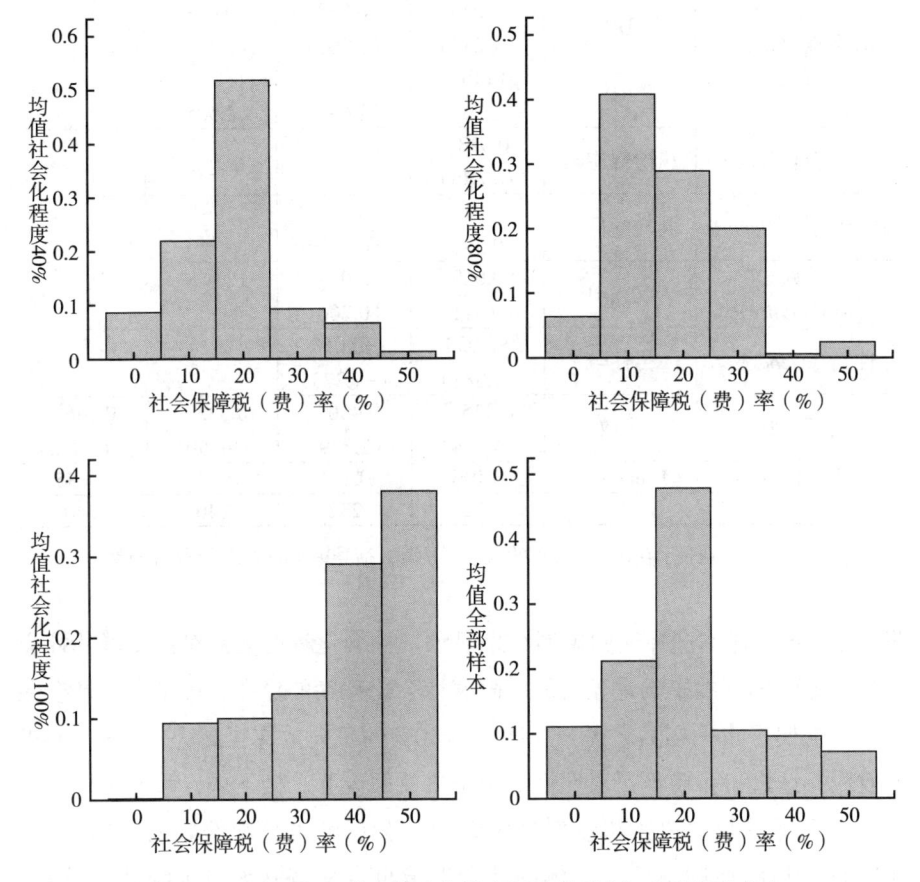

图1-2 "未知"之幕下被试者社会保障税（费）率选择的分布

在对照性实验的节点1区间内，被试者的社会保障再分配偏好影响因素有哪些呢？本章参照杨晓兰和周业安的做法，将再分配偏好代理变量用社会保障税（费）率来表示，并将其作为被解释变量，采用样本选择模型，将左截取节点选为0，右截取节点选为50%。① 具体的解释变量选择分布及回归结果如表1-8所示。

---

① 杨晓兰、周业安：《政府效率、社会决策机制和再分配偏好》，《管理世界》2017年第6期。

表1-8　样本选择模型回归结果（被解释变量：节点1社会保障费率选择）

| 变量 | 变量取值 | 模型（1） | 模型（2） | 模型（3） | 模型（4） |
|---|---|---|---|---|---|
| 社会化程度 | $\mu=40\%$ | -0.714*** (-4.002) | -0.156*** (-3.229) | -0.143*** (-3.279) | -0.159*** (-3.507) |
|  | $\mu=100\%$ | 0.175*** (3.667) | 0.175*** (3.406) | 0.170*** (3.552) | 0.162** (3.440) |
| 社会保障权益决策机制 | DC | 0.060 (1.282) | 0.062 (1.203) | 0.069 (1.327) |  |
|  | RD | 0.114*** (1.263) | 0.145*** (2.671) | 0.112** (2.505) |  |
| 风险态度（DA） | 风险规避=1 | 0.018** (1.875) |  |  |  |
| 政治面貌（Party） | 共产党员=1 | 0.017 (0.381) | 0.180 (0.472) |  |  |
| 民族（Nationality） | 汉族=1 | 0.019 (0.311) | 0.014 (0.206) |  |  |
| 性别（Gender） | 男性=1 | -0.053 (1.388) | -0.050 (-1.273) |  |  |
| 截距项 | 常数 | 0.325*** (4.784) | 0.400*** (7.829) | 0.383*** (9.260) | 0.446*** (14.072) |
| 拟合优度 | Pseudo $R^2$ | 0.196 | 0.181 | 0.179 | 0.155 |
| 样本量 |  | 232 | 232 | 240 | 240 |

注：***、**分别表示在0.01、0.05的水平下显著，括号里面的值表示标准误差。

表1-8的样本选择回归模型结果显示，社会化程度变量对被试者的社会保障再分配偏好的影响是显著的。随着社会化程度的提高，被试者的社会保障再分配偏好水平亦随之提升，即由$\mu=40\%$的负向效应提高为$\mu=100\%$的正向效应。这进一步验证了对照性实验结果及假说Ⅱ。接下来，我们来探析不同的社会保障权益决策机制对被试者的社会保障再分配偏好的影响效应。MR原则与DC原则情境下个体的社会保障再分配偏好无显著统计学差异。从风险态度变量对被试者社会保障税（费）率的选择影响来看，在节点1实验区间内，随着被试者风险规避程度的提升，其社会保障再分配偏好程度亦有较大幅度的提升；而风险偏好的被试群体的再分配偏好与之相反。其余变量，如性别、民族及政治面貌等对被试者再分配偏好的影响效应并不显著。

2."已知"之幕下的社会保障再分配偏好

在对照性实验的节点1区间内，被试者是在收入的"未知"之幕下选择社会保障税（费）率等级，由此体现出的是社会保障税（费）率选择的公平

## 第一章 社会保障与收入分配公平的理论建构

正义性的价值观与行为。在实验的节点 2 区间内,被试者在收入"已知"之幕下,已经清晰地了解到自身收入及收入等级,以投票的形式选择社会保障税(费)率水平。此时,被试者的选择行为会强烈受制于其初始收入水平,被试者的社会保障呈现出满足其总收入最大化的选择特征。如果从经济学中的理性经济人视角出发,按照 RCTs 的基本设计原则与过程,中低收入被试群体会选择 50% 的社会保障税(费)率等级;高收入被试群体会全部选择零社会保障税(费)率。那么,这种选择应该符合两类分布,即非均匀或其他的偏态分布形式,实际的选择分布如图 1-3 和图 1-4 所示。

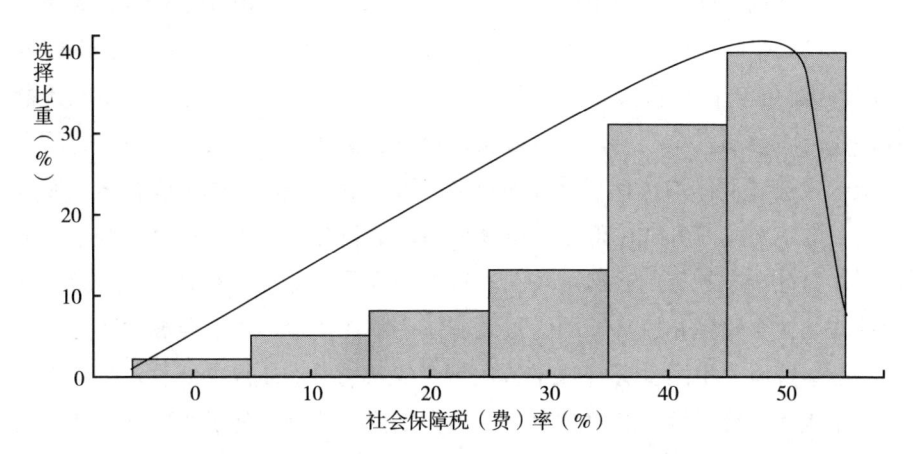

图 1-3 中低收入阶层被试者在"已知"之幕下的社会保障税(费)率选择分布

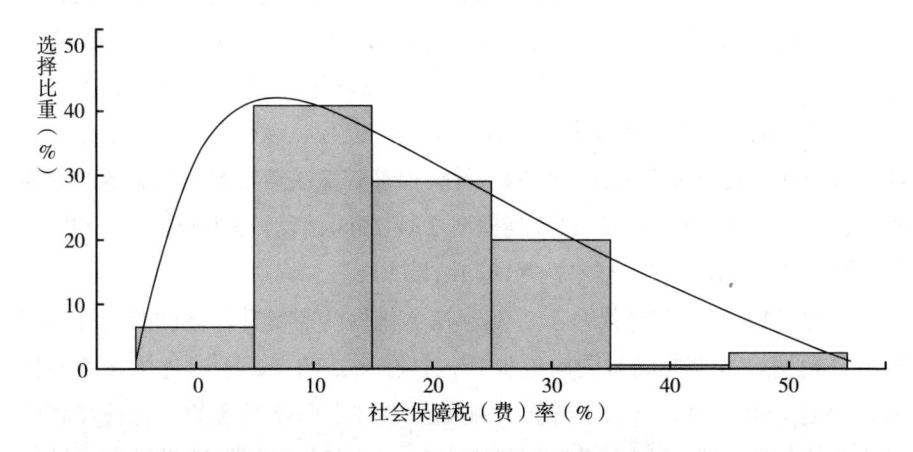

图 1-4 高收入阶层被试者在"已知"之幕下的社会保障税(费)率选择分布

从图1-3和图1-4可以看出，不同收入等级的被试者在社会保障税（费）率的选择方面存在较大的异质性，但从不同收入等级被试者的税率选择分布来看，其并不完全符合以理性经济人为出发点的完全"自利"行为选择模式，即高、中低收入被试群体并非"极化"为0与50%。在中低收入被试群体中，仅有40%左右的被试者选择了最高社会保障税（费）等级；而在高收入被试群体中，仅有不到7%的被试者选择了零社会保障税（费）率，即40%~45%的被试群体的选择与假说Ⅱ相吻合。其余被试群体则呈现不同的"公平"性偏好，即与假说Ⅳ相吻合。

RCTs结果还显示，不论是基于理论经济人假设的自利论还是基于风险厌恶假设的公平正义理论，都不能完全诠释部分中低收入被试者的社会保障权益决策机制的选择性行为。在社会化程度为100%的情境假设下，中低收入群体的风险将会被完全规避，并且能实现自身利益和效用最大化，但并非所有中低收入被试群体均选择了社会保障最高税（费）率。由此可以看出，完全意义上的绝对均等并非中低收入群体所追求的目标，从而体现出中低收入被试群体对社会不平等的容忍度较高。这与假说Ⅲ相吻合。实际上，实验室环境并非与社会情境相脱离，因为被试群体头脑在实验过程中会被"嵌入"真实的社会情境。中国30多年来的收入不平等状态已经使得中低收入阶层产生了一定程度的容忍性，其对效率的追求会抵消一部分对公平的追求，且不认为通过社会保障能够实现100%意义上的绝对平均再分配格局。

我们通过不同控制变量的样本选择模型来测度节点2（"已知"之幕情境）区间社会保障税（费）率选择行为的影响因素。同"未知"之幕情境下的节点选择一样，左右节点分别为0和50%。在解释变量的选择中，回归模型加入了标准收入与社会保障权益决策机制的交互项，该交互项的主要作用是测度社会保障再分配偏好是否受制于社会保障权益决策机制下被试者的相对收入状况。与表1-8的模型（1）到模型（3）相同，表1-9报告了"已知"之幕下被试者再分配偏好的样本选择回归结果。

模型（1）的回归结果显示，随着社会化程度的提升，被试者的社会保障再分配偏好水平亦同等同向地提升，且在0.05的水平下通过了显著性检验，而当$\mu=40\%$时，社会保障再分配偏好整体上是不显著的。将被试者的标准收入水平作为控制变量后，模型（2）至模型（5）的结果显示，社会化程度在$\mu=40\%$时的负向影响显著性逐渐减弱，而社会化程度在$\mu=100\%$时的正向影响效应通过了显著性检验，这与假说Ⅴ相吻合，表明随着社会化程度的提升，被试者的再分配偏好呈现逐步上升的趋势。从标准收入变量对再分配偏好的影响效应来看，其影响系数为负，并通过了显著性检验。这表明被试者在了解自身收入的实验情境下，会从理性经济人的视角出发。"自利性"是产生再分配偏好的动因。因此，对于低收入被试群体而言，社会的平均收入方差越大，被试者的再分配偏好就越强。模型（3）的结果显示，社会保障权益决策机制的虚拟变量中，多数统治原则（MR）情境下比随机性决策原则（RD）与合议制原则（DC）情境下被试者所表现出的再分配偏好要显著弱势。

表1–9　样本选择模型回归结果（被解释变量：节点2社会保障费率选择）

| 变量 | 变量取值与解释 | 模型（1） | 模型（2） | 模型（3） | 模型（4） | 模型（5） |
|---|---|---|---|---|---|---|
| 社会化程度 | $\mu=40\%$ | −0.064<br>(−0.709) | −0.133<br>(−1.680) | −0.132<br>(−1.620) | −0.162**<br>(−2.013) | −0.190***<br>(−1.813) |
|  | $\mu=100\%$ | 0.166**<br>(2.003) | 0.274***<br>(2.924) | 0.270***<br>(3.001) | 0.258***<br>(2.719) | 0.255**<br>(2.117) |
| 标准收入 | 初始收入与社会平均收入差值 | −0.255***<br>(−6.701) | −0.413***<br>(−12.068) | −0.402***<br>(−12.120) | −0.408***<br>(−12.109) |  |
| 社会保障权益决策机制 | DC | 0.360**<br>(3.622) | 0.177***<br>(2.051) | 0.172**<br>(2.000) |  |  |
|  | RD | 0.609***<br>(6.748) | 0.224***<br>(2.667) | 0.199**<br>(2.454) |  |  |
| 收入等级与决策机制的交互项 | 低收入×RD | 0.886***<br>(7.063) |  |  |  |  |
|  | 低收入×DC | 0.407***<br>(3.115) |  |  |  |  |
| 性别（Gender） | 男性=1 | −0.058<br>(−0.902) | −0.062<br>(−0.764) |  |  |  |
| 政治面貌（Party） | 共产党员=1 | 0.018<br>(0.292) | 0.061<br>(0.769) |  |  |  |
| 民族（Nationality） | 汉族=1 | −0.038<br>(−0.340) | −0.004<br>(−0.002) |  |  |  |

续表

| 变量 | 变量取值与解释 | 模型（1） | 模型（2） | 模型（3） | 模型（4） | 模型（5） |
|---|---|---|---|---|---|---|
| 截距项 | 常数 | 0.446*** (5.840) | 0.414*** (4.450) | 0.418*** (5.620) | 0.583*** (10.002) | 0.579*** (7.466) |
| 拟合优度 | Pseudo $R^2$ | 0.383 | 0.278 | 0.275 | 0.266 | 0.039 |
| 样本量 | | 228 | 228 | 240 | 240 | 240 |

注：***、**分别表示在0.01、0.05的水平下显著，括号里面的值表示标准误差。

我们进一步来探析不同的社会保障权益决策机制对被试者再分配偏好的影响效应。从模型（1）可以看出，标准收入对于被试者社会保障权益决策机制的再分配偏好具有一定的决定作用，低收入与RD、低收入与DC的交互项的回归系数是正向的，并通过了显著性检验。这表明，低收入被试群体在RD决策原则与DC决策原则两种机制下的社会保障再分配偏好均高于MR原则。这主要是由于低收入被试占总样本的比重相对较高，在MR原则机制下，最终会主导社会保障权益的决策结果，这充分验证了假说Ⅵ。

（三）本科生与MPA被试者选择结果的诠释

为测度对照性实验结果的稳定性和有效性，实验同时招募了50位MPA在职硕士研究生作为对照的被试样本，实验过程与本科生完全相同。MPA研究生被分为5组进行实验，亦采用了MR、RD、DC三种情境的社会保障权益决策原则，同时采用了$\mu=40\%$、$\mu=80\%$和$\mu=100\%$三种社会化程度指标，5组实验每组平均分配到10人。

首先，我们对本科生与MPA研究生在节点1和节点2区间内社会保障税（费）率均值进行了比较，如图1-5所示。在收入的"未知"之幕情境下，MPA研究生的社会保障税（费）率水平会随着社会化程度的提升而提升，与本科生对照性实验结果是相同的。从社会保障再分配偏好的均值分布来看，MPA研究生比本科生的再分配偏好水平更低。本章认为，最可能的原因是MPA研究生会更融入整个社会情境中，现实中社会保障缴费率不可能会达到50%，就连北欧等高福利国家的社会保障缴费水平也在50%以下。图1-5左图和右图分别表示在节点1区间和节点2区间内本科生与MPA研究生的社会保障税（费）率。通过比较可以看出，在收入"未知"之幕下，本科生所选择的社会保障税（费）率比MPA研究生所选择的社会保障税（费）率更为显著。在节点2实验区间，即在收入的"已知"之幕情境下，本科生所选择的社会保障税（费）率与MPA研究生所选择的社会保障税（费）率之差不再显著。从MPA研究生的收入水平与社会保障税（费）率选择的变化趋势来看，随着MPA研究生收入等级的提升，其社会保障再分配偏好水平显著降低，这与本科生的RCTs实验结果具有一致性。

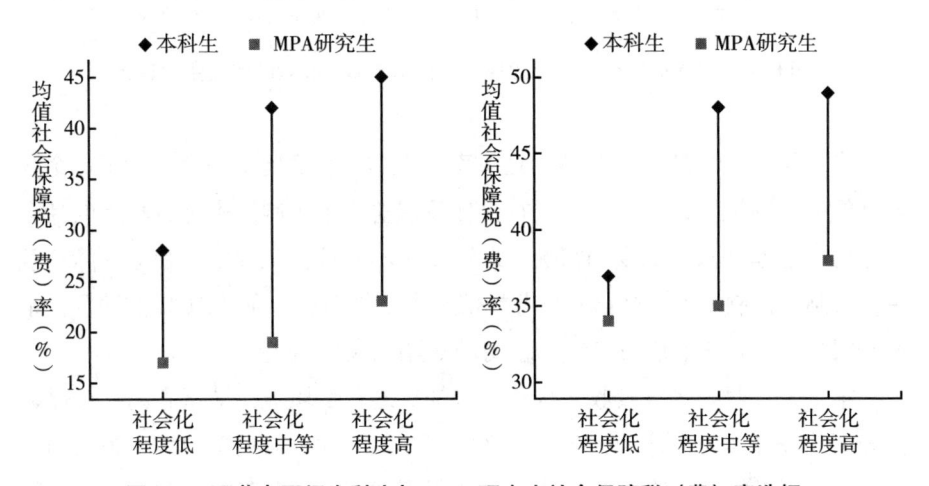

**图1-5　两节点区间本科生与MPA研究生社会保障税（费）率选择**

其次，在RCTs实验的最后阶段，我们将不区分被试者的类型，进行综合性的实验，然而，对节点1区间的被试者社会保障税（费）率选择水平值与节点2区间的被试者社会保障税（费）率选择水平值进行相关性检验，$p$值为0.001，相关系数为0.47，表明两节点的税（费）率选择水平具有显著的正相关性，如图1-6所示。这种正相关的原生性因素是"未知"之幕下的被试者再分配偏好体现出的公平正义理念，其与节点2的收入"已知"之幕下的再分配偏好水平存在正相关关系，于是本章所提出的假说Ⅶ得到了验证。

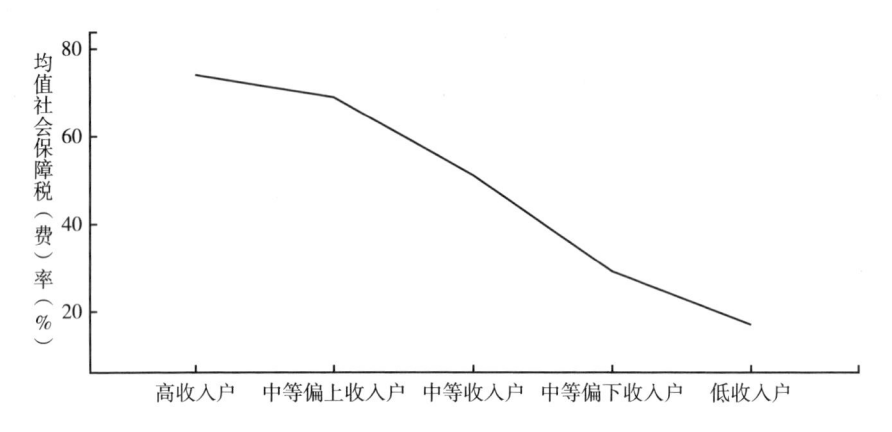

图1-6 MPA研究生社会保障税（费）率选择与收入的相关变动趋势

本对照性实验设计（RCTs）通过南京大学文科实验室平台设计了一个收入高低分布等级下，不同被试者社会保障权益决策机制及推进逻辑下的社会保障再分配偏好水平的变动情况，即测度了不同社会化程度、社会保障权益决策机制及控制要素对被试者再分配偏好水平的影响。通过RCTs实验及样本选择回归模型验证本章的7个假说，我们得出了如下结论。

第一，在收入等级及收入水平"未知"之幕情境下，被试者的社会保障再分配偏好并非完全体现为公平正义的"利他"性，而更多地体现为功利主义的公平正义的"利他+自利"性。社会化程度的提升能够提升整个社会的整体性社会保障福利水平，而被试者的社会保障再分配偏好亦随之提升。

第二，在收入等级及收入水平"已知"之幕情境下，RCTs结果显示，被试者的社会保障再分配偏好更多地体现为其"自利"动机驱使下的理性经济行为，并且这种行为与其收入等级具有显著的相关性。从被试群体的社会保障税（费）率选择比重及选择行为来看，"利他"与"自利"动机的双重复合效应所形成的"张力"，使得低收入被试者对未经社会保障调节的低收入表现出了风险容忍态度，而高收入被试者则体现出对收入分配不平等厌恶的利他性态度。

第三，在收入等级及收入水平"已知"之幕情境下，社会化程度对被试者的社会保障再分配偏好水平具有显著的影响效应。在收入等级及收入水平"已知"之幕情境下，随着社会化程度的提升，被试者选择更高社会保障税（费）的概率也逐步提升。采用样本选择模型后的回归结果显示，把性别、民族、政治面貌及被试者收入等作为控制变量后，社会化程度的提升对于被试者选择更高社会保障税（费）率的行为具有显著的正向影响效应。

第四，社会保障权益决策机制对被试者的社会保障再分配偏好具有显著的影响。在收入等级及收入水平的"未知"之幕情境下，社会保障权益决策机制的随机性决策原则（RD）比多数统治原则（MR）更能够提升被试者的社会保障再分配偏好水平；而在收入等级及收入水平的"已知"之幕情境下，社会保障权益决策机制对被试者的再分配偏好水平的影响大小则受制于个体的标准收入。对于低收入被试者，在社会保障权益决策机制中的随机性决策原则（RD）和合议制原则（DC）下有更高的再分配偏好，而高收入被试者则与之相反，从而更多地体现为被试者的"自利"动机。

第五，在收入等级及收入水平的"未知"之幕情境下，MPA研究生在将理论测试与社会现实情境融合方面要强于本科生，特别是在社会保障税（费）率选择方面，本科生选择高社会保障税（费）率的概率远大于MPA研究生。本科生对未经社会保障调节的初始收入的不平等容忍度低于MPA研究生，从而具有较高的社会保障再分配偏好水平。在收入等级及收入水平的"已知"之幕情境下，MPA研究生与本科生的社会保障再分配偏好水平无显著差异。

第六，在"未知"之幕与"已知"之幕的两环节实验情境下，被试者的社会保障再分配偏好前后具有不独立性，并且呈现正向相关关系。

本章的理论推理与对照性实验（RCTs）结果，对于搭建社会保障与经济和社会宏微观之间的联系，利用社会保障权益决策机制的宏观规律探寻微观性基础是一个较好的切入点与突破口，厘清一个国家及区域影响居民再分配偏好的因素对于社会保障制度设计、治理规模的确定具有十分重要的意义，对于实现收入再分配制度的改革、经济社会的包容性发展亦具有重要的意义。本章的对照性实验结果显示，在一个收入差距较大的社会里，被试者的社会保障再分配偏好，一方面取决于其标准化收入水平、"未知"之幕情境下的"利他"性公平正义理念与内生性要素；另一方面取决于社会保障权益决策机制、社会化程度等外生性要素。

从局部和整体的实验推广的可行性视角来看，由于高校本科实验室的被试者主要来自经济和社会化程度相对较高的中国东部沿海省份，从本章的实验情境及实验结果来看，可能会存在社会保障再分配偏好被低估的可能。由此，本章还将继续通过随机田野实验（Randomized Field Trials）及社会实验（Social Experience）从更多视角更深层次地设计模型，以检验结论的外部有效性、可信性及可推广性。

# 第二章
# 社会保障权益配置的结构性转型与模式变迁

基于马克思主义理论视域,第一章分别论述了在身份应得、公平论与自利论下的社会保障权益的精神内核。本章则基于国外视角,进一步探索了社会保障权益配置的发展路径与结构性转型、转型的动力因素等;基于国内视角,结合社会保障政策演变分别论述了社会保障权益累积的演变逻辑与焦点性事件对权益的"倒逼机制"。从结构—功能主义视角来看,社会保障权益配置模式在演进过程中经历了功能性分配、规模性分配及两者融合的三个阶段。通过考察社会保障制度变迁的垂直向度,发现不同国家或地区的横向共时性虽存在异质性,但纵向历时性却存在显著的同质性。社会保障权益配置外在的横向异质性逻辑是由共时性的国家结构形式与经济组织方式差异性来塑造的;而社会保障权益配置结构性转型的内在纵向同质性逻辑却将其本质属性中的功能性分配与规模性分配较好地融合。

从经济社会系统动力学视角来看,社会保障兼具功能性分配与规模性分配功能,在历时性与共时性情境下,社会保障的分配模式又具有演进与固化的内在逻辑性。为此,本章借助Kaplan-Meier法与Cox比例风险模型来测度社会保障的功能性分配与规模性分配的转型概率与系统性动力因素,以期探索在现代化转型经济体中社会保障分配模式的转型概率的一般性逻辑与转型的动力机制。结果表明,在现代化转型经济体中,社会保障功能性分配主导期平均为35年左右,这种转型概率从历时性视角来看表现为螺旋上升;但从共时性视角来看,从功能性分配到规模性分配的转型概率有升有降,并且"嵌含"于经济社会发展水平的波动之中。人口结构、全要素生产率及人类发展指数(HDI)对社会保障分配模式转型概率的影响效应具有显著性,尤其是HDI。

在现代化转型情境下，社会保障规模性分配是实现社会收入分配的公平性职能的内生性逻辑。在共享发展理念与包容性发展语境下，社会保障规模性分配职能已经成为全球经济体系的重要维度之一。但在空间存量性与周期循环发展的尺度上，社会保障规模性分配与经济发展联动性的关系还需要进行进一步的验证。基于广义的VAR模型对1980~2017年全球典型经济体的数据分析发现，周期循环发展的不同阶段与空间存量性同一阶段的不同再分配模式国家两者呈现不同的"耦合"模式；在工业化中前期，社会保障规模性分配对经济发展的反应具有"惰性"，但"挤出效应"较为显著；在工业化中后期，投资型经济增长模式被消费型经济增长模式取代，经济增长对社会保障规模性分配优化具有敏感性，社会保障规模性分配的正外部性开始大幅度地释放出来，两者背离的"疏松耦合"逐步被两者融合的"紧密耦合"取代。

在全球化视域下，历时性的社会保障权益发展路径与动力机制具有一定的收敛特性，而且在不同历史阶段与经济发展水平下呈现不同样态。聚焦中国情境，社会保障权益的演变逻辑又是什么呢？从社会系统动力学的视角来看，不同时期，由于国家的经济社会及政治目标的异质性，动力系统均衡点存在差异性，社会保障权益的累积模式、分配准则在公平与效率的选择性逻辑下也会呈现动态不一致性。借助建构主义相关理论，笔者测度了社会保障离公平的距离，结合社会政策探讨了权益累积模式与其相适应的分配准则，探索了社会保障动力系统中最优公平与效率的均衡解。本章研究发现，中国社会保障的权益累积是在政治、经济、社会不同维度的互动中实现经济效率优先化的发展路径。正因如此，从社会保障政策纵向变动的谱系来看，我们不难发现，社会保障权益配置模式始终处于动态变化之中，且在时间的长轴与空间的短轴上存在演进与固化并存的格局；社会保障权益配置模式则表现为自上而下的单一制决策过程，同时表现为焦点性社会矛盾事件隐性化的"倒逼式"改革社会化过程。中国的社会保障权益配置模式已经呈现出较为显著的回应性特征。

## 第一节　社会保障权益配置的结构性转型

现代意义上的社会保障制度是"伴生"于工业化革命中的生产主义体

制,并在化解和转移社会风险中逐步成长和发育,其权益配置的转型过程表现为建构主义向度。从结构—功能主义视角来看,社会保障权益配置模式在演进过程中经历了功能性分配、规模性分配及两者融合的三个阶段。为全面阐释社会保障权益配置结构性转型的内在逻辑及异质性,笔者通过世界上不同国家或地区的社会保障权益配置结构性转型的长期演变历程,把握社会保障权益配置结构性转型的内在逻辑的同质性,同时测度其异质性存在的内生性及外生性要素。总的来说,社会保障权益配置外在的横向异质性逻辑是由共时性的国家结构形式与经济组织方式差异性来塑造的;而社会保障权益配置结构性转型的内在纵向同质性逻辑却将其本质属性中的功能性分配与规模性分配进行了较好的融合,进而形成了"紧密耦合"的内在一致"惰性"状态。

社会保障作为工业化的产物,长期以来,其权益配置模式被"嵌入"了生产主义体制。其典型的特征是"泛经济化",职能是为经济增长服务。[①] 社会保障的公共属性决定了社会保障权益配置的精神内核同时"嵌含"了政治性要素。当政治家以此为选举"筹码"时,社会保障就不可避免地出现了"泛政治化"特征[②],而体现出的职能是为政权稳固或更替服务。社会保障权益配置模式所"嵌含"的生产主义体制与威权主义体制在社会保障供给层面具有较大的局限性,此时其功能性分配效应不断得到强化,社会保障异化论由此产生。长期的"异化"将会导致"固化",最终会成为社会保障权益配置演进的约束条件。

从结构性视角来看,社会保障权益配置模式中的"异化"现象会以"对冲"的外显性要素来形塑。如社会保障功能性分配效应体现为维持消费、保障就业、"熨平"经济波动等功能;而对冲性要素则集中体现为政府的财政赤字、创新投入的挤出、劳动力市场的"僵化"等。由此可见,社会保障权

---

① 王增文:《中国社会保障治理结构变化、理念转型及理论概化——范式嵌入与法治保障》,《政治学研究》2015年第5期;Cao Rong, "Research on the Coordination of Social Security and Economic Development in Hubei Province," *Physics Procedia*, 2012, Vol.33, pp.1803-1809;Hung-Ju Chen, I-Hsiang Fang, "Migration, Social Security, and Economic Growth," *Economic Modelling*, 2013, Vol.32, No.3, pp.386-399。

② Tomoaki Yamada, "A Politically Feasible Social Security Reform with a Two-tier Structure," *Journal of the Japanese and International Economies*, 2011, Vol.25, No.3, pp.199-224;Monisankar Bishnu, Min Wang, "The Political Intergenerational Welfare State," *Journal of Economic Dynamics and Control*, 2017, Vol.77, No.2, pp.93-110。

益配置会受到经济、政治、社会等要素的制约，但过于强调某一制约要素的重要性又会抑制社会保障权益配置机制的演进。

那么，在这些要素所形成的动力系统中，社会保障权益配置结构性转型的内在逻辑是什么？社会保障权益配置结构从功能性分配到规模性分配再到两者融合的变迁过程，是将国民权利从政治权利、经济权利和民事权利拓展至社会权利来实现"高效率—高公平"的经济社会动力系统的均衡过程。而既有理论无论是"库兹涅茨假说"还是"卡尔多事实"，抑或是"风险社会论"均不能全面阐释社会保障权益配置结构性转型的内在逻辑及异质性。

基于此，笔者通过世界上不同国家或地区的社会保障权益配置结构性转型的长期演变历程，把握社会保障权益配置结构性转型的内在逻辑的同质性，同时测度其异质性存在的内生性及外生性要素，从共时性和历时性视角系统性地观测世界上不同国家或地区的社会保障权益配置模式的历史变迁与现实格局，全面总结社会保障政策变化的基本同质性与异质性规律，为更全面有效地把握未来社会保障权益配置结构性转型的内在逻辑、促使社会保障制度走向定型提供理论和实践依据。

## 一 经济单维：社会保障功能性分配

从古典经济到凯恩斯革命的漫长经济社会变迁中，社会保障的概念层级从道德性分配尺度逐步过渡到功能性分配尺度。社会保障的权益配置被看作道德层面的产物长达3个多世纪，并且把慈善救济作为社会保障的全部内容。这主要是基于政界与学界一直把关注点聚焦于社会保障支出的经济成本，而无视社会保障社会收益与投资的功能性分配职能。[①]西方社会从大航海时代开始，依次经历了商业革命、科学革命和工业革命。在单一经济维度下，西方社会经济维度吸纳了政治维度和社会维度，使得本来与经济维度相"垂直"的社会维度及政治维度变得与其"斜交"甚至平行同向。特别是在商业革命阶段，政界与商界几乎没有界限。这使得欧洲从商业革命到工业革命阶段迅速完成了资本的原始积累。在工业革命之前，西欧社会从公元1年

---

① 王增文：《社会保障与技术进步动态组合的经济发展驱动路径分析》，《科学学研究》2016年第9期；Lars Kunze, "Funded Social Security and Economic Growth," *Economics Letters*, 2012, Vol.115, No.2, pp.180-183; Hans Fehr, "CGE Modeling Social Security Reforms," *Journal of Policy Modeling*, 2016, Vol.38, No.3, pp.475-494。

到公元1000年人均GDP增长率为零；而从15世纪到17世纪末期，人均GDP增长率还不足0.2%。①3个世纪的欧洲经济几乎没有任何生产者或消费者剩余，那么，自然就没有国民收入核算，再分配也不会发生，当然社会保障的职能主要是在家庭。随着大航海时代到商业革命时代欧洲各国"亦商亦盗"的"掠夺式"原始资本积累的完成，资本驱动型的资本主义经济时代到来了，生产方式的变革推动了收入分配方式的变革，以资本、劳动力及土地为主要生产要素的分配体系开始逐步形成和固化。通过要素投入来核算国民的收入变得可能和可行，这时，正式的收入再分配机制开始逐步形成，而社会保障开始从由民间或宗教主导的非制度化的慈善救济逐步过渡到由国家主导的制度化多层次、多项目的社会保障体系。

（一）权益配置模式：经济单维

从18世纪60年代至19世纪40年代第一次工业革命开始到结束这一段时间，是世界经济从混合部门的古典经济阶段向现代部门的新古典经济阶段过渡的时期。在这一过渡阶段，初次分配领域的分配机制遵循的是边际原理。但这一阶段并未完全脱离混合部门的古典经济增长模式，这主要是基于现代部门很难脱离传统的农业部门单独存在，而且传统的农业部门在国民经济中所占比重仍高达1/3以上，如图2-1和图2-2所示。由此，这一时间段所呈现出的经济结构特征为古典经济伴生于新古典经济、现代部门伴生于传统部门的二元经济结构特征。而且，由于资本要素的稀缺性与劳动力资源的供给无限性，资本的积累与增值成为经济增长的主要驱动要素，社会保障的功能性分配效应还较弱。社会保障权益配置模式较为突出的是其政治性功能。从16世纪宗教改革开始，以反对教会拥有土地所有权为核心的宗教改革，较为有效地削弱了教会的收入分配及再分配职能，这使得宗教的社会保障救助能力迅速降低。以此为欧洲社会保障权益配置模式演进的关键节点，社会保障权益配置的宗教性分配开始向政治性分配转轨。随着社会保障管理主体功能的弱化，国家开始逐步成为社会保障权益的主体。1601年，英国首先颁布了《济贫法》（俗称《旧济贫法》），到1834年又在《旧济贫法》的基础上颁布了《新济贫法》，这标志着政府开始正式承载社会保障权益配置的主体性功能。

---

① ［英］安格斯·麦迪森：《世界经济千年史》，伍晓鹰等译，北京大学出版社，2003，第16页。

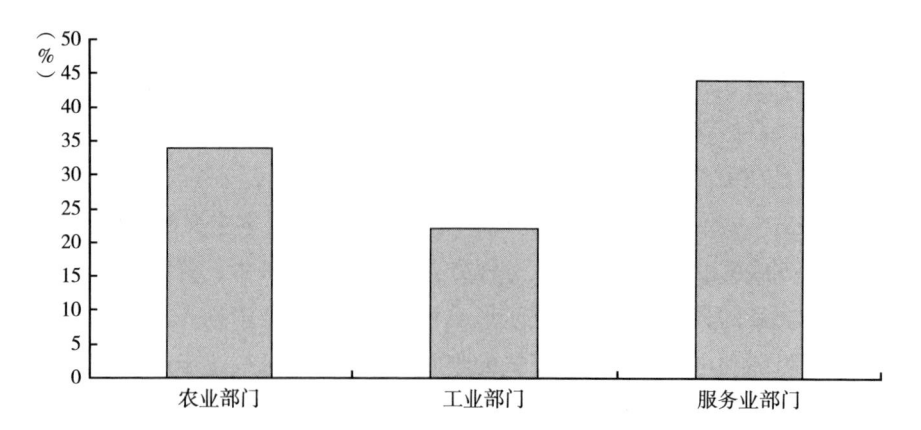

**图 2-1　1800 年英国经济结构分布格局**

资料来源：Simon Kuznets, "Economic Growth and Income Inequality," *American Economic Review*, 1955, Vol.45, No.1, pp.1-28。

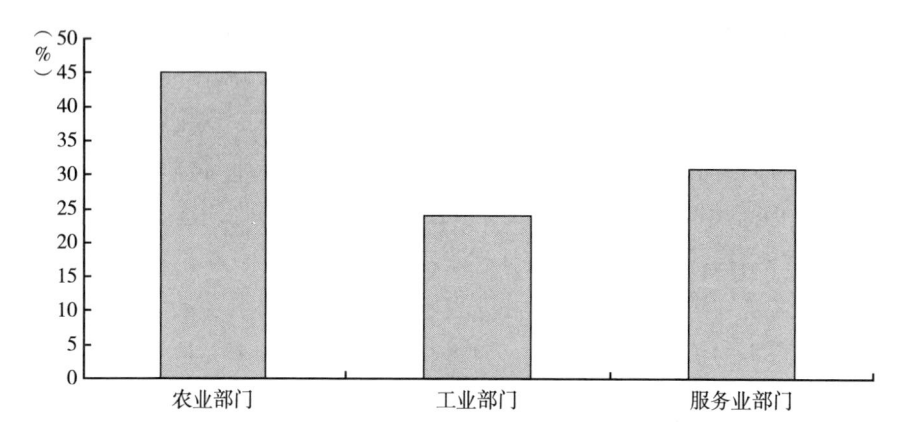

**图 2-2　1840 年美国经济结构分布格局**

资料来源：Simon Kuznets, "Economic Growth and Income Inequality," *American Economic Review*, 1955, Vol.45, No.1, pp.1-28。

第一次工业革命使得现代部门以压倒性之势迅速扩展，由于生产率的迅速提升，对传统的农业部门也产生了联动性的提升效应。农业部门生产率的快速提升，促使农村剩余劳动力的供给更加丰富。按照刘易斯的部门劳动力流动理论，工资率是由农业部门的劳动边际产出水平决定的。但这一阶段的劳动力工资仅仅停留在维持自身再生产的水平上，而经济的发展表现为单一的投资驱动模式。经济单一维度框架呈现"高投资、低消费和高储蓄"的分布格局。"高储蓄"主要是对企业投资主体而言的，普通家庭或居民几乎接近零储蓄，甚至是负储蓄，如图2-3所示。

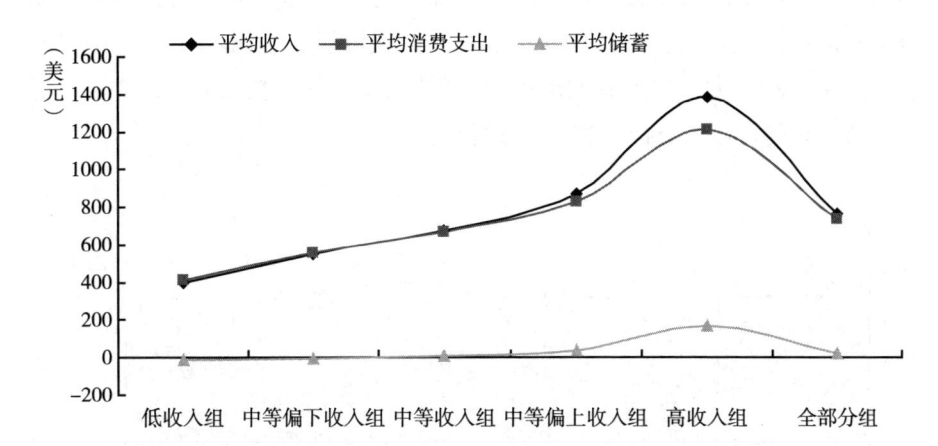

**图2-3　17世纪末美国城市工人不同收入阶层家庭的收支分布状况**

资料来源：根据U.S. Bureau of Census，*Historical Statistics of United States*，*Colonial Times to 1970*（Washington，D.C.：Bureau of Census，1975），pp.285-295绘制而成。

过低的储蓄率产生了两方面的风险：一是收入差距开始迅速拉大，绝大多数家庭的储蓄率处于负向水平，资本利润开始迅速向高收入群体集中，资本的强势与劳动的弱势开始形成鲜明的对比；二是80%以上家庭的工作收入不能满足其家庭的再生产[1]，而收入最高的10%的家庭却贡献了99%以上的储蓄[2]，社会风险开始迅速积聚。随着社会风险的逐步增大，社会保障权益配置结构开始转型，政府社会保障责任开始经历由弱到强的嬗变过程。

（二）权益配置模式固化：强资本弱劳动

政府社会保障责任由弱到强的嬗变过程是较为漫长的，它也是资本主义原始积累的资本导向型经济增长过程。随着收入差距的扩大，强势的资本与弱势的劳动找到了一个短暂的局部性均衡，但这个均衡的动力系统中缺乏政

---

[1] 张车伟、赵文：《中国劳动报酬份额问题——基于雇员经济与自雇经济的测算与分析》，《中国社会科学》2015年第12期。

[2] Simon Kuznets, "Economic Growth and Income Inequality," *American Economic Growth*, 1955, Vol.45, No.1, pp.1-28; W.A. Lewis, "Economic Development with Unlimited Supplies of Labour," *The Manchester School*, 1954, Vol.22, No.2, pp.139-191.

府要素，因为政商之间呈现的是一体化聚合体，政治维度共生于经济维度之中，于是便出现了经济高速增长、劳动无限供给、工资一再被无限压低的情形。由于缺乏正式的社会保障收入调节机制，资本在整个收入分配中自然拥有绝对的话语权，这时，资本的占有者又是少数的高收入群体，于是国民的收入差距不断扩大，如图2-4所示。这种格局不仅体现在工资收入方面，更集中体现在财产收入方面，如图2-5所示。

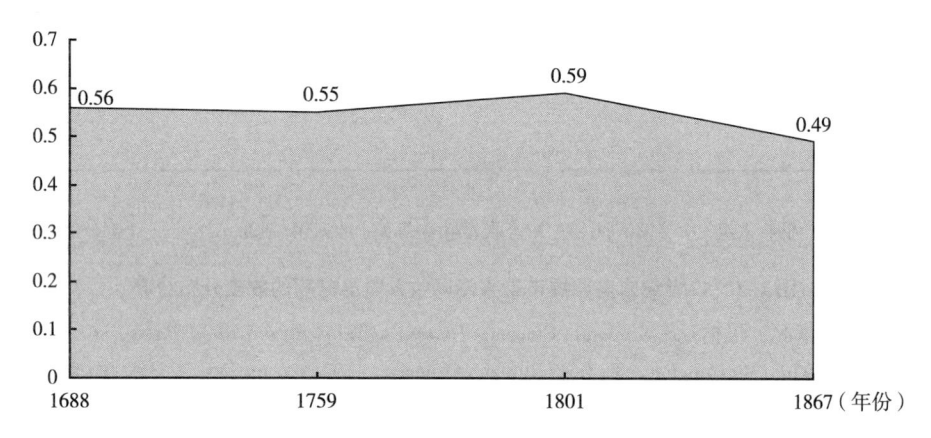

**图2-4 1688~1867年英国工资收入不平等的基尼系数变动分布**

资料来源：根据 Anthony B. Atkinson, Francois Bourguignon, *Handbook of Income Distribution SET vols. 2A-2B, Volume 2*（North Holland, 2015），pp.1778-1794整理绘制而成。

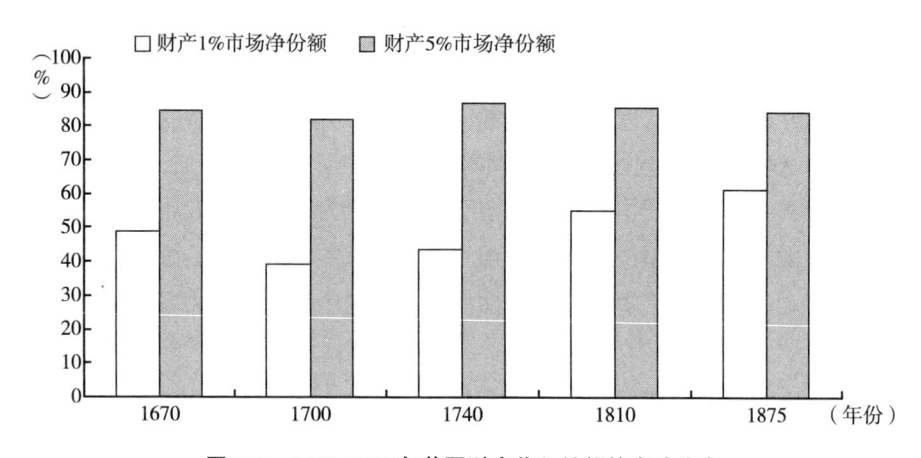

**图2-5 1670~1875年英国财产收入份额的变动分布**

资料来源：根据 Anthony B. Atkinson, Francois Bourguignon, *Handbook of Income Distribution SET vols. 2A-2B, Volume 2*（North Holland, 2015），pp.1782-1805整理绘制而成。

第二章　社会保障权益配置的结构性转型与模式变迁

到了19世纪中后期，欧美等国家的基尼系数开始迅速上升，如英国的基尼系数接近0.5，美国的基尼系数高达0.83。由于资本的强势不断蔓延，欧美等国家的收入分配呈现资本化效应，并呈现严重失衡的格局。这时的社会保障仍然以社会救济为主要形式，社会风险处于不断蔓延与升级之中，社会的收入结构呈现严重的"金字塔"形，社会保障权益配置功能仍然是基本生存型的，发展型社会保障权益配置模式仍然处于制度的酝酿之中。为进一步探析社会保障权益配置结构性转型逻辑，我们需要从这一阶段财富创造的结构性要素切入，剖析在古典经济与新古典经济理念驱动下财富的分配方式与财富的功能。财富的功能性分配方式决定了财富的规模性分配失衡状态和失衡程度。[1]

从英国财富分配的历时性变迁视角来看，资本、劳动及土地的三分法估计值显示，英国的工业革命是财富分配差距拉大的重要节点。第一次工业革命前后的收入分配结构显示，劳动与土地的分配比重处于不断下降的态势，而资本的分配份额却在迅速提升（见图2-6），这也意味着整个社会收入差距不断扩大、不平等程度迅速提升。

（三）权益配置模式格局：政商一体与分配固化

分配方式是由生产方式决定的，那么，在古典经济向二元经济的过渡阶段，经济的增长模式几乎完全依赖于资本这单一要素的驱动。而此时政治维度又被经济维度吸纳，政商一体化成为这个阶段经济发展的主要特征。由此，收入分配必然完全导向强势的资本。政治维度与经济维度的"非垂直性"，使得政府的收入再分配职能被无限度地压缩，政府被捆绑到资本驱动的经济发展"战车"之上，因而无力扭转收入差距日益扩大的格局，这时的收入再分配格局处于固化的状态。

---

[1] 蔡继明、江永基：《基于广义价值论的功能性分配理论》，《经济研究》2010年第6期；Ricardo Molero-Simarro, "Inequality in China Revisited. The Effect of Functional Distribution of Income on Urban Top Incomes, the Urban-rural Gap and the Gini Index, 1978-2015," China Economic Review, 2017, Vol.42, No.2, pp.101-117；胡怀国：《功能性收入分配与规模性收入分配：一种解说》，《经济学动态》2013年第8期。

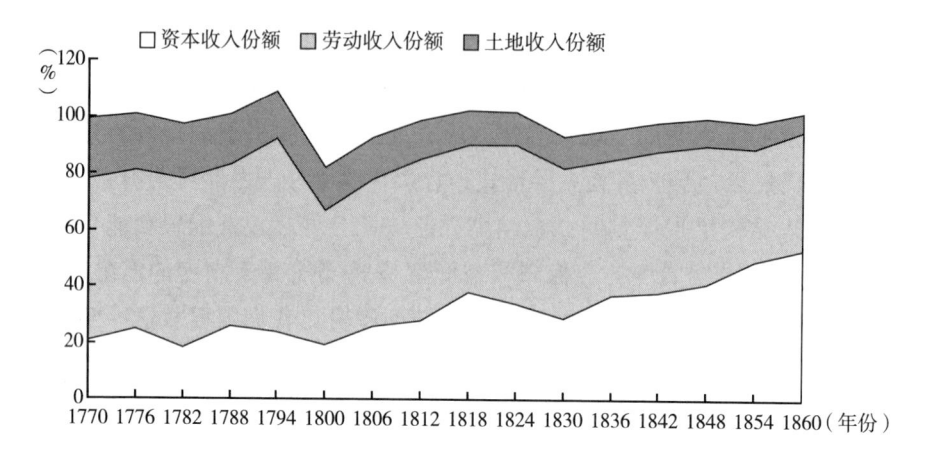

**图2-6　1770~1860年英国经济结构中各要素分配变动状况**

注：份额超过100%是由小数点四舍五入导致的。

资料来源：根据R.C. Allen，"Capital Accumulation, Technological Change, and the Distribution of Income during the British Industrial Revolution," University of Oxford, Department of Economics，2005整理绘制而成。

从大航海时代到第一次工业革命，欧洲国家政商一体化一直是其典型的特征，政府所有政策均是鼓励财富的创造，社会保障权益的配置具有严重的路径依赖，其一度被认为是道德层面的产物，而且，西方的宗教一直扮演着社会保障的提供者角色。由此，社会保障长期以来都被认为是"人道主义"的内容，是社会维度的产物，无涉于政府。在这一阶段，政府的职责被认为是保护私有产权、为工商业发展扫清障碍、利用本身职能完成土地兼并、加速海外扩张与自由贸易进度。政府的税收政策也是服务于资本的增值与扩张，而非提供公共产品、公共服务或解决收入差距过大问题。二元经济时代，劳动力处于无限供给状态，社会风险虽然在不断积聚但尚未达到显性爆发的阈值，资本的强势增值使其不断地推动经济的发展，大规模的罢工并未出现，资本具有政治无涉性，所有这些隐性条件使得政府无心关注以社会保障权益为核心的收入再分配领域。

在工业化初期，大规模的罢工并未出现，资本具有政治无涉性，主要原因在于劳动的弱势、政府的资本性偏好以及消极应对和抑制。1795年，英国议会提出了最低工资的立法草案，但被首相威廉·皮特否决，并于1800年通过了《禁止结社法》来限制工会的某些权利。在此后70多年的时间里，工会如同摆设，已经"褪去"了工人权利维护的功能。拥有功能性分配职能的社会保障制度——英国《济贫法》于1601年颁布，这种功能性分配体现出显著的政治属性。在当时主流经济学派的影响下，《济贫法》受到了太多的质疑。因为传统经济学认为，社会保障属于道德层面的产物，应该由宗教等机构来提供，如果由政府来提供在经济学意义上是无效率甚至是损害经济发展的。马尔萨斯就强烈主张废除该法律，还市场以自由。旧的《济贫法》于1834年进行了修正，其中的条款之苛刻，使得领取救济金的社会底层居民犹如进入监狱，社会保障功能性分配失效，收入分配格局进一步固化，收入差距继续扩大。

## 二 经济+政治二维：社会保障规模性分配

随着资本主义原始积累的逐步完成，资本主义生产结构中，现代生产部门开始逐步建立直至完善，而传统的农业部门在经济结构中的比重在逐步降低直至两者的边际生产效率处于相等状态，此时达到动力系统的一般性均衡状态。此时，二元经济结构逐步瓦解，"刘易斯拐点"即将到来，卡尔多经济理论能够很好地诠释资本与劳动的分布均衡问题，世界经济增长与收入分配理论进入了新古典经济阶段。[①]新古典经济增长阶段的结构性特征集中体现为：资本投入增长率远高于劳动投入增长率，但低于产出增长率，资本的产出率处于不断下降的过程中。此时，劳动投入增长率处于下降阶段，而其产出增长率却不断提升，且大于产出增长率。这一阶段的产出增长率已不再完全倚重于要素投入驱动，技术创新和技术扩散的TFP已经成为经济增长的关键性"引擎"。这一经济增长方式的转变形成了这一阶段社会保障权益配置模式结构性转型的内在逻辑性。

资本的过度积累并迅速扩张，使劳动生产要素开始变得稀缺。由于城乡二元经济结构的消失，农村边际生产效率大幅度提升，这使劳动生产要素变得相对稀缺。如美国从大萧条开始到1966年资本劳动比年均增长率为1.7%；

---

[①] W. A. Lewis, "Economic Development with Unlimited Supplies of Labour," *The Manchester School*, 1954, Vol. 22, No. 2, pp.139-191; N. Kaldor, "A Model of Economic Growth," *Economic Journal*, 1957, Vol. 67, No. 268, pp.591-624; Terence C. Burnham, "Toward a Neo-Darwinian Synthesis of Neoclassical and Behavioral Economics," *Journal of Economic Behavior & Organization*, 2013, Vol.90, No.3, pp.113-127.

而日本在此期间的资本劳动比年均增长率高达11.6%。[①]这使得资本的边际收益率处于下降态势。劳动与资本边际收益率的相对变动,使得资本的强势地位开始逐步下降。此时,经济增长方式、技术进步状况及社会风险的蔓延程度直接影响到社会保障权益配置模式的演进。这一阶段,社会保障权益配置开始发生结构性转型。

第一,社会保障制度设计的功能性分配经常"脱嵌"于生产方式与生产力的发展水平,导致社会保障权益配置的失衡。进入工业化社会后,社会保障的政治属性、经济属性开始以功能性分配的形式呈现出来。政治上的"维稳"功能、经济上的效率功能,使得国家开始通过法律及科层制的行政系统建立以社会保障为核心的收入再分配制度,以应对工业化时代的各种社会风险。世界上最早正式建立社会保障制度的德国于1883年在帝国议会上通过了第一部国家社会保障法——《疾病保险法》,随后先后颁行了《意外事故保险法》(1884年)、《老年和残废保险法》(1889年),初步完成了功能性社会保障制度的架构。这种低水平的社会保障制度的建立使其在应对工业化过程中的各类异质性风险方面起到了功能性作用。在接下来的一个世纪里,工业化开始不断升级,分工更加精细,个体家庭属性几乎完全被其社会属性所代替。整个20世纪是世界产业结构及就业形势变化最为剧烈的阶段,而社会保障的制度模式却处于逐步"固化"的状态之中。这是因为欧美等国家的工业化和城镇化在迅速扩展,社会保障权益配置模式的"固化"格局使其严重滞后于生产力前进速度与生产方式的变革速度。20世纪末,数字经济和信息技术开始迅速发展和扩张,传统的就业方式开始逐步瓦解,与就业方式高度关联的社会保障权益配置模式亦面临着前所未有的严峻挑战。短期就业、兼职就业、灵活就业等"迷你型"就业开始逐步成为主宰和潮流,欧洲国家的"迷你型"就业人口占到了20%左右。这在很大程度上动摇了传统工业化时代的社会保障权益配置模式,致使社会保障制度设计的功能性分配"脱嵌"于生产方式与生产力的发展水平,最终导致社会保障权益配置的失衡。

第二,由于资本的"流动性"与"亲富性",在全球资源配置的过程中

---

[①] R.C. Allen, "Capital Accumulation, Technological Change, and the Distribution of Income during the British Industrial Revolution," University of Oxford, Department of Economics, 2005.

## 第二章　社会保障权益配置的结构性转型与模式变迁

传统社会保障权益配置模式与现代性社会风险产生了严重的脱节。20世纪上半叶，资本的边际报酬开始递减，但到了70年代新一轮技术革命推动了新经济的到来，即信息技术催生了第三次科技革命，新的经济增长动力与资本的边际报酬递减趋势形成了"对冲"，使得资本的强势再次显现，收入差距继续扩大。从社会保障各项目权益配置结构的分布来看，OECD国家的社会保障支出占GDP的比重为30%左右，而老龄和遗属保险支出占社会保障总支出的比重为46%，疾病健康与失能保险支出占社会保障总支出的比重为37%，这两项主要社会保障支出所占比重的总和为83%，而失业保险支出所占比重不足10%。从上游干预的视角来看，家庭与儿童保险支出所占比重仅仅为8.5%（见图2-7）。

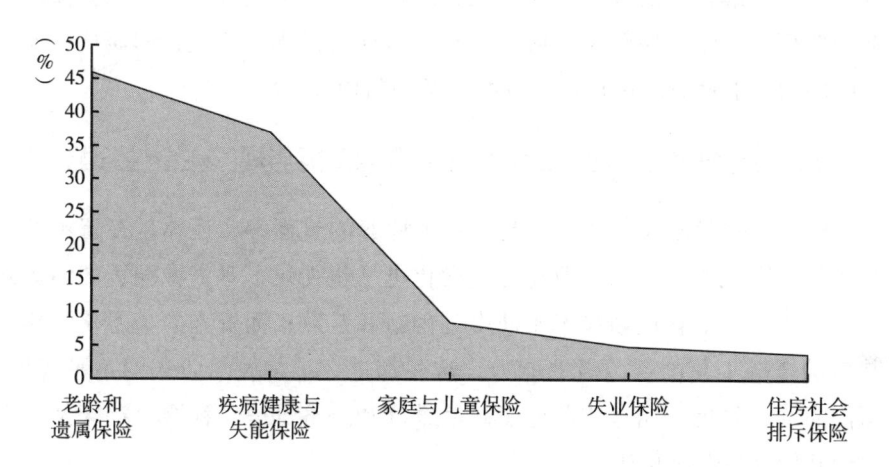

**图2-7　OECD国家社会保障主要项目的支出分布结构**

资料来源：OECD，"Social Expenditure Aggregates-Detailed Data，" https://stats.oecd.org/Index.aspx? DataSetCode=SOCX_DET。

这种传统的社会保障权益配置结构遇到现代性的社会风险，两者的严重不匹配导致了社会保障扮演的是"灭火器"和"消防员"角色，这种被动型而非主动型的应对社会风险的方式，使得社会保障制度最终要进行权益配置的结构性转型，由此，社会保障最终要向其功能性分配模式转型。

社会保障权益配置功能性分配的结构性转型理论的精神内核为个体生命周期的全方位社会保障权益配置的动态理论。该理论关注的重点不仅是工业化时代的社会风险，还应该从个体整个生命周期入手，将社会保障资源重点投向生命周期中的脆弱阶段。该理论主张将社会保障功能性分配从被动转向主动。社会保障权益配置模式被"嵌入"了政治"维稳"与经济发展的两维属性，一度使得社会保障呈现"泛政治化""泛经济化"等异化态势。①但总体上说，社会保障权益配置的功能性分配模式降低了工业化时代的社会风险及收入的不平等程度，然而，这并没有从根本上改变和遏制收入差距迅速扩大的格局。与20世纪70年代新一轮技术革命到来之前相比，英国在实施了收入再分配政策之后基尼系数提升了30%左右，而美国在此阶段的基尼系数也提升了20%；高福利北欧国家，包括东亚的日本等国家在实施了收入再分配政策之后基尼系数也提升了10%~15%。由此，库兹涅茨假说再次失效。社会保障权益配置的功能性分配模式并不能真正改变持续扩大的收入分配差距状态。因此，下文再次剖析社会保障权益配置模式的结构性转型的内在逻辑，即社会保障权益配置如何从功能性分配转向功能性分配和规模性分配并举的新模式。

### 三 经济+政治+社会三维：社会保障功能与规模融合性分配

资本的强势不仅仅体现在与劳动力博弈的过程中，还体现在资本的产业化与金融化中，这种产业化与金融化进一步强化了其资源配置的强势效应。资本的产业化使新技术不断得到创新和扩散；而资本的金融化强化了其借助金融工具的资源汲取能力，这些都进一步加剧了收入的不平等性。但同时社会维度开始逐步脱嵌于政治维度和经济维度，社会、社区及社会组织开始逐步形成联动。

（一）权益配置模式的结构性转型：政治、经济与社会

2010年以来，世界的发展进入了包容性增长模式，分享经济成为主导型经济发展驱动力；从私域向公域的分享经济，是数据驱动的分享经济，是

---

① 王增文：《中国社会保障治理结构变化、理念转型及理论概化——范式嵌入与法治保障》，《政治学研究》2015年第5期；Yong Li, Karen Benson, Robert Faff, "Political Constraints and Trading Strategy in Times of Market Stress: Evidence from the Chinese National Social Security Fund," *Finance Research Letters*, 2016, Vol.19, No.6, pp.217-221; Shantanu Bagchi, "Labor Supply and the Optimality of Social Security," *Journal of Economic Dynamics and Control*, 2015, Vol.58, No.5, pp.167-185。

## 第二章 社会保障权益配置的结构性转型与模式变迁

充分释放社会资源、社会资本、社会能力的集聚、融合、协同模式。[①]从古典经济向分享经济过渡的过程中，各经济体开始逐步提升其社会保障支出水平，如图2-8所示。社会保障权益配置模式的变迁是"镶嵌"于经济、社会和政治的转型之中的。接下来，我们将以OECD国家为考察对象，探寻社会保障权益配置模式结构性转型的内在逻辑。

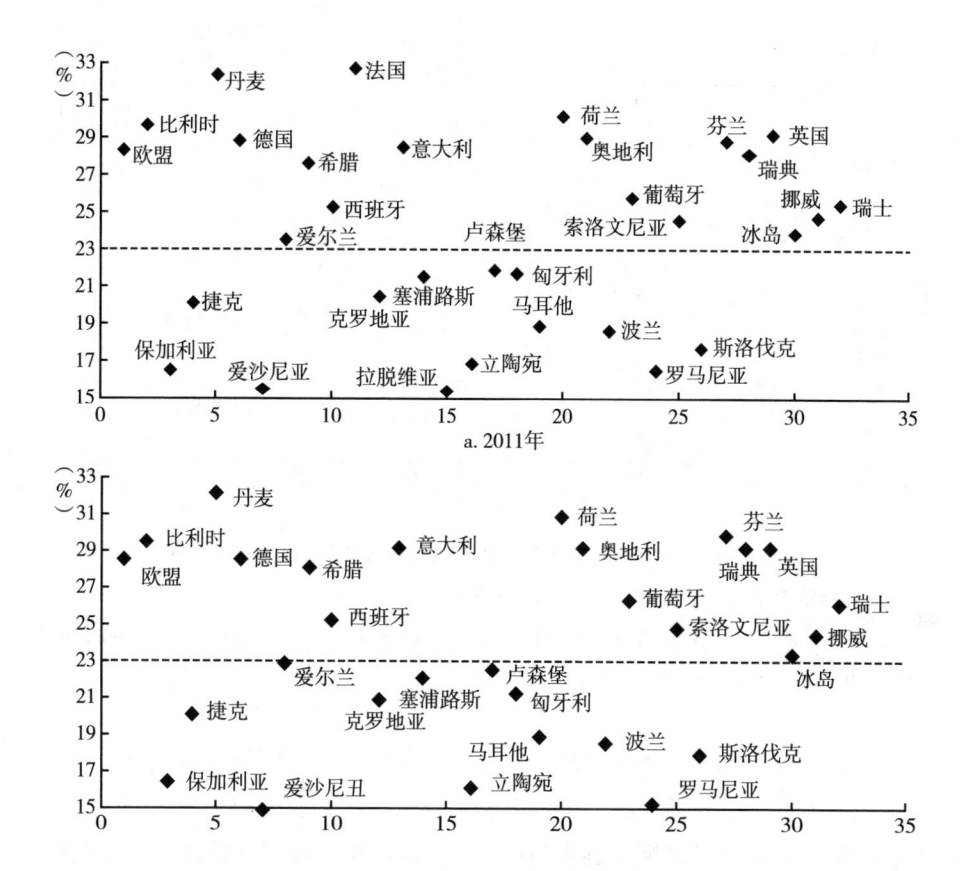

a. 2011年

---

[①] Xiaodi Liu, Zengwen Wang, Antoinette Hetzler, "HFMADM Method Based on Non-dimensionalization and Its Application in the Evaluation of Inclusive Growth," *Journal of Business Economics and Management*, 2017, Vol.18, No.4, pp.726-744；张勋、万广华：《中国的农村基础设施促进了包容性增长吗？》，《经济研究》2016年第10期；周建军：《从"华盛顿共识"到"包容性增长"：理解经济意识形态的新动向》，《马克思主义研究》2012年第2期。

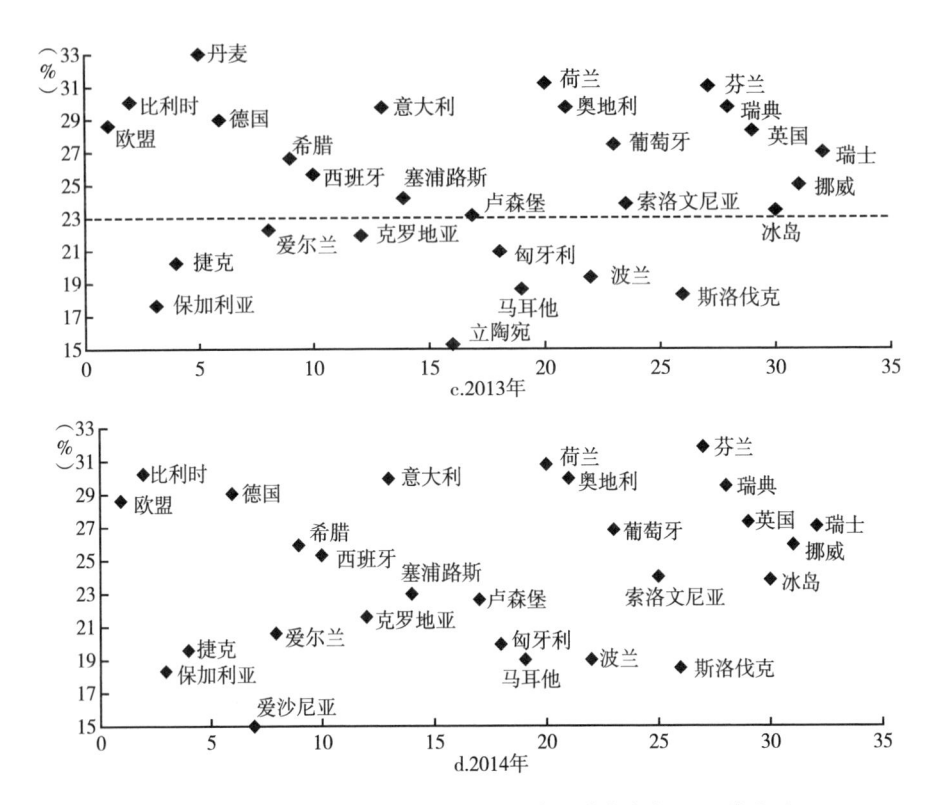

**图 2-8　2011~2014年世界各经济体社会保障支出占GDP的比重**

注：横轴表示经济体代码，无实际数字意义。

资料来源：OECD, "Social Expenditure-Aggregated Data," https://stats.oecd.org/Index.aspx?datasetcode=SOCX_AGG。

国家经济实现了一体化，最重要的形式是各个成员国将经贸权移交给欧盟组织，但以社会保障为核心的社会分配权却下沉到各个成员国内部。这样产生的后果是经济发展模式逐步与社会保障权益配置模式相隔离。资本的趋利性与"亲富性"使其"脱嵌"于本国的政治与社会性约束，而在整个欧盟市场间进行全方位配置。这时资本相对本国而言具有"逃逸效应"，本国对资本的约束力与控制力大大减小，国家对用于社会保障权益配置的再分配资源的汲取能力也大幅度下降。由于国界的模糊性，资本不断外溢，国内的社会结构开始嬗变，国内的社会性冲突也逐步显现，传统的功能性社会保障再分配共识及社会认同受到挑战。在市场失灵与政府失灵的双重境遇下，欧洲的民粹主义开始兴起，"反全球化"与"反欧盟一体化"的呼声与运动不断兴起。政治、经济及社会力量开始促使社会保障权益配置模式的结构性转型。

（二）权益配置模式的结构性转型：效率与公平的动态非一致性

由于理论准备的非充分性，OECD国家作为一个经济体联盟，在经济一体化的同时忽略了市场治理不能脱嵌于社会治理的整体性推进治理策略。从实践来看，尽管OECD国家在20世纪80年代中后期提出了"欧洲社会模式"（The European Social Model）以及"欧洲社会支柱"（Pillar of European Society）。但是从古典经济到包容性经济增长模式变迁的过程中，制度惯性与路径依赖成为变迁的约束条件，集中体现为新自由主义思潮的对冲效应，这使得欧洲的社会维度嵌入了经济维度的变迁之中，社会建设严重滞后于经济建设。从中观层面的社会保障权益配置模式的转型来看，OECD国家的经济一体化所释放出来的发展红利及经济驱动力与偏安一国或区域的社会保障再分配机制形成了大量的治理"盲区"。这种状况在发展中国家包括中国亦是存在的。在效率追逐型的市场与公平诉求型的社会的动态非一致性的情境下，探寻社会保障权益配置模式结构性转型的内在逻辑成为后欧盟时代经济社会治理的关键性任务。由于理论上与实践上准备的非充分性，在欧盟一体化的经济发展过程中，新自由主义思潮始终冲击着包容性经济增长模式的演进过程，那么自然地，经济与社会、资本与劳动之间的固有矛盾与利益分配纠葛在持续加剧。[①]民粹主义的兴起在很大程度上使社会维度迅速从经济维度和政治维度"脱嵌"，并与经济维度与社会维度形成了"垂直型"格局。这时，社会保障权益配置开始从功能性分配模式向功能性分配与规模性分配并行的模式过渡。因此，在分享经济时代，社会保障功能与规模融合性分配的权益保障模式将在经济、政治与社会三维框架下进行重新配置。社会保障的权益配置模式将从服务于经济、服务于社会逐步朝服务于公平正义的方向演进。

---

[①] 姚树洁、冯根福、王攀、欧璟华：《中国是否挤占了OECD成员国的对外投资？》，《经济研究》2014年第11期；Erhan Artuc, Frédéric Docquier, Çaglar Özden, Christopher Parsons, "A Global Assessment of Human Capital Mobility: The Role of Non-OECD Destinations," *World Development*, 2015, Vol.65, No.2, pp.6-26; Anna Bottasso, Carolina Castagnetti, Maurizio Conti, "And Yet They Co-move! Public Capital and Productivity in OECD," *Journal of Policy Modeling*, 2013, Vol.35, No.5, pp.713-729.

## 四　从古典经济到共享经济：权益配置结构性转型的内在逻辑

本章通过考察社会保障制度变迁的垂直与水平向度，发现不同国家或地区横向共时性虽存在异质性，但纵向历时性却存在显著的同质性。从古典经济向共享经济转型的过程中，从功能性分配向规模性分配演进的过程中，社会保障权益配置的四种典型模式——"北欧模式""莱茵模式""盎格鲁—撒克逊模式""地中海模式"亦存在整体性演进，从功能性分配到规模性分配再到两者融合的变迁过程是将国民权利从政治权利、经济权利和民事权利拓展至社会权利来实现"高效率—高公平"的经济社会动力系统的均衡过程。而既有理论无论是"库兹涅茨假说"还是"卡尔多事实"，抑或是"风险社会论"均不能全面阐释社会保障权益配置结构性转型的内在逻辑及异质性。基于此，本章通过世界上不同国家或地区的社会保障权益配置结构性转型的长期演变历程，把握社会保障权益配置结构性转型的内在逻辑的同质性，同时测度其异质性存在的内生性及外生性要素。总的来说，社会保障权益配置外在的横向异质性逻辑是由共时性的国家结构形式与经济组织方式差异性来塑造的；而社会保障权益配置结构性转型的内在纵向同质性逻辑却将其本质属性中的功能性分配与规模性分配进行了较好的融合，从而形成了"紧密耦合"的内在一致"惰性"状态。

现代意义上的社会保障制度是"伴生"于工业化革命中的生产主义体制，并在化解和转移社会风险中逐步成长和发育，而转型过程呈现建构主义色彩。从结构—功能主义视角来看，社会保障权益配置模式在演进过程中经历了从功能性分配到规模性分配再到两者融合的三个阶段。从古典经济到共享经济横跨4个世纪。从历时性视角来看，社会保障权益配置模式的演进几乎无一例外地受制于异质性阶段的经济社会特征与规律。决定社会保障权益配置模式的关键性要素是经济发展水平、社会发展水平、人口结构、国家结构形式等。这些要素始终贯穿于社会保障权益配置模式的变迁之中。

在工业革命以前，无论是东方社会还是西方社会均处于一个以农业经济为主体的时代，这不但是收入再分配无法形成的基础，就连初次分配都不涉及要素问题。因此，这一阶段，家庭发挥了生老病死葬的社会保障的全部职能。进入工业化时代后，资源的配置模式以经济增长为核心。在工业化前半期，古典经济理论占据主导，这时存在一个农业部门与工业部门的二元经济，两者边际生产率的相对大小决定着各自的生产规模与扩张的可能性。这种二元经济结构特征集中表现为劳动的廉价与弱势、资本的稀缺与强势。随着经济的纵深发展，资本的强势分配格局使得整个社会收入分配差距迅速扩大，社会风险与政治风险开始积聚。到了工业化中后期，农业部门与工业部门的边际生产率趋于相等，二元经济时代结束，于是进入了新古典主义经济发展模式。由于工业化前期农村剩余劳动力大规模流入城市，工业部门迅速扩展，而农村部门不断萎缩，最终达到一个动力系统的均衡点。在此均衡点上，资本的边际报酬开始迅速下降，而劳动的边际报酬开始上升，并逐步处于相对强势地位，整个经济动力系统的要素分配开始逐步偏向劳动要素。在这一阶段，社会保障制度不但发挥了功能性分配效应，还发挥了规模性分配效应。进入后工业化时代后，经济增长的驱动要素开始发生嬗变，以美国为代表的资本金融化的经济发展杠杆模式开始发轫。实体经济升级缓慢，工资性收入再次下降，而财产性收入开始迅速上升，这时收入差距再次被拉大，传统的社会保障再分配模式中的功能性分配再不能有效地遏制这一扩大趋势。于是，进一步探寻社会保障权益配置结构性转型的内在逻辑及异质性成为必要。

第二次世界大战以来，世界社会保障制度的发展大致呈现如下规律：前30年国家化社会保障向上浮动，中间30余年则呈现国家化水平向下浮动的趋势。①而接下来的30年，社会保障权益配置模式呈现何种演进逻辑呢？从经济维度来看，资本要素具有集聚化趋势，而劳动要素具有均等化趋势，若靠劳动要素来推动经济的发展必然会缩小收入的差距，反之则会提升资本报酬份额，但会扩大收入差距。从社会维度来看，民粹主义在一定程度上促进了社会政策搭建与演进。在共享经济时代，由于社会维度逐步建立，并与经济维度与政治维度逐步形成垂直关系，社会保障权益配置结构性转型的内在逻辑体现为社会保障权益配置中的政府与国民关系间的重塑性和国民社会保障权利的扩展性。在分享经济时代，其典型特征是经济维度、社会维度及政治维度上的包容性。从古典经济到新古典经济的演进过程中，国民的社会保障权体现的是为经济发展和政治稳定服务的功能性分配职能。如果从社会维度的视角来看，这显然忽视了社会要素的公平性效应。社会维度的建立必然

---

① 周弘：《福利国家向何处去》，《中国社会科学》2001年第3期。

是以公民权中的公平权为出发点，使得公民与国家、公民与社会及社会与国家形成新型的契约关系，充分发挥社会维度（社会、社区及社会组织）在保障公民基本生存权、发展权及平等权等方面的职能，最终形成社会保障权益配置模式中政府、社会及市场的良性互动与公平效率的联动演进格局。

总的来说，社会保障权益配置外在的横向异质性逻辑是由共时性的国家结构形式与经济组织方式差异性来塑造的；而社会保障权益配置结构性转型的内在纵向同质性逻辑却将其本质属性中的功能性分配与规模性分配进行了较好的融合，从而形成了"紧密耦合"的内在一致"惰性"状态。

## 第二节 社会保障权益配置的转型概率与系统性动力机制测度

在把握社会保障权益配置结构性转型的内在逻辑和异质性后，为进一步挖掘社会保障的功能性分配与规模性分配的转型概率与系统性动力因素，全面洞悉社会保障治理规模、治理结构与治理机制的精神内核，笔者在本节中采用Kaplan-Meier法测度了社会保障从功能性分配向规模性分配转型过程中的滞留期与转型概率；通过Cox比例风险模型筛选了社会保障分配模式转型的系统性动力因素。结果表明，在现代化转型经济体中，社会保障功能性分配主导期平均为35年左右，这种转型概率呈现螺旋上升趋势；但从共时性视角来看，从功能性分配到规模性分配的转型概率有升有降，并且"嵌含"于经济社会发展水平的波动之中。人口结构、全要素生产率及人类发展指数（HDI）对社会保障分配模式转型概率的影响效应具有显著性。

工业革命时代，为转移社会风险而逐步建构的社会保障制度自正式建立之初就承载了许多经济与政治职能。在政治尺度上，社会保障制度作为一种"后补式"的消防机制，在很大程度上发挥了"维稳"职能；在经济尺度上，社会保障作为一种生产主义体制，其典型特征是为经济增长提供功能性保障。然而，当社会维度逐步"脱嵌"于经济维度和政治维度后，社会保障会从功能性分配模式逐步向规模性分配模式转型，使得社会保障在社会尺度上更具公平性。从经济社会系统动力学视角来看，社会保障兼具功能性分配与规模性分配功能。

社会保障的分配模式可以分为4个阶段：（1）从古典经济到新古典经济阶段，资本在"侵蚀"劳动，资本的强势与劳动的弱势格局使得社会保障权益配置集中体现为功能性分配模式；（2）从新古典经济到全球化经济阶段，劳动在"侵蚀"资本，资本的边际收益递减规律使得劳动报酬的边际收益开始上升，社会保障的功能性分配效应开始增强，同时，规模性分配效应开始显现；（3）从全球化经济到分享经济阶段，资本再次"侵蚀"劳动，新技术革命催生了资本的金融化趋势，新经济促使社会保障功能性分配效应继续增强，但这一阶段收入差距再次拉大，社会保障规模性分配效应减弱；（4）进入分享经济时代以来，社会维度"脱嵌"后，资本和劳动将会有一个合理的分配边界，经济的效率、政治的平稳与社会的公平成为包容性增长模式的精神内核。社会保障的治理规模应以此精神内核为主要参考依据。但从世界上中等收入国家社会保障所呈现出的分配效应来看，规模性分配效应依然弱于功能性分配效应。

从历时性视角来看，社会保障的功能性分配职能正逐步向规模性分配职能转型。正确把握与测度社会保障的功能性分配与规模性分配的转型概率与系统性动力因素，是全面洞悉社会保障治理规模、治理结构与治理机制精神内核的关键，也是社会保障权益配置与公平分配的时代性命题。

## 一 权益配置与分配模式

围绕社会保障权益配置的公平性机制实施的约束条件、实施策略与实施路径这一核心命题，国内外学者进行了广泛而深入的研究。社会保障制度自建立之初就服务于经济效率与政治"维稳"职能，这使得社会保障兼具政治属性与经济属性。[1]因此，工业化时期，边际原理自然而然地适用于收入形成现象和分配现象[2]，那么，这时社会保障的分配已经不再是一个独立的研究领域，对社会保障权益配置模式的研究已经成为一个经济社

---

[1] 王增文：《中国社会保障治理结构变化、理念转型及理论概化——范式嵌入与法治保障》，《政治学研究》2015年第5期；王增文：《社会保障与技术进步动态组合的经济发展驱动路径分析》，《科学学研究》2016年第9期；N. Derzsy, Z. Néda, M.A. Santos, "Income Distribution Patterns from a Complete Social Security Database," *Physica A: Statistical Mechanics and Its Applications*, 2012, Vol.391, No.22, pp.5611-5619。

[2] [美] 约瑟夫·熊彼特：《经济分析史》（第3卷），朱泱等译，商务印书馆，1994，第243页。

会动力系统问题①，但这时的社会保障分配问题从属于资源配置与经济增长问题，这种社会保障政策属于生产主义福利体制（Productive Welfare Regime）。进入后工业化时代后，欧洲逐步建立起了福利国家制度体系，社会保障分配模式逐步从功能性分配向功能性分配与规模性分配融合的"多向度"模式转型，即社会保障的分配"嵌含"了公民权利的规模性分配功能和经济增长的功能性分配功能。②因此，长期以来，学术界对社会保障分配模式的观点可以大致概括为"经济增长论""收入分配论""内在逻辑一致论"。在经济和社会发展的不同阶段，对社会保障分配模式的界定及要素阐释是异质的，提出的政策含义亦兼具阶段性和异质性。③持"经济增长论"的学者认为，社会保障权益配置作为一种工具性模式，始终应该服务于经济的增长，并用边际原理来加以解释，边际要素价格要等于边际生产力，社会保障作为分配的一种形式从属于资源配置与经济增长问题。④持"收入

---

① R. M. Solow, "A Contribution to the Theory of Economic Growth," *Quarterly Journal of Economics*, 1956, Vol. 70, No. 1, pp. 65-94; N. Kaldor, "Capital Accumulation and Economic Growth," In Friedrich A. Lutz, Douglas C. Hague, *The Theory of Capital* (New York: St. Martin's Press, 1961), pp.84-115; Jose Cuesta, Mauricio Olivera, "The Impact of Social Security Reform on the Labor Market: The Case of Colombia," *Journal of Policy Modeling*, 2014, Vol.36, No.6, pp.1118-1134; Johanna Wallenius, "Social Security and Cross-country Differences in Hours: A General Equilibrium Analysis," *Journal of Economic Dynamics and Control*, 2013, Vol.37, No.12, pp.2466-2482.

② 胡怀国：《功能性收入分配与规模性收入分配：一种解说》，《经济学动态》2013年第8期；Ayşe İmrohoroğlu, Kai Zhao, "Intergenerational Transfers and China's Social Security Reform," *The Journal of the Economics of Ageing*, 2018, Vol.11, pp.62-70; Christian Aspalter, "The East Asian Welfare Model," *International Journal of Social Welfare*, 2006, Vol.15, No.4, pp.290-301.

③ 李清华：《中国功能性分配格局的国际比较研究》，《统计研究》2013年第4期；Xiaodi Liu, Zengwen Wang, Antoinette Hetzler, "HFMADM Method Based on Nondimensionalization and Its Application in the Evaluation of Inclusive Growth," *Journal of Business Economics and Management*, 2017, Vol. 18, No. 4, pp. 726-744; Cagri S. Kumru, Athanasios C. Thanopoulos, "Social Security Reform with Self-control Preferences," *Journal of Public Economics*, 2011, Vol.95, No.7-8, pp.886-899.

④ 蔡继明、江永基：《基于广义价值论的功能性分配理论》，《经济研究》2010年第6期；James P. Vere, "Social Security and Elderly Labor Supply: Evidence from the Health and Retirement Study," *Labour Economics*, 2011, Vol.18, No.5, pp.676-686; Juergen Jung, Chung Tran, "The Extension of Social Security Coverage in Developing Countries," *Journal of Development Economics*, 2012, Vol.99, No.2, pp.439-458; Selahattin İmrohoroğlu, Sagiri Kitao, "Labor Supply Elasticity and Social Security Reform," *Journal of Public Economics*, 2009, Vol.93, No.7-8, pp.867-878; Conny Olovsson, "Quantifying the Risk-sharing Welfare Gains of Social Security," *Journal of Monetary Economics*, 2010, Vol.57, No.3, pp.364-375.

分配论"的学者依据"库兹涅茨假说"和"卡尔多事实",以社会公平与公民的基本权为出发点和落脚点,强调社会保障权益配置中个人和家庭的主体性,以此考察社会保障制度实施的居民间收入分配差距。①持"内在逻辑一致论"的学者通过观察经济发展与收入分配的长期演变历程,提炼出收入分配与再分配变化的内在逻辑性——收入分配与再分配方式取决于生产方式的变迁模式,社会保障权益配置模式中的规模性分配与功能性分配具有内在逻辑的一致性。②

从现代经济学演变的路径来看,18~19世纪,功能性分配成为收入分配的主流价值认同模式,社会保障制度的实施亦以异化——"泛经济化""泛政治化"的外显形式呈现出来,这一度成为经济增长理论外生性的"圣经"。进入20世纪后,学界才逐步关注规模性分配模式,社会保障的功能性分配也开始被关注,两种分配模式的交叉性引起学界的热议。但由于主流经济学长期的影响,规模性分配的政策惯性与路径依赖效应仍然较为显著。③在社会保障治理规模概念界定尚未清晰的情境下,社会保障作为收入再分配的一种重要的制度模式,其功能一度被"扩容化""消极化""边缘化"。④因此,西方社会长期受自由主义经济思潮的影响,一度忽视了社会保障功能性分配

---

① 龚刚、杨光:《从功能性收入看中国收入分配的不平等》,《中国社会科学》2010年第2期;王延中、龙玉其、江翠萍、徐强:《中国社会保障收入再分配效应研究——以社会保险为例》,《经济研究》2016年第2期;Jean-Olivier Hairault, François Langot, "Inequality and Social Security Reforms," *Journal of Economic Dynamics and Control*, 2008, Vol.32, No.2, pp.386-410; Simon Kuznets, "Economic Growth and Income Inequality," *American Economic Growth*, 1955, Vol.45, No.1, pp.1-28.

② 张车伟、赵文:《中国劳动报酬份额问题——基于雇员经济与自雇经济的测算与分析》,《中国社会科学》2015年第12期;张车伟、赵文:《功能性分配与规模性分配的内在逻辑——收入分配问题的国际经验与借鉴》,《社会科学辑刊》2017年第3期;Siew Ling Yew, Jie Zhang, "Socially Optimal Social Security and Education Subsidization in a Dynastic Model with Human Capital Externalities, Fertility and Endogenous Growth," *Journal of Economic Dynamics and Control*, 2013, Vol.37, No.1, pp.154-175;胡怀国:《功能性收入分配与规模性收入分配:一种解说》,《经济学动态》2013年第8期。

③ 周弘:《福利国家向何处去》,《中国社会科学》2001年第3期;Vincenzo Galasso, Paola Profeta, "The Political Economy of Social Security: A Survey," *European Journal of Political Economy*, 2002, Vol.18, No.1, pp.1-29;赵志君:《收入分配与社会福利函数》,《数量经济技术经济研究》2011年第9期。

④ 王增文:《中国社会保障治理结构变化、理念转型及理论概化——范式嵌入与法治保障》,《政治学研究》2015年第5期;曹信邦:《社会保障制度的政治属性》,《学海》2014年第2期。

效应的积极作用，"扩容化"的社会保障往往会将一个国家在面临经济危机、失业等经济发展的周期波动时所产生的问题归咎于社会保障的实施。因此，在社会保障治理规模模糊的情境下，社会保障的功能性分配效应和规模性分配效应所发挥作用的边界并不能适应经济社会发展阶段的特殊性要求。①社会保障制度从功能性分配向规模性分配的转型过程集中体现出一个国家的治理理念从关注经济增长效率层级向关注收入分配的公平性层级演进。在这个过程中，社会保障权益配置嵌入了"效率性"与"公平性"要素特征。那么，理应从经济社会的功能性分配和规模性分配的特征出发，探寻社会保障权益配置模式转型的动力机制。Atkinson认为，社会保障分配模式作为收入分配的一种特殊形式，宏观领域的功能性分配模式与微观领域的规模性分配模式之间有一种内在的联系与转移概率，但囿于数据的不可获知性，只是基于理论进行分析。②Checchi和García-Peñalosa在Atkinson所提出的存在性理论之上，采用跨国的面板数据进行了测度，发现与国家经济社会发展阶段、国家体制模式等要素无关，功能性分配模式必然会向规模性分配模式转型，并认为功能性分配的持续积累最终会过渡到规模性分配模式，其中的动力机制是基尼系数的变动。③胡怀国结合时代背景及现实背景，并借助简易模型，对功能性分配和规模性分配的度量方法进行了比较，对相关演绎模型结果进行了解释。④王增文从反贫困绩效推动因素的视角分析，发现农村反贫困推动因素从功能性分配向规模性分配转变的过程是经济与社会转型的必然结果，在新古典经济阶段，功能性分配能够促进贫困率的降低，而随着经济社会的现代化转型，即包容性

---

① Piero Gottardi, Felix Kubler, "Social Security and Risk Sharing," *Journal of Economic Theory*, 2011, Vol.146, No.3, pp.1078-1106; Johanna Avato, Johannes Koettl, Rachel Sabates-Wheeler, "Social Security Regimes, Global Estimates, and Good Practices: The Status of Social Protection for International Migrants," *World Development*, 2010, Vol.38, No.4, pp.455-466;［美］约瑟夫·熊彼特：《经济分析史》（第3卷），朱泱等译，商务印书馆，1994，第243页。

② Anthony B. Atkinson, "The Changing Distribution of Income: Evidence and Explanations," *German Economic Review*, 2000, Vol.1, No.1, pp.3-18.

③ Daniele Checchi, Cecilia García-Peñalosa, "Labor Market Institution and Income Inequality," *Economic Policy*, 2008, Vol.23, No.56, pp.602-649.

④ 胡怀国：《功能性收入分配与规模性收入分配：一种解说》，《经济学动态》2013年第8期。

经济增长时代的到来，规模性分配的减贫效应将会更加显著。①张车伟和赵文认为，现代意义的社会保障分配模式是工业化革命中为转移社会风险而逐步建立的，但分配模式是逐步演进的，会从功能性分配模式向规模性分配与功能性分配并行的模式转变，并且生产方式的异质性决定了转型的速度与转型的态势。②

上述研究仅从历时性视角切入，测度的转型概率是上升的；但从各国的实践共时性视角来看，伴随经济社会转型过程，从功能性分配到规模性分配的转型概率应该是波动的，并且"嵌含"于经济社会发展水平的波动之中。人口结构、全要素生产率及人类发展指数（HDI）对社会保障分配模式的转型概率均可能产生影响，尤其是HDI。一个现代化转型经济体的社会保障从功能性分配向规模性分配过渡时，HDI的正向影响效应会逐渐增强，而人口结构、全要素生产率的影响效应却在逐步减弱。从阶段的历时性视角来看，社会保障分配模式的转型概率与系统性动力因素又呈现出不同的组合模式。因此，需要从历时性与共时性视角来测度各相关因素的贡献因子大小与动态变动趋势。

从既有研究所采用的工具和方法来看，围绕功能性分配和规模性分配模式的研究大多采用历史事件分析和假设演绎分析。采用历史事件分析的相关研究主要归纳和提炼出英国、美国、OECD国家等典型的经济体在从古典经济到共享经济阶段功能性分配向规模性分配转型的内在逻辑问题③，并同时梳理了收入分配与再分配的历史变迁问题，探寻了收入分配与再分配过程中功能性分配模式向规模性分配和功能性分配并进模式的跨越路径，并针对这两个阶段转型过程中的相关经济社会指标及

---

① 王增文：《中国农村反贫困绩效的推动因素测度及分解：1978-2014》，《财贸经济》2017年第9期。

② 张车伟、赵文：《功能性分配与规模性分配的内在逻辑——收入分配问题的国际经验与借鉴》，《社会科学辑刊》2017年第3期。

③ Simon Kuznets, "Economic Growth and Income Inequality," *American Economic Growth*, 1955, Vol.45, No.1, pp.1-28；[美]约瑟夫·熊彼特：《经济分析史》（第3卷），朱泱等译，商务印书馆，1994，第243页；张车伟、赵文：《功能性分配与规模性分配的内在逻辑——收入分配问题的国际经验与借鉴》，《社会科学辑刊》2017年第3期；Anthony B. Atkinson, "The Changing Distribution of Income: Evidence and Explanations," *German Economic Review*, 2000, Vol.1, No.1, pp.3-18；胡怀国：《功能性收入分配与规模性收入分配：一种解说》，《经济学动态》2013年第8期。

历史语境进行了共时性和历时性分析①,将两者的内在联系作为转型的基础动力机制。采用假设演绎分析的相关研究以主要假说为前提进行推演和多环节论证,采用古典经济学和新古典经济学的相关演绎方法,将不同的影响因素作为解释变量,并采用收入分布函数、分位数函数、泰勒指数、广义熵及线性概率模型,探寻异质性的经济社会发展阶段不同分配模式转型的动力机制。②但上述研究方法存在两方面的问题。一是历史事件分析法仅仅是对过去经验的梳理,尽管能够归纳出一般性的规律,但对于未来发展路径的预测很难嵌入未来语境中。因此,历史梳理和归纳很难准确预测一般性情境,这种方法在梳理过去经验方面得到学界的认可,但是对未来路径的一般性分析受到越来越多的质疑。二是传统的假设演绎法尽管可以相对准确地从理论上预测未来,但存在循环论证的可能性,在经济及社会动力系统模型构建中难以规避反向因果问题。

社会保障分配模式的转型是指经济体从功能性分配阶段向规模性分配阶段演进的过程,一个国家或经济体在功能性分配阶段停滞的周期与该国或该经济体的经济社会发展程度高度相关,即一个国家或经济体经济和社会化程度越高,其在功能性分配阶段停滞的周期越短,转型的概率就越大,反之则转型概率越小。功能性分配阶段的滞留周期为研究社会保障分配模式的转型概率与系统性动力机制问题提供了全新的研究视域。利用Kaplan-Meier分析、对数秩检验、Cox比例风险模型测度经济、

---

① Jean-Olivier Hairault, François Langot, "Inequality and Social Security Reforms," *Journal of Economic Dynamics and Control*, 2008, Vol.32, No.2, pp.386-410;张衔、蒙长玉:《功能性与规模性收入分配关系的实证分析:马克思经济学视角》,《社会科学战线》2017年第6期;Olivier Giovannoni, "Functional Distribution of Income, Inequality and the Incidence of Poverty: Stylized Facts and the Role of Macroeconomic Policy," UTIP Working Paper, 2010。

② N. Derzsy, Z. Néda, M. A. Santos, "Income Distribution Patterns from a Complete Social Security Database," *Physica A: Statistical Mechanics and Its Applications*, 2012, Vol.391, No.22, pp.5611-5619;郭熙保、朱兰:《中等收入转型概率与动力因素:基于生存模型分析》,《数量经济技术经济研究》2017年第10期;欧阳葵、王国成:《社会福利函数的存在性与唯一性——兼论其在收入分配中的应用》,《数量经济技术经济研究》2013年第2期;Xiaodi Liu, Zengwen Wang, Antoinette Hetzler, "HFMADM Method Based on Non-dimensionalization and Its Application in the Evaluation of Inclusive Growth," *Journal of Business Economics and Management*, 2017, Vol.18, No.4, pp.726-744;蔡继明、江永基:《基于广义价值论的功能性分配理论》,《经济研究》2010年第6期。

## 第二章 社会保障权益配置的结构性转型与模式变迁

社会、政治乃至个体从一种状态转换到另外一种状态所耗费的时间、转型的概率、转型的动力机制要素等的多视域研究，为本章提供了多层级分析的可能性。实际上，生存模型最初用在医学领域，主要是用来测度病人从一种身体状态转换到另外一种身体状态所花费的时间以及状态转换的影响因素，后来便逐步应用于经济社会及政治领域，如用来测度不同行业的罢工持续时间及影响因素①、生活状态持续时间及影响因素②、欧美等国家的民主制与政权组织形式持续时间的内生性因果逻辑③，以及新药从发明到最后上市在价格管制制度及专利保护制度等约束条件下的持续时间④。张车伟和赵文、Liu等仅仅测度了规模性分配模式停留的周期，并未测度转型的概率及详尽的转型动力机制。⑤本章将在此基础上，采用生存模型估计处于转型经济体中社会保障分配模式的转型函数和转型概率，并进一步测度影响风险函数和风险概率的系统性动力机制。采用极大似然估计的方法，能够得到有效估计量，如果似然函数能够被准确测度，其将会服从渐进的正态分布。⑥然后，本章采用Cox比例风险模型分析社会保障分配模式转型时间的影响因素，我们将不同国家或经济体建立社会保障功能性分配的初始时刻作为基期，以此来测度功能性分配的停留时间。

本节余下的内容安排如下：第二部分为社会保障从功能性分配向规模性

---

① J. Kennan, "The Duration of Contract Strikes in U.S. Manufacturing," *Econometrics*, 1985, Vol.28, No.1, pp.5-28.
② 王增文：《农村老年女性贫困的决定因素分析——基于Cox比例风险模型的研究视角》，《中国人口科学》2010年第1期。
③ F. Bilgel, "Rethinking Presidentialism and Democratic Survival in a Causal Framework," Working Paper, 2016.
④ I. M. Cockburn, J. O. Lanjouw, M. Schankerman, "Patents and the Global Diffusion of New Drugs," *American Economic Review*, 2016, Vol.106, No.1, pp.136-164.
⑤ 张车伟、赵文：《功能性分配与规模性分配的内在逻辑——收入分配问题的国际经验与借鉴》，《社会科学辑刊》2017年第3期；Xiaodi Liu, Zengwen Wang, Antoinette Hetzler, "HFMADM Method Based on Nondimensionalization and Its Application in the Evaluation of Inclusive Growth," *Journal of Business Economics and Management*, 2017, Vol.18, No.4, pp.726-744.
⑥ 张文彤、董伟：《SPSS统计分析高级教程》（第2版），高等教育出版社，2013；郭熙保、朱兰：《中等收入转型概率与动力因素：基于生存模型分析》，《数量经济技术经济研究》2017年第10期。

分配的转型时间与转型概率的理论演绎；第三部分为模型的构建及变量的解释、经验结果的测度。

## 二 转型时间与转型概率的理论演绎

在测算社会保障分配模式的转型概率与探析系统性动力机制时，本章将采用 Cox 比例风险模型、Kaplan-Meier 法及对数秩检验方法，核心是测度社会保障从功能性分配到规模性分配所持续的时间及转型概率的大小。我们首先测度了 19 世纪 80 年代到 2017 年相关国家或经济体社会保障从功能性分配到规模性分配所持续的时间，并采用风险函数的 Kaplan-Meier 法来测度相关国家或经济体社会保障从功能性分配到规模性分配阶段的生存函数与转型函数，深入剖析从功能性分配到规模性分配阶段的一般性逻辑。

### （一）社会保障功能性分配持续时间数据阶段选取

在采用生存模型测算社会保障功能性分配持续时间时，通常将社会保障初次建立的时间点作为标准化的零时间，在生存模型中被称为"风险初现"。社会保障功能性分配持续时间乃一个国家或经济体的社会保障分配模式从功能性分配向规模性分配门槛值转型所经历的时间周期。按照社会保障分配模式的变迁数据，两种状态持续的时间用年作为计量单位。本章将社会保障制度的实施对经济增长的贡献率与对收入分配的贡献率的相对大小作为分界线，将各个国家或经济体的社会保障分配模式转型的功能性分配过程分为功能性为主的阶段、功能性分配与规模性分配并重的阶段和规模性分配为主的阶段，进一步来测度不同国家或经济体社会保障从功能性分配为主转向规模性分配为主阶段所持续的时间。样本的时间跨度为 19 世纪 80 年代到 2017 年。1880~1928 年不同国家社会保障、收入分配及经济增长的相关数据来源于阿西马科普洛斯的《收入分配理论》；1928 年以后的数据来源于美国人口普查局、英国国家统计局、世界银行等网站数据。

数据处理及变量选取如下。一是社会保障支出的上下波动性问题。研究过程中，我们认为 5 年内社会保障支出水平相对稳定，由于社会保障支出中很大一部分涵盖了灾害性社会救助支出，可能持续一段时间后恢复原有的相对稳定的支出水平，这种突发性事件导致的社会保障支出的提高可视为社会保障支出的功能性分配阶段。二是截尾数据的处理问题。由于1880年以前的零星社会保障项目数据很难获取，数据存在左截尾，2017年以后的数据存在右截尾问题，我们需要去掉左截尾和右截尾数据。三是国家或经济体样本选取问题。我们在选取样本时，剔除了1880~2017年非洲国家、亚洲部分低收入国家，这些国家的社会保障一直处于功能性分配阶段，不存在转型问题，还剔除了一些靠矿产、石油进入高收入行列的国家及经济体。最终保留了98个国家或经济体数据。

（二）转型时间与转型概率理论演绎

用$T$表示一个国家或经济体社会保障功能性分配为主阶段的持续时间，那么生存函数所刻画的是一个国家或经济体在社会保障功能性分配为主阶段的持续时间$T$超过$t$的概率分布，具体表示为如下形式：

$$Sr(t) = Pr(T > t) \quad t = 1, 2, \cdots, n \tag{2-1}$$

社会保障分配模式的转型概率表示一个国家或经济体社会保障功能性分配为主阶段持续了$t-1$年，那么，第$t$年开始该国家或经济体社会保障分配模式进入规模性分配为主的阶段，即瞬时条件概率，这个条件概率便为社会保障分配模式的转型概率，具体表达式如下：

$$c(t) = Pr(t-1 < T \leq t | t-1 < T) = \frac{Pr(t-1 < T \leq t)}{Pr(t-1 < T)} \tag{2-2}$$

由于存在左截尾和右截尾数据，我们采用Kaplan-Meier估计量来测度转型函数与生存函数的估计值。按照Felipe等的做法[①]，生存函数与转型函数的估计值分别用式（2-3）和式（2-4）来表示：

$$\hat{S}r(t) = \frac{m_1 - k_1}{m_1} \cdot \frac{m_2 - k_2}{m_2} \cdot \ldots \cdot \frac{m_t - k_t}{m_t} \tag{2-3}$$

$$c(t) = 1 - \frac{k_t}{m_t} \tag{2-4}$$

其中，$m_t$表示一国或经济体在社会保障功能性分配为主阶段持续的时间，$k_t$表示在第$t$期一国或经济体的社会保障分配模式转型为以规模性分配

---

① J. Felipe, U. Kumar, R. Galope, "Middle-income Transitions: Trap or Myth?," Asian Development Bank Working Paper, No.421, 2014.

为主的数量。

基于历史性数据分析，表2-1呈现了不同国家或经济体社会保障分配模式转型数量和持续时间的描述性统计结果。

表2-1 不同国家或经济体社会保障分配模式转型数量和持续时间的描述性统计

单位：个，年

| 国家或经济体 | 转型数量 | 未转型数量 | 中位数（持续时间） | 均值（持续时间） |
| --- | --- | --- | --- | --- |
| 中低收入 | 42 | 56 | 44 | 49.77 |
| 中等收入 | 32 | 53 | 51 | 52.43 |
| 中高收入 | 38 | 11 | 22 | 22.65 |
| 中等收入［1880，1950］ | 18 | 43 | 45 | 42.18 |
| 中等收入［1951，2017］ | 20 | 54 | 51 | 44.70 |

从共时性视角来看，表2-1和表2-2显示，中等收入国家或经济体在社会保障功能性分配为主阶段的平均持续时间为50年左右。从表2-2可以看出，一半以上的中等收入国家或经济体在社会保障功能性分配为主阶段的持续时间为40~50年；46.2%的中等收入国家或经济体在社会保障功能性分配为主阶段的持续时间为50~60年。进一步分不同的收入阶段来进行分析，中低收入国家或经济体与中高收入国家或经济体的转型方程或生存方程存在较大的差异性。中低收入国家或经济体在社会保障功能性分配为主阶段的持续平均时间为50年左右，其进入功能性分配为主阶段的持续时间为30~40年的概率为50%左右；而中高收入国家或经济体在社会保障功能性分配为主阶段的持续时间为23年，79.5%的中高收入国家或经济体在10年内能够实现社会保障分配模式的转型，21.7%的中高收入国家或经济体社会保障分配模式的转型在10~20年能够实现。也就是说，100%的中高收入国家或经济体在20年内能够全部转型。由此，中低收入国家或经济体在社会保障功能性分配为主阶段的持续时间显著高于中高收入国家或经济体，这显示出中高收入国家或经济体相对

于中低收入国家或经济体更容易跨越社会保障功能性分配为主的分配模式。

表2-2 不同国家或经济体社会保障分配模式持续时间生存函数的描述性统计

| 国家或经济体 | Kaplan-Meier估计量测度的持续时间概率 | | | | | |
|---|---|---|---|---|---|---|
| | [0, 10] | (10, 20] | (20, 30] | (30, 40] | (40, 50] | (50, 60] |
| 中低收入 | 0.916 | 0.683 | 0.515 | 0.509 | 0.416 | 0.333 |
| 中等收入 | 0.968 | 0.863 | 0.699 | 0.605 | 0.511 | 0.462 |
| 中高收入 | 0.795 | 0.217 | 0.000 | 0.000 | 0.000 | 0.000 |
| 中等收入 [1880, 1950] | 0.990 | 0.912 | 0.683 | 0.000 | 0.000 | 0.000 |
| 中等收入 [1951, 2017] | 0.950 | 0.838 | 0.746 | 0.000 | 0.000 | 0.000 |

从历时性视角来看，年份区间[1880, 1950]处于中等收入阶段的国家或经济体基本上是社会保障制度构建的先行者，同时也属于经济和社会化程度相对较高的国家或经济体，1950年后建立社会保障制度的国家大多属于发展中的国家或经济体。从经济和社会化程度的角度来看，前者属于较发达经济体，后者属于欠发达经济体。在历时性的变迁尺度下，异质性时期的中等收入国家或经济体有着迥异的外部性条件、历史语境及时代背景。由此，对不同历史条件尺度下的社会保障功能性分配为主的模式停留时间分布与转型概率分布进行探析显得尤为必要。表2-1和表2-2的描述性统计结果显示，1880~1950年的中等收入国家或经济体社会保障功能性分配为主的模式所持续的时间平均为42年左右；而1951~2017年中等收入国家或经济体社会保障功能性分配为主的模式所持续的时间平均为45年左右。因此，我们可以初步得出一个普遍性的逻辑：一个国家或经济体在社会保障功能性分配为主的模式中所持续的时间超过40年。

### 社会保障权益配置逻辑

社会保障功能性分配为主模式的时间持续概率与转型概率存在此消彼长的负相关关系。时间持续概率越高，共时性相对应的转型概率就越低，反之则反。那么转型概率函数的具体分布形式可以用图2-9来刻画。

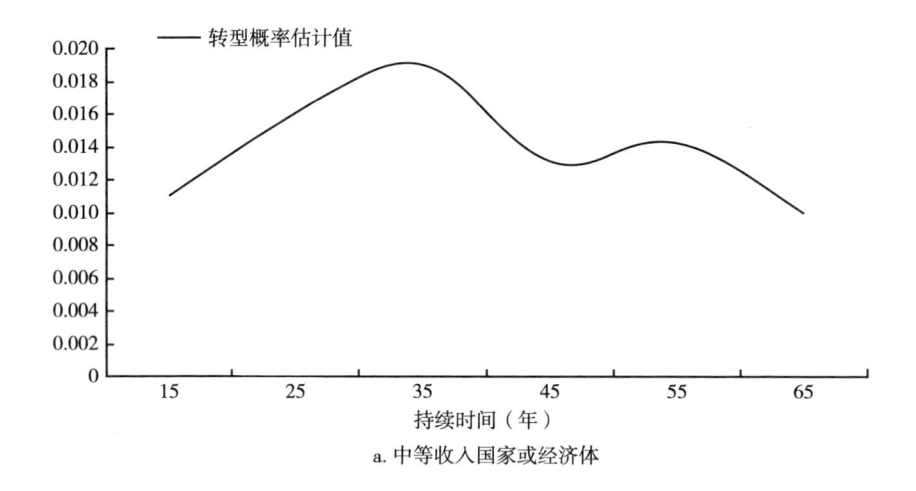

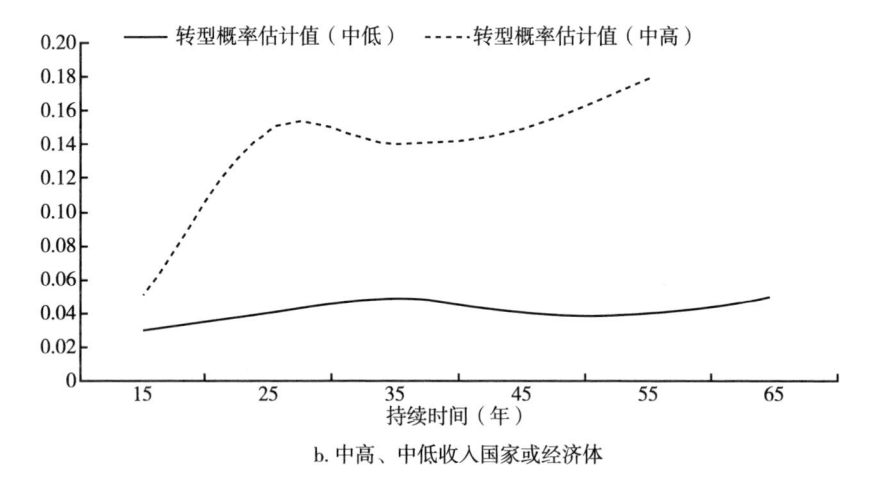

a. 中等收入国家或经济体

b. 中高、中低收入国家或经济体

第二章 社会保障权益配置的结构性转型与模式变迁

c.1880~1950年中等收入国家或经济体

d.1951~2017年中等收入国家或经济体

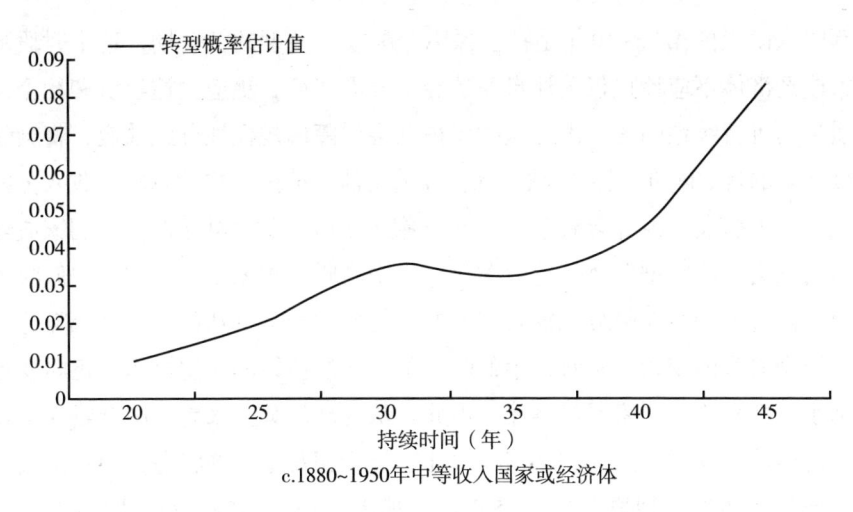

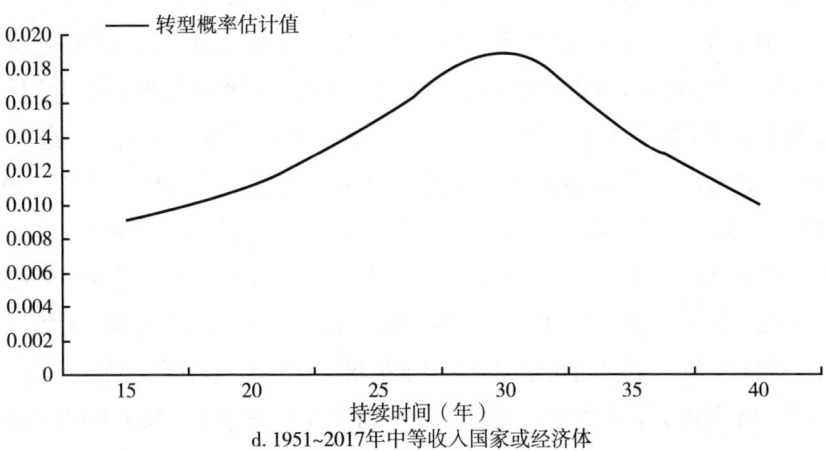

**图2-9 不同类型国家或经济体的转型概率估计值的分布函数**

图2-9a报告了中等收入国家或经济体社会保障分配模式转型概率的变化趋势。从图中的变化趋势来看，转型概率呈现两次"抛物状"，第一次抛物线的顶点在社会保障制度建立后的第30~35年，在这一时段内，社会保障支出水平会逐步提升，社会保障的规模性分配效应逐渐增强，由此，社会保障功能性分配效应逐渐减弱，社会保障转型概率逐步提升。然后，在接下来的近20年时间，转型概率处于下降水平，第50年转型概率有上升趋势。可以看出，社会保障分配模式的转型过程是波动的，其所呈现出的功能性分配效应和规模性分配效应的相对强弱是动态变化的。中等收入国家或经济体在进入

中等收入阶段的第35~40年是社会保障分配模式转型的黄金期，这个时段的国家或经济体不应该仅仅关注自身的经济发展速度，更应关注经济和社会发展质量的可持续性问题。因为这时忽视社会保障的规模性分配效应，将会使得接下来的近20年时间再次跌入社会保障功能性分配为主的阶段，收入分配差距进一步扩大，经济会减速。图2-9b报告了收入水平处于两极的国家或经济体的社会保障转型概率，笔者对比分析中高收入国家或经济体与中低收入国家或经济体社会保障分配模式转型概率的变动趋势。从两者社会保障分配模式转型概率的变动率来看，中低收入国家或经济体的转型概率的正向变动率远小于中高收入国家或经济体。由此，从变动趋势上来看，中低收入国家或经济体社会保障分配模式转型概率几乎处于相对稳定的状态，而中高收入国家或经济体的转型概率却在55年内迅速上升到18%的水平。图2-9c、图2-9d分别呈现了1880~1950年和1951~2017年中等收入国家或经济体社会保障分配模式转型概率的变化趋势。1880~1950年，中等收入国家或经济体基本属于欧美等发达资本主义国家，其转型概率在30年内缓慢上升，当超过30年以后直到第45年，转型概率估计值从3%左右迅速上升到8%。1951~2017年进入中等收入行列的国家或经济体多数为发展中国家，这些国家或经济体的典型特征是经济飞速增长，但社会收入分配差距迅速扩大，进入中等收入国家行列后30年社会保障分配模式转型概率迅速提升，社会保障的规模性分配效应逐渐增强，而功能性分配效应逐渐减弱。然后，在接下来的近10年时间，转型概率处于下降水平。这时，这些国家或经济体再次跌入社会保障功能性分配为主的阶段，收入分配差距迅速扩大，经济增长逐步放缓；社会保障的规模性分配再次得到关注，但这一阶段跌入中等收入陷阱的概率会迅速提升。

### 三 转型概率与系统性动力机制测度

在明确不同收入国家或经济体的社会保障功能性分配模式的持续时间及转型概率分布后，我们采用Cox比例风险模型来对社会保障分配模式的转型概率进行测度，并且进一步探索促进转型概率变动的动力机制。首先根据概率函数的形式，假定基准风险函数的具体分布形式，如果能够按照比例风险的初步假设，我们可以得到Cox比例风险模型中各回归系数的一致性估计，从而能够分析各相关要素所形成的动力机制对于社会保障分配模式转型的影响效应大小。

(一) 生存模型的构建

生存模型的一般模型可以写成如下的表达式：

$$\ln[h(t|Z)] = \ln[h_0(t)] + \gamma_1 z_1 + \gamma_2 z_2 + \cdots + \gamma_n z_n \quad (2-5)$$

进一步地，可以写成如下形式：

$$\ln[h(t|Z)] = \ln[h_0(t)] + \gamma \cdot Z \quad (2-6)$$

其中，$h(t|Z)$ 表示一个国家或经济体从社会保障建立时以功能性分配为主阶段向规模性分配为主阶段，即 $t$ 年转型为社会保障规模性分配为主阶段的概率。$h_0(t)$ 为 Cox 比例风险函数的基准函数，是关于时间 $t$ 的函数，但不受相关因素的影响，如与转型动力机制的解释变量 $Z$ 向量组是无关的。解释变量 $Z$ 向量组包括了社会保障水平、资本、技术、人口结构、HDI 等参数变量。系数向量 $\gamma$ 表示转型动力机制的解释变量 $Z$ 向量组对风险概率的半弹性，如果取以 e 为底的对数，我们可以将其解释为转型风险比率。对于转型风险比率，如果 $e\gamma<1$，则表明该动力机制中的某要素会抑制转型概率的提升；如果 $e\gamma>1$，则表示该动力机制中的某要素会促进转型概率的提升；如果 $e\gamma=1$，则表示该动力机制中的某要素对该国或经济体的社会保障分配模式转型无显著影响。在运用生存模型时，一个很难规避的问题就是该模型在各观测对象间的异质性，我们将借鉴郭熙保和朱兰的做法[①]，在本节最后一部分采用相关参数模型进行稳健性检验。

(二) 变量解释和数据来源

无论是古典经济学还是新古典经济学，抑或是马克思主义政治经济学与凯恩斯经济学，它们均未否认收入分配中的资本、劳动、土地及技术等生产要素的分配组合，以及分配过程中的社会劳动关系对于收入分配演进过程中的动力机制的作用；而且社会保障功能性分配与规模性分配模式的演进与固化在共时性与历时性进程中也均"嵌入"了上述要素。由此，我们将重点探析社会保障水平、资本、技术、人口结构、HDI 等参数变量对社会保障分配模式转型概率的影响效应。从动力机制的整体性来看，影响转型概率的因素较为驳杂，本章根据既有收入分配理论的影响要素筛选出了

---

① 郭熙保、朱兰：《中等收入转型概率与动力因素：基于生存模型分析》，《数量经济技术经济研究》2017年第10期。

上述几个非交叉式的解释变量，同时控制其他影响社会保障模式转型概率的非关键性要素。

从既有研究中生存模型的变量筛选方式来看，不同学者采用Cox比例风险模型研究了经济的转型过程。Aiyar等从整体上探索了影响经济转型的47个解释变量，从中筛选出国际贸易、民主制度和基础设施建设成为影响经济转型的关键动力机制。[①]Sala-I-Martin等采用贝叶斯模型对67个影响经济转型的变量进行测度，最终结果发现，宗教信仰、社会人口结构、区域虚拟变量、人力资本、殖民状况及人力资本变量会显著地影响到转型概率的变动速度。[②]同样，既有研究结果显示，民族、人口结构、肤色及全要素生产率等变量同样会影响到一个国家的经济和社会转型概率。[③]基于上述研究的变量筛选过程和筛选方法，本章将相关制度、民族、肤色及地理要素作为控制变量纳入模型。

对于生存模型中相关变量的测度方式，笔者借鉴了既有研究的获取方式。对于全要素生产率的测度，采用Tornqvist指数所测度的TFP来表示。对于资本变量的测度，采用账面盘存法将各经济体的资产进行细分，并采用不同的资产价格与固定资产折旧额占固定资产原价的比重来计算，最后采用资产价格折算法得到。人口结构包括老年人口比重、贫困人口比重。相关制度变量包含了民主变量和工具变量。民族与肤色属于人口的多样性变量。地理要素变量涵盖了是否为海洋国家、国土面积及热带区域面积比重。具体的变量数据及来源如表2-3所示。

---

① S. Aiyar, R. Duval, D. Puy, Y. Wu, L. Zhang, "Growth Slowdowns and the Middle-income Trap," International Monetary Fund Working Paper, No.1371, 2013.

② X. Sala-I-Martin, G. Doppelhofer, R. I. Miller, "Determinants of Long-term Growth: A Bayesian Averaging of Classical Estimates (BACE) Approach," *American Economic Review*, 2004, Vol. 94, No.4, pp.813-835.

③ K. Lee, B.Y. Kim, "Both Institutions and Politics Matter But Difficultly for Different Income Groups of Countries: Determinants of Long-run Economic Growth Revisited," *World Development*, 2009, Vol.37, No.3, pp.533-549; O. Galor, "From Stagnation to Growth: Unified Growth Theory," in P.Aghion, S.N.Durlauf, *Handbook of Economic Growth* (Elsevier, 2005), pp.171-293; A.Alesina, J.Harnoss, H.Rapoport, "Birthplace Diversity and Economic Propensity," *Journal of Economic Growth*, 2016, Vol.21, No.2, pp.101-138; 郭熙保、朱兰:《中等收入转型概率与动力因素：基于生存模型分析》，《数量经济技术经济研究》2017年第10期。

表2-3 相关变量数据及来源描述

| 变量 | 符号 | 解释 | 数据来源 |
|---|---|---|---|
| 社会保障水平 | ssl/GDP | 社会保障水平占GDP比重 | 世界银行网站 |
|  | sil/GDP | 社会保险水平占GDP比重 | 世界银行网站 |
|  | sal/GDP | 社会救助水平占GDP比重 | 世界银行网站 |
|  | swl/GDP | 社会福利水平占GDP比重 | 世界银行网站 |
| 资本 | lncpt | 资本存量水平的对数 | Penn World Table 9.0 |
| 技术 | TFP | 全要素生产率水平 | Penn World Table 9.0 |
| 人口结构 | lnpop | 人口总数的对数（单位：十万人） | 利用世界发展指标数据库搜索得到 |
|  | odr | 60岁以上人口比重 | 利用世界发展指标数据库搜索得到 |
| 人类发展指数 | HDI | 人类发展指数 | 联合国开发计划署（UNDP） |
| 相关制度 | ins | 制度完善程度得分，越完善分数越高 | PIV数据库 |
|  | dem | 民主化程度得分，分数越高民主性越高 | PIV数据库 |
| 民族 | nat | 民族虚拟变量 | Alesina等① |
| 肤色 | ski | 肤色虚拟变量 | Alesina等① |
| 地理要素 | lan | 陆地国土面积（单位：平方公里） | 利用世界发展指标数据库搜索得到 |
|  | oea | 是否为沿海国家 | Alesina等① |
|  | tro | 处于热带区域的面积比例 | Alesina等① |

资料来源：①A. Alesina, J.Harnoss, H.Rapoport, "Birthplace Diversity and Economic Propensity," *Journal of Economic Growth*, 2016, Vol.21, No.2, pp.101-138。

### （三）比例风险模型的测度结果

本章首先采用生存风险概率模型对社会保障分配模式的转型概率与系统性动力机制的实证结果进行剖析；在此基础上，从历时性视角来区分不同的时间段，从共时性视角来区分社会保障分配模式转型的系统性动力因素；最后对结果的稳健性进行了检验。

本章采用的数据区间为1880~2017年。这样横跨100多年的数据，各国的人口结构、全要素生产率及人类发展指数等变量会随着时间不断变化，如果仅仅采用跨期或者当期数据的平均值，即把时间要素作为外生变量显然是有偏的，最终结果是风险的比例性条件不能得到满足。由此，我们需要验证生存模型是否满足比例风险的前提假设条件。基于此，我们采用郭熙保和朱兰的做法①，将各个国家或经济体的样本数据按照15年及转型时间点进行拆分，这样每个国家或经济体样本便对应于两条或者两条以上的记录，不同的记录对应于异质性的时间段，不同的时间段用不同的值来表示，这样就可以很好地把随时间变化的变量准确地刻画出来。

  表2-4报告了生存模型比例风险的测度结果。社会保障水平、人类发展指数和全要素生产率的回归系数均为正，且至少在5%的水平下通过了检验，这表明社会保障水平、人类发展指数和全要素生产率对社会保障分配模式转型概率的提升具有显著的正向促进效应，即随着社会保障水平、人类发展指数和全要素生产率的提升，一个国家或经济体的社会保障分配模式的转型概率将会提高，一个国家或经济体以功能性分配为主的社会保障模式所停留的时间就越短。从人类发展指数、全要素生产率和资本变量影响程度的横向比较来看，资本变量的回归系数没有通过显著性检验，且影响效应在模型4中最大仅为0.194，处于较低水平。这远远低于人类发展指数、全要素生产率的影响效应和影响力度。这表明一个中等收入国家或经济体的社会保障分配模式从功能性分配为主向规模性分配为主的演变过程中，人类发展指数和全要素生产率是收入分配模式演变的主要驱动力。由此，本章认为，社会保障分配模式的演变不仅仅取决于与效率高度相关的经济变量，还取决于与公平息息相关的社会变量。相关制度、民族、肤色和地理要素等控制变量在被纳入不同模型的过程中更全面地验证了社会保障水平、人类发展指数和全要素生产率对社会保障分配模式转型概率提升的显著正向促进效应。

  从其他外生性变量的影响效应来看，其他解释变量对社会保障分配模式转型概率的变动亦具有显著影响。60岁以上人口比重对社会保障分配模式转型概率的提升具有显著的正向影响效应，但影响力度远小于社会保障水平、人类发展指数和全要素生产率，即随着60岁以上人口比重的不断提升，社会保障分配模式的转型概率会不断提高。这就缩短了社会保障功能性分配为主阶段的持续时间。因为人口老龄化使得社会保障资金大量流向非劳动人口，这在很大程度上"熨平"了社会分配的非均等化趋势。民族和肤色变量对社会保障分配模式转型概率的影响效应是负向的，因为不同肤色和民族人群受到历史、自然环境的内生性影响，其有特殊的偏好，如有些民族的社会

---

① 郭熙保、朱兰：《中等收入转型概率与动力因素：基于生存模型分析》，《数量经济技术经济研究》2017年第10期。

保障功能更多诉诸宗教、家庭等传统型保障主体,这种非正式制度惯性会导致社会保障分配模式的"固化"效应。

表2-4 生存模型的回归结果

| 变量 | 模型1 | 模型2 | 模型3 | 模型4 | 模型5 | 模型6 |
|---|---|---|---|---|---|---|
| $ssl/GDP$ | 2.447*** (0.320) | 2.129*** (0.373) | 1.362*** (0.459) | 2.004*** (0.462) | 2.826*** (0.437) | 1.993*** (0.517) |
| $TFP$ | 1.940*** (0.373) | 2.642** (0.451) | 2.504*** (0.433) | 2.280*** (0.430) | 2.748*** (0.546) | 0.383*** (0.664) |
| $HDI$ | 2.043** (0.294) | 2.802*** (0.480) | 2.667*** (0.463) | 2.355** (0.414) | 2.793*** (0.552) | 0.390*** (0.707) |
| $\ln cpt$ | 0.098 (0.133) | 0.037 (0.155) | 0.183 (0.202) | 0.194 (0.115) | 0.058 (0.148) | 0.116 (0.210) |
| $oea$ | | 0.386 (0.518) | | | | 0.429 (0.571) |
| $tro$ | | -2.180*** (0.699) | | | | -0.613 (0.792) |
| $lan$ | | -0.064 (0.113) | | | | -0.199 (0.128) |
| $\ln pop$ | | | -0.007 (0.020) | | | 0.001 (0.001) |
| $odr$ | | | 0.149*** (0.005) | | | 0.137*** (0.063) |
| $ins$ | | | | -0.121 (0.202) | | -0.003 (0.281) |
| $dem$ | | | | 0.409 (0.321) | | 0.073 (0.422) |
| $nat$ | | | | | -3.920*** (1.129) | -3.047*** (1.424) |
| $ski$ | | | | | -2.195** (0.609) | -3.096*** (1.109) |
| 样本量 | 684 | 646 | 582 | 609 | 628 | 606 |

注:**、***分别表示在5%、1%的水平下显著,括号里的值为聚类稳健标准误差。

## (四)异质性社会保障水平的测度结果

异质性阶段的社会保障分配模式的变迁动力亦具有显著的异质性,社会保障水平是由社会保险水平、社会救助水平和社会福利水平等指标构成的。社会救助和社会福利不存在严格意义上的权责对等关系,这两者水平的快速提升能够显著地加快社会保障分配模式从传统的功能性分配为主向规模性分配为主转型的速度。而社会保险水平的提升涉及的分配流程链条更长，在一个中等收入国家或经济体中所发挥的再分配效应更加显著。但从表2-5的影响效应来看，除了模型2和模型5外，社会保险水平的系数均不显著，而且在模型5中社会保险水平对社会保障分配模式转型概率的影响效应为负向的；从影响力度来看，社会保险水平的影响力度总体小于社会福利水平和社会救助水平。从社会保险资金的运行流程来看，作为收入再分配制度，缴费环节更多地体现为累进税制（或累进费制），而在领取环节应该更多地体现出向中低收入群体实施再分配；但在执行过程中，为了鼓励参保或者缴费，多数国家或经济体实施的是激励性缴费和待遇享受机制。这使得占最大比重的社会保险制度对社会保障分配模式转型的贡献力度相对较小。社会救助作为"最后一道安全网"，为低收入群体提供一种生存性保障，具有很强的"刚性"；而社会福利水平最终受制于经济发展水平这一约束条件，不可能无边界地提升；但社会保险水平可以通过结构性的调整来强化其收入再分配功能，最终会在更大程度上促进社会保障分配模式转型概率的提升。从影响力度来看，社会保障水平（社会保险水平、社会救助水平和社会福利水平）对社会保障分配模式转型概率的影响力度远小于全要素生产率、人类发展指数和资本变量。这表明，社会保障分配模式的变迁从功能性为主向规模性为主转型的过程中，社会保障水平本身的提升远不及经济和社会化程度提升的作用机制有效。

表2-5 不同社会保障指标的估计结果

| 变量 | 模型1 社保覆盖率（Cox） | 模型2 领取社保人数比例（Cox） | 模型3 社保实施年限（Cox） | 模型4 社保覆盖率（$\gamma$分布） | 模型5 领取社保人数比例（$\gamma$分布） | 模型6 社保实施年限（$\gamma$分布） |
|---|---|---|---|---|---|---|
| sil/GDP | 0.013 (0.037) | 0.120*** (0.038) | 0.047 (0.165) | −0.003 (0.024) | −0.075** (0.036) | −0.121 (0.187) |
| sal/GDP | 0.042** (0.025) | 0.120*** (0.039) | 0.902*** (0.243) | −0.030** (0.016) | −0.065*** (0.005) | −0.411 (0.202) |
| swl/GDP | −0.005 (0.018) | 0.163*** (0.057) | −0.622 (1.090) | 0.015 (0.026) | −0.125*** (0.038) | 0.233 (1.090) |

续表

| 变量 | 模型1<br>社保<br>覆盖率<br>(Cox) | 模型2<br>领取社保<br>人数比例<br>(Cox) | 模型3<br>社保实施<br>年限<br>(Cox) | 模型4<br>社保覆盖率<br>($\gamma$分布) | 模型5<br>领取社保人<br>数比例<br>($\gamma$分布) | 模型6<br>社保实施<br>年限<br>($\gamma$分布) |
|---|---|---|---|---|---|---|
| TFP | 1.902***<br>(0.408) | 1.804***<br>(0.594) | 2.130**<br>(0.482) | −2.626***<br>(0.884) | −2.505***<br>(0.694) | −2.113***<br>(0.725) |
| HDI | 2.115***<br>(0.462) | 2.074***<br>(0.488) | 2.240***<br>(0.501) | 2.333***<br>(0.600) | 2.385**<br>(0.530) | 2.198**<br>(0.482) |
| ln$cpt$ | 0.288**<br>(0.129) | 0.418***<br>(0.115) | 0.340**<br>(0.109) | −0.270**<br>(0.146) | −0.234***<br>(0.106) | −0.261**<br>(0.129) |
| 样本量 | 375 | 375 | 375 | 375 | 375 | 375 |

注：**、***分别表示在5%、1%的水平下显著，括号里的值为聚类稳健标准误差。

### （五）不同收入阶段的测度结果

如表2-4和表2-5所示，由于第一部分和第二部分的实证结果显示，不同的经济和社会发展水平能够显著影响到一个国家或地区的社会保障分配模式的转型概率。接下来，本章将根据不同收入阶段、不同国家或经济体样本来分析收入水平的异质性对社会保障分配模式转型概率的影响，分别建立Weibull模型、Gompertz模型、RSLN模型、LLR模型、Weibull-$\gamma$模型和LLR-$\gamma$模型，进一步分析各经济阶段社会保障分配模式转型的动力机制。

由于要素禀赋、资本原始积累、民主进程及国家体制模式等因素，不同国家社会保障推进力度及保障程度会存在较大的异质性。[1]在这些异质性的背后，有的国家或经济体能够很快地完成社会保障分配模式的转型，而有些国家或经济体将停留在功能性分配为主的阶段。但从总体转型的进程来看，社会保障分配模式是从功能性分配为主向规模性分配为主转变的，这种转变方式始终嵌入民主进程之中。基于这种序次的递进规律，本章进一步构建比例风险模型，按照不同国家、不同收入阶段将样本进一步细分为中高收入国家或经济体样本集和中低收入国家或经济体样本集，据此建立不同的生存模型。

---

[1] 王增文：《中国社会保障治理结构变化、理念转型及理论概括——范式嵌入与法治保障》，《政治学研究》2015年第5期。

## 社会保障权益配置逻辑

表 2-6 和表 2-7 分别报告了中低和中高收入国家或经济体的估计结果。表 2-6 和表 2-7 的最后一列结果显示，社会保障水平、全要素生产率、人类发展指数等变量对社会保障分配模式转型概率的提升均具有显著的正向影响效应。而从阶段性社会保障分配模式的转型视角来看，背后的动力机制存在显著的差异性。其中，在中低收入国家或经济体中，全要素生产率和人类发展指数对社会保障分配模式转型概率的提升效应要大于社会保障水平本身的影响效应。这表明，中低收入国家或经济体经济增长的主要动力机制来源于全要素生产率和人类发展指数。在中高收入国家或经济体中，社会保障水平、全要素生产率、人类发展指数对于一个国家或经济体社会保障分配模式的转型影响存在较大程度的差异，全要素生产率的影响效应最大，是人类发展指数的 2 倍之多，是社会保障水平的 6 倍之多。这进一步表明，全要素生产率是中高收入国家或经济体社会保障分配模式转型概率提升的最为关键的驱动变量。从表 2-6 和表 2-7 人类发展指数的回归系数来看，中高收入国家或经济体的值要大于中低收入国家或经济体。

表 2-6 中低收入国家或经济体的估计结果

| 变量 | 模型 I | 模型 II | 模型 III | 模型 IV | 模型 V | 模型 VI |
| --- | --- | --- | --- | --- | --- | --- |
| $ssl/GDP$ | 2.120*** (0.328) | 2.114*** (0.437) | 0.488 (0.522) | 2.103*** (0.529) | 1.933*** (0.420) | 1.321*** (0.712) |
| $TFP$ | 1.405*** (0.406) | 2.024*** (0.526) | 1.634*** (0.538) | 1.620*** (0.688) | 1.840*** (0.592) | 3.017*** (0.952) |
| $HDI$ | 2.078*** (0.471) | 2.130*** (0.426) | 2.303** (0.510) | 2.286*** (0.521) | 2.402** (0.519) | 2.177** (0.473) |
| $lncpt$ | 0.034 (0.130) | −0.040 (0.127) | 0.026 (0.194) | 0.174 (0.116) | 0.017 (0.129) | 0.280 (0.194) |
| 控制变量 | N | 地理要素 | 人口结构 | 相关制度 | 民族和肤色 | Total |
| 样本量 | 518 | 496 | 450 | 469 | 492 | 398 |

注：**、***分别表示在 5%、1% 的水平下显著，括号里的值为聚类稳健标准误差；N 表示不控制任何变量；Total 表示控制所有变量。

表2-7　中高收入国家或经济体的估计结果

| 变量 | 模型Ⅰ | 模型Ⅱ | 模型Ⅲ | 模型Ⅳ | 模型Ⅴ | 模型Ⅵ |
|---|---|---|---|---|---|---|
| ssl/GDP | 1.120*** (0.422) | 0.181 (0.483) | 0.864 (0.452) | 1.107 (0.560) | 0.906** (0.420) | 0.711*** (0.638) |
| TFP | 2.315*** (0.646) | 3.719*** (0.905) | 2.805*** (0.686) | 3.054*** (0.755) | 4.180*** (0.607) | 4.725*** (0.954) |
| HDI | 2.227** (0.466) | 2.370*** (0.418) | 2.401** (0.495) | 2.501** (0.450) | 2.536*** (0.518) | 2.204** (0.473) |
| lncpt | −0.005 (0.126) | −0.018 (0.120) | 0.333 (0.207) | 0.128 (0.162) | −0.049 (0.150) | 0.142 (0.258) |
| 控制变量 | N | 地理要素 | 人口结构 | 相关制度 | 民族和肤色 | Total |
| 样本量 | 208 | 196 | 184 | 193 | 190 | 179 |

注：**、***分别表示在5%、1%的水平下显著，括号里的值为聚类稳健标准误差；N表示不控制任何变量；Total表示控制所有变量。

上述回归结果表明，随着一个国家或经济体从低收入阶段向高收入阶段演进，社会保障分配模式的转型更多受制于全要素生产率和人类发展指数的提升，全要素生产率和人类发展指数对中高收入国家或经济体社会保障分配模式转型概率提升的促进效应远大于中低收入国家或经济体。

（六）异质性时间区间的测算结果

不同的时期对应于不同的经济和社会化程度，不同时期不同收入状况的国家或经济体的社会保障分配模式转型概率存在较大的差异，基于此，笔者进一步探寻影响不同时期异质性国家或经济体转型概率的动力机制。表2-8和表2-9分别测度了1880~1950年和1951~2017年中等收入国家或经济体样本的影响要素结果，同时引入了不同的控制变量。

从表2-8和表2-9的测度结果可以看出，在不同时段，影响中等收入国家或经济体社会保障分配模式转型概率的动力机制是不同的。1880~1950年的半个多世纪以来，影响中等收入国家或经济体社会保障分配模式转型概率的动力机制主要涵盖了社会保障水平、全要素生产率及人类发展指数；而从影响强度来看，全要素生产率最高，人类发展指数影响强度最小，而社会保障水平的影响力度处于中等水平。这表明，在经济和社会化程度处于中等水平时，各个国家或经济体的发展战略处于"追赶"状态，由此，大量的资源会更加倾向于注入经济建设之中，而社会保障功能性分配效应处于较为显著的状态。这时社会保障水平的提升将会对整个社会保障分配模式转型概率的提升起到绝对性的影响作用。资本虽然能在一定程度上提升转型的概率，但影响力度较小，而且从经济效率维度和社会公平维度的结构性视角来看，其对前者的贡献力度更大。资本主义国家的原始资本积累过程很好地证明了这一结论。

表2-8 1880~1950年中等收入国家或经济体的估计结果

| 变量 | 模型Ⅰ | 模型Ⅱ | 模型Ⅲ | 模型Ⅳ | 模型Ⅴ | 模型Ⅵ |
|---|---|---|---|---|---|---|
| $ssl/GDP$ | 3.348*** (0.577) | 2.947*** (0.592) | 2.703*** (0.720) | 2.922*** (1.373) | 3.604*** (0.628) | 3.681*** (1.552) |
| $TFP$ | 2.204*** (0.530) | 3.908*** (1.144) | 3.197*** (0.890) | 4.179 (3.955) | 2.727*** (0.684) | 10.046*** (2.180) |
| $HDI$ | 2.154*** (0.471) | 2.209*** (0.433) | 2.315*** (0.467) | 2.089*** (0.492) | 2.414** (0.520) | 2.382** (0.401) |
| $lncpt$ | 0.384** (0.186) | 0.509** (0.258) | 0.280 (0.303) | 0.437** (0.194) | 0.444* (0.183) | −0.166 (0.295) |
| 控制变量 | N | 地理要素 | 人口结构 | 相关制度 | 民族和肤色 | Total |
| 样本量 | 362 | 351 | 293 | 342 | 348 | 240 |

注：*、**、***分别表示在10%、5%、1%的水平下显著，括号里的值为聚类稳健标准误差；N表示不控制任何变量；Total表示控制所有变量。

表2-9 1951~2017年中等收入国家或经济体的估计结果

| 变量 | 模型Ⅰ | 模型Ⅱ | 模型Ⅲ | 模型Ⅳ | 模型Ⅴ | 模型Ⅵ |
|---|---|---|---|---|---|---|
| $ssl/GDP$ | 1.044*** (0.471) | 0.707** (0.683) | 0.430 (0.799) | 0.183** (0.794) | 0.333*** (0.884) | 0.626 (0.856) |
| $TFP$ | 2.359** (0.960) | 4.794** (2.047) | 3.056** (1.228) | 4.323*** (1.604) | 3.210* (1.662) | 5.204** (2.616) |
| $HDI$ | 2.245*** (0.409) | 2.183*** (0.428) | 2.295*** (0.470) | 2.116*** (0.422) | 2.366*** (0.505) | 2.200*** (0.424) |
| $lncpt$ | −0.020 (0.833) | −4.049*** (1.204) | −1.414 (1.370) | −1.671** (0.819) | −2.217** (0.919) | −7.730*** (2.905) |
| 控制变量 | N | 地理要素 | 人口结构 | 相关制度 | 民族和肤色 | Total |
| 样本量 | 368 | 349 | 352 | 340 | 348 | 318 |

注：*、**、***分别表示在10%、5%、1%的水平下显著，括号里的值为聚类稳健标准误差；N表示不控制任何变量；Total表示控制所有变量。

第二章　社会保障权益配置的结构性转型与模式变迁

1951~2017年的半个多世纪以来，经济增长方式发生了很大的变化，后发经济体经济和社会发展的原始资本积累模式也发生了很大的变化。如表2-9所示，这一阶段的中等收入国家或经济体的社会保障分配模式转型的主要动力机制为技术进步和人类发展指数，社会保障水平并未显著发挥影响作用。经济和社会化程度成为影响社会保障分配模式转型的关键性动力机制。这表明，社会保障已经成为经济和社会发展的内生性动力。靠对外掠夺完成原始资本积累的欧美等发达国家，其社会保障分配模式转型的动力机制主要诉诸社会保障水平的提升；而靠对内完成资本积累的后发经济体，其社会保障分配模式转型的动力机制则主要诉诸技术进步和人类发展指数的提升。

（七）结果的稳健性检验

结果的稳健性检验主要涵盖了两项重要的检验。一项是模型的假设检验，本章将采用Schoenfeld残差的假设检验来验证最大似然估计法的一致性问题，即检验生存模型中的比例风险问题。检验结果显示，整体性检验的结果对应的p值为0.1261，这表明生存模型满足比例风险的假设。在此基础上，本章将采用Cox-Snell残差对生存模型进行拟合优度检验，将Cox-Snell残差作为时间变量①来测度累积风险函数。通过对比Cox-Snell残差和累积风险函数，本章发现，累积风险函数总体呈现出的变动趋势是正比例函数形式。当然，随着时间的不断推进，由于存在左截尾及右截尾数据缺失问题，累积风险函数会存在一定意义上的离差，但总的来说，生存模型较为准确地拟合了所给出的面板数据。

另一项重要的检验就是针对Cox比例风险模型回归系数的稳健性检验。通过选择各种不同的分布函数，可以很全面地观测到基准风险函数的变动状况，具体可以从对社会保障分配模式转型概率影响的效应和对社会保障功能性分配为主所持续时间的影响效应这两个尺度来观测。对于前者，本章将采用如表2-10所示的Weibull模型和Gompertz模型来测度，它们均属比例风险模型；对于后者，本章将采用RSLN模型（对数正态分布模型）和LLR模型（对数Logistics分布模型）来测度。从表2-10的对数似然值大小来看，采用

---

① D. W. Hosmer, J. S. Lemeshow, S. May, *Applied Survival Analysis*, 2nd Edition (UCLA: Statistical Consulting Group, 2008).

Weibull 模型和 LLR 模型来进行测度将会更加有效。不同国家或经济体由于政治、经济、文化及宗教等的异质性，可能会存在较大的不一致性，这种不一致性会被放入残差项之中，这可能会导致异方差的产生，使得估计结果产生较大的偏误，基于此，本章引入 Weibull-$\gamma$ 模型和 LLR-$\gamma$ 模型来规避这一问题。通过表 2-10 中 Weibull-$\gamma$ 模型和 LLR-$\gamma$ 模型的估计结果可以看出，全要素生产率、社会保障水平和人类发展指数等变量依然是影响社会保障分配模式转型概率的关键性动力机制。在控制了国家或经济体样本的异质性后，我们发现，全要素生产率、社会保障水平和人类发展指数的回归系数有较大的波动，说明由此产生的异方差的确存在，而一般的 Cox 比例风险模型所测度的效应有降低的趋势。

表 2-10 模型的稳健性检验

| 变量 | Weibull 模型 | Gompertz 模型 | RSLN 模型 | LLR 模型 | Weibull-$\gamma$ 模型 | LLR-$\gamma$ 模型 |
| --- | --- | --- | --- | --- | --- | --- |
| $ssl/GDP$ | 2.220*** (0.548) | 2.204*** (0.549) | −1.317*** (0.256) | −1.358*** (0.372) | 7.826*** (2.140) | −1.974*** (0.349) |
| $TFP$ | 4.617*** (0.753) | 4.832*** (0.755) | −2.247*** (0.538) | −2.192*** (0.831) | 11.165*** (3.290) | −2.936*** (0.608) |
| $HDI$ | 2.126*** (0.388) | 2.0693** (0.475) | 2.226*** (0.458) | 2.100*** (0.410) | 2.321** (0.499) | 2.193*** (0.417) |
| ln$cpt$ | 0.173 (0.205) | 0.201 (0.194) | −0.034 (0.010) | 0.000 (0.100) | −0.138 (0.307) | 0.063 (0.082) |
| 控制变量 | Y | Y | Y | Y | N | N |
| ML值 | −18.342 | −19.740 | −15.366 | −14.629 | — | — |
| 样本量 | 538 | 538 | 538 | 538 | 684 | 684 |

注：**、***分别表示在5%、1%的水平下显著，括号里的值为聚类稳健标准误差；N 表示不控制任何变量；Y 表示控制变量。

接下来，笔者将采用异质性的样本和变量来分别检验模型的稳健性。在表 2-11 的模型 1 中，本章引入了 20 年时间的区间样本数据进行检验。考虑到文化和宗教的影响效应可能导致的偏差，我们将洲际虚拟变量作为哑变量纳入模型 2。1951 年以来，有些国家政权产生了更替，使得左截尾数据不断产生，这会在很大程度上低估分配模式所停留的时间。基于此，在表 2-10

的模型3中，我们剔除了国家或经济体政权更替国家，如剔除了苏联解体后形成的东欧政权国家等。在模型4中，我们再次采用新的区域型变量形成模型。在模型5中，我们筛选了曾经是殖民地的国家或地区，因为这些国家或地区的社会保障分配模式会受殖民国家分配模式的影响，会"嵌入"其相关的特征。① 由于资本变量对社会保障分配模式转型概率具有显著影响，而资本的原始积累模式在东西方社会有很大的差别，特别是"东亚奇迹"的产生是以国家发展战略推进模式展开的，因此，在模型6中，我们控制了东亚国家或经济体的固定效应。通过横向比较表2-10模型1到模型6的回归结果，本章发现，全要素生产率、社会保障水平和人类发展指数等变量依然是影响社会保障分配模式转型概率的关键性动力机制。

表2-11 异质性变量和样本的回归结果

| 变量 | 模型1 | 模型2 | 模型3 | 模型4 | 模型5 | 模型6 |
| --- | --- | --- | --- | --- | --- | --- |
| $ssl/GDP$ | 2.904*** (0.533) | 1.945*** (0.544) | 1.828*** (0.763) | 2.766*** (0.705) | 12.043*** (4.227) | 2.040*** (0.534) |
| $TFP$ | 5.448*** (0.819) | 5.625*** (1.204) | 3.823*** (0.772) | 5.384*** (1.360) | 14.051*** (1.770) | 4.173*** (0.708) |
| $lncpt$ | 0.548*** (0.193) | 0.280 (0.266) | 0.287 (0.290) | 0.120 (0.357) | 3.376*** (1.222) | 0.125 (0.239) |
| 控制变量 | Y | Y | Y | Y | N | N |
| 样本量 | 266 | 542 | 484 | 510 | 302 | 542 |

注：***表示在1%的水平下显著，括号里的值为聚类稳健标准误差；N表示不控制任何变量；Y表示控制变量。

也就是说，表2-11模型1采用了20年跨期的样本；模型2加入了省级（或洲级）虚拟变量，同时控制了省级（或洲级）的固定效应；模型3剔除了1991年苏联解体后新成立的欧洲经济体；模型4按照七大洲来划分国家类别的虚拟变量；模型5是曾被殖民的国家样本；模型6加入了与中国具有相

---

① [美]德隆·阿西莫格鲁、詹姆斯·A.罗宾逊：《国家为什么会失败》，李增刚译，湖南科学技术出版社，2015；郭熙保、朱兰：《中等收入转型概率与动力因素：基于生存模型分析》，《数量经济技术经济研究》2017年第10期。

似文化性质的国家或经济体，其中涵盖了中国大陆、韩国、日本、马来西亚及中国台湾和香港地区。

基于上述分析，本节结论如下。（1）从测度结果来看，现代化转型经济体中，社会保障功能性分配主导期平均为35年左右，这种转型概率呈现出螺旋上升趋势，即从历时性视角来看，转型概率是上升的；但从共时性视角来看，从功能性分配到规模性分配的转型概率有升有降，并且"嵌含"于经济社会发展水平的波动之中。（2）人口结构、全要素生产率及人类发展指数（HDI）对社会保障分配模式转型概率的影响效应具有显著性，尤其是HDI。一个现代化转型经济体的社会保障从功能性分配向规模性分配过渡过程中，HDI的正向影响效应会逐渐增强，而人口结构、全要素生产率的影响效应却在逐步减弱。（3）从阶段的历时性视角来看，社会保障分配模式的转型概率与系统性动力因素又呈现出不同的组合模式。我们也从历时性与共时性的目标区间内分别测度了各相关因素的贡献因子大小与动态变动趋势。这种假设演绎法的系统性研究将为新兴经济体的社会保障模式转型提供更宽广的理念借鉴与实践借鉴视角。但不同国家或经济体在全球化的整个大环境中及所处的历史语境中已经不允许完全照搬西方社会保障分配的转型模式及动力机制，而是应该根据自身所处的现实语境及约束条件制定出适合自身经济社会条件的社会保障分配转型战略。

## 第三节 社会保障权益配置与经济发展的联动性

现代化转型情境下，社会保障规模性分配是实现社会收入分配公平的内生性逻辑。上一节探讨了权益配置的结构性转型、转型概率与动力机制，本节将进一步探讨权益配置分配模式转变对经济发展的影响。基于广义的VAR模型，本节将采用1980~2017年全球经济体中典型国家的经济增长与收入分配数据来推理和论证社会保障规模性分配与经济发展的联动性关系。结果显示，周期循环发展的不同阶段与空间存量性同一阶段的不同再分配模式国家两者呈现不同的"耦合"模式；在工业化中前期，社会保障规模性分配对经济发展的反应具有"惰性"，但"挤出效应"较为显著；在工业化中后期，投资型经济增长模式被消费型经济增长模式所取代，经济增长对社会保障规模性分配优化具有敏感性，社会保障规模性分配的正外部性开始大幅度地释放出来，两者背离的"疏松耦合"逐步被两者融合的"紧密耦合"所取代。这些结论可为分析中国经济新常态下三大结构性失衡问题提供重要的理论与经验研究支撑。

世界性金融危机导致的经济增长乏力，使得政界和学界再一次聚焦收入分配与经济增长的关系。这种非直接性的外生关系最终是以消费为直接纽带进行"内生化"。主流的经济学家和社会学家的理论与实证研究结果显示，过大的收入分配差距会扭曲资源配置，降低经济的运行效率，最终会抑制经济增长。①通常来说，应对经济复苏乏力的工具有以基础建设领域为投入主体的财政性政策和以信用扩张领域为投入主体的货币刺激政策。前者会跌入供给侧旺盛与需求侧乏力的经济再次失衡格局；而后者会增加更多的金融杠杆，会将经济带入"脱实向虚"的窘境。②在收入分配差距逐步扩大的情境下，研究的焦距再次转向了以社会保障权益为核心的收入再分配领域。从实践的视角来看，欧美等发达国家社会保障对收入再分配的调节效应不但呈现较强的平稳性，而且调节程度已超越税收的调节程度。从周期循环发展尺度来看，社会保障收入调节的功能性分配职能秉承了经济周期性发展的外生性要素；而从空间存量性尺度来看，现代化转型情境下，社会保障规模性分配是实现社会收入分配公平的内生性逻辑。在共享发展理念与包容性发展语境下，社会保障规模性分配职能已经成为全球经济体系的重要维度之一。从周期性发展的视角来看，社会保障权益配置及收入分配模式优化是经济发展的归宿，同时又是经济动力系统寻求新的均衡点的关键性元素。然而，从经济增长的结构性动力机制来看，社会保障的权

---

① 张来明、李建伟：《收入分配与经济增长的理论关系和实证分析》，《管理世界》2016年第11期；苏治、方彤、尹力博：《中国虚拟经济与实体经济的关联性——基于规模和周期视角的实证研究》，《中国社会科学》2017年第8期；Armon Rezai, Lance Taylor, Duncan Foley, "Economic Growth, Income Distribution, and Climate Change," *Ecological Economics*, 2018, Vol. 146, No. 2, pp.164-172; Tom Kennedy, Russell Smyth, Abbas Valadkhani, George Chen, "Does Income Inequality Hinder Economic Growth? New Evidence Using Australian Taxation Statistics," *Economic Modelling*, 2017, Vol. 65, No. 5, pp.119-128.
② 叶祥松、晏宗新：《当代虚拟经济与实体经济的互动——基于国际产业转移的视角》，《中国社会科学》2012年第9期；Edward Castronova, Isaac Knowles, Travis L. Ross, "Policy Questions Raised by Virtual Economies," *Telecommunications Policy*, 2015, Vol.39, No.9, pp.787-795.

益配置及再分配格局又会通过改变消费结构分布来为工业化前期的资本原始积累和工业化后期的产业结构转型及升级提供内在原生性动力。那么,在空间存量性与周期循环发展的尺度上,社会保障规模性分配与经济发展联动性是呈现正向促进的"紧密耦合"状态还是负向背离的"疏松耦合"格局呢?在当前三大经济结构性失衡的背景下,以社会保障为核心的收入再分配是否为经济发展驱动机制的派生物?社会保障对收入分配优化配置与经济发展是否存在原生性的良性互动?这一系列重大科学性问题亟须深入探究。

基于此,本节从传统理论出发,基于经济空间存量性与周期循环发展的尺度,采用广义的VAR模型和宏观经济发展与收入分配数据,对社会保障规模性分配与经济发展的联动性关系进行理论演绎与假设检验,进一步提升收入分配与经济发展的研究深度,并针对中国从"投资型+外需型"经济增长驱动模式到"消费型+内需型"共享性和包容性经济发展模式这一现实性转向过程,提出相关的政策建议。

本节余下的内容安排如下:第一部分为文献综述部分;第二部分从理论演绎的视角,借助动力系统工具来建立社会保障规模性分配与经济发展的联动性模型;第三部分介绍了数据来源及实证模型的建立,并对社会保障规模性分配与经济发展的联动性模型进行实证检验,采用比较分析法,探寻经济与社会二维向度下收入再分配的政策效果;第四部分对社会保障规模性分配与经济发展的耦合过程进行结构性分析。

## 一 社会保障权益配置与经济增长

从以社会保障为核心的收入分配尺度来挖掘经济增长的动力机制,是观测和诠释人类经济行为本质的重要窗口。从经济增长的结构性因素来看,以社会保障为核心的收入分配成为整个经济周期性增长的关键性环节,是决定经济增长的重要结构性因素,亦是经济增长的重要成果。[1]以

---

[1] Jakob B. Madsen, Md. Rabiul Islam, Hristos Doucouliagos, "Inequality, Financial Development and Economic Growth in the OECD, 1870-2011," *European Economic Review*, 2018, Vol.101, No.1, pp.605-624; Miguel Sánchez Romero, "Demography and Uncertainty in Economic Growth: An Application to Social Security," *Cuadernos de Economía*, 2007, Vol.30, No.83, pp.27-55; Neil Bruce, Stephen J. Turnovsky, "Social Security, Growth, and Welfare in Overlapping Generations Economies with or Without Annuities," *Journal of Public Economics*, 2013, Vol.101, No.3, pp.12-24.

社会保障为核心的收入分配与经济发展两尺度分别对应以公平为核心的社会维度与以效率为核心的经济维度;且收入分配是以社会保障为核心的收入再分配的原始形态。①从社会保障的制度运行各环节来看,学者对社会保障的收入分配功能认定具有不同程度的异质性,却具有内生的一致性,即社会保障是由收入分配与收入再分配构成的。而收入分配与再分配也是经济增长的重要原生动力。由此,社会保障政策在经济政策变动中,能够推动经济的发展,带来个体效用的提升与社会整体财富的不断增值。以社会保障为核心的收入分配虽然不像技术、物质资本和人力资本那样会促进产出流量的提升,但其会从存量的结构性调整来优化整个社会的分配结构,通过消费的纽带促进经济发展。②

以社会保障为核心的收入分配与经济发展的关系研究,最初聚焦于探寻社会保障功能性分配与经济增长的关系,即将社会保障要素作为外生性要素。在古典经济学框架下,以道德、人道主义及社会稳定层面为起点,探寻社会保障功能性分配与经济增长的互动性,未将以社会保障为核心的收入分配变量内生化。③上述研究文献所指的社会保障功能性分配仅仅指的是狭义的社会保障分配,实际上,随着经济和社会的发展,社会保障的内涵将更加丰富,其外延不断得到拓展,除了社会保险、社会救助和社会福利外,还涵盖了长期护理服务、长期护理保险、职业年金、企业年金、教育培训、住房

---

① 王增文:《中国社会保障治理结构变化、理念转型及理论概化——范式嵌入与法治保障》,《政治学研究》2015年第5期;Allan H. Meltzer, Scott F. Richard, "A Positive Theory of Economic Growth and the Distribution of Income," *Research in Economics*, 2015, Vol.69, No.3, pp.265-290; Xiaogang Wu, Jun Li, "Income Inequality, Economic Growth, and Subjective Well-being: Evidence from China," *Research in Social Stratification and Mobility*, 2017, Vol.52, No.6, pp.49-58。

② 王增文:《社会保障与技术进步动态组合的经济发展驱动路径分析》,《科学学研究》2016年第9期;张来明、李建伟:《收入分配与经济增长的理论关系和实证分析》,《管理世界》2016年第11期;王增文、邓大松:《农村家庭风险测度及风险抵御和防范机制研究——兼论农村社会保障制度抵御风险的有效性》,《中国软科学》2015年第7期。

③ 蔡继明、江永基:《基于广义价值论的功能性分配理论》,《经济研究》2010年第6期;李清华:《中国功能性分配格局的国际比较研究》,《统计研究》2013年第4期;Rory B.B. Lucyshyn-Wright, "Functional Distribution Monads in Functional-analytic Contexts," *Advances in Mathematics*, 2017, Vol.322, No.6, pp.806-860; Emiliano Brancaccio, Nadia Garbellini, Raffaele Giammetti, "Structural Labour Market Reforms, GDP Growth and the Functional Distribution of Income," *Structural Change and Economic Dynamics*, 2018, Vol.44, pp.34-45。

保障等项目。由此，现代化转型意义上的社会保障与经济发展已不完全集中于收入的补差，而更多体现为服务的提供。①由此，社会保障的规模性分配与经济增长的联动性将更加值得研究。

通常来说，社会保障的规模性分配与经济发展的联动性集中体现在两个层级上。一是经济发展是社会保障规模性分配的基础与前提，社会保障规模性分配是经济发展的衍生物，内生于经济发展的本源性诉求。社会保障规模性分配的产生与演进是以生产者剩余和消费者剩余为约束条件的，生产者剩余与消费者剩余则根源于商品的生产与交换，经济发展为社会保障规模性分配的拓展提供了物质保障。二是通过消费这一纽带，社会保障规模性分配的拓展为经济循环性发展提供了推动性"引擎"。社会保障规模性分配程度的提升对社会资本的配置效率起到了优化作用。按照福利经济学理论，规模性分配模式缩小了不同阶层的收入差距，使得消费更加旺盛，缩短了经济发展过程中生产、交换和消费周期，从而提升了经济效率。②这种衍生与联动的良性互动关系，使得社会保障规模性分配与经济发展相互依存、相互耦合、相互促进，最终使得两者更加健康发展。

社会保障规模性分配有自身的特征，其中囊括了结构性、随机游走性和驳杂性，有时候会捆绑于政治运行过程中，脱离经济发展而相对孤立地运行，这种运行路径所呈现出的"泛政治化"导向会对经济的发展产生挤出效应，最终会阻碍经济的健康发展。③这种相悖关系有时候更加迎合了政治诉

---

① Thomas M. Richardson, Bruce Friedman, Carol Podgorski, et al., "Depression and Its Correlates among Older Adults Accessing Aging Services," *The American Journal of Geriatric Psychiatry*, 2012, Vol.20, No.4, pp.346-354.

② Hyeon Park, James Feigenbaum, "Bounded Rationality, Lifecycle Consumption, and Social Security," *Journal of Economic Behavior & Organization*, 2018, Vol.146, pp.65-105; John Laitner, Dan Silverman, "Consumption, Retirement and Social Security: Evaluating the Efficiency of Reform That Encourages Longer Careers," *Journal of Public Economics*, 2012, Vol. 96, No. 7-8, pp. 615-634; L. Artige, A. Dedry, P. Pestieau, "Social Security and Economic Integration," *Economics Letters*, 2014, Vol.123, No.3, pp.318-322.

③ 王增文：《中国社会保障治理结构变化、理念转型及理论概化——范式嵌入与法治保障》，《政治学研究》2015 年第 5 期；Sang Hun Lim, Chikako Endo, "The Development of the Social Economy in the Welfare Mix: Political Dynamics between the State and the Third Sector," *The Social Science Journal*, 2016, Vol.53, No.4, pp.486-494; Mikael Wigell, "Political Effects of Welfare Pluralism: Comparative Evidence from Argentina and Chile," *World Development*, 2017, Vol.95, No.3, pp.27-42。

## 第二章　社会保障权益配置的结构性转型与模式变迁

求与相关利益集团的需求导向，成为政要选举成功的一把极有力的"利剑"。社会保障功能性分配与经济发展的非同步性成为经济全球化的现实特征，成为研究社会保障规模性分配与经济发展的核心命题。

学界与政界从多个向度对社会保障与经济发展的非同步性进行了阐释。一方面，社会保障与经济发展的波动循环性向度。由于嵌入了政治维度的要素，并融合了两者的循环性波动，社会保障与经济发展存在循环性背离状况。[1]另一方面，社会保障与经济发展减贫效率的向度。由于以社会保障为核心的公平性收入分配与以经济发展为核心的效率性收入分配对于贫困（包括相对贫困和绝对贫困）的减贫效应的力度存在异质性，经济政策和社会保障政策对减贫的收益率影响有较大的差异。[2]社会保障的功能性分配与规模性分配对经济发展的影响具有非对称性，而且，功能性分配向规模性分配转变是有约束条件的。由此，社会保障规模性分配对经济发展的促进效应经常会被忽视和"矮化"，最终研究的焦点仍然回归到社会保障功能性分配与经济发展的关系中。[3]显然，在共享发展理念下，仅仅研究社会保障功能性分配与经济发展的关系，会使得包容性增长战略的实施受到很大程度的挤压与抑制。

实际上，无论是对社会保障的功能性分配还是对功能性分配与经济发展

---

[1] 王增文：《社会保障与技术进步动态组合的经济发展驱动路径分析》，《科学学研究》2016年第9期；Neil Bruce, Stephen J. Turnovsky, "Social Security, Growth, and Welfare in Overlapping Generations Economies with or Without Annuities," *Journal of Public Economics*, 2013, Vol.101, No.3, pp.12-24; Antoine Dedry, Harun Onder, Pierre Pestieau, "Aging, Social Security Design, and Capital Accumulation," *The Journal of the Economics of Ageing*, 2017, Vol.9, No.3, pp.145-155。

[2] 王增文：《中国农村反贫困绩效的推动因素测度及分解：1978-2014》，《财贸经济》2017年第9期；Sarah K. Lowder, Raffaele Bertini, André Croppenstedt, "Poverty, Social Protection and Agriculture: Levels and Trends in Data," *Global Food Security*, 2017, Vol.15, No.6, pp.94-107; Andrés Rodríguez-Pose, Daniel Hardy, "Addressing Poverty and Inequality in the Rural Economy from a Global Perspective," *Applied Geography*, 2015, Vol.61, No.4, pp.11-23; Rodrigo A. Cerda, "Social Security and Wealth Accumulation in Developing Economies: Evidence from the 1981 Chilean Reform," *World Development*, 2008, Vol.36, No.10, pp.2029-2044。

[3] 赵怡：《我国社会保障与经济增长关系研究》，《管理世界》2007年第12期；Xiaodi Liu, Zengwen Wang, Antoinette Hetzler, "HFMADM Method Based on Nondimensionalization and Its Application in the Evaluation of Inclusive Growth," *Journal of Business Economics and Management*, 2017, Vol.18, No.4, pp.726-744；王增文：《中国农村反贫困绩效的推动因素测度及分解：1978-2014》，《财贸经济》2017年第9期。

的非一致性的阐释均存在内生的无差异性。社会保障的功能性分配衍生于经济的发展，其外延在经济的持续发展支撑下不断拓展。由于两者对产出的贡献一方面是通过增量的提升，另一方面是通过结构的优化，并借助消费这一纽带促进产出的进一步提升。因此，经济的发展又受制于收入分配、消费结构优化等因素而导致的弹性欠缺。当然，全要素生产率的提升可以很好地解决这一问题，但技术创新与技术扩散在提升经济产出方面又存在周期偏长问题。①因此，仅仅从资本、技术等要素增量的视角来考察经济增长显然是有偏的。这时，要将研究的聚焦点回归到要素结构的调整上，否则会导致社会保障规模性分配与经济发展的背离，进一步导致社会保障规模性分配对经济发展的促进效应减弱，使得经济增长在社会保障规模性分配尺度上的长期衰竭。

社会保障规模性分配是由各个社会保障子体系中的各项目再分配所构成的，以各项目的结构性再分配规模变动而形成总体的规模性再分配，对消费结构产生影响，进而对整个经济发展产生促进作用。然而，在整个经济"脱实向虚"的情境下，社会保障规模性分配与经济发展开始逐渐背离，再加上经济危机的不断蔓延，投资驱动效应会逐步取代消费驱动效应。这会导致社会保障的规模性分配逐渐被功能性分配取代，不仅会使整个经济社会动力系统中需求端产生不畅，更会导致供给端与需求端之间产生严重的结构性"梗阻"，最终导致整个经济社会动力系统的非系统性风险加剧，使得经济的复苏周期更加漫长。消费端的不畅会进一步削弱财政政策与货币政策的边际效应。②

综合上述研究文献，我们发现既有研究存在如下不足：一是对社会保障

---

① 王增文：《社会保障与技术进步动态组合的经济发展驱动路径分析》，《科学学研究》2016年第9期；Tomoaki Yamada, "A Politically Feasible Social Security Reform with a Two-tier Structure," *Journal of the Japanese and International Economies*, 2011, Vol.25, No.3, pp.199-224; Rory B. B. Lucyshyn-Wright, "Functional Distribution Monads in Functional-analytic Contexts," *Advances in Mathematics*, 2017, Vol.322, No.6, pp.806-860。

② 王增文：《社会保障与技术进步动态组合的经济发展驱动路径分析》，《科学学研究》2016年第9期；Hyeon Park, James Feigenbaum, "Bounded Rationality, Lifecycle Consumption, and Social Security," *Journal of Economic Behavior & Organization*, 2018, Vol.146, pp.65-105; Adeline Delavande, Susann Rohwedder, "Changes in Spending and Labor Supply in Response to a Social Security Benefit Cut: Evidence from Stated Choice Data," *The Journal of the Economics of Ageing*, 2017, Vol.10, No.5, pp.34-50。

规模性分配对经济发展的促进作用及两者的良性互动理论的探析不明确，论证亦不充分；二是社会保障规模性分配与经济发展两者的关系仅仅停留在弹性视角的分析，缺乏在经济社会动力系统下详尽的动力系统分析；三是社会保障规模性分配的代理变量选取的单一性使得选择性偏误难以规避，社会保障规模性分配应该是广义的，而不仅仅是狭义上的社会保险、社会救助和社会福利，还体现在教育、医疗卫生、住房等尺度上，而仅仅考虑狭义上的社会保障分配，不能全面地测度社会保障规模性分配的整体性趋势，使得研究结果一方面产生偏误，另一方面缺乏稳健性；四是仅仅从某一经济体入手讨论这一问题缺乏普遍性，尽管国情的异质性会导致社会保障规模性分配与经济发展的互动效应有强有弱，但两者除去国情这一要素，仍然具有较强的联动性，因此，可以控制经济体这一虚拟变量来探讨这一问题。基于此，本节构建了一种全新的经济体虚拟变量，将不同国家置于整个世界经济体中来探寻社会保障规模性分配与经济发展的联动关系。

## 二 经济发展的驱动机制

本章将从两个层面来考察社会保障规模性分配与经济发展的联动关系。在宏观层面，以马克思扩大再生产理论的基本理论为出发点，探寻经济发展的本源性动力机制，从投资驱动机制与消费驱动机制两个尺度上，探寻经济增长对社会保障规模性分配结构及演进趋势的影响。在微观层面，以消费和投资变量为纽带，深入剖析社会保障规模性分配差距对经济发展的影响效应及影响机制。

### （一）经济发展的两种显性驱动机制——投资与消费

从假设演绎的视角，马克思提出了扩大再生产理论，在其所著的《资本论》（第二卷）中，通过理论与实证的论证，对经济发展的两种显性驱动机制——投资与消费的相对比重进行了界定，提出了消费与积累的比例发展论断，深入揭示了经济的发展必须协调好消费与积累间的循环因果比例关系的基本经济学规律。消费和投资是提高经济产出的关键性驱动机制，两者间的关系可以用马克思主义政治经济学的投资消费均衡理论来阐释，一段时间内的消费比重与投资比重所形成的经济动力系统必须与经济结构保持"紧密耦合"状态，而且，经济动力系统中投资与消费的阶段性稳定经济结构状态会随着两者均衡值的变动而变动。首先，我们考虑投资和消费所形成的动力系统：

$$Z_t = C_t + I_t \quad (2-7)$$

$$I_t = \beta \cdot (C_t - C_{t-1}) \quad (2-8)$$

$$XC_t = \frac{C_t}{C_{t-1}} = \mu \cdot XZ_{t-1} \quad (2-9)$$

式（2-7）至式（2-9）中，$Z_t$ 表示第 $t$ 期的国内生产总值；$I_t$ 表示第 $t$ 期的投资水平；$C_t$ 表示第 $t$ 期的消费水平；$XC_t$ 表示第 $t$ 期的消费指数；$XZ_t$ 表示第 $t$ 期的国内生产总值指数；$\beta$ 与 $\mu$ 分别表示消费的收入弹性以及投资加速数。由式（2-7）至式（2-9），我们可以得到投资率的差分方程与消费率的差分方程：

$$IR_t + \frac{\beta \cdot (\mu \cdot XZ_{t-1})}{XZ_t} \cdot IR_{t-1} = \beta \cdot \frac{\mu \cdot XZ_{t-1}}{XZ_t} \quad (2-10)$$

$$CR_t + \frac{\beta \cdot (\mu \cdot XZ_{t-1})}{XZ_t} \cdot CR_{t-1} = 1 \quad (2-11)$$

由式（2-10）和式（2-11），可以得到动力系统中投资率和消费率的动态均衡值：

$$IR = \frac{\beta \cdot (\mu \cdot XZ_{t-1} - 1)}{XZ_t + \beta \cdot (\mu \cdot XZ_{t-1} - 1)} \quad (2-12)$$

$$CR = \frac{XZ_t}{XZ_t + \beta \cdot (\mu \cdot XZ_{t-1} - 1)} \quad (2-13)$$

在资本的原始积累阶段，也就是工业化前期，经济动力系统集中表现为，在居民收入水平逐步提升的约束条件下，消费结构从食品消费层级开始逐步升级到第二产业的副食品、衣着消费等轻工业消费层级，最后升级到重工业产品如汽车等消费层级。但从经济的边际产出绩效来看，消费率的动态均衡值会不断下降，直至达到局部均衡值；而投资率的动态均衡值却在不断提升，直至达到局部均衡值。

资本完成原始积累后，经济社会逐步进入工业化中后期，居民的收入水平继续提升，这时，由于投资的巨大驱动效应，财富开始向投资方集聚，最终使得贫富差距出现，第一产业和第二产业供给不断丰富，而消费的需求却逐步转向投资加速数相对较低的第三产业。在这种约束条件下，消费率的动态均衡值开始不断提升，而投资率的动态均衡值却在逐步降低。

## 第二章 社会保障权益配置的结构性转型与模式变迁

进入后工业化时代，共享发展理念开始逐步"嵌入"社会维度中，收入分配开始逐步进入社会维度中，它已不完全属于经济维度的问题。在包容性经济发展战略下，产业结构和消费结构开始逐步稳定，消费率和投资率开始保持相对比例的稳定性。在这一阶段，如果全要素生产率保持相对稳定，经济社会动力系统则进入了相对稳定的均衡状态。

（二）经济发展的隐性驱动机制——收入再分配结构优化

从周期性发展的视角来看，社会保障权益配置及收入分配模式优化是经济发展的归宿，同时又是经济动力系统寻求新的均衡点的关键性要素。然而，从经济增长的结构性动力机制来看，社会保障的权益配置及再分配格局又会通过改变消费结构分布来为工业化前期的资本原始积累和工业化后期的产业结构转型及升级提供内在的原生性动力。那么，作为经济动力系统寻求新的均衡点的关键性要素，以社会保障为核心的收入再分配格局凸显了经济发展的内在逻辑性，暗含了异质性发展阶段经济发展对投资与消费比重的原生性诉求。

从投资与消费拉动经济发展的演进逻辑及演进路径来看，人力资本要素需要进一步纳入经济社会动力系统中进行分析。为建立这一动力系统，本章将从家庭和企业两个尺度的封闭经济条件来展开分析。

$$Z_t = C_t + I_t = H_t + Q_t \tag{2-14}$$

式（2-14）中，$H_t$ 表示以社会保障规模性分配为核心的劳动报酬水平，$Q_t$ 表示资本要素收入。通常来说，投资水平受制于投资加速数和消费的增量水平；而第 $t$ 期消费水平的高低又受制于第 $t-1$ 期资本要素收入、以社会保障规模性分配为核心的劳动报酬水平及消费倾向值，即 $I_t = \beta \cdot (C_t - C_{t-1})$，$C_t = \gamma \cdot H_t + \delta \cdot Q_t$，用 $HR_t$ 表示以社会保障规模性分配为核心的劳动报酬比重，$QR_t$ 表示资本要素收入比重。接下来，我们进一步测度以社会保障为核心的规模性分配结构与经济发展的动力系统。经济增长与以社会保障为核心的规模性分配结构关系如下：

$$XZ_t = (\gamma - \delta) \cdot (\beta + 1) \cdot (\gamma \cdot HR_{t-1} + \delta \cdot QR_{t-1}) - \beta \cdot (\gamma - \delta) \cdot \frac{HR_{t-2}}{XZ_{t-1}} - \frac{\beta \cdot \delta}{XZ_{t-1}} + (\beta + 1) \cdot \delta \tag{2-15}$$

$$XZ_t = (\gamma - \delta) \cdot (\beta + 1) \cdot HR_{t-1} - \beta \cdot (\gamma - \delta) \cdot \frac{HR_{t-2}}{XZ_{t-1}} - \frac{\beta \cdot \delta}{XZ_{t-1}} + (\beta + 1) \cdot \delta \tag{2-16}$$

式（2-16）测度了经济增长与以社会保障规模性分配为核心的劳动报酬所占比重的动态关系。接下来，我们将求解动力系统均衡状态下以社会保障规模性分配为核心的劳动报酬所占比重的均衡解，如式（2-17）所示：

$$HR = XZ_t \cdot \frac{XZ_{t-1}}{[\beta \cdot (XZ_{t-1} - 1) + XZ_{t-1}] \cdot (\gamma - \delta)} - \frac{\delta}{\gamma - \delta} \quad (2\text{-}17)$$

而经济增长与资本要素收入所占比重之间的动态关系可用式（2-18）来表示：

$$XZ_t = (\gamma - \delta) \cdot (\beta + 1) \cdot QR_{t-1} - \beta \cdot (\gamma - \delta) \cdot \frac{QR_{t-2}}{XZ_{t-1}} - \frac{\beta \cdot \delta}{XZ_{t-1}} + (\beta + 1) \cdot \delta \quad (2\text{-}18)$$

接下来，我们将求解动力系统均衡状态下资本要素收入所占比重的均衡解，如式（2-19）所示：

$$QR = XZ_t \cdot \frac{XZ_{t-1}}{[\beta \cdot (XZ_{t-1} - 1) + XZ_{t-1}] \cdot (\delta - \gamma)} - \frac{\gamma}{\delta - \gamma} \quad (2\text{-}19)$$

上述方程所形成的动力系统中，以社会保障规模性分配为核心的劳动报酬所占比重与消费率之间，以及资本要素收入所占比重与投资率之间的动态关系如式（2-20）和式（2-21）所示：

$$CR_t = \frac{(\gamma - \delta) \cdot HR_{t-1} + \delta}{XZ_t} \quad (2\text{-}20)$$

$$IR_t = \frac{(\gamma - \beta) \cdot QR_{t-1} - \gamma + 1}{XZ_t} \quad (2\text{-}21)$$

通过上述收入再分配结构与经济增长的动力系统我们可以看出，在第 $t-1$ 期收入影响第 $t$ 期的消费倾向及投资倾向的约束条件下，收入再分配结构的优化与否成为影响经济增长水平高低的关键性要素。在此动力系统中，经济达到新的均衡增长点的约束条件为，前期的收入再分配结构也要达到动力系统中的均衡状态。理论演绎结果显示：一是在经济社会动力系统中，在经济保持循环性的发展模式下，劳动者保持生产与再生产的报酬所占比重与资本要素收入所占比重的关系亦是保持动态波动性；二是在动力系统趋向均衡的过程中，劳动者保持生产与再生产的报酬所占比重与资本要素收入所占比重会存在动态均衡值，并且，这个均衡值的大小受三方面尺度要素的约束——投资加速数、消费的边际倾向和经济增长速度的动态均衡值；三是劳动者保持生产与再生产的报酬所占比重与资本要素收入所占比重、消费率水平存在正向相关关系。

## 第二章　社会保障权益配置的结构性转型与模式变迁

通过上述动力系统中消费率水平、投资率水平及收入再分配结构的动态性关系,我们发现,它们之间存在规律性的周期波动现象,最终的动态均衡解亦会随着经济的发展而不断波动。在资本的原始积累阶段,也就是工业化前期,经济动力系统集中表现为,在居民收入水平逐步提升的约束条件下,消费结构从食品消费层级开始逐步升级到第二产业的副食品、衣着消费等轻工业消费层级,最后升级到重工业产品如汽车等消费层级。但从经济的边际产出绩效来看,消费率的动态均衡值会不断下降,直至达到局部均衡值;而投资率的动态均衡值却在不断提升,直至达到局部均衡值。资本完成原始积累后,经济社会逐步进入工业化中后期,居民的收入水平继续提升,这时,由于投资的巨大驱动效应,财富开始向投资方集聚,最终使得贫富差距出现,第一产业和第二产业供给端不断丰富,而消费的需求却逐步转向投资加速数相对较低的第三产业。在这种约束条件下,消费率的动态均衡值不断提升,而投资率的动态均衡值却在逐步降低。

经济的增长过程涵盖了生产、分配和消费等基本环节。从起点到终点的各流程环节来看,一方面,收入的再分配会影响到资本的积累规模和积累质量,从而会影响到需求侧的结构与规模,而且还会通过传递效应进一步影响到供给侧的结构与规模,进而影响到整个经济的增长规模与结构;另一方面,经济发展最终取决于两个重要层面,即需求侧与供给侧,经济健康发展的内在逻辑体现为供给侧与需求侧均衡协调发展,同时,通过各动力系统主体——政府、市场和家庭的理性经济行为及全要素市场来影响收入再分配格局。由此,我们可以得出如下结论:在工业化前期,经济增长是以物质资本积累为核心,社会保障体现出功能性分配模式,经济发展驱动力体现为以新兴产业发展和物质资本积累来满足消费需求;在工业化后期及后工业化时代,经济增长是以人力资本积累为核心,社会保障体现出规模性分配模式,经济发展驱动力体现为消费需求不断扩大和人力资本不断积累的引擎模式。

从社会保障水平的角度来看,社会保障规模性分配中,社会保障支出比重有一个合理的阈值,超过这个阈值的社会保障规模性分配将会对经济增长产生"挤出效应"。这个阈值的衡量标准为:社保支出总额占工资收入总额的比重最高为35%，社保支出总额占GDP的26%为社保支出的警戒线。[①]社会保障规模性分配与经济发展的联动性表现为挤入和挤出的关系。然而，理论演绎的结果并不能完全刻画两者之间的联动关系，更不能实际测度社会保障规模性分配对经济发展的影响效应，还需要结合空间和时间数据进行实证检验。

### 三 经济发展与社会保障规模性分配联动性证据

（一）实证模型

基于全球经济体数据，本节建立了VAR模型，扩展单一国家的经典VAR模型，将全球看作一个相对开放的经济体系。随着中国"一带一路"的深入推进，本章以此为研究背景，将中国置于这一现实情境中，基于空间存量性与周期循环发展的尺度，全方位测度社会保障规模性分配与经济发展的联动性。关于在全球经济体数据中的VAR模型，我们针对典型国家建立具有外生变量的向量自回归模型（X-VAR模型）。其中，内生变量则为实验国家（本国）经济社会变量；外生变量则为参照国家（其他国家）经济社会变量。空间存量之间的联动性集中体现为实验组国家经济社会变量受对照组国家经济社会变量当期和滞后期的影响。而实验组国家经济社会变量受对照组国家经济社会变量和全球经济社会变量的共同影响，这种影响变量是外生的。

假设扩展的全球向量自回归模型涵盖了全球$M$个国家，在第$k$个国家具有外生变量的向量自回归模型为X-VAR $(q_k, h_k, l_k)$。实验组国家经济社会变量表示为$n_k$维向量$Z_k$，对照组国家经济社会变量表示为$n'_k$维向量$Z'_k$，则：

$$Z_{kt} = \beta_{k0} + \beta_{k1}t + \sum_{i=1}^{q_k}\Gamma_{ki}Z_{k,t-i} + \Omega_{k0}Z'_{kt} + \sum_{i=1}^{h_k}\Omega_{ki}Z'_{k,t-i} + \Theta_{k0}r_t + \sum_{i=1}^{l_k}\Theta_{ki}r_{t-i} + \xi_{kt}$$

（2-22）

式（2-22）中，$Z'_k$向量中的各个指标为对照组国家经济社会变量的加权平均数，外生变量向量表示为$n'_k$维向量$r_t$，$q_k$、$h_k$和$l_k$分别表示$Z_k$、$Z'_k$及$r_t$的滞后阶数，$t$为时间趋势项；$\Gamma_k$表示实验组国家经济社会变量滞后项的

---

[①] John Bailey Jones, Yue Li, "The Effects of Collecting Income Taxes on Social Security Benefits," *Journal of Public Economics*, 2018, Vol.159, pp.128-145.

## 第二章 社会保障权益配置的结构性转型与模式变迁

$n_k \times n_k$ 维系数矩阵，$\Omega_{k0}$ 表示实验组国家经济社会变量基期的 $n'_k \times n'_k$ 维系数矩阵，$\Omega_{ki}$ 表示对照组国家经济社会变量基期的 $n'_k \times n'_k$ 维系数矩阵，$\Theta_{k0}$ 表示全球外生经济社会变量基期的 $n'_k \times n'_k$ 维系数矩阵，$\Theta_{ki}$ 为全球外生经济社会变量滞后项的 $n'_k \times n'_k$ 维系数矩阵；$\xi_{kt}$ 为 $n_k$ 维向量，表示各种不确定性冲击，本章假定这种不确定性冲击满足均值为零、协方差矩阵为 $\Psi_{kk}$ 的独立同分布条件。

为研究方便，本章假设 $q_k = h_k = l_k$，那么，式（2-22）可变为如下形式：

$$Z_{kt} = \beta_{k0} + \beta_{k1}t + \Gamma_k Z_{k-1} + \Omega_{k0} Z'_{kt} + \Omega_{k1} Z'_{k,t-1} + \Theta_{k0} r_t + \Theta_{k1} r_{t-1} + \xi_{kt} \quad (2-23)$$

参照苏治等的做法①，我们将外生变量和内生变量进行合并，可以得到 $(n_k + n'_k)$ 行、1 列的向量 $\vec{R}_k$，那么有 $\vec{R}_{kt} = [Z'_k, Z''_k]^T$，由于 $Z'_k$ 向量中的各个指标为对照组国家经济社会变量的加权平均数，由此，可以得到：

$$\vec{R}_{kt} = H_k \cdot Z_t \quad (2-24)$$

式（2-24）中，$Z_t = [Z'_{1t}, Z'_{2t}, \cdots, Z'_{Mt}]^T$，$H_k$ 为 $(n_k + n'_k) \times n$ 维进出口贸易权重矩阵，$n = n_1 + n_2 + \cdots + n_N$，由此，式（2-23）可进一步变形为：

$$G_k \vec{R}_{kt} = \beta_{k0} + \beta_{k1}t + \Phi_k \vec{R}_{k,t-1} + \Theta_{k0} r_t + \Theta_{k1} r_{t-1} + \xi_{kt} \quad (2-25)$$

其中，$G_k = [E, -\Omega_{k0}]$，$\Phi_k = [\Gamma_k, \Omega_{k1}]$，两者均为 $(n_k + n'_k) \times n_k$ 维矩阵，进一步有：

$$G_k \cdot H_k \cdot Z_t = \beta_{k0} + \beta_{k1}t + \Phi_k H_k Z_{k,t-1} + \Theta_{k0} r_t + \Theta_{k1} r_{t-1} + \xi_{kt} \quad (2-26)$$

将不同类型国家或经济体的模型相加，进一步扩展的向量自回归模型的标准式如下：

$$WZ_t = \beta_0 + \beta_1 t + IZ_{t-1} + \Theta_0 r_t + \Theta_1 r_{t-1} + \xi_t \quad (2-27)$$

进一步有：

$$Z_t = W^{-1} \cdot (\beta_0 + \beta_1 t + IZ_{t-1} + \Theta_0 r_t + \Theta_1 r_{t-1} + \xi_t) \quad (2-28)$$

通过上述实证模型的理论演绎，最终得到式（2-28）。我们可以将社会保障规模性分配与经济发展联动性的实证检验放在全球变量的统一性研究框架下进行。

---

① 苏治、方彤、尹力博：《中国虚拟经济与实体经济的关联性——基于规模和周期视角的实证研究》，《中国社会科学》2017年第8期。

### (二）数据来源

为了估计世界经济体的向量自回归模型，笔者采用了北欧四国、欧盟、金砖五国及美国的经济和社会发展数据；在全球变量的选取方面，本章参考了Dees等的做法[①]。由于环比增长速度更能够反映空间存量性的经济波动状况，所以在变量选取方面，国家层面的变量涵盖了一个国家的国内生产总值的环比增长速度、社会保障支出的环比增长速度、CPI的增长速度、社会保障占GDP比重、养老保险替代率及医疗保险报销比率这6项指标，时间跨度为1980~2017年。尽管向量自回归模型允许一定数量的缺失值，但为了保证结果的稳健性，本章剔除了缺失值较多的国家。

### (三）联动性测度

本章经验分析的重点是基于空间存量性与周期循环发展的尺度来测度社会保障规模性分配与经济发展的联动性。既有研究文献大多是将经济的产出水平——GDP增长速度作为经济发展水平指标。对社会保障规模性分配变量，大多以狭义的社会保险、社会救济和社会福利为主要统计口径或代理变量，实际上，教育、医疗卫生、住房等尺度上广义的社会保障规模性分配模式常常被忽视，这导致统计口径的非一致性。国内学界对这一统计口径还未形成完全一致的结论，欧美等国家的学者主要是探究广义的社会福利支出与经济增长的关系。而国内学者的研究更加单一化，如只是研究单一社会保障项目指标，如养老保险、新农合、教育支出或卫生支出对经济增长的影响效应，用单一的指标来测度经济增长与社会保障规模性分配的互动效应。由于单一指标并不能全面系统地测度和刻画社会保障的规模性分配模式，本章基于各指标构造了社会保障规模性分配因子。

### (四）社会保障规模性分配因子的构建

本章将与广义社会保障再分配相关的所有项目变量逐一列出，主要涵盖了社会保险、社会救助、社会福利、教育、医疗卫生、住房等指标。从支出的绝对水平来看，对发达国家而言，社会保障规模性分配更多取决于社会保险、医疗卫生和教育这三个指标；对发展中国家而言，社会保障规模性分配还涵盖了社会救济这一指标。完成社会保障规模性分配因子的界

---

[①] Stephane Dees, Filippo di Mauro, M. Hashem Pesaran, L. Vanessa Smith, "Exploring the International Linkages of the Euro Area: A Global VAR Analysis," *Journal of Applied Econometrics*, 2007, Vol.22, No.1, pp.1-38.

定后，本章将采用HP滤波平滑原理对经济增长序列和社会保障规模性分配序列进行分解[①]，从而分解出趋势项与波动项，并进一步进行比较分析，比较结果如图2-10和图2-11所示。

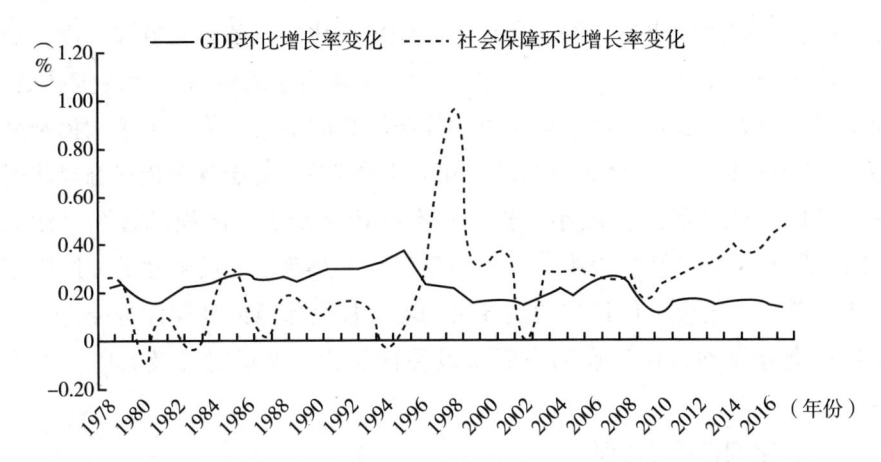

图2-10  1978~2017年中国社会保障规模性分配因子与GDP环比增长率的变化

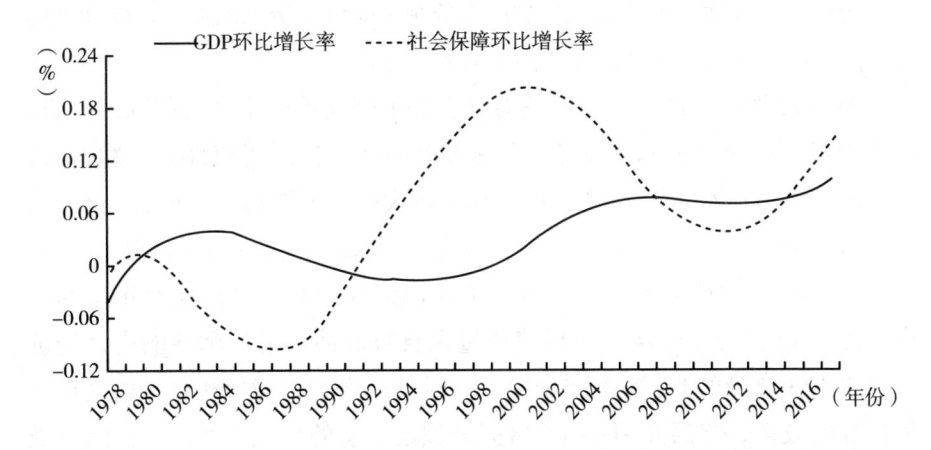

图2-11  1978~2017年中国社会保障规模性分配因子与GDP环比增速

---

[①] R.J.Hodrick, E.C. Prescott, "Post-War U.S. Business Cycles: An Empirical Investigation," *Journal of Money, Credit Banking*, 1997, Vol.29, No.1, pp.1-16.

波动项与趋势项的值如图 2-10、图 2-11 所示，从 GDP 环比增长率及社会保障环比增长率的对应变动趋势来看，1978~2010 年，除了个别年份外，社会保障增长因子均低于经济增长因子，个别年份表现为不规则的突变，但社会保障增长相对缓慢，变动年份随着经济的波动而相应波动，社会保障功能性分配效应明显。2010 年以来，GDP 环比增长率开始放缓，而社会保障环比增长率开始逐步上升，这时由于 2008 年金融危机开始逐步蔓延，经济增长乏力，这是后金融危机时代经济增长的基本态势。由于"福利刚性"，2010 年以来，社会保障规模性分配开始显现，社会保障因子与经济发展因子的差距开始逐步缩小，耦合状态开始逐步由"疏松耦合"过渡为"紧密耦合"。从经济建设维度、社会建设维度及政治建设维度的三维因子趋势视角，并结合事件过程的演绎法来看，社会保障的规模性分配适应了中国社会建设和经济建设的发展阶段性特征，具有历时性及共时性的合理性。

（五）空间存量性层面

本部分首先探析并测度社会保障规模性分配与经济空间存量性层面之间的联动性，采用脉冲响应函数来分别对相关模型实施一个标准差的经济冲击和社会保障规模性分配冲击，通过广义的脉冲响应分析来测度社会保障规模性分配与经济空间存量性层面之间的联动性特征。

图 2-12 报告了经济产出增速对社会保障规模性分配冲击的脉冲响应，在给予经济产出增速水平变量 1 个标准差的社会保障规模性分配冲击后，经济的产出增速水平在 14 个月内呈现出较大幅度的波动性，在前 2 个月内呈现较为强烈的负向效应，在第 2 个月达到最低水平 -1.1%，在 1 年后，经济产出增速对社会保障规模性分配冲击的脉冲响应呈现相对正向的反应。图 2-13 报告了经济产出增速变量在自身的冲击下的脉冲响应，经济产出水平在自身的 1 个标准差冲击下，经济产出增速变量在半年内呈现出周期性的波动，之后在 -1%~1% 区间内波动。总的来说，经济产出水平受自身冲击的脉冲响应与受社会保障规模性分配冲击的脉冲响应水平相差无几。

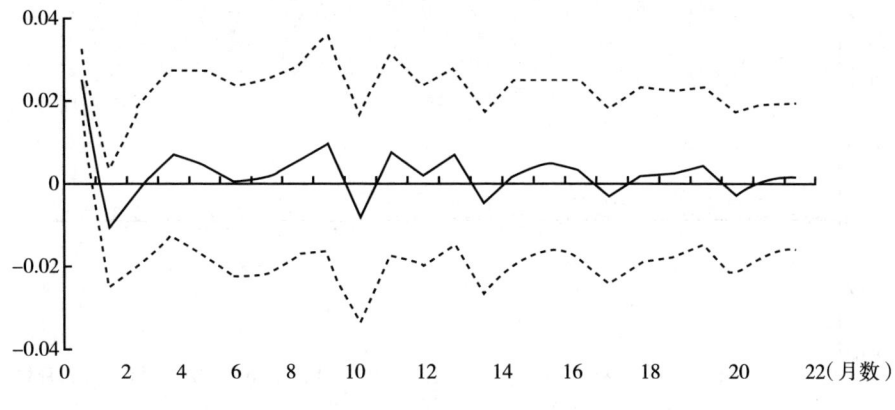

图 2-12　GDP 对社会保障规模性分配的冲击响应

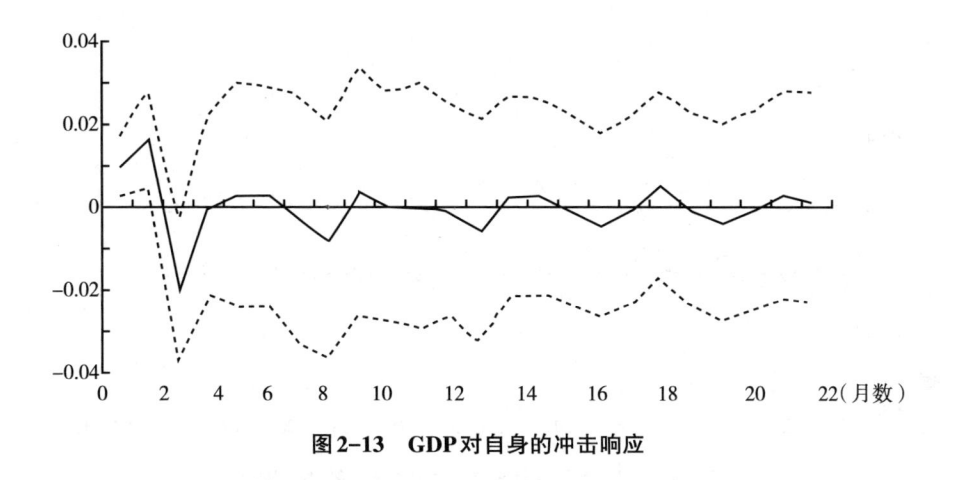

图 2-13　GDP 对自身的冲击响应

社会保障规模性分配对 GDP 的冲击响应及社会保障规模性分配对自身的冲击响应分别如图 2-14 和图 2-15 所示。在 1 个标准差的经济冲击下，社会保障规模性分配呈现较小幅度的波动，即经济增速对社会保障规模性分配所产生的直接促进效应并不明显。社会保障规模性分配对自身的冲击响应幅度较大。从灵敏度反应来看，在 1 年的目标区间，这种响应幅度迅速减至零附近，这表明了社会保障规模性分配水平的刚性及连续性；1 年以后，脉冲响应与社会保障规模性分配的现实特征相吻合，并且逐渐收敛。

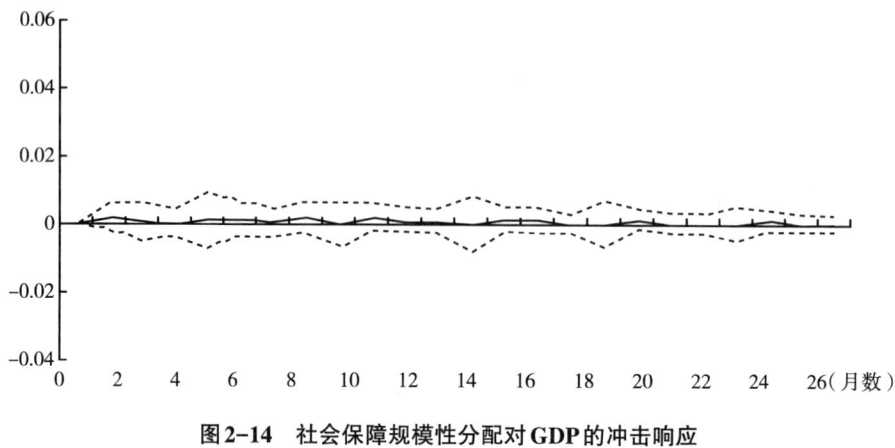

## 社会保障权益配置逻辑

图 2-14　社会保障规模性分配对 GDP 的冲击响应

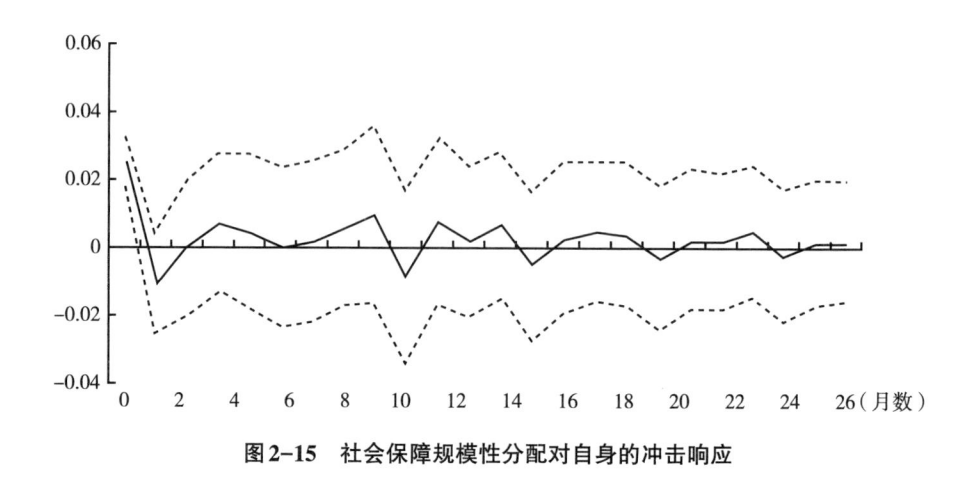

图 2-15　社会保障规模性分配对自身的冲击响应

通过上述基于空间存量性社会保障规模性分配与经济发展的脉冲响应分析,可以看到社会保障规模性分配与经济发展表现为非疏松耦合特征。首先,经济发展对社会保障规模性分配具有一定的促进与耦合效应,但是并非完全正相关;社会保障规模性分配对自身的冲击相对敏感,在社会建设相对滞后的情境下,社会保障规模性分配会脱离经济的发展而处于较低水平。其次,在社会保障规模性分配冲击下,在1年的时间区间内,正向效应相对明显,这凸显出社会保障规模性分配对经济发展具有一定的"挤入效应",从长期来看会促进经济的长足发展,尽管社会保障规模性分配能够提升经济增长的可持续性,但是具有一定的滞后效应和缓慢性特征。

## （六）周期循环发展层面

本部分将基于周期循环发展层面的社会保障规模性分配与经济发展的联动性进行分析。所谓的波动成分指的是从宏观视角来观测经济发展变量对长期趋势的偏离程度，即周期循环发展。通过测度周期循环发展层面的社会保障规模性分配与经济发展的相关性，可以更加深入地测度两者之间的耦合性。

图2-16报告了经济增长中的波动成分对社会保障规模性分配的冲击响应，在社会保障规模性分配冲击下，经济增长中的波动成分呈现出较强的正向响应，在半年内迅速上升，反应较为平稳，最后收敛于2.1%附近，社会保障规模性分配对于经济增长的周期性具有一定的溢出性。由图2-17可知，经济增长受自身波动成分冲击响应的衰减速度在前三个月内处于较快水平，在第4个月后，处于收敛状态，最终收敛于5.8%左右。这种微弱变化表明，经济产出的波动并不能对需求侧产生积极的影响，原因在于需求侧与供给侧产生了一定的偏离，导致需求侧对供给侧的冲击并不敏感，因此，中国"去产能"的压力依然较大。

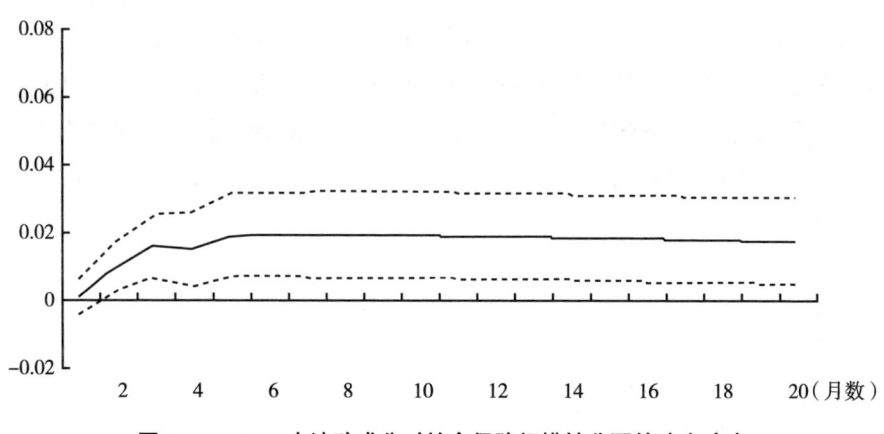

**图2-16　GDP中波动成分对社会保障规模性分配的冲击响应**

## 社会保障权益配置逻辑

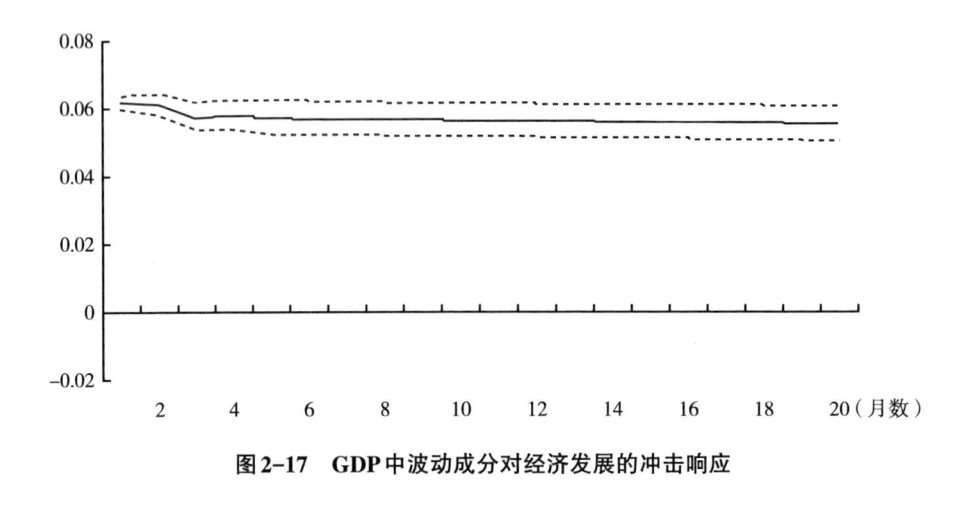

**图2-17　GDP中波动成分对经济发展的冲击响应**

　　图2-18报告了在经济增长的冲击下社会保障规模性分配的脉冲响应变化，可以看出，在1个标准差的经济冲击下，社会保障规模性分配中的波动成分响应较为敏感，在第一个季度冲击达到最高值10%，之后呈现快速下降趋势，最终收敛于零点。图2-19报告了社会保障规模性分配中的波动成分对自身的冲击。从响应变动程度来看，社会保障规模性分配受自身冲击的响应变化较为剧烈，在1个标准差的冲击下，由初始值13.8%迅速下降到第16个月的0.11%。基于此，我们可以看出，社会保障规模性分配与经济发展的周期并不具有稳定性，并且社会保障规模性分配与经济发展中的波动成分具有相互溢出效应，经济周期性循环发展对社会保障规模性分配的波动具有更强的影响效应。

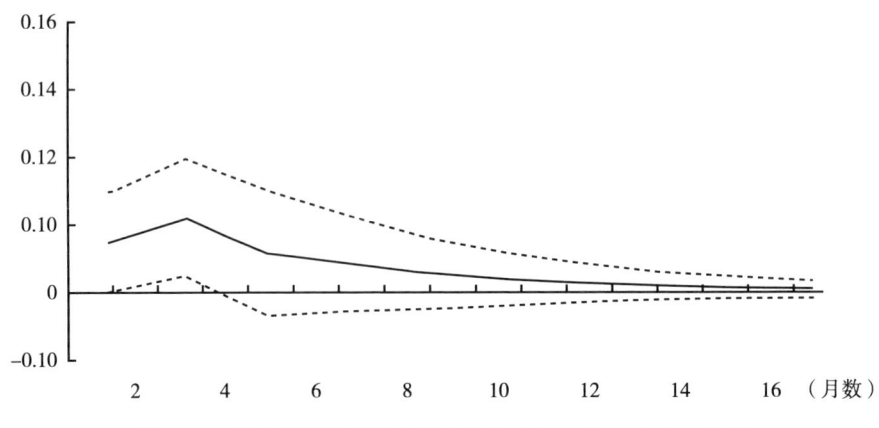

**图2-18　社会保障规模性分配中波动成分对GDP的冲击响应**

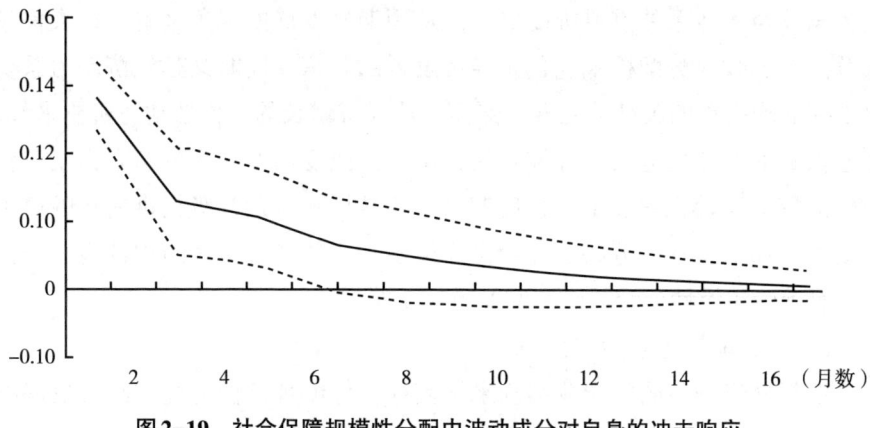

**图 2-19　社会保障规模性分配中波动成分对自身的冲击响应**

接下来，本章将进一步测度社会保障规模性分配与经济发展之间的传导效应，即检验两者波动成分之间的因果关系。我们将采用非线性 Granger 因果检验，具体结果如表 2-12 所示。从检验结果来看，经济发展与社会保障规模性分配的周期性成分存在较强的互为因果关系，而且经济发展与社会保障规模性分配的周期循环成分存在相互溢出性。因此，在周期循环发展层面，非线性 Granger 因果检验在更精确程度上提供了社会保障规模性分配与经济发展的因果联动性证据。

**表 2-12　非线性 Granger 因果检验结果**

| 滞后期数 | H-J 统计量 | $T_n$ 统计量 | H-J 统计量 | $T_n$ 统计量 |
| --- | --- | --- | --- | --- |
| 1 | 1.750*** | 1.472** | −0.051*** | 0.315*** |
| 2 | 0.098** | 0.204** | −0.316*** | 0.211*** |
| 3 | 0.606*** | 0.559* | 0.243** | −0.245*** |
| 4 | −0.883* | −0.877 | −0.820 | −0.782 |

注：第 2 列和第 3 列检验的零假设是经济发展不是社会保障规模性分配的 Granger 原因；第 4 列和第 5 列检验的零假设是社会保障规模性分配不是经济发展的 Granger 原因；*、**、*** 分别表示在 10%、5%、1% 的水平下通过了检验。

## 四　中国社会保障规模性分配与经济发展的联动性结构性检验

在共享发展理念与包容性发展语境下，社会保障规模性分配职能已经成为全球经济体系的重要维度之一。从周期性发展的视角来看，社会保障权益配置及收入分配模式优化是经济发展的归宿，同时又是经济动力系统寻求新的均衡点的关键性元素。然而，从经济增长的结构性动力机制来看，社会保障的权益配置及再分配格局又会通过改变消费结构分布来为工业化前期的资本原始积累和工业化后期的产业结构转型及升级提供内在的原生性动力。那么，本部分将从社会保障体系和实体经济两大结构性视角来检验社会保障规模性分配与经济发展的联动性。

（一）不同产业的结构性检验

本部分将分不同的产业结构来检验社会保障规模性分配与经济发展的联动性，并将不同产业的实际增加值作为内生变量纳入模型。为维持实证检验过程中的一致性要求，我们在模型中引入了全球这一外生性变量，以便提升整个模型对经济社会动力系统的拟合能力。从周期性层面来看，产业结构对社会保障规模性分配冲击的脉冲响应如图2-20所示。社会保障规模性分配受自身冲击的响应较大，这主要是基于社会保障水平的"刚性"，这种冲击响应最终会缓慢收敛到0.2%附近；从短期来看，社会保障规模性分配对三大产业有不同程度的波动效应，这种波动性冲击会逐渐收敛；从中长期来看，则呈现显著的正向效应。从三大产业的结构性分解图来看，第一产业的波动最剧烈、频次最高、最敏感；第二和第三产业波动频次相对较低。短期内社会保障规模性分配对经济发展具有挤出效应，但从中长期来看，社会保障规模性分配对经济发展具有挤入效应。

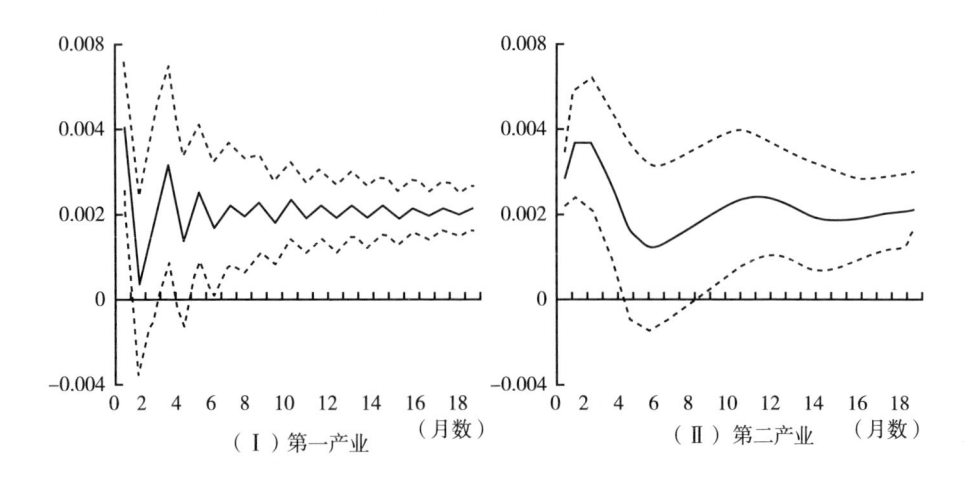

第二章 社会保障权益配置的结构性转型与模式变迁

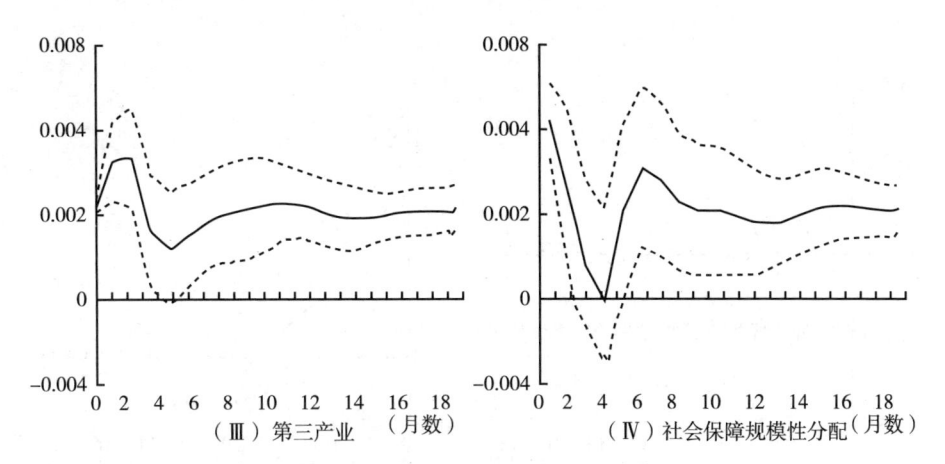

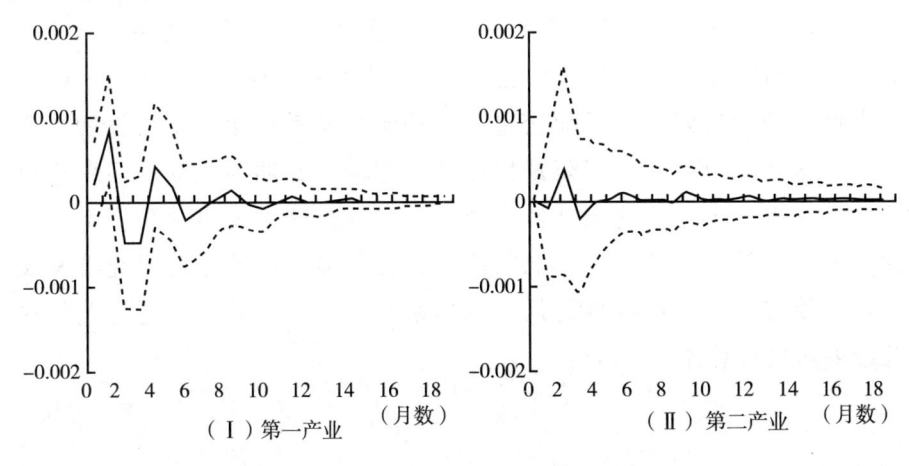

（Ⅲ）第三产业（月数）　　（Ⅳ）社会保障规模性分配（月数）

图2-20　产业结构周期性对社会保障规模性分配冲击的脉冲响应

因此，在工业化中前期，社会保障规模性分配对经济发展的反应具有"惰性"，但"挤出效应"较为显著；在工业化中后期，投资型经济增长模式被消费型经济增长模式所取代，经济增长对社会保障规模性分配优化具有敏感性，社会保障规模性分配的正外部性开始大幅度地释放出来，两者背离的"疏松耦合"逐步被两者融合的"紧密耦合"所取代。

从空间存量性层面来看，产业结构对社会保障规模性分配冲击的脉冲响应如图2-21所示。无论是第一产业还是第二产业抑或是第三产业，其在社会保障规模性分配冲击下短暂波动后，迅速收敛到零点附近，第三产业关于社会保障规模性分配冲击的反应则更为敏感和剧烈；社会保障规模性分配对三大产业的空间存量性波动不会产生持续的冲击效应。

（Ⅰ）第一产业（月数）　　（Ⅱ）第二产业（月数）

131

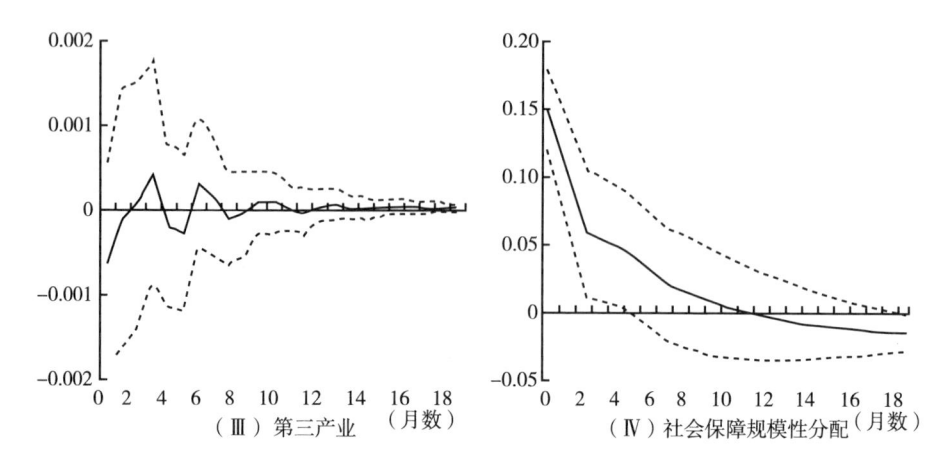

(Ⅲ) 第三产业 （月数）　　　　（Ⅳ) 社会保障规模性分配（月数）

图2-21　产业结构存量性对社会保障规模性分配冲击的脉冲响应

**（二）不同产业的结构性检验**

本部分将分不同的产业分别检验经济增长对社会保障规模性分配冲击的脉冲响应，从而探寻社会保障规模性分配与经济发展的联动性。本章选取了农林牧渔业，建筑业，批发零售业，住宿餐饮业，金融业，房地产业，教育，公共管理、社会保障和社会组织及其他行业等9个行业作为检验对象。

图2-22报告了不同的行业存量性层面对社会保障规模性分配冲击的脉冲响应。农林牧渔业、住宿餐饮业及其他行业反应较小，长期以来呈现出微弱的负向效应。这表明，社会保障规模性分配对经济发展具有一定的"挤出效应"，但并不显著。批发零售业对社会保障规模性分配冲击的脉冲响应具有"惰性"，社会保障规模性分配并不会影响批发零售业的产出效率，反而会进一步抑制批发零售业的持续发展。金融业和房地产业对社会保障规模性分配冲击的脉冲响应变动幅度相对较大，并表现出一定的周期性和持续性特征。这体现出社会保障规模性分配对经济波动的重要影响效应。社会保障规模性分配对经济发展的挤入效应呈现出结构性特征。总的来看，不同产业、不同行业的检验结果均具有总体的一致性。

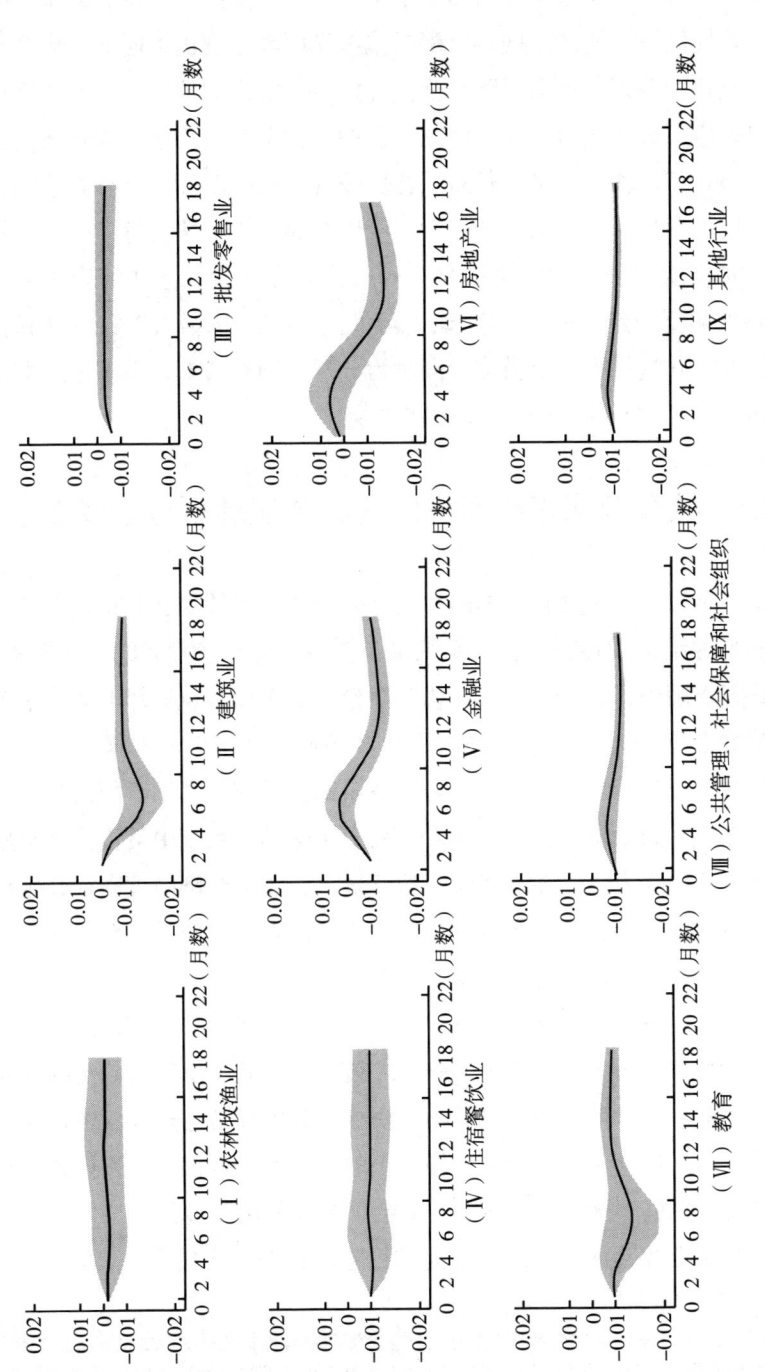

图 2-22 行业结构存量性对社会保障规模性分配冲击的脉冲响应

基于上述分析，本节可以得出如下主要结论：周期循环发展的不同阶段与空间存量性同一阶段的不同再分配模式国家两者呈现出不同的"耦合"模式；在工业化中前期，社会保障规模性分配对经济发展的反应具有"惰性"，但"挤出效应"较为显著；在工业化中后期，投资型经济增长模式被消费型经济增长模式所取代，经济增长对社会保障规模性分配优化具有敏感性，社会保障规模性分配的正外部性开始大幅度地释放出来，两者背离的"疏松耦合"逐步被两者融合的"紧密耦合"所取代。在当代，这些结论为中国从"投资型+外需型"经济增长驱动模式走向"消费型+内需型"共享性和包容性经济发展模式提供了重要借鉴，同时为分析中国经济新常态下三大结构性失衡问题提供了重要的理论与经验研究支撑。

## 第四节　社会保障权益累积模式、分配准则与选择性逻辑

前文立足于全球主要经济体的社会保障权益配置的变迁，论述了社会保障权益配置的结构性转型的动力系统以及转型后与经济发展的联动性关系。本节将着眼于国内，结合建构主义相关理论，并采用假设演绎的方法来测度社会保障离公平的距离。本节提出了社会保障公平与效率选择性的权益理论，通过对社会保障在社会变迁下的权益累积模式和与之相匹配的分配准则的政策梳理，采用动态规划方法测度了社会保障动力系统中最优公平与效率的均衡解，从而深入探寻在现代化转型背景下，政治经济制度和社会生活的二维治理的合理边界，以收入再分配制度为切入点，促使我们对公平与效率的关注从国家与社会逐步过渡到制度与生活。

相异于西方社会保障的文明史，中国社会保障理念与思想无不"浸染"着中国作为东方文明大国之道——中庸之道、等级差序及家国同构的多元兴替文化的元素，并对社会保障权益累积模式、分配准则与选择性逻辑的诸项制度安排产生直接且深远的影响，外显于中国社会保障权益累积模式和分配准则从家族、家庭到国家、集体再到社会、个体的演变过程中。

现代意义上社会保障制度的建立过程是以新中国成立为起点的。[1]在这

---

[1] 王增文：《中国社会保障治理结构变化、理念转型及理论概化——范式嵌入与法治保障》，《政治学研究》2015年第5期；郑功成：《中国社会保障演进的历史逻辑》，《中国人民大学学报》2014年第1期。

## 第二章 社会保障权益配置的结构性转型与模式变迁

一过程中,社会保障政策的制定、实施、改革及优化走过了近70年的历程,这近70年的社会保障政策动态调整伴随政府行政管理与社会治理政策及模式的"颠覆性"调整过程,是国民社会保障权益累积模式和分配准则嬗变最为频繁的时期。这为世界范围内的学界与政界提供了极为重要的阶段"窗口期"。考察社会变迁视角下社会保障权益累积模式、分配准则和选择性逻辑及实践的动态调整过程,可以更加有效地分析以社会保障制度为核心的中国收入再分配制度离公平的距离,并能够合理预测中国社会保障未来累积模式与分配准则,从而更好地把握两者未来的"耦合"动向。

主流的古典经济学往往将以社会保障为核心的收入再分配方式视为一种道德层面上不具效率的非经济学"名词",认为收入再分配缺乏经济学理论基础。因为社会保障权益累积模式与分配准则违背了市场机制下边际贡献的分配准则,所以"劣化"了社会资源的配置。①因此,长期以来,在市场机制为第一要素的价值优先准则下,学界关注的重点议题通常为:在市场既有秩序下,收入的初次分配能否促进效率的提升和社会整体性秩序的稳定,而忽略了以社会保障为核心的再分配策略及其对经济效率、社会秩序及政治稳定的"多元"职能问题的考量。在经济维度上,效率最大化原则能够实现投入—产出的利益最大化。在社会维度上,如果缺少社会保障的权益累积和与之相对应的分配准则,一方面,无法实现市场运行机制上更大程度的合作;另一方面,市场的"丛林法则"会导致收入分配的极端失衡,进而引起社会秩序扩展中的停滞。市场失灵可以通过社会机制来解决,市场运行机制中遵循的是经济效率原则,而社会领域中以社会保障为核心的收入再分配机制则遵循社会效率原则。②因此,要选择合适的社会保障权益累积模式及与之紧密耦合的分配准则,即在社会效率原则上,使社会的收入再分配制度离公平

---

① 朱富强:《收入再分配的理论基础:基于社会效率的原则》,《学术月刊》2013年第3期; Augustin Kwasi Fosu, "Growth, Inequality, and Poverty Reduction in Developing Countries: Recent Global Evidence," *Research in Economics*, 2017, Vol.71, No.2, pp.306-336。

② Thilini C. Agampodi, Suneth B. Agampodi, Nicholas Glozier, Sisira Siribaddana, "Measurement of Social Capital in Relation to Health in Low and Middle Income Countries (LMIC): A Systematic Review," *Social Science & Medicine*, 2015, Vol.128, No.2, pp.95-104; Klaus Gründler, Sebastian Köllner, "Determinants of Governmental Redistribution: Income Distribution, Development Levels, and the Role of Perceptions," *Journal of Comparative Economics*, 2017, Vol.45, No.4, pp.930-962;徐淑一、朱富强:《通过收入再分配实现社会正义和社会效率》,《财政研究》2014年第11期。

的距离越来越近，那么，此类探究会成为现代化经济学研究的应有之义，更是探寻包容性发展的核心课题。

## 一 社会保障权益累积与分配准则

理论和实践同属个体主观认知的范畴，理论是认识逻辑，实践是运用逻辑，两者具有相互依托性。在社会科学研究领域存在两大类规律分析方法[1]，分别为演绎逻辑与归纳逻辑，诠释问题的路径为从理论到现象再从现象到理论的"双向"互动过程。社会学家华莱士（Walter L. Wallance）于1971年提出了社会科学研究的逻辑模型——科学环（Science Circle）。从欧美等发达国家有关社会保障权益、分配准则及选择性逻辑来看，主流的分析方法是假设演绎法。结合中国社会保障权益累积模式、分配准则及选择性实践，宜采用假设演绎的方法进行理论和实证检验。早期有关社会保障权益累积与分配准则的文献主要聚焦社会保障权益的代际分配准则及代际的公平性问题。[2]新古典经济学对社会保障权益的再分配效应进行了深入的考察与探析，得出了较为一致的结论，即社会保障权益的分配准则能够在代际实现资源配置的优化，进而促进社会保障制度的帕累托次优。[3]有部分学者探寻了基本养老保险制度从现收现付制向基金积累制转变的权益累积模式及分配准

---

[1] 王增文：《中国社会保障治理结构变化、理念转型及理论概化——范式嵌入与法治保障》，《政治学研究》2015年第5期；张海波、童星：《中国应急管理结构变化及其理论概化》，《中国社会科学》2015年第3期。

[2] Henning Bohn, "Should the Social Security Trust Fund Hold Equities? An Intergenerational Welfare Analysis," *Review of Economic Dynamics*, 1999, Vol.2, No.3, pp.666-697; Conny Olovsson, "Quantifying the Risk-sharing Welfare Gains of Social Security," *Journal of Monetary Economics*, 2010, Vol.57, No.3, pp.364-375; J. Alonso-García, P. Devolder, "Optimal Mix between Pay-as-you-go and Funding for DC Pension Schemes in an Overlapping Generations Model," *Insurance: Mathematics and Economics*, 2016, Vol.70, No.5, pp.224-236.

[3] Koichi Miyazaki, "The Effects of the Raising-the-official-pension-age Policy in an Overlapping Generations Economy," *Economics Letters*, 2014, Vol.123, No.3, pp.329-332; Marcin Bielecki, Karolina Goraus, Jan Hagemejer, et al., "Small Assumptions (Can) Have a Large Bearing: Evaluating Pension System Reforms with OLG Models," *Economic Modelling*, 2015, Vol.48, No.4, pp.210-221；张苏、王婕：《养老保险、孝养伦理与家庭福利代际帕累托改进》，《经济研究》2015年第10期；焦娜：《社会养老保险会改变我国农村家庭的代际支持吗？》，《人口研究》2016年第4期。

## 第二章 社会保障权益配置的结构性转型与模式变迁

则的福利效应。①然而,这种社会保障权益累积与分配准则在既定的选择性逻辑下,存在严重的不匹配状况,即权益存在严重的利益转移问题。②社会保障的权益累积模式与分配准则"紧密耦合"的典型特征体现在其收入的再分配功能。基于此,大部分学者认为现收现付制更能够促进公平与效率的协调。③这样,低收入阶层与退休一代对现收现付制有更大的偏好。从个体纵向的社会保障权益累积与分配准则的视角来看,基金积累制更有利于促进代际的公平④;但从社会保障整体的权益累积、分配准则与选择性逻辑的尺度来看,社会保障基金平均收益的降低可能会反超抵抗社会风险的获益,进而致使社会福利的整体性净损耗状况的发生⑤。

近几年有关社会保障权益累积与分配准则的研究,多数将重点聚焦代内社会保障权益累积及选择性逻辑方面。多数观点认为,在理性经济人假设条件下,个体能够在两期(工作期、退休期)中通过延迟消费实现自身社会保

---

① F. Breyer, "On the Intergenerational Pareto Efficiency of Pay-as-you-go Financed Pension Systems," *Journal of Institutional and Theoretical Economics*, 1989, Vol. 145, No. 4, pp.643-658; H.W.Sinn, "Why a Funded Pension System Is Useful and Why It Is Not Useful," *International Tax and Public Finance*, 2000, Vol. 46, No. 7, pp. 389-410; Humberto Godínez-Olivares, María del Carmen Boado-Penas, Steven Haberman, "Optimal Strategies for Pay-as-you-go Pension Finance:A Sustainability Framework," *Insurance*:*Mathematics and Economics*, 2016, Vol.69, No.3, pp.117-126; 吴永求、冉光和:《养老保险制度公平与效率的测度及权衡理论》,《数理统计与管理》2014年第5期。

② 代志明:《新型农村合作医疗补偿机制歧视问题研究——以收入差异为视角》,《中国软科学》2007年第2期;王增文:《农村老年女性贫困的决定因素分析——基于Cox比例风险模型的研究视角》,《中国人口科学》2010 年 第 1 期;Ayşe İmrohoroğlu, Kai Zhao, "Intergenerational Transfers and China's Social Security Reform," *The Journal of the Economics of Ageing*, 2018, Vol.11, pp.62-70。

③ 封进:《中国养老保险体系改革的福利经济学分析》,《经济研究》2004年第2期;Jiri Rotschedl, "Selected Factors Affecting the Sustainability of the PAYG Pension System," *Procedia Economics and Finance*, 2015, Vol.30, pp.742-750; 林山君、孙祁祥:《人口老龄化、现收现付制与中等收入陷阱》,《金融研究》2015年第6期。

④ Igor Fedotenkov, "Ignorance Is Bliss:Should a Pension Reform Be Announced?," *Economics Letters*, 2016, Vol.147, No.5, pp.135-137; Jean-Denis Garon, "The Commitment Value of Funding Pensions," *Economics Letters*, 2016, Vol.145, No.4, pp.11-14; 龙朝阳、申曙光:《中国城镇养老保险制度改革方向:基金积累制抑或名义账户制》,《学术月刊》2011年第6期。

⑤ Michael Kaganovich, Itzhak Zilcha, "Pay-as-you-go or Funded Social Security? A General Equilibrium Comparison," *Journal of Economic Dynamics and Control*, 2012, Vol.36, No.4, pp. 455-467; R. Beetsma, W. Romp, "Intergenerational Risk Sharing," *Handbook of the Economics of Population Aging*, 2016, Vol.1, No.1, pp.311-380。

障权益分配的最优化,而强制性的个人账户养老保险制度抑制了个体和家庭的消费计划,最终导致整体的社会福利损失,损害了个体和家庭的社会保障权益及分配准则。① 从整体性视角来看,也有一些研究认为,当个体或家庭缺乏消费的远期规划时,强制性的个人账户养老保险制度能够实现社会保障权益最大限度地积累并优化分配准则,从而实现整体社会福利的提升。② 2008年金融危机以来,学者们开始聚焦社会保障个人账户权益的效率方面的研究。③ 他们普遍认为,若社会保障制度在起初设定时将社会保障权益累积与分配准则很好地"紧密耦合",使得公平与效率实现了最优权衡,则个人账户的实施并不能促进帕累托最优或次优。④

然而,实际上,在社会变迁视角下,社会保障权益累积模式、分配准则及选择性逻辑是动态的,仅仅在某一时点去探析社会保障权益分配的公平效率问题,即用静态的截面实践去拟合动态的社会保障权益累积变迁的"连续统",这显然是有偏的。因此,在时间谱系连续变化中,上述研究显然存在一定的不足。既有研究只是关注社会保障制度设计对权益累积、分配准则的某一方面的影响,未从选择性逻辑的整体性视角切入,而社会保障权益累积、分配准则及选择性逻辑的研究应是一个动力系统,这个动力系统中涵盖了经济变量、市场变量及政治变量,因此,缺乏整体性的研究显然存在选择性偏误。在社会变迁视角下,无论何种演变逻辑,社会保障

---

① S. Homburg, "The Efficiency of Unfunded Pension Schemes," *Journal of Institutional and Theoretical Economics*, 1990, Vol.146, No.4, pp.640–647; D. Altig, A.J. Auerbach, L.J. Koltikoff, K.A. Smetters, J. Walliser, "Stimulating Fundamental Tax Reform in the United States," *American Economic Review*, 2001, Vol.91, No.3, pp.574–595; Markus Knell, "The Optimal Mix between Funded and Unfunded Pension Systems When People Care About Relative Consumption," *Economica*, New Series, 2010, Vol.77, No.308, pp.710–733.

② 耿志祥、孙祁祥、郑伟:《人口老龄化、资产价格与资本积累》,《经济研究》2016年第9期。

③ 张勇:《基于资金净值的个人账户养老金动态调整研究》,《数量经济技术经济研究》2015年第2期;李珍、王海东:《基本养老保险个人账户收益率与替代率关系定量分析》,《公共管理学报》2009年第4期;Sagiri Kitao, "Pension Reform and Individual Retirement Accounts in Japan," *Journal of the Japanese and International Economies*, 2015, Vol.38, No.6, pp.111–126; Luis Chávez‐Bedoya, "Determining Equivalent Charges on Flow and Balance in Individual Account Pension Systems," *Journal of Economics, Finance and Administrative Science*, 2016, Vol.21, No.40, pp.2–7。

④ Ayşe İmrohoroğlu, Kai Zhao, "Intergenerational Transfers and China's Social Security Reform," *The Journal of the Economics of Ageing*, 2018, Vol.11, pp.62–70.

## 第二章　社会保障权益配置的结构性转型与模式变迁

权益累积、分配准则的公平与效率组合标准及效能边界必须与此演变过程相匹配。从动力系统的视角来看，由于不同时段国家经济、社会及政治目标的异质性，社会保障权益累积、分配准则及选择性逻辑存在动态不一致性。

因此，本节通过建构主义相关理论，采用假设演绎的方法来测度社会保障制度离公平的距离，初步提出社会保障公平效率的选择性理论。通过对社会变迁下权益累积模式和与之相匹配的分配准则的政策梳理，并采用动态规划方法来测度不同阶段社会保障制度安排下的政治、经济、社会动力系统最优公平效率的均衡解，从而深入探析中国在现代化转型背景下政治经济制度和社会生活的二维治理的合理边界。以收入再分配制度为切入点，我们对公平与效率的关注视野从国家与社会逐步过渡到制度与生活。中国的社会保障权益累积模式、分配准则及选择性逻辑一直处于公共选择和经济选择更替过程中。在所有社会经济方面的活动中，社会、政治等活动隶属于公共选择，而人类的经济等活动便为经济选择。两种选择"异化"的结果就是利益转移问题；"优化"的结果便是在同一多数规则下产生多数有利于社会公平的再分配效应，即少数的高收入群体和多数的中低收入群体产生再分配。

### 二　社会保障权益累积的理论演绎

#### （一）权益累积、分配准则及选择性逻辑中的关键科学问题

探寻社会保障权益累积、分配准则及选择性逻辑的起点是厘清社会保障权益的关键。从社会保障的属性出发，其主要涵盖了三个尺度：社会保障权益累积具有典型的多主体属性；社会保障需要在社会风险分担与效率之间进行权衡；社会保障权益累积与分配准则匹配过程中存在多目标的融合和冲突。

第一，社会保障权益累积具有典型的多主体属性。一是激励个体、企业及各级政府财政缴费或财政补贴的多元主体。实际上，多元主体缴费融合机制中，有时无法通过考察缴费额、缴费率等指标直接观察其履行义务的状况，如企业中的农民工和非正规就业人员的非显性就业形式中，个体与企业在社会保障缴费中的"逃费"存在"合谋"行为。由此，只能借助一些相对客观的指标或信号来观察社会保障权益的累积绩效，如参保人数、社会保障

基金收入、政府总体补贴额度、企业社会保障缴费比重。二是社会保障权益累积的多主体管理，导致社会保障权益累积的"碎片化"及分配准则的动态非一致性。社会保障权益累积的管理主体涵盖了人力资源和社会保障部、民政部、国家卫生和计划生育委员会、财政部等部门，各项目权益"流向"了各主体部门，而分配准则的选择又受制于异质性部门的"偏好"与部门主管的行为意志，导致管理主体的不一致性，进而产生社会保障权益累积、分配准则的非"耦合"性，最终使得选择性逻辑的复杂化。三是对政府官员绩效考核的多重性与偏向性导致各主体在经济增长与社会公平边界分配合理性上难以直接观察。四是为适应人口结构性变动、经济社会形式的发展，社会保障权益累积模式与分配准则总是在动态地调整。社会保障模式的变动（如现收现付制向基金积累制或部分积累制转轨）使得社会保障权益累积主体发生变动，而分配准则往往具有一定的滞后性，进而产生不匹配性，使得公平与效率失衡。如在现收现付制向基金积累制或部分积累制转轨过程中，转制成本的消耗与社会保障主体权益累积、分配准则关系的模糊边界若不能合理地界定，则会抑制效率，同时还会损害公平。

第二，社会保障需要在社会风险分担与效率之间进行权衡。从社会保障自建立以来的权益累积模式变动的"连续统"来看，其一直承担着经济发展的"附属"功能，并且在不同历史阶段、不同国家或一个国家的不同发展阶段呈现"泛经济化"和"泛政治化"的功能。[①]由于社会保障权益累积不足，分配准则失衡所产生的社会风险往往具有隐蔽性，并且风险事件从产生、积累到大面积爆发的过程往往有一定的"窗口期"，这个窗口期可能是几年，甚至是几十年，而经济效率的取得都是显性的。在显性的效率提升与隐性的社会风险事件的"酝酿"之间，政府往往会选择将更有效的资源投入显性的经济效率提升方面。因此，随着社会风险的提升，群体性事件不断得到"积累"，一旦爆发就是大面积的国家性事件，产生的结果可能有两种。一种是在改变选择性逻辑条件下，重新建立一种新的社会保障权益累积模式与分配准则，如英国社会福利制度、德国社会保障制度等。另一种则是国家政权的更替，如中国历朝历代因社会救助制度的不足而形成的政权更替；突

---

① 曹信邦：《社会保障制度的政治属性》，《学海》2014年第2期；王增文：《经济新常态下中国社会保障基金均衡投资组合策略及决定因素分析——基于沪、深两市数据的比较》，《中国管理科学》2017年第8期。

尼斯在2011年由于社会保障权益与分配准则失衡导致的"茉莉花"革命，使得国家政权更替；2008年埃及由于40%的民众生活在贫困线以下，缺乏社会保障的兜底性项目，"颜色革命"使得政权更替。因此，社会保障制度必须在社会风险分担与效率之间进行系统性的权衡。

第三，社会保障权益累积与分配准则匹配过程中存在多目标的融合和冲突。社会救助、社会保险和社会福利子体系中的绩效可能存在相互对冲性。如社会救助力度的提升，将意味着贫困群体和中低收入群体数量的减少，使得更多的社会救助权益向社会保险转移，这将使得社会保险子体系压力提升、权益累积与分配准则可能发生"位移"，从社会保险到社会福利的层级提升亦是如此。这样，社会保障子体系之间可能会存在多目标融合与冲突问题。此外，在中国以社会组织及社工为核心的社会治理维度发育不足的情况下，社会保障的权益累积和分配准则的管理主体仍是政府，从社会保障项目实施与监管执行机构的双重角度来看，两项目标和任务存在潜在的相互冲突问题，即集"运动员"与"裁判员"于一身的角色性冲突。

（二）既有理论

关于社会保障权益累积与分配准则中会涉及多目标、多任务的激励均衡问题，信息科学的激励系统（Incentive System）理论给出了一般性的分析模式。该激励系统理论假设民众与政府是委托代理关系，在公共产品与公共服务领域，假设委托人（民众）有多项任务或目标需代理人（政府）去实现，从而实现自身权益最大化。其中，有一些目标或任务的完成相对较易测度，而另一些则较难，甚至不能被测度出来，由此，代理人将会产生多维道德风险。为实现社会保障权益累积与分配准则的"契合性"，可用产权来激励较难测度的长期目标或任务，用绩效考核体系来激励相对较易测度的短期目标或任务。通过两者的合理均衡可以实现权益累积与分配准则的"紧密耦合"。绩效考核是弱激励，代理人不拥有产权。此时，只能配合采用弱绩效评价的考核激励短期目标或任务模式。反之，代理人拥有产权，则应充分采用强激励的方式展开，从而充分利用两者的互补性。那么在社会保障权益累积模式、分配准则及选择性逻辑中应选择"弱激励"的绩效评价方式，还是选择强激励的产权方式呢？这取决于社会保障制度变迁的外生性变量，如不同层级政府的偏好、社会经济体制、绩效评价的方差域、异质性、社会保障项目的相对重要性等。从组织内部迁移出的激励理论可以"嵌入"制度之中，历史制度主义的制度生成理论强调制度的"关联性"和"嵌入性"，关注的是制度安排"嵌入"更广泛的社会、经济及政治情境之中。

无论是组织内部的激励系统理论，还是历史制度主义的制度生成理论，其情境框架内有着类似的拓扑结构。拓扑学显示，一个元素的值会随着其他元素值的融入而产生边际效应递增的效应，即所谓的"超模函数优化理论和超模博弈理论"（The Theories of Optimization of Supermodular Functions and of Supermodular Games，OSFSG 理论）。[1]OSFSG 理论从整体性视角来考量组织或制度，其基本要义包含两个方面。一是最优制度内部各要素的显现具有非随机性[2]，且同一制度内部各组成要素间具有较强的互补性，如果只是聚焦于最优制度的某项要素或某几项要素，而不对其他要素进行调整，则会导致制度缺乏绩效或绩效为负。二是从"反事实"框架来看，最优制度安排由外生性变量，即外部情境决定。当外部情境的变动致使制度内某一要素或某几类要素的作用强度提升时，与之互补的另外一些制度内要素对制度影响的边际效应会得到强化。边际效应的增强会形成正向的反馈机制。从整体性视角来看，制度内的各要素会以稳定动力系统的方式变动。多目标"任务冲突"理论研究的对象与激励系统理论存在某些方面的相似性，即多目标、多任务条件下的最优激励决策，委托人（民众）将多项任务、权责交由代理人（政府）；而相异点在于相互间目标或任务绩效存在冲突性，即一项目标或任务绩效的提升是以降低其他目标或任务绩效为前提的。从整体性视角来看，最优激励决策的取得完全取决于它们之间的冲突性。如果冲突性达到了正负效应对冲性为零甚至为负的程度，则相互冲突的目标或任务交由异质性代理人或代理机构如社会、公益机构等来完成。[3]

最后是公共产品和公共服务理论。从产品提供的主体来看，市场主体提

---

[1] P. Milgrom, J. Roberts, "Comparing Equilibria," *The American Economic Review*, 1994, Vol.84, No.3, pp.441-459.

[2] P. Milgrom, J. Roberts, "Comparing Equilibria," *The American Economic Review*, 1994, Vol.84, No.3, pp.441-459；杜创、朱恒鹏：《中国城市医疗卫生体制的演变逻辑》，《中国社会科学》2016年第8期。

[3] A. W. A. Boot, A. V. Thakor, "Self-Interested Bank Regulation," *The American Economic Review*, 1993, Vol.83, No.2, pp.206-212.

供的产品通常称为纯粹的私人领域产品,是以效率最大化为终极目标,而由于公共产品及公共服务的非竞争性和非排他性,政府提供能够从再分配的视角保证其公共性与公平性。在此理论基础上衍生出了西方社会福利国家模式,这种模式的核心是政府直接介入公共产品或公益性私人产品的资源配置,即以公立机制为配置"机器",直接生产如医疗卫生、社会保障等公共产品或公共服务。在融入全球化理念的背景下,这种模式开始演变,包容性增长理论使得私人领域、社会领域及政府领域开始"融合",即公共产品与公共服务的筹资(提供)、生产及分配相互分离,形成政府提供、社会生产、社会组织分配的多元主体融合模式。政府以"费"或"税"的形式筹集到资金,交由非营利性组织或外包给私人企业来生产,最后由社会组织来分配。

本节将融合OSFSG理论、冲突理论及公共产品、公共服务理论,将视野拓展到新中国成立以来社会变迁整个框架下社会保障权益累积模式、分配准则及选择性逻辑上,以说明整个耦合过程。

**(三)理论的整合**

某一理论往往侧重于解决某一方面的问题,然而社会保障的权益累积、分配准则及选择性逻辑是一项系统性的工程和完整的体系。对这种系统动力学问题应该有一套系统和完整的解决方案和策略,并有均衡性的最优路径。通过综合性的考察和探析才能规避"管中窥豹",做到窥其全貌的全局性透视与分析,基于此,本章接下来将整合整个理论分析框架。

分析社会保障权益的累积、分配过程需要明确三个层次的概念:社会保障体制、制度性要素及要素的内涵。社会保障从权益累积到分配准则再到选择性逻辑等尺度,是由一系列的制度性要素构成的共同体,这些要素可归为三个层级:一是需方(委托人)的社会保障权益累积,即社会保障如何筹资,其中又涵盖了筹资机制、管理体制、享受权益及保障水平等;二是供方(代理人)社会保障权益提供与保障的制度性安排,即如何提供社会保障与服务,又可分为两个层级,即政府间组织和社会组织(如政府购买服务的二层次委托代理方式);三是社会保障权益累积与分配准则的制度监管与保障。从权益累积到分配的层级过程中,监管制度包括价格管制、市场准入管制、绩效评价、产权激励、监管体制等。在这三个尺度的运行机制中,各要素之间所凸显出的具体形式,可称为要素特征。不同的要素特征能够进行融合,可以全面系统地刻画社会保障权益累积、分配准则及选择性逻辑演变的"连续统"。

对社会保障权益累积与收入分配准则产生重要影响的外生性参数囊括了人口分布特征变量、收入结构分布谱系、社会经济政策、个体或家庭职业类型。对于特定的社会保障权益累积与分配准则而言，内部各要素间有怎样的相互关系，是由内生性决定还是随机性组合呢？又与外生性参数有什么关系呢？遵循OSFSG理论，我们可以提炼出3个基本命题：社会保障权益累积与分配准则匹配过程中各要素具有较强的互补性，而非随机性；异质性社会保障权益累积模式、分配准则在匹配过程中所形成的要素之间存在相互冲突性；社会保障权益累积与分配准则的耦合与外部情境相适应。

社会保障权益累积与分配准则匹配过程中各要素具有较强的互补性。在社会保障权益累积、分配机制长期运转中，逐步形成了两类均衡：一类是权益与分配的内部性要素互补的均衡；另一类则是外部与经济、社会、国家及家庭协同的均衡。对于内部的互补性特征，本章将在随后的部分进行阐述。在与外部情境相契合层面，中国社会保障权益累积模式、分配准则与当时的外部情境条件具有契合性。但改革开放以来，外部情境发生了重大的变化。权益累积模式、分配准则在新的选择性逻辑条件下，开始出现"疏松耦合"的状况，由此引发了第二个命题，即异质性社会保障权益累积模式、分配准则在匹配过程中所形成的要素之间存在相互冲突性。具体来看：（1）传统的权益累积模式逐步瓦解，而某些分配准则的要素特征被保留下来，与新的社会保障权益累积模式形成冲突；（2）尽管计划经济时代的社会保障权益累积模式的要素特征演进了，但并未与新的社会保障权益累积模式的其他要素形成互补。

由于OSFSG理论相对较为抽象，本章将融合公共财政理论及任务冲突理论进行整体性运用，从而通过假设演绎法概括出两个理论命题。

一是在社会保障权益累积、分配准则及选择性逻辑中，亦存在目标、任务绩效相互冲突的状况。一般用目标或任务冲突程度来判断是否设立新的机制或新的机构；而社会保障权益累积与分配准则中的目标或任务冲突则内生于特定情境下的体制机制选择，如计划经济时代下社会保障权益的强积累、强公平和弱激励状况，冲淡了家庭保障的核心职能；而1978年以来在计划经济向市场经济转轨过程中，则产生了相反的效率。社会保障权益累积模式与分配准则大多遵循了市场规则,这样计划经济时代的权益累积被以国家、集体资产的形式转移到国家和集体之中,而新的市场经济体制的社会保障权益分配又遵循了效率原则,由此产生的对冲作用使得社会保障的权益累积与分配准则发生了扭曲。计划经济时代社会保障权益累积与分配准则是"管办合一",因此,并不存在强烈的角色冲突。而进入市场经济体制模式后,社会保障权益累积、分配准则及选择性逻辑出现了"管办合一"与"政社互助"的冲突。因此,在社会保障权益累积、分配准则及选择性逻辑中,实施大部制还是机构分段更加细化,必须与社会保障机制内的其他内生性要素产生互补效应,使目标或任务冲突理论可以融合到OSFSG理论的分析框架之中。

二是社会保障权益累积、分配准则及选择性逻辑外部环境影响体制选择的作用机理。收入层次结构与经济社会发展的阶段性作为权益累积、分配准则的基本外部情境要素,会影响选择性逻辑。然而,收入阶层谱系如何影响选择性逻辑?对于该问题的回答可借助公共选择理论。如果一个国家在现代化转型的过程中,中低收入群体在收入结构变动谱系中占主体,那么,社会保障权益的累积模式应该倾向于公平,即以收入再分配方式中的"兜底"为主,公共财政应将社会保障权益的累积额投向社会救助领域;分配准则为由高收入向低收入或贫困群体分配。在现代化转型的过程中,中等收入群体开始在收入结构变动谱系中成为主要色调。那么,这时社会保障的权益累积与分配准则应遵循公平与效率兼顾的权责对应原则,公共财政的投向应逐步聚焦社会保险领域。当一个国家完成了现代化转型,而进入中高收入国家的行列时,公共财政对社会保障的权益累积、分配准则及选择性逻辑应"嵌入"共享发展理念,重点投入国民整体性权益提升的社会福利领域。图2-23展示了本节的系统性分析框架。

### 三 社会变迁下社会保障权益累积、分配准则及选择性逻辑演变

新中国成立以来,1949年的《中国人民政治协商会议共同纲领》以及1954年、1975年、1978年和1982年的《宪法》均对国民的社会保障权益、社会保障制度属性及制度做了相应的规定,这是社会保障权益累积的宪法保障。社会变迁下社会保障权益累积、分配准则及选择性逻辑的演变历程可以分为三个时期:社会保障权益累积的初期(1949~1978年)、权益累积的过

## 社会保障权益配置逻辑

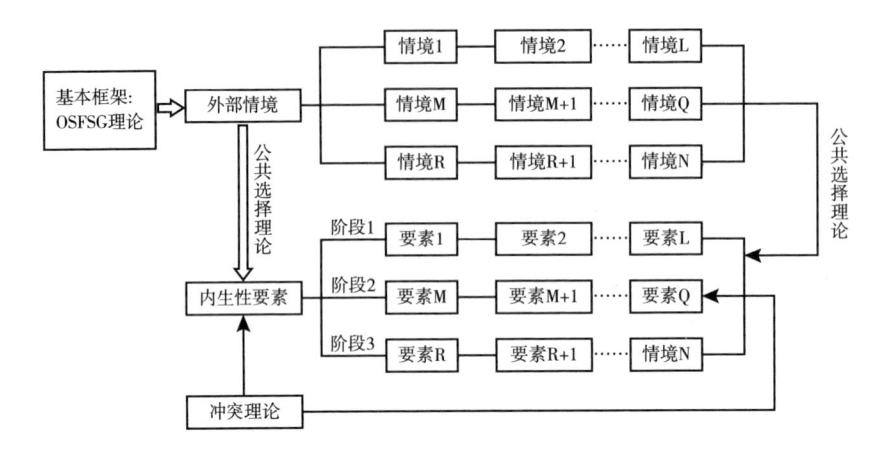

**图 2-23　系统性分析框架**

渡期（1979~2002年）及权益累积的合理分配期（2003年至今），具体如表 2-13 和表 2-14 所示。

**表 2-13　社会变迁视角下城镇社会保障权益累积模式、分配准则与选择性逻辑状况**

| 社会保障体制 | 要素/外部情境 | 阶段Ⅰ：1949~1978年 | 阶段Ⅱ：1979~2002年 | 阶段Ⅲ：2003年至今 |
|---|---|---|---|---|
| 权益累积模式 | 城市社会保障体系 | 纵向等级化、横向分立、单位自成系统 | 以低保为制度兜底，企业保障向半社会保障转轨 | 社会化的"城职保""医保"等相继建立，基本的社会保障走向城乡统筹 |
| | 公共卫生机构与医疗保险机构 | 专业卫生机构和医院分设，基层医疗卫生机构一体化 | 专业卫生机构和医院分设，基层医疗卫生机构开始市场化 | 专业卫生机构和医院分设，基层医疗卫生机构一体化 |
| | 社会保障机构所有制 | 公有制体制 | 社会保障市场化机制 | 社会保障多元共治机制 |
| | 社会保障补偿机制 | 以直接的财政投入为主，以家庭药品投入为辅 | 以兜底低保制度为主，以公共财政投入为辅 | 个人、单位及公共财政共同投入 |

续表

| 社会保障体制 | 要素/外部情境 | 阶段Ⅰ：1949~1978年 | 阶段Ⅱ：1979~2002年 | 阶段Ⅲ：2003年至今 |
|---|---|---|---|---|
| 分配准则 | 管理体制 | 单位养老、公费医疗、各机关企事业单位自成系统 | 市场化的养老、医疗保险模式，企业职工实行社会保障管理体制；机关事业单位仍为单位保障的半社保管理体制 | 社会化的养老、医疗保险模式，企业职工事业单位开始统一的社会保障管理体制模式的合作性社会保障管理体制 |
| | 筹资方式 | 财政全额拨款 | 以个人和企业投入为主 | 国家、个人、单位共同投入 |
| | 保障程度 | 接近免费 | 趋近自费 | 分层付费，兜底免费 |
| | 社保权利 | 单位提供保障和福利，员工无选择权 | 基于贡献的城市正规就业 | 基于贡献的福利资格 |
| | 价格形成 | 医疗服务价格人为压低，药品被加成定价 | 医疗服务遵从市场化体制，药品定价被成倍提升 | 医疗服务价格开始趋于理性，药品定价开始被严格控制 |
| | 市场准入 | 严格的计划控制 | 遵从市场化的进入模式 | 共享、共治的多元模式 |
| 选择性逻辑 | 绩效激励 | 很弱（平均主义） | 很强（效率主义） | 较强（共享主义） |
| | 公平保障 | 很强（平均主义） | 很弱（效率主义） | 较强（共享主义） |
| | 效益权衡 | 公平为主，效率为辅 | 效率为主，缺乏公平 | 公平的基础上发挥效率优势 |

表2-14 社会变迁视角下农村社会保障权益累积模式、分配准则与选择性逻辑状况

| 社会保障体制 | 要素/外部情境 | 阶段Ⅰ：1949~1978年 | 阶段Ⅱ：1979~2002年 | 阶段Ⅲ：2003年至今 |
|---|---|---|---|---|
| 权益累积模式 | 农村社会保障体系 | 集体为依托、家庭互助、公社自成系统 | 市场为依托、家庭互助 | 社会为依托、家庭互助、向省级统筹 |

社会保障权益配置逻辑

续表

| 社会保障体制 | 要素/外部情境 | 阶段Ⅰ：1949~1978年 | 阶段Ⅱ：1979~2002年 | 阶段Ⅲ：2003年至今 |
|---|---|---|---|---|
| 权益累积模式 | 公共卫生机构与医疗保险机构 | 专业卫生机构和医院分设，合作医疗为纽带，基层医疗卫生机构一体化 | 专业卫生机构和医院分设，基层医疗卫生机构开始市场化 | 专业卫生机构和医院分设，基层医疗卫生机构一体化 |
| | 社会保障机构所有制 | 公有制体制 | 社会保障市场化机制 | 社会保障多元共治机制 |
| | 社会保障补偿机制 | 以村集体财政投入为主，以家庭投入为辅 | 以家庭村集体财政投入为主，以政府"兜底"投入为辅 | 个人、单位及公共财政共同投入 |
| 分配准则 | 管理体制 | 集体和家庭养老、合作医疗、各农村公社自成系统 | 除延续了计划经济时代的农村五保政策，其余社会保障项目几乎处于无管理体制的混乱状态 | 社会化的养老、医疗保险模式，并逐步与城市实行统一的社会保障管理体制模式的合作性社会保障管理体制 |
| | 筹资方式 | 村集体筹款 | 个人和家庭自费投入 | 国家、个人、单位共同投入 |
| | 保障程度 | 低水平免费 | 自费 | 分层付费，兜底免费 |
| | 社保权利 | 集体和家庭提供保障和福利、居民无选择权 | 个人和家庭提供自我保障、福利，居民无选择权 | 兜底的免费享受权，基于贡献的福利资格 |
| | 价格形成 | 医疗服务价格人为压低，药品被加成定价 | 医疗服务遵从市场化体制，药品定价被成倍提升 | 医疗服务价格开始趋于理性，药品定价开始被严格控制 |
| | 市场准入 | 严格的计划控制 | 遵从市场化的进入模式 | 共享、共治的多元模式 |
| 选择性逻辑 | 绩效激励 | 较弱（平均主义） | 很强（效率主义） | 较强（共享主义） |
| | 公平保障 | 较强（平均主义） | 很弱（效率主义） | 较强（共享主义） |
| | 效益权衡 | 公平为主，效率为辅 | 效率为主，缺乏公平 | 公平的基础上发挥效率优势 |

## 第二章　社会保障权益配置的结构性转型与模式变迁

### （一）阶段Ⅰ：权益累积的初期（1949~1978年）

农村：以土地为核心的家族和家庭权益累积模式与相应分配准则的"紧密耦合"。以土地为核心的家族和家庭社会保障权益累积模式是以"公田"的社会保障功能及分配准则呈现出来的。费孝通和张之毅对"公田"存在的重要职能进行了探析，并认为"公田"中每年所收租金主要是用在收族、聚餐、祭祖、恤幼、养老及补助家族子孙的教育费用上。依赖于宗族、血缘等社会关系网络形成的乡村社会保障治理结构，延续了社会保障权益累积与分配准则的家族和家庭分配的"皇权不下县"的乡绅保障模式，也是社会保障权益累积的最初形式。① 1956年开始，我国出现了以集体为依托、以家庭为实体的社会保障权益累积与分配准则。社会保障的权益累积模式从家族走向集体，又从集体走向家庭实体。社会主义公有制确立以后，农村居民社员私有的土地、牲畜、马车等生产资料以低价和货币的补偿形式变为集体公有，公社成员统一参加劳动来获得社会保障的权益累积，是以按劳分配为主要准则。1958年4月出台的《中共中央关于把小型的农业合作社适当地合并为大社的意见》，同年8月出台的《中共中央关于在农村建立人民公社问题的决议》，使得农村在较短的时间内迅速完成了从高级社到联合大社的过渡，快速转型为人民公社的过程。社会保障权益也被转移到以土地为核心的集体之中。绝大多数的农村地区在减除国家任务与集体提留后，30%的收益按劳动力进行分配，70%的收益按农村人口进行分配。因此，社会保障的权益分配形成了"劳三人七"的分配准则。这种社会保障权益分配的平均主义原则在为公社成员提供集体层面的生活保障的同时，也弱化了社会保障在累积过程中的激励作用。在分配准则方面，平均主义的分配准则对农村社员的生活有重大的影响，特别是对老弱病残群体及农村五保户起到了很好的保障职能。在这一时期，国家在农村地区先后实施了"五保"制度与农村合作医疗制度。从统筹层次及权益累积模式来看，依然停留于集体经济层面。当时的经济发展背景是以农业生产的"剪刀差"来哺育工业的发展，实施优先发展工业与城市的战略部署。因此，社会保障权益累积、分配准则与选择性逻辑是对农村居民内部的劳动生产成果进行实物、货币及公共服务与公共产品的再分配。

---

① 费孝通、张之毅：《云南三村》，社会科学文献出版社，2006，第368页。

城市：以国有单位与集体单位为核心的单位权益累积模式与相应分配准则的"紧密耦合"。20世纪50年代社会主义改造完成之后，城市也普遍完成了公有制及计划经济体制，城市社会保障的权益累积、分配准则及选择性逻辑"嵌入"了整个社会经济制度之中。从权益累积的渠道来看，表现最为显著的是财政供给能力及供养模式。计划经济体制下，社会保障的公有制赋予了城市强大的公共财政汲取能力，从而主导城市社会保障制度的筹资。1951年，城市确立了社会保障制度，其中涵盖了养老、退休、医疗、疾病、生育、负伤、结业救济、死亡待遇等社会保障和社会福利项目。为促进实施效果，国家同时颁布了一系列的政策法规，使得单位保险、单位福利、单位救济及国家优抚安置等社会保障项目走上了正规化的发展轨道。这时，城市社会保障的权益累积模式为以国有单位与集体单位为核心的权益累积模式，分配准则也遵循了公有制模式，因此，两者在既定的选择性逻辑下属于"紧密耦合"的关系。但1966~1978年，社会保障的权益累积与分配准则出现了"疏松耦合"现象，具体的选择性逻辑表现为1969年财政部出台的新规：在城市社会保障层面，员工不需要缴费，企事业单位及国家完全承担了制度经费，社会保障统筹层次进一步降低，工作的实质是"工作分享"下的"人活于事"，社会保险完全"退化"为企业保险。与农村社会保障权益累积相比，在分配准则及选择性逻辑方面，社会保障的权益是由农村居民向城市居民再分配。城市居民几乎得到全方位的保障，向农村居民的社会保障权益分配的公平性受到人为因素的抑制。

（二）阶段Ⅱ：权益累积的过渡期（1979~2002年）

农村：以土地收入和非农业收入为核心的家庭保障模式与相应分配准则的"紧密耦合"。从1979年开始，农村地区陆续实施了家庭联产承包责任制，这极大地调动了农村居民的生产积极性。早在20世纪70年代，农村居民在人民公社的依托下解决了其基本的生存保障问题，而实施包产到户后，食物开始有更多的剩余。农村的社会保障权益累积模式与分配准则呈现出如下的形式：在这一时期，农村老年居民通常有3个以上的子女，养老并非大问题，一般由子女为老人耕种田地，并为其提供口粮，给予其相应的货币或实物补助。在医疗保障方面，农村合作医疗制度随着村集体经营土地收入的消失，而逐渐冲击筹资基础，农民不需要缴纳农村合作医疗费用。由于权益无积累，既有再分配准则失效。家庭中老年人口的医疗费用支出通常由几个

## 第二章 社会保障权益配置的结构性转型与模式变迁

子女平均承担，但接下来的情境往往是老人生病后不能到镇上或县市以上的医院进行检查或治疗，而只能在村级卫生所进行简单治疗，在得重病后在家度过余生，大病作为小概率事件的应对方式就是"认命"。社会保障的权益累积以家庭为组织机制，分配准则是以户主为主要决策主体的传统模式。而家庭不得不对各项支出的"收益"进行综合性的权衡。在传统的农村地区，建房、娶妻及生子成为重要的支出项目，由此，生育和培养下一代的费用远高于赡养父代的支出。社会保障权益的累积模式为父代积累向子代进行再分配。

城市：以国有、集体单位和民政救助为核心的单位权益累积模式与相应分配准则的"疏松耦合"。1978年以来，城市社会保障立法步伐不断加快，中国社会保障权益累积与分配准则的匹配进入了动态调整期，主要是从模式类型、管理内容、运行机制、待遇水平及服务形式等尺度上进行创新与改革的过渡。而随着市场经济体制的建立，中国逐步建立起了与市场经济体制相适应的、"央—地"政府分级管理的城市社会保障系统框架和与之相匹配的权益累积与收入分配准则，特别是1986年的《国营企业实行劳动合同制暂行规定》、1987年的《职业病范围和职业病患者处理办法的规定》、1988年的《女职工劳动保护规定》、1990年的《劳动部关于加强养老保险基金的征缴和管理工作的通知》，以及1991年的《国务院关于企业职工养老保险制度改革的决定》等权益累积与分配准则的规章制度。在这一时期，我国开始实施企业职工养老保险社会统筹与个人账户相结合的制度及权益累积模式（简称"统账结合"）。1993年，党的十四届三中全会提出了"统账结合"的方案，将社会保障的收缴—权益累积与给予—分配准则明确地分为两个部分，一部分是以转移支付和再分配为目标的统筹基金模式，另一部分则是通过个人账户的基金预筹的个人自我权益累积模式。1997年，国务院颁布了《关于建立统一的企业职工基本养老保险制度的决定》，提出了在全国范围内实行统一的养老保险制度，社会保障权益累积逐步扩大。从权益累积与分配准则的匹配过程来看，1997年城市最低生活保障制度建立，1998~2002年全国有2000多万国有企业下岗职工享受了基本的生活保障，下岗职工基本生存权得到了保障。在医疗保险领域，1998年底，国务院出台了《关于建立城镇职工基本医疗保险制度的决定》，同时采用了社会统筹与个人账户相结合的基本医疗保险制度。在医疗权益累积方面，由职工个人和用人单位共同承担；在分配准则方面，小额费用，即医疗门诊费主要由个人账户支付，而大额医疗费用，即住院费用主要由统筹基金支付，同时还建立起了大额医疗费用补助政策。计划经济的零失业在转向市场经济体制时，使得隐性失业人员成为显性化的下岗待业人员，那么与之相对应，1998年政府建立了再就业服务中心与国有企业下岗职工的基本生活保险制度，从而在一定程度上保障了下岗待业职工的基本生活及再就业权益。

（三）阶段Ⅲ：权益累积的合理分配期（2003年至今）

党的十六大以后，中国的社会保障权益累积与分配准则的匹配进入了耦合时期，法律制度不断创新，更加注重社会保障的共享发展理念，权益累积进入合理分配期。

农村：以农村低保、新农合、新农保及特困人员救助等社会保障为核心的权益累积模式及相应的再分配准则的"公共耦合"。2005年以来，农村居民的收支结构发生了结构性的嬗变，以土地收益积累为核心的社会保障与集体保障已不能满足居民的社会保障需求，特别是医疗和养老需求，而市场化的多方位渗透又为非农业生产提供了全新的就业机会。由此，农村居民以土地为核心的家族和家庭权益累积模式与分配准则，迅速地向以非农业生产活动为核心的现代社会保障权益累积、分配准则及选择性逻辑转变。农村地区社会保障权益累积与分配准则开始出现动态的演进，两者开始呈现出"公共耦合"的态势，尽管其相对于城市是失衡的，但趋于优化的格局。在这一阶段，农村土地社会保障功能在迅速弱化，然后进一步"虚化"。在农村社会保障权益累积方面，党的十六大提出了全面建立农村养老、医疗保障及"低保"制度的指导性原则，然后开始了社会保障的试点过程。2003年，农村地区开始"新农保"制度试点，2004年社会保障权益被写入了《宪法》。在分配准则方面，2009年在全国农村范围内进行了基本养老金计发办法改革，基本形成了参保缴费的激励约束机制。2006年，国务院公布《农村五保供养工作条例》，权益累积模式发生了演进，农村五保供养资金从地方人民政府财政预算中安排，中央财政对财政困难的区域进行五保供养补助。五保供养制度的权益累积模式于2016年又被修订为农村特困人员救助供养制度。这实现了五保供养从农村集体内部互助共济的体制向国家财政供养为支撑的现代社会保障权益累积及分配准则的转型。在分配准则方面，农村社会保障的分配逐步实现了从居民内

## 第二章 社会保障权益配置的结构性转型与模式变迁

部的再分配向国家财政对农村居民的再分配转变,选择性逻辑亦遵循了公平性原则。

城市:以"城居保"、"城职保"和城市"低保"等社会保障为核心的权益累积模式及相应的再分配准则的"公共耦合"。在这一阶段,无论是农村区域还是城市区域面临的主要困境都发生了扭转,即遏抑局部或过度市场化的问题,其中包括缺乏公平、共济性差、权益累积与分配准则不匹配、过度医疗等。2003年以来,政府开始对养老保险、医疗保险及城市"低保"等社会保障制度进行直接的补助。中国的社会保障权益累积模式逐步从一个以城市正规就业为主要依托的保险型社会保障制度体系向一个以合作保险型为依托的社会保障制度体系转型。合作保险型社会保障制度体系的逐步建立和完善在更大程度上与更大范围内实现权益的累积,分配准则也更加注重共享发展理念,权益累积与分配准则进入了合理匹配期。中国开始进行从经济政策到经济政策与社会政策并重的历史性转向。[1]2003年以来,社会保障政策的优化可视为对以正规就业为基础的社会保障体系的主要调整。在权益累积的分配尺度上,城市摒弃了雇员与用人单位参与和享受社会保障的基本资格,逐步建立了以差别性缴费为权益累积模式的"贡献"性分配准则,公平的边界迅速扩大。第Ⅰ阶段与第Ⅱ阶段的社会保障权益累积与分配准则更多地体现为用人单位与职工的合作,而此阶段社会保障的权益更多地体现为个人与国家的合作,国家在社会保障组织权益方面得到进一步的强化,家庭的社会保障权益累积职能被进一步弱化。在"低水平、广覆盖、保基本"的理念下,国家的社会保障权益分配开始向全体国民覆盖,尽管水平较低,但国民的社会保障权益有了全方位拓展,社会保障的共享性得到了全方位的提升,以户籍为载体的社会保障制度开始逐步被消解,社会保障权益累积模式与分配准则的城乡社会保障一体化在加快。城乡、部门、行业的社会保障开始逐步被统筹起来,社会保障权益累积模式与分配准则开始趋同。除结构性的变动外,还有社会保障权益增量与权益主体的变动。2014年9月,财政部等四部门下发了《关于做好政府购买养老服务工作的通知》,使得社会力量开始融入社会保障的治理中。

---

[1] 楼苏萍:《走向合作保险型社会政策——2003年以来我国社会政策的新发展》,《东岳论丛》2012年第4期。

"三社联动"与"政社互动"的多元主体治理模式开始融入社会保障治理之中，社会保障的权益累积主体开始多元化，公平的边界开始扩大，再分配效应得到显著增强。

从三个阶段的选择性逻辑来看，阶段Ⅰ是计划经济体制、以公有制为基础，社会保障权益累积模式与分配准则"嵌含"了公有制要素，遵循了按劳分配的分配准则，因此，所呈现出的选择性逻辑是"公平为主轴、效率为坐标"的几乎偏向公平的社会保障权益累积模式与分配准则。因此，在社会保障的动力系统中，内生性的公平与效率要素呈现"畸轻畸重"的冲突格局。外部情境是社会维度、经济维度植根于政治维度之中，国家大包大揽，社会维度、经济维度与政治维度呈现线性关系，社会保障权益累积模式表现为国家保障模式。

进入第Ⅱ阶段，市场经济体制使得分配形式由按劳分配为主逐步演化为按生产要素分配、按效率分配，这种分配准则也衍生到了再分配领域，使得社会保障的共济与共享的再分配功能遭到严重破坏，出现了"医疗市场化""养老市场化""教育市场化"的"准效率"分配准则。由此，社会保障权益累积与分配准则表现为"疏松耦合"的不匹配状态。这一阶段所呈现出的选择性逻辑是"效率为主轴、公平为坐标"的几乎完全偏向效率的社会保障权益累积模式与分配准则。因此，社会保障在市场经济体制下的动力系统中，内生性的公平与效率要素从公平端移向了效率端，仍然呈现"畸轻畸重"的冲突格局。第Ⅱ阶段所呈现的外部情境就是经济维度开始逐步"脱嵌"于政治维度，而社会维度仍然植根于政治维度，社会保障的政治职能被抛弃，社会只能被经济职能涵盖，由此，效率被植入社会保障权益累积与分配准则之中。

第Ⅲ阶段是社会保障的重建、改革与繁荣期。中国经济进入了包容性增长阶段，以社会保障为核心的公共产品和公共服务的生产与消费被赋予了新的职能——新常态下经济增长的"双引擎"之一。在包容性增长理念下，社会保障的权益累积与分配准则开始从计划经济体制下的"疏松耦合"演变为"紧密耦合"，两者"嵌含"了包容性增长要素，遵循了"共享"的分配准则，所呈现出的选择性逻辑是"公平与效率同为主轴"的正交于远点的社会保障权益累积模式与分配准则，外部情境则表现为社会维度逐步脱离于经济维度，初步形成了政治、经济与社会的三维正交治理格局。尽管进入第Ⅲ阶段，社会保障朝更加公平的"共享"趋势转向，但依然停留在较低水平，离现代化社会保障权益累积与分配准则有一定的距离。特别是在现代化转型背景下，如何促进两者的合理匹配仍然是制度体系优化的关键内容。

### 四 动力系统下权益累积、分配准则及选择性逻辑的体制性冲突

在社会保障权益累积模式与分配准则匹配的动态过程中，根据冲突理论，异质性社会保障体制的组成要素存在相互冲突的状况，如果仅仅分配制度本身的绩效，而忽视其他要素，很难对权益累积与分配准则的匹配过程进行全面审视。社会转型是渐进的，呈现出一系列政策的连续谱系，由制度的"疏松耦合"到"紧密耦合"会存在难以规避的转型成本。社会保障制度内部互补性要素的冲突是中国社会保障权益累积模式与分配准则动态匹配失衡的根源。

在家庭尺度上，家庭的保障权益累积从第Ⅱ阶段开始表现为父代的积累，子代从父代的权益保障职责中逐步分化出来，然而分配准则存在动态不一致性，即父代家庭保障的权益累积所匹配的分配准则开始逐步"固化"，选择性逻辑表现为向子代无条件转移，由此产生的结果是父代的社会保障权益累积发生了位移，被子代的教育、住房等个体项目所占有，而子代对父代的保障性代际转移支出表现为萎缩的态势。这种代际的不平等使得在家庭尺度上，父代的保障权益日益被子代侵害，分配准则呈现"向下分配"，而相应的选择性逻辑为"上游干预"策略。在这种权益累积与分配准则不匹配的失衡状态下，父代特别是老年群体处于高度的风险之中，其中涵盖了养老风险、疾病风险、贫困风险及死亡等社会风险，各种风险的交织产生了社会的不和谐要素。这背后的致因集中体现在家庭要素的丢失与成员的"原子化"。"孝文化"会寄生在家庭要素之中，而家庭要素的丢失，使得"孝文化"随之流失。中国社会的差序格局正逐步向西方社会的团体格局转型，同时又保留了部分传统的家庭要素，进而形成了中国社会目前所处的复杂状态，这种状态集中体现为在家庭层面子代对父代的无偿攫取。在西方社会逐步回归家庭要素的养老、医疗等照护服务的同时，中国却在逐步流失这一传统要素。

**社会保障权益配置逻辑**

在社会尺度上，社会保障外部情境与内生性要素的相互渗透与影响是中国社会保障权益累积模式与分配准则动态匹配失衡的社会性根源。在社会保障所面临的外部情境层面，社会保障权益累积模式从最初的城乡分割、地域分离、行业分立的"碎片化"分布格局到现代社会保障权益累积模式的演变过程中，与分配准则存在动态匹配的不一致性。而且从权责配置来看，地方政府肩负主要职责。那么，地方政府在社会保障权益累积与分配准则的选择性逻辑中会遵循自身的治理逻辑。社会保障的权益累积与分配准则属于社会公平尺度上的治理，然而地方政府还面临多重治理职责，除了社会治理还有发展经济和法治建设。社会保障在面临这些外部情境时，存在与其他治理的协同问题，特别是优先次序决定了治理的质量。地方政府的治理目标具有多元性，核心目标分为三个层级——政治、经济与社会。这些目标均"嵌入"了法治的要素。因此，社会保障的权益累积与分配准则会围绕这三个目标，实现适合外部情境的选择性逻辑。在国家发展战略的指导下，地方政府在实现多重目标的过程中，以上三种目标并非具有天然的协同性，而更多地表现为冲突性。当社会逻辑与经济逻辑发生冲突时，在优先次序的选择尺度上，社会逻辑往往会让位于经济逻辑；当政治逻辑与社会逻辑发生冲突时，政治逻辑往往会让位于社会逻辑。这符合中国政治、经济及社会各维度出现的先后次序。这种逻辑的优先与让位次序揭示了中国法治逻辑发展的滞后性。在这种外部情境下，中国的社会保障权益累积模式与分配准则呈现"泛经济化"和"泛政治化"的"异化"形态。①在社会保障的内生性要素相互渗透与影响层面，各种互补性要素存在相互冲突的状况。社会保障的权益累积模式与分配准则如表2-15所示。

从阶段性视角来看，2003年社会保障权益累积与分配准则在既有的选择性逻辑下基本上实现了"紧密耦合"，但从社会变迁的视角来看，社会保障权益累积与分配准则的匹配存在动态不一致性，这个不一致性集中体现为社会保障权益累积的结构性问题。按照马克思主义的资本理论，社会保障的权益累积涵盖了必要劳动和剩余劳动部分。从劳动力的再生产视角来看，社会保障权益是隶属于生产过程中的一个重要因素，其分配准则应集中体现为劳动力价格的分配，即所支付的工资，还有就是剩余价值的分配。社会保障制度的建立是剩余

---

① 曹信邦：《社会保障异化论》，《云南社会科学》2012年第3期。

表 2-15 社会保障的权益累积模式与分配准则

| 社会保障 | | 权益累积模式 | 分配准则 |
|---|---|---|---|
| 货币形式 | 社会保险 养老保险 | 1.雇主雇员缴纳社会保险费<br>2.政府资助和补贴<br>3.基金投资运营收入<br>4.产权监管模式 | 1.国民间纵向再分配：社会保险费使得国民收入跨时期消费<br>2.国民间横向再分配：同代或不同代人间社保资源的再分配<br>3.职工与企业间的再分配：向企业强制缴费，支付职工各种社会保险待遇<br>4.企业间的横向再分配：通过职工工资总额的一定比重缴纳社会保险费并进入统筹基金账户<br>5.地区之间的国家财政的再分配：通过财政补贴社会保障基金，在各地区转移支付调剂使用 |
| | 医疗保险 | | |
| | 生育保险 | | |
| | 失业保险 | | |
| | 工伤保险 | | |
| | 社会救助 | 包括低保、扶贫、救灾基金等 | 地方政府属地化管理；地区之间的国家财政的再分配：通过财政补贴社会救助基金，在各地区转移支付调剂使用 |
| | 社会福利 | 包括儿童、残疾人、老年人、妇女等的教育福利、职工福利等 | 国家和地方各级财政转移支付的再分配 |
| | 社会优抚 | 现役军人及其家属优待、军人就业安置、军人退休生活保障等 | 国家财政的直接投入 |
| 实物形式 | | 向国民直接提供免费或优惠的社会保障实物，如食品券、保障房及救灾物资等 | 地方和国家各级财政转移支付的再分配 |
| 服务形式 | | 政府通过财政直接转移支付或者向相关机构购买服务的形式为国民提供养老服务、医疗服务、照护服务等 | 1.国民间纵向再分配：社会保险费使得国民收入跨时期消费<br>2.国民间横向再分配：同代或不同代人间社保资源的再分配<br>3.地区之间的国家财政的再分配：通过财政补贴社会保障基金，在各地区转移支付调剂使用 |
| 劳动权形式 | | 政府为国民提供就业保障，如通过兴办扶贫龙头企业或福利企业，安置贫困家庭人员、退伍军人、残疾人 | 地方和国家各级财政的直接补贴 |

价值分配的典型形式，并且社会保障其余的投资运营所得也由劳动者来分享。而从社会变迁的视角来看，社会保障的权益累积与分配准则存在"疏松耦合"的转型阶段。市场经济体制实施之前，无论是农村居民社会保障权益还是城市居民社会保障权益均被国家以原始资本积累的方式无形地转移到国家的经济发展之中，但在分配准则方面，尽管社会维度还未脱离政治维度，但还是基于公平的社会分配原则对社会保障资源进行平均分配。

因此，计划经济阶段社会保障的权益累积模式是以共同财富的形式聚集到国有资产或集体资产"池"之中，与之形成"紧密耦合"的分配准则是平均分配的公平性原则。而1984~2002年，计划经济向市场经济转轨，社会保障的权益累积模式依然是以低工资的形式将剩余的劳动价值无形地转移到国有企业、集体企业的改制之中，而分配准则却遵循了市场的效率原则，几乎丢失了公平性。计划经济时代基于公平的国家社会保障再分配模式演变为完全基于效率的市场社会保障资源分配模式，而机关事业单位的选择性逻辑依然延续了计划经济时代的社会保障权益累积模式及与之相匹配的分配准则。

现代企业制度的股份制改革，使得国有和集体资产大量流失，其中很大比重的资产为农村居民由于政策"剪刀差"积累的社会保障资产和城市职工该拥有的剩余价值中的社会保障权益累积资产。因此，这一阶段在基于效率的选择性逻辑下，社会保障权益累积与分配准则产生了"疏松耦合"。2003年以来，社会保障制度进入了繁荣期，无论是从"托底"的社会救助制度的长远发展还是从社会保险助力中等收入群体的持续扩容，抑或是从社会福利的整体性提升来看，社会维度均开始分化，公平的社会保障开始逐步形成。通过个人、单位及国家所形成的社会统筹账户与个人账户构成了中国社会保障制度的核心，尽管实行的是国家、集体及个人三者共担的权益累积模式，但在社会保障分配方面，遵循了公平的收入再分配准则，即社会保障个人缴费与个人的直接获益并不存在严格的激励对应关系，社会保障"资金池"以统筹账户的形式具有在其范围内的不可分割性特征。在公平优先、兼顾效率的选择性逻辑下，社会保障权益累积与分配准则的选择性逻辑开始从体制性冲突的"非耦合"或"疏松耦合"状态演进为"公共耦合"或"紧密耦合"的匹配状态。

### 五 包容性发展理念下社会保障权益累积与分配准则的"紧密耦合"

在建构主义理念下，上文采用排斥理论和假设演绎的方式分析了社会保障权益累积与分配准则的匹配过程。接下来,我们将在公平与效率的权衡理论前提下,用包容性增长的选择性逻辑来实现社会保障权益累积模式与分配准则的"紧密耦合",即在公平的条件下实现效率激励。权益累积与效率的匹配过程集中体现为社会保障制度公平与效率的最优组合,以实现社会保障制度的公平最大化为核心目标,制度本身能够激励效率的发挥。通过这一约束条件,实现权益累积与分配准则的合理匹配。

(一)个体与家庭层面权益累积与分配准则的匹配过程

1.个体或家庭(未参加社会保障)保障模式的终生效用的动态分布

不妨假设某个体在 $i$ 岁的年收入为 $I_i$,个体从第 $T$ 期开始工作,到第 $R$ 期退休。由于考察的是收入再分配问题,所以我们未考量个体工作之前的消费习惯与所拥有的收入及资产存量水平。若该个体不参加任何社会保障项目,则可以得到跨期个体福利的最大化方程及相匹配的约束性条件:

$$\underset{C_i}{\text{Max}} \, E(V_{T_0}) = \sum_{i=1}^{EL-T} \lambda \cdot \sqrt{C_i} \cdot \pi(i)$$

$$\text{s.t.} \quad CS_{i+1} = \begin{cases} CS_i + I_i - C_i, & i \in [T, R] \\ CS_i - C_i, & i \in (R, E] \\ 0, & i \in [0, T) \end{cases}$$

$$CS(T) = 0 \tag{2-29}$$

式(2-29)中,$V_{T_0}$ 表示个体在不参与任何社会保障项目条件下的跨期终生福利效用,$\lambda$ 为折现因子,$\sqrt{C_i}$ 为消费的效用函数,$CS_i$ 代表第 $i$ 期个体的既有收入及资产存量水平。$EL$ 表示个体的预期寿命,按照人口预期寿命、死亡等指标构成的相关统计数据,可以得到最大预期寿命平均为99岁左右。$\pi(i)$ 表示该个体第 $i$ 期的生存概率值。按照祝伟和陈秉正的设置方式[①],$\pi(i)$ 有连续和离散两种形式。按照吴永求和冉光和的研究[②]构建分年龄人口死亡率的概率分布函数的求解模式,可以得到如下的算式:

$$\pi(i) = -e^{[-1.51\ln(i+0.4)+0.114i-4.76]} + 1 \tag{2-30}$$

本章根据2016年全国居民人均可支配收入23821.00元,农村居民人均

---

① 祝伟、陈秉正:《中国城市人口死亡率的预测》,《数理统计与管理》2009年第4期。
② 吴永求、冉光和:《养老保险制度公平与效率的测度及权衡理论》,《数理统计与管理》2014年第5期。

可支配收入12363.00元，城镇居民人均可支配收入33616.00元，假设该个体的工资性收入为45000.00元。按照目前的收入折现率取值，我们将$\lambda$设定为0.92，将退休年龄$R$设定为60岁，然后通过数值计算进行模拟，随机动态规划问题如式（2-29）所示。图2-24报告了在跨期消费的选择性逻辑下，福利的累积过程与分配准则的耦合动态状况，可以看出，由于死亡率指标和折现因子的变动，在理性经济人的假设条件下，个体在其整个生命历程中的消费安排呈现梯度递减状态。

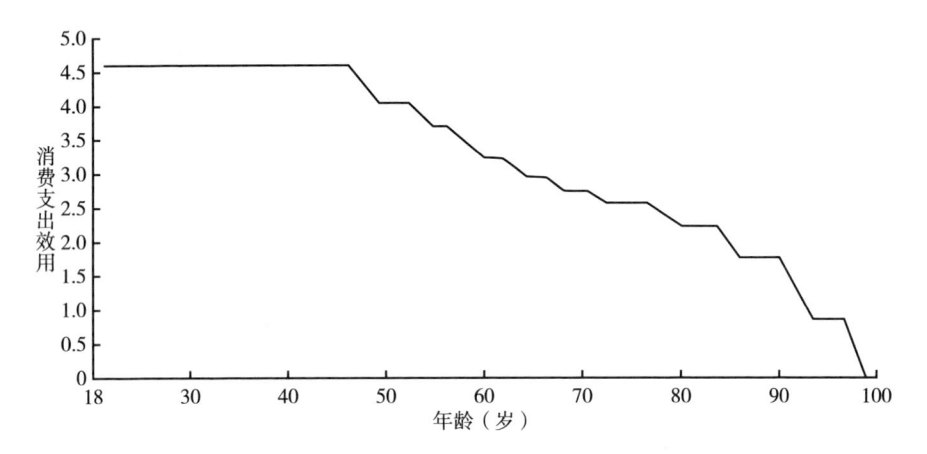

**图2-24　未参保个体社会保障权益与跨期消费的分配路径**

2.个体或家庭在社会保障模式下的终生效用的动态分布

假设该个体年收入仍为$I_i$，但参加了社会保障项目，那么，可以得到含社会保障权益累积的个体福利最大化方程及与之相匹配的约束性条件：

$$\underset{C_i}{\text{Max}}\, E(V_{SS}) = \sum_{i=1}^{EL-T} \lambda \cdot \sqrt{C_i} \cdot \pi(i)$$

$$\text{s.t}\, CS_{i+1} = \begin{cases} CS_i + \mu I_i - C_i, & i \in [T, R] \\ CS_i + PT_i - C_i, & i \in (R, E] \\ 0, & i \in [0, T) \end{cases}$$

$$CS(T) = 0 \tag{2-31}$$

式（2-31）中，$V_{SS}$表示个体参加社会保障项目后的终生福利效用，$PT_i$表示第$i$期个体的社会保障收入水平，其余变量的含义同式（2-29）的解释。$PT_i$的计算如下：

$$PT_i = IC_i \cdot (EL - R)^{-1} + PC \cdot [Q \cdot (EL - R)]^{-1} \qquad (2-32)$$

其中，$IC_i$表示退休时参保个体社会保障个人账户基金积累额，$PC$为社会保障统筹账户总额，$Q$表示总的参保人数。

假设 $I$=45000.00元，$\lambda$=0.92，$T$=18，$R$=60，可以得到社会保障权益累积模式与分配准则的匹配过程，采用与第一部分相类似的数值模拟方法，可以得到如图2-25所示的跨期社会保障最优分配路径。从权益匹配的阶段性来看，从第$T$期到第$R$期为第一阶段，与不参加任何社会保障项目的个体相比，参加了社会保障项目的个体要缴纳更多的社会保障费，分配准则体现为权益向退休群体转移，消费支出会低于未参保群体；但当第$R$期以后进入第Ⅱ阶段的退休阶段，参保个体获得了社会保障权益的兑现收益，社会保障的权益分配准则集中体现为对该个体进行再分配，而两者社会保障权益累积与分配准则的匹配过程是一种"紧密耦合"的过程。从总体收益来看，参加社会保障收益累积过程的职工从消费中获得的效用远远大于未参保个体。因此，社会保障权益累积模式与分配准则的合理匹配在提高国民平均终生消费的同时，还能提高国民的终生效用和增强纵向再分配的公平作用。

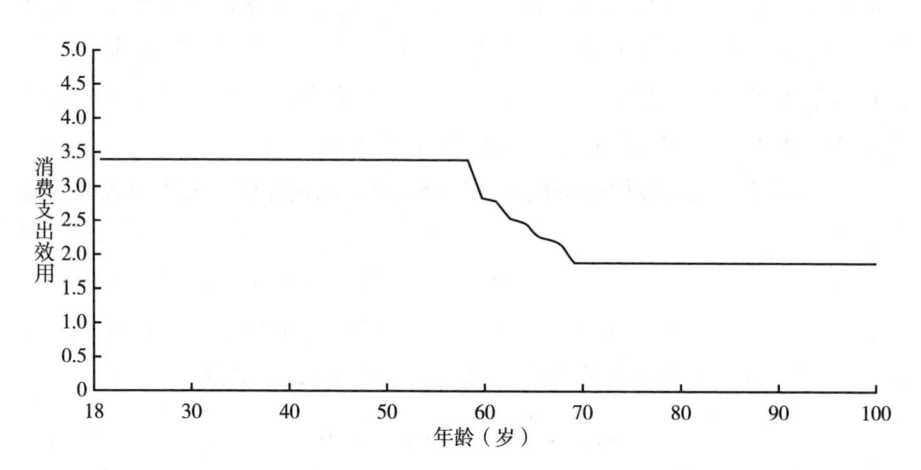

图2-25 参保个体社会保障权益与跨期消费的分配路径

（二）国家与社会层面权益累积与分配准则的匹配过程

从计划经济向市场经济转轨过程中，前一阶段社会保障权益与分配准则基本上实现了"紧密耦合"，但市场经济时代社会保障权益以"显性"的方式体现出来。在计划经济时代,城市个体的社会保障权益累积以国有资产或集体资产的形式"嵌含"于国家的总体财富之中,因此,计划经济体制向市场经济体制转轨,使得原有社会保障权益累积模式与分配准则在新的市场经济体制下产生了"疏松耦合"现象,具体体现为社会保障权益的利益所形成的"隐性债务"在转化为"转制成本"的过程中与国家和社会治理理念下的新的分配准则的不匹配现象。不匹配程度集中体现为隐性债务的大小。在农村,居民的社会保障权益累积外显于土地的权益累积之上,而实际上社会保障权益仍然累积于国有财产和集体财产之上,即由农业"剪刀差"导致的工业品价格高于其价值、农副产品价值低于其价值,导致农产品价值的不等价交换产生差额,这是中国在计划经济时代实行资本原始积累的一种特殊方式。因此,从计划经济时代向市场经济时代转型的过程中,社会保障的权益累积以国有资产或集体资产的形式"嵌含"于国家的总体财富之中。因此,在社会变迁视角下,中国社会保障面临的是在既定的选择性逻辑下社会保障权益累积与分配准则的重新匹配过程。社会保障权益差额所形成的基金缺口成为由国家和社会填补的社会保障基金缺口。从资本积累方式及流向归属来看,国家应承担这种权益累积选择性逻辑所带来的转制成本,一般来说有两条主要路径来实现公平的分配准则:一是变卖国有或集体资产保障社会保障权益;二是集中社会资本以滚动债务的形式在遵循动态一致性的规则下实行多代社会共担。

**(三)基于不同尺度权益累积模式与分配准则的匹配过程公平与效率的均衡测度**

在以上部分,本章考察了社会保障权益累积与分配准则的最优匹配的组合条件是:在公平最大化的基本目标之下,实现社会保障效率的提升。通过式(2-32),我们可以求得公平因子 $JF$ 与效率因子 $EF$ 分别为:

$$JF = [g^{-1} \cdot \sum_{j=1}^{g}(PT_j - \overline{PT})]^{\frac{1}{2}} \cdot (\overline{PT})^{-1} \quad (2-33)$$

$$EF = [g^{-1} \cdot \sum_{j=1}^{g}(TR_j - \overline{TR})]^{\frac{1}{2}} \cdot (\overline{TR})^{-1} \quad (2-34)$$

其中,$TR$ 表示替代率。通过式(2-33),可得到公平因子 $JF$ 的表达式,$JF$ 越小表示制度的公平性越强,反之则反。那么,社会保障公平与效率的最优组合的函数表达式如下:

## 第二章 社会保障权益配置的结构性转型与模式变迁

$$\text{Min}PT = [g^{-1} \cdot \sum_{j=1}^{g}(PT_j - \overline{PT})^2]^{\frac{1}{2}} \cdot (\overline{PT})^{-1}$$

$$\text{s.t. } E[V(I_j)] \leq E[V_z(I_j)], \; j \in (-\infty, +\infty) \qquad (2-35)$$

约束不等式 $E[V(I_j)] \leq E[V_z(I_j)]$ 表示对于个体 $j$，参与社会保障项目所获得的终身效用要高于未参保个体。

我们采用动态规划的数值模拟方法对式（2-35）进行求解，得到相关参数及社会保障权益累积模式与分配准则相匹配的公平、效率最优组合解。结果显示，公平因子系数为 0.247，效率因子系数为 0.383，个人账户记账比例为 0.08。在目前社会保障制度模式下，假设个体的工资水平为 45000 元，缴费率水平为 0.2，缴费区间为 [0.6, 3.0]，效率因子系数为 0.383，公平因子系数为 0.247，本章将进一步进行缴费区间、公平因子系数、效率因子系数及个人账户记账比例的敏感性分析，具体结果如图 2-26 所示。图 2-26 报告了缴费区间的动态变化对于社会保障权益累积模式与分配准则匹配公平与效率影响的组合变动趋势。随着缴费区间上限的动态提高，社会保障制度的效率因子呈现出逐步下降的趋势，而公平因子则呈现逐步提升的趋势。因此，从图 2-26 可以看出，随着缴费区间上限的提高，社会保障的公平共济性降低，这主要是基于缴费率越高，政府公共财政补贴力度越大，则公平性越低。在既定的社会保障权益补贴模式下，如果财政补贴不存在一个补贴阈值，则社会保障的制度不公平性将会上升，而个人账户的增加，则应提高相应的个人账户记账比例，从而提升社会保障制度的效率。

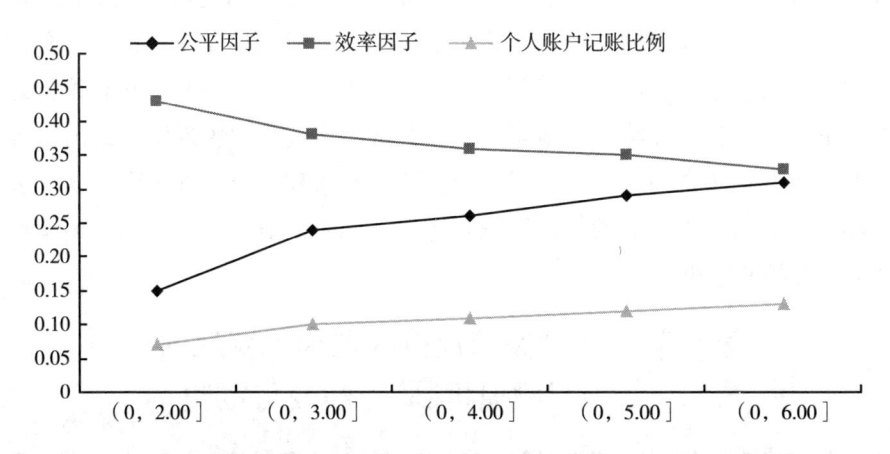

图 2-26 不同选择性逻辑下权益累积与分配准则匹配的公平效率组合变动趋势

本节基本内容总结如下：笔者采用假设演绎的方法测度了社会保障制度离公平的距离，并提出了社会保障公平与效率的权益理论。通过对社会变迁视角下社会保障的权益累积模式和与之相匹配的分配准则的政策梳理，我们采用动态规划的方法来测度社会保障动力系统中最优公平与效率的均衡解，从而能够深入探析在中国现代化转型背景下政治经济制度和社会生活二维元素的合理治理边界。以收入再分配制度为基本维度，我们对公平与效率的关注从国家与社会逐步过渡到制度与生活。在分析中国社会保障权益累积模式、分配准则及选择性逻辑的演变时，本章建立了系统性的理论分析框架，涵盖了OSFSG理论及冲突理论。第Ⅰ阶段，即1949~1978年，适应计划经济体制的城乡社会保障制度与阶段Ⅰ的现实情境相协同，内生性要素能够适应公有制体制，克服彼此之间的冲突，形成与当时经济、社会及政治相协调的平稳动力系统，这种耦合过程具有阶段的有效性及合理性。第Ⅱ阶段，即1979~2002年，社会保障制度面临新的外部情境，经济维度开始"脱嵌"于政治维度，进而形成了市场经济体制。在效率优先、兼顾公平的国家发展理念下，计划经济时代的社会福利权益累积模式及分配准则开始解体，而新的社会保障权益累积模式与分配准则呈现出"泛经济化"的"异化"格局。特别是随着农村集体经济的消失，"嵌含"于集体经济中的农村合作医疗、农村"五保"失去了存在的基础，而城镇大量的下岗、失业职工处于低保障状态，社会保障的权益累积模式与分配准则处于"非耦合"状态，这种"脱嵌"的现象植根于市场经济的效率之上。这一阶段社会维度仍然未与政治经济维度相脱离，而与经济维度相"捆绑"，形成了社会保障的市场效率化。而且，这一阶段，既定的选择性逻辑所形成的社会保障权益累积模式与分配准则的"疏松耦合"状态，源于新旧体制的剧烈冲突。因此，在总体治理框架下，回归社会保障的基本属性，社会治理维度要"脱嵌"于政治维度和经济维度逐步走向公平，使得社会保障权益累积与分配准则在走向"公共耦合"的过程中与新的外部情境相协同，同时又能够做到在制度内生性要素间互补和适应。

## 第五节 社会保障权益配置模式变迁的"倒逼机制"：演变与定型

上节基于国内视角，探讨了社会保障权益的累积模式、分配准则在公平

## 第二章 社会保障权益配置的结构性转型与模式变迁

与效率的选择性逻辑下存在的动态不一致性,梳理了权益累积模式和与之相匹配的分配准则的政策制度,以期能在此背景下测度社会保障动力系统中公平与效率的均衡解。本节则进一步基于焦点性事件拓展了社会保障权益配置模式变迁。主要方法是采用WordSmith语料库检索工具,并以搜索关键词的形式提取了媒体数据库与相关网络中有关民生的社会矛盾事件,之后进行了时空的比照,将无结构的原始性文本转化为可识别的处理信息,揭示了社会保障权益配置模式变迁的"倒逼机制"的运行逻辑。结果显示,中国的社会保障权益配置模式已经呈现出较为显著的回应性特征。由此,在社会保障权益调整的实践中,应进一步正视社会保障权益配置模式变迁的"倒逼机制"推进效应,积极回应在社会保障权益配置优化过程中的演进性社会矛盾事件,合理规避社会保障权益配置中的固化性矛盾事件。

美国政治学家亨廷顿(Samuel P. Huntington)在《变化社会中的政治秩序》中认为,"现代性孕育着稳定,而现代化过程却滋生着动乱"。在经济社会变迁过程中,他认为,"一个高度传统化的社会和一个已经实现了现代化的社会,其社会运行是稳定而有序的;而一个处在社会急剧变动、社会体制转轨的现代化之中的社会,往往充满着冲突和动乱"。[1]习近平指出:"要学习掌握事物矛盾运动的基本原理,不断强化问题意识,积极面对和化解前进中遇到的矛盾。"[2]基于此,从辩证唯物主义的世界观和方法论出发,我们应反思这些动荡、冲突与矛盾反过来又是如何作用于经济、社会及政治的变迁问题。本节将研究视角聚焦于整个中国社会保障及服务权益配置模式的变迁过程中动荡、冲突与矛盾的"倒逼机制"。通常来说,"倒逼机制"是指内部或者外部压力对决策过程产生的影响机制。从内部"科层制"视角来看,体制内的自下而上的反威权性压力,即"上有政策、下有对策"的反管治的对策性改革举措[3]形成了体制内的"倒逼机制",实现了政府内部的民主演

---

[1] Samuel P. Huntington, "The Change to Change: Modernization, Development, and Politics," *Comparative Politics*, 1971, Vol.3, No.3, pp.283-322.

[2] 习近平:《坚持运用辩证唯物主义世界观方法论 提高解决我国改革发展基本问题本领》,《人民日报》2015年1月25日,第1版。

[3] J. Brumby, B. Galligan, "The Federalism Debate," *Australian Journal of Public Administration*, 2015, Vol.74, No.1, pp.82-92;Йорг Баберовски, А. Каплуновского, "Доверие Через Присутствие, Домодерные Практики Власти в Поздней Российской Империи," *Ab Imperio*, 2008, No.3, pp.71-95.

进；从外部"社会民主制"视角来看，社会主体为应对体制或机制所造成的社会性矛盾、冲突或动荡而采用反作用机制，并由焦点性事件在"价值累加理论"的导引下，通过社会舆论、新媒体、官方媒体等自下而上的渠道不断升级，并传导到上层，进而影响政策的顶层设计，为利益格局的进一步演进提供重要的"倒逼机制"。

传统社会中，社会保障政策的制定是封闭的、自上而下的单一制决策过程，遵循的是少数人决策的"集中制"逻辑。① 在社会维度尚未从经济维度和政治维度中"脱嵌"时，尽管社会保障及服务政策制定过程中遵循的是"民主集中制"逻辑，但社会保障及服务政策的制定最终表现为社会各主体的"表面性"参与和"被动式"参与。因此，社会保障权益配置模式最终呈现"泛经济化"和"泛政治化"的倾向。② 从历史变迁的视角来看，第一个30年，即新中国成立到1978年，这时中国的社会保障及服务的权益配置呈现政治维度吸纳经济维度和社会维度的"单一制"决策模式和相应的"政治化"利益分配格局，社会保障权益配置呈现出的矛盾"隐匿"于政治单一维度之中，而未"显性化"；第二个30年，即1979~2008年，这是中国社会主义市场经济迅速崛起的30年，社会保障及服务的权益配置则呈现政治维度和经济维度同时吸纳社会维度的"单一制"决策模式和相应的"政治化+经济化"利益分配格局，这时市场元素的"效率性"原则下以"丛林法则"的推进路径，使得社会保障权益配置呈现高度的"泛经济化"倾向，最终使得矛盾"显性化"；未来的30年将是社会维度逐步"脱嵌"经济维度和政治维度的社会转型过程。这时，社会矛盾将完全显性化。社会保障权益决策过程将更加多元化，社会保障各主体参与权益决策的方式将更加主动，由此，社会保障改革所累积的社会矛盾、动荡和冲突而形成的"倒逼机制"将会进一步发挥效力。③

从社会保障政策纵向变动的谱系来看，社会保障权益配置模式始终处于

---

① 郭圣莉、李旭、王晓晖：《"倒逼"式改革：基于多案例的大数据分析》，《中国行政管理》2016年第9期；H. Mylonas, "Democratic Politics in Times of Austerity: The Limits of Forced Reform in Greece," *Perspectives on Politics*, 2014, Vol.12, No.2, pp.435-443。
② 王增文：《中国社会保障治理结构变化、理念转型及理论概化——范式嵌入与法治保障》，《政治学研究》2015年第5期。
③ 王增文：《中国社会保障治理结构变化、理念转型及理论概化——范式嵌入与法治保障》，《政治学研究》2015年第5期；张海波、童星：《中国应急管理结构变化及其理论概化》，《中国社会科学》2015年第3期。

动态变化之中,且在时间的长轴与空间的短轴上存在演进与固化并存的格局;从结构性视角来看,社会保障权益配置模式则表现为自上而下的单一制决策过程,同时表现为焦点性社会矛盾事件隐性化的"倒逼式"改革社会化过程。这时,社会矛盾所形成的社会保障权益配置模式变迁的"倒逼机制"成为社会保障制度走向定型的积极推动力量。那么,我们的问题就是:哪些焦点性事件所形成的社会矛盾能够推动新的社会保障权益配置模式的演进?哪些又会进一步固化既有的社会保障权益配置模式?在中国的社会保障权益配置模式的变迁中,来自内部"科层制"的"倒逼机制"与来自外部"社会民主制"的"倒逼"的动力机制是构成中国社会保障及服务权益配置模式的常规性机制,还是偶然性推进机制呢?本节接下来的部分将会回答上述问题。

一 "倒逼机制"对社会保障权益配置模式变迁的影响效应

马克思曾明确指出:"人们奋斗所争取的一切,都同他们的利益有关。"① 经济社会发展所产生的各群体间的"价值性期待"与由"价值性能力"形成的异质性收入阶层状态而衍生出的"分层"与"固化"格局,形成了期望与现实之间的"压力差"。从历史变迁的视角来看,这种"压力差"存在于各种社会形态之中,只是程度不同而已。从这个意义上来说,它构成了经济社会中形态各异的矛盾社会存在、发展、升级及解构的原生性样态逻辑。在中国的政治、经济及社会逻辑的变动连续"谱系"中,经济维度和社会维度先后"脱嵌"于政治维度,这也是中国现代化转型的必由之路。那么,在这个变迁过程中,"演进"中浸润着"固化",外显形式表现为社会治理中的"泛经济化"和"泛政治化"的异化样态。美国政治学家戴维·伊斯顿(David Easton)在《政治生活的系统分析》中用政治系统理论来解释,"政治生活自身包含着各式各样的因素及子系统,它们之间相互影响、冲突形成了政治系统,并与其他系统形成社会大系统,政治系统要保持稳定需要与其他系统和各因素实现良性互动"。特别是在公共产品及公共服务的民生领域,由不同焦点性事件所形成社会矛盾的生成逻辑及现代化特征使得情境更加复杂和多变,产生的"倒逼机制"对社会保障权益配置模式变迁的影响将更加深远。

从社会保障权益配置模式"演进"和"固化"两个视角来看,由不同焦

---

① 《马克思恩格斯全集》(第1卷),人民出版社,1956,第82页。

点性事件形成的社会矛盾是一把"双刃剑"。一方面，社会矛盾以群体性事件显现出来，通过"民间维权运动"的非理性权益诉求模式而产生社会混乱状态，同时还会使得在面临同样民生问题时，再次陷入一种非理性的逻辑与惯性路径，导致重返体制内理性维权路径更加艰难，如面临新的民生问题时，民粹主义抬头，通过群体性事件的煽动，形成"大闹大解决、小闹小解决、不闹不解决"的逆向示范效应和逆向激励机制。另一方面，"倒逼机制"对社会保障权益配置模式演进又会产生正向的积极影响效应。这种社会正功能集中表现为：与民生息息相关的社会矛盾是反映民生的显性指标与优化社会保障政策的现实窗口，为社会保障权益配置模式的进一步演进提供了重要的"窗口期"。通常来说，在现代化转型的关键期，这种"倒逼"的驱动机制效应会更具显著性。①

在不同群体性焦点事件所形成的社会矛盾消极层面，社会保障权益配置中的社会冲突和矛盾无法得到释放、规避与化解时，外源性压力会越来越大，其消极的力量会不断得到强化和升级，以社会负能量的形式不断积压，最终会"井喷式"的集中爆发，对社会稳定产生破坏性的影响，同时也会对社会保障机制的健康运行与制度的定型进程产生抑制效应。其负向影响效应可从如下尺度来衡量：剧烈的冲突性社会矛盾会侵蚀社会保障及服务绩效，"固化"社会保障权益配置模式。在政治和社会的亚健康情境下，社会矛盾不能得到及时、有效化解，因而会不断积累，并通过传统媒体、自媒体和公众等不同渠道的不断发酵聚合成多触点、关联性和整体化的对抗性风险，如2009年吉林的"通钢事件"、2009年的张海超"开胸验肺"事件、2011年的"郭美美事件"等。②这些都是社会保障权益配置过程中的不合理因素导致的社会矛盾侵蚀社会保障及服务绩效的案例。隐性的社会矛盾通过显性的焦点性事件凸显出来。剧烈的冲突性事件会使得冲突性的不良后果被置于"聚光灯"之下，而社会保障及服务等民生问题冲突的原委被搁置，社会保障权益配置模式演进的外源性压力未转化为内源性压力，进而使得社会保障权益配置模式进一步"固化"。社会保障及服务体系的发展处于"固化"的"亚发展"状态。在这个过程中，政府常常

---

① 吴忠民：《社会矛盾倒逼改革发展的机制分析》，《中国社会科学》2015年第5期。
② 王增文：《中国社会保障治理结构变化、理念转型及理论概化——范式嵌入与法治保障》，《政治学研究》2015年第5期。

## 第二章 社会保障权益配置的结构性转型与模式变迁

以"维稳"为中心目标,这种由民生的非正常渠道的诉求所引发的社会动荡和社会冲突,极易导致人们的起始目标或诉求被看作"病理"现象或"越轨"行为,甚至被看作一种需要治疗的疾病,欧美社会学界将这种社会冲突的主体用"发疯的群众"来描述。①

实际上,从由民生问题引起的社会矛盾变化的连续谱系来看,社会矛盾对社会造成的重大负面影响有一个阈值域,在达到这个阈值域之前,会存在一个正面或中性的影响域。如果能够充分认识和正确对待这一阈值域,就能够合理规避社会矛盾和社会冲突的负面破坏性效应。因为在社会矛盾的正面或中性的影响域中,其对社会保障及服务具有显著的正向建构性效能。

从人类社会演变的规律来看,社会冲突产生的根源在于利益之争,而民生性社会冲突可以用社会风险理论来解释,那么,社会风险自然就不会以全部的负面效应来呈现,社会风险推动社会演变是以"演进+固化"螺旋上升的路径展开的。Giddens认为,社会风险是一把"双刃剑",其两面性集中体现为现代工业社会中的积极与消极两个层面,两者共同推动社会的变迁。②在现代化进程中,马克思理论中的社会矛盾论更加全面深刻地诠释了社会矛盾存在的积极作用,社会生产的进步大多建立在累积性劳动与直接性劳动的对抗之上,而社会矛盾的对抗直接推动了社会的进步,这是普遍的规律。以社会保障及服务进步为尺度,如果我们能够把具有外生性的社会矛盾及社会冲突"嵌入"常态化的经济社会发展视野中,将其纳入内生性治理过程之中,我们就可以实现社会保障及服务理论、工具及实践的协同演进。

如果在这个正面或中性的影响域内,对社会保障制度及服务的配置模式进行变革,即通过社会矛盾倒逼社会保障制度及服务配置模式的改革发展,实现社会政策变革的"软着陆",从而推动社会的平稳发展。而当社会矛盾

---

① Lewis Coser, *The Positive Aspects of Social Conflict* (New York: Jeffrey Norton, 1968), pp. 10-11; Sidney Tarrow, *Democracy and Disorder* (Oxford: Oxford University Press, 1989), pp. 6-9; M. C. T. Challier, "Multidimensional Polarization, Social Classes, and Societal Conflict: Evidence from Medieval Towns," *Review of European Studies*, 2016, Vol.8, No.1, pp.53.

② Anthony Giddens, "Central Problems in Social Theory: Action, Structure, and Contradiction in Social Analysis," *American Journal of Sociology*, 1979, Vol.74, No.6, pp.188-189.

继续升级，超过正面和中性的影响域后，社会开始以"激烈对抗"的"革命进步"形式对现有的社会机构进行摧毁，建立新的机构，使得社会重构。这两种变革性路径的选择取决于一个国家或区域的现实性条件及历时性条件。从既有研究来看，学界将聚焦点投射到社会重构革命性进步的研究较为丰富，而对于社会变革中的"温和"与"渐进"等改良的建构模式的探究较少。而社会保障制度及服务的演进却属于与经济、社会及政治相联动的逐步优化的"连续统"。中国社会保障及服务政策的渐进性改革实践历程呈现出鲜明的历时性和现实性特征，即从改革开放初期社会保障及服务企事业负责的权益配置"苏联模式"中的"企业退出"机制逐步向个人、企业及政府的三方合理分担机制的转变。在社会保障及服务的权益配置过程中，如何较为准确地把握现实条件下对整个社会保障制度的顶层设计产生全局性影响的社会矛盾，成为社会保障及服务权益配置的核心要义。社会保障及服务的权益配置模式的改革就意味着社会各阶层之间"损益并存"。那么，社会保障及服务权益配置模式的"增益型"单维改革模式并不能使得社会保障及服务权益配置的整体性优化，进而最终走向定型。因此，在社会保障权益配置中，各子体系间的联动性、系统性及可持续性的动力系统的动态优化过程就显得必要而且必需。

纵观国内外不同制度国家或地区的社会发展历时性路径，我们可以清楚地发现，民生领域的社会矛盾和社会冲突会倒逼社会保障制度及服务创新性发展的案例比比皆是，这些事件都具有显著的典型意义。通常来说，在现代化转型的初期阶段，资本的盈利逻辑使得社会的整体性逐渐被嵌入"达尔文主义"的元素，那么，这时社会保障及服务的权益配置模式表现为国民基本生存权层面的诉求。随着现代化转型进程进入中后期，公共产品及公共服务等公共利益过度向社会的强势群体聚集，国民开始聚焦于社会公正，并以生存权和发展权为基本尺度来追逐社会保障及服务层面的权益，这时，社会维度逐步"脱嵌"于经济维度，社会保障及服务的权益配置模式更多体现为生存权到发展权的承接与升级。因此，社会矛盾与社会冲突倒逼社会保障及服务权益配置模式变迁的现实形式及历史条件，还需要从历时性变迁的视角切入，才能真正客观全面地做出理论性的归纳。

然而，基于现代化转型的历史路径，社会保障焦点事件在其中起到了关键性的"引擎"作用。与社会保障相关的焦点事件在"价值累加理论"的导引下,通过社会舆论、新媒体、官方媒体等自下而上的渠道不断得到升级,为利益格局的进一步演进与固化形成重要的契机。然而,哪些焦点性事件所形成的社会矛盾能够推动新的社会保障权益配置模式的演进呢?哪些又会进一步固化既有的社会保障权益配置模式呢?并且这些焦点事件在何种情境下会改变社会保障及服务政策呢?能否用假设演绎法从个案的特殊性中提炼出普遍的一般性呢?

## 二 社会保障及服务政策创新、扩散路径的大数据验证

要回答上述问题,需要厘清社会保障权益配置模式变迁必要性的理论前提与现实条件。基于此,我们选取了一种可验证的策略,抽取了几类事实与"反事实"的关键性事件,并采用WordSmith语料库检索工具,以搜索关键词的形式提取了媒体数据库与相关网络中有关民生的社会矛盾事件,之后进行时空的比照,将无结构的原始性文本转化为可识别的处理信息,并揭示社会保障权益配置模式变迁的"倒逼机制"的运行逻辑。

### (一) ETA分析与研究假说

本章将采用事件树分析框架(Event Tree Analysis, ETA)来揭示社会保障权益配置模式变迁的"倒逼机制"的运行逻辑。我们按照下列研究步骤展开。第一步,在焦点事件产生后,可以用ETA方法来分析其渠道传播路径。偶然的焦点性个案事件可以通过不同的媒介渠道"自下而上"地传播,最终会演变为一般的集体性舆论或事件。从"自下而上"传播的媒介类型来看,分为体制外媒介——网络媒介、市场化媒介和体制内媒介。在体制外媒介中,网络媒介具有个性化、网络效应、互动性和时效性4个突出特点,更多体现为民间社会意见的自由表达[①];市场化媒介所表达的社会意见具有一定的约束性和规范性。而体制内媒介更多体现为官方意见的表达。第二步,选择典型社会保障及服务政策案例,以关键词为主要筛选原则,按照关键词在

---

① Sun Kyong Lee, Nathan J. Lindsey, Kyun Soo Kim, "The Effects of News Consumption Via Social Media and News Information Overload on Perceptions of Journalistic Norms and Practices," *Computers in Human Behavior*, 2017, Vol. 75, No. 5, pp. 254-263; Monika Bednarek, "Voices and Values in the News: News Media Talk, News Values and Attribution," *Discourse, Context & Media*, 2016, Vol.11, No.2, pp.27-37.

不同媒介中出现的时间序次,判别某项社会保障及服务政策的最终出台是否存在"倒逼机制"的助推作用。社会保障权益配置模式变迁的"倒逼机制"运行逻辑如下。

在社会维度逐步从政治维度和经济维度"脱嵌"后,无论是"阵痛式"社会保障及服务政策的创新与扩散,还是旧的社会保障及服务政策的变革与优化均呈现"透明化"的雷同趋势。从与社会保障及服务相关的群体性事件的产生、发酵等过程来看,它们均有着大致相同的路径。[1]在信息化社会,有关民生问题的个案、局部事件或社会舆论首先会在体制外媒介——网络媒介上形成,并以微信、微博、QQ等传播工具进行扩散、强化。这时,体制外的另外一个重要媒介——市场化媒介的互动,使事态得到进一步升级。按照自下而上的传播路径,体制内媒介开始聚焦此事。最后在国家各级相关权力部门被置于公共舆论"问责"的情境下,权力部门会将经过不同媒介传播、强化和升级的利益诉求核心要素"嵌入"社会保障及服务权益配置变革的政策议程中,最终促成新的社会保障及服务政策的出台。[2]因此,社会保障在演进、固化与定型的进程中,权益配置模式变迁的"倒逼机制"传导路径为:与社会保障及服务相关的事件产生后,通过体制外各层级媒介和体制内各类媒介的传播形成"倒逼机制",最终形成新的社会保障及服务权益配置模式。基于"倒逼机制"的形成路径,本章提出如下的假说。

**假说 I**:在权益配置模式的演变中,社会保障及服务政策具有回应性特征,即"倒逼机制"集中表现为社会矛盾自下而上、由表及里的"治理式"传导机制,并作用于社会保障及服务政策的制定过程。

---

[1] Behrooz Kamali, Douglas Bish, Roger Glick, "Optimal Service Order for Mass-casualty Incident Response," *European Journal of Operational Research*, 2017, Vol.261, No.1, pp.355-367;郭圣莉、李旭、王晓晖:《"倒逼"式改革:基于多案例的大数据分析》,《中国行政管理》2016年第9期;冯仕政:《社会冲突、国家治理与"群体性事件"概念的演生》,《社会学研究》2015年第5期;代玉启:《群体性事件演化机理分析》,《政治学研究》2012年第6期。

[2] 刘德海、王维国:《维权型群体性突发事件社会网络结构与策略的协同演化机制》,《中国管理科学》2012年第3期。

基于大数据多案例来检验这一假说，我们需要先验证两个重要的推论。

**推论1**：社会矛盾与冲突的形成表现为自下而上、由表及里的"倒逼式"传导机制。

权益配置模式演变的"倒逼机制"集中表现为社会矛盾自下而上、由表及里的"治理式"传导机制，并作用于社会保障及服务政策的制定过程。当某项社会保障及服务政策"倒逼"改革，或一项社会保障及服务政策"倒逼"出台前，其基本规律是与社会保障及服务的议题相关性及显著性事件首先发端于体制外的网络媒介中，之后不断发酵和升级进入体制外另一媒介——市场化媒介，市场化媒介不断地传播与评论，最后会得到体制内媒介的关注与进一步的传播，最终相关的社会保障权力机关产生回应性。

**推论2**：从公共政策的"星系结构"来看，相比其他公共政策的权益配置模式，国民对"生存型"社会保障及服务的权益配置模式的"聚焦效应"（Highlights Effect）更显著，参与度与关注度也更高。

如果要测度"倒逼机制"的强弱，我们需要剖析公共政策层次中，社会保障及服务政策所处的层级并进行检验。社会保障及服务政策可横向划分为"生存型"社会保障及服务政策、"发展型"社会保障及服务政策、"慈善型"社会保障及服务政策。从目前中国所处的现代化转型阶段来看，国民关注度最高的是"生存型"社会保障及服务政策。党的十八大以来，国家高度重视社会建设，因此，社会政策特别是"生存型"社会保障及服务政策的自下而上、由表及里的治理渠道日益畅通。而"发展型"社会保障及服务政策为国民关注的第二个层次，"慈善型"社会保障及服务政策则为第三个层次。按照层级的高低，可以得到假说Ⅱ和假说Ⅲ。

**假说Ⅱ**：无论是从议题的显著性还是相关性视角来看，"生存型"社会保障及服务层次的权益配置模式变迁的"倒逼式"传导机制比其他层次的公共政策权益配置模式变迁的"倒逼式"传导机制更具显著性。

**假说Ⅲ**：在社会政策权益配置模式的演变中，"生存型"社会保障及服务政策"倒逼机制"的回应性远强于"发展型"社会保障及服务政策和"慈善型"社会保障及服务政策。

（二）大数据案例筛选及分析

为了采用大数据来验证上述假说和推论，本节选取了公共治理议题显著性高、国民热议程度强烈、体制内外媒介传播速度快及政府非本意开放而最终倒逼机制形成的实质性变革的三层级典型大数据筛选案例："生存型"社会保障及服务政策改革、"发展型"社会保障及服务政策改革，以及"慈善型"社会保障及服务政策改革。

案例选定之后，本节采用WordSmith语料库检索工具，并以搜索关键词的形式提取了媒体数据库与相关网络中有关案例的官方文件及官方消息内容，之后进行了时空的比照，将无结构的原始性文本转化为可识别的处理信息，揭示社会保障权益配置模式变迁的"倒逼机制"的运行逻辑。我们针对案例所暗含的社会矛盾的传播及升级顺序，并结合所收集的官方文件及官方消息涉及的关键词按时间分布的顺序逐一列出，以此来检验社会保障权益配置模式变迁的"倒逼机制"的传播路径是演进还是固化，抑或是定型，同时检验不同层级的社会保障及服务政策"倒逼机制"的强弱。为了使研究结果更具稳健性，我们还采用了"反事实"案例——中国农民工社会保险异地转移接续案例和流动人口异地就医就地结算，从"倒逼机制"的运行过程来阐释其改革无效性的致因。

（三）检索工具和大数据样本选取

在大数据样本选取方面，我们采用了WordSmith语料库检索工具重点检索了百度搜索引擎数据库和中国重要报纸全文数据库。大数据样本中涵盖了《人民日报》、人民网、《中国日报》、《光明日报》、新华社等32家中央及省部级官方媒介，以及《新华日报》《湖北日报》《哈尔滨日报》等28家各省份地方官方媒介及市场化媒介。市场化媒介主要选取了全国及地方广告代理较多的平面媒介，如《21世纪经济报道》《经济观察报》《南方周末报》等，这些平面媒介不仅具有代表性还兼具可比性。社会矛盾程度通过大数据来分析，通过 WordSmith 语料库检索工具，并以搜索关键词的形式提取了媒体数据库与相关网络中有关案例的官方文件及官方消息内容，将其加权关注度作为社会矛盾状况的参考。

### 三　代表性社会事件与社会保障及服务政策改革

在假说验证部分，我们选取了几个具有代表性的案例进行比较验证，案例的时间区间为 2003 年 3 月至 2014 年 7 月。

#### （一）"生存型"社会保障及服务政策改革

"生存型"社会保障及服务政策改革一直是社会保障的"聚焦点"，具有议题的显著性特征，聚焦的核心就是社会最贫困阶层的生存与发展问题，且在很大程度上会得到政策顶层设计上的回应。1978 年以来，中国的反贫困战略经历了由农村家庭土地承包责任制的内生性体制改革（1978~1985 年）到开发式扶贫政策的"异军突起"（1986~1993 年），再到开发式扶贫和社会救助政策"双轮驱动"的组合配套模式的嬗变（1994~2000 年）。[①]21 世纪以来，从自媒体、市场媒体及官方媒体的关注及传播路径来看，贫困引起的社会矛盾及社会冲突性事件也遵循了网络媒介、市场化媒介和体制内媒介的传播路径，以生存底线为基本导火索，并且事件会在体制内和体制外媒介上引发对社会底层生存与发展的极大关注。以广东"3·17"孙志刚事件为例，该事件发生以后，市场化媒介迅速聚焦、讨论并传播。2003 年 3 月 20 日，孙志刚事件通过互联网及报刊等各媒体报道，民众呼吁严惩凶手。2003 年 4 月 25 日，《南方都市报》发表《被收容者孙志刚之死》；6 月 20 日，国务院颁布了《城市生活无着的流浪乞讨人员救助管理办法》，自 2003 年 8 月 1 日起施行，1982 年的《城市流浪乞讨人员收容遣送办法》同时废止。

为研究"生存型"社会保障及服务政策改革中社会救助与反贫困的政策问题，我们以《城市生活无着的流浪乞讨人员救助管理办法》为例，确定分析的关键词为"孙志刚事件"，分析的目标区间为 2003 年 3 月 20 日到 2005 年

---

① 王增文：《中国社会保障治理结构变化、理念转型及理论概化——范式嵌入与法治保障》，《政治学研究》2015 年第 5 期。

3月20日。

如图2-27所示，从"3·17"孙志刚事件的发生到矛盾升级再到"倒逼机制"形成——《城市生活无着的流浪乞讨人员救助管理办法》正式出台及聚焦时间分布谱系来看，媒介的初次聚焦时间为2003年3月20日，随着该事件的不断升级，逐步形成了网络上的群体性事件，高峰及高频次时段为2003年5月21日到2003年6月20日，平均聚焦指数为693[①]，而媒介指数和搜索指数也最高。

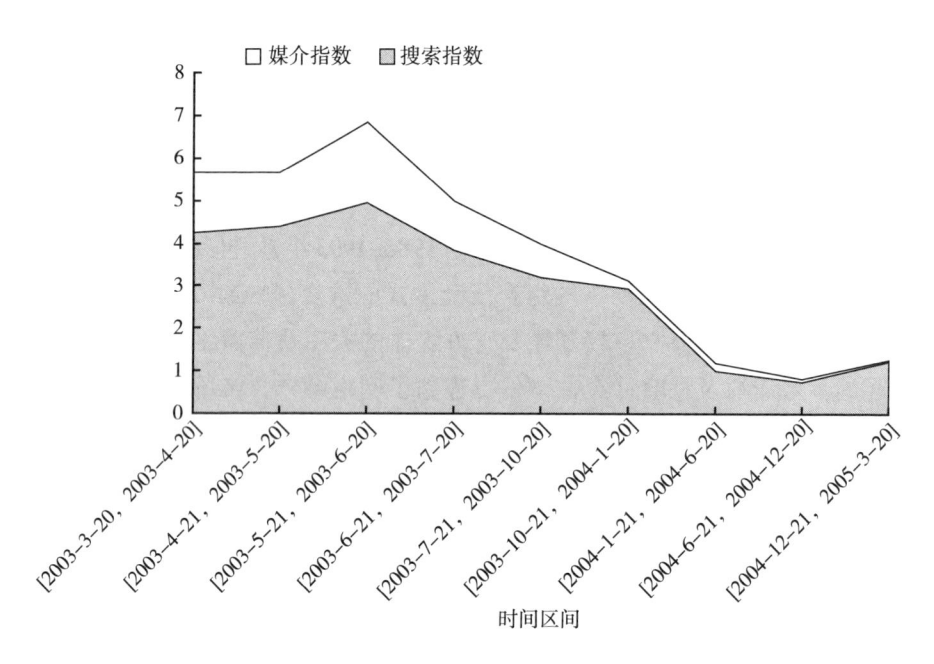

**图2-27** "3·17"孙志刚事件矛盾升级的媒介指数与搜索指数的"倒逼机制"形成过程
资料来源：由百度指数网站直接获得。

如图2-28所示，从异质性媒介对孙志刚事件聚焦时间的分布谱系来看，无论是该事件所产生社会矛盾的初次聚焦时间还是聚焦的高峰时段，网络媒介均是最早给予关注的；其次是谱系的第二波段，即市场化媒介，其初次聚焦时间及聚焦的高峰时段均滞后于网络媒介，但相差不到3周；

---

① 由百度指数网站直接获得，表示2003年5月21日到2003年6月20日时间区间内日均搜索指数值。

# 第二章 社会保障权益配置的结构性转型与模式变迁

初次聚焦时间和聚焦的高峰时段最晚出现的是体制内媒介，其出现时间比网络媒介滞后2个多月，而比市场化媒介也晚1个多月。由此，我们可以看出，对"生存型"社会救助与反贫困政策关键词的关注与讨论在体制内媒介与体制外媒介——网络媒介和市场化媒介存在显著的时间优先次序。

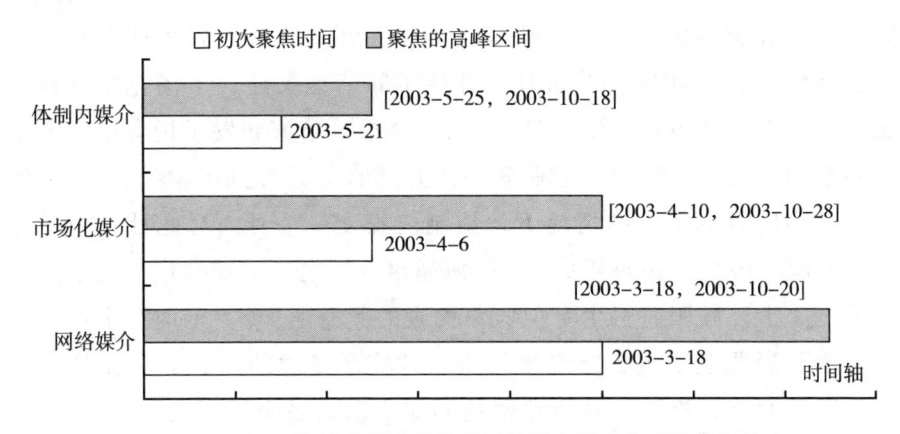

**图2-28 "3·17"孙志刚事件的异质性媒介的聚焦时间分布谱系**

注：白色长方形的长度表示初次聚焦时间的早晚，长度越长，代表初次聚焦时间越早；灰色长方形长度越长，代表聚焦的高峰区间越长。下同。

资料来源：本节根据两年的目标区间内以中国知网的重要报纸全文数据库的体制内报纸媒体及体制外市场媒体中的"孙志刚事件"为关键词搜索出的报道数量的历时性分布频次得出数据。

## （二）"发展型"社会保障及服务政策改革

"发展型"社会保障及服务政策改革在中国社会保障及服务政策改革过程中是最为关键最为核心也最为艰难的改革，直接关系到社会保障及服务定型的成败。本节选取了社会保障及服务政策改革中张海超"开胸验肺"事件的社会矛盾"倒逼机制"对社会保障权益配置模式变迁的影响作为检验案例。温饱问题解决后，社会保障的社会救助及服务的"兜底"功能就会趋于稳定，而社会保障及服务发展问题将成为权益配置的核心问题。由于涉及社会保障权益的重新配置，所以，"发展型"社会保障及服务政策改革一直难以推进。随着共享经济的发展及包容性增长理念的提出，各大社会媒体开始逐步聚焦"发展型"社会保障及服务政策的改革。2016年两会期间，社会保障权益配置模式话题以507209票成为最热议的话题。社会保障权益配置模式的改革已经成为不可回避的热点问题之一。当然，各级政府也对这一问题在不同程度上给予了回应。从观察来看，张海超"开胸验肺"事件本是一件以极端方式呈现的个体维权事件，但透射出的是中国社会保险制度及服务权益配置失效与无效状态。张海超在维权无效的无助情况下，采取了"开胸验肺"这一极端缺乏人文关怀的维权方式来获取自身的社会保障权益。随后，网络媒介开始不间断地关注，市场化媒介也开始持续讨论。2009年7月10日，《东方今报》独家刊发了记者申子仲采写的新闻《工人为证明患职业病坚持开胸验肺》。之后，在该问题引发社会各界的普遍关注的情境下，体制内媒介一个月内对此社会矛盾进行了回应。最终，2009年9月"张海超事件"之后，郑州市人民政府下发了《关于开展职业卫生专项监督检查的紧急通知》，迅速在全市范围内全面开展职业卫生监督专项检查，并完成了对粉尘、有毒化学品等行业职工的健康检查。从持续性的回应变动谱系来看，2011年12月31日第十一届全国人民代表大会常务委员会第二十四次会议通过了《关于修改〈中华人民共和国职业病防治法〉的决定》。针对公众普遍关注的劳动者求诊无门而被迫"开胸验肺"等情况，新法明确规定，"劳动者可以在用人单位所在地、本人户籍所在地或者经常居住地依法承担职业病诊断的医疗卫生机构进行职业病诊断""承担职业病诊断的医疗卫生机构不得拒绝劳动者进行职业病诊断的要求"。2016年7月2日，第十二届全国人民代表大会常务委员会第二十一次会议对《中华人民共和国职业病防治法》做出修正。

探寻本项社会保障及服务政策"倒逼机制"产生的实际变迁效应所检索的关键词为"开胸验肺"，分析的目标区间为2009年6月20日到2011年6月20日。

如图2-29所示，从"开胸验肺"事件的发生到矛盾升级再到"倒逼机制"形成——新的《中华人民共和国职业病防治法》正式形成及聚焦时间分布谱系来看，媒介的初次聚焦时间为2009年6月20日，随着该事件的不断升级，逐步形成了网络上的群体性事件，甚至有民粹主义的激烈传播与评论，高峰及高频次时段为2009年10月21日到2009年11月20

日,平均聚焦指数为975①,而媒介指数和搜索指数也在该时间段内达到最高。

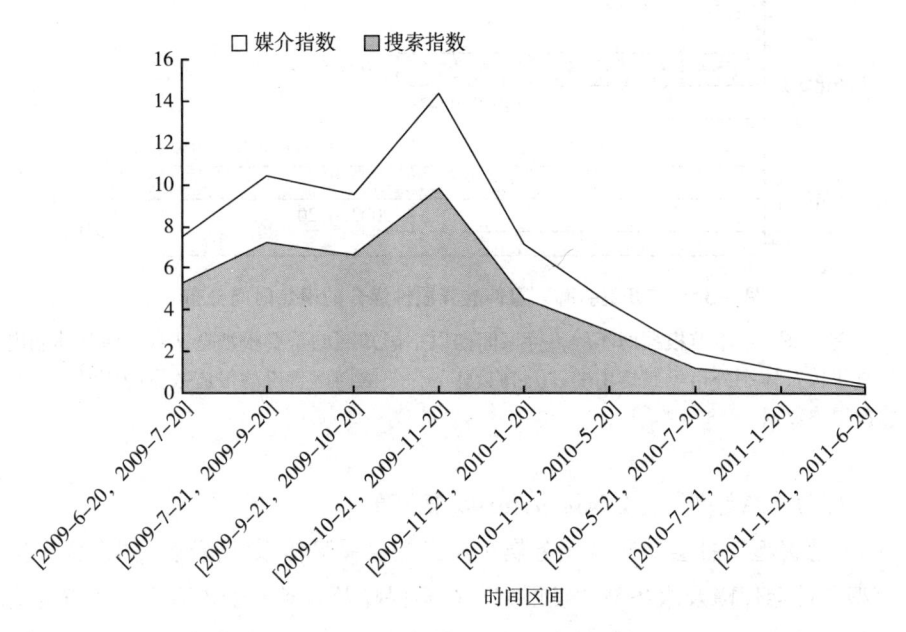

**图 2-29** "开胸验肺"事件矛盾升级的媒介指数与搜索指数的"倒逼机制"形成过程
资料来源:由百度指数网站直接获得。

本节将体制外媒介——网络媒介与市场化媒介和体制内媒介对张海超"开胸验肺"事件的聚焦讨论时间次序信息纳入分析中,进行即时性与历时性的比较研究。如图2-30所示,从"开胸验肺"事件的发生到矛盾升级再到"倒逼机制"形成——新的《中华人民共和国职业病防治法》改革案例的两组聚焦点和区间数据的对比性分布来看,无论是该事件所产生的社会矛盾的初次聚焦时间还是聚焦的高峰时段,网络媒介均是最早给予关注的,这与假说 I 相吻合。因此,由该案例我们可以看出,对"发展型"社会保障及服务权益模式的关注与讨论在体制内媒介与体制外媒介——网络媒介和市场化媒介存在显著的时间优先次序,即体制外媒介对于"发展型"社会保障及服务政策改革的关注度远高于体制内媒介。

---

① 由百度指数网站直接获得,表示2009年10月21日到2009年11月20日时间区间内日均搜索指数值。

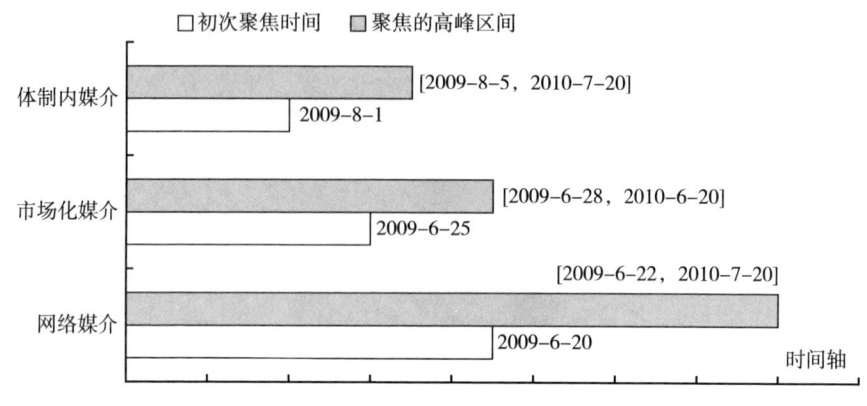

图2-30 "开胸验肺"事件的异质性媒介的聚焦时间分布谱系

资料来源：本节根据两年的目标区间内以中国知网的重要报纸全文数据库的体制内报纸媒体及体制外市场媒体中的"开胸验肺"为关键词搜索出的报道数量的历时性分布频次得出数据。

### （三）"慈善型"社会保障及服务政策改革

"慈善型"社会保障及服务属于广义社会保障体系的范畴，如果说"生存型"社会保障及服务与"发展型"社会保障及服务属于政府主导的权益配置领域，那么"慈善型"社会保障及服务则属于社会主导的权益配置领域。如果社会维度发育不完全，或者被"嵌含"到经济维度或政治维度之中，将会产生聚焦度显著的社会性矛盾。由于社会维度没有从经济维度与政治维度中"脱嵌"，其一直处于"亚发展"状态，然而，民众对慈善事业的关注度与热议度却处于不断上升的状态。[1]历经了5年多的讨论、持续的发酵、事态的升级以及体制内媒介的广泛关注与热议，我国于2016年3月出台了《中华人民共和国慈善法》。

探寻本项社会保障及服务政策"倒逼机制"产生的实际变迁效应所检索的关键词为"郭美美事件"，分析的目标区间为2011年6月21日到2014年7月20日。

---

[1] 陈凌、陈华丽：《家族涉入、社会情感财富与企业慈善捐赠行为——基于全国私营企业调查的实证研究》，《管理世界》2014年第8期；张建君：《竞争—承诺—服从：中国企业慈善捐款的动机》，《管理世界》2013年第9期；Björn Gustafsson, Xiuna Yang, Gang Shuge, Dai Jianzhong, "Charitable Donations by China's Private Enterprises," *Economic Systems*, 2017, Vol.41, No.3, pp.456-469; Kristy Jones, "Government or Charity？Preferences for Welfare Provision by Ethnicity," *Journal of Behavioral and Experimental Economics*, 2017, Vol.66, No.1, pp.72-77。

如图 2-31 所示，从"郭美美事件"的发生到矛盾升级再到"倒逼机制"形成——《中华人民共和国慈善法》正式形成及聚焦时间分布谱系来看，媒介的初次聚焦时间为 2011 年 6 月 21 日，随着"郭美美事件"的不断升级，逐步形成了网络上的热议事件。高峰及高频次时段为 2011 年 8 月 21 日到 2011 年 10 月 20 日，平均聚焦指数为 1023[①]，而媒介指数和搜索指数也在该时间段内达到最高。本部分接下来将体制外媒介——网络媒介与市场化媒介和体制内媒介对"郭美美事件"的聚焦讨论时间信息纳入分析中，进行即时性与历时性的比较分析。

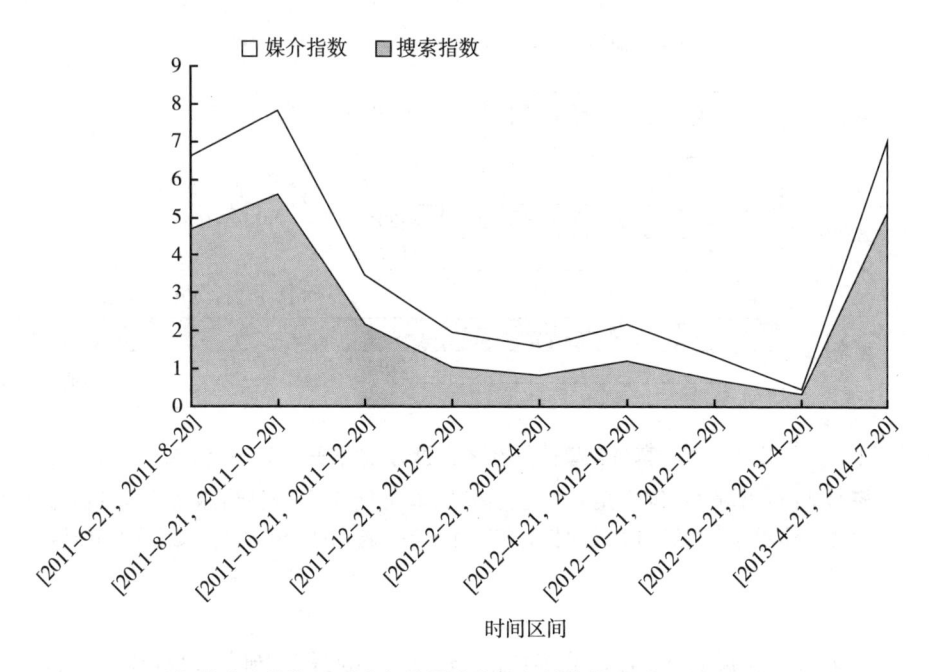

**图 2-31** "郭美美事件"矛盾升级的媒介指数与搜索指数的"倒逼机制"形成过程
资料来源：由百度指数网站直接获得。

本部分选取了"郭美美事件"的社会矛盾"倒逼机制"对"慈善型"社会保障权益配置模式变迁的影响作为检验案例。如图 2-32 所示，从异质性媒介对"郭美美事件"聚焦时间的分布谱系来看，从"郭美美事件"的发生

---

① 由百度指数网站直接获得，表示 2011 年 8 月 21 日到 2011 年 10 月 20 日时间区间内日均搜索指数值。

到矛盾升级再到"倒逼机制"形成的两组聚焦点和区间数据的对比性分布来看，无论是该事件所产生的社会矛盾的初次聚焦时间还是聚焦的高峰时段，网络媒介在历时性次序上均优先于体制内媒介，即遵循自下而上的先后传播路径：网络媒介→市场化媒介→体制内媒介。因此，由该案例我们可以看出，对"慈善型"社会保障及服务权益模式的关注与讨论在体制内媒介与体制外媒介——网络媒介和市场化媒介亦存在显著的时间优先次序，即体制外媒介对"慈善型"社会保障及服务权益模式改革的关注度远高于体制内媒介。

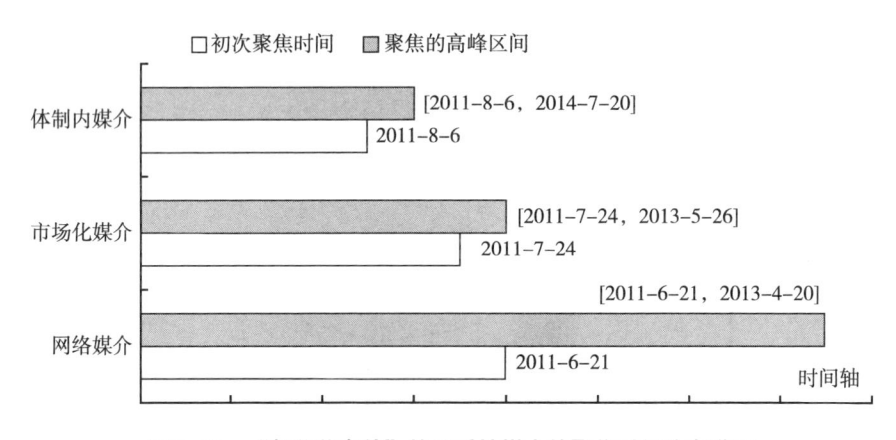

图2-32 "郭美美事件"的异质性媒介的聚焦时间分布谱系

资料来源：本节根据两年的目标区间内以中国知网的重要报纸全文数据库的体制内报纸媒体及体制外市场媒体中的"郭美美事件"为关键词搜索出的报道数量的历时性分布频次得出数据。

## 四 社会保障权益配置模式变迁的"倒逼机制"的演进与固化分析

### （一）案例的横向与历史性演进对比分析

通过上述不同层级类型社会保障及服务政策改革的案例所呈现出的热议和传播过程，我们发现，在民生领域，与社会保障相关的焦点事件在"价值累加理论"的导引下，通过社会舆论、新媒体、官方媒体等自下而上的渠道不断升级，为利益格局的进一步演进与固化形成重要的契机。在时间的次序方面，不同类型的事件大都遵循了发端于网络媒介然后不断热议、发酵和传

## 第二章 社会保障权益配置的结构性转型与模式变迁

播；之后引起市场化媒介的聚焦和评论；最后，体制内媒介开始关注，并通过学界、政界相关专家和行政管理部门的联动决策而形成最终的政策决议。因此，对于社会保障及服务的群体性事件的"倒逼式"传播路径，集中表现为网络媒介→市场化媒介→体制内媒介。从三类社会保障及服务权益配置案例中我们可以看出，虽然在社会保障及服务政策的制定过程中，社会保障权益配置模式呈现自上而下的单一制决策过程，但自2000年以来，社会保障权益配置模式同时表现为焦点性社会矛盾事件隐性化的"倒逼式"改革社会化过程。这时，社会矛盾所形成的社会保障权益配置模式变迁的"倒逼机制"成为社会保障制度走向定型的积极推动力量。

同时，我们采用了区间估计的方式，避开了峰值对社会保障权益配置模式变迁的"倒逼机制"影响的"伪效应"，即我们采用不同事件的异质性媒介的聚焦时间分布谱系来分析社会保障权益配置模式变迁的"倒逼机制"。这主要是基于不同事件的异质性媒介的聚焦时间分布谱系能够在更大范围内囊括社会矛盾事件的峰值，从而更好地控制在目标区间内新的公共政策出台的扰动性影响，能够更加精确地测度异质性媒介对各类型事件的讨论、发酵和传播的次序。实证结果进一步显示，不同社会保障及服务权益配置模式的改革过程均呈现出网络媒介→市场化媒介→体制内媒介自下而上的传播顺序与关注次序。因此，无论是从不同事件矛盾升级的媒介指数与搜索指数变动过程，还是从事件的异质性媒介的聚焦时间分布谱系来看，我们均可以认为社会保障权益配置模式变迁的"倒逼机制"的存在性。

从案例的实际检验结果来看，为了测度"倒逼机制"的强弱，形成了假说Ⅱ，但从实际检验结果来看，无论是从议题的显著性还是相关性视角来看，权益配置模式变迁的"倒逼式"传导机制在"生存型"社会保障及服务层次与其他层次的权益配置模式变迁中发挥的效用无显著差异。因此，我们可以否定假说Ⅱ。

通常来说，从先生存后发展的逻辑视角来看，在社会政策权益配置模式的演变中，"生存型"社会保障及服务政策"倒逼机制"的回应性远强于"发展型"社会保障及服务政策和"慈善型"社会保障及服务政策。在不同层级的社会保障及服务的权益配置模式中，我们要对比异质性的社会保障及服务政策改革的强度。从社会保障政策属性所呈现出的从生存到发展再到慈善行为的递进过程中，"倒逼机制"的影响力度是否会随着这种递进层级的上升而逐步下降呢？基于此，我们采用两类数据——事件矛盾升级的媒介指数与搜索指数和事件的异质性媒介的聚焦时间分布谱系来检验其与社会保障及服务的群体性事件的"倒逼式"传播路径的吻合度。从上述三层级的案例所呈现出的状况来看，事件矛盾升级的媒介指数与搜索指数和事件的异质性媒介的聚焦时间分布谱系与社会保障及服务的群体性事件的"倒逼式"传播路径是高度吻合的。因此，各种不同类型的社会保障及服务权益配置模式均表现为无差别的政策回应模式。但在回应时间方面，"生存型"社会保障及服务政策要短于"发展型"社会保障及服务政策和"慈善型"社会保障及服务政策，因此假说Ⅲ并非完全成立。

上文从时间纵轴的历时性视角分析了不同类型社会保障及服务权益配置模式的"倒逼机制"形成的先后过程，但缺乏核心的因果逻辑分析，接下来，我们以"反事实"的因果逻辑案例进一步探析内在的逻辑关系。

（二）社会保障权益配置模式变迁的"倒逼机制"的固化分析

本部分以正在实施或者尚未完全实施的相关社会保障及服务政策改革，即以上述三层级案例的平均聚焦指数为基本参照值，并将其与"反事实"案例进行有效对比，从而探寻其中的因果逻辑。我们选择的第一个"反事实"案例为中国农民工社会保险异地转移接续案例，尽管社会保险的异地转移呼声较为强烈和持久，但其推进的步伐甚是缓慢。我们以"农民工社会保险异地转移接续"为关键词进行"聚焦式"搜索。搜索指数显示，"农民工社会保险异地转移接续"平均聚焦指数为574，这远远低于上述三层级案例的平均聚焦指数897，这在很大程度上说明社会聚焦度与社会保障及服务模式固化程度呈负相关关系。本节同时选择了第二个"反事实"案例——流动人口异地就医就地结算。2010年以来，流动人口异地就医就地结算问题就一直受到民众的广泛关注，但进展一直缓慢，直到2017年才开始有了初步的进展，但推行过程依然是缓慢的。搜索指数显示，关键词"流动人口异地就医就地结算"的聚焦指数仅为486，远低于上述三层级案例平均聚焦指数897，这也在很大程度上说明社会聚焦度与社会保障及服务模式固化程度呈负相关关系。从异质性媒介聚焦的视角来看，相比于网络媒介而言，体制外媒介中的市场化媒介和体制内媒介的社会关注度和热议度更高，但民众的关注度却偏低。由此，从社会的视角来看，其不具有议题显著性特征。关键词"流动人口异地就医就地结算"搜索频次统计结果显示，体制外媒介——市场化媒介的报道次数为422次，体制内媒介的报道次数达到了608次，这远远高于网络媒介的关注度。由此，社会关注度高的群体性事件或民生事件可以推进社会保障及服务政策改革的逆命题是不成立的。通过两类"反事实"案例，我们可以得出如下因果逻辑：社会保障及服务权益配置模式的"倒逼机制"中，网络媒介所形成的社会舆论或市场化媒介和体制内媒介对网络群体性事件的关注具有显著的正向影响效应；而逆命题并不成立。

综上来看，社会保障政策纵向变动谱系显示，社会保障权益配置模式始终处于动态变化之中，且在时间的长轴与空间的短轴上存在演进与固化并存的格局；从结构性视角来看，案例分析结果说明，社会保障权益配置模式表现为焦点性社会矛盾事件隐性化的"倒逼式"改革社会化过程，即社会矛盾所形成的社会保障权益配置模式变迁的"倒逼机制"成为社会保障制度走向定型的积极推动力量。在再分配领域中，与社会保障相关的焦点事件在"价值累加理论"的导引下，通过社会舆论、新媒体、官方媒体等自下而上的渠道不断升级，民众和社会的聚焦通过体制外和体制内媒介对社会保障权益配置模式的变迁产生显著作用。社会保障权益配置模式会不断优化，最终走向定型。

## 五 社会保障权益配置模式变迁的"倒逼"运行机制

通过上述对不同类型社会保障及服务案例的数据分析及因果逻辑分析，我们初步验证了社会保障权益配置模式变迁的"倒逼机制"的存在性，以及这种存在性对社会保障及服务政策演进、固化的影响效应，这为制度走向定型提供了重要的政策依据与理论先导。对于不同类型媒介的传导过程，我们将进一步采用解构主义案例分析方法，更加全面地探寻这种倒逼机制的传导过程与运行机制。本节的分析架构如下：将体制内媒介与体制外媒介所呈现的新闻标题进行分门别类的处理，并挖掘共性与异质性特征来进行类比分析，从而在更加微观的层面探寻由网络媒介代表的社会舆论如何向体制内媒介传播，并形成社会保障权益配置模式变迁的"倒逼机制"的路径。按照新闻的5种类型，我们可以把三类媒介所聚焦的类型分为"提供消息型""新闻评论型""政策报告型""专访特写型"。本部分将在不同类型的社会保障及服务权益配置模式的案例中分别运用上述分析架构进行分析，并通过具体的数据与核心内容来探索"倒逼机制"的实际运行过程。

在"3·17"孙志刚事件中，我们针对此网络群体性事件，采用WordSmith语料库检索工具抽取了文本类型属于"提供消息型"的体制外媒介所占比重为15.88%，而体制内媒介所占比重为13.75%；"新闻评论型"的体制外媒介所占比重为54.26%，而体制内媒介所占比重为40.04%；"政策报告型"的体制外媒介所占比重为18.20%，而体制内媒介所占比重为46.21%；而11.66%的体制外媒介则聚焦"专访特写型"。

从上述不同新闻报道类型的结构方式来看，体制内媒介与体制外媒介对新闻报道类型的侧重点是异质的；体制外媒介所聚焦的事件内容多属于"新闻评论型"；而体制内媒介所聚焦的具有议题显著性特征的事件类型多数是经过加工的"政策报告型"。从"3·17"孙志刚事件所代表的"生存型"社会保障及服务政策改革中，我们也发现，有40%以上的新闻报道亦属于"新闻评论型"。但是从报道的显著性标题与实质性内容来看，这种"新闻评论型"所呈现出的聚焦评论方式具有非特指化、倡议性、非微观性聚焦的特征。

在张海超"开胸验肺"案例中，我们也采用了WordSmith语料库检索工具抽取文本类型属于"提供消息型"的体制外媒介所占比重为9.67%，而体制内媒介所占比重为10.13%；"新闻评论型"的体制外媒介所占比重为46.85%，而体制内媒介所占比重为33.75%；"政策报告型"的体制外媒介所占比重为20.06%，而体制内媒介所占比重为26.30%；而23.42%的体制外媒介则聚焦"专访特写型"。

同样，与"3·17"孙志刚事件相类似，不同新闻报道类型的结构方式显示，与"发展型"社会保障及服务相关的倒逼式改革案例中，"开胸验肺"事件的体制外媒介所聚焦的事件内容也大多属于"新闻评论型"；而体制内媒介所聚焦的具有议题显著性特征的事件类型多数是经过加工的"政策报告型"。当然，也有30%以上的新闻报道属于"新闻评论型"。但是从报道的显著性标题与实质性内容来看，"开胸验肺"事件的新闻评论用"专项检查""防治的长效机制""监督合力"等虚指化、展望性及宏观性等正能量的词来"概化"。

在"郭美美事件"的慈善制度改革中，我们通过WordSmith语料库检索工具抽取的关键词显示，体制外媒介所呈现的新闻标题及新闻主要内容的类型中"新闻评论型"所占比重超过了50%，而体制内媒介所占比重没有超过

20%。由此，从报道的显著性标题与实质性内容来看，这种"新闻评论型"所呈现出的聚焦评论方式仍然具有非特指化、倡议性、非微观性聚焦的特征。

最后，我们对社会保障权益配置模式变迁的"倒逼机制"的发展路径进行总结。从社会矛盾形成舆论的新闻标题形式来看，社会矛盾事件发生后，网络媒介以社会舆论的形式开始讨论、传播，充分发酵后，以典型个案形式在体制外媒介——网络媒介中逐步形成了群体性网络事件，然后形成相对一致的社会呼声；在这之后，体制外另一类媒介——市场化媒介开始广泛地介入，它将这种最接近民众内心声音的非理性微观观点汇聚成了相对理性的中观式的、阐述观点的判断式报道，使得相对中观的理性观点以新闻报道的形式继续向上传递，最终传向体制内媒介，体制内媒介则会从宏观的视角通过政策的报道促使政府相关机构和部门做出进一步的政策决策行为，最终以新的社会保障及服务政策回应来促进权益配置模式的演进。

从体制内媒介和体制外媒介所关注的兴趣点与聚焦点的内容来看，其均绕开了社会矛盾的提出阶段，而直接进入了事态发展的本身，问题的提出基本上是由网络媒介来完成。体制外媒介中的市场化媒介将聚焦点集中于社会保障及服务权益配置模式的评论与阐释，而体制内媒介则将兴趣点和关注点集中于社会保障及服务政策的宣传。从异质性媒介关注的内容与逻辑先后顺序来看，社会保障及服务权益配置模式的演进中存在自下而上的"倒逼式"机制。这种"倒逼机制"的传导路径为：与社会保障及服务权益配置相关的社会矛盾焦点事件发生后，会在"价值累加理论"的导引下，通过社会舆论、新媒体、体制内媒介等自下而上的渠道不断升级，为利益格局的进一步演进与固化形成了重要的契机。在时间的次序方面，不同类型的事件大都遵循了发端于网络媒介然后不断热议、发酵和传播；之后引起市场化媒介的聚焦和评论；最后，体制内媒介开始关注，并通过学界、政界相关专家和行政管理部门的联动决策而形成最终的政策决议。因此，对于社会保障及服务的群体性事件的"倒逼式"传播路径，其集中表现为网络媒介→市场化媒介→体制内媒介。体制内媒介通过非特指化、倡议性、非微观性聚焦的模式来回应体制外媒介的议论和主张。社会保障权益配置模式同时表现为焦点性社会矛盾事件隐性化的"倒逼式"改革社会化过程。这时，社会矛盾所形成的社会保障权益配置模式变迁的"倒逼机制"成为社会保障制度走向定型的积极推动力量。

本节内容可总结如下：基于几类事实与"反事实"的关键性事件，本节采用WordSmith语料库检索工具，并以搜索关键词的形式提取了媒体数据库与相关网络中有关民生的社会矛盾事件，之后进行了时空的比照，将无结构的原始性文本转化为可识别的处理信息，揭示了社会保障权益配置模式变迁的"倒逼机制"的运行逻辑。在此基础上，我们采用了解构主义分析方法，进一步探寻了社会保障权益配置模式变迁的"倒逼"运行机制。结果显示，中国的社会保障权益配置模式已经呈现出较为显著的回应性特征。这种倒逼机制的传播路径集中表现为：与社会保障及服务相关的社会矛盾通过网络媒介不断发酵，然后进入市场化媒介的视野，通过市场化媒介的专题性报道及深度的评论，形成相对理性的意见的"中观"汇总性表达；之后，体制内媒介开始聚焦，对相关市场化媒介形成的相对一致性的意见进行进一步吸纳和提炼，形成更加"宏观"的回应性表述；最后，反馈到政府层级形成新的社会保障及服务政策，并通过体制内媒介进行全面的解读与宣传。这种倒逼机制所呈现出的统计关系为：社会的聚焦度与社会保障及服务权益配置模式改革力度存在显著的正相关关系。这种正相关关系的相关性与不同类型和层级的社会保障体系不存在亲疏关系。

# 第三章
# 包容性发展理念下社会保障权益配置逻辑

本章从不同的视角探讨包容性发展理念下的社会保障及服务。首先，从再分配机制的内生性结构来看，社会保障与税收是实现社会收入再分配的两大关键制度工具。采用新的社会福利目标函数中动态的税率结构及收入再分配的优化指标，对税收与社会保障收入再分配的调节作用进行系统性和层级性度量。度量结果显示，两者的系统性调节效应呈现平稳性和有效性；从结构性的收入再分配调节效应来看，无论是平稳性还是有效性，社会保障制度的作用都弱于税收政策。同时，从国家维度的税收工具与社会维度的社会保障工具的视角切入，以其对收入再分配的效应为尺度，提出了两者之间的"双调"作用及未来社会保障制度对收入的动态提升空间。

其次，从社会资源配置的尺度上看，财政支出结构直接关系到政府动员社会公共资源的程度，是能否实现基本公共产品及服务均等化的关键性动态制度安排。从经济、社会及政治三维框架下的不同情境来系统性地分析不同区域的城乡社会保障在既有财政体制下突破城乡隔离的非均衡性发展困境，而走向"共建共享"城乡一体化社会保障及服务的公平性均衡状况。

最后，中国现代化社会转型秩序的形成逻辑起点是基于制度的供给逻辑，但同时亦是国家在现代化变迁中角色动态转换和智能的结构性调整框架的显现。"三权"的保留使以社会保障为核心的收入再分配制度表现为"逆向再分配"效应，更使得贫富阶层两端表现为极化的"马太效应"，在收入再分配领域形成社会保障权利分配失衡、社会风险分配紊乱、社会保障及服务分配失序的社会转型秩序困境。

## 第一节　包容性发展理念下收入再分配政策的公平性分析

包容性发展理念是实现社会公平的最优路径之一，而再分配机制则是实现社会公平的重要保障策略。从再分配机制的内生性结构来看，社会保障与税收成为国家实现社会收入再分配的两大关键制度工具。本节采用社会福利目标函数中动态的税率结构及收入再分配优化指标，对税收与社会保障收入再分配的调节作用进行系统性和层级性度量。度量结果显示，两者的系统性调节效应表现为平稳性和有效性；从结构性的收入再分配调节效应来看，无论是平稳性还是有效性，社会保障制度的作用都弱于税收政策。由于社会保障制度还处于定型的过程中，其对收入再分配的调节作用经常呈现出动态不一致的格局，使得其调节收入再分配的效应波动较大，因而呈现不确定性。本节从国家维度的税收工具与社会维度的社会保障工具的视角切入，以其对收入再分配的效应为尺度，提出了两者之间的"双调"作用及未来社会保障制度对收入的动态提升空间。

新古典经济学认为，工资是劳动的精确合理度量，是社会资源公平性配置的基础，并用两种理论来支撑其基本论点：理论一是资本理论，理论二是边际生产力分配理论。[1]然而，这两种理论的先天性缺陷在于违背了马克思主义经济理论中的三大基金——消费基金、补偿基金及积累基金的基本构成原理。[2]这些由劳动贡献决定的收入分配资源是由特定的分配准则所决定的，存在严重的失衡性和非公平性，这种非正义的初次分配准则为再分配理论的产生、演进与优化提供了理论基础。党的十八届三中全会通过的《中共中央关于全面深化改革若干重大问题的决定》提出了再分配的机制与政策体系，即"完善以税收、社会保障、转移支付为主要手段的再分配调节机制"和"完善收入分配调控体制机制和政策体系"。由此，收入再分配的问题已不再是一个单纯的经济学领域问题，而成为经济学领域、社会学领域及政治

---

[1] [美]米尔顿·弗里德曼：《资本主义与自由》，张瑞玉译，商务印书馆，1986，第154~155页；徐淑一、朱富强：《通过收入再分配实现社会正义和社会效率》，《财政研究》2014年第11期。

[2] 郭庆旺、吕冰洋：《论要素收入分配对居民收入分配的影响》，《中国社会科学》2012年第12期。

学领域的交错性问题。因为收入再分配问题不再仅仅属于一个效率问题，更是一个公平和公正的问题。改革开放以来，经济的高速发展，就业岗位数量的迅速增加，社会居民的收入在整体性提升，尽管随之而来的是工资性收入与财产性收入的不平等程度在迅速加剧，但被收入的整体性提升所掩盖，整个社会仍处于帕累托改进状态，社会矛盾处于隐性状态。然而，经济进入"换档期"后，中国迎来了经济社会的调整期，即在社会转型过程中，社会经济及政治的治理结构面临能力和体系现代化的转型。在包容性发展理念下，以社会福利函数的公平性为目标，探寻基于个税的累进性税收政策和以社会保障及服务为核心的公共财政转移支付政策的最优税费结构，成为实现共享发展理念下经济社会发展的时代性课题。

## 一 税收、社会保障变量下社会福利函数的再分配效应

### （一）附加限制性条件下的社会福利函数

阿罗不可能定理是从个体理性经济人的条件出发，延展到社会集体的社会理性，这种个体理性的叠加结果是个体理性的汇总，并非形成社会的集体理性，而且结果具有不可预知性。[1]这表明，个体的目标与集体的目标经常会发生冲突，这符合集体行动逻辑理论。从科层制的视角来看，政府自上而下的行政管理与社会自下而上的社会治理也经常发生社会福利目标的非一致性。按照利益转移理论与歧视性理论，政府收入再分配政策的推行与个人获得的福利经常会发生"位移"。但个体对社会福利效应的追逐行为却受制于政府的收入再分配与集体供给行为的影响，社会的整体性利益驱动着政府的决策行为。如果政府以发展经济为首要目标，则降低税率与社会保障缴费水平将会成为主要的调节工具；如果政府将"维稳"作为第一要务，则社会救助制度与反贫困策略则会放在收入再分配领域中的突出位置；如果政府考虑到社会公平性的整体提升，则社会维度会"脱嵌"于政治维度和经济维度，将累进税与社会保障作为社会整体性公平的基本调节手段。然而，收入再分配调节"工具集"的选择又受制于政府的偏好，在很大程度上会随着行政主

---

[1] K. J. Arrow, "Alternative Approaches to the Theory of Choice in Risk-taking Situations," *Econometrica*, 1951, Vol.19, No.4, pp.404-437.

管的更替而发生突变。[①]如果政府以中低收入群体的利益为重,那么社会福利函数可采用罗尔斯社会福利函数来刻画和度量;如果政府被利益集团"绑架",则社会福利函数会呈现出社会达尔文主义属性,即利益集体的社会福利函数。从发展经济、政治"维稳"及社会公平等多重治理所形成的动力系统来看,要探寻三者的一个多层级最优均衡点,即在包容性增长理念下,探寻不同收入阶层之间的社会福利的利益均衡点。那么,在社会福利函数的选择方面,在罗尔斯社会福利函数、利益集团的社会福利函数之间分别选取不同的权重进行加总,进而形成相对公平的社会福利函数,从而实现收入再分配的帕累托改进。

在上述社会福利函数的建立准则之下,本章融合政府特定的偏好来对税收与社会保障的收入再分配效应进行度量。采用社会福利的目标函数测度税收和社会保障政策对收入的再分配效应。社会福利的目标函数约束条件是政府的整体性偏好,而非个体偏好。政府的偏好会以公共政策的形式外显出来。基于此,函数的最优解、均衡解便有了实际的政策内涵,社会转型过程中收入再分配政策工具具有可操作性。

不妨设政府的偏好函数为 $V(z)$。$V'(z) > 0$,$V''(z) \leq 0$,即 $V(z)$ 具有连续性和可微性。从世界上不同国家(包括中国)来看,"托底性"的公平是最低层次的生活性保障,是最低层次的绝对性公平。假设某家庭初始财产(或初始收入)水平用 $Y$ 来表示,$Y$ 变量服从 $H_0 = \pi(Y < y)$ 的概率分布;$Y$ 的期望值为 $\eta$,则 Gini 系数 $G(Y) = G_0$,收入的概率分布函数 $\pi(Y < y)$ 在区间 $y_m \leq y \leq y_M$ 上是连续可微的,$\pi(Y < y_m) = 0$,且 $\pi(Y < y_M) = 1$,$y_m$ 表示社会最贫困阶层所拥有的收入及财产情况,$y_M$ 表示社会最富有阶层所拥有的收入及财产情况。政府作为收入或财产分配的调节器通过累进税及社会保障政策来再次调节初次分配的收入差距过大问题,那么,采用调节工具后的两类群体的收入或财产情况变为 $x_m$ 和 $x_M$,且 Gini 系数 $G(X) = G$,调节前后形成的

---

① 赵志君:《分配不平等与再分配的最优税率结构》,《经济学动态》2016年第10期;Kristy Jones, "Government or Charity? Preferences for Welfare Provision by Ethnicity," *Journal of Behavioral and Experimental Economics*, 2017, Vol.66, No.1, pp.72–77; Niklas Harring, Björn Rönnerstrand, "Government Effectiveness, Regulatory Compliance and Public Preference for Marine Policy Instruments. An Experimental Approach," *Marine Policy*, 2016, Vol.71, No.5, pp.106–110。

收入函数关系表达式为 $X = H(Y)$。

社会总的福利水平由社会平均福利水平与社会总人数的乘积决定，通过政府的偏好，并采用税收和社会保障等工具实施收入再分配，那么，形成的新的社会福利函数表达式为：

$$NW = \int_{x_m}^{x_M} V(z) H'(l) \mathrm{d}l \tag{3-1}$$

当社会收入差距过大时，政府往往会通过再分配政策实现公平与效率的均衡，由此式（3-1）会面临两项约束条件。约束条件 I 是实际再分配政策仍然维持之前的财产或收入分布函数：

$$E[Y] = E[X] = \int_{x_m}^{x_M} x H'(x) \mathrm{d}x = \int_{y_m}^{y_M} y H_0'(y) \mathrm{d}y = \eta \tag{3-2}$$

约束条件 II 是在跨越"中等收入陷阱"的过程中，政府对于收入差距过大的容忍度反映了收入再分配效应的调节幅度与调节力度。这种容忍度的大小在很大程度上受制于 Gini 系数的变动水平。Gini 系数能够度量收入差距与社会风险。[①] Gini 系数过小会产生激励效应的弱化，进而导致效率低下；而 Gini 系数过大，则会产生较大的社会风险，导致一系列社会问题及衍生问题的"连续谱系"。那么对于连续性 Gini 系数的刻画，可以采用分布函数的形式展开，而衡量指标可采用 Lorenz 曲线的积分来测度：

$$Lor[H(z)] = \int_{z_m}^{z} g \cdot H'(g) \mathrm{d}g \cdot [\int_{z_m}^{z_M} g \cdot H'(g) \mathrm{d}g]^{-1} = (\eta^{-1}) \cdot \int_{z_m}^{z} g \cdot H'(g) \mathrm{d}g \tag{3-3}$$

通过反函数变换，令 $b = H(g)$，$a = H(z)$，$g = H^{-1}(b)$，$z = H^{-1}(a)$，那么，Lorenz 曲线积分的测度函数可进一步表示为如下形式：

$$Lor(a) = \int_0^a H^{-1}(b) \mathrm{d}b \cdot \int_0^1 H^{-1}(b) \mathrm{d}b = (\eta^{-1}) \cdot \int_0^a H^{-1}(b) \mathrm{d}b \tag{3-4}$$

Gini 系数与 2 倍 Lorenz 曲线之和应等于 1，于是有式（3-5）成立：

$$G + 2 \int_0^1 Lor(a) \mathrm{d}a = 1 \tag{3-5}$$

那么，Gini 函数为：

$$G = 1 - (2\eta^{-1}) \cdot \int_0^1 \int_0^a H^{-1}(b) \mathrm{d}b \mathrm{d}a \tag{3-6}$$

---

① 赵志君：《分配不平等与再分配的最优税率结构》，《经济学动态》2016年第10期。

Lorenz 曲线分布形成的 Gini 系数的约束条件可表示为如下形式：

$$\frac{1}{2}\eta(1-G) = \int_{Z_m}^{Z_M}[1-H(Z)] \cdot Z \cdot H'(Z)\mathrm{d}Z \quad (3-7)$$

$$\int_{Z_m}^{Z_M}[1-H(Z)]^2 \mathrm{d}Z = \eta(1-G) - Z_m \quad (3-8)$$

$$\eta - Z_m = \int_{Z_m}^{Z_M}[1-H(Z)]\mathrm{d}Z \quad (3-9)$$

Gini 系数会在目标区间 $z_m \leq z \leq z_M$ 内随 $m$ 的取值而产生无数条 Lorenz 曲线。在 Lorenz 曲线中，我们将探寻最优的分布形式，从而找到福利函数的最大值。

（二）社会福利函数的最优化问题

社会福利函数 $NW$ 具有不确定性，由此可推断出概率函数的最优解，所形成的期望值具有非线性的数学期望，可以通过一个推论来构造 Lagrangian 函数。

**推论 I**：福利函数 $H(Z)$ 在约束条件 $\eta = \int_{x_m}^{x_M}x \cdot H'(x)\mathrm{d}x = \int_{y_m}^{y_M}y \cdot H'_0(y)\mathrm{d}y$ 与约束条件 $\frac{1}{2}\eta(1-G) = \int_{Z_m}^{Z_M}[1-H(Z)] \cdot Z \cdot H'(Z)\mathrm{d}Z$ 下的最优分布形式如下：

$$H(Z) = \frac{V'(Z_m) - V'(Z_M) - [V'(Z) - V'(Z_M)]}{V'(Z_m) - V'(Z_M)} = \frac{V'(Z_m) - V'(Z)}{V'(Z_m) - V'(Z_M)} \quad (3-10)$$

由推论 I 及式（3-2）可知，社会福利函数受制于 Gini 系数、中低阶层收入水平、社会中等收入水平以及富裕阶层收入水平，将式（3-10）代入式（3-1），可以得到如下的社会福利函数形式：

$$NW = -[V'(Z_m) - V'(Z_M)] \cdot \eta \cdot G + V'(Z_m)(\eta - Z_m) + V(Z_m) \quad (3-11)$$

式（3-1）在约束条件式（3-2）与约束条件式（3-7）的作用下，可形成如下的 Lagrangian 函数：

$$L = V(z) \cdot H'(z) + \mu_1[z \cdot H'(z)] + \mu_2\{z \cdot H'(z) \cdot [1-H(z)]\} \quad (3-12)$$

对 Lagrangian 乘式求各相关变量的偏导数，可得到一阶偏导的表达式如下：

$$\frac{\mathrm{d}}{\mathrm{d}z}\left[\frac{\partial L}{\partial H'(z)}\right] = V'(z) + \mu_2[1 - H(z) - z \cdot H'(z)] + \mu_1 \quad (3-13)$$

$$\frac{\partial L}{\partial H'(z)} = V(z) + \mu_1 z + \mu_2 z[1 - H(z)] \quad (3-14)$$

$$\frac{\partial L}{\partial H} = -\mu_2 \cdot z \cdot H'(z) \quad (3-15)$$

将式 (3-13) 至式 (3-15) 代入 Euler 方程 $-\frac{\partial L}{\partial H} + \frac{d}{dz}[\frac{\partial L}{\partial H'(z)}] = 0$，可以得到式 (3-16)：

$$V'(z) + \mu_2[1 - F(z)] + \mu_1 = 0 \quad (3-16)$$

将收入的极值条件 $H(z_m) = 0$、$H(z_M) = 1$ 代入函数 $H(Z)$ 的表达式中，可以得到式 (3-17) 与式 (3-18)：

$$\mu_1 + \mu_2 + V'(z_m) = 0 \quad (3-17)$$

$$V'(z_M) + \mu_1 = 0 \quad (3-18)$$

求解式 (3-17) 和式 (3-18) 可以得到：

$$\mu_1 = -V'(z_M) \quad (3-19)$$

$$\mu_2 = -V'(z_m) + V'(z_M) \quad (3-20)$$

Lagrangian 函数满足各二阶偏导数为零的条件，由此可知：

$$\frac{\partial^2 L}{\partial H'^2} = \frac{\partial^2 L}{\partial H^2} = 0$$

$$\frac{d}{dz}(\frac{\partial^2 L}{\partial H \partial H'}) = -\mu_2$$

$$\frac{\partial^2 L}{\partial H \partial H'} = \frac{\partial^2 L}{\partial H' \partial H} = -\mu_2 z$$

那么，条件 $\pi(z_m) = 0$ 与 $\pi(z_M) = 1$ 的随机扰动为 $\pi(y)$，对于 $\forall \delta > 0$，不妨设 $H(z)$ 有如下的形式：$H(z) = \tilde{H}(y) + \delta\pi(z)$。则有式 (3-21) 成立：

$$\frac{d[d(NW)]}{d\delta^2} = \int_{z_m}^{z_M} \{[\frac{\partial^2 L}{\partial H'^2} \cdot \pi'^2(z)] + [(\frac{\partial^2 L}{\partial H^2} - \frac{d}{dz} \cdot \frac{\partial^2 L}{\partial H \partial H'}) \cdot \pi^2(z) +$$

$$\frac{\partial^2 L}{\partial H'^2} \pi'^2(z)]\} dz \quad (3-21)$$

$$= \int_{z_m}^{z_M} \mu_2 \pi^2(z) dz$$

根据推论 I 有 $H(z) = \frac{V'(z_m) - V'(z)}{V'(z_m) - V'(z_M)}$ 为社会福利函数的最优概率分布条件，因此，可以得到如下的社会福利函数表达式：

$$NW = \int_{z_m}^{z_M} V(z) \cdot H'(z) dz = \int_{z_m}^{z_M} V(z) [\frac{V'(z_m) - V'(z)}{V'(z_m) - V'(z_M)}]' dz \quad (3-22)$$

$$= V'(z_m)(\eta - z_m) - [V'(z_m) - V'(z_M)] + V(z_m)$$

式（3-22）显示，最优的收入再分配效应取决于富裕阶层收入水平、中低阶层收入水平以及政府的偏好大小。

（三）最优税率与费率：社会保障与税收

通过社会保障和税收实现收入再分配的过程如下：在未考虑税收变量和社会保障变量的情况下，收入概率分布函数为 $H_0$；当引入税收与社会保障变量时，产生了收入的再分配效应，收入概率分布函数从 $H_0$ 变为 $H$。这个过程通过社会保障与税收的联合分布函数来实现，用 $ST(y, y')$ 表示，对应的边际费率和边际税率的最优值分别为 $\lambda(y)$ 与 $\lambda'(y)$。

对于 $\pi(Z < z) = \pi[h(Z) < z] = H_0[h^{-1}(z)]$，那么有 $H(z) = H_0(y)$，$z = H^{-1}[H_0(y)]$。根据推论 I 有 $H(z) = \dfrac{V'(z_m) - V'(z)}{V'(z_m) - V'(z_M)} = H_0(y)$，同时有：

$$V'(z) = V'(z_M) + [V'(z_m) - V'(z_M)] \cdot [1 - H_0(y)]$$
(3-23)

实施社会保障与税收政策之后，居民的收入分布函数如下：

$$z(y) = V'^{-1}\{-V'(z_M)[1 - H_0(y)] + V'(z_m)[1 - H_0(y)] + V'(z_M)\}$$

假设社会保障的费率为 $\lambda(y)$，税收的边际税率为 $\lambda'(y)$。那么 $z(y)$ 进一步变为：

$$z(y) = y - [\lambda(y) + \lambda'(y)] = y - \int_{y_m}^{y} [\lambda(y) + \lambda'(y)]dy$$

$$\frac{1}{2}\int_{z_m}^{z} [\lambda(y) + \lambda'(y)]dy = y - z(y)$$

$$\lambda(y) + \lambda'(y) = 2 - 2z'(y)$$

**推论 II**：通过社会保障与税收的最优缴费率函数 $\lambda(y)$ 和 $\lambda'(y)$，可以将原始概率分布函数 $H_0(y)$ 进行变换得到 $H(Z)$ 函数，有如下结论成立：一是实施社会保障与税收政策后，有 $z(y) = V'^{-1}\{[1 - H_0(y)] \cdot [V'(z_m) - V'(z_M)]\}$；二是社会保障缴费率与边际税率为 $\lambda(y) + \lambda'(y) = 1 - z'(y)$；三是社会保障缴费与税收起征点满足导数为 1 的条件，即 $V'^{-1}\{[1 - H_0(y)] \cdot [V'(z_m) - V'(z_M)] + V'(z_M)\}|_x^1 = 1$。

不妨设效用函数 $V$ 为 CARA 函数，那么方程如下：

$$V(z) = \frac{z^{1-\xi}}{1-\xi}, \ \xi \in (1, +\infty)$$
(3-24)

随着高收入阶层财产和收入的无限制扩张，即 $z_M$ 上限趋近于无穷大，有式（3-25）成立：

$$H(z) = \lim_{z \to +\infty} \frac{V'(z_m) - V'(z)}{V'(z_m) - V'(z_M)} = 1 - (z_m \cdot z^{-1})^\xi$$

(3-25)

再分配政策实施前，$H_0(y) = 1 - (y_m \cdot y^{-1})^{\xi_0}$；再分配政策实施后，$H(z) = 1 - (z_m \cdot z^{-1})^\xi$。度量收入分布格局的指标 Gini 系数的前后值分别用 $G_0$ 和 $G$ 来表示，如果再分配政策发挥了再分配效应，则 $G_0 > G$ 且 $\xi_0 < \xi$，则：

$$z(y) = z_m \cdot y_m^{-\xi_0 \cdot \xi^{-1}} \cdot y^{\xi_0 \cdot \xi^{-1}}, \quad z'(y) = \xi_0 \cdot \xi^{-1} \cdot z_m \cdot y_m^{-\xi_0 \cdot \xi^{-1}} \cdot y^{\xi_0 \cdot \xi^{-1} - 1},$$
$$\lambda(y) + \lambda'(y) = 2[1 - z'(y)] = 2[1 - \xi_0 \cdot \xi^{-1} \cdot z_m \cdot y_m^{-\xi_0 \cdot \xi} \cdot y^{\xi_0 \cdot \xi^{-1} - 1}]$$

如果 $\lambda(y) = \lambda'(y) = 0$ 表示社会保障与税收的起征值，可以得到起征点 $y^*$：

$$y^* = (\xi_0 \cdot \xi^{-1})^{\xi \cdot (\xi - \xi_0)^{-1}} \cdot z_m^{\xi \cdot (\xi - \xi_0)^{-1}} \cdot y_m^{-\xi \cdot (\xi - \xi_0)^{-1}}$$

当 $y \in (y^*, +\infty)$ 时，$\lambda(y) + \lambda'(y) > 0$；当 $y \in (\bar{y}, y^*]$ 时，$\lambda'(y) > 0$，$\lambda(y) = 0$；当 $y \in [0, \bar{y}]$ 时，$\lambda(y) = 0$，$\lambda'(y) = 0$，此时，社会救助制度将发挥负所得税计划的功能。

$$[\lambda(y) + \lambda'(y)]'_y = -z''(y) = \xi_0 \cdot \xi^{-1} \cdot (\xi - \xi_0) \cdot \xi^{-1} \cdot z_m \cdot y_m^{-\xi_0 \cdot \xi^{-1}} \cdot y^{\xi_0 \cdot \xi^{-1} - 2}$$

那么，社会保障缴费率与税收税率之和具有累进特征。

## 二 收入分配政策的公平性度量与评价

### （一）Barrett 指数下的收入分配分布格局

在本部分中，我们将进一步测度收入分配的格局与公平性，在绝对平均与绝对效率——巴莱特定律间探寻公平性的税率与社会保障缴费率，通过 Lorenz 曲线来表达这一过程。不妨设效用函数满足 CRRA 函数的条件，前文已经证明当 $z_M$ 在逐步增长的过程中，有 $H(z) = 1 - (z_m \cdot z^{-1})^\xi$。那么，假设 $Y$ 表示 $y > Y$ 的人口数占总人口数的比重，$\delta$ 表示 $y < Y$ 的收入占社会总收入的比重。

$$E(Z) = \int_{z_m} z \cdot H'(z) \mathrm{d}z = \int_{z_m} z \cdot \xi \cdot z_m^{\xi} \cdot z^{-(\xi+1)} \mathrm{d}z$$
$$= \xi \cdot z_m \cdot (\xi - 1)^{-1} \cdot \ln[f(Z)] = E[\ln(Z)] = \int_{z_m} \ln z \mathrm{d} \cdot F(z) = z_m \cdot \mathrm{e}^{-\xi}$$

(3-26)

其中，$f(Z)$ 表示几何平均数。用 $K(Z)$ 表示倒数平均数，那么有：

$$K(Z) = [E(z^{-1})]^{-1} = (-\int_{z_m} z^{-1} \cdot z_m^{\xi} \cdot \mathrm{d}z^{-\xi})^{-1} = z_m(H_0 \cdot \xi^{-1}) \quad (3\text{-}27)$$

在 $\xi$ 趋于无穷大的过程中，$\pi[Z < E(Z)]$、$\pi[Z < f(Z)]$ 与 $\pi[Z < K(Z)]$ 的极限值均为 $(\frac{1}{\mathrm{e}} - 1)$。不妨设 $H(z) = 1 - (z_m \cdot z^{-1})^{\xi} = b$，那么，$H^{-1}(b) = (1-b)^{-\theta^{-1}}$，代入 Lorenz 曲线方程可以得到：

$$\begin{aligned}Lor(a) &= \int_0^a H^{-1}(b)\mathrm{d}b \cdot [\int_0^1 H^{-1}(b)\mathrm{d}b]^{-1} \\ &= \eta^{-1} \cdot \int_0^a H^{-1}(b)\mathrm{d}b = -(1-a)^{(\xi-1)\cdot\xi^{-1}} + 1\end{aligned}$$

(3-28)

中低收入以下群体在巴莱特定律下低于平均收入的概率下限值可以通过 $\pi[Z<E(Z)]$ 的极限值来取得。然而不同的 Barrett 指数对应于不同的收入分布格局比重。图 3-1 报告了 Barrett 指数逐步提升的过程中，Gini 系数、收入低于均值的概率及 20% 高收入者比重的变动趋势。Barrett 指数为 1 的情况下，Gini 系数也是 1，这时收入低于均值的概率为 1，表示收入分配遵循的是社会达尔文法则，是绝对不均等的，中国改革开放 40 多年来便遵循了这一分配模式。当 Barrett 指数趋近于 4 时，此时的 Gini 系数降到 0.16 附近，这时收入分配是绝对平均的，中国计划经济时代所呈现的分配模式符合这一特征；而从收入低于均值的概率来看，仍然有近 70% 的人口收入低于平均收入，收入分配依然呈现右偏的偏态分布模式。当 Barrett 指数处于 1.5~1.6 时，Gini 系数处于 0.45~0.50，正好拟合了目前中国的收入分布情境，当 Gini 系数在 0.5 左右时，80% 以上的人口收入在平均收入以下。巴莱特定律表明，80% 的中低收入阶层仅拥有不到 20% 的收入，而 20% 的高收入阶层却拥有 80% 以上的收入。无论是从收入的公平性视角还是从经济可持续增长视角，抑或是从社会稳定的视角来看，收入再分配政策的引入是必要的而且是必需的。那么，可以通过不同收入阶层的税负水平、社会保障水平前后变动导致的 Gini 系数差异来度量两项政策的收入再分配效应的大小。

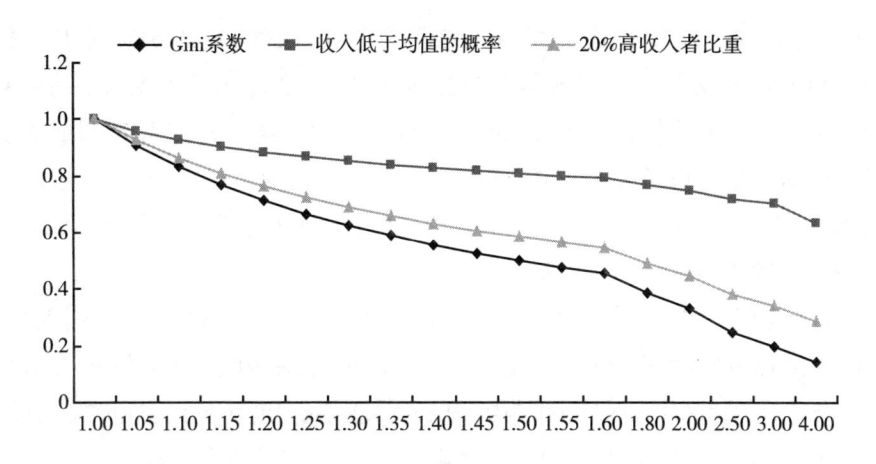

图 3-1　不同 Barrett 指数下的收入分布状况

（二）收入再分配效应度量：税收与社会保障

1. 数据来源与描述

从税收的内容和结构来看，增值税、营业税、销售税及消费税属于间接性税负，其在税负转嫁的过程中具有不确定性。从这个意义上来说，个税具有确定性，属于直接税。而且农村地区居民个税的缴纳遵循属地化原则，其收入基本上处于免税状况。基于此，对税收政策所产生的收入再分配效应的分析仅限于城镇居民。城镇居民七等分组所缴纳的个人所得税数据来源于 2001~2017 年《中国城市统计年鉴》，而可支配收入数据来源于 2001~2017 年《中国统计年鉴》。

社会保障运行机制的各环节均会对收入再分配产生较大的影响，如缴费环节、投资环节及发放环节，既有研究往往聚焦于社会保障发放环节或社会保障缴费环节对居民收入再分配的影响效应，这往往会导致收入再分配效应被低估。基于此，本节将从缴费环节和发放环节来综合度量社会保障政策的收入再分配效应。从既有统计数据的可及性来看，我们所采用的社会保障收入指的是财政收入，而财政对社会保险和社会救助的投入表示社会保障收入。社会保障的缴费涵盖养老保险、医疗保险、失业保险（不含住房公积金）。同时鉴于数据的可及性，农村社会保障体系的建立仅有几年的时间，数据的可及性仍然是主要问题。基于此，本节仍然以城镇居民的社会保障政策为度量主体。七等分组人均社会保障缴费额与人均社会保障发放额的数据均来源于 2001~2017 年《中国城市统计年鉴》以及《中国城市（镇）生活与价格年鉴》。

2006 年以来，中国的个人所得税税率标准不断提升，个税起征点从

2006年的800元/月，逐次提高到1600元/月，又从2008年的2000元/月提高到2011年的3500元/月。个税起征点虽然在提升，但个人所得税的平均税率却处于显著下降的状态，而且标准显著低于发达国家10年或者20年前的水平。根据万莹的测度水平，中国的个人所得税平均税率仅为0.63%，远低于韩国（6.9%，2000年标准）、美国（12.2%，2004年标准）以及OECD国家（11.4%，1998年标准）的税率水平。①

从社会保障的收入水平分布来看，可以从两方面来进行考量：一是不同收入组的社会保障收入水平分布；二是不同收入组的社会保障收入比重分布。2000~2016年，社会保障收入增长速度与居民收入的总增长速度基本上是同步的，数值维持在20%左右，但高收入户的社会保障收入水平占总收入水平的比重要大于低收入户，但这种趋势在逐步减缓（见图3-2）。2000~2016年，不同收入组的社会保障收入增长率呈现先上升后下降的抛物线趋势（见图3-3）。从各年度七等分收入不同群体的社会保障收入比重的变动趋势来看，中等收入户、中等偏下收入户、中等偏上收入户处于相对较高水平，而最高收入户、最低收入户以及低收入户处于相对较低的水平。由此可以看出，社会保障的收入再分配利益开始向中等收入阶层集聚；但从社会保障收入的绝对额来看，在从低收入户向高收入户过渡的过程中，绝对额呈现依次提升的趋势，且高收入户的人均社会保障水平、收入水平较高。

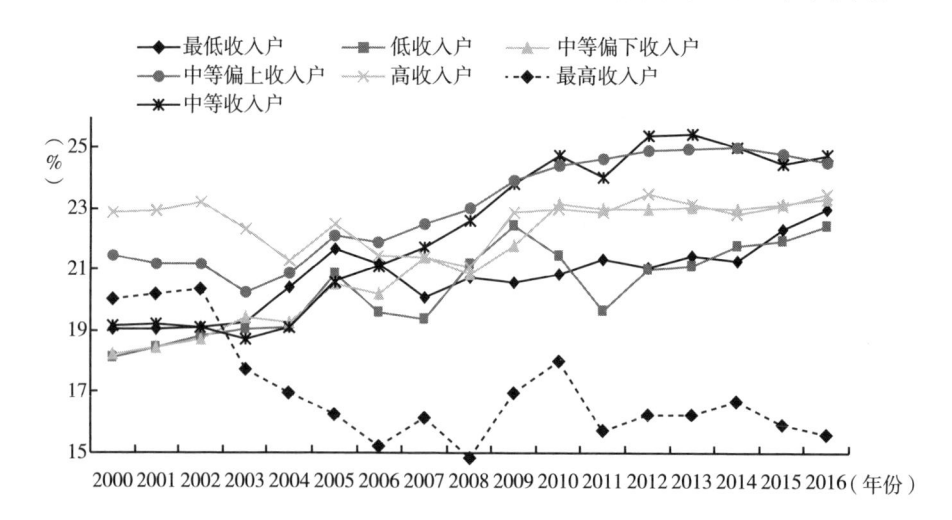

图3-2　2000~2016年七等分组的社会保障收入占总收入的比重

① 万莹：《我国税收政策与社会保障政策收入再分配效应比较》，《税务研究》2016年第9期。

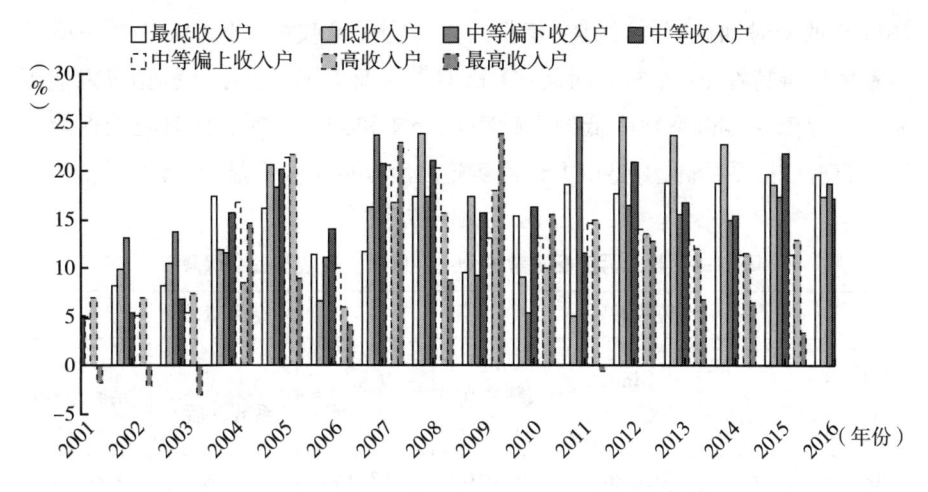

图3-3　2000~2016年七等分收入组的社会保障收入增长率

2. 税收与社会保障政策的总体再分配效应度量与评析

本章采用Gini系数在社会保障及税收政策实施前后的变化来度量社会保障政策与税收政策对居民收入再分配的影响效应，并评价两种政策的调节作用，具体结果如表3-1所示。首先，从总体上来看，无论是税收政策还是社会保障政策在实施前后，2000~2016年的Gini系数均有不同程度的下降，表明税收政策与社会保障政策在调节收入分配的公平性尺度上发挥了再分配功能，社会保障对收入的再分配调节效应在个别年份呈现负向效应，即产生了利益转移现象或逆向分配问题。如2000~2004年、2009~2011年，这8年社会保障对收入的调节作用与社会保障本身的属性是相悖的，即在这两个时间区间内社会保障政策的实施扩大了收入差距。其次，2002~2016年税收政策实施前后，Gini系数的变化均为正，表明税收对收入再分配的作用日益明显。从数值上来看，Gini系数降低的区间为［0.05%，0.41%］，而欧美等国家的税收调节作用对Gini系数的下降作用贡献率为5%~10%[①]，同期韩国和日本Gini系数下降的驱动要素中，税收政策的贡献率也在5%左右[②]。从社会保障政策对收入的调节力度来看，Gini系数除了2000~2004年、2009~

---

① Kinam Kim, Peter J. Lambert, "Redistributive Effect of U.S. Taxes and Public Transfers, 1994-2004," *Public Finance Review*, 2009, Vol.37, No.1, pp.3-26.

② Jin Kwon Hyun, Byung In Lim, "Redistributive Effect of Korea's Income Tax: Equity Decomposition," *Applied Economics Letters*, 2005, Vol.12, No.3, pp.195-198.

## 社会保障权益配置逻辑

2011年两个时间区间外,其余年份由于社会保障政策导致Gini系数下降的贡献率仅维持在1%左右。而同期OECD国家及美国、日本、韩国等发达国家社会保障对Gini系数降低的贡献率在15%和35%之间,而且社会保障政策实施前Gini系数高达0.5以上,而实施之后Gini系数下降到0.4以下。[①]

表3-1 收入再分配政策的公平性度量:税收与社会保障

| 年份 | 税收政策 | | | 社会保障政策 | | |
|---|---|---|---|---|---|---|
| | Gini系数(前) | Gini系数(后) | Gini系数变化(前-后) | Gini系数(前) | Gini系数(后) | Gini系数变化(前-后) |
| 2000 | 0.3010 | 0.3026 | -0.0016 | 0.3114 | 0.3186 | -0.0072 |
| 2001 | 0.3054 | 0.3097 | -0.0043 | 0.3045 | 0.3051 | -0.0006 |
| 2002 | 0.3098 | 0.3075 | 0.0023 | 0.3079 | 0.3088 | -0.0009 |
| 2003 | 0.3175 | 0.3168 | 0.0007 | 0.3146 | 0.3158 | -0.0012 |
| 2004 | 0.3280 | 0.3261 | 0.0019 | 0.3269 | 0.3273 | -0.0004 |
| 2005 | 0.3329 | 0.3288 | 0.0041 | 0.3317 | 0.3296 | 0.0021 |
| 2006 | 0.3296 | 0.3260 | 0.0036 | 0.3299 | 0.3262 | 0.0037 |
| 2007 | 0.3265 | 0.3234 | 0.0031 | 0.3260 | 0.3244 | 0.0016 |
| 2008 | 0.3328 | 0.3292 | 0.0036 | 0.3365 | 0.3295 | 0.0070 |
| 2009 | 0.3287 | 0.3255 | 0.0032 | 0.3268 | 0.3277 | -0.0009 |
| 2010 | 0.3230 | 0.3200 | 0.0030 | 0.3191 | 0.3204 | -0.0013 |
| 2011 | 0.3225 | 0.3198 | 0.0027 | 0.3268 | 0.3299 | -0.0031 |
| 2012 | 0.3099 | 0.3070 | 0.0029 | 0.3097 | 0.3072 | 0.0025 |
| 2013 | 0.3023 | 0.3004 | 0.0019 | 0.3052 | 0.3047 | 0.0005 |
| 2014 | 0.2905 | 0.2900 | 0.0005 | 0.3041 | 0.3036 | 0.0005 |
| 2015 | 0.2886 | 0.2853 | 0.0033 | 0.3025 | 0.3019 | 0.0006 |
| 2016 | 0.2846 | 0.2830 | 0.0016 | 0.2995 | 0.2876 | 0.0119 |

---

[①] K. Caminada, K. Goudswaard, C. Wang, "Disentangling Income Inequality and the Redistributive Effect of Taxes and Transfers in 20 LIS Countries over Time," LIS Working Paper, No.581, 2012; Kinam Kim, Peter J. Lambert, "Redistributive Effect of U.S. Taxes and Public Transfers, 1994-2004," *Public Finance Review*, 2009, Vol.37, No.1, pp.3-26.

### 3. 税收与社会保障政策的再分配综合效应

图3-4报告了税收与社会保障的再分配政策对Gini系数变动影响的综合效应。从整体上来看，一方面，社会保障对收入再分配的调节作用的稳定性要弱于税收政策的调节作用，社会保障政策的收入再分配效应在不同年份既有正向调节作用，又有逆向分配作用，呈现出极度的不稳定性；而税收对收入再分配的调节作用在任何年份都是正向的，并且总体上表现为逐年提升的正向调节效应。从2000~2016年收入再分配调节政策所发挥的效应来看，社会保障政策的正向调节作用远弱于税收政策。另一方面，从税收与社会保障对收入再分配的调节力度来看，税收政策的调节力度远小于社会保障政策的调节力度。两者对收入再分配的综合调节效应在最高的年份（2016年）也不足0.015，有些年份甚至为负（如2000年、2001年、2003年及2011年）。因此，综合调节力度也非常小。这与税收与社会保障政策的属性即设计初衷存在较大的背离。

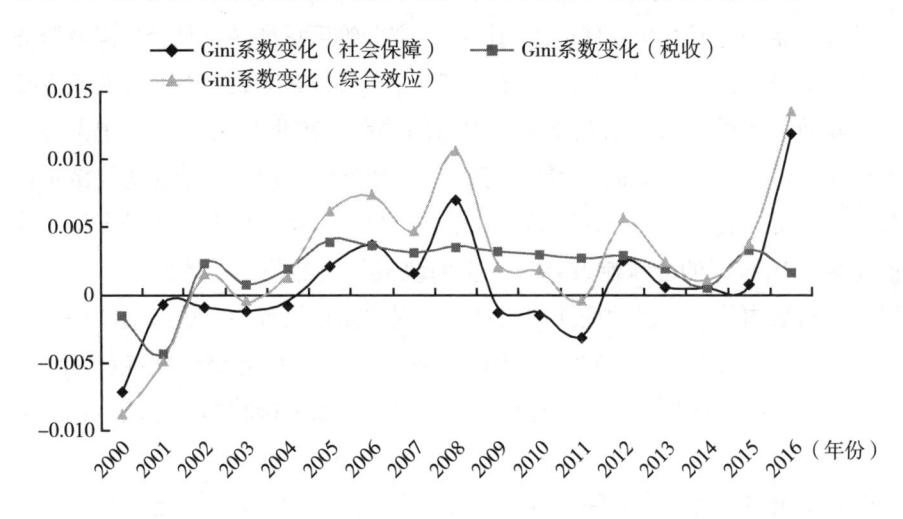

图3-4 税收与社会保障的再分配政策对Gini系数变动的影响效应

放眼发达国家税收和社会保障政策对收入再分配的调节作用及调节力度来看，1994~2004年，美国税收与社会保障政策对收入再分配的正向调节效应为30个百分点，从调节的结构来看，税收的贡献率为15%，而社会保障的贡献率高达85%[1]；从OECD国家的实证研究结果来看，2000年北欧、德

---

[1] Kinam Kim, Peter J. Lambert, "Redistributive Effect of U.S. Taxes and Public Transfers, 1994-2004," *Public Finance Review*, 2009, Vol.37, No.1, pp.3-26.

国、英国等13个发达经济体中，社会保障与税收政策对收入再分配的综合正向调节效应为40个百分点，而结构性贡献率显示，税收政策的调节作用为25个百分点，而社会保障政策的调节作用为75个百分点[①]。通过综合效应的分析，我们发现，与发达国家税收与社会保障的收入再分配调节效应与调节力度相比，中国的收入分配政策还有巨大的作用空间，而且从调节要素的结构性视角来看，中国的社会保障对收入的调节作用显著低于税收的作用，从而使得整体性的社会福利函数处于非帕累托最优或次优状态。

## 第二节　财政支出结构对城乡社会保障及服务差距的影响效应

从社会资源配置的尺度上来看，财政支出结构直接关系到政府动员社会公共资源的程度，是能否实现基本公共产品及服务均等化的关键性动态制度安排。在促进区域经济发展的均衡性时，它会给区域的城乡社会保障及服务差距带来怎样的影响效应呢？本节构建了相应的RF函数来测度区域城乡社会保障及服务的决策与财政支出结构间的关系。20世纪80年代，中国经济维度从政治维度中"脱嵌"；21世纪初，社会维度又逐步开始脱离经济维度和政治维度。通过由"一维"到"二维"再到"三维"的时空比较分析，我们发现，1994年的分税制改革所产生的政策效应是使地方政府有了自身的财政支出结构偏好，这种理性偏向具有较强的路径依赖性。由政治单一维度过渡到"经济维度+政治维度"，再过渡到"社会维度+经济维度+政治维度"的过程，形成了财政支出结构对城乡社会保障及服务影响的"泛政治化"和"泛经济化"的路径依赖，特别是经济高速发展的区域更容易出现这种类似的财政支出结构性偏离风险。因此，社会维度的搭建成为抑制地方政府城乡社会保障及服务财政支出理性偏向的着力点。

从谱系变动的视角来看，在经济、政治及社会形成的三维动力系统趋向均衡的过程中，它始终是沿着低水平均衡向高水平均衡的优化路径推进的[②]；从结构性视角来看，城镇化过程是一个国家或地区从低水平均衡向高

---

① Vincent A. Mahler, "Government Inequality Reduction in Comparative Perspective: A Cross-National Study of the Developed World," *Polity*, 2010, Vol.42, No.4, pp.511-541.
② 王增文：《农村老年人口对养老服务供给主体的社会认同度研究——基于宗族网络与农村养老服务政策的比较》，《中国行政管理》2015年第10期。

水平均衡过渡的关键助推"引擎",通常的路径是"低水平均衡—非均衡—高水平均衡"。在从低水平均衡到高水平均衡的动态优化过程中,一个国家的经济、社会及政治维度上各项社会经济发展战略在城乡之间始终处于失衡的格局。英国的"圈地运动"、苏联的"城市包围农村"、美国的"集中型城市化—工业化—郊区化"发展模式均体现为经济维度和社会维度上的"重城轻农",以前期失衡性策略为基础完成资本原始积累过程。①从政策尺度上来看,工农业"剪刀差"的价格扭曲及社会性政策的城市化取向,已成为"增长极"的中心发展模式,使得资本开始大量流向经济效率高、资本折旧快的工商业部门②,以此完成资本原始积累,进而使得经济体量得到迅速提升③。

然而,经济的自由放任发展所产生的社会问题持续发酵会导致重大的政治变动,因此,后续社会问题应放在社会维度和经济维度上来解决。自由放任发展最终要朝包容性发展推进。④那么,资本原始积累完成以后,经济体量会进入一个新的均衡水平,"熨平"城乡之间在社会经济维度上的收入分配及再分配的差异就成为世界上不同国家和地区面临的共同难题。

从1978年平均主义"发端期"到"十二五"规划提出的"窗口期"再到2010年提出的包容性增长,中国的发展在经济维度上实现了效率"极值化";在社会维度上,由于其与经济领域的非正交关系,资本的强势与人口区域性结构因素导致社会保障及服务虽然投入力度在逐年加大,但在城乡之间以户籍为"屏障"形成了"阈值效应",进而导致养老、医疗、低保及相

---

① 当然,欧美有些国家,如英国、法国、美国等的资本原始积累在很大程度上还是依赖于对外的掠夺,但对内的城乡非均衡发展策略亦具有共性。
② 当然,在中国20世纪80年代曾出现过乡镇企业这种农村集体经济组织,以农民为投资主体。但随着市场经济的深入推进及FDI的大量涌入,一方面,资本开始流向效益更高的城市工商业部门;另一方面,由于资本无法有效注入,乡镇企业的资本折旧几乎处于停滞状态,使得产品质量迅速下降,导致了后来的连续性大规模破产和倒闭。
③ Werner Bonefeld, "Primitive Accumulation and Capitalist Accumulation: Notes on Social Constitution and Expropriation," *Science & Society*, 2011, Vol.75, No.3, pp.379-399; Mark Neocleous, "War on Waste: Law, Original Accumulation and the Violence of Capital," *Science & Society*, 2011, Vol.75, No.4, pp.506-528.
④ Xiaodi Liu, Zengwen Wang, Antoinette Hetzler, "HFMADM Method Based on Nondimensionalization and Its Application in the Evaluation of Inclusive Growth," *Journal of Business Economics and Management*, 2017, Vol.18, No.4, pp.726-744.

关公共服务项目的城乡差距日益扩大。①同工不同酬、同工不同保、同命不同价的现象进一步"撕裂"了社会保障及公共服务的公平性。

焦点事件引起的"群体性事件"通过在"发端期"和"窗口期"的酝酿，最终迎来了全国范围内大规模的爆发期，矛盾的全面爆发将会对经济维度和社会维度的稳定性造成严重危机。②理念先于制度，制度先于工具，这是中国在经济维度和社会维度的"政策谱系"实施过程中呈现出的定律。在中国经济发展的"换档期"，包容性增长的共享发展理念已经"嵌入"中国发展的经济维度与社会维度之中。因此，统筹城乡社会保障及服务的定型发展已成为时代的命题。

从中国城乡社会保障及服务的差距演变视角来看，变迁过程中无不"嵌含"着经济、历史及文化要素。首先，城乡社会保障制度及服务水平的差距源于中国经济发展的资本原始积累，是既定真正、历史和文化情境下的应然及必然的历史性过程和阶段性角力。新中国成立的第一个30年（1949~1978年），"剪刀差"式工业化资本的原始积累实现经济的赶超，经济的整体性发展战略是政治单一治理维度下的工业化赶超战略，而在再分配领域形成了"重城轻农"的畸形保障二元模式。制度惯性与路径依赖的作用使得在新中国成立的第二个30年（1979~2008年）的经济社会发展过程中，尽管粮食逐步流通，实现了商品化与市场化，但土地的保障功能在迅速下降。③社会维度仍然"嵌含"于政治维度之中，以社会保障及服务为核心的公共产品及公

---

① 王增文、邓大松：《农村家庭风险测度及风险抵御和防范机制研究——兼论农村社会保障制度抵御风险的有效性》，《中国软科学》2015年第7期；缪小林、王婷、高跃光：《转移支付对城乡公共服务差距的影响——不同经济赶超省份的分组比较》，《经济研究》2017年第2期。

② R.Mussa, "A Matching Decomposition of the Rural-Urban Difference in Malnutrition in Malawi," *Health Economics Review*, 2014, Vol.4, No.1, pp.1-10; HaeJung Kim, Karen M. Hopkins, "The Quest for Rural Child Welfare Workers: How Different Are They from Their Urban Counterparts in Demographics, Organizational Climate, and Work Attitudes?," *Children and Youth Services Review*, 2017, Vol.73, No.1, pp.291-297; Loc Duc Nguyen, Katharina Raabe, Ulrike Grote, "Rural-Urban Migration, Household Vulnerability, and Welfare in Vietnam," *World Development*, 2015, Vol.71, No.3, pp.79-93.

③ 王增文：《农村老年人口对养老服务供给主体的社会认同度研究——基于宗族网络与农村养老服务政策的比较》，《中国行政管理》2015年第10期；李郇、洪国志、黄亮雄：《中国土地财政增长之谜——分税制改革、土地财政增长的策略性》，《经济学》（季刊）2013年第4期；丰雷、蒋妍、叶剑平：《诱致性制度变迁还是强制性制度变迁？——中国农村土地调整的制度演进及地区差异研究》，《经济研究》2013年第6期。

共服务仍然遵循政府分配的体制惯性及路径依赖格局,进而导致城乡之间的差距不断扩大。① 其次,转移支付、地方税收及预算外收入三要素构成的地方政府财政汲取能力在"央—地"分权体制下逐步成为"硬约束",导致社会保障及服务的城乡均等化水平进一步下降。在1982~1986年中央一号文件中发展农村经济、提高农民收入的变革历程中,国家层面持续将焦点聚焦于缩小城乡收入及公共产品和公共服务水平差距方面。然而,在中国财政分权框架下,地方官员的任免体制及向上负责的政绩考核体系,激励着地方政府为资本的引入而展开"锦标赛",使经济建设的预算挤占了公共产品和公共服务领域的预算。② 而在公共产品和公共服务领域的投入中,地方政府更加注重公共产品及公共服务的基础建设方面,如养老服务机构、养老服务设施及市民活动中心等,而忽视该领域中人力资本等软实力的投入。③ 这在促进经济快速增长的同时,使得财政支出结构在纵向配置上责任过度下沉,纵向结构相对效率呈现持续下降态势。④ 在横向配置上,各地方政府官员将大量的公共产品及公共服务资源偏向城镇居民⑤,这进一步"硬化"了城乡

---

① R.Mussa, "A Matching Decomposition of the Rural-Urban Difference in Malnutrition in Malawi," *Health Economics Review*, 2014, Vol.4, No.1, pp.1-10; 王增文:《社会网络对受助家庭再就业收入差距的影响》,《中国人口科学》2012年第2期;肖瑛:《从"国家与社会"到"制度与生活":中国社会变迁研究的视角转换》,《中国社会科学》2014年第9期。
② 范子英、张军:《财政分权与中国经济增长的效率——基于非期望产出模型的分析》,《管理世界》2009年第7期;T.Snoddon, J. F. Wen, "Grants Structure in an Intergovernmental Fiscal Game," *Economics of Governance*, 2003, Vol. 4, No. 2, pp. 115-126; K. Tsui, "Local Tax System Intergovernmental transfers and China's Local Fiscal Disparities," *Journal of Comparative Economics*, 2005, Vol.33, No.1, pp.173-196。
③ 傅勇:《财政分权、政府治理与非经济性公共物品供给》,《经济研究》2010年第8期;亓寿伟、胡洪曙:《转移支付、政府偏好与公共产品供给》,《财政研究》2015年第7期。
④ 缪小林、王婷、高跃光:《转移支付对城乡公共服务差距的影响——不同经济赶超省份的分组比较》,《经济研究》2017年第2期;H.Li, L. A. Zhou, "Political Turnover and Economic Performance: The Incentive Role of Personnel Control in China," *Journal of Public Economics*, 2005, Vol.89, No.9-10, pp.1743-1762。
⑤ 雷根强、黄晓虹、席鹏辉:《转移支付对城乡收入差距的影响——基于我国中西部县域数据的模糊断点回归分析》,《财贸经济》2015年第12期;雷根强、蔡翔:《初次分配扭曲、财政支出城市偏向与城乡收入差距——来自中国省级面板数据的经验证据》,《数量经济技术经济研究》2012年第3期;Erkmen Giray Aslim, Bilin Neyapti, "Optimal Fiscal Decentralization: Redistribution and Welfare Implications," *Economic Modelling*, 2017, Vol.61, No.1, pp.224-234; Yongzheng Liu, James Alm, "'Province-Managing-County' Fiscal Reform, Land Expansion, and Urban Growth in China," *Journal of Housing Economics*, 2016, Vol.33, No.5, pp.82-100。

社会保障及服务资源的分配约束，抑制了城乡社会保障及服务差距的减缩效应。

最后，财政支出结构优化是缩小中国城乡社会保障及服务差距的关键性制度安排。在共享发展理念和社会保障及服务作为经济增长的"引擎"的背景下，城乡社会保障及服务存在差距，财政支出结构中以公共财政为尺度的社会维度开始"脱嵌"于经济维度。①与公共财政紧密相关的是中央政府的转移支付制度，主要是基于地方性公共产品及公共服务所具有的正外部性而产生的外溢性来实施的，即为了弥补地方性公共产品及公共服务供给效率损失而形成的差距，最终实现社会保障及服务等公共产品及公共服务的均等化目标。②财政支出结构中涵盖了中央政府对地方政府的财政性激励和地方政府间基于官员晋升及绩效考核的以邻为壑的竞争性"锦标赛"，两个竞争性的尺度为民生和经济发展。③实际上，在既有转移支付水平下，城乡差距程度已经超越了区域差异程度，而目前学术界和政界将转移支付的功能及职能聚焦于区域层级而忽视了城乡结构。1994~2016年，中央政府的转移支付中80%以上的资金投向了相对落后的中西部省份。

财政支出主要包括经济建设支出、民生建设支出及运转性支出三个方面。我们所考察的财政支出结构对城乡社会保障及服务差距的影响作用，最基本的考察逻辑及路径是：在地方政府既有的收支状况及预算约束条件下，中央财政通过转移支付的方式来对地方政府财政汲取能力进行均衡性的干预，调节地方政府的财政预算约束，从而在更高均衡水平上实现财政的横向均衡。在收入再分配领域，激励地方各级政府通过以社会保障及服

---

① 1998年12月15日，中国决策层在全国财政工作会议上决定构建中国公共财政的基本框架，即积极创造条件，逐步建立公共财政基本框架。
② Zhou Yang, "Tax Reform, Fiscal Decentralization, and Regional Economic Growth: New Evidence from China," *Economic Modelling*, 2016, Vol. 59, No. 6, pp. 520-528; Yong Wang, "Fiscal Decentralization, Endogenous Policies, and Foreign Direct Investment: Theory and Evidence from China and India," *Journal of Development Economics*, 2013, Vol. 103, No. 4, pp. 107-123; 程宇丹、龚六堂：《财政分权框架下的最优税收结构》，《金融研究》2016年第5期。
③ 罗党论、佘国满、陈杰：《经济增长业绩与地方官员晋升的关联性再审视——新理论和基于地级市数据的新证据》，《经济学》（季刊）2015年第3期；周黎安：《中国地方官员的晋升锦标赛模式研究》，《经济研究》2007年第7期；李永友：《转移支付与地方政府间财政竞争》，《中国社会科学》2015年第10期。

务为核心的公共产品及公共服务投入力度的结构性调整来"熨平"城乡社会保障及服务水平之间的级差；同时协调好财政支出结构中经济建设支出、民生建设支出及运转性支出三个方面的结构比例在城乡之间的均衡性分布。从近30年的变迁情景来看，"中国式"的"央—地"财政分权体制与竞争性机制通过相对绩效的考核尺度，使得政府作为"理性经济人"不断提升财政支出结构中经济建设支出比重，实现横向府际经济赶超的"竞技赛"，注重经济增长的短期效应，对社会保障及服务等公共产品及公共服务进行"矮化"，而忽视其长期的经济"引擎"功能。[1]由此，在既有的财政分权体制、竞争机制及绩效评价体系下，城乡社会保障及服务差距的"熨平"路径中存在"天花板"效应。因为在地方政府财政汲取能力有限的约束条件下，基于财政幻觉（Fiscal Illusion）的中位数选民模型（Median Voter Model）及官僚主义作为模型（Bureaucratic Behavior Model）所形成的粘蝇纸（Flypaper）效应，导致既有政府转移支付对以社会保障及服务为核心的公共产品及公共服务均等化调节的无效性。[2]尤其是在社会维度"嵌含"于政治或经济维度之中时，Flypaper效应将会更加明显，最终会导致社会保障发展空间的差距愈加显著和随机收敛的不可控非均衡性发展困局。[3]从中国城乡社会保障及服务发展空间的差异性及随机收敛的典型特征来看，中央财政以转移支付的形式来对社会保障及服务进行均等化的逻辑起点未必有最终目标的归属。[4]因此，从结构主义的视角切入，

---

[1] 王增文：《社会保障与技术进步动态组合的经济发展驱动路径分析》，《科学学研究》2016年第9期；Clemens Breisinger, Olivier Ecker, "Simulating Economic Growth Effects on Food and Nutrition Security in Yemen: A New Macro‐micro Modeling Approach," *Economic Modelling*, 2014, Vol.43, No.6, pp.100-113; Lars Kunze, "Funded Social Security and Economic Growth," *Economics Letters*, 2012, Vol.115, No.2, pp.180-183。

[2] 缪小林、王婷、高跃光：《转移支付对城乡公共服务差距的影响——不同经济赶超省份的分组比较》，《经济研究》2017年第2期；Carlos A. Vegh, Guillermo Vuletin, "Unsticking the Flypaper Effect in an Uncertain World," *Journal of Public Economics*, 2015, Vol.131, No.6, pp.142-155; Xinzheng Shi, "Does an Intra-household Flypaper Effect Exist? Evidence from the Educational Fee Reduction Reform in Rural China," *Journal of Development Economics*, 2012, Vol.99, No.2, pp.459-473。

[3] 吕承超、白春玲：《中国社会保障发展空间差距及随机收敛研究》，《财政研究》2016年第4期。

[4] 缪小林、王婷、高跃光：《转移支付对城乡公共服务差距的影响——不同经济赶超省份的分组比较》，《经济研究》2017年第2期。

探析"中国式"分权体制下中央政府的转移支付对城乡社会保障及服务差距的扭转机制,应在经济、社会及政治三维框架下基于地方政府选择逻辑进行综合性和结构性的考量,并针对异质性情境下各维度发挥效力的空间进行对比性分解、测度及检验。

目前针对财政支出结构对城乡社会保障及服务差距的影响效应研究较少。一方面,绝大多数研究聚焦于某项具体财政政策的影响效应,如转移支付政策对不同层级政府困境及缩小城乡收入差距的影响[1],公共财政支出对城乡社会保障及服务差距的影响效应[2],经济建设支出、转移支付支出等对城乡社会保障收入差距的影响等[3]。另一方面,既有文献将不同的财政支出政策对城乡公共产品及公共服务的研究"嵌入"经济发展维度中,如分权体制下财政转移支付与区域经济的收敛关系[4],经济的"竞赛"促使经济发展水平相对落后的区域更加倾向于经济建设支出,从而形成城乡公共产品及公共服务收敛的二元困境[5]。实际上,从社会维度来看,既有研究未从公平性尺度来分析城乡社会保障各自发展空间及城乡内部收入差距随机收敛特征。吕承超和白春玲探寻了中国社会保障整体性发展空间的差异性的随机收敛特征,并进行了实证检验,但在财政支出结构与城乡社会保障及服务差距关系的逻辑机制和影响效应的异质性方面,有待进一步剖析。[6]

## 一 异质性区域的财政支出结构与城乡社会保障及服务差距

### (一)经济社会发展水平度量

1978年以来,经济维度和社会维度开始逐步从政治维度中"脱嵌",在

---

[1] 李永友:《转移支付与地方政府间财政竞争》,《中国社会科学》2015年第10期。
[2] 莫亚琳、张志超:《城市化进程、公共财政支出与社会收入分配——基于城乡二元结构模型与面板数据计量的分析》,《数量经济技术经济研究》2011年第3期;王增文、邓大松:《农村家庭风险测度及风险抵御和防范机制研究——兼论农村社会保障制度抵御风险的有效性》,《中国软科学》2015年第7期。
[3] 王增文:《社会网络对受助家庭再就业收入差距的影响》,《中国人口科学》2012年第2期。
[4] 缪小林、王婷、高跃光:《转移支付对城乡公共服务差距的影响——不同经济赶超省份的分组比较》,《经济研究》2017年第2期。
[5] 缪小林、伏润民:《权责分离、政绩利益环境与地方政府债务超常规增长》,《财贸经济》2015年第4期;缪小林、高跃光:《城乡公共服务:从均等化到一体化——兼论落后地区如何破除经济赶超下的城乡"二元"困局》,《财经研究》2016年第7期。
[6] 吕承超、白春玲:《中国社会保障发展空间差距及随机收敛研究》,《财政研究》2016年第4期。

"效率优先、兼顾公平"的发展理念和战略下,经济维度的"轴线"被迅速拉长,而社会维度的"轴线"却停滞不前。在价值优先次序上,政治维稳优于经济发展,经济发展又优于社会发展,由此形成了国家制度在社会与生活上偏向发展的失衡困境。然而,在不同的绩效评价体制下,社会保障及服务的运行过程呈现"泛经济化"和"泛政治化"的特征。[①]在以经济建设为核心的情境下,在区域间经济赶超战略下,各区域会以牺牲社会发展为代价。2015年以来,经济新常态出现,包容性发展成为经济和社会发展的必经之路。由此,社会维度的"短轴"开始逐步延展,并开始与经济发展的长轴相靠近,以社会保障及服务为核心的公共产品及公共服务开始成为经济增长的"双引擎"之一。同时,从经济及社会发展的变化谱系来看,两者的发展在"横轴"上且在一定意义上具有同步性,即经济发展水平相对较高的地区,社会化程度也相对较高,而经济发展相对落后的地区,社会化程度亦会处于相对较低的水平。为了更好地测度不同经济和社会发展水平下异质性区域的财政支出结构对城乡社会保障及服务差距的影响,本节将首先测度经济和社会维度下各地区的经济和社会化水平的差距。笔者参照了国际上关于HDI指数的测度公式,分别采用社会保障服务水平、经济发展水平、健康水平、人均预期寿命、教育水平5项指标来测度经济维度和社会维度下经济和社会化水平。某区域的经济和社会化水平度量公式如下:

$$ESDI_j = \frac{1}{4}\sum_{i=1}^{4}h_{ij}, \quad \text{s.t.} \ h_{ij} = \frac{\text{Max}\{z_{ij}\} - z_{ij}}{\text{Max}\{z_{ij}\} - \text{Min}\{z_{ij}\}} \tag{3-29}$$

式(3-29)中,$i \in [1, 4]$表示四项指标,$j$为区域变量,$h_{ij}$表示各项测度指标值。本节以1990~2016年省会城市面板数据为测度对象,相应数据来源于1991~2017年《中国统计年鉴》《中国劳动统计年鉴》《中国社会统计年鉴》,从而测度出不同年份、不同区域分项发展水平指数$h_{ij}$和$ESDI_j$的取值。$ESDI_j \in [0, 1]$,$ESDI_j$的取值越接近于1,表明该区域经济和社会化程度越高。按照联合国的划分标准:如果$ESDI_j \in [0.8, 1]$,则属于经济和社会化高等水平;如果$ESDI_j \in [0.5, 0.8)$,则属于中等发展水平;如果$ESDI_j \in [0, 0.5)$,则属于低等发展水平。

图3-5给出了1995~2016年中国27个省会城市(首府)及4个直辖市经

---

① 曹信邦:《社会保障异化论》,《云南社会科学》2012年第3期。

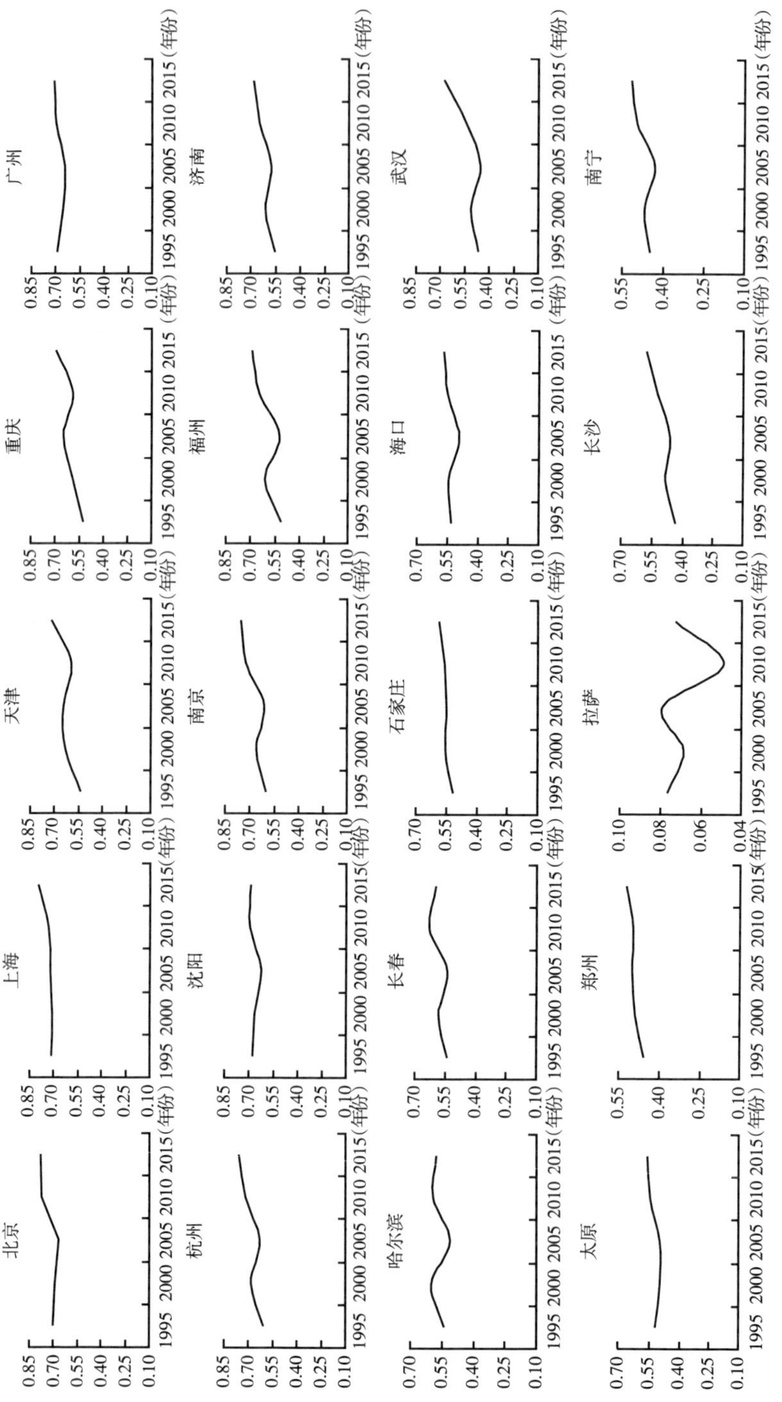
北京
上海
天津
重庆
广州
杭州
沈阳
南京
福州
济南
哈尔滨
长春
石家庄
海口
武汉
太原
郑州
拉萨
长沙
南宁
1995 2000 2005 2010 2015（年份）

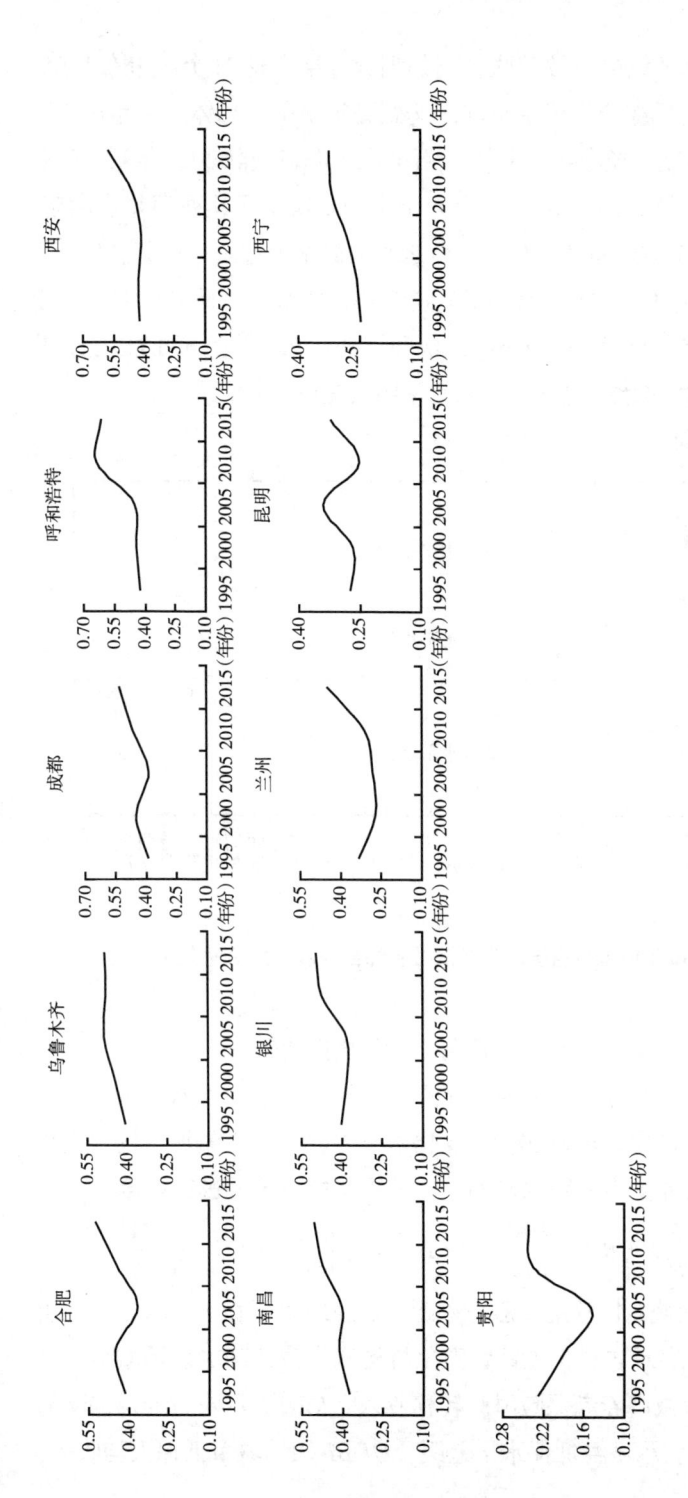

图 3-5　1995~2016 年中国各省省会城市经济社会综合发展指数变动趋势

济社会发展水平的测度结果。按照联合国的划分标准，这31个城市在1995~2016年的经济和社会化综合发展水平均未达到高等水平，总体上，重庆、广州、沈阳、福州、济南、哈尔滨、长春、石家庄、海口（除2015年）、武汉、太原、长沙、呼和浩特、西安14个城市处于中等发展水平；而郑州、南宁、合肥、成都、南昌5个城市总体上处于由低水平向高水平过渡；拉萨、乌鲁木齐、银川、兰州、昆明、西宁、贵阳7个城市处于低水平。此外，北京、上海、杭州、南京、天津5个城市2016年经济和社会化水平达到了0.7以上，我们认为这5个城市的发展水平进入了准高水平组（见图3-6）。

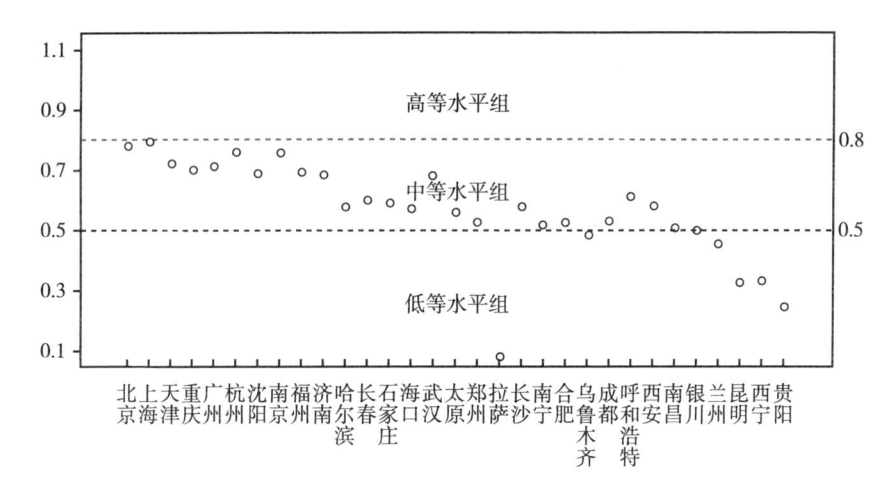

图3-6 2016年中国各省会城市经济社会综合发展指数区间分布

（二）财政支出结构对社会保障及服务差距的横向比较

本节重点测度城乡医疗卫生服务水平差异、城乡养老保险水平差异、城乡最低生活保障水平差异、城乡建设性支出水平差异。为度量城乡财政支出结构对社会保障及服务支出差距的影响，本节采用如下公式进行测度：

$$URM = \frac{UCMH}{RCMH}, \quad URP = \frac{UEP}{REP}, \quad URDB = \frac{UDBE}{RDBE}, \quad URC = \frac{UCA}{RCA}$$

其中，URM表示城乡医疗卫生服务差距，UCMH表示城市千人医疗卫生机构床位数，RCMH表示农村千人医疗卫生机构床位数；URP表示城乡养老保险差距，UEP表示城市养老保险财政转移收入，REP表示农村养老保险财政转移收入；URDB表示城乡低保水平差距，UDBE表示城市低保人均收入，

## 第三章 包容性发展理念下社会保障权益配置逻辑

RDBE表示农村低保人均收入；URC表示城乡建设投入水平差距，UCA表示城市建设人均投入水平，RCA表示农村建设人均投入水平。

总体来说，1995~2016年，中国不同区域各项城乡社会保障及服务项目差距呈现减小的趋势。从结构性变动视角来看，经济和社会化程度相对较低的区域城乡社会保障及服务的差距减小效应相对较弱。

从财政支出结构与城乡社会保障及服务差距的变动趋势来看，财政支出结构的社会性偏向依然会使得城乡社会保障及服务间存在时间固定效应。从横向截面数据所呈现出的静态即时性效应来看，财政支出结构中，经济建设性支出与社会保障及服务的城乡差距呈现正相关关系（见图3-7）；而且不同经济和社会化程度的区域亦存在不同的相关程度。

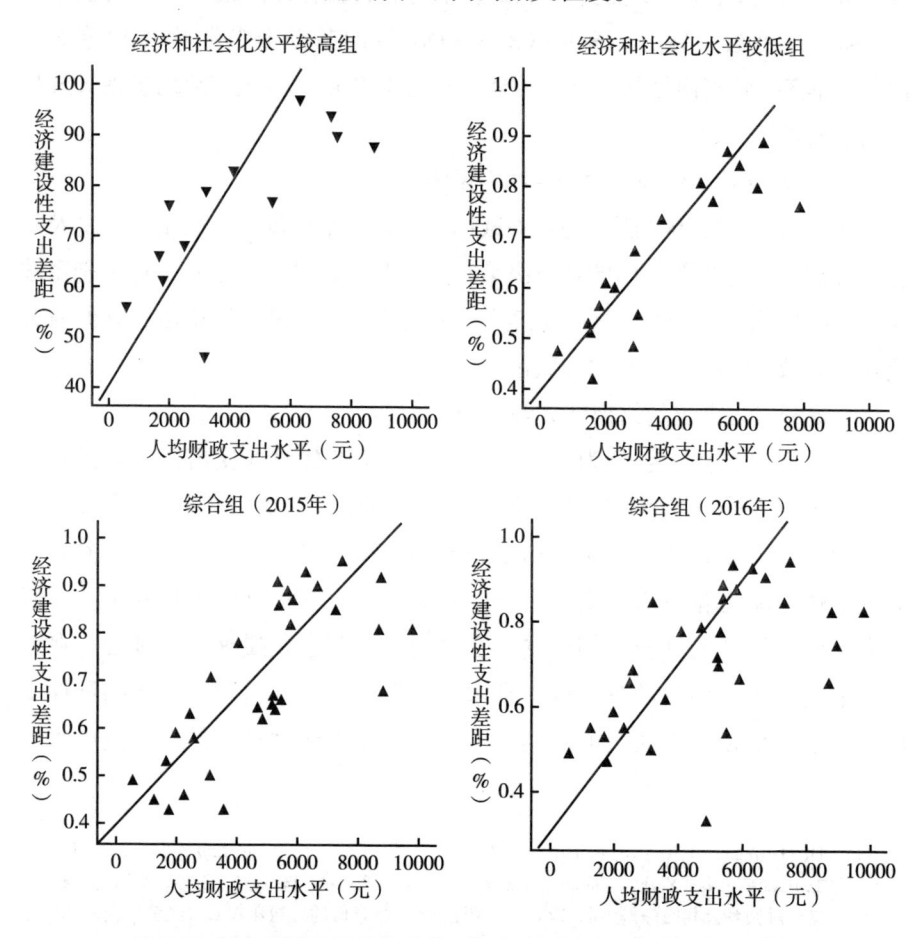

图3-7 城乡经济建设性支出差距与人均财政支出水平之间的关系

通过上述的描述性统计，我们通过散点图的探索性分析基本了解了财政支出结构与社会保障及服务差距的大致相关关系，但从"因"与"果"的机理性视角来看，这远未达到研究的要求，即我们仍然不能准确地探析出财政支出结构是城乡社会保障及服务差距动态变动的"因"。接下来，本节将进一步测度两者间的因果关系，并以区域不同经济和社会化程度的三种标准为约束条件来度量异质性条件下两者间因果关系的强度差异性。

## 二 城乡社会保障及服务支出对财政支出结构的动力机制

我们以社会福利函数为承载、以城乡社会保障及服务支出的偏向为尺度，建立地方政府城乡社会保障及服务支出的综合性决策对财政支出结构的 Reaction 函数，在 Ledrman 和 Bravo-Ortega 的基础上参照缪小林等的做法[①]，并将财政支出结构、社会保障及服务等变量内生化，从而扩展其外生性约束条件。

（一）包含社会保障及服务的动力系统

在包含社会保障及服务的相关载体中应在三个维度——政治、经济及社会上分别探寻各相关部门的各自决策行为，其中，各动力系统主体分别由政府（包括中央政府及地方各级政府）、企业部门、国民个体构成，并同时分成两类区域性部门——农村和城市。

1.政府财政支出的结构性分解

财政支出结构一般分为三大类：一类是生产建设性支出，一类是社会保障及服务等社会福利性支出，还有一类为行政管理费用支出。[②]财政支出结构中，生产建设性支出主要用于企业的生产与扩大再生产，进而提升企业的整体效率与竞争力，由此会产生企业生产效率提升的解释变量。对于社会保障及服务的社会福利性支出，主要是以共享发展理念为基础，在帕累托准则下提升国民的整体性福利水平和效用水平。由此，社会福利性支出作为解释变量进入居民的效用函数中，可用来测度社会的总体效用水平

---

[①] D. Ledrman, C.Bravo-Ortega, *Is There an Urban Bias in Public Expenditure: A Welfare Approach* (New York: Columbia University Press, 2014)；缪小林、王婷、高跃光：《转移支付对城乡公共服务差距的影响——不同经济赶超省份的分组比较》，《经济研究》2017年第2期。

[②] 付文林、沈坤荣：《均等化转移支付与地方财政支出结构》，《经济研究》2012年第5期。

的变动情况。假设中央财政支出结构中，社会保障及服务等社会福利性支出及生产建设性支出比重分别为 $cw$ 和 $1-cw-ca$，其中，$ca$ 为行政管理费用支出比例。地方政府的社会福利性支出及生产建设性支出比重分别为 $lw$ 及 $1-lw-la$，其中，$la$ 表示地方政府的行政管理费用支出比例。而且 $cw$，$lw$，$ca$，$la \in (0, 1)$。不妨设中央生产建设性支出、社会福利性支出、地方生产建设性支出和福利性支出比重分别为 $\sigma_1$、$\sigma_2$、$\sigma_3$ 和 $\sigma_4$，行政管理费用分别为 $\sigma_{12}$ 和 $\sigma_{34}$，其值处于 $(0, 1)$ 区间内，那么财政支出结构为：

$$C = (CR_p + CU_p) + (CR_w + CU_w) + (CR_A + CU_A)$$
$$= C\{[\sigma_1(1-cw)(1-cw-ca) + (1-\sigma_1-\sigma_{12})(1-cw-ca)] + \quad (3-30)$$
$$[\sigma_2 \cdot cw + (1-\sigma_2-\sigma_{12}) \cdot cw]\}$$

式（3-30）为中央财政支出结构，其中，$CR_p + CU_p$ 为生产建设性支出，$CR_w + CU_w$ 为社会福利性支出，$CR_A + CU_A$ 为行政管理费用支出。

$$L = (LR_p + LU_p) + (LR_w + LU_w) + (LR_A + LU_A)$$
$$= L\{[\sigma_3(1-lw)(1-lw-la) + (1-\sigma_3-\sigma_{34})(1-lw-la)] + \quad (3-31)$$
$$[\sigma_4 \cdot lw + (1-\sigma_4-\sigma_{34}) \cdot lw]\}$$

式（3-31）为地方财政支出结构，其中，$LR_p + LU_p$ 为生产建设性支出，$LR_w + LU_w$ 为社会福利性支出，$LR_A + LU_A$ 为行政管理费用支出。

2.政府财政汲取能力的结构性分解

通常来说，财政汲取能力来源于税收。然而，2001年开始，中央对农村税费进行了改革，主要改革内容包括"三取消、两调整、一改革"①。并且2006年后，中国在全国范围内全面取消了农业税，农村居民收入是以隐性的形式存在，工资税也仅仅针对的是城市居民。由此，地税和国税的主要来源是城市地区。不妨设城市人均GDP为 $g_c$，城镇化率为 $\lambda[\lambda \in (0, 1)]$，政府税收汲取能力为 $t$，那么，政府的税收收入 $RE = \lambda \cdot t \cdot g_c$。在央地分权体制下，中央政府的财政汲取能力为 $\delta[\delta \in (0, 1)]$，汲取水平为 $\delta \cdot RE$，地方政府财政汲取能力为 $1-\delta$，则汲取水平为 $(1-\delta) \cdot RE$；同时，中央政府会以转移支付的形式增强经济相对落后地区的财政汲取能力，主要通过三种形式——一般性转移支付、专项转移支付和无条件税收返还。本节假设三项

---

① "三取消"是指取消乡统筹费、农村教育集资等专门面向农民征收的行政事业性收费和政府性基金、集资；取消屠宰税；取消统一规定的劳动积累工和义务工。"两调整"是指调整农业税政策；调整农业特产税政策。"一改革"是指改革村提留征收使用办法。

税收返还比重分别为$v_1$、$v_2$和$v_3$，其中，$v_1$、$v_2$和$v_3 \in (0, 1)$，且三者之和为1。政府财政汲取能力的结构性分解结果如下：

$$C = \delta \cdot \lambda \cdot t \cdot g_c \cdot (1 - v_3) + (1 - \delta) \cdot \lambda \cdot t \cdot g_c \quad (3-32)$$

式（3-32）表示地方政府财政汲取能力的结构性分解，$\delta \cdot \lambda \cdot t \cdot g_c \cdot (1 - v_3)$表示中央财政无条件税收返还，$(1 - \delta) \cdot \lambda \cdot t \cdot g_c$表示地方政府自身的税收汲取能力。

$$L = \delta \cdot \lambda \cdot t \cdot g_c \cdot (1 - v_1 - v_2) \quad (3-33)$$

式（3-33）表示中央政府财政汲取能力水平。

### （二）动力系统构建

**1.企业主体的生产函数**

在地方政府生产性支出约束条件下，企业的产出目标函数为：

$$g_c = A_c \cdot k_c^{1-\gamma_c-\gamma_c} \cdot CR_p^{\gamma_c} \cdot LR_p^{\gamma_c} \quad (3-34)$$

$$g_l = A_l \cdot k_l^{1-\gamma_l-\gamma_l} \cdot CR_p^{\gamma_l} \cdot LR_p^{\gamma_l} \quad (3-35)$$

其中，$g$表示企业产出；$A$表示技术进步变量，包括技术创新与技术扩散；$k$表示资本；$\gamma$表示财政支出结构中生产建设性支出与人均产出的弹性变量。本节假定地方生产性支出与中央财政生产性支出对企业生产的影响具有同质性，同时假定$\gamma \in (0, 0.5)$，这是为保证企业自身生产及再生产投入与政府生产建设性投入对生产产生正向的影响效应。式（3-34）表示城市企业的产出目标函数，而式（3-35）表示农村企业的产出目标函数。

**2.居民的社会福利效用函数**

在城乡二元体制下，不同区域居民的社会福利效用函数是不同的，由此：

$$V_c = C_c \cdot CU_w^{\varphi_c} \cdot LR_w^{\varphi_c} \quad (3-36)$$

$$V_l = C_l \cdot CU_w^{\varphi_l} \cdot LU_w^{\varphi_l} \quad (3-37)$$

其中，$V$表示居民福利效用函数，$C$表示居民的人均消费支出，$\varphi$表示财政支出结构中社会福利支出的弹性系数，$\varphi \in (0, 1)$。其中，式（3-36）表示城市居民社会福利效用函数，式（3-37）表示农村居民社会福利效用函数。本节假设居民的储蓄主要用于投资。由此，居民的消费主要来源于收入。由式（3-36）和式（3-37）可以得到城乡居民从政府生产性支出与社会福利性支出中获得的效用函数分别为：

$$V_c = A_c \cdot k_c^{1-\gamma_c-\gamma_c} \cdot CR_p^{\gamma_c} \cdot LR_p^{\gamma_c} \cdot CU_w^{\varphi_c} \cdot LR_w^{\varphi_c} \quad (3-38)$$

$$V_l = A_l \cdot k_l^{1-\gamma_l-\gamma_l} \cdot CR_p^{\gamma_l} \cdot LR_p^{\gamma_l} \cdot CU_w^{\varphi_l} \cdot LR_w^{\varphi_l} \quad (3-39)$$

3.地方政府的决策函数:社会维度与经济维度上的分解

地方政府决策函数是一种综合性的决策,在经济维度上,财政支出用于经济发展,即以 GDP 的提升为核心目标;在社会维度上,财政支出是指以提高居民的社会福利为目标的福利性支出。假设在经济维度上的投入比重为 $\mu$,则在社会维度上的投入比重为 $1-\mu$,那么,地方政府的综合性决策偏好函数所获得的效用为:

$$D = \mu \cdot V_1(g_l, g_c) + (1-\mu)V_2(g_l, g_c) \quad (3-40)$$

其中,$V_1(g_l, g_c)$ 为地方政府从发展经济中获得的绩效,$V_2(g_l, g_c)$ 为该区域居民社会福利提升带来的绩效。

### (三)异质性社会及经济维度下社会保障及服务的收敛空间

1.经济维度"长轴"与社会维度"短轴"下的地方政府最优决策动力系统

$$\text{Max}V_1 = V_1\{\sigma_3 A_c \cdot k_c^{1-\gamma_c-\gamma_c} \cdot CR_p^{\gamma_c} \cdot LR_p^{\gamma_c}, (1-\sigma_3) \cdot A_l \cdot k_l^{1-\gamma_l-\gamma_l} \cdot CR_l^{\gamma_l} \cdot LR_l^{\gamma_l}\}$$

约束条件:

$$C = (CR_p + CU_p) + (CR_w + CU_w) + (CR_A + CU_A),$$
$$L = (LR_p + LU_p) + (LR_w + LU_w) + (LR_A + LU_A),$$
$$C = \delta \cdot \lambda \cdot t \cdot g_c \cdot (1-v_3) + (1-\delta) \cdot \lambda \cdot t \cdot g_c,$$
$$L = \delta \cdot \lambda \cdot t \cdot g_c \cdot (1-v_1-v_2),$$
$$g_c = A_c \cdot k_c^{1-\gamma_c-\gamma_c} \cdot CR_p^{\gamma_c} \cdot LR_p^{\gamma_c}, \quad g_l = A_l \cdot k_l^{1-\gamma_l-\gamma_l} \cdot CR_p^{\gamma_l} \cdot LR_p^{\gamma_l} \quad (3-41)$$

接下来,我们构造 Hamiltonian 函数来求得动力系统的均衡解,不妨设 $V_1'|_{g_c} \cdot (V_1'|_{g_l})^{-1}$,可以得到关于 $\sigma_3$ 的 Hamiltonian 函数 $H(\sigma_3)$:

$$H(\overset{o}{\sigma}_3) = V_1'|_{g_c} \cdot (V_1'|_{g_l})^{-1} \cdot (\gamma_c A_c k_c^{1-2\gamma_c}) \cdot (\gamma_l A_l k_l^{1-2\gamma_l})^{-1} \cdot L^{2(\gamma_c-\gamma_l)} \cdot$$
$$[(1-cw)(1-lw)]^{\gamma_c-\gamma_l} \cdot \sigma_1^{\gamma_c} \cdot (\sigma_2+\sigma_3)^{-\gamma_l}[(v_3 \cdot \delta)^{-1}-1]^{\gamma_c-\gamma_l}$$

$$(3-42)$$

经济维度"长轴"与社会维度"短轴"下,生产建设性支出和地方社会保障及服务公共支出决策对中央财政转移支付的 Reaction 函数为:

$$H(\overset{o}{\sigma}_3) = \eta \cdot (\gamma_c A_c k_c^{1-2\gamma_c}) \cdot (\gamma_l A_l k_l^{1-2\gamma_l})^{-1} \cdot L^{2(\gamma_c-\gamma_l)} \cdot [(1-cw)(1-lw)]^{\gamma_c-\gamma_l} \cdot$$
$$\sigma_1^{\gamma_c} \cdot (\sigma_2 + \sigma_3)^{-\gamma_l} [(v_3 \cdot \delta)^{-1} - 1]^{\gamma_c-\gamma_l}$$

(3-43)

$$\frac{\partial H(\overset{o}{\sigma}_3)}{\partial v_2} = \eta(\gamma_c A_c k_c^{1-2\gamma_c}) \cdot (\gamma_l A_l k_l^{1-2\gamma_l})^{-1} \cdot L^{2(\gamma_c-\gamma_l)} \cdot [(1-cw)(1-lw)]^{\gamma_c-\gamma_l} \cdot$$
$$\sigma_1^{\gamma_c}(\sigma_2+\sigma_3)^{-\gamma_l}(\gamma_c-\gamma_l)[(v_3\delta)^{-1}-1]^{(\gamma_c-\gamma_l)\cdot(\gamma_c-\gamma_l-1)} \cdot v_3^{-1}$$

$$\frac{\partial H(\overset{o}{\sigma}_3)}{\partial v_3} = \eta(\gamma_c A_c k_c^{1-2\gamma_c}) \cdot (\gamma_l A_l k_l^{1-2\gamma_l})^{-1} \cdot L^{2(\gamma_c-\gamma_l)} \cdot [(1-cw)(1-lw)]^{\gamma_c-\gamma_l} \cdot$$
$$\sigma_1^{\gamma_c}(\sigma_2+\sigma_3)^{-\gamma_l}(\gamma_c-\gamma_l)[(v_3 \cdot \delta)^{-1}-1]^{(\gamma_c-\gamma_l)\cdot(\gamma_c-\gamma_l-1)} \cdot$$
$$[\delta^{-1} - v_3]$$

(3-44)

在异质性社会维度及经济维度下,社会保障及服务的收敛空间中以经济维度为"长轴"、以社会维度为"短轴"的地方政府最优决策的动力系统的解释如下:在这种情景下,财政支出结构中财政对城乡社会保障及服务的影响效应取决于城乡建设性支出对经济增长的影响效应,而且经济发展导向性越明显,这种效应就越大。

2.社会维度"长轴"与经济维度"短轴"下的地方政府最优决策动力系统

$$\text{Max } V_2 = V_2\{v_c(\sigma_3, \sigma_4), v_l[(\sigma_3+\sigma_{34}), (\sigma_4+\sigma_{34})]\}$$

约束条件为:

$$C = (CR_p + CU_p) + (CR_w + CU_w) + (CR_A + CU_A),$$
$$L = (LR_p + LU_p) + (LR_w + LU_w) + (LR_A + LU_A),$$
$$C = \delta \cdot \lambda \cdot t \cdot g_c \cdot (1 - v_3) + (1 - \delta) \cdot \lambda \cdot t \cdot g_c,$$
$$L = \delta \cdot \lambda \cdot t \cdot g_c \cdot (1 - v_1 - v_2),$$
$$g_c = A_c \cdot k_c^{1-\gamma_c} \cdot CR_p^{\gamma_c} \cdot LR_p^{\gamma_c}, \quad g_l = A_l \cdot k_l^{1-\gamma_l} \cdot CR_p^{\gamma_l} \cdot LR_p^{\gamma_l},$$
$$V_c = C_c \cdot CU_w^{\varphi_c} \cdot LR_w^{\varphi_c}, \quad V_l = C_l \cdot CW_l^{\varphi_l} \cdot LU_l^{\varphi_l},$$
$$V_c = A_c \cdot k_c^{1-\gamma_c} \cdot CR_p^{\gamma_c} \cdot LR_p^{\gamma_c} \cdot CU_w^{\varphi_c} \cdot LR_w^{\varphi_c},$$
$$V_l = A_l \cdot k_l^{1-\gamma_l} \cdot CR_p^{\gamma_l} \cdot LR_p^{\gamma_l} \cdot CU_w^{\varphi_l} \cdot LR_w^{\varphi_l}$$

(3-45)

不妨设 $V_2'|_{v_c} \cdot (V_2'|_{v_l})^{-1}$,则 Hamiltonian 函数最优解为:

## 第三章 包容性发展理念下社会保障权益配置逻辑

$$H_1(\overset{o}{\sigma}_3) = \beta(\gamma_c A_c k_c^{1-2\gamma_c}) \cdot (\gamma_l A_l k_l^{1-2\gamma_l})^{-1} \cdot L^{2(\gamma_c - \gamma_l + \varphi_c - \varphi_l)} \cdot$$
$$[(1-cw-ca)(1-lw-la)]^{\gamma_c-\gamma_l} \cdot$$
$$(cw \cdot lw)^{\varphi_c-\varphi_l} \cdot \sigma_4^{\varphi_c} \cdot \sigma_1^{\gamma_c} \cdot \sigma_2^{\varphi_c} \cdot \sigma_3^{-\varphi_l} \cdot \sigma_2^{-\gamma_l} \cdot \sigma_1^{-\varphi_l} \cdot$$
$$[(v_3 \cdot \delta)^{-1}]^{(\gamma_c - \gamma_l + \varphi_c - \varphi_l)} \qquad (3-46)$$
$$= \beta(\beta_c A_c k_c^{1-2\gamma_c}) \cdot (\beta_l A_l k_l^{1-2\gamma_l})^{-1} \cdot L^{2(\gamma_c - \gamma_l + \varphi_c - \varphi_l)} \cdot$$
$$[(1-cw-ca)(1-lw-la)]^{\gamma_c-\gamma_l} \cdot$$
$$\sigma_1^{\gamma_c-\varphi_l} \cdot \sigma_2^{\varphi_c-\gamma_l} \cdot \sigma_3^{-\varphi_l} \cdot \sigma_4^{-\varphi_c} \cdot (v_3 \cdot \delta)^{(\gamma_l-\gamma_c+\varphi_l-\varphi_c)}$$

$$H_2(\overset{o}{\sigma}_4) = \beta(\gamma_c \varphi_c k_c^{1-2\gamma_c}) \cdot (\gamma_l A_l k_l^{1-2\gamma_l})^{-1} \cdot L^{2(\gamma_c - \gamma_l + \varphi_c - \varphi_l)} \cdot$$
$$[(1-cw-ca)(1-lw-la)]^{\gamma_c-\gamma_l} \cdot$$
$$(cw \cdot lw)^{\varphi_c-\varphi_l} \cdot \sigma_4^{\varphi_c} \cdot \sigma_1^{\gamma_c} \cdot \sigma_2^{\varphi_c} \cdot \sigma_3^{-\varphi_l} \cdot \sigma_2^{-\gamma_l} \cdot \sigma_1^{-\varphi_l} \cdot$$
$$[(v_3 \cdot \delta)^{-1}]^{(\gamma_c - \gamma_l + \varphi_c - \varphi_l)} \qquad (3-47)$$
$$= \beta(\varphi_c A_c k_c^{1-2\gamma_c}) \cdot (\varphi_l A_l k_l^{1-2\gamma_l}) \cdot L^{2(\gamma_c - \gamma_l + \varphi_c - \varphi_l)} \cdot$$
$$[(1-cw-ca)(1-lw-la)]^{\gamma_c-\gamma_l} \cdot$$
$$(cw \cdot lw)^{\varphi_c-\varphi_l} \sigma_1^{\gamma_c-\varphi_l} \cdot \sigma_2^{\varphi_c-\gamma_l} \cdot \sigma_3^{-\varphi_l} \cdot \sigma_4^{-\varphi_c} \cdot$$
$$[(v_3 \cdot \delta)]^{(\gamma_l-\gamma_c+\varphi_l-\varphi_c)}$$

社会维度"长轴"与经济维度"短轴"下,城乡社会保障及服务的社会福利性公共支出与生产建设性支出决策对中央财政转移支付的 Reaction 函数为:

$$\frac{\partial H_1(\overset{o}{\sigma}_3)}{\partial v_2} = \beta(\gamma_c A_c k_c^{1-2\gamma_c}) \cdot (\gamma_l A_l k_l^{1-2\gamma_l})^{-1} \cdot L^{2(\gamma_c - \gamma_l + \varphi_c - \varphi_l)} \cdot$$
$$[(1-cw-ca)(1-lw-la)]^{\gamma_c-\gamma_l} \cdot (cw \cdot lw)^{\varphi_c-\varphi_l} \cdot$$
$$\sigma_4^{\varphi_c} \cdot \sigma_1^{\gamma_c} \cdot \sigma_2^{\varphi_c} \cdot \sigma_3^{-\varphi_l} \cdot \sigma_4^{-\varphi_c} \cdot$$
$$(\gamma_c - \gamma_l + \varphi_c - \varphi_l)(v_3 \cdot \delta)^{-(\gamma_c - \gamma_l + \varphi_c - \varphi_l) \cdot (\gamma_c - \gamma_l + \varphi_c - \varphi_l - 1)} \cdot v_3^{-1}$$

$$\frac{\partial H_1(\overset{o}{\sigma}_3)}{\partial v_3} = -\beta(\gamma_c A_c k_c^{1-2\gamma_c}) \cdot (\gamma_l A_l k_l^{1-2\gamma_l})^{-1} \cdot L^{2(\gamma_c - \gamma_l + \varphi_c - \varphi_l)} \cdot$$
$$[(1-cw-ca)(1-lw-la)]^{\gamma_c-\gamma_l} \cdot (cw \cdot lw)^{\varphi_c-\varphi_l} \cdot$$
$$\sigma_4^{\varphi_c} \cdot \sigma_1^{\gamma_c} \cdot \sigma_2^{\varphi_c} \cdot \sigma_3^{-\varphi_l} \cdot \sigma_4^{-\varphi_c} \cdot$$
$$(\gamma_c - \gamma_l + \varphi_c - \varphi_l)(v_3 \cdot \delta)^{-(\gamma_c - \gamma_l + \varphi_c - \varphi_l) \cdot (\gamma_c - \gamma_l + \varphi_c - \varphi_l - 1)} \cdot (\delta^{-1} - v_3)$$
$$(3-48)$$

$$\frac{\partial H_2(\overset{o}{\sigma}_3)}{\partial v_2} = \beta(\varphi_c A_c k_c^{1-2\gamma_c}) \cdot (\varphi_l A_l k_l^{1-2\gamma_l})^{-1} \cdot L^{2(\gamma_c - \gamma_l + \varphi_c - \varphi_l)} \cdot$$
$$[(1-cw-ca)(1-lw-la)]^{\gamma_c-\gamma_l} \cdot (cw \cdot lw)^{\varphi_c-\varphi_l} \cdot$$
$$\sigma_4^{\varphi_c} \cdot \sigma_1^{\gamma_c} \cdot \sigma_2^{\varphi_c} \cdot \sigma_3^{-\varphi_l} \cdot \sigma_4^{-\varphi_c} \cdot$$
$$(\gamma_c - \gamma_l + \varphi_c - \varphi_l)(v_3 \cdot \delta)^{-(\gamma_c - \gamma_l + \varphi_c - \varphi_l) \cdot (\gamma_c - \gamma_l + \varphi_c - \varphi_l - 1)} \cdot v_3^{-1}$$

$$\frac{\partial H_2(\overset{o}{\sigma}_3)}{\partial v_3} = \beta(\varphi_c A_c k_c^{1-2\gamma_c}) \cdot (\varphi_l A_l k_l^{1-2\gamma_l})^{-1} \cdot L^{2(\gamma_c - \gamma_l + \varphi_c - \varphi_l)} \cdot$$
$$[(1-cw-ca)(1-lw-la)]^{\gamma_c-\gamma_l} \cdot (cw \cdot lw)^{\varphi_c - \varphi_l} \cdot$$
$$\sigma_4^{\varphi_c} \cdot \sigma_1^{\gamma_c} \cdot \sigma_2^{\varphi_c} \cdot \sigma_3^{-\varphi_l} \cdot \sigma_4^{-\varphi_c} \cdot$$
$$(\gamma_c - \gamma_l + \varphi_c - \varphi_l)(v_3 \cdot \delta)^{-(\gamma_c - \gamma_l + \varphi_c - \varphi_l) \cdot (\gamma_c - \gamma_l + \varphi_c - \varphi_l - 1)} \cdot (\delta^{-1} - v_3)$$

(3-49)

从经济、政治和社会的三维架构来看，地方政府对经济、社会的治理取决于三种逻辑的价值优先次序。在计划经济时代，政治逻辑优先于社会逻辑和经济逻辑；在改革开放的前30年，经济逻辑又优于社会逻辑，而政治逻辑以"维稳"为首要目标，在价值优先次序上优于经济逻辑和社会逻辑。因此，在三维治理框架下，会有三种尺度来测度城乡社会保障及服务收入差距：（1）财政支出结构对城乡社会保障及服务的公共财政支出的整体性决策由经济和社会动力系统中城乡两区域的综合效应决定；（2）经济维度"长轴"与社会维度"短轴"，或社会维度"长轴"与经济维度"短轴"条件下，社会保障及服务一般性中央财政转移支付会强化地方政府生产建设性支出或社会福利性公共支出偏向相对总效应更强的区域；（3）从社会保障及服务的专项财政支出来看，如最低生活保障支出、新农保支出等，则集中体现为社会维度"长轴"与经济维度"短轴"条件下的财政支出中地方政府福利偏向效应，即体现为社会维度"长轴"下的典型收入再分配效应。在行政管理费用支出相对平稳的情况下，如果城乡社会保障及服务的财政投入水平与经济建设性财政投入水平所产生的整体性效应为正，财政支出结构中社会福利性财政支出会偏向于农村地区，而生产建设性财政支出更加倾向于城市地区；反之，如果城乡社会保障及服务财政投入水平与经济建设性财政投入水平所产生的整体性效应为负，则财政支出结构中社会福利性财政支出更加偏向于城市地区，而生产建设性支出更加偏向于农村地区。

## 三 财政支出结构对城乡社会保障及服务差距变动的现实验证

### （一）实证分析模型

本节接下来构造面板数据的实证模型来测度财政支出结构对城乡社会保障及服务差距变动的影响机制及影响效应。

## 第三章　包容性发展理念下社会保障权益配置逻辑

$$Clsg_{jt} = \beta_0 + \gamma_1 Tfp_{jt} + \gamma_2 Lfp_{jt} + \gamma_3[(Tfp_{jt} + Lfp_{jt}) \cdot Ffg_{jt}] + \sum_{m=1}^{n} \delta_m X_{jt}^m + \eta_t + e_{jt}$$

(3-50)

式（3-50）中，$j$ 表示区域，$t$ 表示年份，我们以1995~2016年中国27个省会（首府）城市和北京、上海、天津和重庆4个直辖市为样本；$Clsg_{jt}$ 表示连续变动的各类城乡社会保障及服务差距系数；$Tfp$ 与 $Lfp$ 分别表示中央财政转移支付支出与地方财政支出。为了规避不同区域因人口分布均衡的非一致性而产生的异方差问题，本节采用的连续型变量均为人均变量。$\eta_t$ 表示时间固定效应，目的是控制经济维度上相关变量的变动趋势、政治维度上国家及地方政策环境等状况。$\beta_0$ 为截距项，$e_{jt}$ 表示随机扰动项。

$Ffg$ 表示财政支出结构变量，其中涵盖了城乡生产建设性支出对经济维度上产出影响差距和城乡社会福利性支出对社会维度上居民社会保障及服务水平影响差距。按照缪小林等的做法[①]，采用城乡人均固定资产投资（$Ffg_{fi}$）来表示，之所以选择此变量主要是基于生产建设性财政支出与社会建设性投资对区域经济增长的互补性职能；而城乡固定资产投资存在显著差异[②]，这使得城乡地方性经济建设财政支出存在差距。对于城乡社会福利性支出的测度，本节选择0~15岁及60岁以上人口占16~59岁人口数量的比重（$Ffg_{ps}$）来刻画。这主要是基于社会福利性支出结构主体涵盖了老弱病残及贫困群体，这使得城乡地方性财政福利支出存在差距。

$X$ 为控制变量组。根据不同经济和社会化程度下地方政府城乡财政支出对支出结构的反应函数式（3-40）、式（3-44）、式（3-48）和式（3-49），我们选择如下变量作为控制变量：城乡技术进步变量（$Tepro$），用城乡区域非农业人均产出与农业产出的比重来表示；财政支出纵向配置的分权水平（$Fdl$），测度的是在财政分权体制下，中央财政与地方财政的纵向配置比例。此外，控制变量还包括了非封闭人口状况下，人口流动对城乡经济和社会化程度的影响，如区域虚拟变量以及不同区域的城镇化水平（$UL$）等控制变量。

在不同经济和社会化程度下测度不同财政支出结构对城乡社会保障及服

---

① 缪小林、王婷、高跃光：《转移支付对城乡公共服务差距的影响——不同经济赶超省份的分组比较》，《经济研究》2017年第2期。
② 惠宁、熊正潭：《城乡固定资产投资与城乡收入差距研究——基于1980—2009年时间序列数据》，《西北大学学报》（哲学社会科学版）2011年第4期。

务差距变动的影响是否存在显著的差异,按照第二部分不同经济和社会化程度将区域划分为经济和社会化程度相对较高区域、经济和社会化程度相对较低区域来进行配对研究。本节将经济和社会化程度相对较高组作为控制组,用 $ESE_{jt}=0$ 来表示;而经济和社会化程度相对较低组为实验组,用 $ESE_{jt}=1$ 来表示,实证模型如下:

$$Clsg_{jt} = \beta_0 + \gamma_1 Tfp_{jt} + \gamma_2 Lfp_{jt} + \gamma_3 [(Tfp_{jt} + Lfp_{jt}) \cdot Ffg_{jt} \cdot ESE_{jt}] + \sum_{m=1}^{n} \delta_m X_{jt}^m + \eta_t + e_{jt}$$

(3-51)

从变量属性来看,财政支出结构对地方政府的社会保障及服务支出的影响具有一定的内生性,变量的内生性会导致估计结果的有偏性和非一致性。基于此,本节采用两阶段最小二乘估计(TSLS)来规避这一问题。与此同时,为了规避工具变量选择的不恰当带来的内生性偏差问题,我们选择财政支出结构的一阶滞后变量及年份变量作为工具变量。除了城乡社会保障及服务差距的固定效应外,还有个体效应的异质性会导致方差的不一致性。本节进一步采用了稳健标准差。我们所采用的财政支出结构中生产建设性支出、福利性支出、行政管理费用支出的面板数据均来源于历年《中国财政统计年鉴》,而其余的变量及控制变量数据均来源于《中国统计年鉴》《中国城市统计年鉴》《中国农村统计年鉴》等统计数据资料。为了"熨平"不同时期物价购买力对相关变量的影响,使得不同时期的变量具有可比性,本节以1994年的CPI为基期将相关解释变量和控制变量进行调整;而且,为了降低实证模型的异方差性,即使各变量能够满足误差项的白噪声条件,我们分别对财政支出结构的各项指标,如城乡人均固定资产投资及城乡人口结构等变量取对数。

(二)计量结果

在测度过程中,本节将社会保障及服务支出分解为交通基本设施的生产性公共服务支出、教育公共服务支出、医疗公共卫生支出、社会保险支出和社会救助及服务支出。

1.财政支出结构对城乡社会保障及服务差距变动的影响机制及影响效应测度

表3-2报告了面板数据回归方程(3-50)的实证检验结果。模型Ⅰ、模

型Ⅲ、模型Ⅴ、模型Ⅶ、模型Ⅸ为生产建设性支出对城乡不同社会保障及服务差距变动的影响效应的测度值。中央财政转移支付对医疗公共卫生支出、社会保险支出、社会救助及服务支出和教育公共服务支出的影响效应在1%的水平下均显著为正。模型Ⅸ显示，中央财政转移支付变量未通过显著性检验，这表明中央财政转移支付对交通基本公共服务的影响效应是微弱的，主要原因在于交互变量城乡人均固定资产投资能够显著影响到交通基本公共服务支出。模型Ⅰ和模型Ⅲ中，中央财政转移支付变量对城乡医疗服务及社会保险等公共产品及公共服务差距的影响在1%的水平下通过了检验，但同时会受到交互变量（非劳动人口占劳动人口的比重）的影响。作为生产性公共服务支出大类，教育公共服务支出会显著受到中央财政转移支付的影响，但影响力度较小，这表明中央财政转移支付会通过城乡人均固定资产投资来对城乡教育公共服务支出差距的缩小产生交叉性影响。

  总的来说，中央财政转移支付对城乡社会保障及服务差距的减缩效应是显著的，同时受制于城乡财政支出结构差距的影响，这种效应被称为中央财政转移支付的Flypaper效应。从中国的历时性实践来看，在"央—地"财政分权模式下，地方政府在经济、社会及政治三维治理框架下形成了"为增长而竞争"的模式，使其在治理尺度上将大量的公共资源配置于交通等基础设施领域，使得地方政府在社会保障及服务等公共产品提供方面不到位。在这种"泛经济化"背景下，中央财政力图通过转移支付的形式来激励地方政府对社会保障及服务等公共产品及公共服务的供给并非一项最优选择。[①]因为公共财政在成为一种"投资品"后，将更加注重产出的边际经济效益，而非边际社会效益。在教育公共服务尺度上同时遵循了中央财政转移支付的Flypaper效应，有限的基础性教育资源被分配到生产建设性支出的边际产出效应相对较强的领域。医疗公共卫生支出、社会保险支出、社会救助及服务支出对经济效益的投入产出最大化的作用具有间接效应，这种间接效应只能作为内生化过程中的隐性部分体现出来，但不能直接进行测度。由此，在地方政府财政汲取能力有限的条件下，效率原则会被"嵌入"社会维度之中，即地方政府在社会保障及服务的投入方面遵循投入产出最大化原则。然而，

---

[①] 范子英、张军：《财政分权与中国经济增长的效率——基于非期望产出模型的分析》，《管理世界》2009年第7期。

表 3-2 财政支出结构对城乡社会保障及服务差距的影响效应

| 变量 | 医疗公共卫生支出 (F) 模型 I | 医疗公共卫生支出 (F) 模型 II | 社会保险支出 (F) 模型 III | 社会保险支出 (F) 模型 IV | 社会救助及服务支出 (F) 模型 V | 社会救助及服务支出 (F) 模型 VI | 教育公共服务支出 (F) 模型 VII | 教育公共服务支出 (F) 模型 VIII | 交通基本设施的生产性公共服务支出 (F) 模型 IX | 交通基本设施的生产性公共服务支出 (F)+(R) 模型 X (R) |
|---|---|---|---|---|---|---|---|---|---|---|
| $Tfp$ | 0.078*** |  | 0.447*** |  | 0.083*** |  | 0.030*** |  | -0.008 |  |
| $Lfp$ |  | 0.029 |  | 0.090 |  | 0.035 |  | 0.023*** |  | -0.003 |
| $Tfp \times Ffg_{fi}$ | 0.349** |  | 0.300*** |  | 0.441*** |  | 0.003** |  | 0.006*** |  |
| $Tfp \times Ffg_{ps}$ |  |  |  |  |  |  |  |  |  |  |
| $Lfp \times Ffg_{fi}$ |  |  |  |  |  |  |  | 0.004 |  | 0.008*** |
| $Lfp \times Ffg_{ps}$ |  | 0.261*** |  | 0.501*** |  | 0.307*** |  |  |  |  |
| $Tepro$ | 0.066** | 0.063** | 0.081** | 0.127** | 0.065*** | 0.062*** | 0.007** | 0.012*** | 0.005** | 0.008** |
| $Fdl$ | 4.024** | 4.055*** | 20.043*** | 17.700** | 3.408*** | 4.170** | -0.813** | -1.344** | 0.517 | 0.551 |
| $Fdl^2$ | -4.115** | -4.448** | -19.346** | -18.165*** | -4.157*** | -4.754** | 0.700** | 1.212** | -0.600** | -0.528** |
| $lnagdp$ | -0.644** | -0.527** | -1.837*** | -1.344** | -0.733** | -0.500** | -0.333** | -0.331** | -0.069** | -0.081** |
| $UL$ | 2.792*** | 2.706*** | 10.025*** | 15.089*** | 2.818*** | 2.583** | 1.122** | 1.409** | -0.411** | -0.317** |
| $UL^2$ | -0.886 | -0.722 | -6.007*** | -6.724*** | -0.836 | -0.743 | -0.846** | -0.927** | -1.122** | -1.170*** |
| 截距项 | 3.926*** | 3.004*** | 7.208*** | 4.058 | 3.794*** | 3.022*** | 3.155*** | 2.909** | 1.708** | 1.906** |
| 扰动项 $R^2$ | 0.647 | 0.590 | 0.322 | 0.140 | 0.623 | 0.590 | 0.794 | 0.755 | 0.920 | 0.916 |

注：城乡社会保障及公共服务差距变化包括教育公共服务支出、医疗公共卫生支出、社会保险支出、社会救助及服务支出的变化，生产性公共服务差距变化包括教育公共服务支出和交通基本设施的生产性公共服务支出的变化；*、**和***分别表示在10%、5%和1%的水平下显著；F表示固定效应，R表示随机效应，模型的选择来自 Hausman 检验统计量的显著性；各个模型是通过时间固定效应进行控制；模型 I 到模型 X 的观测数均为523个。下同。

从社会保障及服务的财政投入结构性视角来看，面向老弱病残的社会救助项目等社会性效力相对较大的规模报酬效应，促使地方政府更加注重"兜底性"公共产品及公共服务的投入，并为其降低成本、提高效率，因而对社会保险及服务领域的支出更加偏重于社会福利效应更强的社会保障及服务项目，而且财政支出结构的动态变动会进一步强化社会保障及服务支出的结构性偏向。

模型Ⅱ、模型Ⅳ、模型Ⅵ、模型Ⅷ及模型Ⅹ报告了地方政府财政支出对城乡社会保障及服务差距影响的测度结果。在模型Ⅱ、模型Ⅳ、模型Ⅵ、模型Ⅹ中，地方财政支出水平与固定资产投资的交互项、地方财政支出水平与人口抚养比（非劳动人口占劳动人口的比重）的交互项在1%的水平下通过了检验，且对城乡社会保障及服务差距的影响是交互项影响为正的，但地方财政支出水平的影响效应不显著，影响力度也相对较小。这表明，地方财政支出会通过支出结构的变动来影响城乡社会保障及服务水平的差距，从影响的联动机制来看，与中央财政转移支付的效果具有同质性。而且，中国地方政府财政支出中，社会保障及服务等公共产品和公共服务支出具有Flypaper效应，但并不受制于中央财政转移支付水平的高低。由于地方财政支出结构往往缺乏严格的制度性资源配置，因此，尽管地方财政支出对城乡社会保障及服务差距的影响效应与中央财政转移支付的影响效应具有同质性，但从结构性视角来看，地方财政支出结构对城乡社会保障及服务差距的影响效应更强。

除了自变量外，表3-2还报告了各种控制变量对城乡社会保障及服务差距的影响效应，城乡技术进步变量（$Tepro$）会促使城乡社会保障及服务差距不断扩大；财政支出纵向配置的分权水平变量（$Fdl$）对城乡社会保障及服务差距具有倒"U"形影响；人均GDP水平（$agdp$）对城乡社会保障及服务差距的影响是负向的，即人均GDP水平越低的区域，城乡社会保障及服务差距越大；从时间纵轴来看，城镇化水平（$UL$）短期内对城乡社会保障及服务差距的影响效应是正向的，而从其二次项的系数来看，长期则呈现负向的影响效应，即能够减缩城乡社会保障及服务差距。

2.不同经济和社会化程度下财政支出结构对城乡社会保障及服务差距影响的固定效应

表3-3报告了实验组（经济和社会化程度相对较低组）和控制组（经济

和社会化程度相对较高组）的城乡社会保障及服务差距的影响效应。在"为增长而竞争"的经济赶超及绩效评价体制下，经济和社会化程度相对较低组对于经济增长的追逐力更强。在这种情况下，在财政支出结构方面，地方政府会在人口结构与产业结构相对密集的城镇地区实施与农村地区相异的城乡社会保障及服务政策。城镇的偏向化效应更加显著，这时，中央财政的转移支付政策能够对这一效应起到较强的抑制作用。通过实验组与控制组的分类回归，可以更深层次地探索财政支出结构对城乡社会保障及服务差距影响的致因。

模型1、模型3、模型5、模型7、模型9测度了中央财政转移支付对城乡社会保障及服务差距的影响效应；而模型2、模型4、模型6、模型8、模型10则测度了地方政府财政支出对城乡社会保障及服务差距的影响效应。从影响结构来看，在模型9与模型10中，不同的经济和社会化程度组与中央财政转移支付、地方财政支出所形成的交互项的影响系数显著为正。这表明经济和社会化程度对生产性公共服务城乡差距影响效应的反向性，其背后的致因是地方政府"为增长而竞争"的赶超战略。模型1到模型6报告了不同经济和社会化程度组与中央财政转移支付、地方财政支出所形成的交互项对城乡医疗公共卫生支出、社会保险支出、社会救助及服务支出差距的影响效应，结果显示，各交互项至少在5%的水平下通过了显著性检验且系数为正，表明经济和社会化程度越高的区域，中央财政转移支付与地方财政支出对城乡社会保障及服务差距起到了显著的抑制效应；而经济和社会化程度相对较低的控制组却呈现显著的促进效应。最可能的解释是"为增长而竞争"的发展模式与经济增长率的绩效评价模式引致地方政府重视对基础设施的投资，即更加偏向于生产性支出，为资本流入提供更加畅通的"下坡道"，而忽视社会保障及服务等公共产品及公共服务的投入水平和投入力度。如何在既有社会保障及服务资源有限的约束条件下，实现社会福利效应最大化及帕累托改进成为经济和社会化程度较高区域的一致的理性发展战略。模型7和模型8报告了地方财政支出及中央财政转移支付对城乡教育公共服务支出差距的影响效应，结果显示，中央财政转移支付及地方财政支出对城乡教育公共服务水平差距的影响与区域经济和社会化程度组虚拟变量不存在因果关系，在统计学意义上是同质的。这主要是基于2000年以来，中央财政与地方财政形成了上下联动、整体推进的良性投入格局，如统一了城乡义务教育学生

表3-3 不同经济和社会化程度下财政支出结构对城乡社会保障及服务差距影响的固定效应

| 变量 | 医疗公共卫生支出 | | 社会保险支出 | | 社会救助及服务支出 | | 教育公共服务支出 | | 交通基本设施的生产性公共服务支出 | |
|---|---|---|---|---|---|---|---|---|---|---|
| | 模型1 | 模型2 | 模型3 | 模型4 | 模型5 | 模型6 | 模型7 | 模型8 | 模型9 | 模型10 |
| $Tfp$ | 0.020 | | 0.383*** | | 0.035 | | 0.034*** | | 0.006 | |
| $Lfp$ | | −0.051 | | −0.042 | | −0.060 | | 0.023*** | | 0.004 |
| $ESE \times Tfp \times Ffg_{fi}$ | 0.402*** | | 0.384** | | 0.386*** | | 0.003 | | 0.007*** | |
| $ESE \times Tfp \times Ffg_{ps}$ | | | | | | | | | | |
| $ESE \times Lfp \times Ffg_{fi}$ | | 0.457*** | | 0.807*** | | 0.402*** | | | | 0.007*** |
| $ESE \times Lfp \times Ffg_{ps}$ | | | | | | | | 0.003 | | |
| $Tepro$ | 0.072** | 0.070** | 0.075*** | 0.133** | 0.073*** | 0.069*** | 0.006** | 0.018*** | 0.006*** | 0.006*** |
| $Fdl$ | 3.810*** | 4.150*** | 19.739*** | 17.700*** | 3.417*** | 4.223*** | −0.822*** | −1.441** | 0.524 | 0.571 |
| $Fdl^2$ | −4.004** | −4.437*** | −18.080** | −18.206* | −4.206** | −4.671** | 0.717*** | 1.304*** | −0.616** | −0.596** |
| $\ln agdp$ | −0.715*** | −0.510** | −1.922*** | −1.424** | −0.818** | −0.512** | −0.340*** | −0.329** | −0.073** | −0.093** |
| $UL$ | 2.843*** | 2.717** | 11.340*** | 15.220** | 2.743*** | 2.638** | 1.205*** | 1.424*** | −0.442*** | −0.420** |
| $UL^2$ | −0.824 | −0.730 | −6.129** | −6.686** | −0.800 | −0.759 | −0.824** | −0.933** | −1.209*** | −1.217*** |
| 截距项 | 3.926** | 3.004** | 7.208** | 4.058 | 3.794*** | 3.022*** | 3.155*** | 2.909*** | 1.708*** | 1.906*** |
| 扰动项 $R^2$ | 0.482 | 0.419 | 0.352 | 0.150 | 0.396 | 0.403 | 0.823 | 0.793 | 0.934 | 0.907 |

"两免一补"政策,中央财政补助资金重点向农村地区倾斜。从投入比重来看,2015年以来,中央财政安排的保障机制资金中,农村占到了80%以上,而城市的比重不足20%,经济和社会化程度越高的地区这种偏向性越明显。

从中央财政转移支付及地方财政支出逻辑来看,经济和社会化程度越低的区域,中央财政的社会保障及服务的转移支付水平越高,而从地方政府财政支出结构来看,这固然能够缩小城乡社会保障及服务差距,但同时也固化了地方财政的支出结构,会出现地方财政在社会保障及服务投入力度方面产生中央财政转移支付的"依附效应",最终会导向中央财政转移支付来抑制城乡社会保障及服务差距的偏向性政策,地方财政支出结构的调节作用会失效。从经济和社会化程度的异质性视角来看,对于经济和社会化程度相对较低的区域,加大中央对城乡社会保障及服务的调节力度成为抑制城乡社会保障及服务差距的关键性调节工具。

3.纵向时间变动谱系下财政支出结构对城乡社会保障及服务差距的影响效应

2000年以来,在社会建设的推动下,社会维度开始逐步"脱嵌"于政治维度,未形成了社会维度、经济维度及政治维度的三维治理格局。国家在倡导社会治理的过程中,会以社会保障及服务投入的"软实力"为"抓手"实施国家社会发展战略,进而形成一种反向力。由此,有必要探析纵向时间变动谱系下财政支出结构对城乡社会保障及服务差距的影响效应。

本节分别以2006~2016年各节点作为虚拟变量,并将其与表3-3中的各交互项再次交互,形成了新的交互项,以剖析纵向时间变动谱系下财政支出结构对城乡社会保障及服务差距的影响效应,并进行检验。从表3-4模型$T_9$和模型$T_{10}$的结果可以看出,2008~2010年各年份节点的交互项具有负向影响效应,并且至少在5%的水平下通过了检验,但总体上各年份节点具有正向影响效应,这表明地方财政支出结构对城乡生产建设性支出差距的减缩产生了抑制效应。从政策发挥效应的视角来看,在这一时间区间内,党的十六大提出了统筹城乡发展战略。政策的滞后效应使得各项政策开始逐步落地,并产生效应。从模型$T_1$和模型$T_6$城乡社会保障及服务差距变化来看,各时间节点交互项显著性为正。这表明,农村"兜底性"社会救助及服务政策实施力度及产生的效应明显强于城市地区;而其余的城乡社会保障及服务则表现为显著的城市偏向效应。

表 3-4 纵向时间变动谱系下财政支出结构对城乡社会保障及服务差距的影响效应

| 变量 | 医疗公共卫生支出 ($CB_1$) | | 社会保险支出 ($CB_1$) | | 社会救助及服务支出 ($CB_1$) | | 教育公共服务支出 ($CB_2$) | | 交通基本设施的生产性公共服务支出 ($CB_2$) | |
|---|---|---|---|---|---|---|---|---|---|---|
| | 模型 $T_1$ | 模型 $T_2$ | 模型 $T_3$ | 模型 $T_4$ | 模型 $T_5$ | 模型 $T_6$ | 模型 $T_7$ | 模型 $T_8$ | 模型 $T_9$ | 模型 $T_{10}$ |
| $CB\times Y2006$ | 0.120*** | 0.076*** | 0.159** | 0.133 | 0.128*** | 0.100** | 0.001 | 0.002 | 0.003*** | 0.003*** |
| $CB\times Y2007$ | 0.083*** | 0.042 | 0.368*** | 0.352*** | 0.086*** | 0.078*** | 0.001 | 0.001 | 0.001* | 0.001** |
| $CB\times Y2008$ | 0.087** | 0.063*** | 0.411*** | 0.480*** | 0.090*** | 0.086*** | −0.002 | −0.001* | −0.002** | −0.003** |
| $CB\times Y2009$ | 0.096*** | 0.076*** | 0.450*** | 0.531*** | 0.124*** | 0.115*** | −0.002** | −0.001** | −0.004*** | −0.004*** |
| $CB\times Y2010$ | 0.121*** | 0.103*** | 0.416*** | 0.504*** | 0.132*** | 0.120*** | −0.002** | −0.001** | −0.002** | −0.002** |
| $CB\times Y2011$ | 0.140*** | 0.134*** | 0.364*** | 0.463*** | 0.138*** | 0.121*** | 0.001 | −0.001** | 0.001 | 0.001 |
| $CB\times Y2012$ | 0.138*** | 0.128*** | 0.252*** | 0.279*** | 0.133*** | 0.127*** | 0.001 | −0.001** | 0.001*** | 0.001*** |
| $CB\times Y2013$ | 0.139*** | 0.143*** | 0.148** | 0.187*** | 0.129*** | 0.113*** | 0.000 | 0.000 | 0.001*** | 0.001*** |
| $CB\times Y2014$ | 0.121*** | 0.147*** | 0.153** | 0.208*** | 0.106*** | 0.101*** | 0.000 | 0.000 | 0.001*** | 0.001*** |
| $CB\times Y2015$ | 0.127*** | 0.153*** | 0.176*** | 0.192*** | 0.098*** | 0.085*** | 0.000 | 0.000 | 0.001*** | 0.001*** |
| $CB\times Y2016$ | 0.116*** | 0.146*** | 0.169*** | 0.177*** | 0.084*** | 0.074*** | 0.000 | 0.000 | 0.001*** | 0.001*** |
| $Tepro$ | 0.074** | 0.072** | 0.081** | 0.140** | 0.088** | 0.071** | 0.007** | 0.021*** | 0.008*** | 0.007** |
| $Fdl$ | 3.921** | 4.150*** | 20.002*** | 18.317*** | 3.527** | 4.193** | −0.834** | −1.451*** | 0.509 | 0.586 |
| $Fdl^2$ | −4.113** | −4.420*** | −19.121*** | −19.541*** | −4.116*** | −4.580*** | 0.725*** | 1.332*** | −0.644*** | −0.555*** |
| $lnagdp$ | −0.800* | −0.523** | −1.904*** | −1.524*** | −0.793*** | −0.663*** | −0.351*** | −0.341*** | −0.078* | −0.101** |
| $UL$ | 2.799*** | 2.701*** | 12.344** | 16.318*** | 2.855*** | 2.711** | 1.249*** | 1.443*** | −0.467** | −0.437*** |
| $UL^2$ | −0.833 | −0.714 | −7.041** | −6.773** | −0.809 | −0.764 | −0.877** | −0.916** | −1.224*** | −1.226*** |

注：$CB_1 = Lfp \times Ffg_{fi}$，$CB_2 = Lfp \times Ffg_{pv}$。

总的来说，从城乡社会保障及服务变动的连续谱系来看，社会保障及服务政策在不断地偏向农村地区，但在经济赶超的传统增长模式的路径依赖情境下，统筹城乡社会保障及服务发展战略，财政支出结构对城乡社会保障及服务差距的扩大的抑制效应仍不显著。

## 第三节　社会保障权益配置的优化向度及进路考量

中国现代化社会转型秩序的形成逻辑起点是基于制度的供给逻辑，同时也是国家在现代化变迁中的角色动态转换和职能的结构性调整框架的显现。在收入分配方面，现代主流经济学为市场收入的正当性进行辩护的两大理论为资格理论和边际生产力分配理论。而国家的治理目标一方面是维护上述市场分配体制机制；另一方面是维持社会和政治稳定。长期以来，基于税收累进制、转移性支付等强制性政策理念建立起的社会保障制度被看作建立在道德层面之上，这集中体现为在政府治理层面"社会达尔文主义"式治理结构的调整特征，凸显收入再分配方面的国家确权，但执行时向市场赋权；社会保障事务地方圈权、持有事务中心工作权；对社会让权，而限定社会组织的准入权；对基层社区社会保障治理确权，但保留政府的决策权。"三权"的保留使得以社会保障为核心的收入再分配制度呈现"逆向再分配"效应，更使得贫富阶层两端呈现极化的"马太效应"。具体的外部性表现为：计划经济时代公共福利机制的消亡、社会保障机制的分化及再分配机制的弱化为政府介入市场获利建立起了"保障机制"，最终可能导致政府的工具理性加强，而价值理性销匿，并以公共权力资本化的非常态样式表现出来，在收入再分配领域形成社会保障权益分配失衡、社会风险分配紊乱、社会保障及服务分配失序的社会转型秩序困境。

### 一　群体性突发事件的利益分配内涵及多向度阐释

处于混合经济向完全市场经济、农业社会向工业社会、传统型社会向现代型社会的秩序转型期，中国的经济、社会、政治结构正经历着重大的变迁，这被称为中国的现代化转型。伴随包容性经济发展、价值观念及收入格局的分化，分化后不同阶层收入再分配利益间的矛盾冲突日益显现。正如美国政治学家塞缪尔·亨廷顿指出的"现代性孕育着稳定,而现代化过程却滋生着动乱"。基于此,中国社会正面临较为严重的现代化社会转型的秩序困境及挑战。相比于欧美等国家的现代化社会转型,中国由收入再分配引发的群体性突发事件有其内在的逻辑特质。要深入探析中国现代化在社会转型中的秩序困境,最基本的切入点是专注剖析这一系列群体性事件不断涌现的诱因。通过对这些内在逻辑特质机理的溯源,本节发现了如下三个向度。

一是起因的合理性与结果的违法性相融合。从利益分配或收入再分配等机制的不合理引起的群体性事件的起因和结果来看,绝大多数社会保障公共服务的群体性事件起初有正当的理由,并属于合理的诉求,随着事件的持续发酵,在政府处理群体性事件的有效"窗口期"过后,事件持续恶化,且由于这类群体性事件绝大多数涉及征地拆迁补偿、工伤索赔、最低生活保障金流向、退休年龄等民生社会经济问题而引发的社会保障不公平,群体性事件的社会效应更加明显,之后会形成激烈对抗,最终演变为集体性的违法行为。从表现形式上来看,群体性事件的冲突最终落脚点在政府与民众之间,一类群体性事件最直接的原因是由地方政府所致,如最低生活保障制度中的逆向再分配问题、拆迁补偿问题;另一类虽然不直接体现为政府与民众的关系,但由于涉及社会权与民事权等,最后也演变为民众与政府间的冲突,如2009年发生的张海超"开胸验肺"事件以及企业亏损、破产、转型引发的合法性事件。

二是利益分配的关联性与政治的无涉性。从群体性事件的属性来看,虽然其外属于个体的上访与群众和政府的抗争,但这些事件与收入分配或收入再分配机制息息相关,而这些群体性事件所呈现出的利益诉求却无涉于政治权本身的诉求与争取国家层面的"勒维亚坦"(Leviathan)权利保障。99%以上的群体性事件主要涉及征地拆迁、社会保障利益诉求、劳资纠纷等非政治的社会生活议题,主要是对社会公平权的诉求[1],这与欧美等发达国家对政治权的群体性事件诉求不同。涉及社会保障、公共服务等利益分配的群体性事件大多数发端于地方政府。中央政府被赋予主持公道的正面象征,当群体性事件爆发时,民众寄望于中央政府从中主持公道,以约束并制止地方政府的违规行为,因此,群体性事件整体上呈现出利益分配的关联性与政治无

---

[1] 何艳玲、汪广龙:《中国转型秩序及其制度逻辑》,《中国社会科学》2016年第6期。

涉性。

三是利益分配机制调整的动态性与事件的反复性。群体性事件发端于利益分配格局的不合理性，而利益分配机制又会随着经济社会的发展而呈现出动态性。在不断革新的收入分配及收入再分配格局中，群体性事件会反复出现，并且随着民众在利益受损情况下的依法抗争，起初会以"理性维权"的形式出现。当利益诉求不能被满足时，民众会采取过激行为，进一步使事件恶劣程度升级，如张海超"开胸验肺"事件的出现及类似事件的反复出现、农民工为争取工资而跳楼或跳桥事件的反复出现，均体现出群体性事件的反复性特征。①

本节认为，持续发生的以利益分配为起因的群体性事件所呈现出的几个向度特质是深层次探求中国现代化社会转型秩序困境及收入再分配制度逻辑理性错位的先决因素及核心要义。这主要是基于两个尺度：尺度一，起因的合理性与后果的违法性、利益分配机制调整的动态性与事件的反复性，可以看作利益分配机制的动态性引发的群体性事件的反复性与严重的违法性，从而导致现代化转型过程中社会相对不稳定的长期性；尺度二，尽管群体性事件频发，但最终都属于经济和社会层面的利益冲突，几乎不涉及政治权的诉求，也不会拓展到政治层面的抗议或其他颠覆性的行动和政治动荡，因此，具有政治的无涉性。然而，随着中国现代化转型的深入以及信息技术广泛渗透到生活的方方面面，虚拟社会所呈现的流动性、族群化、人员身份等特质，使得群体性事件所呈现出的利益诉求会被信息技术，如QQ、微博、微信、云媒体等广泛传播，进而迅速发酵，使得社会的不稳定程度被一再放大。

根据斯米尔塞（Neil J. Semelser）的价值累加理论（Value-added Theory）对群体性事件的诠释，群体性事件是一个函数，一元自变量的增大仅仅提高一定的函数关系值，而当多元变量累加的时候，群体性函数值达到最大化。各个国家由于国情的差异，群体性事件函数是异质的，且若干变量的定义域取值也是不一样的。反观中国，这个多元函数中缺少政治性变量。社会转型过程中，中国社会现代化转型动力系统内夹杂着利益分配差距扩大化和制度性梗阻等多元要素，这些要素驱动中国社会现代化转型，同时亦使

---

① 王增文：《中国社会保障治理结构变化、理念转型及理论概化——范式嵌入与法治保障》，《政治学研究》2015年第5期。

## 第三章 包容性发展理念下社会保障权益配置逻辑

其产生了"固化"问题。①中国现代化转型"嵌含"了中国经济、社会及政治特质，即收入再分配制度的逻辑理性错位问题，而非政治性诉求。随着经济、社会的全球化和中国"一带一路"倡议的推进，收入再分配体制逐步进入了国际化的视野，全球劳动力市场的融合性、国家的相对稳定性、边际生产力分配的合理性等体系的重构性阐释，促使中国不得不给出全面、合理、有效的回应。

从收入再分配制度的逻辑性入手，探寻社会保障制度及其服务优化向度的内涵，将会促使我们给出摆脱中国利益分配体制机制现实困境的求解路径，并且能够提供一个以利益再分配不合理为群体性事件频发原因的理论阐释，从而为走出中国的现代化社会转型秩序及社会转型重构困境提供一定的理论导向。在既有的研究文献中，对中国群体性事件的理论剖析与实践阐释几乎不能够区别于国外相关事件，以至于套用国外的现代化转型理论来阐述中国的社会转型秩序问题，随后形成机械的模仿，未能充分、完整而精确地把握中国社会转型秩序及收入再分配制度逻辑的特质、制度的梗阻以及逻辑思路问题，具体体现在如下方面。

第一，对由利益分配机制不合理引起的群体性事件背后的收入再分配机制进行深入剖析和充分论证。马克思曾鲜明地指出，"人们奋斗所争取的一切，都同他们的利益有关"。②群体性事件的发生亦是如此。从收入再分配的解释框架中可以看出，改革开放以来中国社会总体财富快速提升，但利益分化也随之加剧，弱势群体逐步凸显，计划经济时代高福利的社会亦出现了"断裂"，社会心理普遍表现为"相对剥削感"。在收入分配机制长期缺位或效应较弱的状态下，这种相对剥削感会进一步转化为复杂的社会心态，进而形成社会负面情绪以及社会心理失衡的格局，产生"奈格尔现象"（Nagel Phenomenon）。这一过程的演变被忽视了。因此，既有研究大多从静态的问题导向视角切入，如关注收入再分配中的社区公共服务利益纠纷、社会保障利益的抗争、最低生活保障利益的维权等问题；然而，这些仅仅是群体性事件发生、发酵及最后的演变形式，过于聚焦事件本身，会错过处理不稳定事

---

① 张海波、童星：《中国应急管理结构变化及其理论概化》，《中国社会科学》2015年第3期；王增文：《中国社会保障治理结构变化、理念转型及理论概化——范式嵌入与法治保障》，《政治学研究》2015年第5期。

② 《马克思恩格斯全集》（第1卷），人民出版社，1956，第82页。

件的最佳"窗口期"。以静态的研究因素剖析结果，多数事件可归因于制度因素[①]，并采用工具性的标尺如亚健康指标、输入性故障、行动话语塑造能力以及语言流通力来阐释事件的表征、演变及格局[②]。既有文献对群体性事件各个环节进行了剖析，从不同尺度上回答了事件发生机制，但对于群体性事件中涉及收入再分配的利益问题如何凝结为与某一相关群体的集体性事件，并呈现出不同社会结构、不同社会阶层及群体的集体行动，我们断定，由收入再分配机制本身存在的不足导致的群体性事件的表征背后蕴含着集体意向性和集体性机制。

第二，利益分配机制调整的动态性及事件的反复性，忽视了政府、企业、行政官员及民众各自面临的制度环境及定位，仅从"利益分配、事件爆发"的视角切入很难做出精准的阐释。实际上，收入再分配的责任主体是地方政府，包含了社会保障、公共服务、公共卫生及公共福利等内容，而冲突的主体聚焦于地方政府的部门或官员与所辖区域民众，以及企事业单位与员工；但从事态演化来看，最终的冲突主体仍然集中在地方政府与民众。如果仅从"利益分配、事件爆发"的简单原因向度出发，在各自利益最大化诉求下，地方政府间或地方政府与企业相互勾结发生违法违规行为或者不作为，以及对利益分配的"拍脑袋"懒政方式做出错误的应对。但从动态的事务发展链条来看，利益分配机制调整过程是动态的，若不全面详细地梳理政府或民众面临的制度环境及定位，很难得到精确的解释，如绝大多数导致政府—民众冲突的社会保障问题、征地拆迁问题均与地方政府"管理城市"的城镇化及城乡融合的机制策略相关联，但其中又融合了财政、民政、人资、土地及社区等制度性内容。既有研究聚焦于政府的市场监督、开放准入机制的发挥、产权的保护、劳资的利益分配等方面的内容，而对于政府在公共产品和公共服务领域中的制度性角色，如社会保障的公平性、公共服务的导向性、公共福利的均衡性等收入再分配的制度性供给的关注度较低。

---

[①] 熊跃根：《转型经济国家社会保护机制的建构：中国与波兰的比较研究》，《学海》2008年第3期；李路路：《制度转型与分层结构的变迁——阶层相对关系模式的"双重再生产"》，《中国社会科学》2002年第6期；俞志元：《集体性抗争行动结果的影响因素——一项基于三个集体性抗争行动的比较研究》，《社会学研究》2012年第3期。

[②] 陈潭、黄金：《群体性事件多种原因的理论阐释》，《政治学研究》2009年第6期；冯仕政：《社会冲突、国家治理与"群体性事件"概念的演生》，《社会学研究》2015年第5期。

## 第三章 包容性发展理念下社会保障权益配置逻辑

第三，收入再分配的制度性供给与社会中等收入群体的社会保护需求存在非均衡性，已有研究未能以此逻辑推导出群体性事件的关联度强弱以及政治无涉性。尽管既有研究文献总体上认为群体性事件多数发端于地方政府与民众之间，属于区域性的局部利益冲突，不会对中国整体造成政治的不稳定性，而且这些群体性事件具有政治无涉性特征。[①]但从既有研究所剖析的制度梗阻与逻辑进路来看，仍然是沿袭欧美等发达国家社会秩序现代化转型的进路。[②]在政治制度存在先天性缺陷的背景下，民众的利益需求与制度供给之间的非均衡性导致了供需梗阻，进而造成主体对抗，此即上述群体性事件产生的内在缘由。基于这样的逻辑前提，群体性事件的发生最终落脚于中国现代化转型秩序。在社会的快速转型过程中，制度有效供给严重滞后，最终会衍生出社会的局部性冲突问题，具体的表现形式有：未能通过国家力量来应对，社会救助编织的最后一道"安全网"、有效应的社会福利需求、对社区的多元化治理、社会保障治理体系及治理能力和水平的提升、反贫困资源的有效分配使得居民的法定权利不能被有效赋予，进而产生了逆向再分配或社会保障苦乐不均的负面格局。[③]我们从上述逻辑推理可以探寻到，如果逆向再分配机制本身存在的问题所导致的既有制度的供给和民众利益诉求之间存在非均衡现象，那么必定存在一个供需"缺口"，这个缺口的产生并非完全与政治权诉求无关，那为什么这些群体性事件均具有政治无涉性特征呢？如果将所有的群体性事件归因于制度的有效供给不足，那究竟是哪一种分配机制造成的呢？它们之间的相关程度又有多高呢？既有研究并未就这种关联度进行了精确阐释。

中国现代化社会转型秩序的特质是非线性的，兼具曲折性、反复性和复杂性。世界上不同国家的社会转型实践证明，社会政策与经济政策具有内生的关联性和统一性，即经济政策在很大程度上能够产生广泛的社会效益，而社会政策的合理性、有效性、平稳性又反过来促进经济的健康发展。基于此，包容发

---

[①] 何艳玲、汪广龙：《中国转型秩序及其制度逻辑》，《中国社会科学》2016年第6期；王增文：《中国社会保障治理结构变化、理念转型及理论概化——范式嵌入与法治保障》，《政治学研究》2015年第5期。
[②] 姚云云、刘金良：《我国社会福利制度转型的逻辑动因及路径探索——基于"包容性发展"价值取向》，《求实》2015年第8期。
[③] 王增文：《社会网络对受助家庭再就业收入差距的影响》，《中国人口科学》2012年第2期；代志明：《新型农村合作医疗补偿机制歧视问题研究——以收入差异为视角》，《中国软科学》2007年第2期。

展型的社会福利理论认为,应该把社会保障政策与经济政策需要紧密融合,从而系统性地协调经济元素和社会元素,才能更好地应对现代化社会转型秩序的形成。因此,我们的研究亦须在微观经济现实与社会福利宏观结构间动态地来回穿越与融合。按照上述分析逻辑,如果仅仅将由利益分配问题所致的群体性事件归因于制度化的欠缺或不足而导致的制度供给问题,以此来解释中国现代化转型的社会秩序困境是有偏的。从计划经济到市场经济,中国的现代化转型具有强烈的"革命"色彩,但又兼具制度的路径依赖特征,那么群体性事件的产生同时源于在社会转型中国家的多重角色与多元化概念。[1]长期以来,社会制度领域与经济领域几乎是割裂的,社会福利政策以"剩余型"和"制度型"的传统模式将公共资源被动地转移到民众手中,其中并没有融入经济议题。因此,对于中国的现代化社会转型秩序的困境,必须从国家治理能力与治理体系下的社会政策视角出发,重新定位国家的角色及社会的治理结构,并以此为系统进行分析,对转型期收入再分配结构与机制、社会保障及服务、包容性发展的系统塑造进行阐释。我们称之为中国现代化社会转型秩序下收入再分配的制度逻辑,具体的分析进路如图3-8所示。

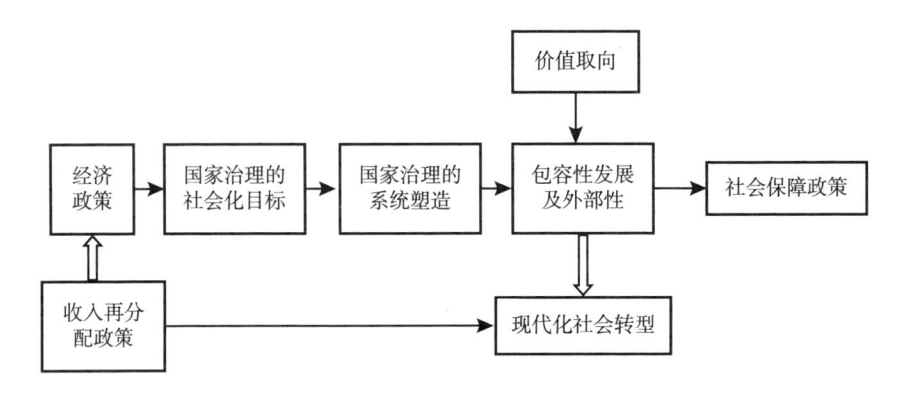

图3-8 中国现代化社会转型秩序困境的跨越及收入再分配制度的包容性发展

通过对以收入再分配制度为核心的包容性发展理念的探析,本节系统性地阐释中国现代化社会转型秩序的三个研究结论。(1)起因的合理性与后果的违法

---

[1] 俞志元:《集体性抗争行动结果的影响因素——一项基于三个集体性抗争行动的比较研究》,《社会学研究》2012年第3期。

性。为何群体性事件起因是合理的,而最后都以违法性收场?(2)利益分配的关联性与政治的无涉性。为何与利益相关的这些群体性事件无论如何发酵均具有政治无涉性特征呢?(3)反复性。为何群体性事件具有反复性特征,但每次几乎均在政治无涉性的特征下得到控制?本节的研究进路如下:在再分配政策"嵌入"经济发展政策的背景下,考量国家治理的社会化目标及社会化治理结构的系统性塑造,这一过程中整体的价值取向是包容性发展及其正外部性,即通过经济政策、社会保障政策及公共服务政策的包容性发展,重塑中国现代化社会转型秩序困境的跨越路径,并进一步对社会保障制度及服务的优化向度进行反思与重构。

## 二 经济发展、政策维稳与社会治理结构的历史性调整

中国近代历时性的社会治理结构变迁大致经历了三个阶段。从1919年五四运动到新中国成立,中国人民开展了彻底的反帝反封建的爱国运动,并取得了新民主主义革命的胜利;到1949年,中国从传统农业社会逐步走向了政治上独立、经济上自给自足的小农经济社会,在这一阶段,政治上的独立自主成为仁人志士及全国人民的主要追求。其他层面的问题,如社会保障及服务、社会结构的整体治理属于政治独立自主的衍生问题。第二阶段是从1949年开始到1978年党的十一届三中全会提出"以经济建设为中心"。在这一阶段,经济发展导向与社会保障及服务是融为一体的,即通过国家计划经济的资源配置方式进行了强制性的国家资本积累,发展以资本密集型产业为主的重工业。同时,把国民定位于"单位人""集体人",其"衣、食、住、行"及"业、教、保、医"等由国家或集体来承担。这一阶段的社会治理结构主体是国家,即"国家办社会",中国共产党领导下的经济、社会、文化及政治等多方面的社会主义改造,目的是重塑国家的经济体系、社会法制及政治模式。从经济发展与收入再分配两个维度来看,一方面,通过新民主主义革命的土地政策的延拓和集体化的变革,通过城乡户籍制度的严格管制及人民公社体制,并通过牺牲农业来积累大量的农业剩余来支撑重工业的发展[①];另一方面,为解决经济发展过程中人的"衣、食、住、行"及"业、教、保、医"等问题,把人作为"单位人"和"集

---

① 王增文、邓大松:《农村家庭风险测度及风险抵御和防范机制研究——兼论农村社会保障制度抵御风险的有效性》,《中国软科学》2015年第7期。

体人"的组织形式，通过党政系统、企事业单位、人民公社、社会组织等严格的科层制层级模式建成了强大的社会福利系统来予以保障，形成了"政府办社会"的国家社会保障及服务模式。在这种模式下，社会治理结构呈现以下两个特征：一是农村7亿多人口中的剩余劳动力处于"低收入、低福利"和"隐形失业"的状态；二是城镇中"高就业、高福利"及低收入的社会分层形式，并伴随缺乏价格传导机制的供求信息形式来完成循环经济的低效状态，而软预算约束形式的经济扩张最终以集体资产的形式转移到国有和集体单位的员工福利之中。经济政策与收入再分配政策的并驾齐驱，导致两者的正向效应相互削弱。1949~1978年，中国的社会指标（Social Indicator），如农村家庭年人均收入、基本消费品、居民消费水平、居住面积、实际福利水平不但没有大幅度的提升，在考虑CPI因素后，反而出现了一定程度的下降。[1]因此，中国社会治理结构变迁的第二阶段到1978年改革开放时，中国社会仍面临着两大挥之不去的难题，那就是普遍性的贫困与集体性福利的存续困境。经济、技术上的巨大发展差距和社会保障秩序的不可持续性，使得中国新一代领导集体开始思考经济政策与收入再分配政策的协调与融合，因为这会触及政治的稳定性。正如陈云所说："建国快三十年了，现在还有讨饭的，怎么行呢？要放松一头，不能让农民喘不过气来。如果老是不解决这个问题，恐怕农民就会造反，支部书记会带队进城要饭。"[2]基于这样的一个社会和经济背景，中国进入了第三个经济社会发展阶段。1978年党的十一届三中全会以来，中国政府确立了以经济建设为中心，并在此基础上，显著性地提升人民的生活水平。各级政府将促进经济的快速增长、实现小康社会作为努力方向和核心要义。

为确保以经济建设为中心的核心目标，最低层次的社会保障水平和公共服务成为"维稳"的理性工具，并在计划经济时代经济发展策略和社会治理结构变革方面的得失实践经验的总结下，国家在顶层设计方面重新调整了经济和社会治理结构，并在经济结构发展尺度与收入再分配尺度上产生了分化，但又逐步融合，其良性互动效应开始显现。收入再分配的政策再次"嵌入"经济政策之中。社会经济公共服务约束的功能性维度从"维稳性"的工

---

[1] 何艳玲、汪广龙：《中国转型秩序及其制度逻辑》，《中国社会科学》2016年第6期。
[2] 《陈云传（下）》，中央文献出版社，2005，第1498页。

具理性演变为"维稳性+经济引擎"两个维度的工具性作用,这种重设的社会治理结构的各种治理主体的关联性如图3-9所示。

图3-9中涵盖了两个阶段的承接性社会秩序的调整,由于这种承接性,我们将其放在第三个阶段来探讨,1978~2014年经济政策与收入再分配政策之间产生了分化,国家、市场、社会三者之间开始了连续性的权力配置演化,当然亦有路径依赖的固化成分,国家一方面开始逐步让权,包括在市场层次和社会层次上,在社会治理结构上典型放权集中体现为"政权分离"及"三社联动"治理形式的出现;但另一方面保留了一定的权限,这体现出中国现代化转型的特质及政府的选择性和相机性。因此,社会治理结构的改革与调整集中凸显了以"四权"维度变动——让权、放权、确权及治权为特征。

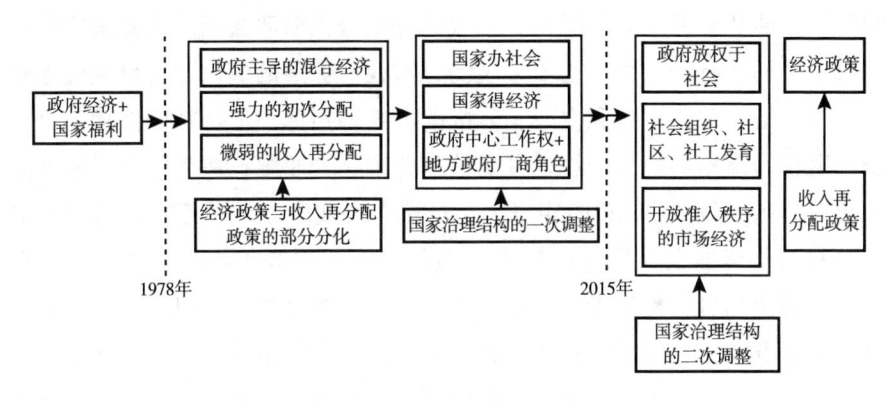

**图3-9 1978年以来社会治理结构的两次改革与调整**

一是以社会保障及公共服务政策确权为第一维度的收入再分配的政府基本职能定位,但在执行过程中向市场赋权。改革开放40多年来,以经济建设为中心的主旋律和核心目标,使得中国的社会保障及公共服务过度向市场赋权,导致了收入再分配的过度市场化。这是民生领域改革趋势盲目与国际接轨所致,最终形成了该领域的"四座大山"——养老难、看病贵、上学难、住房贵。这主要是我们始终笃信市场的后果,而忽视了市场本身并非万能的机制,因为其亦存在失灵,特别是这种思维与理念是以工具理性的方式取代了价值理性,并将其机械地转移到社会保障及公共服务领域,进而形成民生分配领域中的"社会达尔文效应"。从改革开放40多年来社会保障及公共服务提供端来看,其几乎形成了一个市场完全失灵的领域,甚至在有些民生项目,如医疗卫生、教育、住房等项目上,市场手段起到的都是反作用和负面效应。实践证明,过度的市场化手段在社会福利及公共服务领域往往会产生失灵。国家虽然对公共服务及社会保障的收入再分配领域的基本职能进行了定位和确权,但实际执行过程中有向市场过度赋权的趋势。

二是以中央和地方社会保障及公共服务事务权为第二维度的"央—地"关系。中央政府即持有社会事务的中心工作权。在社会保障及公共服务改革及优化的过程中,国家以逐步"试点放权"的方式放开社会事务权,将制度与服务政策推向改革的"深水区"。从市场经济国家的收入分配机制来看,中央政府放权于地方政府。中国在1994年也开始了"分权制"改革,建立并划分了财权、事权的分级分税财政法制。按照这样一个分级主轴而实行的"央—地"分税制,对社会保障的供款职责也相应地按照"央—地"双方事权和财权相匹配的原则来担保。但从社会保障与公共服务财权与事权的划分来说,其显然违背了这一原则,典型的特征体现为中央政府的"固权"。2010年以来,虽然中央政府以"试点"的形式下放部分社会保障及公共服务的权责,但仍然持有中心工作权。中央财政自1998年以来对社会保障及公共服务的投入在大幅度提升,但仍未建立公共财政基本框架。地方政府在中央政府的"固权"机制下,其社会保障投入处于缺位状态。在国家财政若干保险制度的补贴中,地方财政投入力度不足10%,而在社会救助的投入力度方面,中央政府支出占70%以上,地方政府支出不足30%。中央政府在社会保障及公共服务领域中的"固权"行为,导致地方政府与中央政府之间的权责模糊及投入的非均衡性,使得中央政府支出严重偏高;地方政府在"无权"或"缺权"的背景下,没有承担或没有完全承担其本源性权责。地方政府在社会保障及公共服务投入力度方面,亦具有较大的随意性,条件好的区域投入可能相对较大,负担重的区域可能无须投入。而GDP作为地方政府唯一的考核指标,社会保障及公共服务的绩效被完全忽视,最终沦落于中央政府的完全责任。而中央政府虽然投入普遍提升,但与实际越来越多的需求产生了较大的供给缺口。2015年以来,随着经济进入新常态,中国经济将长期处于一个较为理性的增长状态,社会保障的供给侧结构性改革以试点的形式逐步展开,社会保

## 第三章 包容性发展理念下社会保障权益配置逻辑

障及公共服务亦被赋予经济增长的"引擎"功能,中央政府尝试将社会保障及公共服务权逐步下放给地方政府。但从总体状况来看,依托其社会保障及公共服务的立法权、审批权及人事权等,中央政府以项目制和整体规划的方式,对地方政府在社会福利、公共卫生、社会救助及基础性保障、社区治理等方面的行为进行控制、主导。在这种体制机制下,地方政府对危机处理、社会保障、公共服务等各类收入再分配事务负主要职责,而中央政府则通过法制机制的设计,如试点、各地探索等方式继续持有其中心工作权。

三是以国家社会保障等公共事务让权于社会为第三维度的政府与社会的关系,但同时保留了社会的准入权。1978年,中国确立了以经济建设为中心的基本路线。改革开放近三十年来,中国政府始终是以一种发展型政府的姿态而存在。直到2006年,党的十六届六中全会通过的《中共中央关于构建社会主义和谐社会若干重大问题的决定》,才明确提出建设服务型政府,强化社会管理和公共服务职能。在此之前,中国的社会建设是服务于政治和经济。而作为发展型国家,政府一方面发展经济,另一方面又搞社会建设。并且直到1996年,中国第九个五年计划才把"社会建设"纳入其中。之后,社会建设处于缓慢发展过程中。而长期以来,社会保障及公共服务等社会建设的关键性内容一直由政府主导,包括制度设计、制度执行、制度评估的所有流程,而社区、社会组织及社工发挥的作用极为有限。2010年以来,市场力量、社会组织及社区逐步参与进来,国家的发展与建设逐步由以经济建设为中心的"单一目标"向经济建设与社会建设并重的"双中心"的双向度进路转移。基于此,这种演变在很大程度上厘定了发展型国家经济建设和社会建设体制下,单位与职工、国家和民众、农民与集体之间的依附与保护关系,而逐步演化为适合中国政治和社会逻辑的社会建设中的国家—社会关系,具体表现在两个方面。第一,在收入再分配领域引入社会力量,并对其进行赋权。制定了《关于加快发展养老服务业的若干意见》(国发〔2013〕35号)、《关于政府向社会力量购买服务的指导意见》(国办发〔2013〕96号),以及《关于鼓励民间资本参与养老服务业发展的实施意见》(民发〔2015〕33号),促进了收入再分配领域,特别是社会保障与公共服务领域中社会组织、社会力量的参与治理和服务。第二,在计划经济时代集体福利机制消散后,20世纪90年代到21世纪初为城镇职工建立失业保险、医疗保险及最低生活保障等制度性项目；而2007年以来，逐步在农村居民与城镇居民中建立起了如养老保险、医疗保险等社会保障项目，并逐步探索城乡一体化的社会保障体系与社会保障服务，最为典型的改革是尝试引进了以社区、社会组织及社工为代表的社会力量来参与社会保障及服务的治理。在社会力量的参与下，逐步将社会保障及公共服务事务"下沉到"以社会力量为主题的社区之中。

然而，我们也不得不看到，社会力量进入再分配领域的过程也并非一帆风顺，国家对其放权也并非短时间内能做到的，这主要体现为国家仍然持有大量社会组织及社区居民等社会力量的准入权。虽然社区、社会组织及社工等力量在收入再分配中发挥的作用越来越明显，特别是在社区自治与村民自治中发挥了其管理作用，并且《社会团体登记管理条例》和《民办非企业单位登记管理暂行条例》对社会组织的登记放宽了准入条件，在推动政府购买公共服务、引导社会变革、推动"三社联动"等方面对完善社区、社会组织的扶持培育产生了积极影响，但在社会保障及公共服务方面社会力量的准入门槛依然较高。从社区治理类型来看，中国社区在处理公共服务及社会保障事务等方面依然显示出"行政主导型"的典型特征，由社区、社会组织及社工介入的社区类型——多元共治型，依然没有维持在10%左右，并且对体制外的社会组织依然采取有门槛的分类别控制模式，尽管体制外社会力量有较为明显的法律法规体系，但执行过程中依然沿袭了"行政先于法律"的政治逻辑进路，这凸显出政府在社会治理尺度上的"维稳性"诉求。

从政府在以社会保障与公共服务为核心的收入再分配领域中的社会建设规划总体性推进路径来看，尽管放权于社会与市场是行动的主轴，但对于其既有的总体性权力却始终是"欲放不舍"的矛盾心态。这种对社会保障及公共服务等事物的非完全性放权所形成的收入再分配治理结构，可称为"政府吸纳社会"的治理结构（见图3-10）。

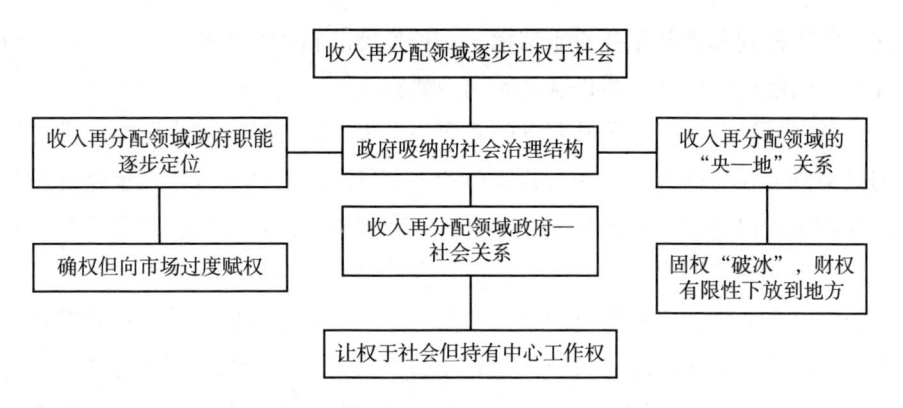

图 3-10 收入再分配领域"政府吸纳社会"的治理结构

## 三 "政府吸纳社会"治理结构的"外差效应"与群体性事件

"留存式"、"妥洽式"及"本位式"的"政府吸纳社会"治理结构正重构着中国社会秩序的独特性和适度保留性,确保了国家对社会秩序的基础性维护,使社会的稳定性保证了政治的相对稳定性。从外部尺度来看,国家在收入再分配领域中的定位、限制和适度保留权,使得国家在社会再分配领域产生无效率性;"国家办社会"的体制,使得政府负担加重,而对社会治理的可及能力降低,无法保障国民基础性的公共服务及社会资源的整合,引发了群体性不稳定事件的发生、发酵及进一步恶化。而事件背后的起因在于"政府吸纳社会"治理结构的"外差效应",具体涵盖了计划经济时代集体福利及公共服务机制的消逝,工业时代社会保障机制的相对缺失、社会建设的相对滞后以及政府在社会保障及公共服务领域中市场获利机制的持续建构。接下来,我们将进一步探析"外差效应"对中国不稳定事件及其起因合理性与后果违法性、利益再分配关联性与政治无涉性、事件反复性的重塑。

(一)计划经济时代集体福利及公共服务机制的消逝与群体性事件的反复性

1949~1978 年的 30 年时间里,中国实施的是"苏联模式"的集体福利和公共服务机制,这是迎合了计划经济模式下"国家办社会"的"家长式"控制机制,进而形成了社会保障福利体系及公共服务体系的集体性中介机制。①

---

① 谢宇:《认识中国的不平等》,《社会》2010 年第 3 期;何艳玲、汪广龙:《中国转型秩序及其制度逻辑》,《中国社会科学》2016 年第 6 期。

这种集体福利和公共服务机制秉承了一种集体的相对性平衡。在"政府吸纳社会"的治理结构下，此机制开始逐步消逝。

从农村社会保障及公共服务的演变路径来看，"土地+家庭"保障模式长期以来成为农村社会保障和公共服务的主要形式，农村家庭联产承包责任制使这种形式得到进一步强化。在工农业"剪刀差"的农业哺育工业的发展模式下，中国逐步形成了城乡二元经济。在计划经济向市场经济的过渡中，集体经济逐步消亡，农村原有的农村合作医疗制度、五保供养制度等以集体经济为依托的社会保障制度及公共服务机制迅速消散。在农村剩余劳动力迅速增加的同时，产品机制出现了"松动"。"松动"并不代表无差别，而只是以农村户籍的身份去填补城市工业化的劳动力缺口。农民虽然能够进城务工，但其会因"农民工"的身份而被排斥在医疗卫生、教育、社会保障及公共服务再分配机制之外。2005年，中国农业税的取消尽管在农民减负方面发挥了积极的效应，但同时也切断了国家与农村居民间的社会保障及公共服务的有效联系。这使得在改革开放以来很长一段时间内国家将农村社会保障及公共服务事务再次让渡给了"土地"和"家庭"，使得农村的教育、公共卫生、社会保障等基础性公共产品和公共服务的崩溃。①

从城市社会保障及公共服务的演变路径来看，在计划经济时代，"农业补贴工业"的经济发展模式使得城镇居民无显性失业，社会保障等公共产品和公共服务要由单位提供，从而形成了"低工资+高福利"的集体福利机制。随着计划经济转向市场经济，依托于单位的集体福利机制开始消散，单位的养老、医疗、生育、工伤、住房等社会福利随着国有和集体企业的现代化改制而迅速失去其依托载体。然而，在这个改制过程中，新的社会保障和公共服务机制尚未建立，使得城市社会保障及公共服务机制的保障出现结构性的缺陷和系统性的不足。

在社会主义市场经济建立的初期，国民均面临着缺失社会保障及公共服务的社会风险，风险以群体性的特征显现出来——失业工人、失地农民、农民工、下岗工人等。这些群体不仅仅缺失社会保障及公共服务，同时还面临着更大的社会风险。这是因为政府对市场的过度赋权和过度依赖，为提高投资和拉动消费而对民生领域如养老、医疗、教育及住房等进行了全面的市场

---

① 周飞舟：《分税制十年：制度及其影响》，《中国社会科学》2006年第6期。

改革。1994年以前,地方政府的财政汲取能力远强于中央财政,进而形成了地方"诸侯财政",分税制改革使得财权和税权逐步向中央政府聚集,中央财政的汲取能力开始迅速提升,财权的划分并未带来相配套事权的划分。①地方财政在财权收缩的同时,事权不断扩张,其财政支出形成长期的缺口,使得地方政府在公共财政支出领域如基础性教育、基本医疗、公共卫生、社会保障及公共服务等处于供给远低于需求的供需矛盾之中。这一阶段,社会保障及公共服务几乎由个人和家庭承担。从衡量社会保障水平的单个维度宽度、深度和高度②的视角来看,1978~2000年,中国社会保障支出一直处于较低水平;2000年后,这一水平才逐步提升。从即时性数据来看,复旦大学健康风险预警处理协同创新中心公布的数据显示,2015年中国人均医疗费用的年度增长率为14.33%~18.24%,远高于2015年全国居民人均可支配收入增长率(8.9%)。从历史性数据来看,1990~2015年,综合医疗门诊病人人均医疗费用从10.9元上升到243元,住院病人人均医疗费用从477.33元上升到8268元,上涨幅度远高于居民的收入增长率。③这使得不同风险特征的群体,如贫困群体、中低收入群体、农民工群体、企业职工及失业群体均暴露在高度的社会风险之中,进而产生了如吉林"通钢事件"、张海超"开胸验肺"等群体性事件。

然而,"政府吸纳社会"治理结构的改革并非面向全体社会成员,部分国有企业和事业单位仍然保留了既有的收入再分配机制,而唯一的差别是以"形式改变而实质固化"的部分新的集体福利与公共服务机制出现。特别是部分国家垄断行业的企业,几乎完全延续着计划经济时代的高福利机制。因此,政府部分权力的保留使得社会非利益既得群体产生了"相对剥削感",这是参照群体理论视角下的利益比照。社会学家格尔(Gurr)认为,当某一群体普遍产生了"相对剥削感"时,其会采取群体性行动来强制性地对这种"剥削"进行纠正,这便是"相对剥削论"。20世纪80年

---

① 林治芬、魏雨晨:《中央和地方社会保障支出责任划分中外比较》,《中国行政管理》2015年第1期;杨志勇:《分税制改革中的中央和地方事权划分研究》,《经济社会体制比较》2015年第2期。
② 宽度一般可用社会保障参保率来衡量,深度指的是制度提供的社会保障项目的数量及种类,高度可用社会保障的支付水平来测度。
③ 数据来源于2005~2012年《中国卫生统计年鉴》和2013~2016年《中国卫生和计划生育统计年鉴》。

代到90年代中期，国有和集体企业职工的相对剥削感强于其他单位企业。随着现代企业的逐步建立和"政府吸纳社会"治理模式的出现，相应的社会保障制度也基本建立；90年代后期至2016年，相对剥削感更为强烈的群体逐步演变为下岗和失业人员、农民工、城镇居民和部分农业户籍者。①

（二）社会保障及公共服务机制的缺乏和群体性事件的政治无涉性

从经济的发展模式来看，中国延承了日韩等东亚国家的发展型国家模式。地方政府不仅仅承担了其行政职能，还将政府职能延伸到经济领域，在经济的动力系统中承担了厂商角色，并且以税收的形式汲取了大量的劳动剩余。在中国发展型经济模式下，本来应由市场来配置的资本、土地、劳动力及技术变量，政府作为一个强势性的主体却与市场一道参与了配置。然而，社会保障、教育、医疗卫生及住房等本应由政府主导的领域，政府的缺位使得这一系列的民生工程交由市场来配置资源，促使这些领域过于追求效益和效率，进而产生了收入差距一再扩大的市场失灵行为，甚至有些行政部门的派出机构和延伸行政末端出现了"拿着行政的鞭子赚取市场的票子"的违规行为。因此，在中国从计划经济向市场经济转轨的过程中，摆在我们面前的困境不是政府作不作为的问题，而是该作为的行动领域与不该作为的领域界定问题。有些领域，如民生领域，政府不仅要监督而且要正位和确权；而有些领域，如市场领域，政府需要放权并加强监督；而对另一些社会领域，如慈善领域，政府应彻底放权，让位于社会，放松控制但加强监督。实际上，直到党的十八大、十八届三中全会，社会组织、社会类事务即公共服务领域才逐步活跃起来。因为这些领域的社会化运行、社会化监督、社会化评估才能真正地提升民众的信任度和成就感，收入分配权、公平权和社会权在社会不同阶层的缺位是诱发群体性事件的主要因素。这三项权利分配涉及的共同利益诉求囊括了劳动冲突如社会保险、下岗设置、工资拖欠等，以及居民利益冲突，如征地拆迁、最低生活保障金

---

① 李汉林：《发展过程中的相对剥夺感》，《社会发展研究》2012年第1期；何艳玲、汪广龙：《中国转型秩序及其制度逻辑》，《中国社会科学》2016年第6期；Yasheng Huang, *Capitalism with Chinese Characteristics: Enterpreneurship and the State* (Cambridge University Press, 2008)；李汉林、李路路：《单位成员的满意度和相对剥夺感——单位组织中依赖结构的主观层面》，《社会学研究》2000年第2期。

## 第三章　包容性发展理念下社会保障权益配置逻辑

发放、医疗纠纷。从群体性事件的分布结构及历时性与即时性事件分布的主要趋势和类型来看（见图3-11），收入分配及再分配问题依然是群体性事件集中爆发的主要领域。

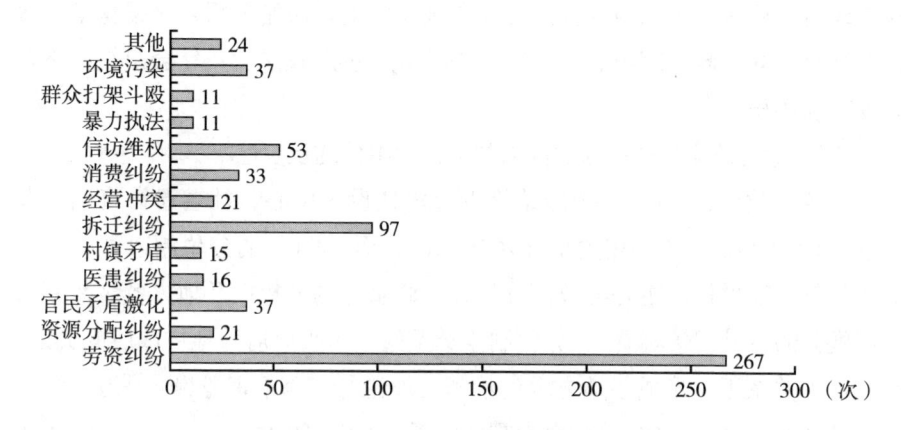

| 类型 | 次数 |
|---|---|
| 其他 | 24 |
| 环境污染 | 37 |
| 群众打架斗殴 | 11 |
| 暴力执法 | 11 |
| 信访维权 | 53 |
| 消费纠纷 | 33 |
| 经营冲突 | 21 |
| 拆迁纠纷 | 97 |
| 村镇矛盾 | 15 |
| 医患纠纷 | 16 |
| 官民矛盾激化 | 37 |
| 资源分配纠纷 | 21 |
| 劳资纠纷 | 267 |

图3-11　2014年百人以上群体性事件类型分布

资料来源：《中国法治发展报告No.13（2015）》。

在社会治理尺度上，在工业化社会到来时，社会保障及公共服务作为社会风险的抵御机制，其建立并不是充分的，同时作为二次分配和三次分配的社会组织、社区及社工的自组织载体并未得到真正意义上的建立，而仅仅是名义上的浮现。这些社会自组织真正意义上的作用过程在于，社区、社会组织及社工所形成的"三社"主题核心作用是连接民众，在政府与个体间架起一座"沟通桥"，发挥社会及公共服务职能。这种职能能够给处于社会风险的、面临市场竞争及市场失灵的国民个体提供一种安全性的保护和保障机制。然而，长期以来，在社会自组织的准入权方面，政府有比较严苛的法律法规限制，导致民众在中国工业化进程中缺乏社会保障及公共服务机制的保护，使得"原子化"个体暴露于社会风险之中。

长期以来，政府对社会组织的准入权方面一直是实行管制性约束，例如，2016年以前，社会三次分配的慈善事业管理中，在慈善事业法律效力方面采用上位法而产生了较大的不足——对慈善组织（基金会、民非、社团）的准入条件、设立条件及审批进行一系列的严格限制。这使慈善组织的设立及运作存在较严重的行政性干预。①不仅仅在慈善组织设立范围内，政府也试图在社区居委会及社会组织等领域延伸其行政管理的"触角"，从而能够支配和干预公共产品及公共服务体制内的事务，进而达到支配社会的目标。行政权力过度向基层社区部门渗透的做法，实际上是在重构官员与民众、政府与社区、国家与社会的支配与被支配的科层制关系，这强化了"政府办社会"的行政管理色彩，最终使得社会建设严重滞后，社会组织始终未有发育和成长。

（三）地方政府厂商行为的高涨与群体性事件的反复性

改革开放的前30年，中国始终以经济建设为中心，社会建设直到第九个五年计划才被提及，相关指标才被统计；而1994年的分税制改革，改革的不仅仅是征税权，更是财政的分权、行政事务的分权以及地方各级政府为此而展开的晋升"锦标赛"。分税制改革重塑了中央政府与地方政府的关系，而在这种关系下，形成了地方政府治理的悖论与三重治理逻辑。②地方政府以追求财政收入和GDP增长率为唯一、核心的首要目标。地方政府已然成了"厂商"和"企业"，并承担了市场资源配置的功能，特别是在土地、金钱、劳动力等方面的权力，导致政府的行动逻辑中经济逻辑强于社会逻辑和法治逻辑。因此，地方政府及其派出机构（即延伸端）"拿着行政的鞭子赚取市场的票子"。政府厂商行为高涨体现在以下三个层面。（1）在经济建设与社会建设尺度上，摒弃社会建设与经济建设同步推进的发展战略，社会建设附属于经济建设，政府以厂商的身份参与市场资源配置来获取市场利益。经过计划经济时代经济的压抑和停滞，20世纪80年代后，中国的短缺经济使得市场行为中供给始终小于需求。在这一供需缺口背景下，地方政府以发展型政府的身份出现，随着其干预市场力度的逐步加大，其俨然以厂商的身份直接参与经济活动。80年代到90年代，地方政府大力扶持的乡镇企业开始"异军突起"，在较大程度地缓解了计划经济时代短缺经济带来的消费需求压抑问题。在缓解了这种供需严重失衡的结构性矛盾后，90年代开始，

---

① 罗文恩、周延风：《中国慈善组织市场化研究——背景、模式与路径》，《管理世界》2010年第12期；党生翠：《慈善组织信息公开的新特征：政策研究的视角》，《中国行政管理》2015年第2期。

② 徐晨光、王海峰：《中央与地方关系视阈下地方政府治理模式重塑的政治逻辑》，《政治学研究》2013年第4期；陈国权、陈晓伟：《法治悖论：地方政府三重治理逻辑下的困境》，《社会科学战线》2019年第9期。

资本市场开始逐步开放,西方发达国家的技术扩散、技术创新开始传到中国,消费市场开始向更高端方向演变,乡镇企业逐步走向消亡。进入21世纪,地方政府干预市场的深度进一步强化,最典型的形式是几乎放弃了社会建设而以运作资本的方式来直接参与分配,那么,国有大中型企业及海外资本的引入和运作成为地方政府的"聚焦点"。至此,"政府企业化、企业科层化"使政府和企业几乎融为一体。在国外资本的流入、技术的扩散、品牌效应的涌入下,地方政府开始全力配合资本和技术的强势,而社会资本则面临着行业准入、区域封锁、融资及政府等方面的种种限制,这与强大的国际和国内两大资本不可相提并论。社会建设应更多地依赖社会资本的投入与支撑,社会建设的缺位使得政府成为市场主体的矛盾焦点。(2) 在"劳"与"资"的资源配置尺度上,牺牲"劳"而成全"资"的资本金绝对强势的地方政府导向性偏好形成了其与资本合作与依存的关系。从资本的趋利性和"嗜血性"角度来看,其流动是不分区域和国界的,在国外和国内两大资本涌入地方区域时,地方政府为推动本地区的发展,提升所辖区域的竞争优势,经济逻辑的价值优先权远高于社会逻辑和法治逻辑,往往会采取一些超常规、违规甚至是违法的行为来迎合资本的发展与趋利性。这些行为包含了如压低甚至取消职工的社会保障、一再降低劳动力的价格、强制征收农民土地、漠视劳动的工作环境等,使得劳动力面临极大的社会风险。这种劳动剩余的无节制的克扣与资本的强势,使得劳动力在初次收入分配与收入再分配方面面临极大的不公平,从而加剧了资本与劳动力、民众与官员、农民工与企业之间的无休止的冲突。在劳资发生冲突时(如社会保障、工资拖欠、工伤保险等),牵扯的纠纷与冲突不仅仅在于劳动力和雇主之间,也涉及民众与政府间的冲突。根据国家统计局2014年数据,2004~2012年,人民法院审理的劳动与社会保障一审行政案例收案数从5559件迅速上升到11562件,上升了1倍之多①,这与牺牲"劳"而成全"资"的地方政府资本化推进策略的经济逻辑是密切相关的。(3) 在政府的绩效评估尺度上,地方政府提供公共产品与公共服务的本源性职责发生偏离,用经济发展的速度指标"维稳"能力和"锦标赛制"来塑造地方政府政绩和官员的晋升标志。在第二部分中,我们在讨论"央—地"关系时,在行政分权、财政分权及分税制中发

---

① 数据来源:国家统计局"国家数据"网络数据库,2014年8月10日。

现，分权并非清晰和彻底的，这主要是因为中央政府还保留了中心工作权，所以，中央政府仍具有下行权力，这种下行权力的延伸是以科层制为层级控制系统。除了在经济发展方面给地方更大的自主权外，在社会"维稳"方面，地方政府不仅担任了主体角色还承担了群体性事件的主要客体角色。在"维稳"层级控制系统中，区域层级是一个非常关键的层级，是社会"维稳"的"接点"，其通过乡镇行政这个"神经末梢"来实现"维稳"的行政基础，向上承接国家的各项"维稳"任务，并按照"属地管理"、分级负责的原则，层层下压，又层层上报，并逐层签订"维稳"责任书，从而完成"维稳"控制系统组织、协同、监督及实施的流程。这种"包保责任制"将与晋升挂钩，并且具有严格的奖惩制度和激励措施。①因此，这种严格的科层制所形成的"维稳"控制系统使得群体性事件基本不会蔓延到中央政府，政治上是无涉的。在地方政府治理过程中，除了经济逻辑具有价值优先权外，政治逻辑亦具有较大的价值优先权，而由政治逻辑演变而成的社会"维稳"目标逐步形成了地方政府政绩与官员晋升的指标，社会建设等民生目标的价值优先权一再推后。随着中国现代化转型秩序的不断推进，社会阶层不断分化，社会的异质性也不断涌现，基层便成了社会矛盾的聚集"场域"，那么，基层政府自然成为民众利益诉求表达的直接对象。在基层政府能力有限时，不稳定事件的诱因会不间断地积累、强化与扩散，部分政府可能会采取打压、限制、滥用警力及非理性方式来释放。②

对于群体性事件所引起的行政纠纷，地方政府的处理理念通常是从"对抗"走向"对话"，从"胜负抉择"向"双赢"进路迈进。因此，应尽可能使群体性事件的解决远离法院审理。基于这种价值观念，法院行政一审中，驳回及撤销的行政纠纷案件比例从2000年的50%左右上升到2014年的60%以上，其中撤诉的案件比例更加迅速从2000年的30%左右上升到2014年的50%以上。③然而，背后的推动要素在于地方政府和法院的民事调解、规劝

---

① 冯定星：《政策执行中的"包保责任制"——以Q市创建国家卫生城市工作为例》，《社会发展研究》2014年第3期；冯仕政：《国家政权建设与新中国信访制度的形成及演变》，《社会学研究》2012年第4期。
② 容志、陈奇星：《"稳定政治"：中国维稳困境的政治学思考》，《政治学研究》2011年第5期。
③ 数据来源：国家统计局"国家数据"网络数据库，2015年7月9日。

工作的结果。有时，这种调节方式甚至突破了法规界限，违背了法律本身。站在利益被侵害的民众视角，其在求助无果、权利不能得到保障的背景下，会采取"上访""集体散步""集体静坐"等极端行为来表达自身的利益诉求，因此，地方政府在"维稳"思维下的迂回战术，再一次以群体性事件置换的模式演变为官民矛盾和官民冲突。

## 四 现代化转型中国家的经济与社会建设定位于社会秩序困境

从现代化转型的一般规律来看，其遵循的是从农业社会过渡到工业社会，再从工业社会过渡到后工业社会的逻辑顺序。从欧美发达国家的现代化发展进程来看，其几乎都进入了工业化社会，部分国家已经进入了后工业化社会。而中国正处于从农业社会向工业化社会的"阵痛式改革"的进程中。纵观西方发达国家的现代化转型历程，其资本的原始积累方式及产业升级模式无不是通过掠夺、侵占等暴力手段来完成的。其进入工业化社会后，将资本主义体系延拓到全世界，资本套利更多的相对落后国家通过隐性的"掠夺"方式，以"血汗工厂"的形式强占劳动力剩余。

当然，这种"掠夺"进程亦会给这些国家带来技术、管理等方面的优势。通过技术创新、技术扩散、先进的管理理念及庞大的发展型资本，东亚新兴经济体利用这些发展优势与地缘政治优势，以发展型国家的模式使得国家的势力迅速壮大，如日本、韩国等。随着国内经济的迅速发展，产业结构亦在同步迅速优化，产业从当初"血汗工厂"模式的低附加值的循环经济发展模式，迅速升级为资本密集型的高端产业模式；通过产业结构的升级完成了城镇化和工业化，同时，社会建设如社会保障、公共服务等收入再分配领域亦得到同步健全。反观欧美等资本主义国家，在1929年之前，始终信仰"市场万能"的自由主义市场学派也由于经济危机的巨大打击，而不得不接受凯恩斯经济学中的中央政府财政政策、货币政策对经济干预的有效作用。因此，国家的角色定位已不仅仅是"守夜人"这一简单的一元角色，这时，作为社会再分配领域中的社会保障、公共服务等政策开始在发达国家盛行，各国纷纷建立社会福利制度，美国于1935年建立社会保障制度，英国、法国、德国、北欧等国家甚至走上了福利国家的道路。

现代国家的角色越来越体现为"主权在民"的现代法治原则，然而，西方及发达国家的现代化社会转型实践表明，无论是何种制度、何种宗教，在历时性转型过程中或即时性某阶段中，国家的角色从来都不是一元的，而大都是多元的，至少是二元的，并集中体现在经济领域和社会领域。(1) 从亚当·斯密开始，西方经济的发展是以"自由"为基础，国家的角色集中体现为"守夜人"。因此，政府的职能体系集中体现为维持经济良性秩序、提供社会保障及公共服务、维持社会稳定和国家安全等。(2) 随着资本主义经济危机的不间断爆发，国家的职能体系开始扩展，国家资本角色开始出现，并以财政投资、国有企业、国有股份制等形式参与市场活动，并采用财政和货币工具对宏观经济进行调节。因此，在现代化转型国家中，国家的多元化职能体系对国家的经济、社会建设等方面的推动力量是不可忽视的。

政府间权责范围的合理、有效分工和市场、政府、社会间关系的系统性均衡是国家角色定位及国家治理体系优化的两个关键性维度。但从历史性的尺度来看，欧美等国家的国家角色定位及国家治理体系取得了长足的发展；从体制上来看，西方转型国家的国家角色是在资本主义体制上演变而来的，而中国的国家角色变换起始于新中国成立以来的社会主义法治。在30多年的时间里，中国政府始终以经济建设和社会稳定为"双重"治理目标。在这种治理结构"双重"属性下，中国的国家角色决定了其制定制度的"内化性"特征；特别是1978年以来，政府的角色几乎定位于市场，进行改革开放，在发展宏观经济调控市场的同时，着力于改善微观经济效率，招商引资，并赢取贸易逆差。但与此同时，政府也在一定程度上调整了与社会的关系，以及政府内部多元化治理主体间的权责范围及分工，在维持经济高速增长的同时，维持社会的公平，从而形成了国家治理体系成长的两大主轴。在两大主轴下推进的社会治理路径及策略主要体现为以下三个特征：(1) 对以社会保障和公共服务为核心的收入再分配为政府基本职能的国家确权，但执行中很大程度上向市场赋权；(2) 中央政府对社会保障及公共服务事务的固权和"央—地"关系破冰的放权，却持有社会事务的中心工作权；(3) 政府开始对社会进行让权，却保留了社会的准入权，从而形成了中国特色的"政府吸纳社会"治理结构。

在中国社会现代化转型中，国家的"双重"角色在推动经济发展的同时，尽管在社会建设方面较为落后，但由于严格的"维稳"控制系统，中国在经济飞速发展的同时,保持了社会的相对稳定。因此,中国经济社会的30年发展犹如一条"失衡的巨龙",却成就了中国式奇迹。这是在特定历史性短缺经济的背景下取得的。因此,放权于社会、放权于市场和放权于地方既是国家现代化转型的秩序要求,亦是国家治理结构优化的必然趋势。然而,政府长期以来在经济、社会等领域形成了制度惯性、治理策略的路径依赖,使得问题导向的思维模式形成国家、市场、社会的"融合",进而产生两种难以割舍的结果:(1)政府的工具理性代替了价值理性,政府与市场的长期"共生"使得政府治理方式的变动会内生于经济增长的变动;(2)政府与市场的"共生"及深度融合使得公共权力在很大程度上被资本捕获。这使得社会层面的"失序"产生了,这种失序从四个相互联系而又相互区别的尺度凸显出来,即社会风险分配失序、收入分配失序、收入再分配失序及社会权力分配失序,它们是社会群体性事件反复出现进而造成社会不稳定性的内生性诱因(见图3-12)。

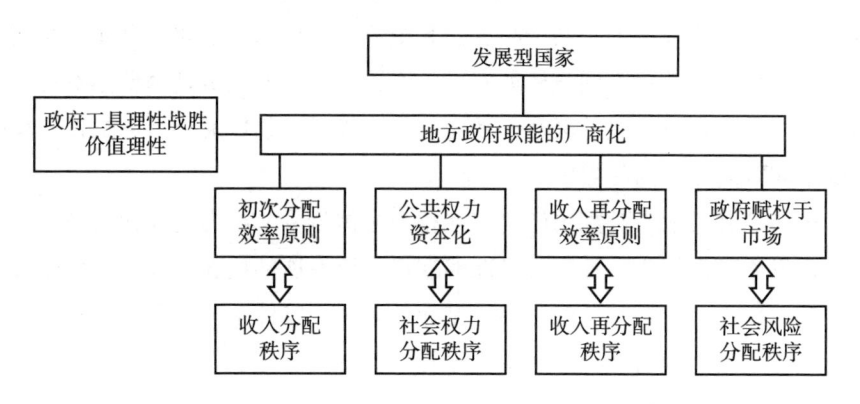

**图3-12 社会群体性事件反复出现的内生性诱因**

本节认为,国家多元角色与社会异质性分配失序的要素构成是中国现代化社会转型秩序与收入再分配的制度逻辑。对于收入分配失序问题,前文已经论述得较为详细,接下来我们重点探讨另外三种失序。

第一,社会风险分配失序,颠倒方式分配于主体之间。社会风险的分配指的是风险成本、风险责任、风险损失在主体间的分担。如同财富一样,社会风险总是寄生于阶层模式之上,以"颠倒"的方式分配于主体之间,财富聚集于上层,而社会风险聚集于下层,并且产生累加效应,造成下一轮社会风险来临时更加不平等的分配模式,特别是在国家的现代化转型期,弱势群体更多地承担着社会转型的成本和代价,而利益却被无节制地剥夺,如果这种"马太效应"不能被有效的社会保护机制所化解,群体性事件的社会危机可能会随时爆发。而目前中国的弱势群体正处于失业、失学、就医、养老、住房等不可及的社会风险之中。

第二,收入再分配失序,效率比公平具有更高的价值优先权。很长一段时间内,收入再分配并不能从经济学理论基础上获得其成长要素,因此,很长一段时间内其被认为是一个道德的范畴。在经济学上,收入再分配被认为是对基本正义原则的违背,然而,收入再分配真正的理论基础并不在经济领域而是在社会领域,那就是收入再分配遵循社会正义的原则。[①]中国从计划经济时代集体福利机制的"低工资+高福利"模式过渡到社会福利机制的市场化过程中,国有企业、集体企业的员工在没有社会保障的条件下大批下岗、失业,其再就业收入并不能保证他们的社会再生产,特别是在农村地区,本应由政府提供的公共产品及公共服务几乎全部市场化。企业无偿地占有了生产剩余,使得不同群体如农民、农民工、失业人员贫困群体不得不在与收入再分配息息相关的医疗、教育、住房等民生领域通过市场配置资源的方式来获得高昂的商品需求。

第三,社会权力分配失序,多元权力主体瓜分非权力主体的资源。社会包容性发展理念认为,社会成员能够获得平等发展的机会和权力的核心思想是构筑"权力、机会和分配"的三维社会公平保障体系。基于此,社会权力是首要的要素。权力在社会资源的配置中起着决定性的作用,特别是社会各阶层、现代化转型所产生的各群体的社会权力配置成为实现社会公平的基础。从改革开放40多年的"机会权"的配置来看,权力分配失序变现为失地农民、农民工、市民等不同群体在与厂商化的地方政府争取和争夺劳动、土地及资本等方面的分配权,当强势的资本将这些要素收益权"击败"后,各群体暴露于社会风险之中,又不得不诉诸几乎完全市场化的公共产品和公共服务。

在目前"政府吸纳社会"的治理结构与治理模式下,国家无形中"嵌入"了社会"维稳"要素,"外化"为限制组织的准入权,使得社会组织的

---

① 《资本论》(第2卷),人民出版社,2004。

发育处于"营养不良"的状态;社会建设并不能由社会自我调整和自我治理来完成,"国家办社会"使得公共产品及公共服务的提供效率低下。在这种"大政府、小社会"的治理结构及治理模式下,反复性的群体性事件会"内化"为官民的直接冲突。在广大的农村地区,以血缘或家族形成的地方黑恶势力融入社区自治之中,使得整个社会自治权力被地方豪强操纵,农村地区呈现出权力配置失序的格局。以权力分配为核心的收入分配、收入再分配以及社会风险分配的相互渗透、相互转化、相互再造,使得社会结构和社会秩序不断地演变,共同构筑了中国现代化转型的社会新秩序。

## 五 现代化社会转型的谱系延续与再分配治理结构的优化向度

经济建设和社会的"维稳"系统形成了经济逻辑和政治逻辑为第一位的地方政府治理逻辑,这是中国在既定的历史逻辑与现实逻辑下所做出的战略性选择。因为资本主义体制所形成的国家角色是以侵占、掠夺和殖民为手段,并以自由主义经济为理念形成的;而中国是在相对落后的社会主义法制下形成的国家角色,并受日韩等发展型国家模式的影响,进而形成了中国社会现代化转型的困境。一是不可复制的西方资本主义的原始积累而形成相似的国家角色,中国选择了发展型国家模式,即追求经济增长和为国民提供社会保障及公共服务的收入再分配。因此,地方政府被赋予了双重角色,双重角色决定了国家将会对经济、社会及政治的现代化转型进行深度的干预。二是以社会保障为核心的收入再分配出现"泛经济化""泛政治化"的倾向。[1]这是中国在近代社会背景下国家治理结构演变的历史性逻辑。

我们不得不承认,作为发展中国家,中国在很长一段时间内很大程度上是追随、模仿甚至机械地转移发达国家的经济和社会治理模式;然而,往往由于国情、区域性的差异而陷入治理困境,并展现出治理悖论。由于经济的全球化深入,发达国家的经济建设和社会建设模式也在逐步演变;治理模式的动态变动性,使得其发展困境日益显现。但从整个世界经济体系所呈现的分配形式来看,市场失灵和劳资的参与分配失衡已是不言而喻的,由此引起的各国内部的群体性事件和游行示威几乎每隔一段时间就会上演。而作为发展中国家,长期以来,中国竭力探寻一种经典模式,包括国家、政治、社会

---

[1] 曹信邦:《社会保障异化论》,《云南社会科学》2012年第3期。

及市场等方面，这使得中国在总结发达国家的社会治理经验时始终难以对中国现代化转型中的各项制度进行定型，经常陷入"试点—推广—失败—再试点"的探索性政策的恶性循环之中。党的十八大深刻阐明了中国特色社会主义的一系列重大理论问题，鲜明提出了坚定中国特色社会主义的道路自信、理论自信和制度自信，着力促进经济、政治及社会等各方面理念及制度的定型。但彼时中国正处于"洋为中用"和"治理本土化"的博弈过程的取舍困境中，在公共权力、收入分配、收入再分配及社会风险分配过程中存在失序现象。

由于经济全球化和信息化的推进，社会治理的困境及悖论已不完全是发展中国家所特有的，西方发达国家中政府的角色不再是一元的，也不仅仅是如西方学者所提出的在政府收入再分配的道德理论基础上"被动"地提供社会保障和公共服务，而且以国家资本的身份融入生产要素、财政支出等方式，并推动传统的社会政策向发展型社会福利政策转型；将社会福利政策与经济政策相协调，并针对"经济"和"社会"元素进行融合，以整体的、包容性的政策来解决贫困及社会排斥等问题，使得社会保障及公共服务政策向着积极、优化的向度发展。因此，在社会治理方面，为克服权力分配失序、社会风险分配失序及收入再分配失序等问题，"多元共治理论""合作治理理论"的治理结构变革模式诞生。"民生连着民心，民心关系国运"，走出现代化社会转型困境的实质是化解社会冲突，实现社会有序化，而制度逻辑的起点是收入再分配的公平性。从动力系统视角来看，政府、市场、社会及家庭从冲突走向有序的动态均衡正是社会转型所经历的循环上升过程，这个过程同时也是美国政治学家亨廷顿所提出的政治制度化的动态逻辑。这个动态逻辑的链条就是国家在社会治理中对角色定位问题的再认识。国家能够维持基本的转型秩序，并在此基础上逐步形成强大的治理能力与国家治理体系。然而，国家能够通过两类工具——合理定位的政府与强大的法治政府来确保社会公平有效进行。然而，这种政治、社会以及经济制度化的动态逻辑理性能够推进社会稳定、社会风险分配，以及收入分配及再分配和权力配置公平的动态平移过程。基于此，不仅仅是在中国，成功实施转型的国家亦存在这方面的危机，需要在权利、法治、公平、民主等制度化尺度上实施动态性的重构与调整向度的优化。

如果把新中国成立的社会秩序分为三个阶段，根据现代化秩序的典型特征，分别为前30年的计划经济秩序转型、中间30年的社会主义市场经济秩序转型、后30年的社会秩序转型。而从社会稳定性的秩序入手，第一个30年靠的是行政性的维稳，中间30年靠的是"行政+经济发展"的维持工具，而现阶段发展将会靠以社会保障及公共服务为核心的收入再分配的社会建设"维稳"机制来维持中国的和谐有序。党的十八大和十八届三中、四中及五中全会针对中国现代化转型提出了"在改善民生和创新管理中加强社会建设""发展仍是解决我国所有问题的关键"，明确了中国面临的起点及方向。在融入了政府"进退有序"的经济建设和社会建设及法制理念的战略性布局后，国家需要对政府与社会、社会与市场、政府与市场以及"央—地"关系进行调整、重塑或再造。一方面，基于"我国长期处于社会主义初级阶段"这个最大实际的战略性判断，保持市场经济的自由性及资源配置的内生性；另一方面，把社会建设提升至与经济建设平等的战略性地位，从而走出现代化转型中"政府吸纳社会"的治理结构困境，建立和健全社会保障及公共服务体制，为民众提供更加安全而无后顾之忧的社会安全机制，使得发展型政府模式下的"大政府、小社会"的格局能够扭转，从而使得经济建设与社会建设以中国现代化转型为主体形成"一法两翼"的稳固发展机制，实现共同富裕，使得公共权力、社会风险、收入分配、收入再分配能够在融合经济和社会发展中完成中国现代化的转型。

# 第四章
# 经济发展与社会保障权益配置公平

自改革开放以来，中国经济发展取得显著成就，经济总量在2010年跃居世界第二并不断缩小与排名第一的美国之间的差距。然而，这一显著成就的背后，是广大人民群众之间较为严重的收入分配不均衡局面。中国的基尼系数从1978年的0.180迅速提升到1994年0.467的国际警戒水平，此后一直维持在0.4以上。随着中国经济发展进入新常态，经济增长速度由过去的高速增长转向中高速增长，传统依靠资源驱动经济发展的模式已被依靠拉动内需促进经济发展的模式所取代。2019年，内需对我国经济增长的贡献率达到89%，其中最终消费支出对经济增长的贡献率达到57.8%，内需特别是消费已经成为我国经济增长的第一拉动力。然而，长期不平衡的收入分配格局严重限制了消费支出对经济增长的推动作用。

社会保障作为再分配的重要手段，通过税收等方式调节收入分配，缩小收入差距，进而充分发挥资本的边际效应来促进经济发展。更为重要的是，社会保障与经济发展的互动不仅关系到社会保障制度的理性发展，更是国家经济社会协调发展的关键所在。在此背景下，重新认识"经济增长效率与社会保障分配公平性"之间的关系具有重要意义。

## 第一节 经济增长效率机制与社会保障权益配置机制的系统理论演绎

人民日益增长的美好生活需要和不平衡不充分的发展之间的矛盾决定了经济增长效率机制与社会保障分配公平性机制的均衡性逻辑成为新时代的重要研究课题。本节采用马克思主义政治经济学的基本原理和基本工具，尝试性地构建了一个理论模型，深入剖析了社会保障分配非公平性机制的形成逻辑，并探析经济增长效率机制与社会保障分配公平性机制的均衡关系。中国的社会保障制度模式"嵌含"了马克思主义政治经济学框架下的劳动价值论、贫困理论、剩余价值理论及资本雇佣劳动理论等；同时，在整个全球资本主义占主导的情境下，经济增长效率机制与社会保障分配公平性机制又被"嵌入"了资本主义经济和政治制度中的某些要素。通过假设演绎的方法，我们拓展了马克思主义思想研究的框架，放宽了其理论演绎的原生性条件——无产阶级（工人阶级）零储蓄假设。所得的演绎性理论可以更全面地分析欧美等发达资本主义国家的经济增长效率机制与社会保障分配公平性机制的均衡性问题。同时，新时代背景下，探索经济增长效率机制、多元收入再分配模式并存的现实约束条件下社会保障收入分配非均等性问题的内在逻辑因素及优化路径也具有重要的理论与现实意义。

## 一 经济增长效率与社会保障权益配置公平

在改革开放40周年时，综观中国的历时性演进情境和发达国家的经济发展与收入分配格局的变动逻辑，我们发现，经济社会发展过程中能够顺利跨越中等收入陷阱的国家或地区均较为有效地平衡了经济增长效率机制和社会保障分配公平性机制。如与中国经济发展模式相类似的东亚发展模式，以及与中国处于相似阶段的20世纪90年代的韩国和日本的基尼系数均在0.3以下。在经济迅速增长的同时，以社会保障为核心的收入分配也同步展开，两者处于一种不断优化的良性状态。而与之形成鲜明对比的是拉美地区，经济发展的速度被收入的不合理分配要素对冲和抵消，最终跌入中等收入陷阱。20世纪初，拉美贫困人口比重在30%和60%之间，而基尼系数均在0.5以上。[①]回归新时代马克思主义经济发展与收入分配的理论逻辑起点，在新时代中国社会的主要矛盾已经变为人民日益增长的美好生活需要和不平衡不充分的发展之间的矛盾的现实情境下，经济增长效率机制与社会保障分配公平性机制的均衡性逻辑已经成为中国新时代的重要研究命题。

党的十九大报告提出了坚持按劳分配原则，完善按要素分配的体制机制，促进收入分配更合理、更有序；鼓励勤劳守法致富，扩大中等收入群体。在新时代背景下，中国社会主要矛盾已经转化为人民日益增长的美好生活需要和不

---

① 数据来自世界银行数据库和《CIA世界各国概况》。

平衡不充分的发展之间的矛盾。中国收入再分配领域将发生哪些变化？社会保障作为调节收入再分配的一项最重要的工具，如何能够与经济增长效率机制联动而趋向均衡呢？首先，我们来观测经济增长速度与收入分配格局之间的变动趋势，1978~2017年，中国的GDP年均增长率为7.52%①，而同期欧美等发达国家的GDP年均增长率仅仅维持在2%左右，有的国家甚至是零增长；而中国的收入分配却呈现出严重的不均衡格局，基尼系数从1978年的0.180迅速提升到1994年的0.467，此后一直维持在0.4以上。经济增长效率机制与社会保障分配公平性机制处于严重的失衡状态。在工业化前期，收入分配的差距会促进经济的快速增长，从而完成资本的原始积累；在工业化中后期，收入分配差距的继续扩大会导致资源的错配，最终会影响经济的运行效率，从而阻碍经济增长。②从全球经济体视角来看，收入分配模式会从功能性分配逐步向规模性分配转变，在功能性分配中，低水平的社会保障模式完成了资本的原始积累，并成就了多数国家的经济增长奇迹；在规模性分配中，在以社会保障为核心的收入分配尺度上，"Kuznets假说"在绝大多数国家得到了验证。③经济增长效率机制与社会保障分配公平性机制逐步趋向均衡。从世界范围来看，随着经济危机周期的缩短，后工业化时代的经济增长效率追逐机制使得贫富差距再次呈现扩大趋势，收入分配机制与经济增长机制的均衡性再次引起全球政界和学界的聚焦。④在新时代马克思主义思想研究框架下，经济增长效率与社会保障分配公平性之间并非一种反向的削弱关系，亦非一种单向的因果关系，而是一种双

---

① 根据1979~2018年历年国家统计局公布的GDP数据测算而得。
② 张来明、李建伟：《收入分配与经济增长的理论关系和实证分析》，《管理世界》2016年第11期；Allan H. Meltzer, Scott F. Richard, "A Positive Theory of Economic Growth and the Distribution of Income," *Research in Economics*, 2015, Vol.69, No.3, pp.265-290; Armon Rezai, Lance Taylor, Duncan Foley, "Economic Growth, Income Distribution, and Climate Change," *Ecological Economics*, 2018, Vol.146, No.2, pp.164-172。
③ André Varella Mollick, "Income Inequality in the U.S.: The Kuznets Hypothesis Revisited," *Economic Systems*, 2012, Vol.36, No.1, pp.127-144；王艺明：《经济增长与马克思主义视角下的收入和财富分配》，《经济研究》2017年第11期。
④ 王增文：《社会保障与技术进步动态组合的经济发展驱动路径分析》，《科学学研究》2016年第9期；Xiaogang Wu, Jun Li, "Income Inequality, Economic Growth, and Subjective Well-being: Evidence from China," *Research in Social Stratification and Mobility*, 2017, Vol.52, No.6, pp.49-58; Tom Kennedy, Russell Smyth, Abbas Valadkhani, George Chen, "Does Income Inequality Hinder Economic Growth? New Evidence Using Australian Taxation Statistics," *Economic Modelling*, 2017, Vol.65, No.5, pp.119-128。

## 第四章 经济发展与社会保障权益配置公平

向的联动关系。20世纪初期到中期,社会保障处于发端期,这一时期的研究比较支持社会保障分配公平性机制对经济增长效率具有正向的促进作用,并认为社会保障发挥的是功能性分配职能,在保障基本生存的情境下,收入差距扩大能够促进投资水平的提升,通过投资这一传导机制来促进经济的快速增长。[①]随着内生经济增长理论的兴起和新制度经济学的发展,人们对经济增长的内生性动力有了新的认识视角。在新的经济社会动力系统下,经济增长效率机制与社会保障分配公平性机制的互动关系将更为驳杂;同时,新的理论视角也为两者联动关系的研究提供了全新的理论基础。随着后工业化时代的到来,社会保障从以功能性分配为主逐步过渡到以规模性分配为主;与此同时,制度变量、人力资本变量、技术变量等开始逐步进入动力系统,并开始内生化。大量的实证研究表明,社会保障的规模性分配能够提升经济增长效率[②];两者的均衡呈现共生、共向性的联动关系。Piketty 认为,收入的非均等性一方面成就了资本主义工业化前期的资本原始积累,促进了经济的迅速发展;另一方面收入分配差距的扩大和以收入再分配为核心的社会保障制度体系的缺乏,造就了后工业化时代的消费侧需求不足,进而降低了经济的周期性发展速度。中国目前正处于工业化后期,资本要素的收入比重开始逐步下降,而消费要素占比却在迅速上升;经济增长的劳动要素占比却处于缓慢变动状态,进而抑制了经济增长速度。[③]

习近平总书记针对法国学者 Piketty 关于美国等西方国家的不平等程度已经达到或超过了历史最高水平,认为不加制约的资本主义加剧了财富不平等现象,而且对他提出的不平等程度将继续恶化下去的观点、使用的方法、得出的结论是持肯定态度的;但是他同时认为 Piketty 的分析主要是从分配领域进行的,没有过多涉及更根本的所有制问题。[④] 以社会保障权益为核心的收

---

[①] W. A. Lewis, "Economic Development with Unlimited Supplies of Labour," *The Manchester School*, 1954, Vol.22, No.2, pp.139-191; N. Kaldor, "A Model of Economic Growth," *Economic Journal*, 1957, Vol.67, No.268, pp.591-624.

[②] Lars Kunze, "Funded Social Security and Economic Growth," *Economics Letters*, 2012, Vol.115, No.2, pp.180-183; Neil Bruce, Stephen J. Turnovsky, "Social Security, Growth, and Welfare in Overlapping Generations Economies with or Without Annuities," *Journal of Public Economics*, 2013, Vol.101, No.3, pp.12-24;汪伟:《人口老龄化、养老保险制度变革与中国经济增长——理论分析与数值模拟》,《金融研究》2012年第10期。

[③] Thomas Piketty, *Capital in the Twenty-First Century* (Cambridge, MA: The Belknap Press of Harvard University Press, 2014).

[④] 习近平:《在哲学社会科学工作座谈会上的讲话》,《人民日报》2016年5月19日。

### 社会保障权益配置逻辑

入分配与再分配的非均等性的不断升级映射出资本主义生产模式下的相对贫困化与绝对贫困化。马克思提出了无产阶级的贫困理论,从资本主义社会化大生产的各有机环节——从人力资本无限供给、资本原始积累到大规模经济危机的爆发,全面阐释了资本主义经济条件下的社会贫困逻辑。基于此,我们认为,马克思主义政治经济学是研究收入再分配不均等的理论基石。尽管马克思主义政治经济学的建立已有150多年,但马克思主义政治经济学框架中的基本理论和基本研究方法对新时代经济增长效率机制与社会保障分配公平性机制的均衡性的理论演绎仍具有较强的阐释力。

在资本主义社会化大生产背景下,马克思在研究收入分配问题时,提出了如下的理论逻辑演绎起点——获取剩余价值是资本主义社会化大生产的原生性目标,在获取了剩余价值后进行资本化,进一步完成资本原始积累。① 与此同时,马克思和恩格斯又提出了另外一个原生性理论假设,即在经济周期性发展的生产环节中,资本家所雇佣的每一名工人都在从事两种劳动。他的工作时间一部分用来偿还资本家所预付给他的工资,这一部分劳动称为必要劳动。此后,个人须继续工作,在这段时间内为资本家生产剩余价值。由此,资本家便是追逐剩余价值最大化的"机器"。在剩余价值出现后,政府开始介入收入再分配,通过征税缴费的形式开始筹集社会救济和社会福利资金;而个体和企业通过抽取必要劳动的一部分开始筹集社会保险资金。这时社会保障制度开始搭建,社会保障的分配形式集中体现为以功能性分配为主导模式。从大航海革命开始一直到第一次工业革命结束,在西方社会政治与经济发展维度中,政商关系始终是社会发展与进步的主要生产关系。由于政商关系一体化,剩余价值的绝大多数比重被锁定在资本家手中,极少比例通过社会保障的功能性分配成为其获取更多剩余价值的工具。那么,在此期间,工人的生产与再生产始终处于不充分状态。从历史语境与现实视域来看,Piketty通过循证取向研究策略,得出了如下结果。从19世纪20年代到

---

① 杨锦英、肖磊:《超额利润的性质及其对一般利润率的影响——马克思剩余价值分配理论的扩展》,《马克思主义与现实》2015年第5期; Fred Moseley, "The Development of Marx's Theory of the Distribution of Surplus-value in the Manuscript of 1861-63," *Review of Radical Political Economics*, 2001, Vol. 33, No. 3, pp. 265-271; Al Campbell, "The Nature of Surplus Value in the 'New Solution'," *Review of Radical Political Economics*, 2002, Vol.34, No.1, pp.69-73。

2014年，有如下几组数据可以佐证马克思的理论演绎结论：（1）贫富人口之比从1820年的3∶1上升到20世纪50年代的35∶1，到2014年翻了1倍多达到88∶1；（2）世界上有30亿人口日均生活费用低于2.5美元，在22亿名儿童中，有10亿名生活贫困，2.7亿名没有公共医疗卫生服务，日均2.2万名儿童死于贫困；（3）从资本与劳动力贡献比重来看，自19世纪20年代以来，世界经济增长率处于0.01~0.015区间内，资本收益增长率却处于0.04~0.05的区间水平，劳动力平均收益远低于长期经济增长和社会发展；（4）从财富的占有及分布变动趋势来看，80%的人口生活在收入差距不断扩大的国家或地区，占世界人口80%的最贫困人口拥有全世界25%的财富及收入。①历史语境下的纵向时域序列数据呈现出如下现实：（1）财富存量与分配模式存在严重的两极分化变动格局，并由此导致了贫富的巨大差距；（2）社会保障规模性分配中的生存权在某些国家和地区长期处于被剥夺的状态，"托底效应"未充分发挥，由此处于不充分状态；（3）资本的绝对强势与劳动的弱势使得在按要素分配财富的过程中，劳动要素被严重挤占。社会保障的规模性分配职能始终处于边缘化状态。经济增长效率机制与社会保障分配公平性机制的均衡性集中体现为社会保障的功能性分配机制服务于经济增长效率机制，这一阶段是欧洲工业革命的资本原始积累阶段。由此，从大航海革命开始到商业革命再到科技革命最后到工业革命的经济社会演进过程中，资产阶级与无产阶级的收入分配差距与财富差距不断扩大。

那么，马克思的经济增长效率机制与社会保障分配公平性机制的运行过程是否与当代资本主义现实相"耦合"呢？资本论从诞生到现在已经有150多年的历史。这期间，特别是西方社会民粹主义不断兴起，工人为获得更多的社会保障权益与公平性分配而不断开展集会、游行、罢工和斗争，获得了一系列的社会保障权益。根据国际劳工组织（ILO）公布的数据，2016~2017年发达资本主义国家劳动生产率与工资增长率的比值接近1∶1。②马克思关于工人阶级无人储蓄的原生性假设条件也符合当代资本主义现实情境，如美国由工人企业年金构成的企业年金基金规模占整个美国股票市场的近

---

① Thomas Piketty, *Capital in the Twenty-First Century* (Cambridge, MA: The Belknap Press of Harvard University Press, 2014).
② 国际劳工组织：《2016—2017年全球工资报告》。

35%，占美国债券市场的比重也高达20%。① 由此，尽管分配格局未发生根本性的变革，但当代资本主义经济发展、收入分配及社会保障制度模式已经发生了一定程度的位移。在现实情境下，我们要以发展的马克思主义思想的基本理论、基本方法和基本工具为指导，并结合现实情境，在遵循基本逻辑的条件下，对现实问题进行分析。

基于上述分析，人民日益增长的美好生活需要和不平衡不充分的发展之间的矛盾决定了经济增长效率机制与社会保障分配公平性机制的均衡性逻辑成为新时代的重要研究课题。本节采用马克思主义政治经济学的基本原理和基本工具，尝试性地构建了一个理论模型，深入剖析了社会保障分配公平性机制的形成逻辑，并探析经济增长效率机制与社会保障分配公平性机制的均衡关系。其中，分析这一命题需要在社会保障制度模式中"嵌含"马克思主义政治经济学框架下的劳动价值论、贫困理论、剩余价值理论及资本雇佣劳动理论。本节的分析具备上述理论框架特征，同时又"嵌入"了当代资本主义的发展性新特征。从系统性视角切入，以马克思主义的基本理论、基本方法与基本工具为研究基础，并采用动力系统工具，将技术创新、技术扩散、经济增长、社会发展、所有制结构及宏观政策纳入经济社会动力系统之中进行系统性分析。

## 二 马克思主义视角下经济增长效率与社会保障权益配置公平的逻辑基础

### （一）生产主体系统性逻辑假设

新古典经济学兴起时，社会保障关注的是功能性分配，其逻辑起点已是理性经济人的假设；马克思主义政治经济学兴起后，社会保障分配理念逐步从功能性分配为主向规模性分配为主转型。不同于新古典经济学模式，马克思主义政治经济学的逻辑出发点不完全是理性经济人假设，而是以系统性理念为逻辑基础。基于系统性视角，将理性经济人假设仅仅作为整个经济社会动力系统多元结构和功能中的一个基本元素，是一个人格化的经济范畴，具有一定的阶级性，并裹挟着不同阶级的权益。② 马克思主义政治经济学研究框

---

① 王艺明：《经济增长与马克思主义视角下的收入和财富分配》，《经济研究》2017年第11期。
② ［捷克斯洛伐克］卡莱尔·科西克：《具体的辩证法——关于人与世界问题的研究》，刘玉贤译，黑龙江大学出版社，2015。

架并未全盘否定古典经济学中的理性经济人假设,认为理性经济人仅仅是理论上的,并具有抽象性,所涉及的范围仅仅是一定经济结构下特殊个体的行为。① 由此,马克思将阶级属性引入了其理论分析之中,认为阶级属性决定了个体的行为和动机。这种阶级属性集中表现为工人阶级在不断地创造剩余价值,而资本家却在不断地占有并瓜分剩余价值。基于这样的理论演绎,马克思得出了工人阶级无任何储蓄的原生性逻辑演绎假设前提。

基于马克思逻辑分析的原生性假设,我们在构建理论演绎模型时,假设存在两种类型的生产当事人或经济人——资本家与工人。既有研究以马克思假设的无储蓄为逻辑起点,并假设资本家所获得的全部剩余价值用于投资而不用于消费,于是得出利润取决于投资的结论。② 从现实情境来看,生产主体系统性逻辑假设中,一方面,工人阶级并非绝对意义上的零储蓄;另一方面,资产阶级也并非零消费。上述理论演绎仅仅是为了探索经济和社会分配逻辑而做出的简单性假设。为了使理论演绎更加符合现实情境,本节将工人个体零储蓄的假设进行拓展,认为工人除了满足自身的生产与再生产的支出外,还具有储蓄和投资行为,但其与资产阶级的相对经济地位并未有实质性的改变。在马克思主义政治经济学文献中,探讨工人阶级的储蓄及投资的行为较为罕见。后来凯恩斯主义的研究假设开始逐步拓宽马克思关于工人零储蓄的生产主体系统性逻辑假设,认为资本家和工人均具有储蓄和投资倾向;并将工人的储蓄倾向纳入模型,通过构建"剑桥方程式"来分析经济动力系统中各变量对收入分配和再分配的影响。③ 我们将不严格区分两者的储蓄和投资倾向,而将两者作为一般化的经济主体,两者分层的关键特征是所拥有初始资本禀赋的异质性,而无关乎两者储蓄倾向的异质性,从而能够更加全面准确地测度初始资本禀赋对以社会保障为核心的分配结果的影响效应。

在资本家消费方面,尽管其消费倾向相对较弱,但本节进行了拓展,认为资本家利润的一部分也会用于消费,通过消费来获取自身的社会需要或社

---

① 《马克思恩格斯全集》(第25卷),人民出版社,1974,第206~210页。
② Hyman P. Minsky, *Stabilizing an Unstable Economy* (Yale University Press, 1986);孟捷:《历史唯物论与马克思主义经济学》,社会科学文献出版社,2016。
③ Richard T. Froyen, *Macroeconomics: Theories and Policies 3rd Edition* (New York: Macmillan Publishing Company, 1990), pp.70-71; Don Patinkin, *Anticipations of the General Theory?: And Other Essays on Keynes* (University of Chicago Press, 1984), p.171;冯金华:《马克思主义经济学的数学原理》,上海人民出版社,2010。

会规模的使用价值,而这种使用价值的高低取决于不同阶级间经济地位的高低和不同阶级之间的关系;其余利润才会进行投资,进而获取更丰厚的剩余价值。由于当代资本主义的分配方式中,剩余价值已经不完全被资本家占有,两者获取比重在很大程度上决定了经济增长效率机制与社会保障分配公平性机制的均衡性结果。基于此,我们需要从整个经济社会结构的视角出发,通过资本家和工人两类经济人结构来对经济增长效率机制与社会保障分配公平性机制的均衡性进行理论演绎。

### (二)劳动价值形成的基础及过程

从马克思经济理论关于收入分配和再分配的结构视角来看,产出的分配可分为两大部分,即商品的价值形成过程和物质财富(使用价值)的劳动过程。从劳动价值形成的基础及过程来看,马克思很好地区分了两类过程的异质性。[1]价值形成的过程集中体现为生产资料转移和劳动创造新价值的转成。在此过程中,生产资料并未产生新的价值,而劳动是创造新价值的唯一源泉。在劳动创造价值的过程中,生产资料与劳动者融合进而创造物质财富,此时,劳动是物质财富创造的源泉之一,生产资料也在创造物质财富,成为财富创造的另一源泉。由此,劳动便成为财富之父,而生产资料便成为财富之母。[2]

实际上,可以通过生产资料在流动过程中所发挥作用的异质性来阐释这两个过程,在劳动过程中生产资料发挥的作用具有整体性;在价值形成过程中,生产资料通过折旧或损耗的形式将自身价值转移到所生产的产品之中。在上述两个过程中,劳动所发挥的作用也具有异质性,其特征集中体现为目的性和具体性;而在价值形成的过程中,劳动具有无差别性和抽象性特征。既有研究文献多数是将上述过程通过理论演绎的方式采用线性生产函数模型展开。[3]然而,通过对线性生产模型的分析,我们发现,模型中假设不存在固定资产,将生产资料折旧率设定为1。这样方便了模型的求解,但是存在较大的偏误,如果将固定资产内生化将会使得模型的求解复杂化。因此,既

---

[1] 《马克思恩格斯全集》(第25卷),人民出版社,1974,第716~721页。
[2] [英]威廉·配第:《赋税论》,邱霞、原磊译,华夏出版社,2017。
[3] M.Morishima, "Marx in the Light of Modern Economic Theory," *Econometrica*, 1974, Vol.42, No.4, pp.611-632; John E.Roemer, "A General Equilibrium Approach to Marxian Economics," *Econometrica*, 1980, Vol.48, No.2, pp.505-530.

## 第四章　经济发展与社会保障权益配置公平

有理论演绎不能全方位地刻画生产资料全部进入劳动过程。从长期来看，生产过程的要素投入是动态变化的，线性函数在动态意义上是不适用的。基于此，本节认为，既有研究文献将上述过程采用线性生产函数模型展开的做法对马克思劳动价值理论的演绎是有偏的。实际上，马克思主义政治经济学理论中的劳动价值理论是发展的；在当代资本主义现实情境下，劳动价值理论均适用于资本主义的生产方式所嵌含的生产函数。本节将劳动过程采用更加一般性的线性齐次函数来刻画，从而在更大程度上规避生产函数在设定方面的偏向性。

### （三）劳动力的价值及收入再分配逻辑

马克思认为，满足劳动力的生产与再生产的所有生活资料所呈现出的价值便为劳动力价值。基于此，可将劳动力价值及转换形式用最低层次——生理层次的必需来界定工资；而将劳动力再生产过程所必需的生活资料界定为中等层次的社会保障需求。同时，马克思又认为，劳动力价值与一般商品价值的最大区别在于其"嵌含"了一个历史及道德的元素。①从资本主义生产方式的历时性视角来看，工人工资及社会福利为何呈现不断上升的趋势呢？从马克思唯物史观哲学视角可以阐释这一问题，个体的生活方式一方面取决于生产的产品，另一方面又取决于如何生产产品，而且全要素生产率技术的复杂性使劳动力价值不断得到提升，即劳动力的生产与再生产的成本不断提高。②本节在上述逻辑假设基础之上，假定随着技术进步水平的不断提高，满足工人自身生产及再生产的工资和社会福利水平也会不断提升。分工的历时性演进是再次的分工，由于分工的精细化与生产规模的不断扩大，生产成本不断缩减，劳动生产效率会不断提高。由此，本节研究的逻辑假设为人力资本存量与劳动生产率会共同增长。从劳动权益的动态演变视角来，从马克思《资本论》的诞生到现在，工人阶级为争取自身的生产与再生产权益，如养老保障、医疗保障、教育及住房权进行了一系列阶段性与长期性的斗争。③由于工资和福利具有一定的刚性，生存权和发展权已经成为社会保障

---

① 《资本论》（第1卷），人民出版社，2004，第199~200页。
② John E. Roemer, *Analytical Foundations of Marxian Economic Theory* (Cambridge University Press, 1988); 王艺明:《经济增长与马克思主义视角下的收入和财富分配》,《经济研究》2017年第11期。
③ Colin Jennings, Santiago Sanchez-Pages, "Social Capital, Conflict and Welfare," *Journal of Development Economics*, 2017, Vol.124, No.1, pp.157-167.

的原生性要义。但由于资本的趋利性，工人所生产出的价值不可能完全被工人分享，资本家仍会瓜分更大比重的剩余价值。

### 三 马克思主义视角下经济增长效率与社会保障权益配置公平的理论演绎

#### （一）资本主义经济生产主体

**1.资本家主体和工人主体**

在理论演绎模型中，本节假定存在两类主体，分别为资本家主体和工人主体。两类主体的分类依据是初始资本禀赋的异质性。从初始禀赋的占有比重来看，假设工人不拥有物质资本，而资本家拥有整个物质资本，并且存在一种最终产品，这种最终产品来自劳动与物质资本的融合，并且其自身秉承了价值和使用价值。最终产品的价值或使用价值流向的渠道分为两种：一种是再次转化为资本进行增值，另一种是作为消费品满足资本家和工人的效用。在更加具体的意义上，最终产品可以看成一系列的产品及相关服务。我们将资本（$K$）、消费（$C$）、单位劳动的价值（$w$）及产出（$Z$）等变量均以最终产品的实际数量来表达。

$K_{j,t}$表示第$j$类资本主义生产当事人（$j=1$表示工人，$j=2$表示资本家）在第$t$期所拥有的最终产品的数量。按照上述假设，工人拥有的最终产品数量$K_{1,0}=0$，而资本家拥有的最终产品数量$K_{2,0}$是非负的，即期初资本家拥有所有的最终产品，采用$K_t = \frac{1}{2}(K_{1,t} + K_{2,t})$表示在第$t$期社会的总资本数量的均值。基于此种设定，我们可以全方位地测定各个资本主义生产当事人所获得的以社会保障为核心的福利分布状况。

由于本节关注的最终产品是生产资料与劳动力相结合产生的，且劳动只有一种，那么，资本主义生产当事人的劳动能力便具有同质性。实际上，随着技术进步的推进、组织创新的展开，劳动的意义已不完全是一线的生产，还涵盖了管理性劳动、资产配置性劳动及投资性劳动等衍生性劳动形式。由于我们研究的逻辑起点是马克思主义关于生产与分配及再分配的理论，重点考察由资本（或生产资料）差异造成的收入分配或再分配差异性背后的效率与公平的均衡问题。因此，假设劳动能力具有同质性是合理的。

**2.相融意义上的资本主义生产当事人假设**

在当代资本主义经济与社会中，各经济主体已经脱离了资本主义初期的完全劳动意义,而是逐步出现了融合。各资本主义生产当事人已经融合了投资获取收益与劳动获取工资和社会保障收入的二元主体。基于此,我们在更为一般的意义上来阐释这一问题。假设当代资本主义生产过程中,存在 $M$ 类当事人,采用 $j$($j$=1,2,…,$N$)来表示不同的当事人。然而,这些资本主义生产当事人兼具生产资料拥有者和劳动供给者双重身份,即工人兼具传统工人和资本家身份。第 $j$ 类生产当事人在第 $t$ 期所拥有的资本禀赋为 $K_{j,t}$,$K_{j,t}$ 亦表示其拥有的财富和收入存量。若 $K_{j,t}$ 为零,表示第 $j$ 类生产当事人在第 $t$ 期不拥有资本禀赋,而处于"赤贫"状态,即为马克思主义政治经济学中所指的传统型工人;若 $K_{j,t}$ 为正,表示第 $j$ 类生产当事人在第 $t$ 期拥有资本禀赋。在当代资本主义生产方式下,工人的收入既包括了传统意义上的劳动性收入,又包括了资本性收入。用 $K_t$ 表示在第 $t$ 期社会资本的均值。工人的劳动供给不存在异质性,但其资本的初始禀赋具有异质性,即 $K_{j,0}$ 是不同的。基于此假设,我们可以探讨异质性的资本主义生产当事人资本占有的异质性对经济增长和以社会保障权益为核心的收入分配均衡性的影响状况。

3. 最终产品的消费

在各期中,假设各类生产当事人拥有 1 单位的时间,在第 $t$ 期第 $j$ 类生产当事人用于劳动的时间为 $T_{j,t}$,有 $T_{j,t} \in [0, 1]$,$j = 1, 2, …, N$,各类生产当事人的最终产品的消费水平如下:

$$\text{Max} \sum_{t=0}^{\infty} \alpha^t \cdot \ln C_{j,t} \tag{4-1}$$

式(4-1)中,$\alpha \in (0, 1)$,表示社会时间偏好率;$C_{j,t}$ 表示第 $j$ 类生产当事人在第 $t$ 期的社会需求数量。随着消费水平的不断提升,生产当事人的社会性需求的边际效应呈现递减趋势。对于消费表达式(4-1),本节研究的初步假设为生产当事人的时间偏好具有同质性。基于此,我们可以将"聚焦点"用于测度异质性生产当事人的资本性差异对整个收入再分配格局的影响效应。马克思主义政治经济学认为,社会需要是资本主义生产当事人有支付能力的需要,由此,本节基于管理学的系统性视角,将生产当事人的支付能力作为约束性条件,即满足如下条件:

$$K_{j,t+1} = (1 + i_t) K_{j,t} - C_{j,t} + \xi_j T_{j,t}, \quad t = 0, 1, 2, \cdots \tag{4-2}$$

式(4-2)中,$K_{j,t+1}$ 表示第 $j$ 类生产当事人在第 $t$+1 期所拥有的最终产品数量，$i_t$表示资本报酬率，$\xi_t$表示工资率，在第$t$期第$j$类生产当事人用于劳动的时间为$T_{j,t}$，$C_{j,t}$表示第$j$类生产当事人在第$t$期的社会需求数量。接下来，本节将从不同的生产当事人视角来阐释式（4-2）的各元素含义。从工人视角来看，式（4-2）可以将所获得收入一方面用于消费，另一方面则用于储蓄或集中起来变成货币资本用于投资；而资本家或企业主的流量性收入来自两部分，分别为资本回报的利润部分和自身在管理、决策及资产性配置领域所付出的劳动而获得的劳动报酬部分。式（4-2）的另外一个重要含义就是，工人一方面可以获取劳动收入，另一方面可以拓展马克思关于工人无任何储蓄的原生性理论演绎假设条件，即假设工人能够获取一定比例的剩余价值，并将其转化为货币资本用于投资。资本家和工人仅仅是从剩余价值占有比重角度来进行区分，即资本家仍然占有大比重的剩余价值，并以此为经济增长效率机制与社会保障分配公平性机制的系统理论演绎的前提。

（二）资本主义企业生产主体

1.劳动与生产资料的结合过程

生产资料与劳动结合的过程即使用价值生产过程和财富创造过程，这个过程可用柯布-道格拉斯生产函数来刻画，将以企业为载体的劳动与生产资料相结合的过程描述如下：

$$Z_t = A_t^\beta \cdot K_t^{1-\beta} \cdot L_t^\beta \tag{4-3}$$

其中，$A_t$为技术进步变量，$Z_t$表示各相关生产当事人在第$t$期的最终产品数量的总和，$K_t$为第$t$期整个社会的总体资本性存量（包括资本家和工人），$L_t$为各类生产当事人在第$t$期劳动时间投入的均值；$\beta \in (0,1)$为常数。式（4-3）刻画了劳动与生产资料的结合创造最终产品的使用价值和财富的过程。企业的最终产品结构如下：最终产品中包含了生产资料的折旧扣除$\delta K_t$、劳动力的生产与再生产扣除（涵盖了工资性收入与社会保障等）$\xi_t L_t$以及资本家获取的剩余产品部分（$Z_t - \delta K_t - \xi_t L_t$），其中，$\delta$表示生产资料的折旧率，$\xi$表示劳动力的生产与再生产所需消费品的扣除，其会随着生产力的提升而不断得到提升。自马克思《资本论》诞生以来，$\xi$随着技术进步$A_t$的提升而不断得到提升。不妨假设$\xi$与技术进步变量$A_t$成正比例关系，即$\xi_t = \dfrac{A_t}{A_0} \cdot \xi_0$。基于此假设，在有限资本的约束条件下，劳动力的数量也会有其约束性边界，隐性失业的劳动力价值会低于最优的劳动力供给价值。在短期内，劳动力生产与再生产支出值 $\xi$ 是相对不变的，由此，企业主体在雇佣劳动力数量方面会使其获得的剩余价值最大化，劳动力数量可由 $\xi_t = \dfrac{A_t}{A_0} \cdot \xi_0$ 及式（4-1）、式（4-2）和式（4-3）来决定：

$$L_t = \frac{1}{A_t} \cdot (\frac{\xi_0}{\beta A_0})^{(\beta-1)^{-1}} \cdot K_t \tag{4-4}$$

式（4-4）表明，劳动能力的需求规模与社会资本成正比，而与技术进步变量成反比。在各类生产当事人劳动无异质性的条件下，可以将各类生产当事人的劳动供给水平具有无差异性作为一个基本推论性命题，这时劳动估计数量仅与时间有关。这时，资本家所获取的剩余价值便为各类资本性要素投入的报酬。将 $\xi$ 与技术进步变量 $A_t$ 成正比的关系条件，即 $\xi_t = \dfrac{A_t}{A_0} \cdot \xi_0$ 代入式（4-4），我们可以得到资本报酬率：

$$i_t = \frac{Z_t - \delta K_t - \xi_t L_t}{K_t} \tag{4-5}$$

$$i_t = (1-\beta) \cdot (\frac{\xi_0}{\beta A_0})^{(\beta-1)^{-1}} - \delta \tag{4-6}$$

马克思《资本论》中的利润率可用式（4-7）来表示：

$$\varphi_t = \frac{Z_t - \delta K_t - \xi_t L_t}{K_t + \xi_t L_t} \tag{4-7}$$

进一步有式（4-8）成立：

$$\varphi_t = \frac{(1-\beta) \cdot (\frac{\xi_0}{\beta A_0})^{(\beta-1)^{-1}} - \delta}{\beta^{(1-\beta)^{-1}} \cdot (\xi_0 \cdot A_0^{-1})^{(\beta-1)^{-1}}} \tag{4-8}$$

其中，$\varphi_t$ 为利润率，生产的可行性约束条件为：利润率为正，即式（4-8）的分子为正。

2. 生产价值的增值环节

假设第 $t$ 期最终产品的价值为 $\Omega_t$，劳动的价值通过价值的增值过程转移至最终产品之中，通过与生产资料的深度融合，从而创造出新的价值；资本的价值创造则通过折旧的形式转移至最终产品之中。基于此过程，我们得到如下的表达式：

$$\Omega_t \cdot Z_t = \Omega_t \cdot \delta K_t + \Omega_t \cdot \xi_t L_t + L_t \cdot (1 - \Omega_t \cdot \xi_t) \tag{4-9}$$

式（4-9）中，$\Omega_t \cdot Z_t$ 为最终产品的价值，$\Omega_t \cdot \delta K_t$ 为资本折旧价值转移部

分。$L_t$为劳动的价值增值,其中涵盖了剩余价值中由资本家获取的部分$[L_t \cdot (1 - \Omega_t \cdot \xi_t)]$和劳动力价值部分$(\Omega_t \cdot \xi_t L_t)$。这两者共同构成了价值增值的剩余价值和可变价值部分,由式(4-3)、式(4-4)和式(4-9),我们可以得到单位最终产品的价值表达式:

$$\Omega_t = \frac{(\frac{\xi_0}{\beta A_0})^{(\beta - 1)^{-1}}}{A_t [ \beta^{(1-\beta)^{-1}} \cdot (\xi_0 \beta^{-1} A_0^{-1})^{(\beta - 1)^{-1}} - \delta ]} \tag{4-10}$$

式(4-10)所表达的含义是最终产品的价值$\Omega_t$受制于技术进步水平$A_t$,当技术创新或技术扩散水平提升时,最终产品的价值会相对降低,这表示最终产品的必要性劳动时间在减少。将$\xi_t = \frac{A_t}{A_0} \cdot \xi_0$代入式(4-9)可得到第$t$期的剩余价值率:

$$m_t = (\frac{1}{\xi_t \cdot \Omega_t} - 1) = \frac{(\frac{\xi_0}{\beta A_0})^{(\beta - 1)^{-1}} - \delta}{\beta^{(1-\beta)^{-1}} \cdot (\xi_0 \cdot A_0^{-1})^{(\beta - 1)^{-1}} - 1} \tag{4-11}$$

通过观察式(4-11)我们发现,任意时期的剩余价值率不受时间变量的影响;从式(4-10)的结构来看,各类资本主义生产当事人在第$t$期的劳动价值的剩余劳动时间为$\frac{1}{N} L_t \cdot (1 - \Omega_t \cdot \xi_t)$,而必要劳动时间为$\Omega_t \cdot \xi_t L_t$。由式(4-7)、式(4-8)和式(4-11),我们可以得到:

$$\varphi_t = m_t \cdot \{1 + m_t [(1 - \beta) \cdot (\frac{\xi_0}{\beta A_0})^{(\beta - 1)^{-1}} - \delta ]^{-1} \}^{-1} \tag{4-12}$$

式(4-12)中,由于$(1 - \beta) \cdot (\frac{\xi_0}{\beta A_0})^{(\beta - 1)^{-1}} - \delta$是非负的,利润率与剩余价值率具有显著的正相关性。从实际可操作性视角来看,马克思《资本论》中,剩余价值率是隐性的,用显性变量测度起来较为困难。但是由于利润率与剩余价值率之间的关系,我们可以通过间接的方式来测度剩余价值率,即通过利润率来测定剩余价值率,将利润率作为剩余价值率的代理变量来估计。

3.技术进步水平的提升

按照马克思主义的观点,随着技术进步水平的提升,工人的生产力亦会得到同步提升,工人生产某种产品的时间将会大大节省,工人劳动生产力可表示为:

$$\frac{Z_t}{L_t} = A_t \cdot \frac{\xi_0}{\beta A_0} \tag{4-13}$$

式（4-13）中，$\frac{\xi_0}{\beta A_0}$ 是常数，由此，工人的劳动生产力取决于技术进步水平。马克思在《资本论》中形象地论证了工人劳动生产力与商品价值、劳动生产力与剩余价值之间的关系。随着生产力的不断提升，商品的价值会不断降低，而相反的是，相对剩余价值却在提高。同时，马克思又认为劳动生产力水平取决于生产规模，因此，技术进步水平取决于生产资料的存量水平：

$$A_t = \lambda \cdot K_t, \quad \lambda \in (0, +\infty) \tag{4-14}$$

由式（4-14）和式（4-4）可进一步得到：

$$L_t = \frac{1}{\lambda} \cdot (\frac{\xi_0}{\beta A_0})^{(\beta-1)^{-1}} \tag{4-15}$$

式（4-15）中，$\frac{1}{\lambda} \cdot (\frac{\xi_0}{\beta A_0})^{(\beta-1)^{-1}}$ 为常数，这表明企业雇佣劳动的数量在每期中具有相对不变性，那么，每期的劳动时间也具有相对稳定性。

### 四 经济社会动力系统的求解

各类资本主义生产当事人会选择适合自身的投资和消费水平来使自身达到收益或效用最大化；在 $K_{j,t+1} = (1+i_t)K_{j,t} - C_{j,t} + \xi_j T_{j,t}$，$t = 0, 1, 2, \cdots$ 的约束条件下，可以求得经济社会动力系统的一阶条件：

$$\frac{C_{j,t+1}}{C_{j,t}} = (1 + i_{t+1}) \cdot \alpha \tag{4-16}$$

式（4-16）表明第 $j$ 类生产当事人消费增长率与其个体属性具有非相关性，暗含的约束条件为各生产当事人的消费增长率具有同质性，将式（4-5）代入式（4-16），我们可以得到：

$$\frac{C_{t+1}}{C_t} = \alpha \cdot [1 - \delta + (1-\beta) \cdot (\frac{\xi_0}{\beta A_0})^{\beta \cdot (\beta-1)^{-1}}] \tag{4-17}$$

消费的一阶条件表明，各类生产当事人的消费增长具有同步性，由于初始禀赋水平的异质性，消费支出的绝对水平会存在较大的差异性，从而使得经济的增长更加倾向于资本占有率更高的一方，获得的效用水平也相对更高。将资本主义生产当事人进行汇总，结合式（4-2）至式（4-4）可以得到式（4-18）：

$$\frac{C_{t+1}}{C_t} = -C_t + K_t \cdot [1 - \delta + K_t \cdot (\frac{\xi_0}{\beta A_0})^{\beta \cdot (\beta-1)^{-1}}] \quad (4-18)$$

式（4-18）动力系统的均衡条件为 $C_t = [\frac{K_{t+1}}{K_t} - (1-\delta) - (\frac{\xi_0}{\beta A_0})^{\beta \cdot (\beta-1)^{-1}}] \cdot K_t$，而且，由于 $(\frac{\xi_0}{\beta A_0})^{\beta \cdot (\beta-1)^{-1}}$ 为常量，所以，我们可以推出资本增长率与消费增长率具有一致性；由式（4-2）和式（4-4）我们可以得到，在式（4-17）成立的条件下，式（4-19）、式（4-20）同时成立：

$$\frac{Z_{t+1}}{Z_t} = \alpha \cdot [1 - \delta + (1-\beta) \cdot (\frac{\xi_0}{\beta A_0})^{\beta \cdot (\beta-1)^{-1}}] \quad (4-19)$$

$$\frac{K_{t+1}}{K_t} = \alpha \cdot [1 - \delta + (1-\beta) \cdot (\frac{\xi_0}{\beta A_0})^{\beta \cdot (\beta-1)^{-1}}] \quad (4-20)$$

由式（4-17）、式（4-19）和式（4-20）我们可以得到 $\frac{C_{t+1}}{C_t} = \frac{Z_{t+1}}{Z_t} = \frac{K_{t+1}}{K_t}$，那么，$\alpha \cdot [1 - \delta + (1-\beta) \cdot (\frac{\xi_0}{\beta A_0})^{\beta \cdot (\beta-1)^{-1}}]$ 为经济的增长率。再次回到式（4-2），并对其进行变形，可以得到式（4-21）：

$$\xi_j L_{j,t} - C_{j,t} = [\frac{K_{j,t+1}}{K_{j,t}} - (1+i_t)] K_{j,t} \quad (4-21)$$

式（4-21）中，等式左边 $\xi_j L_{j,t} - C_{j,t}$ 为整个经济的增长率，等式的右边 $\frac{K_{j,t+1}}{K_{j,t}} - (1+i_t)$ 为动力系统均衡路径上的常量，那么对于第 $j$ 类生产资本在第 $t$ 期的增长率亦为 $\alpha \cdot [1 - \delta + (1-\beta) \cdot (\frac{\xi_0}{\beta A_0})^{\beta \cdot (\beta-1)^{-1}}]$。

由式（4-16）至式（4-20）我们可以看出，各类资本主义生产当事人在起初各相关经济变量（社会的平均消费水平、平均资本存量、平均产出资本存量、劳动供给及消费水平等）的增长率就处于动力系统的均衡路径上。由式（4-4）、式（4-14）和式（4-18）可以得到式（4-22）式（4-23）：

$$L_t = [(\frac{\xi_0}{\beta A_0})^{\beta \cdot (\beta-1)^{-1}}] \cdot \lambda^{\beta \cdot (1-\beta)^{-1}} \quad (4-22)$$

$$C_0 = K_0 \cdot \{1 - \delta + (\frac{\xi_0}{\beta A_0})^{\beta \cdot (\beta-1)^{-1}} - \alpha \cdot [1 - \delta + (1-\beta) \cdot (\frac{\xi_0}{\beta A_0})^{\beta \cdot (\beta-1)^{-1}}]\} \quad (4-23)$$

由式（4-2）、式（4-5）和式（4-6）可得到式（4-24）：

## 第四章 经济发展与社会保障权益配置公平

$$C_{j,0} = L_t \cdot \xi_t + K_{j,0} \cdot [1 - \delta + (1-\beta) \cdot (\frac{\xi_0}{\beta A_0})^{\beta \cdot (\beta-1)^{-1}}] \cdot (1-\alpha) \quad (4-24)$$

式（4-24）表明资本主义生产当事人的初始资本禀赋水平越高，在基期的最终产品消费水平越高。由式（4-5）和式（4-6）可以得到：

$$\alpha \cdot (1+i_t) = \alpha \cdot [1 - \delta + (1-\beta) \cdot (\frac{\xi_0}{\beta A_0})^{\beta \cdot (\beta-1)^{-1}}] \quad (4-25)$$

式（4-25）表明，平衡路径上经济增长率小于资本收益率，由此，各资本主义生产当事人在追求自身收益或效用最大化的同时，会导致经济增长率小于资本收益率。

### 五 理论模型的进一步演绎

#### （一）工人阶级正向储蓄的衍生性假设情境下马克思主义思想框架依然有效

马克思主义政治经济学理论研究的逻辑起点是假设各经济主体的动机与行为植根于其阶级利益取向，资本家的动机是获取更多的剩余价值，进行资本积累来扩大再生产。本节在第三部分理论演绎模型中，拓展了马克思关于工人阶级"零储蓄"的假设。而以当代资本主义生产当事人情境为研究的逻辑起点，即工人阶级不是将劳动获取的工资作为收入的唯一来源，而是假定工人也会进行储蓄，也会分享剩余价值的一部分，也会进行投资，获得资本性收益和报酬。从欧美等发达国家社会保障的多支柱模式的实施过程来看，第二支柱的职业年金和第三支柱的储蓄性养老保险的投资正符合这一演绎逻辑起点。尽管符合工人的正储蓄假设，但从剩余价值的分配比重来看，这仍然不能改变工人阶级的相对经济地位。在理论模型的演绎过程中，我们研究的逻辑起点是两类资本主义生产当事人的初始禀赋水平具有异质性。由于剩余价值占有的非均等性，资本家占有绝大比重的剩余价值。随着技术进步水平的提升和经济增长率的提高，资本家积累的财富与资本越来越多，而工人在满足自身的社会再生产后才会进行储蓄。由此，工人阶级和资本家的贫富差距越来越大。

在工人阶级"零储蓄"的原生性条件被打破后，我们仍然验证了马克思劳动价值理论的合理性。马克思认为，劳动力的生产与再生产所需的生活资料决定了劳动力的实际价值。我们的理论演绎结果显示，随着技术进步及劳动生产力的提升，工人阶级的工资会不断提升。在经济动力系统趋向均衡的过程中，工人的绝大多数收入会用于消费或延迟消费（社会保障），而非用于投资。理论演绎的结果说明：(1)财富存量与分配模式存在严重的两极分化变动格局，并由此导致了贫富的巨大差距，社会保障规模性分配中的生存权在某些国家和地区长期处于被剥夺的状态，"托底效应"未充分发挥，由此处于不充分状态；(2)资本的绝对强势与劳动的弱势使得在按要素分配财富的过程中，劳动要素被严重挤占。社会保障的规模性分配职能始终处于边缘化状态。经济增长效率机制与社会保障分配公平性机制的均衡性集中体现为社会保障的功能性分配机制服务于经济增长效率机制，这一阶段是欧洲工业革命的资本原始积累阶段。这既印证了马克思劳动价值理论，同时也诠释了如下的历时性与共时性现实：(1)贫富人口之比从1820年的3∶1上升到20世纪50年代的35∶1，到2014年翻了1倍多达到88∶1；(2)世界上有30亿人口日均生活费用低于2.5美元，在22亿名儿童中，有10亿名生活贫困，2.7亿名没有公共医疗卫生服务，日均2.2万名儿童死于贫困；(3)从资本与劳动力贡献比重来看，19世纪20年代以来，世界经济增长率处于0.01~0.015区间内；资本收益增长率却处于0.04~0.05的区间内，劳动力平均收益远低于长期经济增长和社会发展；(4)从财富的占有及分布变动趋势来看，80%的人口生活在收入差距不断扩大的国家或地区，占世界人口80%的最贫困人口拥有全世界25%的财富及收入。[①]

从当代资本主义收入再分配变动的现实情境来看，欧美等发达资本主义国家为了保持其企业员工的相对稳定性，并留住具有创新力和操作能力的创新型人才及熟练工种，普遍实施了较为完善的养老金计划，使得这些企业的工人能够以企业年金的形式进行储蓄和投资，从而使工人阶级已不完全是处于"零储蓄"的状态。这为其进行家庭劳动力的生产与再生产提供了更加宽裕的条件，但同时工人的生产与再生产已经不是生存问题，而是追逐更高水平的生活资料。这进一步诠释了马克思劳动价值理论中的历史与道德元素以及生产方式的复杂性元素。

（二）剩余价值的共享缓解了阶级矛盾

工人工资的不断提升根源于其创造的剩余价值不断提高的现实，其中劳

---

① Thomas Piketty, *Capital in the Twenty-First Century* (Cambridge, MA: The Belknap Press of Harvard University Press, 2014), pp.572-573.

动力价值提升是关键性要素。资本家和工人所占有的剩余价值比重的悬殊，使得两个阶级之间的财富流量、资本流量水平等也是悬殊的，由此导致两者的财富存量、资本存量水平差距越来越大。在这种分配格局下，资本家并不需要继续侵占更大比重的剩余价值就可以使工人阶级的生产与再生产得到较大程度的保障和水平的提升。基于此，从历时性视角来看，随着技术进步水平的不断提升，工人分到的剩余价值的绝对水平亦会不断提升。那么，两个阶级之间的矛盾会得到很大程度的缓解。而从共时性视角来看，工人受剥削的程度可能会有阶段性的加重。如基于工资提升的滞后性，短期内工人劳动生产率会不断提升，而工资会保持相对稳定性，那么，必要劳动时间会缩短。这时，资本家占有的剩余价值会提高，对工人的剥削程度会相对提升。从历时性视角来看，这种短期性的"侵占"会消失。

在工业化初期资本原始积累的经济增长效率机制下，社会保障分配公平性机制会以功能性分配的模式展开。由于技术进步水平的不断提升，两个阶级之间的矛盾会被经济快速增长的效率机制及社会保障功能性分配机制所化解。这时，满足工人阶级生产与再生产的消费资料不断丰富，生存状态不断得到优化。但剩余价值严重倾向于资本家的基本分配格局并未改变，社会保障的规模性分配并未发挥作用，这时，社会保障的分配离公平仍然有较大距离。

（三）社会阶层流动的闭合性及固化性

马克思《资本论》所假定的两类群体是拥有生产资料的资本家和处于赤贫状态靠出卖劳动力而生存的人。我们将资本主义生产当事人继续扩展，实际上，随着经济发展和社会转型，中产阶级开始逐步成为社会的主导力量。这一社会阶层不仅仅拥有劳动力，还拥有较多的资本，由此，其获取的不仅仅是工资，还涵盖了大量的资本性收入。这也是现阶段欧美、日韩等发达资本主义经济体面临的真实情况。由此，赤贫阶层、中产阶级及资本家阶层的劳动供给水平处于均衡状态。对于不同类型的资本主义生产当事人，我们进一步探寻其消费水平与初始资本禀赋之间的联动关系。由第三部分理论演绎模型可知，不同生产当事人对最终产品的消费量取决于初始资本禀赋水平，两者具有较强的正相关关系。而且，在不同类别的资本主义生产当事人的各期消费增长率一致的约束条件下，以后各期的消费水平是由基期消费水平决定的，也就是基期消费水平越低的当事人，其第 $t$ 期的消费水平也越低。

基于上述推理，我们发现，社会阶层流动的闭合性及固化性在当代资本主义生产模式下也是存在的。也就是资本主义生产当事人在社会生活中所处的相对低位可以通过各主体的收入水平、社会保障水平及消费效用水平来测度，而这些指标又取决于初始资本禀赋水平的高低。从共时性视角来看，初始资本禀赋水平越高的主体，其收入水平、社会保障水平及消费效用水平也会越高；从历时性视角来看，初始资本禀赋水平越高的主体，其收入水平、社会保障水平及消费效用水平随着时间的推进也会越高。由此，不同阶层的收入水平、社会保障水平及消费效用水平的差距会越来越大。社会阶层流动会逐渐闭合并由此产生固化现象。

（四）财富与社会保障收入分配

资本主义生产过程中，收入分配和经济增长会呈现出一定的趋势。社会保障作为收入的重要调节工具，具有功能性分配和规模性分配功能，其与经济增长效率机制会有一定的局部均衡性。从经济产出贡献的结构性要素来看，当经济增长率低于资本报酬率时，在按要素分配的经济结构中，经济越发展，财富和以社会保障为核心的收入再分配所呈现出的不均等程度越大。[1]

在经济动力系统中，各资本主义生产当事人在各自追求收益最大化的动态均衡中会呈现这一状态。然而，这是在假设技术进步变量是外生变量的情景下发生的，如果假设技术进步变量的提升会进一步导致其他相关变量的同步提升，如劳动生产力提升时，在按要素分配的经济结构中，经济与财富和以社会保障为核心的收入再分配所呈现出的不均等程度的变化方向并非具有一致性。我们将分两种约束条件进行分析：（1）在财富水平保持相对固定的情况下，不同时期的财富分配水平呈现稳定的趋势，而且不同时期的财富分配水平是相同的；（2）在以社会保障为核心的收入再分配水平保持相对固定的情况下，不同时期的社会保障收入再分配水平呈现稳定的趋势，而且不同时期的再分配水平是相同的。由于各期的收入分配与再分配格局相对不变，这很好地诠释了欧美等发达资本主义国家近半个世纪以来的财富与以社会保障为核心的收入再分配变动格局。

1910~2010年美国收入分配不平等程度的变动趋势如图4-1所示，从1910年开始，美国的收入分配不平等程度呈现总体上升的趋势，当然，这

---

[1] 王增文：《社会保障与技术进步动态组合的经济发展驱动路径分析》，《科学学研究》2016年第9期。

## 第四章 经济发展与社会保障权益配置公平

个过程会有一定程度的波动,特别是20世纪40年代到70年代最高的1%高收入阶层所占有的财富总量比例有所下降,但80年代以后,这个比重又在迅速上升,到2000年又一次达到20年代到30年代的最高水平。再从最高1%~5%的群体以及5%~10%的群体收入比例来看,其基本维持在[0.1, 0.16]的相对稳定区间内。最高的1%高收入阶层所占有的财富总量比例波动的最可能原因是次贷危机导致的资产价格一路攀升。[①]由此,1910~2010年美国收入分配不平等程度的变动趋势全面地验证了资本主义生产方式下生产当事人收入分配格局的固化性。通过上述的实证数据,我们可以在较大程度上阐释发达资本主义国家的收入分配及财富占有变动状况。模型不能更加深入地阐释最高1%高收入阶层所占有的财富总量比例的较大波动,这主要是基于两个方面的要素冲击:一是企业分工的进一步细化,工人阶级开始走上管理岗位,其亦会拥有一部分资产,如股票、债券及金融衍生品,也开始拥有资本品;二是资产价格会受到资本市场的波动影响,如次贷危机、金融危机的影响,由此产生较大的波动性。

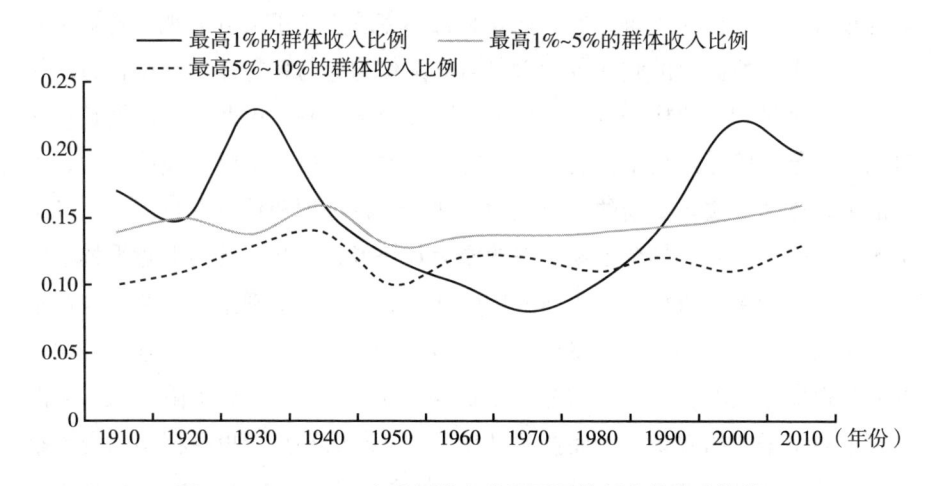

**图4-1　1910~2010年美国收入分配不平等程度的变动趋势**

资料来源:Thomas Piketty, *Capital in the Twenty-First Century* (Cambridge, MA: The Belknap Press of Harvard University Press, 2014), p.4。

---

[①] 王艺明:《经济增长与马克思主义视角下的收入和财富分配》,《经济研究》2017年第11期。

(五)马克思主义思想框架下财富分配与以社会保障分配为核心的公平性机制

马克思主义思想框架下财富分配和以社会保障分配为核心的公平性机制与自由主义所主张的分配与公平性机制是有本质性区别的。自由主义关于财富分配和以社会保障分配为核心的制度性分配是从社会保障的功能性分配视角切入,结合相关的收入分配均等性理论,将着力点集中于异质性家庭和人口在财富分配和以社会保障分配为核心的非均等性层面。其研究对以社会保障分配为核心的公平性机制最大的贡献是,分配问题从属于资源配置和经济增长领域切入规模性分配领域,使得社会保障及服务配置逐步成为调节收入差距的公平性机制。而当代马克思主义理论从劳动价值理论出发对这一问题进行了更深层次的演绎,使得经济增长效率机制与社会保障分配公平性机制的系统理论更加完善。马克思认为,工人的一般性、无差别劳动创造出了商品的价值。基于此逻辑演绎前提,财富分配和以社会保障分配为核心的公平性收入再分配应该与劳动供给相"耦合"。由此,财富分配和以社会保障分配为核心的公平性收入再分配应该要契合马克思主义正义分配观,各资本主义生产当事人所获得的收入分配额与再分配额均应与各主体的同质化劳动相匹配,这个过程便建构了按劳分配的公平性分配机制。由此,经济增长效率机制与社会保障分配公平性机制的系统理论演绎背后的逻辑是显性化的,工人的劳动创造被嵌入了新的价值之中。那么,在分配和再分配过程中,各类资本主义生产当事人的劳动规模自然成为其获得收入和以社会保障为核心的再分配收入的主要依据。按照西方经济社会的收入分配理论,在劳动与资本相结合的过程中,各个要素将按照投入的边际产出收获报酬,资本家提供资本而获得资本报酬,工人提供劳动而获得工资性收入和社会保障收入,从而实现了经济增长的效率性。而按照马克思主义政治经济学思想框架,资本家尽管提供了资本,但是资本与劳动相结合的过程中,并未创造任何新的价值,其获得的收入全部是瓜分的劳动创造的剩余价值;而剩余价值中涵盖了很大一部分属于劳动者的社会保障收入,这种分配模式产生了极大的不公平性。基于此,本节采用当代马克思主义的思想分析框架,进一步采用各资本主义生产当事人的实际分配收入占社会总体产出均值的比重来测度这一非公平性。

$$z_{j,t} = \xi_j \cdot l_{j,t} + (1+i_j) \cdot k_{j,t} \qquad (4-26)$$

式（4-26）测度了各资本主义生产当事人的实际分配收入占社会总体产出均值的比重。该式完全符合自由主义经济所主张的收入分配模式。可用 $z_{j,t}$ 的方差来表示社会整体的收入分配不均等格局。$z_{j,t}$ 的方差是与时间相关的变量，如果 $z_{j,t}$ 的方差是增函数，则社会的收入分配与再分配的非均等化程度在逐步提升，反之则反。那么，式（4-26）中自由主义经济学忽视了很重要的一点，那就是弱化了劳动的分配份额，从等式来看似乎是按照生产要素进行公平性分配，而从劳动价值理论的视角来剖析，我们发现，式（4-26）实质上是按初始资本禀赋进行分配的，并且进一步凸显了资本的强势与劳动的弱势。由此，在马克思主义思想框架下，需要进一步融入劳动的要素。于是，可以用式（4-27）来刻画：

$$\dot{z}_{j,t} = \frac{[\xi_j \cdot l_{j,t} + (1+i_j) \cdot k_{j,t}] \cdot L_j}{L_{j,t}} \qquad (4-27)$$

式（4-27）表示，资本主义生产当事人 $j$ 在第 $t$ 期的每一单位的劳动所获得的资本报酬、劳动工资及社会保障等相关性的收入占社会平均收入的比重。各资本主义生产当事人劳动估计水平越高而收入越低，则当事人 $j$ 在第 $t$ 期的每一单位的劳动所获得的资本报酬、劳动工资及社会保障等相关性的收入占社会平均收入的比重就会越小。基于这样一个变动逻辑，我们发现，如果工人提供的劳动水平较高，资本家提供的劳动水平较低，而获得的收入和社会保障水平却呈现相反的格局，则与马克思主义的基本思想分析框架相比，自由主义经济学分析框架严重低估了收入分配及再分配的不公平程度。

## 六 结论与进一步讨论

人民日益增长的美好生活需要和不平衡不充分的发展之间的矛盾决定了经济增长效率机制与社会保障分配公平性机制的均衡性逻辑成为新时代的重要研究课题。本节采用马克思主义政治经济学的基本原理和基本工具，尝试性地构建了一个理论模型，深入剖析了社会保障分配非公平性机制的形成逻辑，并探析经济增长效率机制与社会保障分配公平性机制的均衡关系。中国的社会保障制度模式"嵌含"了马克思主义政治经济学框架下的劳动价值论、贫困理论、剩余价值理论及资本雇佣劳动理论；同时，在整个全球资本主义占主导的情境下，经济增长效率机制与社会保障分配公平性机制又被

"嵌入"了资本主义经济和政治制度中的某些要素。通过假设演绎的方法，我们拓展了马克思主义思想研究的框架，放宽其理论演绎的原生性条件——无产阶级（工人阶级）"零储蓄"假设，所得的演绎性理论可以更全面地分析欧美等发达资本主义国家的经济增长效率机制与社会保障分配公平性机制的均衡性问题。同时，在新时代背景下，探索经济增长效率机制、多元收入再分配模式并存的现实约束条件下社会保障收入分配的非均等性问题的内在逻辑因素及优化路径也具有重要的理论与现实意义。

本节假设有两类经济主体（资本家和工人），其拥有的初始禀赋具有异质性。在工人阶级"零储蓄"的原生性条件被打破后，本节仍然验证了马克思劳动价值理论的合理性。马克思认为，劳动力的生产与再生产所需的生活资料决定了劳动力的实际价值。理论演绎结果显示，随着技术进步水平及劳动生产力的提升，工人阶级的工资会不断提升。在经济动力系统趋向均衡的过程中，工人的绝大多数收入会用于消费或延迟消费（社会保障），而非用于投资。理论演绎的结果说明：（1）财富存量与分配模式存在严重的两极分化变动格局，并由此导致了贫富的巨大差距，社会保障规模性分配中的生存权在某些国家和地区长期处于被剥夺的状态，"托底效应"未充分发挥，由此处于不充分状态；（2）资本的绝对强势与劳动的弱势使得在按要素分配财富的过程中，劳动要素被严重挤占。社会保障的规模性分配职能始终处于边缘化状态。经济增长效率机制与社会保障分配公平性机制的均衡性集中体现为社会保障的功能性分配机制服务于经济增长效率机制，这一阶段是欧洲工业革命的资本原始积累阶段。

在研究工具与策略选择上，本节将商品价值形成过程进行解构，分解出价值形成过程和劳动创造过程。在劳动创造价值的过程中，我们采用了更具广泛代表性的线性齐次函数来刻画。这种结构性解剖的逻辑起点是马克思主义政治经济学中的劳动价值理论，但同时又对劳动价值理论中工人阶级的"零储蓄"假设进行了拓展，使得研究条件更加符合当代资本主义下工人阶级的某些新特征。本节有如下的政策含义。

从经济增长效率机制与社会保障分配公平性机制的系统理论演绎过程可以看出，在政府不能够有效地将部分剩余劳动以税收的形式加以征收，并以社会保障为核心的收入再分配形式进行分配的条件下，资本主义的生产方式决定了资本主义生产当事人——工人和资本家的收入水平及财富流量和存量差距水平将会随时间加速扩大。这会使得一个国家在完成资本的原始积累后,极容易跌入中等收入陷阱。由此,在中国新时代背景下,对经济增长效率机制与社会保障分配公平性机制的系统理论演绎显得必要而且必需。党的十九大以来,中国社会的主要矛盾已经转化为人民日益增长的美好生活需要和不平衡不充分的发展之间的矛盾。要保持经济增长效率机制与社会保障分配公平性机制的均衡性,一是需要提升经济发展的共享性,用包容性增长理念来完善中国的收入分配与再分配的整体性格局,以社会保障基金作为资金池,通过各种资金流动形式来注入各种再分配基金,如划转国有股、成立转型基金,发挥国有资本的公共性职能;二是由于资本的强势与劳动的弱势会在资本的原始积累阶段完成后继续保持较强的路径依赖,所以,需要将税负的重心从劳动尺度转移到资本尺度,用累进税制来规范资本的贪婪性,从而在更大程度上丰富和提升马克思主义的劳动价值理论及其指导实践的能力。

## 第二节 经济增长效率机制与社会福祉共享机制均衡的结构性分析

税收和社会保障通过将社会资源从个体或企业向政府或公共部门转移的关键性资源配置渠道,而成为当代社会调节收入分配的重要机制。那么在经济增长效率提升的同时,是否存在最优的税收与社会保障收支结构来平抑这个过程中收入差距逐渐拉大的境况呢?基于此,本节采用两期的OLG模型作为基本分析架构,以政府公共性支出的消费性与生产性的双重属性为切入点,将资本课税与劳动课税的最优税制结构作为结合点,分析了经济增长效率机制与社会福祉共享机制的均衡性问题。本节首先建立了理论演绎模型,并结合中国2011~2017年的省级面板数据进行了实证检验。实证结果显示,如果以社会福祉公平性为目标,最优的课税结构应是偏向于对生产主体的资本进行课税,且最优的课税率为公共支出弹性;若以经济增长效率最大化为目标,最优的课税结构也是偏向于对生产主体的资本进行课税,这时,最优的课税率为生产当事人资本水平的产出弹性。从社会福祉的尺度来看,如果社会个体以获得社会福祉最优化为目标,并以消费的形式获得自身效用最大化,则最优的课税结构由OLG模型中的内生性参数决定。经济增长效率机制与社会福祉共享机制均衡的税率区间取决于公共支出结构的动态变动格局。

## 一 社会保障、税收结构与经济社会发展

社会保障和税收作为调节收入分配与再分配的一项重要制度性工具,在共享经济时代发挥着缩小收入分配差距的基础性职能。在从功能性分配为主过渡到规模性分配为主的历时性进程中,税收完成了社会资源从个体或家庭向政府转移的"正向"资源配置过程;而社会保障则完成了政府"逆向"配置过程。这两个过程对于经济增长效率机制及以社会保障为核心的收入再分配机制具有重要而深远的影响效应。由此,在经济增长效率机制与社会福祉共享机制均衡的结构性框架下,偏重于对资本课税还是对劳动课税的税制结构进行优化,既关系到经济增长的效率性,又关系到社会保障福利的公平性。党的十九大报告对"人民日益增长的美好生活需要和不平衡不充分的发展之间的矛盾"的认定,使得经济增长效率机制与社会福祉共享机制的结构性均衡问题成为新时代的前沿性研究命题。社会保障和税收对经济发展的影响并非线性的,往往表现为一种网络拓扑结构。[1]税收经济学相关理论表明,在商品变成消费品的流转路径中,对上游征税还是对下游征税的最终效果具有同质性。这是因为最终税负会转嫁到消费端还是供给端取决于该商品的供需价格弹性,缺乏弹性将会被转嫁更多的税负。既有理论认为,异质性商品间的税收征缴原则应该符合反弹性定理——对缺乏弹性的商品进行征税。[2]然而,这种效率原则最终会使得一般税收与社会保障税(费)的累退性。[3]

既有文献关于社会保障、税收结构对经济社会发展的影响的研究主要从两个尺度展开。尺度一是社会保障或税收对整个收入分配结构的影响效应的

---

[1] 王增文:《中国社会保障治理结构变化、理念转型及理论概化——范式嵌入与法治保障》,《政治学研究》2015年第5期;Desislava Stoilova, "Tax Structure and Economic Growth: Evidence from the European Union," *Contaduría y Administración*, 2017, Vol.62, No.3, pp.1041-1057。

[2] Christian Gollier, "Expected Net Present Value, Expected Net Future Value, and the Ramsey Rule," *Journal of Environmental Economics and Management*, 2010, Vol.59, No.2, pp.142-148; Toshihiro Ihori, "The Golden Rule and the Ramsey Rule at a Second Best Solution," *Economics Letters*, 1981, Vol.8, No.1, pp.89-93; Gareth D. Myles, "Ramsey Tax Rules for Economies with Imperfect Competition," *Journal of Public Economics*, 1989, Vol.38, No.1, pp.95-115.

[3] 刘盼、罗楚亮:《向企业征税还是向劳动者征税?——基于增长效应和福利效应的税收结构分析》,《经济科学》2018年第1期。

## 第四章　经济发展与社会保障权益配置公平

研究；尺度二是从经济增长的效率视角与社会保障再分配的公平性视角展开。实际上，2015年中国社会保障制度刚刚从制度覆盖过渡到水平覆盖，社会保障的基本发展原则还是定位于其功能性分配，而非规模性分配。①最初相关研究将聚焦点投向社会保障的功能性分配，随着经济引擎与动能的转换，学界开始将研究的重点投向社会保障和税收的规模性分配职能。但目前来看，社会保障和税收的功能性分配效应较弱，更多地体现为功能性分配职能。②完全依赖于以社会保障为核心的收入再分配制度并不能完全扭转目前收入分配差距扩大的格局。以社会保障为核心的收入再分配制度"脱嵌"于收入分配制度的决定机制，只能是一种边缘性的互补机制。学界认为税收政策是调节收入不平等的关键性工具。③然而，中国改革开放40多年来的数据显示，经济增长效率机制似乎与收入分配不平等机制是"共生"的，而税收政策与财政政策似乎是两者"共生"关系的制度性"引擎"。④

从内生性要素来看，税制结构会对经济增长产生较强的影响效应。从既有研究来看，税制结构被分为间接税和直接税两部分，实证研究所采用的工具是动力系统中的内生增长模型。普遍的研究结论是，在维持总体税率稳定的条件下，OECD国家的面板数据显示，间接税会促进经济的增长，而直接税则会抑制经济增长⑤；对消费端征税比对劳动收入征税更能促进经济增

---

① 王增文：《中国社会保障治理结构变化、理念转型及理论概化——范式嵌入与法治保障》，《政治学研究》2015年第5期。
② 徐建炜、马光荣、李实：《个人所得税改善中国收入分配了吗——基于对1997—2011年微观数据的动态评估》，《中国社会科学》2013年第6期；郭婧、岳希明：《税制结构的增长效应实证研究进展》，《经济学动态》2015年第5期；Ricardo Molero-Simarro, "Inequality in China Revisited. The Effect of Functional Distribution of Income on Urban Top Incomes, the Urban-rural Gap and the Gini Index, 1978-2015," *China Economic Review*, 2017, Vol.42, No.2, pp.101-117。
③ ［法］托马斯·皮凯蒂：《21世纪资本论》，巴曙松等译，中信出版社，2014；［美］约翰·贝茨·克拉克：《财富的分配》，王翼龙译，华夏出版社，2008。
④ 刘勇、滕越、邹薇：《税收、经济增长与收入不平等》，《经济科学》2018年第1期；米增渝、刘霞辉、刘穷志：《经济增长与收入不平等：财政均衡研究激励政策研究》，《经济研究》2012年第12期；贺大兴、姚洋：《社会平等、中性政府与中国经济增长》，《经济研究》2011年第1期。
⑤ Richard V. Adkisson, Mikidadu Mohammed, "Tax Structure and State Economic Growth during the Great Recession," *The Social Science Journal*, 2014, Vol.51, No.1, pp.79-89; R. Kneller, M. F. Bleaney, N. Gemmell, "Fiscal Policy and Growth: Evidence from OECD Countries," *Journal of Public Economics*, 1999, Vol.74, No.2, pp.171-190；郭婧、岳希明：《税制结构的增长效应实证研究进展》，《经济学动态》2015年第5期。

长①；中国宏观面板数据的实证研究结果显示，消费端课税能够提高技术进步率和投资率，而劳动课税却会降低投资率进而阻碍经济的发展②。从外生性要素来看，税制结构会对国民的社会福祉产生较大的影响。这种研究最早开始于20世纪80年代中后期，大多采用OLG模型结合数值分析工具，分析了对消费端征税和对劳动征税对社会福祉的影响效应，结果显示，对消费端征税能够提升社会的整体性福利水平；而对劳动征税则会降低社会的整体性福利，并且中低收入群体所获得的社会福利水平提高得更多。③从中国的实际情况来看，究竟是对劳动所得进行征税还是对企业所得抑或是对消费端进行征税呢？国内学界进行了不同层面的研究。在两部门经济结构转型情境下，国内学者建立了基于技术进步与资本积累的内生性增长模型，分别测度了资本、劳动和消费端课税对社会福祉的影响效应，结果显示，劳动课税等同于社会福利成本的提升，同时使消费水平降低6~7个百分点。

通过对上述文献的梳理，我们发现，理论演绎的主要方法与工具大多是将储蓄率、人口增长率和技术进步等重要参数作为内生变量来考虑，并由模型的内部要素来决定经济的长期增长率，将公共支出中的消费性支出或者生产性支出作为公共支出的代理变量，由此，这种结构性的研究并不能对经济增长效率机制与社会福利共享机制均衡性进行整体性的分析。从解释力度来看，鉴于公共支出的外部性，政府公共支出中，生产性的支出贡献能够解释1/4左右的经济产出的不确定性。④由此，公共支出中生产性支出对居民社会福祉及效用的影响力度与影响效应是显著的。

我们以两期OLG模型为研究的基本框架，将政府的公共支出分解为生

---

① 王艺明：《经济增长与马克思主义视角下的收入和财富分配》，《经济研究》2017年第11期；M.Devereux, D.Love, "The Effects of Factor Taxation in a Two-sector Model of Endogenous Growth," *The Canadian Journal of Economics*, 1994, Vol.27, No.3, pp.509-536。
② 刘盼、罗楚亮：《向企业征税还是向劳动者征税？——基于增长效应和福利效应的税收结构分析》，《经济科学》2018年第1期。
③ D.Altig, A.J.Auerbach, L.J.Koltikoff, K.A.Smetters, J.Walliser, "Stimulating Fundamental Tax Reform in the United States," *American Economic Review*, 2001, Vol.91, No.3, pp.574-595。
④ 刘盼、罗楚亮：《向企业征税还是向劳动者征税？——基于增长效应和福利效应的税收结构分析》，《经济科学》2018年第1期；饶晓辉、刘方：《政府生产性支出与中国的实际经济波动》，《经济研究》2014年第11期；R.J.Barro, "Government Spending in a Simple Model of Endogenous Growth," *Journal of Political Economy*, 1990, Vol.98, No.5, pp.103-125。

产性支出和消费性支出,将根据公共支出中的生产属性与消费属性等分解出的结构纳入一般均衡性动力系统分析框架。在此动力系统中,我们进一步测度异质性税收结构对经济增长效率机制与社会福祉共享机制均衡的结构性影响。我们将税收的课税对象分为劳动和资本两种主要形式。基于此,本节的聚焦点为:首先,在动力系统中纳入税收政策变量,并将以社会保障权益为核心的公共产品及公共服务对消费端和生产端产生影响作为研究的初始约束条件,并假设政府公共支出中公共消费与公共投资的比例具有相对稳定性,进一步测度不同课税模式下经济增长效率机制与社会福祉共享机制的均衡点;其次,以资本课税与劳动课税的最优税制结构来剖析生产总规模、资本积累与社会福祉之间的动力系统的均衡性问题,并估计模型中的相关参数与最优结构税率;最后,进一步采用不同国家的数据来验证上述动力系统的均衡点变动状况。

本节的余下内容安排如下:第二部分为理论模型的建立与动力系统的求解过程;第三部分为最优课税结构的求解部分,在动力系统的稳定状态下,探究经济产出与社会福祉最优水平下劳动和资本课税的均衡水平;第四部分为动力系统参数的估计部分,重点根据世界不同国家的数据来进一步验证动力系统的理论演绎结果。

## 二 课税结构下社会保障权益配置的动力系统模型

本部分中,我们采用两期的 OLG 模型(Overlapping Generation Model)作为分析框架,构建了涵盖劳动主体、资本主体与政府主体的理论演绎动力系统。在劳动尺度上,工人通过向资本主体提供劳动而获取工资性收入;政府通过征税的方式获取政府一般预算收入或基金预算收入,并将收入以税收返还、公共投资或公共产品提供的方式来对整个社会的生产及国民的社会福祉产生影响;资本主体通过企业的生产模式集合自身的资本与劳动的投入进行资源配置和生产。

### (一)劳动主体和资本主体

本节忽略人口的流动状态,假定人口规模相对稳定。按照两期 OLG 模型的分析框架,将个体分为两期——年轻期(第 I 期)和老年期(第 II 期)。在第 I 期,单位劳动的供给是无弹性的;在第 II 期,个体进入老年退休状态。消费端所获得的效用取决于政府提供的公共产品的消费与个体的消费,那么，效用函数如式（4-28）所示：

$$V_t = C_{1,t} \cdot C_{2,t+1}^{\alpha} \cdot (H_{t+1}^e)^{\beta} \qquad (4-28)$$

式（4-28）中，$C_{1,t}$ 与 $C_{2,t+1}$ 分别代表在 $t$ 时刻出生的劳动力在第 $t$ 期和第 $t+1$ 期的个体消费，$\alpha$ 表示时间偏好指数，$H_{t+1}^e$ 是政府在第 $t+1$ 期为第 Ⅱ 期消费端群体提供的转移支付或以社会保障为核心的公共产品及公共服务，消费端在不同时期的消费约束条件为：

$$C_{1,t} = (1-\theta^d) \cdot \pi_t - D_t \qquad (4-29)$$

$$C_{2,t+1} = (1+\lambda_{t+1}) \cdot \pi_t \qquad (4-30)$$

式（4-29）和式（4-30）中，$D_t$ 为个体在第 $t$ 期的储蓄水平，$\pi_t$ 为第 $t$ 期的工资率，$\lambda_{t+1}$ 表示从第 $t$ 期到第 $t+1$ 期的利率水平，$\theta^d$ 为劳动课税水平（不考虑储蓄的利息水平的课税）。$H_{t+1}^e$ 会影响消费者的效用水平，那么，消费主体的效用最大化水平满足下列约束条件：

$$C_{1,t} = (1+\alpha)^{-1} \cdot (1-\theta^d) \cdot \pi_t \qquad (4-31)$$

$$C_{2,t+1} = \alpha \cdot (1+\lambda_{t+1}) \cdot (1+\alpha)^{-1} \cdot (1-\theta^d) \cdot \pi_t \qquad (4-32)$$

$$D_t = \alpha \cdot (1+\alpha)^{-1} \cdot (1-\theta^d) \cdot \pi_t \qquad (4-33)$$

式（4-31）至式（4-33）中，$\alpha \cdot (1+\alpha)^{-1}$ 为边际储蓄倾向水平，通过工资课税后的工资收入水平为 $(1-\theta^d) \cdot \pi_t$。对式（4-28）两边取对数，可以得到：

$$\ln V_t = \ln C_{1,t} + \alpha \cdot \ln(C_{2,t+1}) + \beta \cdot \ln(H_{t+1}^e) \qquad (4-34)$$

式（4-34）表明，以社会保障为核心的公共产品及公共服务的收入效应与替代效应的综合性效应会由于利率的改变而相互抵消，由此，个体的储蓄倾向不受利率的影响。

从短期来看，技术进步水平是外生的，由此，生产主体的资源配置中，由于产业政策的存在，除了资本与劳动的投入，政府的公共资本投入水平也会影响到总体产出水平。因此，生产函数可表示为如下的柯布-道格拉斯生产函数，具体形式如下：

$$Z_t = AK_t^{\gamma} \cdot L_t^{1-\gamma} \cdot (H_{t+1}^e)^{\tau}; \quad \tau \in (0,1), \quad \gamma \in (0,1) \qquad (4-35)$$

税务部门通过生产主体的产出水平对其进行课税，资本课税率为 $\theta^e$，并假定资本的折旧率为常数，那么，生产主体的利润最大化问题可表示为：

$$\underset{K_t, L_t}{\mathrm{Max}} \, (1-\theta^e) \cdot AK_t^{\gamma} \cdot L_t^{1-\gamma} \cdot (H_{t+1}^e)^{\tau} - (1+\lambda_t)K_t - \pi_t L_t \qquad (4-36)$$

资本、劳动、政府公共资本及技术进步水平相互作用完成阐述过程，那么式（4-36）的约束条件为：

$$\pi_t = AK_t^\gamma \cdot L_t^{1-\gamma} \cdot (H_{t+1}^e)^\tau \cdot (1-\beta) \cdot (1-\theta^e) \quad (4-37)$$

$$\lambda_{t+1} = AK_t^{\gamma-1} \cdot L_t^{1-\gamma} \cdot (H_{t+1}^e)^\tau \cdot \beta \cdot (1-\theta^e) - 1 \quad (4-38)$$

### （二）动力系统模型

如果仅从动力系统局部均衡的视角来看，对于任何一期的劳动力 $L_t$ 恒等于1，在此约束条件下，本节假定个体资本的折旧系数亦为常数1，由此，对于任意一期的个体储蓄水平均等于其私人资本积累水平。从公共投资的视角来看，政府在第 $t$ 期的税收收入会以转移支付或者直接投资的形式转化为第 $t+1$ 期的公共投资品（$H_{t+1}$）。其中，$H_{t+1}^l = \rho_l H_{t+1}$，$H_{t+1}^m = \rho_m H_{t+1}$，$\rho_l$，$\rho_m \in (0, 1)$，$\rho_l$ 与 $\rho_m$ 两者之和为1，那么，公共资本的积累过程满足式（4-39）：

$$H_{t+1}^m = \rho_m \cdot [\theta^e \cdot A(H_t^m)^\tau \cdot K_t^\gamma + \theta^e \cdot \pi_t] \quad (4-39)$$

通过式（4-33）、式（4-28）和式（4-39），我们可以得到未来一期的资本水平与公共资本投资水平的动力系统表达式：

$$K_{t+1} = AK_t^\gamma \cdot (H_t^m)^\tau \cdot (1-\theta^d) \cdot (1-\theta^e) \cdot \alpha(1+\alpha)^{-1}(1-\gamma) \quad (4-40)$$

$$H_{t+1}^m = AK_t^\gamma \cdot (H_t^m)^\tau \cdot [\theta^e + (1-\gamma) \cdot \theta^d \cdot (1-\theta^e)] \cdot \rho_m \quad (4-41)$$

通过式（4-40）和式（4-41），我们可以得到两者比重的动力系统表达式：

$$\frac{H_{t+1}^m}{K_{t+1}} = \frac{AK_t^\gamma \cdot (H_t^m)^\tau \cdot [\theta^e + (1-\gamma) \cdot \theta^d \cdot (1-\theta^e)] \cdot \rho_m}{AK_t^\gamma \cdot (H_t^m)^\tau \cdot (1-\theta^d) \cdot (1-\theta^e) \cdot \alpha(1+\alpha)^{-1}(1-\gamma)} \quad (4-42)$$

进一步整理可以得到：

$$\frac{H_{t+1}^m}{K_{t+1}} = \frac{(1+\alpha) \cdot [\theta^e + (1-\gamma) \cdot \theta^d \cdot (1-\theta^e)] \cdot \rho_m}{[(1-\theta^d) \cdot (1-\theta^e) \cdot (1-\gamma)] \cdot \gamma} \quad (4-43)$$

式（4-43）表明，在投资比重尺度上，公共投资与私人投资会存在一个动力系统的均衡点。从历时性视角来看，两者比重趋于稳定，并且式（4-43）的大小取决于 $\rho_m$、$\gamma$、$\alpha$、$\theta^e$ 和 $\theta^d$ 的相对大小。如果资本折旧率 $\psi = 1$，第 $t+1$ 期的个体资本存量会等于第 $t$ 期的储蓄水平，储蓄与工资的变化呈现正比例关系。第 $t+1$ 期的公共支出全部来源于第 $t$ 期的课税收入，其中涵盖了劳动课税和资本课税。在技术水平和要素价格不变的条件下，柯布-道格拉斯生产函数中的劳动报酬因子是固定的,在此生产技术条件下,总的课税收入与社会总体产出规模呈现正比例关系。这时,储蓄与劳动报酬、劳动报酬与社会总产出水平、社会总产出水平与总体课税收入以及总体课税收入与生产性公共资本均呈现恒定的比例关系。由此,无论是偏重于资本课税还是劳动课税,个体投资水平与公共投资水平总是呈现恒定的比例关系。

### (三)动力系统的均衡解

在对经济增长效率机制与社会福利共享机制均衡问题进行结构性分析时,我们需要首先对资本课税与劳动课税的最优税制结构所形成的动力系统进行优化分析,重点探讨动力系统的稳定性收敛路径和稳定均衡解的问题。由式(4-43)可以得到式(4-44):

$$H_t^m = K_t \cdot \Gamma(\theta^d, \theta^e) \tag{4-44}$$

由式(4-40)和式(4-44),我们可以得到式(4-45):

$$K_{t+1} = AK_t^\gamma K_t^\tau \cdot \rho_m^\tau \cdot \{(1-\theta^d)(1-\theta^e)[(\theta^e + (1-\gamma)\theta^d(1-\theta^e)]^{\tau(1-\tau)^{-1}}\}[\alpha(1+\alpha)^{-1}(1-\gamma)]^{1-\tau} \tag{4-45}$$

动力系统式(4-45)的稳定性收敛路径和稳定均衡解的问题可陈述如下。

第一,若 $\gamma + \tau$ 的值为1,则该动力系统中,各生产当事人的相关变量均收敛于稳定的增长路径。在这种条件下,社会总产出、消费水平、政府公共资本投入水平及个人资本投入水平均处于均衡增长路径上,且相邻两期的资本水平的比值如式(4-46)所示:

$$\frac{K_{t+1}}{K_t} = A\rho_m^\tau \cdot \{(1-\theta^d)(1-\theta^e)[(\theta^e + (1-\gamma)\theta^d(1-\theta^e)]^{\tau(1-\tau)^{-1}}\}[\alpha(1+\alpha)^{-1}(1-\gamma)]^{1-\tau} \tag{4-46}$$

第二,若 $\gamma + \tau \in (1, +\infty)$ 或 $\gamma + \tau \in (-\infty, 1)$,则资本的时间序列值会存在唯一的非零均衡解,这时资本水平的均衡解为:

$$K = [A\rho_m^\tau]^{(1-\gamma-\tau)^{-1}} \cdot \{(1-\theta^d)(1-\theta^e)[(\theta^e + (1-\gamma)\theta^d(1-\theta^e)]^{(1-\tau)(1-\tau-\gamma)^{-1}}\}[\alpha(1+\alpha)^{-1}(1-\gamma)]^{(1-\tau)(1-\gamma-\tau)^{-1}} \tag{4-47}$$

若 $\gamma + \tau \in (1, +\infty)$,则上述动力系统模型不存在稳定状态的均衡解;若 $\gamma + \tau \in (-\infty, 1)$,则上述动力系统模型存在稳定状态的均衡解。

## 三 偏重于资本课税还是劳动课税的最优均衡动力系统

由于在 $\gamma + \tau \in (-\infty, 1)$ 的约束条件下上述动力系统模型存在稳定状态的均衡解,本节将分别从社会总产出、社会福利资本积累等尺度上来探讨偏重于资本课税还是劳动课税的最优均衡动力系统问题。

### (一) 动力系统中个体资本处于均衡状态下的课税结构

由式 (4-47) 可知在动力系统处于均衡状态时,资本存量水平与其他变量之间的关系。将式 (4-45) 进行拆分,可以得到新的函数表达式:

$$s(\theta^d, \theta^e) = \{(1-\theta^d)(1-\theta^e)[(\theta^e+(1-\gamma)\theta^d(1-\theta^e)]^{\tau(1-\tau)^{-1}}\}[\alpha(1+\alpha)^{-1}(1-\gamma)]^{1-\tau} \quad (4\text{-}48)$$

对式 (4-48) 求一阶偏导可以得到如下两个等式:

$$s'_{\theta^d}(\theta^d, \theta^e) = \tau \cdot (1-\tau)^{-1} \cdot [(1-\gamma)(1-\theta^e)][\theta^e + \theta^d \cdot (1-\gamma)(1-\theta^e)] - (1-\theta^d)^{-1} \quad (4\text{-}49)$$

$$s'_{\theta^e}(\theta^d, \theta^e) = \tau \cdot (1-\tau)^{-1} \cdot [1-(1-\gamma)\theta^d][\theta^e + \theta^d \cdot (1-\gamma)(1-\theta^e)] - (1-\theta^e)^{-1} \quad (4\text{-}50)$$

由连续函数的性质我们可以了解到,在临界点上取得最值的条件是连通的闭集,当 $\theta^d$,$\theta^e$ 均处于 [0, 1] 区间内时,式 (4-49) 和式 (4-50) 不存在临界点,那么两个偏微分方程不会同时在零点取值,则此微分动力系统会存在如下的取值状况:(1)若 $\theta^d$,$\theta^e$ 均为1,那么 $\{(1-\theta^d)(1-\theta^e)[(\theta^e+(1-\gamma)\theta^d(1-\theta^e)]^{\tau(1-\tau)^{-1}}\}[\alpha(1+\alpha)^{-1}(1-\gamma)]^{1-\tau}$ 为零;(2)$\theta^d$ 为零,$\theta^e = \tau$ 时,$s(\theta^d, \theta^e)$ 取得最值,最大值为 $(1-\tau)\cdot\tau^{\tau\cdot(1-\tau)^{-1}}$,且为正值;(3)$\theta^e$ 为零,$\theta^d = \tau$ 时,$s(\theta^d, \theta^e)$ 取得最值,最大值为 $(1-\tau)[(1-\gamma)\tau]\cdot\tau^{\tau\cdot(1-\tau)^{-1}}$,且为正值。

由于 $(1-\gamma)^{\tau\cdot(1-\tau)^{-1}} \in (0, 1)$,可以得到 $s(\theta^d, \theta^e)$ 取得最值的条件是 $\theta^e = \tau$,且 $\theta^d = 0$,所以,均衡路径下,个体资本存量水平处于最大值。图 4-2 报告了劳动课税和资本课税的动力系统二元函数。从图像的变动格局来看,经济增长效率机制与社会福利共享机制均衡的税收结构是偏重于资本课税而非劳动课税。

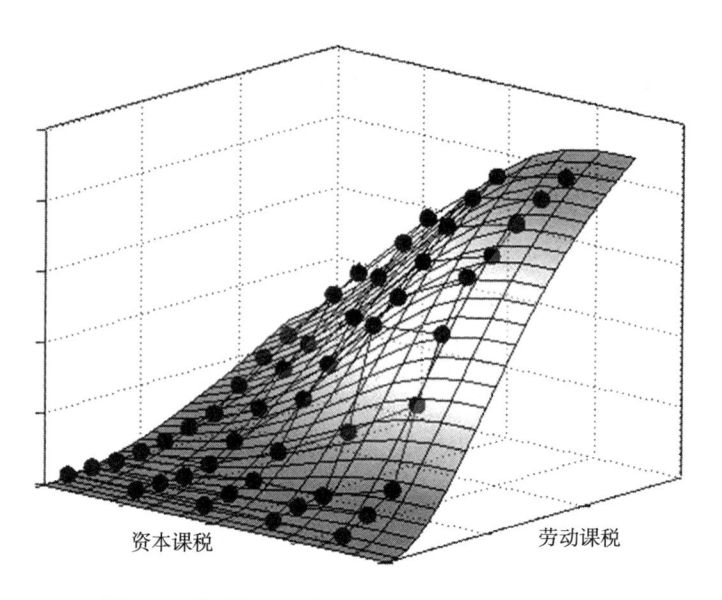

图4-2 劳动课税和资本课税的动力系统二元函数

**(二) 经济增长效率处于均衡状态下的课税结构**

在动力系统中,生产过程中的资本除了个体投资,还涵盖了政府的公共投资。公共投资规模受到公共财政水平及税制结构的影响。基于这种结构性的分析,我们判断经济增长效率除了受制于个体投资水平外,还受制于政府的公共投资水平。接下来,本节将分析经济增长效率处于均衡状态下的课税结构的均衡性问题。在动力系统趋向均衡时,企业的总产出水平为:

$$Z^* = A(K^*)^\gamma \cdot (\rho_m^*)^\tau \cdot (H^*)^\tau \tag{4-51}$$

在均衡增长路径上,有:

$$H^* = K^* \cdot [(1-\gamma)\beta]^{-1} \cdot (1+\beta)[\theta^e + (1-\gamma)\theta^d(1-\theta^e)][(1-\theta^d)(1-\theta^e)]^{-1} \tag{4-52}$$

结合式(4-44)、式(4-45)及式(4-52),我们可以进一步将式(4-51)简化为:

$$(Z^*)^{1-\gamma-\tau} = A \cdot (\rho_m^*)^\tau \cdot [\alpha(1+\alpha)^{-1} \cdot (1-\gamma)]^\lambda \cdot [(1-\theta^d)(1-\theta^e)][\theta^e + (1-\gamma)\theta^d(1-\theta^e)]^{\tau\gamma-1} \tag{4-53}$$

在稳定状态下,企业的总产出水平为$Z^*$,可将式(4-53)进行拆分:

$$f(\theta^d, \theta^e) = [(1-\theta^d)(1-\theta^e)][\theta^e + (1-\gamma)\theta^d(1-\theta^e)]^{\tau\gamma-1} \tag{4-54}$$

# 第四章 经济发展与社会保障权益配置公平

对式（4-54）求偏导，可以得到式（4-55）和式（4-56）：

$$f'_{\theta^d}(\theta^d, \theta^e) = \tau \cdot \gamma^{-1} \cdot [(1-\gamma)(1-\theta^e)][\theta^e + \theta^d \cdot (1-\gamma)(1-\theta^e)] - (1-\theta^d)^{-1}$$
(4-55)

$$f'_{\theta^e}(\theta^d, \theta^e) = \tau \cdot \gamma^{-1} \cdot [1-(1-\gamma)\theta^d][\theta^e + \theta^d \cdot (1-\gamma)(1-\theta^e)] - (1-\theta^e)^{-1}$$
(4-56)

由于 $f(\theta^d, \theta^e)$ 不存在临界点，我们将上述动力系统进行分解，分别分析在不同端点处的极值情况。（1）如果劳动的课税率为100%，则式（4-54）中，$f(\theta^d, \theta^e) = 0$；如果资本的课税率为100%，则式（4-54）中，$f(\theta^d, \theta^e)$ 也为0。（2）如果劳动的课税率为0，则 $f(\theta^d, \theta^e)$ 存在最大值，最大值为 $f_{\max}[0, \tau(\tau+\gamma)^{-1}] = \gamma \cdot (\tau+\gamma)^{-1} \cdot [\tau(\tau+\lambda)^{-1}]^{\tau\gamma^{-1}}$，且具有非负性；如果资本的课税率为0，则 $f(\theta^d, \theta^e)$ 存在最大值，最大值为 $f_{\max}[\tau(\tau+\gamma)^{-1}, 0] = (1-\gamma)^{\tau\gamma^{-1}} \cdot \{\gamma \cdot (\tau+\gamma)^{-1} \cdot [\tau(\tau+\lambda)^{-1}]^{\tau\gamma^{-1}}\}$，且具有非负性。这时，社会总产出达到最大值。从经济增长效率机制与社会福利共享机制的双重尺度来看，偏重于资本课税会促进税收的最优化，同时还能够使产出达到最大化。资本课税率的大小最终会取决于个体投资水平与政府公共投资水平的相对大小，即公共投资水平相对于个体投资水平的产出弹性越大，则资本的最优课税将会越高。

## （三）课税结构动态变化对社会福利最大化水平的影响

本节研究的聚焦点是资本课税与劳动课税的最优税制结构下经济增长效率机制与社会福利共享机制均衡的结构性问题。除了剖析课税结构动态变化对经济增长效率机制的影响外，还需要进一步测度课税结构动态变化对社会福利最大化水平的影响。由于经济增长效率机制与社会福利共享机制会存在一个均衡解，所以，经济产出的最大化并不能保证收入分配或者再分配的最优化，最终的问题会落脚于资本课税与劳动课税的最优税制结构下经济增长效率机制与社会福利共享机制的动态变化格局。因此，本节接下来将重点从投资与消费的视角来测度课税结构动态变化对社会福利最大化水平的影响。在OLG理论模型框架下，通过权重这一无量纲变量来测度动力系统在均衡状态下的社会福利水平，并用效用的动态变化来探讨社会福利的成本问题。在动力系统趋于均衡状态时，个体的效用函数表达式（4-28）可用如下的方程来表示：

$$V^* = [(1-\theta^d) \cdot d \cdot (1+\gamma)^{-1}] \cdot d \cdot (1+i)[\gamma(1+\gamma)^{-1}](1-\theta^d) \cdot (\rho_c^* \cdot H)^\beta \quad (4-57)$$

式（4-57）的基本约束条件为：

$$d = A(\rho_m H)^\tau (1-\theta^e) \cdot \beta \cdot K^{\beta-1} - 1 \quad (4-58)$$

在动力系统的均衡状态下，个体资本存量水平为：

$$K = (A\rho_m^\tau)^{(1-\gamma-\tau)^{-1}} \cdot \{(1-\theta^d)(1-\theta^e)[\theta^e + (1-\gamma)\theta^d(1-\theta^e)]^{(1-\tau)(1-\tau-\gamma)^{-1}}\}[\alpha(1+\alpha)^{-1}(1-\gamma)]^{(1-\tau)(1-\gamma-\tau)^{-1}}$$

将约束条件代入式（4-57）可以得到：

$$v(\theta^d, \theta^e) = \ln\beta^\gamma + \ln(1-\beta)(1+\alpha)^{-1} + \ln[\gamma(1-\beta)(1+\gamma)]^{\frac{\beta(1+\gamma+\alpha)}{1-\beta-\tau}} + \ln\rho_l^\alpha +$$
$$\ln(A\rho_m^\tau) + [(\beta\gamma + \beta\alpha + 1 - \tau)(1-\beta-\tau)^{-1}]\ln(1-\theta^d) + \ln[\theta^e + (1-\beta)\theta^d(1-\theta^e)]^{\frac{\tau+\gamma\tau+\beta-\gamma\beta}{1-\beta-\tau}} \quad (4-59)$$

式（4-59）在临界点处取得最值，首先我们在$(\theta^d, \theta^e)$处求偏导：

$$v'_{\theta^d}(\theta^d, \theta^e) = [(\beta\gamma + \beta\alpha + 1 - \tau)(1-\beta-\tau)^{-1}][-(1-\theta^d)] + [(\tau + \tau\gamma + \alpha - \beta\alpha)(1-\beta-\tau)^{-1}] \cdot \{(1-\beta)(1-\theta^e)[\theta^e + \theta^d(1-\beta)(1-\theta^e)]^{-1}\} \quad (4-60)$$

$$v'_{\theta^e}(\theta^d, \theta^e) = [\beta\alpha + (1+\gamma)(1-\tau)(1-\beta-\tau)^{-1}][-(1-\theta^e)] + [(\tau + \tau\gamma + \alpha - \beta\alpha)(1-\beta-\tau)^{-1}] \cdot \{1 - \theta^d \cdot (1-\beta)[\theta^e + \theta^d(1-\beta)(1-\theta^e)]^{-1}\} \quad (4-61)$$

让$v'_{\theta^d}(\theta^d, \theta^e)$和$v'_{\theta^e}(\theta^d, \theta^e)$同时为零，我们可以得到均衡状态的最优解：

$$\theta^d = -[\beta(1+\beta\gamma-\tau+\beta\alpha)] \cdot [\gamma(1-\beta)(1-\beta-\tau)] + 1 \quad (4-62)$$

$$\theta^e = -[\gamma(1-\beta-\tau)] \cdot [\beta(1+\gamma+\alpha)] + 1 \quad (4-63)$$

在动力系统的均衡点处，$0 < \theta^d < 1$，$0 < \theta^e < 1$，可以得到如下的不等式：

$$\beta^{-1} \cdot (\gamma - 2\beta\gamma - \beta - \tau\gamma) < \alpha < \beta^{-2} \cdot [(\gamma-\beta)(1-\tau) - \beta\gamma(2-\tau)] \quad (4-64)$$

由于$\alpha \in (0, +\infty)$，并且满足$[(\gamma-\beta)(1-\tau) - \beta\gamma(2-\tau)] \in (0, +\infty)$，由$\tau \in (0, 1)$可以得到$\tau[(\beta-\lambda) + \beta\gamma] > 2\beta\lambda + (\beta-\gamma)$。在$\tau \in (0, 1)$的条件下，$\beta\lambda + (\beta-\gamma) \in (-\infty, 0)$，可以得到$2\beta\lambda + (\beta-\gamma) \in (-\infty, 0)$，由此可以推出$\gamma \in (\beta(-2\beta+1), 1)$，并且进一步会有$\beta \in (-\infty, 0.33)$。$\beta$表示社会总产出中资本的贡献份额，$\beta \in (-\infty, 0.33)$表示资本共享比重偏低。

上述情况如果不成立，则动力系统会在区间的边界取得最值，由此会产生如下几种可能。

（1）$\theta^d = \theta^e = 1$时，$v(\theta^d, \theta^e)$将趋近于负无穷大。（2）$\theta^d = \theta^e = 0$时，$v(\theta^d, \theta^e)$最大值将会在两个边界点取得，即$\theta^e = (\tau + \tau\gamma + \alpha - \beta\alpha)(1+\gamma+\alpha)^{-1}$时，$v(\theta^d, \theta^e)$取得最大值$v^1_{\max}(\theta^d, \theta^e)$；$\theta^d = (\tau + \tau\gamma + \alpha - \beta\alpha)[(1+(\beta+\tau)\gamma+\alpha)]^{-1}$时，$v(\theta^d, \theta^e)$取得最大值$v^2_{\max}(\theta^d, \theta^e)$。通过对$v^1_{\max}(\theta^d, \theta^e)$和

$v_{\max}^2(\theta^d, \theta^e)$ 进行比较，并进一步测算，我们可以得到：

$$v_{\max}^2(\theta^d, \theta^e) = v_{\max}^1(\theta^d, \theta^e) + \ln(1-\gamma)^{(\tau+\tau\gamma+\alpha-\beta\alpha)(1-\beta-\tau)^{-1}} + \ln(1-\tau+\beta\gamma+\beta\alpha)^{(1-\tau+\beta\gamma+\beta\alpha)(1-\beta-\tau)^{-1}} + \ln(1+\gamma+\alpha)^{(1+\gamma+\alpha)(1-\beta-\tau)^{-1}} + \ln[(1+\gamma)(1-\tau)+\beta\alpha]^{-[(1+\gamma)(1-\tau)+\beta\alpha](1-\beta-\tau)^{-1}} + \ln[1+\alpha+(\beta+\tau)\gamma]^{[1+\alpha+\gamma(\beta+\tau)](1-\beta-\tau)^{-1}}$$

关于 $v_{\max}^1(\theta^d, \theta^e)$ 和 $v_{\max}^2(\theta^d, \theta^e)$ 的表达式中，$\ln(1-\gamma)^{(\tau+\tau\gamma+\alpha-\beta\alpha)}$ 是非正的，而剩余各项的总和均为非负的，并且满足 $0 < \theta^e = (\tau+\tau\gamma+\alpha-\beta\alpha)(1+\gamma+\alpha)^{-1} < 1$，$0 < \theta^d = (\tau+\tau\gamma+\alpha-\beta\alpha)[(1+(\beta+\tau)\gamma+\alpha)]^{-1} < 1$，由此，在经济增长效率机制与社会福利共享机制均衡的结构性分析中，资本课税和劳动课税的最优税制结构取决于动力系统的各相关变量。

（四）动力系统模型参数的设定

通过第（三）部分 $v_{\max}^1(\theta^d, \theta^e)$ 和 $v_{\max}^2(\theta^d, \theta^e)$ 的表达式所呈现的结构，我们可以看出，资本课税和劳动课税的最优税制结构最终取决于动力系统的各相关变量及经济增长效率机制与社会福利共享机制均衡的结构性目标。这些相关变量包括时间偏好因子、政府公共投资份额、政府向居民提供的社会福利份额以及资本份额。接下来，本节将进一步讨论这些参数动态变化情景下资本课税和劳动课税的最优税制结构问题。

1. 将公共支出结构纳入模型的产出函数测度

我们以省级层面的虚拟变量来测度包含公共支出的产出函数，由此，柯布－道格拉斯生产函数涵盖了资本、劳动及公共支出。我们用GDP来衡量总产出水平，各年GDP时间序列数据来源于历年《中国统计年鉴》；采用永续盘存法来测度历年各省份的资本存量水平；各省级层面的就业人数可以代表劳动力存量水平，其数据亦来自历年《中国统计年鉴》；有关公共支出的测度方式，我们采用了刘盼和罗楚亮的做法[1]，其中包括了财政教育公共支出、一般公共服务支出（2007年以来）、基本建设支出（2007年以前）以及公共财政社会保障支出，这几部分数据通过历年《中国财政年鉴》获取，并进行整理。我们对式（4-35）进行变形，得到对数线性函数的形式：

$$\ln z_t = \ln A + \gamma \ln k_t + \tau \ln H_t^e \quad (4-65)$$

式（4-65）中，$z_t = \dfrac{Z_t}{L_t}$，$k_t = \dfrac{K_t}{L_t}$，由此，我们可以得到基本对数回归模

---

[1] 刘盼、罗楚亮：《向企业征税还是向劳动者征税？——基于增长效应和福利效应的税收结构分析》，《经济科学》2018年第1期。

型,从而保证了方程的一次齐次性。在式(4-65)中,我们进一步考察年份控制变量,并采用面板数据的固定效应模型(FE)。本节面板数据的时间序列区间为[2007, 2017],面板数据通过经济普查数据整理测算得到,从而保证了数据的可比性和模型的应用性。通过控制时间变量,我们得到了具体测度结果如表4-1所示。

表4-1 总量生产函数相关变量的FE模型估计结果

| 变量 | [2007, 2017] | [2007, 2017] |
|---|---|---|
| 资本份额($\gamma$) | 0.4701*** | 0.5177** |
|  | (41.5673) | (28.9340) |
| 公共支出份额($\tau$) | 0.2633** | 0.3016*** |
|  | (5.8842) | (3.6074) |
| 年份虚拟变量 | No | Yes |
| 拟合的F检验 | 1945.0755 | 673.9830 |
| 总的$R^2$ | 0.2954 | 0.2166 |
| F检验 | 97.6508 | 91.2443 |

注:***和**分别表示在0.01和0.05的水平下显著;括弧里面的值表示标准误。

表4-1报告了总量生产函数相关变量的FE模型估计结果,可以看出年份虚拟变量对模型的估计结果具有显著的影响效应。与中国的现实情况相一致,资本份额为47.01%(不控制年份变量)与51.77%(控制年份变量);而公共支出份额为26.33%和30.16%,不足1/3。由此,可以初步判断,中国的经济增长仍然是资本驱动型的,而非消费驱动型,但公共支出所导致的消费驱动比重在逐步提升。

2.资本课税与劳动课税动态变化的最优结构

通过总量生产函数相关变量的FE模型相关参数的估计结果,本节可以进一步测度资本课税与劳动课税的最优税制结构下经济增长效率机制与社会福祉共享机制的均衡性问题。

通过对相关变量进行模拟来估计相关参数值,本节发现,若以社会福祉共享机制发挥最大化效应为约束条件,资本课税与劳动课税的税制结构取决于相关变量参数。由于$\beta \in (0.333, +\infty)$时,资本课税与劳动课税的税制结构取决于相关变量参数,即最优税制结构在临界点处取得,并取决于$\gamma$和$\alpha$

值的变动。从既有文献来看，$\gamma$ 的波动区间为 [1.0%, 3.0%]。①在 OLG 两期模型中，我们假定 60 岁退休，并假设每期时间跨度为 30 年。对于政府的公共投资份额 $\tau$，借鉴既有研究文献，我们设定的区间为 [0.1, 10.0]。图 4-3 报告了在临界点，$v_{\max}^2(\theta^d, \theta^e) - v_{\max}^1(\theta^d, \theta^e)$ 的大小分布。从图中可以看出，$v_{\max}^2(\theta^d, \theta^e) - v_{\max}^1(\theta^d, \theta^e) < 0$，从社会福利最大化的视角来看，资本课税将会进一步促进社会福利最大化，这时资本的税率为 $(\tau + \tau\gamma + \alpha - \beta\alpha)(1 + \gamma + \alpha)^{-1}$，而劳动课税率为零。

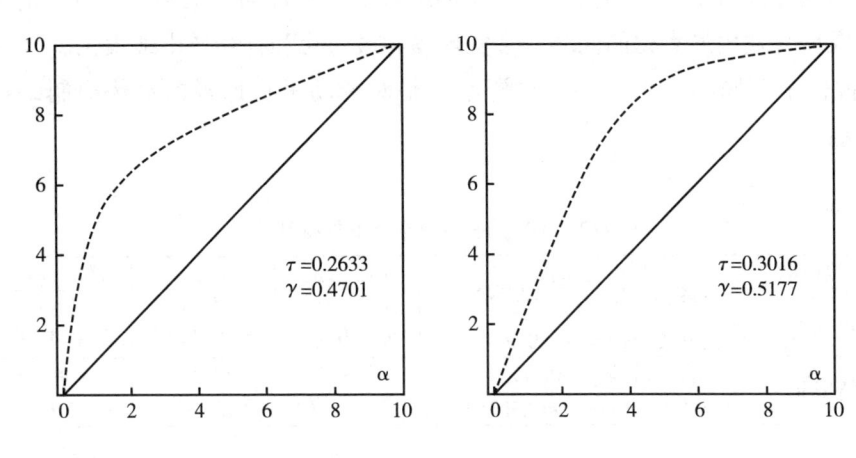

**图 4-3** $v_{\max}^2(\theta^d, \theta^e) - v_{\max}^1(\theta^d, \theta^e)$ 的大小分布

注：横轴是 $v^1$ 在 $t$ 时刻的值，纵轴是 $v^2$ 在 $t$ 时刻的值。

由上述动力系统分析模型可以看出，在动力系统趋于稳定的过程中，如果以社会总产出最大化为条件，税制结构应该偏向于对资本进行课税，由此，经济增长效率机制与社会福利共享机制会趋于均衡。各个税率分布结构如下：

$$\theta_{k_0}^e = \tau \tag{4-66}$$

$$\theta_{z_0}^e = \tau \cdot (\tau + \beta)^{-1} \tag{4-67}$$

$$\theta_{c_0}^e = (\tau + \tau\gamma + \alpha - \beta\alpha) \cdot (1 + \gamma + \alpha)^{-1} \tag{4-68}$$

$$\Delta_{y_0}^{k_0} = \theta_{k_0}^e - \theta_{y_0}^e = -\tau \cdot (1 - \beta - \tau) \cdot (\tau + \beta)^{-1} \in (-\infty, 0) \tag{4-69}$$

$$\Delta_{c_0}^{k_0} = \theta_{k_0}^e - \theta_{c_0}^e = -\alpha \cdot (1 - \beta - \tau) \cdot (1 + \gamma + \alpha)^{-1} \in (-\infty, 0) \tag{4-70}$$

---

① 刘盼、罗楚亮：《向企业征税还是向劳动者征税？——基于增长效应和福利效应的税收结构分析》，《经济科学》2018 年第 1 期；A. Auerbach, L. Kotlikoff, *Dynamic Fiscal Policy* (Cambridge University Press, 1987)。

$$\Delta_{c_0}^{y_0} = \theta_{y_0}^{e} - \theta_{c_0}^{e} = -(1-\beta-\tau)\cdot(\beta\alpha-\tau-\tau\gamma)[(1+\gamma+\alpha)(\beta+\tau)]^{-1}$$

(4-71)

式（4-71）中，在 $\alpha \in (\tau\cdot(1+\gamma)\cdot\beta^{-1}, +\infty)$ 时，$\Delta_{c_0}^{y_0} = \theta_{y_0}^{e} - \theta_{c_0}^{e} \in (-\infty, 0)$；在 $\alpha \in (-\infty, \tau\cdot(1+\gamma)\cdot\beta^{-1})$ 时，$\Delta_{c_0}^{y_0} = \theta_{y_0}^{e} - \theta_{c_0}^{e} \in (0, +\infty)$。

基于式（4-69）至式（4-71），我们可以得到：实现社会福利最大化的最优税制结构是对资本进行课税，而非对劳动进行课税。当社会保障进入规模性分配阶段后，消费会成为拉动经济的关键性动力机制，这时，消费者在获得效用最大化的同时，会实现福利最大化和社会产出最大化。表4-2报告了不同的参数结构下对资本还是对劳动进行课税的最优税制结构问题。

表4-2 不同的参数结构下最优税制结构

| 模拟情境 | 最大化条件 | Max$_{社会福祉}$ | Max$_{社会产出}$ | Max$_{个体资本}$ |
|---|---|---|---|---|
| 情境 I | 资本份额（$\gamma$=0.4701）<br>公共支出份额（$\tau$=0.2633） | $\theta^d = 0$<br>$\theta_{c_0}^{e} = 0.344$ | $\theta^d = 0$<br>$\theta_{y_0}^{e} = 0.317$ | $\theta^d = 0$<br>$\theta_{k_0}^{e} = 0.203$ |
| 情境 II | 资本份额（$\gamma$=0.5177）<br>公共支出份额（$\tau$=0.3016） | $\theta^d = 0$<br>$\theta_{c_0}^{e} = 0.376$ | $\theta^d = 0$<br>$\theta_{y_0}^{e} = 0.366$ | $\theta^d = 0$<br>$\theta_{k_0}^{e} = 0.281$ |

## 四 课税比重的结构性效应

本部分我们将通过对动力系统模型进行数值模拟来探寻不同类别的课税比重对经济增长效率机制与社会福祉共享机制的结构性效应，并确定在促进经济增长效率机制发挥作用的同时提升社会整体性福祉的共享税率变动区间，具体探寻资本课税与劳动课税的税率区间在基准税率的基础上所形成的经济增长效率机制和社会福祉共享机制的局部效应，即偏重于对资本还是对劳动进行课税，关键的切入点是劳动税的边际增加对经济增长率与社会福祉收入的方差的影响效应。

（一）偏重于对劳动进行课税

图4-4报告了劳动课税结构下公共支出、经济增长效率与社会福祉水平分布状况，劳动课税率的经济增长效应是负向的。对劳动进行课税对经济增长的正向促进效应远低于负向效应，主要是通过传导效应来降低总量有效劳动供

## 第四章 经济发展与社会保障权益配置公平

给,从而进一步降低经济增长效率,这与刘勇等、刘盼和罗楚亮的结论①是一致的。对劳动进行课税的社会福祉水平的平等效应是负向的。随着劳动课税率的提升,其对社会福祉水平的影响是双向的,一是劳动课税率的提升通过直接的影响机制降低了社会福祉水平,二是劳动课税通过间接传导机制的再分配效应来提升社会福祉水平。但从总体效应来看,社会福祉水平的差异不断扩大,

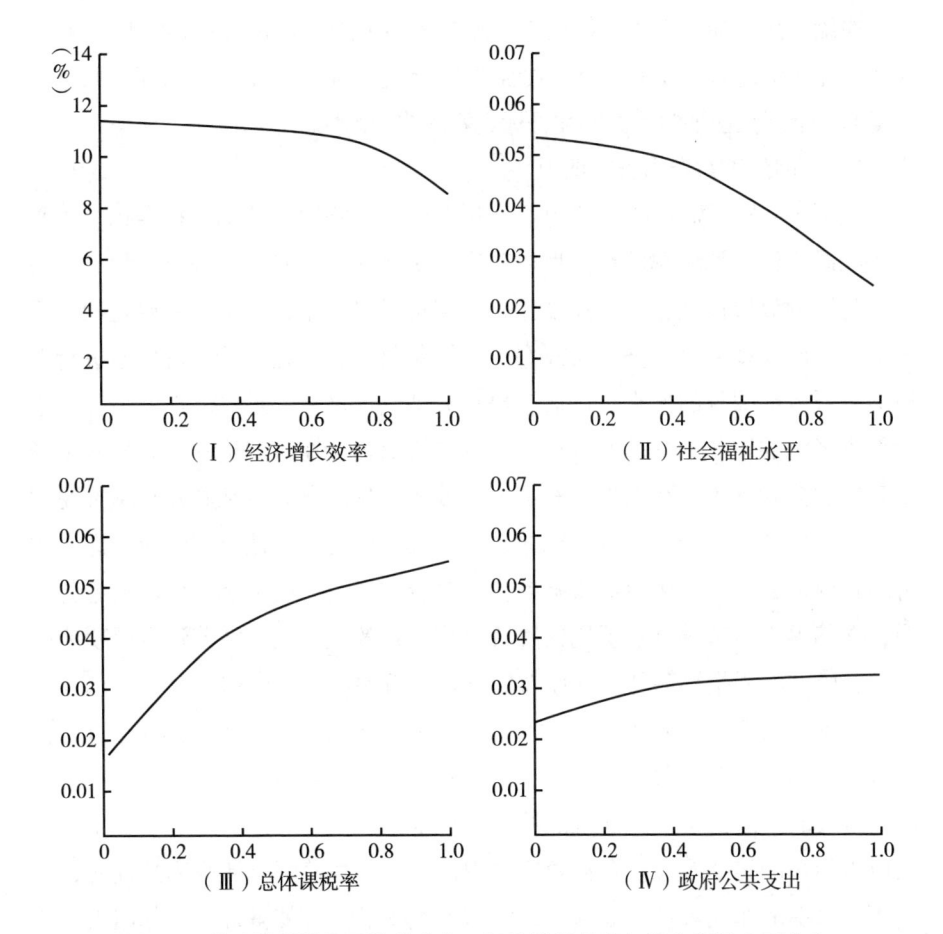

**图 4-4 劳动课税结构下公共支出、经济增长效率与社会福祉水平分布**

注:图(Ⅰ)至图(Ⅳ)的横轴均为劳动课税率,纵轴分别为经济增长效率、社会福祉水平、总体课税率及政府公共支出。

---

① 刘勇、滕越、邹薇:《税收、经济增长与收入不平等》,《经济科学》2018年第1期;刘盼、罗楚亮:《向企业征税还是向劳动者征税?——基于增长效应和福利效应的税收结构分析》,《经济科学》2018年第1期。

社会总体福利水平不断降低。而且，提升劳动课税比重并不能实现促进经济增长与提升社会福利水平的双向目标。然而，如果对劳动进行课税能够提升经济增长效率，基本的条件是劳动课税率的提升通过生产性公共支出比重的不断提升，使得资本积累程度及劳动需求量快速积累，即通过政府公共支出水平的提升来提高劳动的总体需求量，从而"对冲"由劳动课税率的提升给劳动供给带来的减缩效应，使得动力系统处于均衡时劳动供给水平和社会福利水平提升。由此，在经济动力系统中，劳动供给的内生性会促使劳动课税在促进经济增长与提升社会福利水平两个关键性目标之间的非均衡性。

## （二）偏重于对资本进行课税

图4-5报告了资本课税结构下公共支出、经济增长效率与社会福利水平分布状况，资本课税率的经济增长效应亦是负向的。对资本进行课税对经济增长的影响效应体现在三个尺度：一是偏重于对资本进行课税主要是通过降低资本的回报率来对经济增长效率产生抑制效应；二是偏重于对资本进行课税会降低劳动课税的比重，进而会提高劳动供给水平，进一步地，传导效应会促进经济的增长；三是偏重于对资本进行课税会通过间接的传导效应来增加政府的公共支出，从而提升经济增长效率。从综合效应来看，在基准税率尺度上，偏重于对资本进行课税的第一种效应成为主导性影响效应，即对经济增长效率的提升产生负向影响效应。对资本进行课税的倒U形增长趋势说明，在偏重于对劳动进行课税的阶段经济增长效应为正，随着资本课税率的提升，资本的回报率降低，从而对经济增长效率产生综合抑制效应。

偏重于对资本进行课税对缩小社会福利水平差距的影响效应较为显著。若进一步提升政府公共支出弹性，对资本进行课税对缩小社会福利水平差距的效应较弱。对资本进行课税的社会福利水平的平等效应的影响涵盖了直接效应与间接的传导效应。直接效应集中体现为，随着资本课税率的提升，社会福利水平的非均等性不断降低；资本课税率的提升使得资本实际回报率不断下降；而且，对资本进行课税会增加劳动供给总量，提高总税率；与此同时，通过间接的传导效应，政府的公共支出水平会提升。通过直接效应与间接传导机制，我们发现，随着资本课税率的不断提升，在资本回报率下降的同时，社会整体福利的均等化水平不断得到提升。因此，与偏重于对劳动进行课税不同，对资本进行课税更能体现社会整体的福利水平和社会公平性，而且还会使得经济增长效率机制与社会福利共享机制不断趋向均衡。

# 第四章 经济发展与社会保障权益配置公平

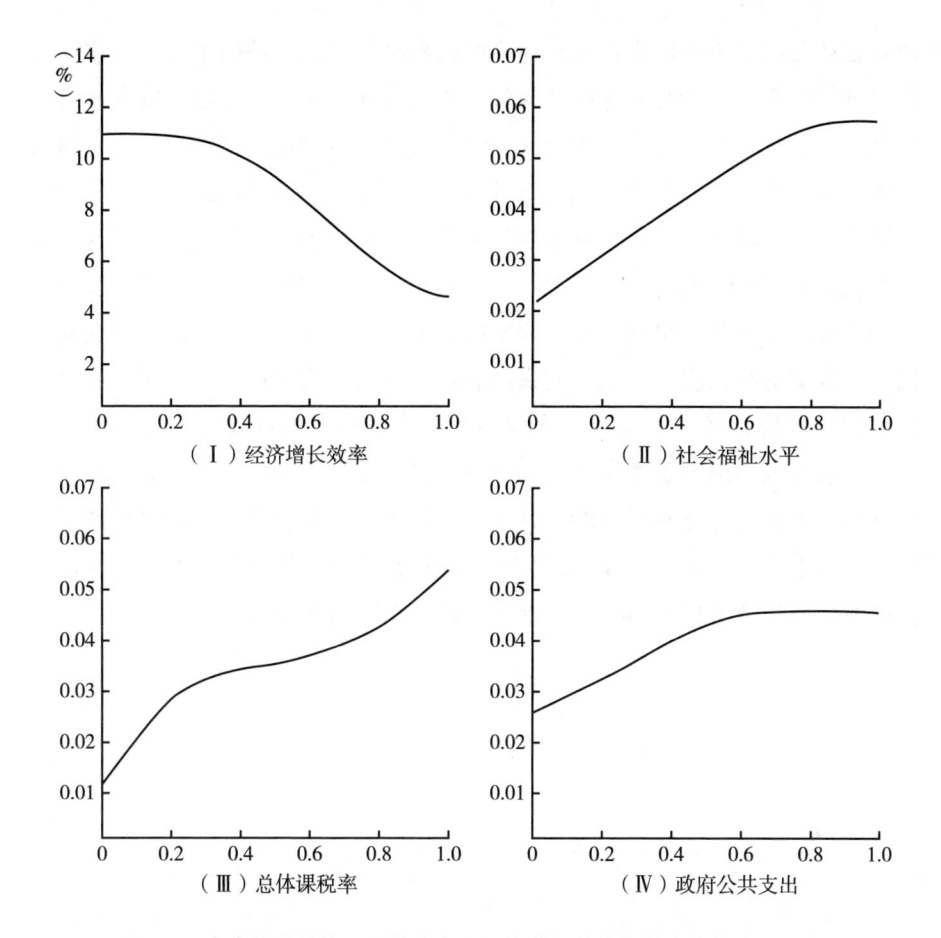

**图4-5 资本课税结构下公共支出、经济增长效率与社会福利水平分布**

注：图（Ⅰ）至图（Ⅳ）的横轴均为资本课税率，纵轴分别为经济增长效率、社会福利水平、总体课税率及政府公共支出。

税收和社会保障通过将社会资源从个体或企业向政府或公共部门转移的关键性资源配置渠道，而成为当代社会调节收入分配的重要机制。那么在经济增长效率提升的同时，是否存在最优的税收与社会保障收支结构来平抑这个过程中收入差距逐渐拉大的境况呢？基于此，本节采用两期的OLG模型作为基本分析架构，以政府公共性支出的消费性与生产性的双重属性为切入点，将资本课税与劳动课税的最优税制结构作为结合点，分析了经济增长效率机制与社会福利共享机制的均衡性问题。本节首先建立了理论演绎模型，并结合中国2011~2017年的省级面板数据进行了实证检验。实证结果显示，如果以社会福祉公平性为目标,最优的课税结构应该是偏向于对生产主体的资本进行课税,且最优的课税率为公共支出弹性;若以经济增长效率最大化为目标,最优的课税结构依然是偏向于对生产主体的资本进行课税,这时,最优的课税率为生产当事人资本水平的产出弹性。从社会福祉的尺度来看,如果社会个体以获得社会福祉最优化为目标,并以消费的形式获得自身效用最大化,最优的课税结构由OLG模型中的内生性参数决定。经济增长效率机制与社会福祉共享机制均衡的税率区间取决于公共支出结构的动态变动格局。对资本进行课税会增加劳动供给总量,提高总税率;与此同时,通过间接的传导效应,政府的公共支出水平会提升。通过直接效应与间接传导机制,我们发现,随着资本课税率的不断提升,在资本回报率下降的同时,社会整体福祉的均等化水平不断得到提升。因此,与偏重于对劳动进行课税不同,对资本进行课税更能体现社会整体的福祉水平和社会公平性,而且还会使得经济增长效率机制与社会福祉共享机制不断趋向均衡。

# 第五章
# 社会保障权益配置的收入分配逻辑

随着中国经济的持续发展、生产要素分配的不均等，居民收入差距整体呈现扩大趋势，由此引发一系列的社会问题。社会保障作为收入再分配的重要手段，在调节收入差距、保障收入分配公平方面发挥着重要作用。本章将着重于社会保障制度对收入分配的影响研究。首先，本章从时间和空间区域视角，分别对1998~2014年统计数据和江苏省13市面板数据进行实证研究，研究社会保障支出及其具体的支出结构对居民收入分配的影响。其次，本章就具体的社会保险制度即养老保险和医疗保险制度进行研究，测度和评价了城镇职工基本养老保险个人账户超额支出以及城乡医保整合与城乡医疗服务利用均等化之间的关系。再次，本章从城乡差异视角出发，在新型城镇化背景下对中国城乡社会保障制度发展路径和整合路径进行研究。最后，本章测度了中国农村反贫困绩效的推动因素，并发现随着中国农村贫困率和贫困缺口率的反弹，收入分配和再分配因素缓解贫困的贡献率将会上升。

## 第一节 社会保障支出及结构对居民收入分配的影响

随着中国经济的持续发展、生产要素分配的不均等，居民收入差距整体呈现扩大趋势。社会保障作为调节收入差距的重要手段，其支出结构对居民收入差距有着重要的影响。不同的社会保障支出项目对居民收入差距的调节效果也是不同的，社会保障支出结构的优化有利于促进居民收入均等化。因此，本节分别从时间和空间视角研究社会保障支出及其具体的支出结构对居民收入分配的影响。本节首先从理论上揭示社会保障支出结构变动对居民收入差距影响的内在机理，并运用1998~2014年统计数据验证了社会保障支出结构与收入差距之间存在长期稳定的均衡关系，最后得到结论：短期内，社会保险补助支出比例、社会福利救济支出比例的正向冲击对收入差距起着正向调节的作用，而行政事业单位离退休费支出比例的正向冲击对收入差距起着逆向分配的作用；长期内，社会福利救济支出比例的正向冲击对收入差距起着正向调节的作用，社会保险补助支出比例、行政事业单位离退休费支出比例的正向冲击对收入差距起着逆向分配的作用，但作用效果较弱。然后，从区域视角切入，基于江苏省13市的面板数据，利用新古典增长理论构建模型并进行收敛回归分析，对比在模型中加入社会保障支出这一控制变量前后收敛系数$\beta$的变动，从而分析社会保障支出对江苏省以及江苏省南北内部的居民收入是起到正向调节还是逆向分配的作用。回归结果显示，在苏南地区社会保障支出对收入起到正向调节作用，而在江苏全省和苏北地区则起到逆向分配的反效果。

## 一 基于改革开放40多年以来数据的研究

改革开放40多年以来，中国经济持续高速增长，在经济持续发展的同时，经济结构缺陷逐步显露，其中最突出的一个问题是居民收入差距问题。2013年，《关于深化收入分配制度改革的若干意见》提出了着力解决收入分配的不平等问题，中央企业高管限薪、养老保险并轨，这些改革措施更多地着眼于"控高"。在"控高"取得阶段性进展后，2016年"两会"在收入分配改革方面偏重于在"扩中""拉低"上发力，收入分配均等化问题已经成为中国跨越中等收入陷阱、进入中等收入国家行列面临的关键问题。社会保障是调节收入差距的重要工具之一，社会保障财政支出水平和支出结构直接影响着社会保障对收入差距的调节作用。中国社会保障除了支出水平低于欧美等发达国家外，在结构上也存在一定不合理，如存在社会保障各项目支出比例不合理、行政事业单位离退休费支出比例偏高、社会福利救济支出比例偏低、社会福利发放效率低等问题。此外，中国城乡之间社会保障支出也存在明显的差距，各级政府在财政支出方面倾向于城市，社会保障支出结构存在舍本逐末的"异化"现象，社会保障资源的配置远未达到帕累托最优或次优水平。人均社会保障支出也存在显著差异，东部地区明显高于中西部地区，城乡社会保障支出结构、社会保障支出项目结构、社会保障支出地区结构的不合理使得中国社会保障制度失衡。基于此，本节将主要探讨社会保障

# 第五章 社会保障权益配置的收入分配逻辑

支出项目结构对居民收入差距的影响效应，探析社会保障支出项目结构的优化路径。

## （一）收入差距与社会保障支出的探讨

欧美等发达国家对收入分配理论的研究起步较早，研究大体是沿着生产要素功能性和规模性展开的，即收入初次分配的视角，如抑制通货膨胀[①]、金融管制[②]、贸易税的设定[③]。研究的另一个视角是从再生产要素功能性及公平性方面展开，即收入再分配的视角。从社会保障对收入分配的作用向度来看，不同的学派有不同的研究取向，得出的结论亦具有异质性。一是德国新历史学派和福利经济学派认为，政府是社会保障责任主体，主张国家参与生产、分配、消费等多种经济活动，政府在收入再分配中必须占有重要地位。在此基础上，其理论及实证结果显示，社会保障支出有助于缩小社会收入差距，并坚持政府通过社会保障对收入进行再分配。[④]二是以亚当·密斯、弗里德曼为代表的自由主义学派，强调市场的自发作用机制，提倡社会福利市场化，对社会保障再分配持否定的态度，采用的分析工具亦是以效率为出发点和落脚点，得出的结论支持了其社会保障支出扩大居民收入差距的核心观点。[⑤]总的来说，绝大多数学者的研究结果支持社会保障支出对收入不公平程度的缓解效应。

相对来说，国内学者对收入差距的研究起步较晚，不同的学者从不同的

---

[①] Fahim Al-Marhubi, "A Note on the Link between Income Inequality and Inflation," *Economics Letters*, 1997, Vol.55, No.3, pp.317-319.

[②] Manthos D. Delis, Iftekhar Hasan, Pantelis Kazakis, "Bank Regulations and Income Inequality: Empirical Evidence," *Review of Finance*, 2012, Vol.18, No.5, pp.1811-1846.

[③] Renuka Mahadevan, Anda Nugroho, Hidayat Amir, "Do Inward Looking Trade Policies Affect Poverty and Income Inequality? Evidence from Indonesia's Recent Wave of Rising Protectionism," *Economic Modelling*, 2017, Vol.62, No.2, pp.23-34.

[④] X.Sala-I-Martin, "A Positive Theory of Social Security," *Journal of Economic Growth*, 1996, Vol.1, No.2, pp.277-304; P.Gottschalk, T.M.Smeeding, "Cross-National Comparisons of Earnings and Income Inequality," *Journal of Economic Literature*, 1997, Vol.35, No.2, pp.633-687; David Coburn, "Income Inequality, Welfare, Class and Health: A Comment on Pickett and Wilkinson," *Social Science & Medicine*, 2015, Vol.146, No.6, pp.228-232; Hans Fehr, Manuel Kallweit, Fabian Kindermann, "Families and Social Security," *European Economic Review*, 2017, Vol.91, No.1, pp.30-56.

[⑤] H.Immervoll, H.Levy, C.Lietz, et al., "Household Incomes and Redistribution in the European Union: Quantifying the Equalising Properties of Taxes and Benefits," IZA Discussion Paper, No.1824, 2005.

角度探讨了中国收入差距的成因,如二元经济结构①、教育②、户籍制度③、社会保障④等。在收入再分配尺度上,有关社会保障与收入差距的关系,中国学者从不同视角也做了很多方面的研究。

一是从社会保障支出与收入差距的关系来看,一部分研究认为,二者之间呈现双向格兰杰因果关系。⑤刘畅则通过研究发现,社会保障支出与基尼系数之间存在负相关关系,社会保障支出对控制基尼系数的上升起到了至关重要的作用,何立新和佐藤宏也得出了类似的结论。⑥而王增文和何冬梅、刘新和刘伟则发现不同地区之间社会保障支出对收入差距的调节扮演着不一样的角色。⑦另一部分研究则认为,社会保障支出扩大了收入差距。徐晴和李放、李亚珍均指出由于中国现有社会保障对城镇的偏好性,人均财政社会保障支出、社会保障支出所占比例与收入差距之间存在正相关关系。⑧通过梳理社会保障支出与收入差距之间关系的文献,综观全国,社会保障支出扩大了整体上的收入差距,中国社会保障制度调节收

---

① 李实、罗楚亮:《中国收入差距究竟有多大?——对修正样本结构偏差的尝试》,《经济研究》2011年第4期;陈斌开、林毅夫:《发展战略、城市化与中国城乡收入差距》,《中国社会科学》2013年第4期;丁志国、谭伶俐、赵晶:《农村金融对减少贫困的作用研究》,《农业经济问题》2011年第11期。

② 温娇秀:《我国城乡教育不平等与收入差距扩大的动态研究》,《当代经济科学》2007年第5期;李祥云:《中国高等教育对收入分配不平等程度的影响——基于省级面板数据的实证分析》,《高等教育研究》2014年第6期;薛进军、高晓淳:《再论教育对收入增长与分配的影响》,《中国人口科学》2011年第2期。

③ 万海远、李实:《户籍歧视对城乡收入差距的影响》,《经济研究》2013年第9期。

④ 王增文:《农村社会救助制度的可持续性研究——基于对中国10省份33县市农村居民的调查》,经济科学出版社,2012;杨风寿、沈默:《社会保障水平与城乡收入差距的关系研究》,《宏观经济研究》2016年第5期。

⑤ 罗云飞:《社会保障对缩小我国城镇居民收入差距的调节机制探析》,硕士学位论文,重庆理工大学,2011。

⑥ 刘畅:《社会保障支出对经济发展与社会公平的影响研究》,《江西财经大学学报》2011年第2期;何立新、佐藤宏:《不同视角下的中国城镇社会保障制度与收入再分配——基于年度收入和终生收入的经验分析》,《世界经济文汇》2008年第5期。

⑦ 王增文、何冬梅:《社会保障支出对居民收入影响机制分析——基于江苏省13市面板数据的收敛分析》,《华东经济管理》2014年第12期;刘新、刘伟:《东、中、西部教育投入和社会保障支出联合的收入差距效应》,《西北人口》2013年第4期。

⑧ 徐晴、李放:《财政社会保障支出与中国城乡收入差距——理论分析与计量检验》,《上海经济研究》2012年第11期;李亚珍:《财政社会保障支出对城乡收入差距的影响研究综述》,《科技视界》2013年第32期。

入差距的功能失衡，统筹城乡社会保障制度刻不容缓①，尤其是对农村剩余老年人口的社会保障②。

二是社会保障对收入的调节作用有限，不仅是因为社会保障支出的不合理，还有社会保障支出结构的不合理。柯卉兵研究了不同口径下的社会保障水平和结构，发现中国社会保障支出结构失衡、城乡断裂、社会保障功能失衡、社会保障支出水平低对居民收入差距都有显著的影响③；郭林等从社会保障支出项目结构视角得出了中国人均养老保险实际结构水平高于其适度结构水平，人均医疗、工伤和生育保险结构水平均低于其适度结构水平④。对此，王增文认为调整社会保障支出结构应该成为财政社会保障支出的重点，不能只依靠财政的投入。⑤

综观相关文献发现，既有研究对社会保障支出与收入差距的关系有三种观点：第一，社会保障支出能有效缩小收入差距，政府是社会保障的责任主体；第二，社会保障支出扩大了收入差距，对社会保障再分配持否定的态度；第三，部分学者强调政府既不能过分干预社会保障制度，也不能完全放任自由。对于社会保障与收入差距的关系，国内学者主要有两种观点：一是社会保障支出对收入差距起着逆向分配的作用；二是社会保障支出对收入差距起着正向调节的作用。大部分学者支持第一种观点。在社会保障支出与收入差距关系的研究基础上，有学者研究了社会保障支出的项目、地区、城乡结构，发现社会保障支出结构不合理，仅仅加大财政对社会保障支出的投入力度远远不够。如果忽略社会保障支出结构与收入差距之间的关系，研究显然是有偏的。基于此，本节将从结构性视角来探析社会保障支出结构对居民收入差距的影响效应，并在共享发展理念下探寻社会保障支出结构优化的策略与路径。

---

① 景天魁：《城乡统筹的社会保障：思路与对策》，《思想战线》2004年第1期。
② 邓大松、王增文：《"硬制度"与"软环境"下的农村低保对象的识别》，《中国人口科学》2008年第5期。
③ 柯卉兵：《中国社会保障支出水平与结构的实证分析：1998—2005年》，《第三届中国社会保障论坛论文集》，2008，第658~669页。
④ 郭林、宋凤轩、丁建定：《人均社会保障结构水平：理论模型、实证分析及政策建议》，《东南学术》2011年第2期。
⑤ 王增文：《中国社会保障财政支出最优规模研究：基于财政的可持续性视角》，《农业技术经济》2010年第1期。

## (二）社会保障支出结构与收入分配的理论分析

社会保障支出存在狭义与广义之分①，本章所采用的社会保障支出的概念是狭义的社会保障支出。社会保障支出结构包括社会保障支出项目结构、社会保障支出城乡结构、社会保障支出地区结构，而本章所采用的社会保障支出结构指的是社会保障支出项目结构。②

### 1.社会保障支出结构的理论依据

第一，社会保障适度水平理论。社会保障水平是指一定时期内一个国家或地区的社区成员享受到的社会保障程度，包括待遇水平、制度成熟水平、管理水平、基金运作水平。它是衡量一个国家社会保障体系是否合理的指标之一，直接反映了社会保障体系的运行情况。社会保障水平的发展经历了三个阶段，大体呈现倒"U"形趋势。在开始阶段，社会保障人数、社会保障资金、社会保障项目少，社会保障水平低。随后，伴随经济的发展，社会保障水平处在快速上升期，社会保障覆盖面、社会保障支出扩大，社会保障项目增多，社会保障水平快速提高。受经济发展以及一些现实条件的制约，社会保障水平达到一定高度后，其会有小幅度的回落，并逐渐趋于稳定。社会保障支出项目结构的合理与否直接决定了中国的社会保障适度水平高低。社会福利救助支出过低，使城乡贫困人群的基本生活得不到保障，居民收入差距扩大，而养老保险、医疗保险支出过低会导致老年人、疾病患者的生活得不到保障。合理的社会保障支出结构不仅是经济发展的要求，也是居民收入分配均等化的要求。

第二，马斯格雷夫理论。马斯格雷夫提出了"经济发展阶段增长论"，即政府财政支出的着力点在不同的经济发展阶段会有所不同。他将经济发展阶段分为初期、中期、成熟期，将民生支出划分为公共积累支出、公共消费支出和转移支出。在经济发展的初期，各种基础设施如交通、通信、水利支

---

① 广义上的社会保障支出包括社会保险支出、社会福利支出、社会救助支出、抚恤支出。其中，社会保险支出是指为广大劳动者提供的养老保险、医疗保险、生育保险、工伤保险等方面的支出，社会福利支出是指为社会全体成员提供的各项社会福利的总支出，社会救助支出是指为低收入或特殊人群提供的各项救助支出加总。狭义上的社会保障支出是指财政社会保障支出，是财政用于社会保障各项目支出的总和，财政在不同经济发展阶段对社会保障项目投入力度的不同会导致社会保障支出结构的不同。

② 社会保障支出项目结构是指各个社会保障项目支出占社会保障总支出的比重，反映的是财政资金在各项目间的分配情况，在一定程度上表明了社会保障中政府的着力点所在，而社会保障支出城乡结构、地区结构反映的是社会保障支出在城乡、地区分配上的差异。

撑着经济发展，但这些基础设施由于投资规模大、投资周期长、投资收益少等特点，只能通过政府加大财政投入来创造经济发展的必要环境。随着经济的不断发展，到中期阶段，基础设施已有一定规模，人们生活水平也有一定的提高，人们对社会保障、教育、医疗的需求逐渐上升，公共消费支出比例会不断提升。在经济成熟期，人们对生活品质要求更高，财政支出更加倾向于提高人们生活水平的福利性支出。社会保障包含的内容在不同的经济发展阶段也不尽相同，社会保障项目支出也会随经济发展阶段的变化而变化。在初期，政府财政支出主要偏向基础建设领域，现阶段，基础建设已经取得巨大进步，类似社会保障这种需求收入弹性大于1的公共商品的需求越来越高。中国的社会保障制度还不够成熟，现有的社会保障体系与经济发展不协调，这主要是因为社会保障支出水平低以及社会保障支出项目结构、地区结构、城乡结构发展不平衡，因此对社会保障支出结构的优化调整不仅能提高财政资金的使用效率，而且能完善社会保障结构。

2.社会保障支出结构的3E标准

社会保障作为公共管理的一部分，社会保障的健康发展，有利于促进不同阶层的利益关系，促进社会公平，从而提高公共管理的效率。新公共管理的3E标准同样适用于社会保障体系建设。社会保障支出结构是各个社会保障项目相互作用、相互联系结合而成的整体。根据新公共管理的3E标准，社会保障支出结构系统的目标应为经济、效率与效益，这就是社会保障支出结构的3E标准。在进行短期的目标规划时，长期的作用效果或者后果也应纳入考虑范围之内。这些目标追求可能一致，也可能相互矛盾。因此，在不同的阶段，应根据实际需求做出最优决策。

（三）社会保障支出结构对居民收入分配的VAR检验

1.VAR模型

接下来，我们将采用VAR模型来进行实证检验。

$$y_t = A_1 y_{t-1} + \cdots + A_p y_{t-p} + \varepsilon_t, t = 1, 2, \cdots, T \tag{5-1}$$

其中，$y_t$为$k$维内生变量；$A_1, A_2, \cdots, A_p$为$k \times k$维估计的系数矩阵，$\varepsilon_t \sim$ i.i.d$(0, \Sigma)$，其中，$\Sigma$为$k$维向量$\varepsilon_t$的方差与协方差矩阵。$\varepsilon_t$可与同期相关，但通常不与自己的滞后期相关，也不与等式右边的变量相关；$p$为滞后阶数，通常我们称式（5-1）为非限制性向量自回归模型（Unrestricted VAR）。

如果用滞后算子来表示式（5-1），则有：

$$A(L)y_t = \varepsilon_t$$
$$A(L) = I_k - A_1 L - A_2 L^2 - \cdots - A_p L^p \tag{5-2}$$

上述模型为VAR模型的简化形式。模型中的随机项称为"冲击向量"或"简化形式的冲击向量"或"信息向量"或"异常向量"。如果式（5-2）满足平稳性条件，则VAR模型可以表示为无穷阶的向量移动平均模型VMA的形式。

$$y_t = C(L)\varepsilon_t$$
$$C(L) = A(L)^{-1} = C_0 + C_1 L + C_2 L^2 + \cdots C_h L^h + \cdots (C_0 = I_k) \tag{5-3}$$

2.社会保障支出统计口径的划分依据

社会保障支出统计口径的合理界定是研究社会保障支出结构的前提，在不同的发展阶段，社会保障支出的着力点也不同，目前学术界对社会保障支出的统计口径没有统一的标准。不同的学者对社会保障支出统计口径的划分也不同。宋士云和李成玲指出，社会保障支出的统计口径有两种：第一种是从社会保障项目角度将社会保障支出划分为社会保险支出、社会福利支出、社会救助支出、抚恤支出；第二种是从社会保障支出承担主体出发，将财政对社会保障的支出划分为社会保障补助支出、社会福利救济支出、行政事业单位离退休费支出。[①]为了研究方便，多数学者从财政社会保障角度研究社会保障支出的统计口径。徐晴和李放对社会保障支出统计口径的划分与前者大体相同，唯一的差别在于，2006年之后只有社会保障与就业支出这一项。[②]总的来看，新旧口径虽然存在一些差别，但是主体内容一致，按照《中国财政年鉴》新口径，对1998~2006年的社会保障水平进行重新核算，新旧统计口径的结果仅相差2%，在数据上具有较强的连续性。在梳理已有的文献和考虑数据可及性的基础之上，本节将社会保障支出划分为社会保险补助支出、行政事业单位离退休费支出和社会福利救济支出三个主体部分。

3.指标的选取与数据来源

本节采用基尼系数作为衡量居民收入差距的指标，社会保障支出的

---

[①] 宋士云、李成玲：《1992~2006年中国社会保障支出水平研究》，《中国人口科学》2008年第3期。

[②] 徐晴、李放：《财政社会保障支出与中国城乡收入差距——理论分析与计量检验》，《上海经济研究》2012年第11期。

## 第五章 社会保障权益配置的收入分配逻辑

统计口径在2007年发生变化,但由于社会保障支出的主体部分没有改变,为了统一口径,我们将社会保障支出分为三个部分:社会保险补助支出、行政事业单位离退休费支出、社会福利救济支出。为了使研究简单,用 $GINI$ 表示基尼系数,$BUZHU$ 表示社会福利救济支出占社会保障总支出的比例,$XINGZHENG$ 表示行政事业单位离退休费支出占社会保障总支出的比例,$FUXU$ 表示社会保险补助支出占社会保障总支出的比例,并选取经济增长率、城镇化水平、产业结构比[①]作为控制变量,分别用 $ZENGZHANG$、$CHENGZHEN$、$CHANYE$ 表示,将以上指标进行量化。基尼数据来自国家统计局,其他数据来自1999~2015年《中国财政年鉴》《中国统计年鉴》。为了使变量数据方差波动更加稳定,在研究之前对各个变量取对数。

4.单位根检验、协整检验及因果关系检验

为了保证时间序列数据的平稳性以及避免检验过程中伪回归的现象,先对5个变量进行单位根检验,结果如图5-1所示。

从检验结果可以看出,$\ln GINI$、$\ln FUXU$、$\ln BUZHU$、$\ln XINGZHENG$、$\ln CHANYE$、$\ln CHENGZHEN$、$\ln ZENGZHANG$ 7个变量均含有单位根,不具有平稳性,对此进行一阶差分,检验其平稳性。对变量一阶差分后,各变量均为一阶单整序列,可进一步进行协整检验。为了研究各变量之间的长期均衡关系,这里采用协整检验,检验结果如下:

$$\ln GINI = -0.414409 \ln BUZHU + 0.391234 \ln XINGZHENG + 0.72149 \ln FUXU + 0.234732 \ln ZENGZHANG - 0.643521 \ln CHENGZHEN - 0.356912 \ln CHANYE$$

从协整系数可以看出,行政事业单位离退休费支出比例、社会保险补助支出比例、经济增长率提高会扩大中国居民收入差距,社会福利救济支出比例、城镇化水平、第一产业比例提高会缩小中国居民收入差距。居民收入差距与社会保障各项目支出比例、经济增长率、城镇化水平、产业结构比存在长期稳定的均衡关系。社会保险补助支出比例对居民收入差距的影响系数是0.721,说明在其他变量不变的情况下,社会保险补助支出比例每增加1个百分点,居民收入差距将调高0.721个百分点;行政事业单位离退休费支出比例对居民收入差距的影响系数是0.391,说明在其他因素不变的条件下,行

---

[①] 产业结构比为第一产业产值占GDP的比重。

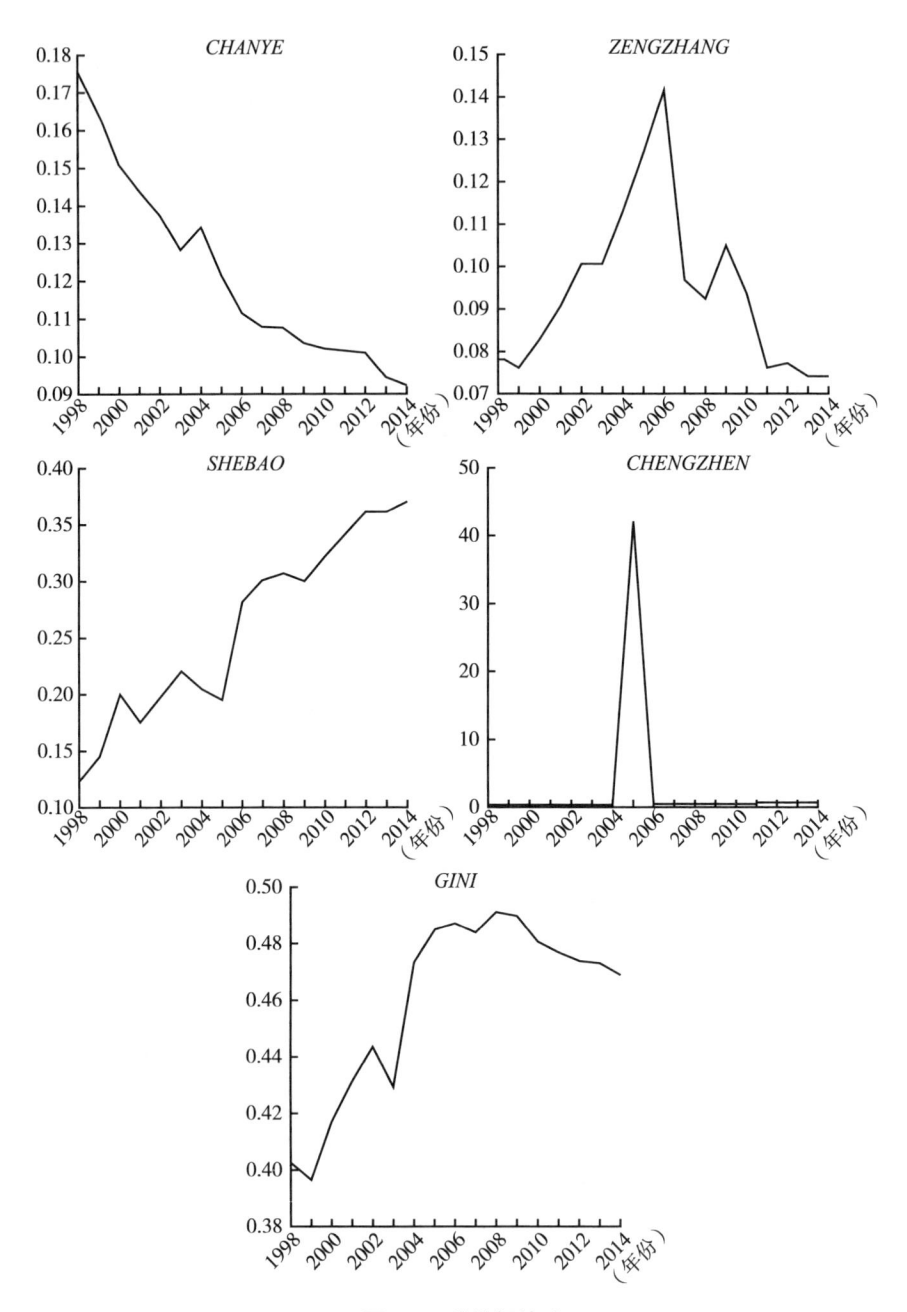

**图5-1 单位根检验**

注：本图是对因变量、自变量和控制变量的单位根检验，包含1个因变量（GINI）、3个控制变量（ZENGZHANG、CHENGZHEN、CHANYE）、1个自变量（SHEBAO），此处自变量为社会保障支出，涵盖社会保险补助支出、行政事业单位离退休费支出、社会福利救济支出。

政事业单位离退休费支出比例每增加1个百分点,居民收入差距将扩大0.391个百分点;社会福利救济支出比例对收入差距的影响系数是-0.414,说明在其他因素不变的条件下,社会福利救济支出比例每增加1个百分点,收入差距将缩小0.414个百分点。从协整检验可以看出,社会保障总支出扩大了居民的收入差距,中国的社会保障支出结构还存在许多不合理的地方。行政事业单位离退休费提高会扩大中国居民收入差距,这是因为其本身就具有计划经济特征。而社会保险补助支出作为社会保障支出的核心,却扩大了收入差距,说明中国的社会保险制度还存在逆向分配效应。总的来说,社会福利救济支出有效缩小了居民收入差距。

社会保障支出结构与居民收入差距之间的Granger因果检验结果显示:社会保险补助支出比例变化、行政事业单位离退休费支出比例变化、社会福利救助支出比例变化与居民收入差距变化互为格兰杰原因,社会保障各项目支出比例的变化引起了居民收入差距的变化,居民收入差距的变化也引起了社会保障各项目支出比例的变化。

5.VAR处理

VAR是基于数据的统计性质把系统中的每一个内生变量作为系统中所有内生变量的滞后值的函数来构造模型,是处理多个相关经济指标的最容易操作的模型之一,利用脉冲响应函数与方差分解可以分析社会保障支出结构与收入差距的动态关系。在建立VAR模型之前首先要确定滞后期,根据AIC、SC最小标准准则,确定该VAR模型的最优滞后期为2,对变量进行回归,得出如下统计结果:

$$\begin{pmatrix} \ln GINI_t \\ \ln BUZHU_t \\ \ln XINGZHENG_t \\ \ln FUXU_t \end{pmatrix} = \begin{pmatrix} -0.587558 \\ -1.759774 \\ -0.624964 \\ 2.129377 \end{pmatrix} + \begin{pmatrix} \ln GINI_{t-1} \\ \ln BUZHU_{t-1} \\ \ln XINGZHENG_{t-1} \\ \ln FUXU_{t-1} \end{pmatrix} \times$$

$$\begin{pmatrix} -0.587558 & -0.125905 & 0.331675 & 0.314065 \\ 0.076601 & 0.538446 & -0.179348 & 0.463028 \\ 2.927493 & 0.294746 & -0.023369 & 0.069485 \\ -3.429102 & 0.141225 & -0.168606 & 0.105293 \end{pmatrix} +$$

$$\begin{pmatrix} -0.405674 & 0.033134 & -0.266660 & -0.250900 \\ -2.248457 & -0.120966 & -0.003476 & 0.237566 \\ -3.866868 & 0.316484 & 0.618606 & 0.431727 \\ 4.082466 & -0.238865 & 0.117587 & 0.285510 \end{pmatrix} \begin{pmatrix} \ln GINI_{t-2} \\ \ln BUZHU_{t-2} \\ \ln XINGZHENG_{t-2} \\ \ln FUXU_{t-2} \end{pmatrix} + \begin{pmatrix} \sigma_{1t} \\ \sigma_{2t} \\ \sigma_{3t} \\ \sigma_{4t} \end{pmatrix}$$

由统计检验可知，四个方程调整之后的拟合优度分别为0.902、0.971、0.989、0.977，F统计量分别为6.97、25.90、72.70、33.04，这说明方程是显著的。从结果来看，滞后1期、2期的社会福利救济支出比例提高对居民收入差距的影响为负，滞后1期的影响效应要大于滞后2期；滞后1期和2期的行政事业单位离退休费支出比例提高对居民收入差距的影响为正，滞后1期的影响效应要大于滞后2期；滞后1期的社会保险补助支出比例提高对居民收入差距的影响为负，滞后2期的影响效果减弱。

接下来，需要对估计的模型进行稳健性检验，进一步分析变量之间的关系，我们采用AR单位根检验，检验结果如图5-2所示，VAR模型所有的根都位于单位圆之内，因此所估计的VAR模型是稳定的模型，可以用脉冲响应函数分析经济冲击带来的影响，并进一步用方差分解分析每一个结构冲击对内生变量变化的贡献度。

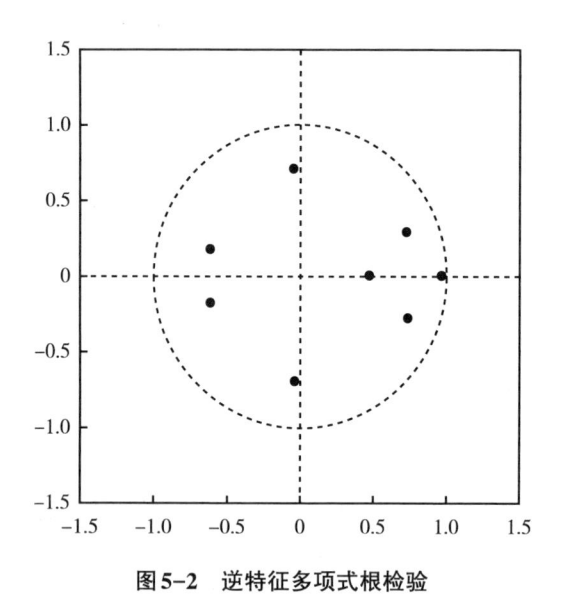

**图5-2 逆特征多项式根检验**

第一，脉冲响应函数。脉冲响应函数是用于检验一个内生变量的冲击给其他内生变量带来的影响，即施加一个冲击之后内生变量的当期值和未来值。图5-3为ln*BUZHU*、ln*XINGZHENG*、ln*FUXU*对ln*GINI*的脉冲响应函数。由图5-3可以看出，（1）在当期给社会福利救济支出一个正向冲击之后，居民收入差距会在第二期出现一个负的波动，并一直延续这种影响效应,之后从第7期开始趋于零,说明社会福利救济支出的增加在前7期能有效缩小收入差距,但长期内并不能发挥收入再分配的效应。鉴于此,可以在短期内增加社会福利救济支出比例来缓解收入差距过大问题。(2)当期给行政事业单位离退休费支出一个正向冲击,居民收入差距会在第2期出现一个较大的正的波动,从第3期开始,这种波动趋于平缓,并逐渐趋于零。(3)当期给社会保险补助支出一个正向冲击,居民收入差距会在第2期出现一个负向波动,在第3期影响效应减弱,并逐渐趋于零。

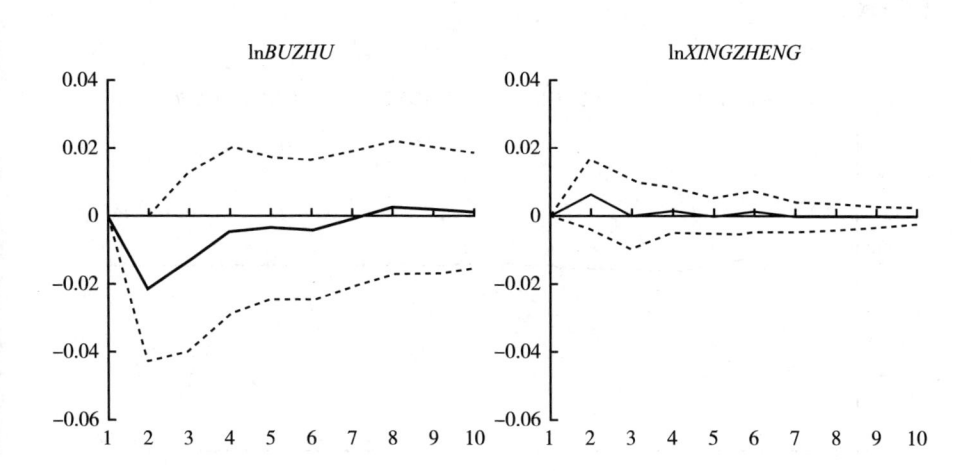

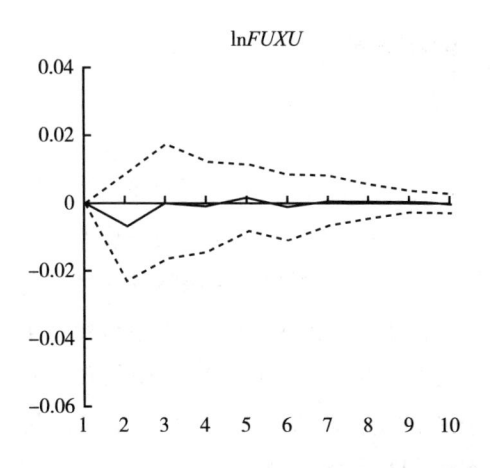

图5-3 脉冲响应函数

第二,方差分解。方差分解是分析预测残差的标准差受不同冲击影响的比例,即对应内生变量对标准差的贡献比例。图5-4为方差分解结果。从检验结果可以看出，居民收入差距在第一期只受自身波动的影响，其余3个变量对其冲击在第2期才开始显现。不考虑居民收入差距自身的贡献度，我们发现社会福利救济支出比例的变动对居民收入差距变化的贡献率最大，在第3期达到最大，为41.07%，并且在第5期之后趋于稳定，约为39.5%。行政事业单位离退休费支出比例的变动对居民收入差距变化的贡献率较为稳定，从第3期开始约为4.3%，社会保险补助支出比例的变动对居民收入差距变化的贡献率约为1.2%，这三个变量对居民收入差距的影响效应与脉冲响应图相一致。

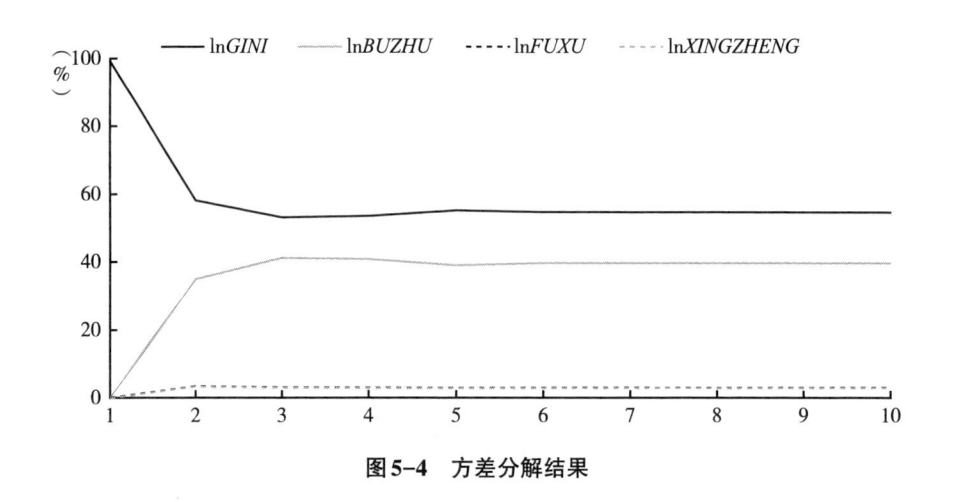

图5-4 方差分解结果

6. 结论

本节主要研究了共享发展理念下，社会保障项目支出比例的变化对居民收入差距的影响效应，分三个过程检验了社会保障支出结构与居民收入差距之间的关系。首先，根据协整检验判断居民收入差距与社会保障各项目支出比例变化是否存在长期稳定的关系，在此基础上判断居民收入差距与社会保障支出结构变化是否互为Granger因果关系。然后，用脉冲响应函数和方差分解来分析预期社会保障各项目支出比例的变化对居民收入差距的影响。最后，对社会保障支出结构进行优化调整，得出如下结论。

首先，居民收入差距与社会保险补助支出比例、行政事业单位离退休费支出比例、社会福利救济支出比例、经济增长率、城镇化水平均存在长期均衡的关系，其中社会福利救济支出比例的提高会缩小居民收入差距，行政事业单位离退休费支出比例、社会保险补助支出比例提高会扩大收入差距。

其次,通过格兰杰检验发现,社会保障支出结构的变化是引起居民收入差距变化的Granger原因,居民收入差距变化也是社会保障支出结构变化的Granger原因,即社会保障支出结构的变动与居民收入差距变动互为Granger原因。

最后,通过脉冲响应函数与方差分解可以获悉:短期内,给社会保险补助支出比例、社会福利救济支出比例一个正向冲击会缩小居民收入差距,行政事业单位离退休费支出比例的正向冲击会扩大居民收入差距;长期内,社会保险补助支出比例的正向冲击会扩大居民收入差距,社会福利救济支出比例的正向冲击会缩小居民收入差距,中国社会保障支出项目资金投入结构仍处于非优化状态。

因此,从短期来看,提高福利救济支出比例、保险补助支出比例是缩小居民收入差距的主要策略;从长期来看,提高福利救济支出比例、降低保险补助支出比例是缩小居民收入差距的主要策略。

## 二 基于江苏省13市面板数据的研究

居民收入分配及收入差距是中国乃至世界重点关注的议题。缩小贫富差距、实现居民收入均等化是长远的理想目标。改革开放以来,中国的基尼系数总体呈上升态势,近十年中国的基尼系数均超过国际警戒线0.4,处于0.47以上的水平,虽然自2008年起逐年回落,但是2012年的基尼系数还是高达0.474。与此同时,中国的基尼系数不仅高于发达国家,还高于大多数发展中国家,亚洲只有马来西亚和菲律宾两个国家的基尼系数高于中国。①基于此,中国越来越重视作为社会"安全网"和收入分配"调节器"的社会保障方面的投入,1996年后,社会保障支出占财政总支出和GDP的比重都得到了大幅提高。研究社会保障支出对居民收入分配是达到了理论上的正向调节作用,还是在实践中起到了逆向分配的相反效果具有重要意义。

针对中国的基尼系数,研究者长期以来持不同观点。乐观者认为,中国基尼系数虽超过0.4的国际警戒线,但中国特殊的二元经济结构造成的城乡

---

① 世界银行:《基尼(GINI)系数-China, East Asia & Pacific》,https://data.worldbank.org.cn/indicator/SI.POV.GINI? locations=CN-Z4&name_desc=true。

收入差距大是主要原因，所以不能照搬国际统计口径，并且城镇与农村内部的基尼系数仍处于合理区间。国家计委宏观经济研究院课题组也认为，中国城镇居民收入存在一定的差距，但其状况是比较合理的。① 而大部分的学者还是认为中国居民收入差距较大，若不采取相关措施，贫富差距会继续恶化，影响社会稳定。陈云明确提出我国居民的贫富差距问题已经比较严重，收入差距不合理。② 果佳和唐任伍在考虑城镇居民获得的各类隐性补贴后，发现城乡居民收入差距进一步扩大。③

通过社会保障进行收入再分配的正向调节作用赢得了一些学者的认同，其认为以社会保障为主要内容的再分配制度在防止和缓解贫困方面是十分有效的。④ Immervoll等通过比较分析欧盟15国社会保障税的再分配效果，得出社会保障能够缩小收入分配差距的结论。⑤ 在理论分析的基础上，相关实证研究也得出了类似的结论。董拥军和邱长溶基于1989~2003年的统计数据，运用协整分析法估算出社会保障支出与城镇居民收入基尼系数存在长期负相关关系。⑥ 何庆光也通过计量模型表明，政府转移支付发挥了缩小收入差距的作用，对收入差距的抑制作用系数约为5%。⑦ 世界上很多国家的实践表明，社会保障调节收入分配差距的作用远大于税收，西欧和北欧国家基尼系数基本都被控制在0.3以下；拉美地区15个经济体的基尼系数约下降15%；美国、德国和瑞典等13个发达国家1980~2000年社会保障对降低基尼

---

① 国家计委宏观经济研究院课题组：《中国城镇居民收入差距适度性分析》，《宏观经济研究》2002年第6期。
② 陈云：《中国城镇居民收入差距现状及对策研究综述》，《首都经济贸易大学学报》2008年第6期。
③ 果佳、唐任伍：《均等化、逆向分配与"福利地区"社会保障的省际差异》，《改革》2013年第1期。
④ ［印］阿马蒂亚·森：《以自由看待发展》，任颐、于真译，中国人民大学出版社，2002。
⑤ H. Immervoll, H. Levy, C. Lietz, et al., "Household Incomes and Redistribution in the European Union: Quantifying the Equalising Properties of Taxes and Benefits," IZA Discussion Paper, No. 1824, 2005.
⑥ 董拥军、邱长溶：《我国社会保障支出对公平与效率影响的实证分析》，《统计与决策》2008年第1期。
⑦ 何庆光：《财政分权、转移支付与地方税收入——基于1985-2006年省级面板数据分析》，《统计研究》2009年第3期。

## 第五章 社会保障权益配置的收入分配逻辑

系数的贡献度为74.6%，而税收的贡献度只有25.4%。[1]

当然还有一些研究者认为社会保障的收入调节作用不明显，甚至由于体制不完善、实施效果差等原因造成了对收入"逆向分配"的相反后果。刘新和刘伟采用完全修正最小二乘法（FMOLS）考察社会保障支出对城乡收入差距的影响，结果表明，其显著扩大了西部地区的收入差距。[2] Clemens 和 Soretz 利用随机内生增长模型发现收入补贴对福利的影响不确定。[3] 董丽霞和韩奕则基于2000~2008年中国31个省（区、市）的面板数据，针对社会性支出对城镇居民收入不平等程度的影响进行研究，结果表明：社会性支出的增加会扩大城镇居民内部收入差距。[4] 相较于20世纪90年代，转移性支出扩大居民收入差距的程度有所下降，但并未改变"逆向转移"的趋势，如何改进社会保障体制、防范收入分配的逆向转移是当下亟待解决的问题。[5]

综上所述，我们发现国内外学者主要集中于利用宏观数据对整体居民收入水平进行研究，而且研究的主题都是城乡收入差距。中国城乡二元经济结构下的城乡收入差距问题已经得到众多学者的研究证实，而撇开城乡视角，基于某地区微观数据就有关社会保障支出对某一地区及区域内部的居民收入影响的研究很少。本节则从内部区域视角出发，基于新古典经济增长模型的收敛分析法，选取江苏省31市的面板数据，对所构建的模型进行回归分析，对比在模型中加入社会保障支出这一控制变量前后收敛系数$\beta$的变动，从而分

---

[1] 薛进军：《不平等的增长——收入分配的国际比较》，社会科学文献出版社，2013，第27~29页；Vincent Mahler, David Jesuit, "State Redistribution in Comparative Perspective: A Cross-National Analysis of the Developed Countries," *Luxembourg Income Study Working Paper*, 2004, No.392, pp.334-336; Lixin He, Hiroshi Sato, "Income Redistribution in Urban China by Social Security System—An Empirical Analysis Based on Annual and Lifetime Income," *Contemporary Economics Policy*, 2013, Vol.31, No.2, pp.314-331.

[2] 刘新、刘伟：《东、中、西部教育投入和社会保障支出联合的收入差距效应》，《西北人口》2013年第4期。

[3] Christiane Clemens, Susanne Soretz, "Optimal Fiscal Policy, Uncertainty, and Growth," *Journal of Macroeconomics*, 2004, Vol.26, No.4, pp.679-697.

[4] 董丽霞、韩奕：《社会性支出与城市居民收入不平等关系研究》，《中国人民大学学报》2013年第5期。

[5] 高文书：《社会保障对收入分配差距的调节效应——基于陕西省宝鸡市住户调查数据的实证研究》，《社会保障研究》2012年第4期；侯明喜：《防范社会保障体制对收入分配的逆向转移》，《经济体制改革》2007年第4期；杨天宇：《中国居民收入再分配过程中的"逆向转移"问题研究》，《统计研究》2009年第4期；黄应绘：《西部地区城乡居民收入差距的重新估计——基于经济收入与社会收入并重的视角》，《农业经济问题》2012年第6期。

析社会保障支出对江苏省以及江苏省南北内部的居民收入是起到正向调节还是逆向分配的作用，进而针对研究结果得出相关结论，提出应对策略。

## （一）新古典经济增长模型的$\beta$收敛

本节的理论模型基础是新古典经济增长模型的$\beta$收敛，是指若落后地区比发达地区经济增长快，则二者在人均收入上就会趋同，人均收入增长率与其初始值负相关。[1]Barro在较为简单的Baumol方程的基础上，得出$\beta$收敛检验的回归方程[2]为：

$$\frac{1}{T}[\ln(y_{i,t+T}) - \ln(y_{i,t})] = X_i^* + \frac{(1-e^{-\beta T})}{T}[\ln(y_i^*) - \ln(y_{i,t})] + \mu_{i,t} \quad (5-4)$$

其中，$i$为某地区，$t$和$t+T$分别表示期初和期末，$T$为观察时间长度，$y_{i,t}$和$y_{i,t+T}$分别表示地区$i$在$t$和$t+T$时期的人均收入，$X_i^*$表示稳态条件下的人均经济增长率，$y_i^*$是稳态条件下的人均经济指标，$\beta$指收敛系数。

此时，若假设$\alpha = X_i^* + \frac{(1-e^{-\beta T})}{T}\ln(y_i^*)$为常数，则在式（5-4）的基础上就可以得到绝对$\beta$收敛的回归方程为：

$$\frac{1}{T}[\ln(y_{i,t+T}) - \ln(y_{i,t})] = \alpha - \frac{(1-e^{-\beta T})}{T}\ln(y_{i,t}) + \mu_{i,t} \quad (5-5)$$

鉴于绝对$\beta$收敛的假设条件过于严苛，即要求地区间除了初始资本水平不同外，其他的诸如投资率、资本折旧率、人口增长率等要素全部相同。同时考虑到江苏省内部现实经济状况存在一定的差距，所以本节选取条件$\beta$收敛法来考察江苏省社会保障支出对居民收入的影响效应。

参考Cashin和Sahay的做法[3]，在式（5-5）中加入其他控制变量（变量的选取取决于不同的研究目的）。由于本节研究的是社会保障支出对居民收入均等化的效果，所以我们选取的控制变量为社会保障支出，修正后的回归方程如下：

$$\frac{1}{T}[\ln(y_{i,t+T}) - \ln(y_{i,t})] = \alpha - \frac{(1-e^{-\beta T})}{T}\ln(y_{i,t}) + \delta SSE_{i,t} + \mu_{i,t} \quad (5-6)$$

其中，$SSE_{i,t}$代表社会保障支出，$\delta$是社会保障支出变量的系数，若$\beta >$

---

[1] 沈坤荣、耿强、付文林主编《宏观经济学教程》，南京大学出版社，2008，第231~233页。
[2] R. Barro, "Economic Growth in a Cross Section of Countries," *Quarterly Journal of Economics*, 1991, Vol.106, No.2, pp.407-443.
[3] Paul Cashin, Ratna Sahay. "Regional Economic Growth and Convergence in India," *Finance and Development*, 1996, Vol.33, No.1, pp.49-52.

0，则存在条件$\beta$收敛，反之不存在。

最终，本节构建的理论模型如下：

$$\text{模型 A：} \ln \frac{y_{i,t+1}}{y_{i,t}} = \alpha - (1 - e^{-\beta})\ln(y_{i,t}) + \mu_{i,t} \tag{5-7}$$

$$\text{模型 B：} \ln \frac{y_{i,t+1}}{y_{i,t}} = \alpha - (1 - e^{-\beta})\ln(y_{i,t}) + \delta SSE_{i,t} + \mu_{i,t} \tag{5-8}$$

其中，$y_{i,t}$和$y_{i,t+1}$用来衡量居民收入情况，分别表示江苏省$i$市在$t$和$t+1$期的居民人均总收入；$\beta$为收敛系数，若$\beta>0$，则存在收敛，反之不存在；$SSE_{i,t}$是作为控制变量的社会保障支出因素，若社会保障支出对居民收入有正向调节作用，那么模型B的收敛系数$\beta_B$会小于模型A的收敛系数$\beta_A$，因为模型A的收敛系数$\beta_A$已经包含了社会保障支出对收入收敛的效应，模型B将其作为控制变量考虑即表示剔除了社会保障支出后的效应。所以，若$\beta_A>\beta_B$，则社会保障支出对居民收入具有正向调节作用；若$\beta_A\leq\beta_B$，则社会保障支出对居民收入具有逆向分配的相反效应。

（二）社会保障支出对居民收入影响的回归分析

1.数据来源及变量解释

本节是基于江苏省13市2003~2012年的面板数据，利用收敛分析法研究社会保障支出对居民收入的影响机制。首先通过江苏省13市的面板数据得出全省整体角度的居民收入收敛状况，继而考虑江苏省内部南北两大区域各自的情况，以便从整体到局部全面分析江苏省社会保障支出对居民收入的影响效应。

在区域划分方面，本节综合考虑地理位置因素以及经济发展程度，将江苏省分为苏南、苏北两大区域。其中，苏南地区包括苏州市、无锡市、常州市、南京市和镇江市；苏北地区包括扬州市、南通市、泰州市、连云港市、徐州市、盐城市、宿迁市和淮安市。

选取的数据包括2003~2012年江苏省各市社会保障支出、一般财政预算支出及城镇和农村居民人均家庭总收入。由于没有各市整体的居民收入数据，所以通过城镇和农村的人均收入和人口数加权平均得到各自的整体收入。我们选用各市社会保障支出与一般财政预算支出的比值来解释社会保障支出这一变量。数据主要来源于2004~2013年《江苏统计年鉴》和江苏省各市的统计年鉴。

在实证分析的过程中，我们分别对江苏省全省范围和苏南、苏北两大区域采用个体固定效应回归模型和个体随机效应回归模型两种方法进行收敛分析，并通过Hausman检验择优选取，通过回归结果的比较得出江苏省社会保障支出对居民收入是起到正向调节还是逆向分配的作用。

2.回归结果及分析

表5-1展示了江苏省全省范围内社会保障支出对居民收入影响的回归分析结果。表中的第2列、第3列为模型A的绝对收敛回归分析结果，第4列、第5列为加入社会保障支出这一控制变量后模型B的条件收敛回归分析结果。经Hausman检验，模型A和模型B均拒绝原假设，所以二者的回归结果均为固定效应模型结果。

首先，模型B中的控制变量$SSE_{i,t}$在10%的水平下显著，系数为0.977。总体来看，在江苏省全省范围内，社会保障支出显著地提高了居民的收入，社会保障支出率每增长1%可以带动居民收入实现0.977%的增长。这与江苏省加大社会保障投入、保障居民生活水平、改善民生的宗旨是相符的。

其次，模型A的收敛系数$\beta_A$=-0.0679<0，且居民收入在5%的水平下显著，表明2003~2012年江苏省全省范围内居民收入不存在绝对收敛，而是处于发散状态，发散速度为每年6.79%。由此可知，江苏省居民收入差距呈上升态势，虽然总体经济发展水平位居全国前列，但高经济发展下并存的居民贫富差距问题是影响江苏省稳定可持续发展的关键因素，需重点关注。再看模型B的收敛系数-0.0659也显示其不存在条件收敛，即剔除社会保障支出效应后江苏省居民收入的发散速度为6.59%。

最后，对比模型A与模型B的收敛系数，发现$\beta_A<\beta_B$且社会保障支出使得居民收入的发散速度增加了0.2个百分点，即社会保障支出使得江苏居民整体上的收入差距扩大了，从而得出社会保障支出对江苏全省范围内的居民收入产生了逆向分配的反作用。这种"劫贫济富"现象在一定程度上说明江苏省社会保障水平较低，未能很好地起到对收入再分配的正向调节作用。虽然江苏省GDP、财政支出和社会保障支出的绝对数增长速度都高于全国的同期增长速度，但是2003~2012年江苏省社会保障支出占财政支出的比例均值约为7.35%[1]，低于全国平均水平（10%），远低于西方大多数发达国家30%~50%的水平[2]。这表明江苏省社会保障支出规模逐年扩大，但是财政支出结构还有待调整，还需继续提高社会保障支出的比例。

---

[1] 根据2013年、2006年、2004年《江苏统计年鉴》计算得出。
[2] 高霖宇：《社会保障对收入分配的调节效应研究》，经济科学出版社，2009，第119页。

表5-1 江苏省社会保障支出对居民收入影响的回归分析结果

| 变量 | 模型 A | | 模型 B | |
| --- | --- | --- | --- | --- |
| | 固定效应模型 | 随机效应模型 | 固定效应模型 | 随机效应模型 |
| $\ln(y_{i,t})$ | 0.0656** <br> (0.0328) | 0.0164 <br> (0.0251) | 0.0682** <br> (0.0325) | 0.0089 <br> (0.0254) |
| $SSE_{i,t}$ | — | — | 0.977* <br> (0.539) | 0.423 <br> (0.430) |
| 常数项 | 0.0223 <br> (0.310) | 0.488** <br> (0.239) | 0.0652 <br> (0.308) | 0.588*** <br> (0.227) |
| $\beta_A$ | −0.0679 | −0.0163 | — | — |
| $\beta_B$ | — | — | −0.0659 | −0.0088 |
| Prob>F | 0.0048 | 0.0032 | 0.0020 | 0.0064 |
| 观测值 | 130 | 130 | 130 | 130 |
| Hausman检验 | Y | N | Y | N |

注：括号内为标准误，**、*分别表示回归系数在5%、10%的水平下显著。

表5-2报告了经济较发达的苏南地区（苏州、无锡、常州、南京和镇江5市）社会保障支出对居民收入影响的回归分析结果。结果显示，模型均在1%的水平下通过了F检验，所以拟合程度较好。经Hausman检验，模型A和模型B也均拒绝原假设，所以二者的回归结果均为固定效应模型结果。

从模型B的固定效应模型中可知，苏南地区内部社会保障支出对居民收入增长率同样具有正向推动效果，贡献率为0.873%。模型A的收敛系数−0.2791<0，且居民收入在1%的水平下显著，说明苏南地区居民收入不存在绝对收敛，以每年27.91%的速度发散，可见居民收入不均等现象在苏南地区尤为显著；而$\beta_B$为−0.3001，小于$\beta_A$，即苏南地区社会保障支出的增加使得居民收入的发散速度减少了2.1个百分点，从而可以得出苏南地区社会保障支出对居民收入分配发挥了正向调节作用。同时，2003~2012年苏南地区社会保障支出占财政支出的比例均值约为7.9%，高于全省平均水平（7.37%）。可以看出，经济相对发达的苏南地区通过对社会保险、社会福利及救助等方面的投入，切实保障了低收入群体的利益，弥补了初次分配的不完善，有利于缩小区域内居民收入差距，实现居民收入均等化。

表5-2 苏南地区社会保障支出对居民收入影响的回归分析结果

| 变量 | 模型A | | 模型B | |
| --- | --- | --- | --- | --- |
| | 固定效应模型 | 随机效应模型 | 固定效应模型 | 随机效应模型 |
| $\ln(y_{i,t})$ | 0.322*** (0.0798) | 0.0940*** (0.0251) | 0.350*** (0.0965) | 0.0747** (0.0317) |
| $SSE_{i,t}$ | — | — | 0.873* (0.896) | 0.390 (0.429) |
| 常数项 | -2.499*** (0.783) | -0.259 (0.247) | -2.741*** (0.913) | -0.0975 (0.293) |
| $\beta_A$ | -0.2791 | -0.0898 | — | — |
| $\beta_B$ | — | — | -0.3001 | -0.0721 |
| Prob>F | 0.0002 | 0.0002 | 0.0011 | 0.0005 |
| 观测值 | 50 | 50 | 50 | 50 |
| Hausman检验 | Y | N | Y | N |

注：括号内为标准误，***、**、*分别表示回归系数在1%、5%、10%的水平下显著。

表5-3展示了苏北8市的社会保障支出对居民收入影响的分析结果。经Hausman检验，模型A不能拒绝原假设，所以回归结果为随机效应模型结果；而模型B拒绝原假设，则采用固定效应模型。

类似于江苏全省和苏南地区的情况，苏北地区的社会保障支出也促进了居民收入增长率的提升，当社会保障支出每提高1%，居民收入增长率就会提高0.611%。模型A和模型B的收敛系数均小于零，说明2003~2012年苏北地区居民收入既不存在绝对收敛也不存在条件收敛，区域内部居民收入差距问题明显。模型A的收敛系数为-0.0766，模型B的收敛系数为-0.0469，即剔除社会保障支出效应后居民收入的发散速度为4.59%，$\beta_A<\beta_B$表明苏北地区社会保障支出的增加使得居民收入的发散速度增加了2.97个百分点。可见，苏北地区的社会保障支出不仅没能缓解居民收入差距问题，反而扩大了二者之间的差距，对居民收入产生了"逆向分配"的反效果。相较于苏南地区，苏北地区经济发展水平和人民生活水平较低，对社会福利和社会救济等社会保障需求更强烈，但是2003~2012年苏北地区的社会保障支出占财政支出的比重仅为7.4%，低于苏南（7.9%）和全国（10%）的平均水平。同时较低的社会保障支出在实施过程中会产生目标瞄偏机制，即偏向于高收入人群，

至此低水平低覆盖的社会保障制度加之目标瞄偏的制度缺陷便造成了资金分配的"马太效应"——收入越高的居民群体得到的社会保障支出越多,而收入越低的群体得到的补助就越少。这种恶性循环会在不健全的社会保障制度的庇护下持续下去,所以逐步完善江苏全省尤其是经济相对欠发达的苏北地区的社会保障体系是当务之急。

表5-3 苏北地区社会保障支出对居民收入影响的回归分析结果

| 变量 | 模型A | | 模型B | |
|---|---|---|---|---|
| | 固定效应模型 | 随机效应模型 | 固定效应模型 | 随机效应模型 |
| $\ln(y_{i,t})$ | 0.0558* | 0.0737* | 0.0480** | -0.0496 |
| | (0.0790) | (0.0425) | (0.0777) | (0.0473) |
| $SSE_{i,t}$ | — | — | 0.611* | -0.847* |
| | | | (0.864) | (0.686) |
| 常数项 | 0.115 | 1.314*** | 0.299 | 1.150*** |
| | (0.731) | (0.394) | (0.725) | (0.414) |
| $\beta_A$ | -0.0543 | -0.0766 | — | — |
| $\beta_B$ | | | -0.0469 | 0.0508 |
| Prob>F | 0.0289 | 0.0831 | 0.0110 | 0.0502 |
| 观测值 | 80 | 80 | 80 | 80 |
| Hausman检验 | N | Y | Y | N |

注:括号内为标准误,***、**、*分别表示回归系数在1%、5%、10%的水平下显著。

3.结论

基于江苏省13市的面板数据,经过收敛回归分析可知,从江苏全省范围来看,社会保障支出对居民收入起到的是逆向分配作用,扩大了居民收入差距;对于经济较为发达的苏南地区,社会保障支出发挥其应有的对居民收入的正向调节功能,促进了居民收入的均等化;而经济相对落后的苏北地区,居民收入差距未因社会保障支出的调节有所缓解,反而加大,逆向分配的反效果依然存在。

## 第二节 养老保险与医疗保险制度的收入分配

社会保险在社会保障体系中居于核心地位,它是社会保障体系的重要组成部分。其中,养老保险和医疗保险是社会保险制度的重要组成部分。本节将对养老保险和医疗保险这两个具体的社会保险制度进行研究。首先,本节从"遗产差"和"长寿差"视角切入，结合生命周期理论、保险精算理论及中国经济社会发展走势，对1997~2015年的城镇职工养老保险个人账户在未来可能发生的超额支出进行了测度，并对相关影响因子进行了敏感性分析。实证结果显示，1997~2015年，城镇职工基本养老保险个人账户支出结构中，"长寿差"占到总超额支出的95%，"遗产差"占比为5%左右。敏感性分析结果显示，若延迟退休年龄，短期内不能对"长寿差"起到补益效应；若提高缴费率或记账利率等，则会促进个人账户积累额的递增，而对增强个人账户远期的支付能力无显著的作用。然后，本节运用中国健康与养老追踪调查2015年数据，分析了城乡医保整合与城乡医疗服务利用均等化之间的关系。集中指数显示，城乡医保整合加剧了门诊服务利用的不平等，对住院服务利用不平等的改善极为有限。在此基础上，进一步通过二元Logistic回归分析发现，城乡医保整合并未显著促进门诊和住院服务的利用，但显著缓解了住院服务利用不足的状况，产生了一定的效果。

## 一 城镇职工基本养老保险个人账户超额支出的测度与评价

国务院于1997年和2005年先后推进了企业职工基本养老制度改革，以弥补原制度下的资金缺口为制度改革目的，明确了中国统账结合模式的基本养老保险制度。理论上，统账结合制度兼具隔代赡养的现收现付模式和自我赡养的完全积累模式的优点，部分积累制既满足了当下养老保险的支出需求，又能进行适当的积累储蓄，并形成了劳资双方分担缴费压力的格局，激励了个人参加养老保险。[1]然而，2010年以来，随着社会经济的不断快速发展，职工工资高速增长，养老保险基金收益率无法和宽松的货币政策环境下的通货膨胀率相均衡，而且由于制度转轨带来了巨大的隐性成本，目前中国基本养老保险个人账户大规模地处于空账运行状态，使得养老保险基金很有可能在未来给付期处于窘境。社会统筹部分入不敷出，个人账户养老金在补充社会统筹部分的同时，由于自身的天然性缺陷和制度上的不完善，个人账户制度在未来给付期面临基金超额支出的隐患。长期以来，在养老保险制度的探索发展改革过程中，政府没有给予养老金给付环节的政策设计足够的重

---

[1] 郑功成：《中国社会保障改革与发展战略——理念、目标与行动方案》，人民出版社，2008；Olivia S. Mitchell, Stephen P. Zeldes, "Social Security Privatization: A Structure for Analysis," *The American Economic Review*, 1996, Vol.86, No.2, pp.363-367。

视，如计发时间严重低于人口预期寿命、个人账户余额继承制等一系列的制度问题导致养老金超额支出，养老保险个人账户存在先天性的收不抵支缺点。现今关于提高养老保险统筹层次①、养老保险个人账户"充公"②、延迟退休年龄③、取消继承制等问题的讨论甚嚣尘上④。

我们不禁会问，中国城镇基本养老保险个人账户基金在弥补制度转轨带来的隐性债务的同时，自身是否存在基金收支不平衡的问题呢？基于此，本节在新型城镇职工基本养老保险既有制度框架下，建立了个人账户养老金支出模型，对代表性群体个人账户的支出进行实证研究，通过敏感性分析进一步深化对城镇职工基本养老保险超额支出应对策略的效果考量，以期为新型城镇职工基本养老保险制度下的个人账户超额支出提出防范性对策，为中国养老保险个人账户制度体系的完善提供有益的借鉴。

本小节接下来的内容安排如下：第（一）部分是文献综述；第（二）部分介绍了养老保险个人账户制度收支平衡的理论支点——生命周期理论，通过界定"遗产差"和"长寿差"的概念从理论上定性分析了养老保险个人账户产生超额支出的原因，并简单提出影响个人账户支出的因素；第（三）部分是对城镇职工基本养老保险个人账户超额支出进行了实证研究，以完全生命表和个人账户养老金支出模型为基础，测算了1997~2015年"标准人"假设下的城镇职工基本养老保险个人账户预计在给付期发生的超额支出，并分别测算出"遗产差"和"长寿差"；第（四）部分是对城镇职工基本养老保险个人账户继承比例、退休年龄、计发时间、缴费率、记账利率等参量做了

---

① 何文炯、杨一心：《职工基本养老保险：要全国统筹更要制度改革》，《学海》2016年第2期。
② 简永军、周继忠：《人口老龄化、推迟退休年龄对资本流动的影响》，《国际金融研究》2011年第2期。
③ 王增文：《动态消费支出、弹性退休激励与养老保险制度分配优化——延长职业生涯应该靠什么》，《当代经济科学》2014年第6期；Barbara Hanel, "Financial Incentives to Postpone Retirement and Further Effects on Employment—Evidence from a Natural Experiment," *Labour Economics*, 2010, Vol. 17, No. 3, pp. 474-486; Marcin Bielecki, Karolina Goraus, Jan Hagemejer, Joanna Tyrowicz, "Decreasing Fertility vs Increasing Longevity: Raising the Retirement Age in the Context of Ageing Processes," *Economic Modelling*, 2016, Vol. 52, No.1, pp.125-143。
④ 李珍、王海东：《基本养老保险个人账户收益率与替代率关系定量分析》，《公共管理学报》2009年第4期；曾益、任超然、汤学良：《延长退休年龄能降低个人账户养老金的财政补助吗？》，《数量经济技术经济研究》2013年第12期。

敏感性实证研究及分析；第（五）部分为结论和政策含义。

（一）个人账户制度的研究

关于个人账户制度的研究起始于对现收现付制和资金积累制的辨析讨论。关于个人账户制度的研究主要体现在三个方面。

一是对现收现付制和资金积累制的争论。20世纪60年代，国外理论界就针对现收现付制和资金积累制展开了激烈的讨论，争论焦点主要集中在两种模式对储蓄、经济增长和社会福利的影响方面。费尔德斯坦（Martin Feldstein）通过"扩展的生命周期模型"，得出了现收现付制会通过"资产替代效应"和"退休效应"对个人储蓄产生挤出效应的结论。[1]戴维斯（E. Philip Davis）利用生命周期理论讨论了资金积累制对个人储蓄的影响，他认为资金积累制对个人储蓄的影响因国而异。[2]很多研究表明，现收现付制或资金积累制都不具备经济实现"黄金率增长"的条件。[3]而萨缪尔森（Paul A. Samuelson）认为，若现收现付制的养老金计划能运作得当，经济也有可能实现"黄金率增长"。[4]采用回报率更高的制度模式有利于提升社会福利，如果市场实际利率低于养老储蓄率，那么"生物收益率"在现收现付制模式下有可能被获得。而且亨利·艾伦（Henry Aaron）指出，现收现付的筹资模式下市场利息率低于"生物收益率"，比起基金式的养老保险制度，该模式更胜一筹。[5]不同国家在积累制和现收现付制的回报率之间的对比关系是不同的，也有学者主张各国要依据自己的国情选择合适的养老保险模式。亨利·艾伦认为基金式的养老保险制度并不是唯一的选择。霍尔兹曼（Robert Holzmann）也支持"多支柱的养老保险制度"，他认为用多支柱方法来应对养老保险改革可以分散改革风险。[6]

---

[1] Martin Feldstein, "Social Security, Induced Retirement, and Aggregate Capital Accumulation," *Journal of Political Economy*, 1974, Vol.82, No.5, pp.905–926.

[2] E. Philip Davis, *Debt, Financial Fragility, and Systemic Risk* (Oxford University Press, 1995).

[3] Peter A. Diamond, "National Debt in a Neoclassical Growth Model," *The American Economic Review*, 1965, Vol.55, No.5, pp. 1126–1150.

[4] Paul A. Samuelson, "Optimum Social Security in a Life-Cycle Growth Model," *International Economic Review*, 1975, Vol.16, No.3, pp. 539–544.

[5] Henry Aaron, "The Social Insurance Paradox," *Canadian Journal of Economics and Political Science*, 1966, Vol. 32, No.3, pp.371–374; Henry Aaron, *Economic Effects of Social Security* (Washington, D.C.: The Brookings Institution, 1982).

[6] Robert Holzmann, "The World Bank Approach to Pension Reform," *International Social Security Review*, 2000, Vol.53, No.1, pp.11–34.

## 第五章 社会保障权益配置的收入分配逻辑

二是对养老保险个人账户投资运营及管理的研究。西方发达国家对养老金投资的研究起步较早，养老金投资市场化程度也较高，但各个国家的政治制度及经济发展状况不同，所以各个国家的政策重视角度也不一样。较高的养老金投资收益率能在一定程度上提升参保人的安全感和参保的积极性[1]，但高收益必然伴随高风险，Lucas 并不赞同养老金进入资本市场投资[2]。Mitchell 和 Zeldes 预测美国养老金将在 2012 年出现收不抵支的情况，应尽快推进养老金向私有化方向改革，从集中投资向分散投资过渡。[3]Burtless 认为个人账户养老金背负着巨大的养老保险转制带来的财务压力，若进入资本市场将会承受更大的投资风险。[4]Schwartz 提出通过优化投资组合可以有效地分散投资风险。[5]Elder 和 Holland 通过研究美国部分养老金在股票市场上的表现情况，得出了投资回报率与养老金进入市场投资的规模有关以及有效的投资组合能够提高投资回报率。[6]个人账户的监管规定也因各国政治背景不同而异，较高资本收益率需要专业的资本管理机构保障资金实施资本运作。[7]Coase 认为只有政府适合进行委托代理投资，这种委托代理关系应该是强制性的，并且其稳定性会严重影响社会保障基金的安全运营。[8]Davis 通过分析多个发达国家养老金投资组合规则，提出"数量限制"监管模式对风险的控制性较强，适合在不发达的资本市场及养老金低风险投资阶段使用。[9]

---

[1] Joseph E. Stiglitz, "Capital-market Liberalization, Globalization, and the IMF," *Oxford Review of Economic Policy*, 2004, Vol.20, No.1, pp.57-71.

[2] Deborah Lucas, "Modeling the Macro-effects of Sustained Fiscal Policy Imbalances: How Much Does Rationality Matter?," *Review of Economic Dynamics*, 2003, Vol.6, No.4, pp.789-805.

[3] Olivia S. Mitchell, Stephen P. Zeldes, "Social Security Privatization: A Structure for Analysis," *The American Economic Review*, 1996, Vol.86, No.2, pp.363-367.

[4] Gary Burtless, "What Do We Know about the Risk of Individual Account Pensions? Evidence from Industrial Countries," *American Economic Review*, 2003, Vol.93, No.2, pp.354-359.

[5] Eduardo S. Schwartz, "Investment under Uncertainty," *The Journal of Finance*, 1994, Vol.49, No.5, pp.1924-1928.

[6] Erick Elder, Larry Holland, "Implications of Social Security Reform on Interest Rates: Theory and Evidence," *Journal of Risk and Insurance*, 2002, Vol.69, No.2, pp.225-244.

[7] Michael Orszag, Peter Orszag, Dennis Snower, Joseph E. Stiglitz, "The Impact of Individual Accounts: Piecemeal vs. Comprehensive Approaches," Discussion Papers in Economics, 1999, No.7, p.99.

[8] R. H. Coase, "The Problem of Social Cost," *The Journal of Law and Economics*, 1960, No.3, pp.1-44.

[9] E. Philip Davis, *The Regulation of Funded Pensions* (London: Financial Services Authority, 2001), pp.21-50.

三是对现实中有关养老保险个人账户制度的优化改革研究。在目前的计发办法下，预期剩余寿命高于养老金预计发放年数8年，待遇增长率大大超过养老金投资回报率，继承制导致个人账户养老金失去长寿者与短寿者的平衡功能。杨俊将这三种导致个人账户难以实现精算平衡的因素分别称为"寿命差"、"增长差"和"遗产差"。[1]对养老金计划来说，长寿风险指的是预期概率低于实际生存概率的风险，并提出应当首先调整个人账户养老金的计发年数表，消除"寿命差"；其次将个人账户的养老金增长率调整为记账利率的水平，消除"增长差"。刘安泽和张东提出可以对长寿风险进行再保险、成立长寿基金，以及利用债券等金融举措对冲长寿风险。[2]而在社会保障基金方面，财政本身承担着巨大的压力，这种对冲长寿风险的效应在中国并不适用。这主要是基于转移长寿风险的财务负担需要一个发达的保险市场，而中国的保险市场尚不成熟，监管机制也不够完善。针对中国情况，可以通过弹性退休政策缓解长寿风险。[3]目前部分观点也认为个人账户应强制年金化，个人账户养老金领取年金化或许能部分改善退休职工的养老生活。[4]

通过上述文献研究，我们发现，现行的"继承制"养老保险个人账户带来的长期隐蔽性的、由长寿导致的养老金超额支出，形成了制度性的亏损——"遗产差"。陆安和骆正清通过个人退休账户缺口的测算模型，精算验证了继承制造成个人账户缺口的结论。[5]基于此，有学者主张采用委托代理的方式进行投资管理，取消遗产继承的做法，通过委托代理投资的

---

[1] 杨俊：《对我国个人账户养老保险制度超额支出的研究与改革建议》，《社会保障研究（北京）》2015年第1期。
[2] 刘安泽、张东：《浅议长寿风险对养老金计划的影响及管理方法》，《上海保险》2007年第2期。
[3] 王增文：《动态消费支出、弹性退休激励与养老保险制度分配优化——延长职业生涯应该靠什么》，《当代经济科学》2014年第6期；Yuming Wang, Caiyun Liu, "Preliminary Research on Aging Population and Flexible Retirement Policy of Shanghai," *IERI Procedia*, 2012, Vol.2, pp.455-459; Henriett Rab, "Anomalies in Flexible Retirement," *Procedia Economics and Finance*, 2015, Vol.23, pp.129-133。
[4] 刘万、庹国柱：《基本养老金个人账户给付年金化问题研究》，《经济评论》2010年第4期。
[5] 陆安、骆正清：《个人账户养老金缺口的精算模型与实证研究》，《数学的实践与认识》2010年第24期。

高回报率来保证参保者的福利水平①；也有学者主张维持个人账户属于基本养老保险制度的特征，依然由政府进行公共管理，通过建立超额支出的补贴机制以实现个人账户制度的收支精算平衡②。鉴于中国城镇养老保险的运行现状，部分学者试图从调整养老保险缴费率的分担比例方面寻找突破口。然而，中国养老保险基金不但承受着来自社会统筹账户缺口的压力，而且自身由于可继承性、长寿风险以及通货膨胀等因素导致入不敷出。既有研究大多集中在讨论个人账户风险因素、基金保值增值问题等，本节着眼于个人账户面临的制度性困境，在合理假设的基础上对现行个人账户制度在远期可能存在的超额支出进行定量分析和敏感性分析，以期优化和完善中国基本养老保险个人账户制度。具体从如下四个方面展开。(1)理顺中国基本养老保险制度转型带来的隐性债务与过渡阶段个人账户"空账"运转问题，预测新制度下城镇职工基本养老保险个人账户在远期可能发生的超额支出。(2)引入"遗产差"和"长寿差"两个概念，丰富了个人账户超额支出的研究，在构建个人账户支出模型时，提出"标准人"假设，在不影响问题说明的前提下简化了模型。(3)通过编制完全生命表预测新制度下参保职工生命过程及死亡趋势，利用相关数据及个人账户支出模型对城镇职工基本养老保险个人账户面临的超额支出进行测度与评价。(4)引入敏感性测试分析，探究相关政策参量对个人账户养老金超额支出的影响程度，以期通过敏感性分析为缓解城镇职工基本养老保险个人账户超额支出提出建设性意见。

(二) 养老保险个人账户相关理论分析

1. 养老保险个人账户制度收支平衡理论

养老保险个人账户制度的收支平衡原理是参保人退休后领取的养老金等于其工作期的个人账户缴费经过投资增值的储蓄积累额，遵循的是纵向收支平衡原则。从个人层面上说，养老是消费者因年老时期的支出所求而对退休前的收入做出的一种跨期安排。从养老保险个人账户制度来看，要考虑由员工缴费建立的养老保险基金在经历长期的积累之后能否满足将来退休员工的

---

① 肖严华：《21世纪中国人口老龄化与养老保险个人账户改革——兼谈"十二五"实现基础养老金全国统筹的政策选择》，《上海经济研究》2011年第12期。

② 杨俊：《对我国个人账户养老保险制度超额支出的研究与改革建议》，《社会保障研究（北京）》2015年第1期。

养老需求。由此，无论对个体还是整个制度而言，个人账户制度的核心是跨阶段收入二次分配的问题。

养老保险个人账户制度产生和发展的理论支点是生命周期理论，该理论是由美国经济学家莫迪利安尼（Franco Modigliani）提出的，该理论阐述了跨期收入再分配问题。生命周期理论假定消费者是理性"经济人"，个人在其生命周期内的消费-储蓄行为可以划分为工作期的储蓄累积和退休期的消费支出两大阶段，其行为目标是实现效用最大化。根据这一假设得出的结论是：消费者在任何年龄阶段的消费并不是由当期的收入决定的，而是依赖于其整个生命周期的收入或者预期的全部收入。在此意义上，生命周期理论分析了人一生的跨期消费行为，为研究养老保险制度提供了经济学的理论工具。养老保险制度在生命周期中发挥着再分配收入的作用，引导人们跨时期合理地安排储蓄与支出，这样当整个社会人口结构发生变化或其他不可抗的变动来临时，大众消费倾向不会发生大幅度变化，从而有利于社会的稳定。个人账户制度就是这样一座桥梁、一种储蓄制度，将工作阶段的一部分收入转移到退休阶段消费，以维持个人一生生活水平的相对稳定性。

2.个人账户养老金超额支出理论

个人账户养老金存在超额支出，即个人账户养老金支出超过个人账户缴费总积累的养老金支出。在养老金制度改革中，中国养老金支出阶段的政策设计细节没有得到重视，如退休年龄过早，且一成不变；个人账户余额可继承等。支出阶段政策设计不合理，导致参保者领取的养老金总价值超过个人实际积累的养老金财富，这使得个人账户存在超额支出的情况，这一超额支出可称为养老保险个人账户"支付成本"。[①]而汪泽英和曾湘泉从参保者的角度出发，把参保者投保领取的养老金收入大于缴费储蓄的部分表述为"收益激励"，即参保者参与养老保险获得的一种额外奖励。[②]这种基金的超额支出导致政府背上长期而沉重的养老负担，也可能导致个人的养老保障水平很低。而且这种超额支出随着参保者预期寿命的延长不断增加，从而削弱个

---

① 潘孝珍：《退休年龄、退休余命与养老保险个人账户支付成本》，《暨南学报》（哲学社会科学版）2014年第4期。
② 汪泽英、曾湘泉：《中国社会养老保险收益激励与企业职工退休年龄分析》，《中国人民大学学报》2004年第6期。

人账户制度应对人口老龄化的能力，使养老保险制度的可持续性发展面临严峻挑战。本节忽略经济因素如通货膨胀对购买力的腐蚀等带给个人账户的超额支出，认为个人账户养老金超额支出主要来自两个方面的制度因素：一是由个人账户可继承带来的基金天然缺口——"遗产差"，二是由计发年数小于期望寿命造成的"长寿差"。

首先来看"遗产差"，根据中国现行的《社会保险法》，如果退休职工早逝，其个人账户的养老金没有领完，那么其法定继承人可以领取继承其个人账户养老金的剩余部分；而若是职工长寿，将其个人账户的储蓄额完全领取之后尚健在，社会统筹部分则按原支付标准继续承担个人账户养老金的支付直到投保者去世。当个体寿命高于平均预期寿命时，他自身的个人账户全部积累额被领取完之后，社保经办机构还将向其按原标准支付由长寿带来的部分养老金，这使得个人账户的缴费不能满足社会全体个人账户养老金的发放，造成个人账户整体性的收支不平，即使将领取时间平均值设定为人口实际预期平均寿命，也无法消除基金的天然缺口。本节将这一部分被继承而未用于补充长寿者的养老金金额定义为"遗产差"，是城镇职工基本养老保险个人账户超额支出中不可忽略的部分。

其次来看"长寿差"，制定个人账户养老金的发放时间标准原则就是参照个人生命周期中的收入和消费需求，将个人账户积累额合理安排在其平均余命中，那么在其他条件相同的情况下，长寿的人因其存活时间大于人口平均寿命期望值而面临个人账户基金无力支付的困境，即长寿风险。长寿风险是导致个人账户超额支出的另一个主要风险来源。超额支出部分只能由社会统筹来承担，形成个人账户养老金的"长寿差"。中国目前的制度规定个人账户积累额领取完之后，社保经办机构还将向其按原标准支付由长寿带来的部分养老金，其总量并不以个人账户总额为上限。当参保者72岁的时候，其个人账户余额已为零，但直到参保者去世，国家财政需要承担其近10年的养老费用。当前，中国养老保险制度转轨形成了巨大的隐性债务，养老保险个人账户大规模"空账"运行，在统筹账户透支甚至还要挪用个人账户用于当期支付的情况下，根本没有能力补偿个人账户的超额支出。由此，研究由人口长寿或者养老金计发时间不合理带来的个人账户养老金超额支出，即"长寿差"，对中国城镇职工基本养老保险制度的可持续性发展具有重要的影响。

3.影响个人账户超额支出的其他因素

除了继承制和养老金计发时间不合理性给养老保险个人账户带来超额支出外，本节通过整理相关文献归纳了影响个人账户养老金超额支出的其他因素，包括退休年龄、城镇基本养老保险覆盖率、平均缴费工资增长率、个人账户缴费率、记账利率等。为了便于测算"标准人"养老保险个人账户超支额，在模型构建之前，根据实际情况对相关参数赋予确定值；为了探究相关政策参量对个人账户养老金超额支出的影响程度，在控制变量的基础上分别对个人账户继承比例、退休年龄、计发时间、缴费率及记账利率等参量进行敏感性实证测试，并分析相应的个人账户超额支出变化。

(三)养老保险个人账户超额支出的测度与评价

1.研究假设

第一，"标准人"假设。(1)在推行弹性退休政策之前，我国规定男性60岁退休，女干部55岁退休，女工人50岁退休。从国际上的改革趋势来看，男女退休年龄差距逐渐缩小。中国有关人士指出，可首先提高女性退休年龄来缓解人口老龄化产生的不利影响，因此本节以60岁作为统一退休年龄。(2)1997年国务院发布的《关于建立统一的企业职工基本养老保险制度的决定》(以下简称《决定》)规定，以35年为养老保险平均缴费期，考虑到本节假设60岁为职工退休年龄，因此将25岁作为普遍参保年龄具有平均意义和合理性。(3)根据现行城镇职工基本养老保险制度的规定，60岁退休的职工个人账户计发月数为139个月，即11.58年，为计算方便，本节将发放年数取整设定为12年。

第二，目前中国养老保险个人账户"空账"运行成为普遍问题，本节假设个人账户均处于"实账"运行状态，缴费累积期间进行投资运营，并实现了保值增值。

第三，职工个人账户缴费以年为时间单位，每年年初进行，以职工年工资收入为基数缴纳养老保险，且生存状态下连续缴费至退休；职工个人账户养老金的领取以年为时间单位，每年年初发放且数额固定，并且当退休职工开始领取养老金以后，个人账户所剩的养老金就不再计息，生存状态下连续领取个人账户养老金至极限年龄。

第四，由于研究意在从公共财政角度测算城镇职工基本养老保险个人账户在未来给付期的超额支出额度大小，故忽略通货膨胀等经济因素对基金造成的贬值影响，忽略职工伤残、失业、退休前死亡、提前退休等情况。

2.数据来源

根据《中国人口统计年鉴》2000年人口普查资料的相关数据和《中国人寿保险业经验生命表》中的年龄和死亡率，测算出了1997~2015年25岁城镇人口数。养老保险制度自改革以来，覆盖范围逐年扩大，由国有企业向城镇在职人员扩展，目前城镇企业职工基本参保。在可查询的公开数据中，私营企业和工商个体户的参保者也计入了企业职工参加养老保险的人数中，很难区分开来。根据2009~2013年《中国劳动统计年鉴》，2008~2012年，中国城镇企业职工参保率从51.67%上升到61.80%。段誉通过面板数据固定效应模型研究发现，一个地区的人均GDP与参保率高度相关，人均GDP每提高1000元，参保率大约提高1个百分点。①考虑到社会补贴政策落实、经济发展水平和收入水平提高、鼓励全民参保等政策因素，本节将城镇职工参保率确定为70%，并建立该群体的完全生命表，从而测算出该参保职工群体在未来研究期内60岁退休时的大致数量。城镇企业职工的工资水平统一采用1998~2015年《中国统计年鉴》中的社会平均在岗职工工资（见图5-5）。

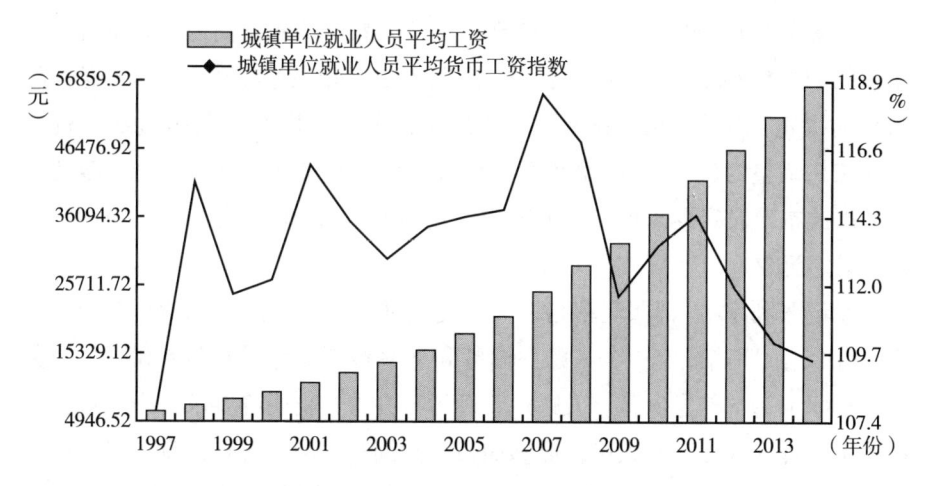

图5-5　1997~2014年城镇单位就业人员平均工资和指数

资料来源：1998~2015年《中国统计年鉴》。

---

① 段誉：《中国基本养老保险参保率的地区差异分析》，载北京大学中国保险与社会保障研究中心（CCISSR）《保险、金融与经济周期——北大赛瑟（CCISSR）论坛文集》，2010。

3.模型构建

模型中相关符号的设定：$R$ 表示个人账户缴费率；$W$ 表示职工参保当年社会平均工资；$r$ 表示个人账户记账利率；$i$ 表示工资增长率。根据本节的模型假设，第 $t$ 年参保的"标准人"退休后个人账户养老金年支出模型为：

$$P_t = \frac{1}{12}\sum_{j=1}^{35}\sum_{k=0}^{34} RW_t(1+r)^{35-j+1} \times (1+i)^k \tag{5-9}$$

根据以上模型测算出第 $t$ 年参保的"标准人"退休后个人账户养老金年支出额后，通过完全生命表我们可获悉，该群体在 61~105 岁（生命上限）区间每个年龄的人数及该年龄死亡人数，用"遗产差"核算 61~72 岁早逝者的个人账户领取余额，用"长寿差"核算 73~105 岁长寿者的额外支付部分。最终可以测算出第 $t$ 年参保的"标准人"群体个人账户的"遗产差"、"长寿差"及总超额支出。养老保险个人账户具有其私有性和独立性，在一般情况下资金不会从一个账户流转到其他账户，本节的实证研究将各年度参保职工群体的养老保险个人账户分开独立核算，累计各账户资金超额支出得到总支出。

4.相关变量的设定与取值

①缴费率 $R$：根据《决定》的规定，个人账户计入比例为个人缴费工资基数的 11%。2005 年 12 月，国务院下发《关于完善企业职工基本养老保险制度的决定》，规定从 2006 年 1 月 1 日起，个人账户本人负担缴费工资的 11% 统一调整为 8%，单位缴费不再划入，个人账户规模全部由个人缴费形成，因此本节设定养老保险个人账户缴费率 1997~2005 年为 11%，2006 年及以后设定为 8%。

②记账利率 $r$：记账利率指按照年度复利计算的个人账户储存额的利息率。《决定》明确规定，个人账户储蓄利息率参考银行同期存款利率。原劳动部《职工基本养老保险个人账户管理暂行办法》也明确要求，个人账户储蓄额由各省（区、市）人民政府参照银行同期存款利率进行计息。银行法定利率一般不超过 5%，通过各省（区、市）的人力资源和社会保障局网站了解到，虽然各个省份规定不同，但其记账利率除去个别年份，均保持在 2%~4.5%。鉴于中国未来基本养老保险基金投资运营机会进一步趋于完善成熟，本节将个人账户记账利率设定为 4%。

③工资增长率 $i$：根据《中国统计年鉴》查询到 1997~2015 年社会平均

在岗职工工资,并根据这期间的工资变化趋势测算1997~2014年社会平均工资增长率,1997~2014年缴费工资的平均增长率为14.17%,与人均GDP的增长率不相上下。但考虑到未来中国经济将进入结构调整期,经济增速放缓,而且自2019年起,中国非私营单位就业人员平均工资增长率已呈下降趋势,所以本节参照曾益等的研究①,设定未来的缴费工资增长率为12%。2015年社会平均在岗职工工资为62029元,其后各年以12%的增长率逐年递增。

5.结果测度及评价

养老保险个人账户超额支出是养老保险个人账户缴费收入和基金支出之间的差额,表5-4分年度列示了1997~2015年缴费参保的"标准人"养老保险个人账户在远期退休后预计产生的"遗产差"和"寿命差",其总额约为140.34万亿元,其中"遗产差"约为6.78万亿元,"长寿差"约为133.56万亿元。由长寿造成的超额给付占到养老保险个人账户总支出缺口的95%,远远大于"遗产差"占总超额支出的比重,是养老保险个人账户超额支出的主要构成部分。实际上,制度实际运行的情况可能比模拟的预期结果更差,我们认为,可能是如下原因导致了"标准人"养老保险个人账户超额支出大于预期模拟结果。(1)人口高龄化的影响。随着经济的发展进步和人类在医疗技术方面取得的巨大成就,人口的平均寿命会继续延长,个人账户要求给付更长的时间,"长寿差"会增大。(2)目前个人账户大规模地处于"空账"运行状态,模型中假设的投资回报率无法获得,甚至养老基金的购买力还会因通货膨胀受到腐蚀。(3)宽松的货币政策环境下,通货膨胀对养老金造成的贬值使其购买力下降,在未来可能需要更高的养老金发放标准来支撑。

表5-4 "标准人"养老保险个人账户超额支出变动

单位:亿元,人

| 年份 | 个人账户年支出 | 长寿人数 | 长寿差 | 早逝人数 | 遗产差 | 总计 |
|---|---|---|---|---|---|---|
| 1997 | 28067.45 | 82789303 | 23237 | 809968 | 2058 | 25295 |
| 1998 | 32298.86 | 79559168 | 25697 | 778366 | 2260 | 27957 |
| 1999 | 36258.96 | 76076103 | 27584 | 744290 | 1361 | 28945 |

---

① 曾益、任超然、汤学良:《延长退休年龄能降低个人账户养老金的财政补助吗?》,《数量经济技术经济研究》2013年第12期。

续表

| 年份 | 个人账户年支出 | 长寿人数 | 长寿差 | 早逝人数 | 遗产差 | 总计 |
|---|---|---|---|---|---|---|
| 2000 | 40185.88 | 71073303 | 28561 | 695345 | 1409 | 29970 |
| 2001 | 46494.05 | 69030879 | 32095 | 675363 | 1584 | 33679 |
| 2002 | 52934.47 | 61463945 | 32536 | 601332 | 1605 | 34141 |
| 2003 | 59590.4 | 65428704 | 38989 | 640121 | 1924 | 40913 |
| 2004 | 67731.03 | 68181275 | 46180 | 667051 | 2279 | 48459 |
| 2005 | 77237.85 | 65753549 | 50787 | 643299 | 2506 | 53293 |
| 2006 | 88303.73 | 70422360 | 62186 | 688976 | 3068 | 65254 |
| 2007 | 104668 | 84760342 | 88717 | 829252 | 4377 | 93094 |
| 2008 | 122353.3 | 69966719 | 85607 | 684519 | 4224 | 89831 |
| 2009 | 136520.2 | 61164291 | 83501 | 598400 | 4120 | 87621 |
| 2010 | 154705.1 | 52680450 | 81499 | 515399 | 4021 | 85520 |
| 2011 | 176975.8 | 55054608 | 97433 | 538626 | 4807 | 102240 |
| 2012 | 198018.7 | 60542207 | 119885 | 592314 | 5915 | 125800 |
| 2013 | 217977.6 | 56892158 | 124012 | 556604 | 6119 | 130131 |
| 2014 | 238626.7 | 57228207 | 136562 | 559892 | 6738 | 143300 |
| 2015 | 262629.1 | 57320665 | 150541 | 560796 | 7428 | 157969 |
| 总计 | — | — | 1335609 | — | 67803 | 1403412 |

接下来，我们将远期养老保险个人账户超额支出和远期国民总收入进行对比。以2010年参保的"标准人"群体为例，根据上文的预测结果，35年后，即2045年该批同龄参保职工退休时养老保险个人账户预计发生的超额支出约为85520亿元，其中"长寿差"约为81499亿元，"遗产差"约为4021亿元。根据《中国统计年鉴》，以上年为基数，1997~2015年国民总收入（GNI）的平均增长率为13.2%。鉴于中国经济增长进入放缓期，近两年GNI增长率稳定在9%左右，故取国民总收入增长率为9%。据国家统计局统计，2014年GNI为644791.1亿元，到2045年国民总收入预计达到932.48万亿元。由此可见，2045年退休的参保职工预计发生的超额支出占当年国民总收入的0.92%左右。而1997~2015年城镇职工基本养老保险个人账户超额支出积累额约占远期国民总收入的1%左右。表5-5是在远期各年度参保职工退休时该同龄群体养老保险个人账户超额支出占当年国民总收入的比重。

表5-5 远期"标准人"养老保险个人账户超额支出占国民总收入的比重

单位：亿元，%

| 参保年份 | 退休年份 | 超额支出 | 预计退休年份GNI | 超额支出占GNI比重 |
| --- | --- | --- | --- | --- |
| 1997 | 2032 | 25295 | 3041556.8 | 0.83 |
| 1998 | 2033 | 27957 | 3315296.9 | 0.84 |
| 1999 | 2034 | 28945 | 3613673.6 | 0.80 |
| 2000 | 2035 | 29970 | 3938904.3 | 0.76 |
| 2001 | 2036 | 33679 | 4293405.6 | 0.78 |
| 2002 | 2037 | 34141 | 4679812.2 | 0.73 |
| 2003 | 2038 | 40913 | 5100995.2 | 0.80 |
| 2004 | 2039 | 48459 | 5560084.8 | 0.87 |
| 2005 | 2040 | 53293 | 6060492.5 | 0.88 |
| 2006 | 2041 | 65254 | 6605936.8 | 0.99 |
| 2007 | 2042 | 93094 | 7200471.1 | 1.29 |
| 2008 | 2043 | 89831 | 7848513.5 | 1.14 |
| 2009 | 2044 | 87621 | 8554879.7 | 1.02 |
| 2010 | 2045 | 85520 | 9324818.9 | 0.92 |
| 2011 | 2046 | 102240 | 10164052.6 | 1.01 |
| 2012 | 2047 | 125800 | 11078817.3 | 1.14 |
| 2013 | 2048 | 130131 | 12075910.9 | 1.08 |
| 2014 | 2049 | 143300 | 13162742.8 | 1.09 |
| 2015 | 2050 | 157969 | 14347389.7 | 1.10 |
| 总计 | — | 1403412 | 139967755.2 | 1.00 |

（四）养老保险个人账户超额支出测度中相关参量敏感性分析

为了测度城镇职工基本养老保险个人账户超额支出受到不同变量的影响程度，本节分别考虑了调降继承比例、横向时间维度下的推迟退休年龄和增加计发时间、纵向费率维度下的提高个人账户缴费率和提高个人账户的记账利率等几种情况，对上文得到的结论进行敏感性分析，以期测度对城镇职工基本养老保险个人账户超额支出具有显著影响的因素，对城镇职工基本养老保险个人账户制度的完善提出有针对性的政策建议。

1.调降个人账户继承比例的敏感性分析

对于降低个人账户城镇职工基本养老保险继承比例这一对策的提出，可以用保险的"射幸性"(Aleatory)原理来解释其合理性。保险的"射幸性"是指被保险人是否获得赔付具有偶然性，只有具备一定条件时，受益人才能得到实际利益。在养老保险个人账户制度中，参保职工及其继承人能获得多少利益也是不可预见的，因为被保险人什么年龄去世是不可预见的。根据保险经济学中保险产品定价的"权责对等"基本精算原理，对于投保的个人账户养老保险职工，其缴费积累的精算现值等于领取的养老金精算现值与继承份额的精算现值之和，而不是仅仅比较缴费和领取在数值上的大小关系。如果遵循此原理来调降养老保险个人账户继承比例，并把未继承部分用于补充长寿者的超额领取，这样就既没有影响个人账户财产的私有性质，又符合"多缴多得，少缴少得，不缴不得"的正向激励原则。表5-6是基于"标准人"假设将城镇职工基本养老保险个人账户继承比例按10%的梯度从100%依次下调到50%的测试结果。

表5-6 继承比例敏感性分析下的养老保险个人账户超额支出结果

单位：亿元，%

| 继承比例 | 遗产差 | 超额支出 | 遗产差占比 |
| --- | --- | --- | --- |
| 100% | 67805 | 1403413 | 4.8314 |
| 90% | 61023 | 1396633 | 4.3693 |
| 80% | 54243 | 1389852 | 3.9028 |
| 70% | 47463 | 1383072 | 3.4317 |
| 60% | 40682 | 1376291 | 2.9559 |
| 50% | 33902 | 1369511 | 2.4755 |

基于上述测度结果，本节认为，虽然个人账户具有继承性，淡化了早逝者对长寿者的补济作用，但由表5-4到表5-6可以看出，在养老保险个人账户超额支出中，由长寿风险或者说养老金计发不合理造成的超额支出占比巨大，将个人账户养老金继承比例调降到50%，"遗产差"占总超额支出的比例也不过下降至2.48%。那么，即使取消继承制度，将遗产充公，遗产额对于庞大的"长寿差"来说也是杯水车薪。而且将个人账户充公势必会削弱养老保险制度的激励性，对早逝的人不公平，这是一个得不偿失的选择。

2.推迟退休年龄的敏感性分析

近年来，政界、学界及社会界都非常关注退休年龄的推迟问题，提高

# 第五章　社会保障权益配置的收入分配逻辑

法定退休年龄能否减轻当前中国城镇职工基本养老保险个人账户超额支出的负担呢？国内绝大部分学者持肯定态度，因为延迟退休可以增加职工养老保险缴费年限，缴费收入增加；同时使养老金的领取时间缩短，减少了"长寿差"。从世界范围来看，大多数国家的退休年龄在63~65岁，且多为男女同龄退休，中国的退休年龄明显较低。[①]基于此，在"标准人"假设基础上延迟职工退休年龄，本节测度了退休年龄为60~65岁的城镇职工基本养老保险个人账户"遗产差"、"长寿差"以及总超额支出，结果如表5-7所示。

表5-7　退休年龄对养老保险个人账户超额支出的敏感性分析结果

单位：亿元

| 退休年龄 | 遗产差 | 长寿差 | 总超额支出 |
| --- | --- | --- | --- |
| 60岁 | 65901 | 1335609 | 1401510 |
| 61岁 | 81850 | 1398022 | 1479872 |
| 62岁 | 101522 | 1457076 | 1558598 |
| 63岁 | 114852 | 1511689 | 1626541 |
| 64岁 | 155458 | 1560700 | 1716158 |
| 65岁 | 177914 | 1486409 | 1664323 |

随着法定退休年龄的延长，参保人的缴费时间亦得到了延长，长寿负担得到减轻，个人账户的超额支出减少。从养老金计发公式（个人账户养老金=储蓄额/月计发系数）可知，劳动者缴费年限的增加会导致个人缴费账户积累额增多，在月计发系数不变的前提下，退休者每月领取的养老金数额就增多。如果将法定退休年龄延长到60岁以后，退休者单位时间内领取的养老金额会高于其60岁退休时单位时间内领取的数额，这种数额的增加对养老基金账户超额支出产生了负面的影响，这两种对冲的影响效应的相对大小就决定了超额支出额的大小。由上文测度结果我们发现，在推迟退休年龄后的相当长时间内"遗产差"和"长寿差"均表现为增势，这种趋势直到延迟到65岁，"长寿差"才出现略减，而总超额支出仍然大于最初的60岁退休的超额支出。可见，确定缴费的个人账户制度下必须考虑延迟退休后个人账户缴

---

[①] 王增文：《动态消费支出、弹性退休激励与养老保险制度分配优化——延长职业生涯应该靠什么》，《当代经济科学》2014年第6期。

费总积累的增长对养老保险待遇的影响。推迟退休年龄后，虽然缴费时间增加了，缴费收入也增多了，但参保者退休后每年领取的养老金数额也提高了，从而增加了支付成本，而且其支出增加幅度大于缴费增加幅度，使得养老金水平随着退休年龄的延迟而自动增长，这成为推动总超额支出提高的因素。在其他参量不变的情况下，退休年龄的增加对养老保险个人账户的减负作用在退休年龄延迟到65岁以后才开始显现。目前中国人口寿命延长和延迟退休调整机制尚未成熟，延迟退休带来的个人账户养老金储蓄额的上涨不容忽视，并且从理论上来说提高退休年龄意味着劳动力较晚退出市场，使劳动力供给增加，会影响就业率。延迟退休年龄在短时间内不一定能够缓解个人账户超额支出的压力，甚至可能会深化养老金收支矛盾。

3.增加计发时间的敏感性分析

计发时间是指职工退休后其个人账户养老金发放的时间长度。2005年，国务院发布的《关于完善企业职工基本养老保险制度的决定》明确了在40~70岁退休的参保职工的个人账户养老金如何计发。个人账户养老金月发放额为个人账户储蓄总额除以计发月数，因此，计发时间的规定是影响养老保险个人账户超额支出的重要因素，即个人账户养老金计发时间越短，单位时间内支付的个人账户养老金数额就越多，养老保险个人账户超额支出也是增加的。以当前"标准人"为例，按新的养老金计发办法，其退休后积累的个人账户资金只够发12年，而生命表中60岁的人平均余命为20.12岁，与实际领取年限相比，现行个人账户养老金计发年限有较大差距，缴费积累与养老待遇不对等。表5-8是在"标准人"假设基础上计发时间为12~17年的城镇职工基本养老保险个人账户超额支出测算结果。

表5-8 计发年份敏感性分析下的养老保险个人账户超额支出结果

单位：亿元

| 计发年数 | 遗产差 | 长寿差 | 总超额支出 |
| --- | --- | --- | --- |
| 12年 | 65901 | 1335609 | 1401510 |
| 13年 | 74746 | 1145850 | 1220596 |
| 14年 | 84206 | 985078 | 1069284 |
| 15年 | 85555 | 847649 | 933204 |
| 16年 | 105093 | 729337 | 834430 |
| 17年 | 116575 | 626914 | 743489 |

由表 5-8 可以看出，增加个人账户养老金计发年数后，"遗产差"呈增势是显而易见的，"长寿差"和总超额支出均大幅度下降，由此可确定建立计发时间与平均寿命挂钩的机制的必要性。目前城镇企业职工基本上全部参保，而人口平均预期寿命也在逐渐延长。随着人们养生保健意识的增强及在医疗技术方面不断有新的突破，未来人口人均预期寿命会不断延长，现行的计发时间规定是不能适应其变化的，而且忽略了地区差异性的个人账户养老金计发办法在做实"空账"或者养老金待遇水平方面有较大的不公。那么，计发月数的规定必须适应人口预期剩余寿命，不同地区也不能一概而论，应当体现地区差异性和公平性。

4. 提高缴费率的敏感性分析

养老保险个人账户制度中个人承担的缴费率是关键的参数，优化养老保险制度的运行需要一个合理的缴费率。人口老龄化提高了养老保险中的赡养比例，即退休人数与在职缴费职工人数的比例。由现收现付制中基金平衡公式（养老保险缴费率=赡养比×替代率）可知，在养老保险替代率保持不变的前提下，要维持养老保险的支付不变，需提高缴费率。依据现行的个人账户缴费率，退休人口的养老金积累额不能满足超过法定计发时间的给付需求，职工退休后的生活仍得不到基本的保障。据世界银行统计，若养老保险继续实施现收现付制，要想保证养老金的支付，到 21 世纪 40 年代中国养老保险的缴费率需高达 39.27%，才不至于使制度瓦解。中国现在实行个人账户与统筹账户相结合的养老保险制度模式，企业缴纳职工工资的 20%（社会统筹）及个人工资转入 8%（个人账户）构成养老保险账户。国际劳工组织规定社会保险费由企业承担的部分不高于 25%，而中国已达 30%。王增文通过测算养老保险企业缴费率发现，当前的费率设定已经超过企业可承受能力上限。①企业承担着较高的费率将不利于企业的正常经营及扩大再生产。依据中国现行的经济现状，个人总收入逐年增长，养老保险个人缴费率存在理论上的提高空间。表 5-9 是基于"标准人"假设按 1% 的梯度提高个人账户缴费率的城镇职工基本养老保险个人账户超额支出的测度结果。

---

① 王增文：《动态消费支出、弹性退休激励与养老保险制度分配优化——延长职业生涯应该靠什么》，《当代经济科学》2014 年第 6 期。

表5-9 缴费率敏感性分析下的养老保险个人账户超额支出结果

单位：亿元

| 缴费率 | 遗产差 | 长寿差 | 总超额支出 |
| --- | --- | --- | --- |
| 11%或8% | 65900 | 1335609 | 1401509 |
| 提高1个百分点 | 74115 | 1502098 | 1576213 |
| 提高2个百分点 | 82330 | 1668587 | 1750917 |
| 提高3个百分点 | 90544 | 1835077 | 1925621 |
| 提高4个百分点 | 98759 | 2001566 | 2100325 |
| 提高5个百分点 | 106974 | 2168055 | 2275029 |

由以上结果可以看出，提高个人账户缴费率与延迟退休年龄近似的效果，就是个人账户积累额增加导致个人账户支出增加，且"遗产差"和"长寿差"均呈增长趋势，测试范围内无下行趋势。而党的十八届三中全会明确提出"适时适当降低社会保险费率"。这也是下一步社会保障改革的主要方向。基于此，笔者认为解决养老金入不敷出问题在提高缴费率上的调整策略发挥空间较小，国家应当进一步优化公共财政政策、调整支出结构、提高用于养老金补贴的份额，承担起公共财政的兜底责任。

5.提高记账利率的敏感性分析

较高的替代率需要较高的资金收益率做后盾，保证养老金的保值增值也是对抗通货膨胀的有力措施。2015年以前，个人账户养老基金的计息方式参照一年期定期存款利率，并且当退休职工开始领取养老金以后，个人账户所剩的养老基金就不再计息，因此只有力求使个人账户资金获得较高的投资回报率。薛惠元和宋君通过构建城镇职工基本养老保险个人账户内部收益率精算模型，测算出城镇职工基本养老保险个人账户的实际收益率明显高于记账利率。[①]中国城镇职工基本养老保险个人账户参照一年期银行存款利率计息，这远远低于社会平均工资增长率，违背制度设计的初衷。这种情况下的个人账户不能提供相当的养老金替代率。基准假设中设定银行利率也即个人账户的记账利率为4%，如果调高银行利率，结果会发生什么变化呢？本节基于"标准人"假设测度了4%~9%梯度下的个人账户记账利率超额支出，

---

① 薛惠元、宋君：《城镇职工基本养老保险个人账户内部收益率测算与分析》，《保险研究》2015年第9期。

试图探究个人账户养老金记账利率与养老金支出的关系，结果如表5-10所示。在提高个人账户记账利率的情况下，个人账户超额支出一直处于上升状态，而且记账利率每提高1个百分点，超额支出增加的幅度越来越大。可见提高个人账户记账利率，导致个人账户养老金积累额的迅速增加，同时导致个人账户支出额的增加，尤其是由人均余命延长引起的"长寿差"增加明显。

表5-10　记账利率敏感性分析下的养老保险个人账户超额支出结果

单位：亿元

| 记账利率 | 遗产差 | 长寿差 | 总超额支出 |
| --- | --- | --- | --- |
| 4% | 65900 | 1335609 | 1401509 |
| 5% | 82814 | 1678397 | 1761211 |
| 6% | 93118 | 1887234 | 1980352 |
| 7% | 105394 | 2136036 | 2241430 |
| 8% | 120100 | 2434092 | 2554192 |
| 9% | 137811 | 2793040 | 2930851 |

（五）养老保险个人账户超额支出测度结果

根据养老保险制度改革后新的计发规定，本节以1997~2015年城镇参保职工的养老保险个人账户为研究对象，模拟证实了"标准人"假设下的养老保险个人账户超额支出情况，并对各影响参量进行了敏感性分析。在现行制度下，中国养老保险个人账户未来预计存在巨大的超额支出。在4%的记账利率下，中国自1997年养老保险制度改革到2015年个人账户养老金在远期的超额支出预计为140.34万亿元，约为远期国民总收入的1%左右。其中由个人账户继承导致的超额支出即"遗产差"约为6.78万亿元，由人口预期寿命延长导致的超额支出即"长寿差"占到总超额支出的95%。

敏感性分析结果显示，调降个人账户的继承比例对于缩减个人账户养老金超额支出的作用甚微，原因在于"遗产差"在个人账户养老金超额支出中占比很小。即使取消继承制度，将遗产充公，个人账户遗产额对于庞大的"长寿差"来说也是杯水车薪，而且将个人账户充公势必会削弱城镇职工基本养老保险制度的激励作用，对早逝的人不公平，这是一个得不偿失的选择。因此，本节也不支持取消城镇职工基本养老保险个人账户可继承制度的提议。一定范围内，提高缴费率或记账利率均大大增加了城镇职工基本养老保险个人账户的积累额，导致年支出增加，反而增大了个人账户的支付压力。基于此，本节认为，对参保职工的养老保险个人账户在职工退休前后均发生同向作用的对策对于缩减个人账户超额支出的作用有待进一步考量，而增加城镇职工基本养老保险个人账户的计发时间无疑降低了单位时间内职工领取的养老金额度，能够有效缓解城镇职工基本养老保险个人账户超额支出压力。

## 二 城乡医保合并对城乡老年人群体医疗服务利用均等化的影响

阿马蒂亚·森指出，"健康是人类实现其他可行能力的必要基础"。[1]医疗服务作为疾病的事后干预措施，是保障健康的最后一道"安全网"，医疗服务利用的均等化也是保障健康平等的重要途径。中国自改革开放以来，医疗领域实现产业化，但是在一味追求效率和发展速度的同时，医疗资源的配置与分布以及医保的保障力度出现城乡"剪刀差"，由此引发城乡医疗服务利用不平等。统计显示，2012年我国城镇居民人均医保支出约是农村居民的3倍，近年来呈现逐步扩大的趋势。医疗服务利用的城乡不平等直接影响农村居民对改革发展成果的获得感，特别是当前中国正处于社会经济转型期，各种社会矛盾涌现，城乡差距的拉大将对社会的稳定与发展产生严重威胁。为此，学界开始关注如何消除医疗服务利用的城乡差异，中国政府试图通过医保的城乡整合实现医疗服务利用的均等化。在这一情形下，深入分析城乡医保整合能否缓解和消除医疗服务利用的不平等，将有助于政府进一步完善政策，使医疗服务惠及全民，充分发挥医保作为社会"稳定器"的作用。

现有研究显示，医疗领域的不平等在世界范围内广泛存在，不仅存在于发展中国家，发达国家同样如此。除了国家间的不平等以外，医疗服务利用在某一国家内部还存在区域以及城乡间的不平等。[2]对于其中的影响因素，学者们最初只关注了收入导致的不平等，并得到一致发现，即无论是发达国家还是发展中国家，都存在"亲富人"的不平等，高收入群体享受了更多的

---

[1] ［印］阿马蒂亚·森：《以自由看待发展》，任赜、于真译，中国人民大学出版社，2002。
[2] Yuming Wang, Caiyun Liu, "Preliminary Research on Aging Population and Flexible Retirement Policy of Shanghai," *IERI Procedia*, 2012, Vol.2, pp.455-459; K.Yan, Y.Jiang, J.F.Qiu, et al., "The Equity of China's Emergency Medical Services from 2010-2014," *International Journal for Equity in Health*, 2017, Vol.16, No.10, pp.1-8.

医疗资源。① 在此基础上，也有学者将收入以外的其他社会经济因素考虑在内。Bobo 等发现，受教育水平的提升有助于改善医疗服务利用不平等的状况②；熊跃根和黄静认为，医疗资源供给的不平等引发医疗服务利用的机会不平等，除医疗服务的供给面以外，医疗服务的需求面也存在类似问题③。医保作为当前主要的医疗服务支付体系，有关医保与医疗服务利用不平等的关系目前尚未达成一致意见，并存在三种截然不同的结论。首先，医保政策的实施有效缩小了医疗服务利用的差距④；其次，医保未能缓解医疗服务利用的不平等状况⑤；最后，医保政策的实施不仅没有缩小差距，反而加剧了医疗服务利用的不平等⑥。由于国家之间经济、社会文化以及具体医保制度的差异，医疗领域不平等的影响因素也不尽相同。

过去，中国将医疗保障制度机械地嵌入了城乡经济发展领域，加之医保制度发展过程中存在的路径依赖，引发了保障待遇的城乡"剪刀差"。其中，城乡收入差距、医保的碎片化管理以及城乡医疗保障待遇差异成为城乡医疗

---

① E. van Doorslaer, A. Wagstaff, H. Bleichrodt, et al., "Income-related Inequalities in Health: Some International Comparisons," *Journal of Health Economics*, 1997, Vol. 16, No. 1, pp. 93-112; A. Nunez, C. Chi, "Equity in Health Care Utilization in Chile," *International Journal for Equity in Health*, 2013, Vol. 12, No. 1, pp. 2-16; C. Kim, K. M. A. Saeed, A. S. Salehi, et al., "An Equity Analysis of Utilization of Health Services in Afghanistan Using a National Household Survey," *BMC Public Health*, 2016, Vol. 16, No. 1226, pp. 2-11.

② F. T. Bobo, E. A. Yesuf, M. Woldie, "Inequities in Utilization of Reproductive and Maternal Health Services in Ethiopia," *International Journal for Equity in Health*, 2017, Vol. 16, pp. 1-8.

③ 熊跃根、黄静：《我国城乡医疗服务利用的不平等研究——一项于 CHARLS 数据的实证分析》，《人口学刊》2016 年第 6 期。

④ R. Chen, N. Li, X. Liu, "Study on the Equity of Medical Services Utilization for Elderly Enrolled in Different Basic Social Medical Insurance Systems in an Underdeveloped City of Southwest China," *International Journal for Equity in Health*, 2018, Vol. 17, No. 1, p. 54.

⑤ V. Yiengprugsawan, G. A. Carmichael, L. Lim, et al., "Explanation of Inequality in Utilization of Ambulatory Care Before and After Universal Health Insurance in Thailand," *Health Policy & Planning*, 2011, Vol. 26, No. 2, pp. 105-114; Z. Zhou, L. Zhu, Z. Zhou, et al., "The Effects of China's Urban Basic Medical Insurance Schemes on the Equity of Health Service Utilization: Evidence from Shaanxi Province," *International Journal for Equity in Health*, 2014, Vol. 13, No. 1, pp. 1-11.

⑥ 解垩：《与收入相关的健康及医疗服务利用不平等研究》，《经济研究》2009 年第 2 期；J. Cai, P. C. Coyte, H. Zhao, "Decomposing the Causes of Socioeconomic-related Health Inequality among Urban and Rural Populations in China: A New Decomposition Approach," *International Journal for Equity in Health*, 2017, Vol. 16, No. 2, pp. 2-14.

服务利用不平等的主要因素。[1]当前中国政府正积极推进城乡医保整合，试图通过打破城乡医保界限推动城乡医疗服务利用的均等化。顾海和孙军在理论分析的基础上发现，统筹城乡医保制度有效地促进了城乡医疗保障的公平性[2]；刘小鲁采用实证分析方法未发现城乡居民医保显著提升了医疗服务利用水平[3]；Wu等以中国钱江地区为例，研究发现，城乡医保整合后医保待遇仍存在显著的区域差异[4]。

综上所述，现有研究较为全面地分析了社会经济因素对医疗服务利用不平等的影响，并通过集中指数、泰尔指数等方法对医疗服务利用的不平等程度进行了量化。有关研究通过剖析中国的城乡发展差异以及医保的模块化管理，深刻揭露了中国城乡医疗服务利用不平等的背后原因，为本节研究提供了重要的借鉴。

但有关中国医保与医疗服务利用均等化的研究大多还停留在原有的医保项目上，对于当前的城乡医保整合，多数研究只集中于对整合路径、制度目标和保障能力等进行理论分析，鲜有对医疗服务利用均等化的实证分析。虽然Wu等研究了新农合与城居保合并后医保待遇的地区均等化，但也仅限于中国钱江地区[5]，研究区域过小也影响了研究结果在全国范围内的代表性。

为此，本节在现有研究基础上进一步分析城乡医保整合是否有效促进了城乡医疗服务利用的均等化，并基于以下步骤进行。

第一，利用卡方检验比较三大保险参保人群的医疗服务利用及其影响因素的差异。鉴于城乡居民医保是由新农合与城居保合并而来，且医

---

[1] 刘晓婷、黄洪：《医疗保障制度改革与老年群体的健康公平——基于浙江的研究》，《社会学研究》2015年第4期；熊跃根、黄静：《我国城乡医疗服务利用的不平等研究——一项于CHARLS数据的实证分析》，《人口学刊》2016年第6期；Q.Meng，H.Fang，X.Liu，et al.，"Consolidating the Social Health Insurance Schemes in China: Towards an Equitable and Efficient Health System," *Lancet*，2015，Vol.386，No.2，pp.1484-1492。

[2] 顾海、孙军：《统筹城乡医保制度绩效研究》，《东岳论丛》2016年第10期。

[3] 刘小鲁：《中国城乡居民医疗保险与医疗服务利用水平的经验研究》，《世界经济》2017年第3期。

[4] Y.Wu，L.Zhang，X.Liu，et al.，"Geographic Variation in Health Insurance Benefits in Qian Jiang District，China: A Cross-sectional Study," *International Journal for Equity in Health*，2018，Vol.17，No.1，p.20.

[5] Y.Wu，L.Zhang，X.Liu，et al.，"Geographic Variation in Health Insurance Benefits in Qian Jiang District，China: A Cross-sectional Study," *International Journal for Equity in Health*，2018，Vol.17，No.1，p.20.

疗服务利用主要受健康状况以及社会经济因素的影响。而影响因素的群体差异，特别是社会经济因素的差异会导致医疗服务利用的不平等。通过对不同项目参保人群的比较，可观测到是否存在医疗服务利用的不平等。

第二，通过集中指数对医疗服务利用不平等进行量化。卡方检验只是初步的统计分析，而集中指数可进一步测出实际的不平等程度。将新农合、城居保的集中指数与城乡居民医保相比较，可发现城乡医保整合是否改善了医疗服务利用不平等的状况。

第三，采用二元回归模型分析城乡居民医保对医疗服务利用率的影响。医保通过促进不同群体（特别是弱势群体）的医疗服务利用来改善不平等状况。在量化不平等的基础上，观察城乡居民医保是否改善了门诊和住院服务利用不足的状况，以对城乡医保整合的效果进行检验。

（一）医疗服务利用研究的方法和数据

1.方法与实证模型

首先，本节通过卡方检验比较三大保险①参保人群在医疗服务利用以及其他变量特征方面是否存在显著差异。

其次，为分析医疗服务利用差异的合理性，本节采用集中指数②（Concentration Index，CI）衡量医疗服务利用是否存在不平等。集中指数可量化与社会经济特征相关的医疗服务利用不平等指标，反映医疗服务利用在不同社会经济群体中的分布变化。③集中指数可通过下列方程得出：

$$C = 2/\mu cov(y_i, r_i) \tag{5-10}$$

其中，$C$为集中指数，$y_i$表示个体$i$的健康状况，$r_i$为个体$i$收入的分数排名，$cov(y_i, r_i)$指协方差，$\mu$为健康状况的均值。集中指数的取值可通过集中曲线④来解释，集中曲线如图5-6所示。

---

① 三大保险分别指城镇居民基本医保、新农合以及二者合并后的城乡居民医保。
② 除集中指数外，衡量健康和医疗服务利用不平等的方法还包括基尼系数、泰尔指数、极差法和差别指数法等。
③ E.van Doorslaer, A.Wagstaff, H.Bleichrodt, et al., "Income-related Inequalities in Health: Some International Comparisons," *Journal of Health Economics*, 1997, Vol.16, No.1, pp.93-112.
④ 集中曲线最早由Wagstaff提出，用以度量不同社会经济特征导致的健康分布差异。

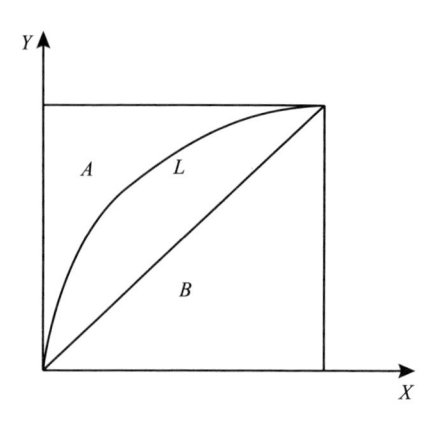

图 5-6 集中曲线

其中，$X$ 轴表示按社会经济地位由低到高排序的人口累计百分比，$Y$ 轴表示按各社会经济阶层由低到高排序的医疗服务利用指标人数的累计百分比，$L$ 为集中曲线，45 度对角线为平等线。集中指数的取值范围为 $-1\sim 1$，若集中曲线与 45 度线重合，则集中指数为 0，此时不存在与社会经济特征相关的不平等；若集中曲线落在 $A$ 区域，集中指数为正值，此时存在"亲富人"的医疗服务不平等；落在 $B$ 区域则与之相反。

最后，依据测量的医疗服务利用不平等程度，为进一步分析城乡医保整合在其中发挥的作用，本节在控制个体人口学特征、医疗需要、居住地区和家庭人均收入的基础上，运用二元 Logistic 回归模型分析参加城乡居民医保对医疗服务利用的影响，建立的回归方程如下：

$$\ln\left(\frac{p}{1-p}\right) = \alpha + \sum_{i=1}^{m}\beta_i x_i + \varepsilon_i \qquad (5-11)$$

其中，$p$ 代表医疗服务利用率；$x_i$ 表示自变量，包括是否参加城乡居民医保以及性别、年龄、婚姻等一系列控制变量；$\beta_i$ 为自变量的系数，$\varepsilon_i$ 为随机误差项。进一步比较三大保险制度下医疗服务利用的不平等程度，以分析新农合与城镇居民医保整合是否缓解和消除了医疗服务利用的城乡不平等。

2. 数据来源

本节所用数据为 2015 年①中国健康与养老追踪调查数据（CHARLS），

---

① 虽然中国政府于 2016 年正式在全国范围内推进城乡居民医保整合，但在此之前，部分省份已先行试点，截至 2014 年，天津、青海、广东、宁夏等 7 省市已完成城镇居民医保和新型农村合作医疗的合并。

该数据采用了成比例概率抽样方法（PPS），针对全国28个省（区、市）的150个县和450个社区展开调查，覆盖了中国东、中、西部地区大约1.2万户家庭和2.3万名受访者，拥有较好的样本代表性。鉴于当前城乡医保整合仅限于新农合与城镇居民医保的合并，为分析其对城乡医疗服务利用均等化的影响，本节将研究人群限定为拥有新农合或城镇居民医保以及参加城乡居民医保的人群，剔除了拥有其他医疗保险或未参加任何医疗保险的人群，最终获得14325个样本。

3. 变量的选取

一般情形下，医疗服务利用包含门诊服务和住院服务。本节基于所选数据特点，选取"过去一个月的门诊就诊率"和"过去一年的住院率"作为衡量医疗服务利用的指标；同时，本节的因变量又加入了"应就诊而未就诊率"和"应住院而未住院率"，以分析城乡医保整合是否有效缓解了医疗服务利用不足的状况。本节的自变量为"是否参加城乡居民基本医保"①，控制变量包含了人口学特征、医疗服务需要、居住地区和收入变量，具体变量定义及描述性统计如表5-11所示。

表5-11 具体变量定义及描述性统计

| 变量 | 定义 | 均值 | 样本量 |
| --- | --- | --- | --- |
| 过去一个月的门诊就诊率 | 最近一个月就诊：是=1；否=0 | 0.199 | 14314 |
| 过去一年的住院率 | 最近一年接受住院治疗：是=1；否=0 | 0.133 | 14316 |
| 应就诊而未就诊率 | 应就诊时没有就诊：是=1；否=0 | 0.776 | 1736 |
| 应住院而未住院率 | 应住院时没有住院：是=1；否=0 | 0.059 | 14317 |
| 城镇居民基本医疗保险（URMI） | 是否参加城镇居民基本医疗保险：是=1；否=0 | 0.041 | 14298 |
| 新型农村合作医疗（NCMI） | 是否参加新型农村合作医疗：是=1；否=0 | 0.553 | 14321 |
| 城乡居民基本医疗保险（URRMI） | 是否参加城乡居民基本医疗保险：是=1；否=0 | 0.412 | 14212 |

① CHARLS数据库针对被访者个人设置了"您是否参加了城乡居民基本医保"的问题，这也是其他诸如CHNS数据库所不具备的。

续表

| 变量 | 定义 | 均值 | 样本量 |
|---|---|---|---|
| 性别 | 男性=1；女性=0 | 0.466 | 14325 |
| 年龄 | 45~60岁=1；60岁及以上=0 | 0.497 | 14325 |
| 婚姻状况 | 已婚/同居=1；单身/离婚/丧偶=0 | 0.869 | 14325 |
| 受教育水平 | 文盲=0；小学=1；中学=2；本科及以上=3 | 1.406 | 14325 |
| 自评健康 | 极好=1；很好=2；较好=3；一般=4；较差=5 | 3.852 | 13567 |
| 慢性病患病状况 | 至少患一种慢性病：是=1；否=0 | 0.766 | 14325 |
| 居住地（城镇或农村） | 是否居住于农村：是=1；否=0 | 0.306 | 14325 |
| 地区 | 东部地区=0；中部地区=1；西部地区=2 | 1.005 | 14325 |
| 家庭平均收入 | 家庭平均收入（元） | 7082.091 | 14325 |

（二）城乡医保整合对医疗服务利用的影响及医疗服务不平等测度

1.描述性统计与卡方检验

表5-11给出了所选样本的描述性统计结果。样本人群中，有41.2%的人参加了城乡居民基本医疗保险①，门诊服务和住院服务利用率分别为19.9%和13.3%。应就诊而未就诊的比例达到了77.6%，应住院而未住院的比例为5.9%。医疗服务利用主要受健康状况和社会经济因素的影响，影响因素的差异会导致医疗服务利用水平的不同。因此，本节通过卡方检验比较了城居保、新农合以及城乡居民医保参保人群的医疗服务利用率及其影响因素的差异。表5-12给出了卡方检验结果，由结果可以看出，三大保险参保人群的门诊就诊率相差甚微。其中，新农合的门诊服务利用率最高，达到了20.20%，最低的城居保为18.35%。但住院服务利用率则存在显著差异。其中，城居保的住院服务利用率为17.06%，新农合与城乡居民医保分别为12.92%和13.37%。在城乡医保合并之后的参保人群中，仍有约80%的人存

---

① 由于中国的城乡医保一体化以县、区为单位进行试点，在本节样本人群中，如果一个社区内有居民参加了城乡居民医保，则认定该社区的其他居民同样参加了城乡居民医保。城乡居民医保政策的实施不同于新农合以及城镇居民医保，后两者在政策实施后，居民可自愿选择是否参保，在这一情形下出现了许多未参保人群。但城乡居民医保的参保者在此之前已经参加了新农合或城镇居民医保，所以城乡医保一体化一旦在某一地区实施，该地区凡是拥有新农合或城镇居民医保的将自动转为城乡居民医保。

在门诊服务利用不足的状况,5%的人存在住院服务利用不足的状况。除此之外,三大保险参保人群的健康状况、性别、受教育水平和收入也存在显著差异。

表5-12 三种医疗保险参保人数的描述性统计

| 变量 | NCMI | URMI | URRMI | $\chi^2$ | p |
|---|---|---|---|---|---|
| 过去一个月的门诊就诊率 | 1576 (20.20%) | 100 (18.35%) | 1133 (19.65%) | 1.504 | 0.472 |
| 过去一个月的住院率 | 1007 (12.92%) | 93 (17.06%) | 772 (13.37%) | 7.715 | 0.021 |
| 应就诊而未就诊率 | 700 (75.19%) | 63 (91.3%) | 561 (79.91%) | 12.777 | 0.002 |
| 应住院而未住院率 | 497 (6.37%) | 41 (7.52%) | 301 (5.21%) | 10.507 | 0.005 |
| 性别 | | | | 21.7 | <0.001 |
| 女性 | 4127 (52.9%) | 344 (63.12%) | 3067 (53.09%) | | |
| 男性 | 3675 (47.10%) | 201 (36.88%) | 2710 (46.91%) | | |
| 年龄 | | | | 0.054 | 0.973 |
| 45~60岁 | 3874 (49.65%) | 268 (49.17%) | 2871 (49.7%) | | |
| 60岁及以上 | 3928 (50.35%) | 277 (50.83%) | 2906 (50.3%) | | |
| 婚姻状况 | | | | 4.46 | 0.108 |
| 已婚或同居 | 6782 (86.93%) | 458 (84.04%) | 5039 (87.23%) | | |
| 单身、离异或丧偶 | 1020 (13.07%) | 87 (15.96%) | 738 (12.77%) | | |
| 受教育水平 | | | | 131.686 | <0.001 |
| 文盲 | 1973 (25.29%) | 57 (10.46%) | 1256 (21.74%) | | |
| 小学 | 2702 (34.63%) | 148 (27.16%) | 2014 (34.86%) | | |

续表

| 变量 | NCMI | URMI | URRMI | $\chi^2$ | p |
|---|---|---|---|---|---|
| 中学 | 1497（19.19%） | 175（32.11%） | 1219（21.1%） | | |
| 本科及以上 | 1630（20.89%） | 165（30.28%） | 1288（22.3%） | | |
| 自评健康 | | | | 22.421 | 0.004 |
| 极好 | 91（1.23%） | 8（1.59%） | 78（1.43%） | | |
| 很好 | 775（10.48%） | 49（9.74%） | 642（11.74%） | | |
| 较好 | 811（10.96%） | 74（14.71%） | 619（11.32%） | | |
| 一般 | 3989（53.92%） | 280（55.67%） | 2960（54.13%） | | |
| 较差 | 1732（23.41%） | 92（18.29%） | 1169（21.38%） | | |
| 慢性病患病状况 | | | | 10.239 | 0.006 |
| 至少患一种慢性病 | 6031（77.30%） | 434（79.63%） | 4351（75.32%） | | |
| 无慢性病 | 1771（22.70%） | 111（20.37%） | 1426（24.68%） | | |
| 居住地（城镇或农村） | | | | 1100 | <0.001 |
| 城镇 | 1918（24.58%） | 493（90.46%） | 1944（33.65%） | | |
| 农村 | 5884（75.42%） | 52（9.54%） | 3833（66.35%） | | |
| 地区 | | | | 213.2 | <0.001 |
| 东部地区 | 2426（31.09%） | 70（12.84%） | 2197（38.03%） | | |
| 中部地区 | 2545（32.62%） | 272（49.91%） | 1870（32.37%） | | |
| 西部地区 | 2831（36.29%） | 203（37.25%） | 1710（29.6%） | | |
| 家庭平均收入 | | | | 247.677 | <0.001 |
| 最低五分位数 | 1535（19.67%） | 161（29.54%） | 1107（19.16%） | | |

续表

| 变量 | NCMI | URMI | URRMI | $\chi^2$ | p |
|---|---|---|---|---|---|
| 第二五分位数 | 1790<br>(22.94%) | 49<br>(8.99%) | 1007<br>(17.43%) | | |
| 第三五分位数 | 1664<br>(21.33%) | 54<br>(9.91%) | 1096<br>(18.97%) | | |
| 第四五分位数 | 1476<br>(18.92%) | 116<br>(21.28%) | 1238<br>(21.43%) | | |
| 最高五分位数 | 1337<br>(17.14%) | 165<br>(30.28%) | 1329<br>(23.01%) | | |

2.医疗服务利用不平等的测度

医疗服务利用的差异在一定程度上蕴含了医疗服务利用的不平等，为测度其中的不平等程度，本节引入了集中指数这一指标。表5-13中的集中指数显示了三大保险项目门诊和住院服务利用的不平等程度。从表中可以看出，城乡医保整合之后仍存在医疗服务利用的不平等。从门诊服务的角度看，城乡医保整合加剧了门诊服务利用的不平等程度，且门诊服务由过去"亲穷人"的不平等转为"亲富人"的不平等。从住院服务的角度看，相比城镇居民医保，城乡居民医保降低了住院服务利用的不平等；但与新农合相比，住院服务的CI指数变化较小。由此可以看出，城乡医保整合对住院服务不平等的改善较为有限。而无论是门诊服务还是住院服务，城乡居民医保的CI绝对值与新农合相差甚微，这意味着由新农合转为城乡居民医保未能有效改善医疗服务利用的不平等程度。

表5-13　医疗服务利用的集中指数

| 指标 | NCMI | | URMI | | URRMI | |
|---|---|---|---|---|---|---|
| | 门诊服务 | 住院服务 | 门诊服务 | 住院服务 | 门诊服务 | 住院服务 |
| CI | −0.011 | −0.071 | −0.004 | −0.129 | 0.013 | −0.076 |

3.二元Logistic回归分析

城乡医保整合未能有效改善医疗服务利用的不平等程度，为找出其中原因，本节在此基础上又进一步分析城乡医保整合是否促进了医疗服务利用。表5-14给出了城乡居民医保对医疗服务利用的二元Logistic回归结果。估计结果显示,针对门诊服务,城乡居民医保虽然对门诊服务利用率具有正向影响,但未通过显著性检验;并且城乡居民医保对门诊服务利用不足也具有正向影响,同样未通过显著性检验。针对住院服务,城乡居民医保未对住院服务利用率产生显著正向影响;但城乡居民医保在10%的水平下显著缓解了住院服务利用不足的状况。由此看出,城乡医保整合也未能促进医疗服务利用,但在一定程度上缓解了住院服务利用不足的状况。

根据控制变量的估计系数和符号,较差的健康状况对医疗服务利用率具有显著正向影响。女性相比男性利用门诊服务的可能性更高;60岁及以上人群的住院率显著高于中年人群。与常理不符的是,农村居民的住院服务利用率显著高于城市人群。可能的原因是,过去农村居民的住院服务需求由于新农合的低补偿率而未得到有效释放,近年来随着保障待遇的上升,农村居民对医疗服务的支付能力有所提高。与此相似的是,随着国家对西部地区投入的加大和医保待遇的提高,相比东部地区,西部地区居民的医疗服务利用率显著增加。除此之外,最高收入群体的住院服务利用反而显著低于最低收入群体。原因可能是,最高收入群体拥有极强的支付能力,可通过配备高级营养师、购买高级保健品等方式来维持和改善自身健康状况,从而减少对住院服务的消费。

表5-14 城乡居民医保对医疗服务利用的二元Logistic回归结果

| 变量 | 医疗服务利用 | | 医疗服务利用不足 | |
|---|---|---|---|---|
| | 门诊服务<br>(OR比) | 住院服务<br>(OR比) | 门诊服务<br>(OR比) | 住院服务<br>(OR比) |
| 医疗保险:城镇居民基本<br>医疗保险和新农合 | | | | |
| 城乡居民基本医疗保险 | 1.010 | 1.078 | 1.216 | 0.869* |
| 性别:女性 | 0.733*** | 1.014 | 1.096 | 0.797*** |
| 年龄:60岁及以上 | 1.010 | 0.737*** | 1.187 | 1.051 |
| 婚姻状况:<br>单身、离异或丧偶 | 1.000 | 0.844** | 0.846 | 1.074 |
| 受教育水平:文盲 | | | | |
| 小学 | 1.071 | 1.024 | 1.400** | 1.094 |

续表

| 变量 | 医疗服务利用 | | 医疗服务利用不足 | |
|---|---|---|---|---|
| | 门诊服务（OR比） | 住院服务（OR比） | 门诊服务（OR比） | 住院服务（OR比） |
| 中学 | 1.073 | 1.034 | 1.180 | 1.146 |
| 本科及以上 | 0.985 | 0.992 | 1.226 | 1.019 |
| 居住地（城镇或农村）：农村 | 0.993 | 1.142** | 1.348** | 0.962 |
| 自评健康：较差 | | | | |
| 极好 | 0.260*** | 0.160*** | 0.368 | 0.134*** |
| 很好 | 0.253*** | 0.219*** | 0.836 | 0.160*** |
| 较好 | 0.361*** | 0.352*** | 0.697 | 0.177*** |
| 一般 | 0.544*** | 0.395*** | 0.904 | 0.397*** |
| 慢性病：无慢性病 | 1.867*** | 2.373*** | 0.865 | 3.041*** |
| 家庭平均收入：最低五分位数 | | | | |
| 第二五分位数 | 1.134* | 0.954 | 0.937 | 1.005 |
| 第三五分位数 | 1.099 | 1.058 | 1.047 | 1.201 |
| 第四五分位数 | 1.094 | 1.028 | 1.080 | 1.159 |
| 最高五分位数 | 1.304*** | 0.843* | 0.927 | 1.015 |
| 地区：东部地区 | | | | |
| 中部地区 | 1.027 | 1.086 | 1.065 | 1.442*** |
| 西部地区 | 1.202*** | 1.332*** | 1.900*** | 1.796*** |

注：*、**、***分别表示在10%、5%、1%的水平下显著。

### 4.结论

通过本节研究结果可以看出，城乡医保整合产生的效果与其制度目标仍存在较大差距，城乡居民医保的实施并未改善城乡医疗服务利用不平等的状况。从门诊服务的角度看，门诊服务利用的不平等程度在城乡医保整合后进一步提升，且由"亲穷人"的不平等转为"亲富人"的不平等，即高收入群体享受了更多的门诊资源。从住院服务的角度看，城乡医保整合在一定程度上降低了住院服务利用的不平等程度，对城镇居民产生的效果较为明显，而对农村居民的影响极为有限，并且仍存在"亲穷人"的不平等。因此，城乡医疗服务利用不平等的样态在城乡医保整合之后依然存在。为进一步观察城乡医保整合所发挥的作用并窥探不平等样态背后的原因，本节分析了城乡居民医保对医疗服务利用率的影响。

从二元Logistic回归结果来看，城乡居民医保并未显著促进门诊服务的利用，也未显著改善门诊服务利用不足的状况；而对于住院服务，城乡居民医保同样未显著促进住院服务的利用，但其显著缓解了住院服务利用不足的状况。因此，尽管城乡医疗服务利用不平等的样态依然存在，但城乡居民医保也逐渐开始发挥作用，使这一样态在一定程度上有所减轻，产生了一定的效果。除医保以外，健康状况、性别、收入与所属区域仍对门诊服务利用产生了显著影响；对住院服务影响显著的则是健康状况、年龄、收入以及所属区域。

而城乡医保整合未能大幅改善城乡医疗服务利用不平等状况的原因在于，大多数实行城乡居民医保的地区采用了"一制二档"或"一制多档"的筹资方式，居民在缴费时仍可自由选择不同的档次，且不同的缴费标准对应不同的待遇水平。虽然整合后的城乡居民医保遵循"保障目录就窄不就宽、保障待遇就高不就低"的原则，但农村居民的收入水平往往低于城镇居民，其在缴费时更多地选择低档次，所对应的保障待遇也较低；而城镇居民的收入水平较高，多数仍选择与之前费用水平相似的高缴费档次，反而享受了更高的保障待遇，进一步加剧了医疗服务利用的不平等。此外，多数地区参照新农合的缴费标准设置新制度的低缴费档次，甚至某些城镇人口较少的地区干脆将城镇居民医保并到新农合，并未实现真正意义上的城乡医保整合。整体来看，目前城乡居民医保只实现了名义上的整合，还有待实现保障待遇的实质平等性。

## 第三节　城乡社会保障制度的发展和整合路径

中国城乡二元经济与社会结构导致了"碎片化"的社会保障制度，农村剩余劳动力的流动成为制度"破冰"与"衔接"的一种媒介。新型城镇化背景下，城乡社会保障制度的并轨应遵循怎样的发展路径呢？本节首先以1998~2014年中国省级面板数据为研究对象，运用广义矩估计模型对中国社会保障发展路径进行了经验分析。结果显示，制度整体呈现出"被动式"的发展路径，农村剩余劳动力的流动推动着中国城乡社会保障一体化进程；从政府的视角来看，中国社会保障制度的发展历程是政府偏好主导下的社会风险驱动路径,政府的城市偏好政策对城乡社会保障一体化具有负向的抑制效应,而整个社会风险的加剧,进一步形成了城乡社会保障一体化进程中的区域分割和制度分离的不利格局。然后,本节从新型城镇化背景下城乡社会保障制度保障项目分设、区域分离及群体分立的现实状况出发,对既有文献进行梳理、剖析与评述,提出整合机理性理论框架建构的假设命题;结合新型城镇化进程对城乡社会保障整合的基础性条件进行实证分析;评估和测度城乡社会保障整合的潜在动力、约束条件、路径依赖、影响因子和决定因素;以社会建构主义理论和复杂适应系统模型为工具,剖析社会保障制度演变和扩散的动态机理;在明确制度的演变和扩散机理的基础上,对制度整合路径的合理性、健康性及可持续性进行检验,为新型城镇化背景下城乡社会保障制度的"渐进式"统一探索一种可持续性的策略和路径。

## 一 新型城镇化背景下城乡社会保障制度的发展路径研究

中国30多年的飞速发展犹如一条"失衡的巨龙",却验证了"中国速度"。随着经济增速的放缓和社会经济结构调整的深入,中国经济已面临"新常态"。同时,我们不得不反思由城乡二元经济结构导致的"碎片化"社会保障制度的进展与困境并存的现实再分配格局。党的十八大明确提出"统筹推进城乡社会保障制度建设";2015年全国"两会"中,政府工作报告提出了经济"双引擎"的发展推动模式,核心是加大社会保障及公共服务投入力度。实际上,社会保障制度城乡"双轨制"的整合与并轨问题已经成为新型城镇化[①]动态推进的首要问题。然而,探寻城乡社会保障发展路径首先要关注的是社会保障制度覆盖率和保障水平的城乡"短板"的弥补问题。农村剩余劳动力的流动成为城乡二元社会保障制度"破冰"与"衔接"的一种积极媒介。因此,本节将其放入新型城镇化背景下来讨论。这主要是基于新型城镇化过程中的"软环境",如就业机会的多寡、社会保障制度的公平性、受教育机会的均等性、医疗卫生条件的可及性及户籍制度的差异性等的优化是城乡社会保障一体化的"营养性土壤"。

关于统筹推进城乡社会保障制度建设的讨论,在持续提高社会保障制度

---

① 新型城镇化涵盖了3个方面的内容:人的城镇化,不是土地的城镇化;中小城镇化,不是大城市和特大城市的城镇化;带动农村农业发展的城镇化,而不仅仅是人口区域转换的城镇化。

发展水平上是有共识的，争论的焦点主要集中于两个方面：一种观点认为，整合城乡社会保障制度是一种"自取衰败之道"、一种"短视行为"；另一种观点认为，市场经济的发展要求建立全国统一的劳动力市场，与此相适应，建立城乡统一的社会保障制度亦属必然、必要和势在必行。支持社会保障制度城乡一体化是一种"短视行为"的学者认为，制定城乡社会保障一体化的目标应以经济发展水平为依据，强调了经济因素对整合城乡社会保障制度的影响作用。①他们认为，中国城乡经济水平差异较大，整合城乡社会保障制度应属于远期目标，不宜作为现实之策。然而，经济因素是否构成了城乡社会保障整合的唯一决定因素呢？答案似乎并不是肯定的。与中国经济发展水平相近，甚至落后于中国经济发展的国家，如墨西哥和泰国等均对城乡社会保障制度做了整合和优化，建立了较为完善的社会保障体系。因此，政府也是整合城乡社会保障制度的重要推动力量。②公共政策环境的改变催生了社会保障制度变迁的动力，公平的理念与社会保障制度相伴而生。随着制度的不断创新，城乡社会保障制度统筹的理念亦在学者们的热议中不断得到新的发展，统筹城乡社会保障制度，建立全国统一的城乡社会保障制度已成为政府顶层设计重点关注的问题和学者热议的焦点。其核心的理论是市场经济的深入发展要求建立全国统一的劳动力市场，因此与劳动力资源息息相关的配套改革，即城乡社会保障制度的整合应并驾齐驱。③上述学者的"并轨"理念中，提出了公平性目标。而另外一个测度这个目标的可行性指标——可持续性，成为整合城乡社会保障制度的前提。叶明认为，农村土地国有化成为

---

① 郑功成：《加入WTO与中国的社会保障改革》，《管理世界》2002年第4期。
② 马斌、汤晓茹：《关于城乡社会保障一体化的理论综述》，《人口与经济》2008年第3期；R.B.Denhardt, "The Future of Public Administration: Challenges to Democracy, Citizenship, and Ethics," *Public Administration and Management*: *An Interactive Journal*, 1999, Vol.4, No.2, pp.279-292；马晓河、蓝海涛、黄汉权：《工业反哺农业的国际经验及我国的政策调整思路》，《管理世界》2005年第7期。
③ 胡荣：《我国社会保险制度改革的模式选择》，《社会学研究》1995年第4期；胡鞍钢：《利国利民、长治久安的奠基石——关于建立全国统一基本社会保障制度、开征社会保障税的建议》，《改革》2001年第4期；李慧芳、孙津：《城乡统筹中新型城市形态创制的要素关系》，《中国人口·资源与环境》2008年第2期；S.Poelhekke, "Urban Growth and Uninsured Rural Risk: Booming Towns in Bust Times," *Journal of Development Economics*, 2011, Vol.96, No.2, pp.461-475；王婷：《我国城乡社会保障一体化政策试析》，《学术界》2014年第4期。

# 第五章 社会保障权益配置的收入分配逻辑

城乡社会保障一体化的法制前提①，农业的衰落和工业的崛起是整合城乡社会保障制度的经济前提②；城乡社会保障一体化与工业大规模反哺农业基本同步。通过上述文献的论述，不难发现，经济发展与社会转型成为社会保障制度城乡一体化整合的基础和潜在动力；然而，社会保障制度与整个中国城乡环境的"生态关系"的变化是随着政策的调整不断适应变化的，那么这就决定了中国城乡社会保障一体化的路径没有现成的静态模式。公平是城乡社会保障一体化的逻辑起点，这个逻辑起点能够衍生出的仅仅是一种理念，制度秉承理念需要"可持续性"测算为之提供现实保证。既有研究文献针对中国城乡一体化推进回答了两个问题：（1）站在公平的逻辑起点，提出"公平、公正和共享"等拓展性创新理念；（2）结合中国经济、社会和城镇化等现实状况，分析了中国目前是否应该开启城乡社会保障一体化的"闸门"。然而，城乡社会保障整合的关键和核心问题并未触及。第一，目前中国社会保障制度发展呈现出一种怎样的路径？由哪些因素来驱动呢？第二，在中国城乡二元经济及"中国式"城镇化背景下，中国经济和公共服务政策应该如何调整和优化以确保整合路径的合理和健康呢？这两类问题既是对相关研究的一个全新拓展，也是探寻中国城乡二元经济和社会所要解决和回答的关键性问题。

（一）新型城镇化背景下城乡社会保障制度发展特征

1. 社会保障与工业化

城乡社会保障均等化水平严重滞后于中国工业化水平，本节采用工业产值占 GDP 的比重来衡量工业化率，用城乡人均社会保障转移支付收入之差占人均社会保障转移支付收入的比重来表示城乡社会保障均等化水平。中国的《就业促进法》明确规定工业化过程中，要建立全国统一的劳动力市场，这种统一性不仅仅是就业机会的均等，更涵盖了同工同酬、享受与劳动相关的平等的公共服务，涉及的改革还含有社会保障制度、教育和医疗卫生等与户籍制度相捆绑的无差别化。然而，我们从图 5-7 中可以看出，中国的工业

---

① 叶明：《城乡社会保障制度一体化的法制前提：农村土地国有化》，《西南民族大学学报》（人文社会科学版）2013 年第 5 期。

② T. B. Andersen, B. Jamtveit, "Uplift of Deep Crust During Orogenic Extensional Collapse: A Model Based on Field Studies in the Sogn-Sunnfjord Region of Western Norway," *Tectonics*, 1990, Vol. 9, No. 5, pp.1097-1111.

化率已高达40%，而城乡社会保障均等化水平呈现总体下降的趋势，2006~2014年，中国社会保障制度的均等化水平仅维持在10%左右，且收敛趋势较弱。社会保障一体化发展水平严重滞后于工业化水平，这是中国自改革开放以来的基本模式和发展路径。那么，为什么中国剩余劳动力能在不同区域的城镇获得工作机会，但社会保障制度不能配套跟进呢？中国近3亿农民工到底应隶属于城镇职工、城镇居民还是农村居民呢？从工业化进程来看，他们应该隶属于城镇职工；从新生代农民工进城务工的初衷及意愿来看，他们应该隶属于城镇居民，享受与城镇居民同等的社会保障及公共服务；但从中国城镇化实践来看，他们仍然被"群体性"的以"户籍"隶属方式捆绑于其所属的农村家庭。[①]

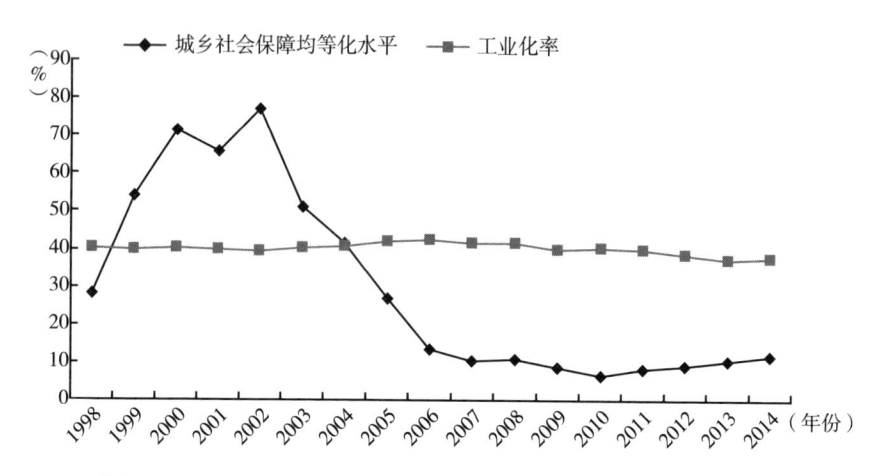

图5-7 1998~2014年城乡社会保障均等化水平与工业化率变化趋势

因此，工业化推进连同户籍隶属方式对农民工这一"夹层"群体的捆绑，形成了绝大多数农村剩余劳动力"工作在城市，保障及服务在家庭"的劳动力市场的非常态二元格局。这些都根源于政府的城市偏好政策。因此，我们目前面临的现实状况及扭曲格局是政府的城市偏好政策压低了劳动力价格，剥离了农村剩余劳动力应有的社会保障及服务，促进了工业化，但同时

---

① 陆铭、陈钊：《城市化、城市倾向的经济政策与城乡收入差距》，《经济研究》2004年第6期；罗翔、朱平芳、项歌德：《城乡一体化框架下的中国城市化发展路径研究》，《数量经济技术经济研究》2014年第10期。

## 第五章 社会保障权益配置的收入分配逻辑

也抑制了配套跟进的健康劳动力市场的形成与发育。

### 2.城乡社会保障一体化与农村居民社会风险化解

长期以来，农村居民所面临的风险一直被认为是可以用土地来化解和规避的，而随着农村剩余劳动力大量涌入城镇和资本不断"下乡"的双向流动，以户籍为严密"屏障"分割的城乡二元经济和社会不断得到融合，农村居民面临的社会风险丝毫不少于和弱于城镇居民；而"剪刀差"的经济和社会发展偏向模式带来"联动"的"剪刀差"式的城乡多元化社会保障模式。从市场化的视角来看，城镇化和工业化给农村居民带来了失地风险[1]、农村剩余劳动力进城务工而非"市民化"的保障风险[2]、农村家庭小型化导致农村"家庭保障"失效的风险[3]。而社会保障一体化可以在大数法则的基础之上，使上述风险在更大程度上得到化解、转移和共担。中国的现实状况是，只要较高的社会风险没有被合理、有效地规避或消除，而且农业收入持续性地低于非农业收入，农村剩余劳动力就会持续不断地流入城市就业。如果这部分群体不能享受公平的社会保障待遇，中国社会保障将面临"三元化"格局，那么社会保障城乡分割、群体分立及区域分离的状况将更加突出。在城乡经济、劳动力市场等领域一体化的大背景下，再分配领域的一体化需要与之同步，否则农村居民所面临的社会风险将进一步加剧，并难以化解。鉴于此，本节认为，城乡社会保障一体化对农村居民社会风险化解的全局性策略主要依赖于两个方面：（1）优化社会保障发展路径，创建良性契合政策的化解社会风险的运行生态；（2）深入拓展城乡社会保障一体化的政策架构，逐步形成农村居民与城镇居民动态均衡的风险化解政策治理格局。

### 3.城乡社会保障一体化与"以工补农"反哺调整策略

一般来说，不同国家的工业化进程中，工业和农业的动态互动关系大致可以划分为两个时期：第Ⅰ期为工业化前期，体现为"以农补工"的发展模

---

[1] S. Poelhekke, "Urban Growth and Uninsured Rural Risk: Booming Towns in Bust Times," *Journal of Development Economics*, 2011, Vol.96, No.2, pp.461-475.

[2] 陶然、徐志刚：《城市化、农地制度与迁移人口社会保障——一个转轨中发展的大国视角与政策选择》，《经济研究》2005年第12期。

[3] 郑风田、阮荣平、刘力：《风险、社会保障与农村宗教信仰》，《经济学》（季刊）2010年第3期。

式①;第Ⅱ期集中体现为"以工补农"的"反哺式"调整策略②。而第Ⅱ期又可以分为两个阶段,即转轨阶段和全面反哺阶段。③第一个阶段是从工业化中期开始,以提高农业产量为核心目标,从反哺的力度和范围来看,远未形成反哺的"网状"模式,而仅仅是"点状"的支持;而第二阶段的全面反哺期主要表现为在兼顾农村居民收入的同时,各种再分配政策开始增加,保障力度加大,保障范围得到大幅度扩展,形成了"网状"的反哺模式。因此,第Ⅱ期"以工补农"的"反哺式"调整策略集中体现为城乡社会保障一体化。典型国家的发展经验表明,城乡社会保障一体化的时点与"以工补农"的全面反哺期的开始时点基本上是同步的。工业全面反哺农业的第Ⅱ个战略调整时期,将会促成支持农业、农村及农村居民城乡一体化的社会保障制度体系。典型国家的城乡社会保障一体化历程和转折期显示,中国目前正面临社会保障制度覆盖城乡的恰当时期和节点。

4.城乡社会保障一体化与城乡二元结构的扩大

前文采用城市偏好政策诠释了城乡社会保障一体化发展落后于工业化发展的现实状况,但是它仍不能全面反映中国城乡社会保障发展路径,这主要是基于两个方面:(1)城市偏好政策对不同区域的影响无显著差异,而从现实状况来看,中国城乡社会保障发展路径呈现出明显的区域差异性特征,东部沿海地区城乡社会保障一体化进程远快于中西部地区④,城市偏好政策并不能很好地解释区域分化的态势;(2)从理论上来说,只要将社会保障城市偏好政策产生的再分配利润反哺给农村居民,城乡二元结构差距就会得到显著性的缩小。虽然地方财政对农村社会保障的投入力度在逐年加大,但中国的城乡二元结构系数在2000年以来一直维持在20%左

---

① 陈斌开、林毅夫:《发展战略、城市化与中国城乡收入差距》,《中国社会科学》2013年第4期;王小鲁:《中国城市化路径与城市规模的经济学分析》,《经济研究》2010年第10期。

② J.Giles, "Is Life More Risky in the Open? Household Risk-coping and the Opening of China's Labor Markets," *Journal of Development Economics*, 2006, Vol.81, No.1, pp.25-60;韩央迪、李迎生:《中国农民福利:供给模式、实现机制与政策展望》,《中国农村观察》2014年第5期。

③ 金刚、柳清瑞:《中国建立覆盖城乡社会保障体系的基本条件分析——基于国际比较的经验》,《人口与发展》2010年第2期。

④ 王婷:《我国城乡社会保障一体化政策试析》,《学术界》2014年第4期;夏永祥:《政府强力推动与城乡一体化发展:"苏州道路"解读》,《农业经济问题》2011年第2期。

右，城市偏好政策无法解释中国城乡二元结构持续深化的格局。[①]

(二) 中国城乡社会保障发展路径影响因素分析

1. 实证模型

影响社会保障发展路径的变量主要有社会风险驱动变量和政府城市偏好政策变量，还包括一系列的控制变量。因此，影响中国城乡社会保障发展路径的因素可以用如下方程表示：

$$Security_{jt} = \beta_0 + \beta_1 Socirisk_{jt} + \beta_2 Urbanpre_{jt} + \beta_3 X + \varepsilon_{jt} \quad (5-12)$$

在其他因素不变的情况下，计量模型（5-12）主要测度的是中国城乡社会保障制度的发展路径是由社会风险驱动还是由政府城市偏好政策主导。如果仅仅从政府城市偏好政策的视角来分析，并不能完全诠释中国社会保障城乡发展路径。因此，本节初步预测，在城乡二元经济和社会条件下，不断积累的农村社会风险是导致中国城乡社会保障一体化进程加速的重要因素。

2. 相关变量的解释

式（5-12）中，下标 $j$ 和 $t$ 分别表示 $j$ 省份和第 $t$ 年；$\varepsilon_{jt}$ 是系统误差；$\beta_i$ 为回归系数（$i=1, 2, 3$）。$Security_{jt}$ 为城乡社会保障一体化率，本节采用农村社会保障资金投入（$R_{jt}$）与城镇社会保障资金投入（$U_{jt}$）之比作为社会保障一体化水平的代理变量，即 $Security_{jt}=R_{jt}/U_{jt}$。$Socirisk_{jt}$ 表示农村居民所面临的社会风险，由于各期变量间可能存在自相关性，本节将采用资产组合理论中的 Markov 风险测度来予以规避，采用农村社会保障财政投入滞后5年期间社会保障投入增长率的标准差作为农村社会风险的代理变量，即 $Socirisk_j=$ $\left[1/5\sum_{t=1}^{5}(Rur_t - \overline{Rur})^2\right]^{1/2}$，其中，$Rur_t$ 表示 $t$ 年农村社会保障投入增长率。$Socirisk_j$ 表示农村社会保障财政投入滞后5年期间的增长率的标准差，$Socirisk_j$ 越大表示农村社会风险就越大。除了财政对农村社会保障投入的波动外，本节认为，各种政策性风险也会影响社会风险的大小，如政府的扶贫政策。在实证分析的稳健性检验中，笔者将采用类似的处理方式，用5年内扶贫基金的对口配给的标准差作为社会风险的代理变量，即 $Socipf_j=$

---

[①] 成新轩、侯兰晶：《城乡社会保障投入差异及对策分析》，《中国软科学》2011年第S2期。

$\left[1/5\sum_{t=1}^{5}(Rpf_t - \overline{Rpf})^2\right]^{1/2}$，其中，$Rpf_t$表示$t$年农村扶贫基金的配给，$Socipf_j$越大，农村居民所面临的社会风险就越大。

$Urbanpre_{jt}$表示政府的城市偏好政策。从既有研究文献来看，城市偏好政策涵盖了政府在经济活动中发挥的职能和财政支出结构两方面。[①]一般来说，在公共支出结构方面，社会保障事业费占GDP的比重可用来表示城市公共政策偏好。因为从中国不同区域公共财政支出结构来看，社会保障财政投入聚集区域主要是城市。因此，本节采用社会保障财政投入占GDP的比重（$Secrprop$）来测度公共财政的城市偏好政策。除此之外，从地方财政公共服务投入方向和投入分布来看，经济增长仍然是投入的首要目标，那么财政投入必然偏重于城市。因此，本节采用地方财政公共服务投入占本地GDP的比重（$Fisprop$）作为城市公共政策偏好的代理变量，社会保障财政投入占GDP的比重和地方财政公共服务投入占本地GDP的比重越高，城市偏好政策就越显著。

本节相关变量还包含了一系列的控制变量（$Contrvari_{jt}$），主要用于测度不同经济区域的城乡社会保障发展状况，其中包含了社会保障支出增长率城乡差异（$Secuexpr_{jt}$）、初始城镇化率（$Iniurbanr_{jt}$）、城乡社会保障标准差异（$Secustan_{jt}$）、城市就业容纳程度（$Employex_{jt}$）、迁移成本（$Mobcost_{jt}$）。

初始城镇化率（$Iniurbanr_{jt}$）表示城市就业人口占总就业人口的比重，此控制变量能够衡量农村剩余劳动力迁至流入地的城镇规模，这个比重越高，表示城镇就业容纳程度就越高，城镇规模就会越大。从区域的视角来看，城乡社会保障一体化就越容易推进。

本节采用城乡社会保障支出增长率差值来表示社会保障支出增长率的城乡差异，用城乡社会保障标准差异来表示城乡社会保障制度间的距离。这两个差异值越小，表示社会保障制度城乡一体化推进更容易。在新型城镇化背景下，城镇就业容纳程度的测量对城乡社会保障制度的推进具有重大的意义。产业结构调整过程中农村剩余劳动力缺口公式为：$Ruralgap_{jt} = \sum_{i=2}^{3} Indugap_i \times 1/Relar_i$。

---

[①] 陆铭、陈钊：《城市化、城市倾向的经济政策与城乡收入差距》，《经济研究》2004年第6期；罗翔、朱平芳、项歌德：《城乡一体化框架下的中国城市化发展路径研究》，《数量经济技术经济研究》2014年第10期。

其中，$Indugap_i$表示第$i$产业农村剩余劳动力缺口。$Relar_i$表示相对流动率或净流动率，主要用来测度农村剩余劳动力流动度和开放程度，$Relar=(\pi_{11}\times\pi_{22})/(\pi_{12}\times\pi_{21})$，$\pi_{11}$表示农村居民中在原居地的样本数，$\pi_{12}$表示城镇人口流入农村的样本数，$\pi_{21}$表示农村居民中流入城镇的样本数，$\pi_{22}$表示城镇居民中在原居地的样本数。$Relar$越接近于1，表示农村剩余劳动力流动性限制条件越小。$Mobcost_{jt}$表示农村剩余劳动力迁移成本，本节采用罗翔等人的做法[1]，用省级层面的公路和铁路的密度来表示，密度越高表示迁移成本越低。

在新型城镇化背景下，户籍制度改革已经成为一种不可逆转的趋势。2014年7月，国务院印发了《关于进一步推进户籍制度改革的意见》，提出发展目标为"放开建制镇和中小城市落户限制，合理确定大城市落户条件"。从改革趋势来看，随着新型城镇化的推进，中国户籍制度改革将会进一步深入。因此，本节的实证分析将部分引入户籍制度改革（$Household$）这一哑变量来分析新型城镇化背景下户籍制度改革对中国城乡社会保障一体化的影响效应。

3.估计方法

由于在估计农村居民所面临的社会风险及政府的城市偏好政策对城乡社会保障发展路径的影响时会存在内生性问题，如式（5-12）中遗漏变量问题。关于农村居民所面临的社会风险对城乡社会保障一体化的影响，除了收入波动和社会保障政策性因素导致的社会风险以外，诸如重大自然灾害风险、国际金融风险、环境风险也可能会影响城乡社会保障一体化的进程。这种内生性的影响效应体现为测算结果的非一致有效性，通常会在经验分析过程中采用面板数据的固定效应或随机效应进行测算。从规避内生性的方法来看，一般是采用IV估计或者2GMM估计方法，当工具变量的矩条件个数大于待估参数的个数时，得到的解不具唯一性，而GMM方法可以有效地规避这一问题，采用GMM估计方法要求面板数据至少有两期，也就是可以通过滞后的社会风险来预测当前的社会风险，从而有效规避内生性问题。

---

[1] 罗翔、朱平芳、项歌德：《城乡一体化框架下的中国城市化发展路径研究》，《数量经济技术经济研究》2014年第10期。

### 4.数据的描述性统计

本节所采用的研究对象来自中国30个省（区、市）2000~2014年数据样本，经验分析所采用的数据来自《新中国六十年统计资料汇编》和部分省份的《劳动保障年鉴》。表5-15报告了相关变量的描述性统计，表5-16报告了不同区域原始数据的平均值，图5-8及图5-9为农村居民的社会风险、政府城市偏好政策与城乡社会保障一体化之间关系的散点图。从图中可以看出，居民所面临的社会风险与城乡社会保障一体化存在显著正相关关系，政府的城市偏好政策与城乡社会保障一体化之间存在显著的负相关关系。

表5-15 相关变量的描述性统计

| 变量 | 变量解释 | 最大值 | 最小值 | 均值 | 标准差 |
|---|---|---|---|---|---|
| Security | 城乡社会保障一体化率 | 0.204 | 0.082 | 0.163 | 0.170 |
| Socirisk | 社会风险 | 231.591 | 2.877 | 44.504 | 25.822 |
| Socipf | 社会风险代理变量 | 0.937 | 0.000 | 0.087 | 0.923 |
| Secrprop | 城市偏好政策代理变量 | 0.837 | 0.412 | 0.568 | 0.136 |
| Fisprop | 城市偏好政策代理变量 | 0.826 | 0.138 | 0.349 | 0.168 |
| Iniurbanr | 初始城镇化率 | 0.723 | 0.125 | 0.342 | 0.159 |
| Secustan | 城乡社会保障标准差异 | 2454.748 | 349.219 | 1073.122 | 532.120 |
| Employex | 城市就业容纳程度 | 183.630 | 5.394 | 113.003 | 9.451 |
| Secuexpr | 社会保障支出增长率城乡差异 | 0.492 | 0.015 | 0.217 | 0.092 |
| Household | 户籍制度改革 | 1.000 | 0.000 | 0.415 | 0.488 |
| Mobcost | 迁移成本 | 563.560 | 2.639 | 76.628 | 19.040 |

表5-16 30个省（区、市）2010~2014年相关数据均值

| 省（区、市） | Security | Socirisk | Socipf | Secrprop | Fisprop | Iniurbanr | Secustan | Employex | Secuexpr | Mobcost |
|---|---|---|---|---|---|---|---|---|---|---|
| 北京 | 0.193 | 71.342 | 0.411 | 0.626 | 0.679 | 0.723 | 1024.473 | 173.540 | 0.325 | 6.140 |
| 天津 | 0.201 | 69.427 | 0.349 | 0.673 | 0.623 | 0.612 | 943.284 | 163.479 | 0.318 | 20.320 |
| 河北 | 0.112 | 81.240 | 0.360 | 0.736 | 0.711 | 0.239 | 632.342 | 155.433 | 0.294 | 46.942 |
| 山西 | 0.109 | 80.834 | 0.421 | 0.528 | 0.534 | 0.332 | 548.330 | 154.043 | 0.275 | 97.310 |
| 内蒙古 | 0.080 | 90.423 | 0.443 | 0.689 | 0.626 | 0.407 | 539.503 | 67.270 | 0.301 | 450.324 |
| 辽宁 | 0.095 | 108.483 | 0.484 | 0.730 | 0.733 | 0.558 | 423.930 | 163.487 | 0.317 | 78.423 |
| 吉林 | 0.092 | 68.124 | 0.350 | 0.623 | 0.610 | 0.197 | 428.435 | 140.739 | 0.330 | 125.294 |
| 黑龙江 | 0.088 | 65.253 | 0.372 | 0.528 | 0.593 | 0.589 | 428.631 | 156.328 | 0.274 | 274.400 |
| 上海 | 0.204 | 3.487 | 0.289 | 0.428 | 0.138 | 0.654 | 742.822 | 178.316 | 0.406 | 2.639 |
| 江苏 | 0.201 | 2.876 | 0.000 | 0.412 | 0.432 | 0.267 | 349.219 | 180.237 | 0.110 | 18.420 |

续表

| 省（区、市） | Security | Socirisk | Socipf | Secrprop | Fisprop | Iniurbanr | Secustan | Employex | Secuexpr | Mobcost |
|---|---|---|---|---|---|---|---|---|---|---|
| 浙江 | 0.203 | 3.470 | 0.043 | 0.481 | 0.467 | 0.219 | 833.902 | 179.741 | 0.128 | 24.124 |
| 安徽 | 0.110 | 91.129 | 0.326 | 0.698 | 0.593 | 0.193 | 732.389 | 112.582 | 0.285 | 54.235 |
| 福建 | 0.098 | 103.438 | 0.469 | 0.518 | 0.522 | 0.254 | 634.221 | 143.005 | 0.355 | 104.630 |
| 江西 | 0.091 | 89.473 | 0.579 | 0.738 | 0.719 | 0.245 | 528.370 | 126.364 | 0.279 | 84.242 |
| 山东 | 0.090 | 93.679 | 0.600 | 0.689 | 0.663 | 0.246 | 2454.748 | 159.048 | 0.492 | 49.405 |
| 河南 | 0.087 | 138.670 | 0.715 | 0.830 | 0.819 | 0.184 | 1025.382 | 64.950 | 0.406 | 87.950 |
| 湖北 | 0.085 | 110.730 | 0.423 | 0.837 | 0.825 | 0.302 | 1143.280 | 99.305 | 0.362 | 66.349 |
| 湖南 | 0.084 | 123.689 | 0.442 | 0.782 | 0.769 | 0.208 | 1229.344 | 87.864 | 0.308 | 76.518 |
| 广东 | 0.200 | 75.908 | 0.294 | 0.505 | 0.481 | 0.291 | 1528.629 | 183.630 | 0.224 | 24.142 |
| 广西 | 0.091 | 102.682 | 0.603 | 0.640 | 0.600 | 0.185 | 827.376 | 79.662 | 0.313 | 66.349 |
| 海南 | 0.082 | 132.790 | 0.637 | 0.732 | 0.709 | 0.375 | 412.238 | 62.509 | 0.286 | 349.943 |
| 四川 | 0.085 | 105.289 | 0.552 | 0.783 | 0.627 | 0.209 | 732.835 | 76.630 | 0.290 | 528.578 |
| 贵州 | 0.084 | 224.680 | 0.830 | 0.810 | 0.801 | 0.125 | 693.237 | 6.734 | 0.015 | 549.184 |
| 云南 | 0.086 | 204.674 | 0.892 | 0.808 | 0.743 | 0.166 | 711.389 | 9.775 | 0.277 | 562.239 |
| 西藏 | 0.082 | 230.761 | 0.934 | 0.825 | 0.776 | 0.186 | 252.493 | 5.870 | 0.102 | 563.560 |
| 陕西 | 0.093 | 87.872 | 0.526 | 0.637 | 0.650 | 0.254 | 624.120 | 63.222 | 0.251 | 204.530 |
| 甘肃 | 0.084 | 88.493 | 0.693 | 0.791 | 0.694 | 0.217 | 427.475 | 45.004 | 0.280 | 432.725 |
| 青海 | 0.085 | 174.746 | 0.660 | 0.762 | 0.724 | 0.325 | 450.293 | 12.730 | 0.272 | 498.538 |
| 宁夏 | 0.082 | 209.347 | 0.915 | 0.733 | 0.701 | 0.328 | 474.340 | 6.739 | 0.305 | 476.235 |
| 新疆 | 0.087 | 231.591 | 0.937 | 0.820 | 0.826 | 0.511 | 405.481 | 5.394 | 0.132 | 556.044 |

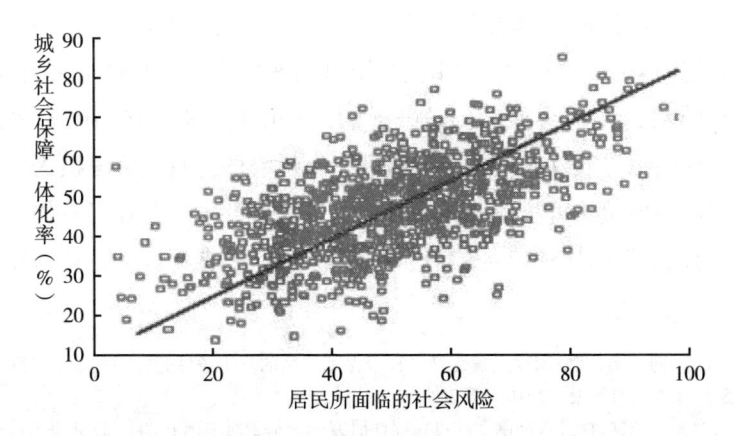

图5-8 社会风险与城乡社会保障一体化关系

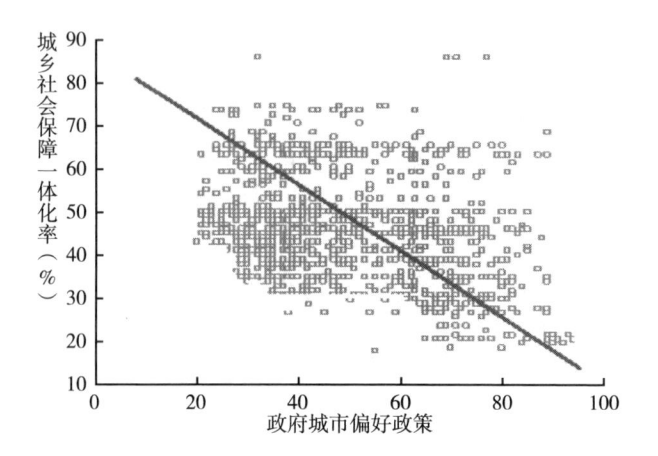

图5-9 政府城市偏好政策与城乡社会保障一体化关系

(三) 中国城乡社会保障发展路径分析

1.基本结果分析

本节将分别采用混合最小二乘法、固定效应模型和两阶段广义矩估计（即GMM估计）模型对式（5-12）进行估计，所采用的工具变量为居民所面临社会风险的滞后变量。表5-17的两阶段GMM估计结果显示，居民所面临的社会风险对城乡社会保障一体化水平的影响显著为正，该结果表明中国城乡社会保障发展路径呈现出社会风险驱动模式，用社会保障财政投入增长变动率衡量的社会风险是加速中国城乡社会保障一体化的重要引擎。社会风险越大，城乡社会保障一体化进程推进力度越大。先前研究认为，城镇化水平是促进城乡社会保障一体化主要因素的观点并非完全成立。[1]从中国城乡二元社会和经济背景来看，农村非正规金融的融资渠道虽然较为常见和普遍，但正规信贷渠道及社会保险仍是缺乏的。[2]由于信贷市场与融资渠道的不畅，农户在面临异质性风险时，规避和抵御风险的工具及手段极为有限。鉴于此，在新型城镇化背景下，城乡社会保障制度的发展路径可看作应对社会风险的一种权衡。表5-17经验分析结果显示，在城乡二元经济和社会结构

---

[1] 金刚、柳清瑞：《中国建立覆盖城乡社会保障体系的基本条件分析——基于国际比较的经验》，《人口与发展》2010年第2期。
[2] 王增文：《农村社会救助制度的可持续性研究——基于对中国10省份33县市农村居民的调查》，经济科学出版社，2012；林治芬、魏雨晨：《中央和地方社会保障支出责任划分中外比较》，《中国行政管理》2015年第1期。

## 第五章 社会保障权益配置的收入分配逻辑

下,农户所面临的社会风险是推动城乡社会保障一体化的最基本动力。目前,即使增加对农业生产的补贴及农业贷款项目,仍达不到有效缓解农村风险和农村贫困的根本目的。

表5-17也报告了政府城市偏好政策对城乡社会保障发展路径的影响。第2列报告了混合最小二乘估计结果,政府的城市偏好政策对城乡社会保障一体化实施的影响效应是负的。而固定效应模型结果显示,这种影响效应并不显著。如果人口密度与各省级层面固定效应存在相关性,则应采用固定效应模型,但会存在估计偏差的问题,而且省级层面的制度特征变量对城乡社会保障一体化的影响效应是正向分散的。这表明,采用固定效应模型来估计政府城市偏好政策对城乡社会保障一体化发展路径的影响是有偏的。两阶段广义矩估计的结果显示,政府的城市偏好政策对城乡社会保障一体化发展路径的影响是负向的,且通过了显著性检验。由于两阶段广义矩估计能够有效地解决由遗漏变量产生的内生性问题,所以,政府的城市偏好政策对城乡社会保障一体化路径具有抑制作用,地方财政被过度地用于生产和建设性支出,这样会产生两方面的负面效应:一是农户所面临的社会风险加剧;二是城市总体投入产出的边际效率降低,这在很大程度上会扭曲城乡社会保障发展路径。

表 5-17 实证结果

| 变量 | 混合最小二乘估计 | 固定效应模型估计 | 两阶段广义矩估计 |
| --- | --- | --- | --- |
| $Socirisk$ | 0.003*** <br> (4.870) | 0.001** <br> (2.062) | 0.002*** <br> (5.041) |
| $Secrprop$ | −0.226** <br> (−1.720) | 0.054 <br> (0.470) | −0.296*** <br> (−2.152) |
| $Secuexpr$ | 0.475*** <br> (9.674) | 0.418*** <br> (3.900) | 0.484*** <br> (9.920) |
| $Iniurbanr$ | −0.004 <br> (−0.259) | 0.001 <br> (1.571) | 0.001 <br> (0.048) |
| $Employex$ | 0.006 <br> (1.230) | 0.005 <br> (1.387) | 0.003 <br> (1.540) |
| $Secustan$ | 0.518*** <br> (5.551) | 0.398*** <br> (7.803) | 0.398*** <br> (4.623) |

续表

| 变量 | 混合最小二乘估计 | 固定效应模型估计 | 两阶段广义矩估计 |
|---|---|---|---|
| *Household* | 0.049** <br> (3.092) | 0.018 <br> (0.430) | 0.038*** <br> (2.966) |
| *Mobcost* | 0.001*** <br> (7.996) | 0.005 <br> (9.670) | 0.003*** <br> (7.228) |
| 截距项 | −0.209*** <br> (−2.117) | −0.008 <br> (−1.211) | −0.300 <br> (−1.280) |
| $R^2$ | 0.505 | 0.493 | 0.499 |
| A−C LM 检验 | | | 639.326 |
| C−D Wald F 检验 | | | 3298.547 |

注：***、**分别表示在1%、5%的水平下显著；括弧里面的数值表示标准误。

在控制变量中，城乡社会保障财政投入增长率差异与城乡社会保障标准差异对社会保障发展路径的影响显著为正，这再次表明，城乡社会保障财政投入力度及标准是社会保障发展路径优化首要考虑的核心要素，这与目前学者研究的结论相一致①。城乡社会保障一体化可以在很大程度上规避异质性风险冲击对农户收入造成的损失，城乡社会保障标准差异越小，异质性风险冲击给农户带来的损失就越小。城市就业容纳程度对城乡社会保障发展路径的影响并不显著，这表明中国城乡社会保障一体化进程并不完全遵从于就业推动模式，也就是城乡社会保障一体化更多遵从和服务于全国统一的劳动力市场，而不应以户籍所在地来分设社会保障制度。

由于城乡社会保障发展路径会伴随新型城镇化进程。迁移成本对城乡社会保障发展路径的影响显著为正。目前中国城镇化进程仍然偏离新型城镇化的目标，其特征是越来越表现为省际的流动和迁移，而非省内流动。从区域的视角来看，中西部地区的农村剩余劳动力更多地向沿海发达地区迁移，如果目前中国城乡二元公共服务政策的差异不能得到有效缓解，中国的城镇化仍然延续"大城镇化"和"过度城镇化"的道路，这种城镇化将会进一步抑制城乡社会保障一体化进程。

---

① 韩振武：《城乡社会保障并轨何以可能——苏州城乡一体化发展的启示》，《发展研究》2014年第5期。

## 2.社会风险、政府城市偏好政策及区域分割的拓展性分析

表5-17中的三类模型估计结果显示了农户所面临的社会风险与政府城市偏好政策对城乡社会保障发展路径的总体影响效应。中国社会保障发展城乡失衡、区域失衡,这就注定了不同经济区域城乡社会保障发展路径亦会有较大的差异性。本节将所选择的样本分区域进行分析,按照国家统计局2007年对中国区域的划分进行分组。本节采用了广义矩估计的方法对不同区域的数据进行回归分析,结果如表5-18所示。

表5-18 分区域社会风险与政府城市偏好政策对城乡社会保障发展路径的两阶段广义矩估计结果

| 变量 | 东部地区 | 中部地区 | 西部地区 |
|---|---|---|---|
| $Socirisk$ | 0.001<br>(1.340) | 0.001***<br>(3.854) | 0.000**<br>(4.033) |
| $Secrprop$ | -2.769<br>(-1.600) | -0.078<br>(-0.349) | 0.784***<br>(3.299) |
| $Secuexpr$ | -1.809***<br>(11.547) | 0.487***<br>(6.840) | 0.336***<br>(2.764) |
| $Iniurbanr$ | -1.405***<br>(-0.277) | 0.466***<br>(0.700) | 0.248***<br>(0.505) |
| $Employex$ | 0.008<br>(1.353) | 0.004<br>(1.136) | 0.005<br>(1.361) |
| $Secustan$ | -0.177<br>(-1.202) | -0.035<br>(-0.017) | 0.469***<br>(5.100) |
| $Household$ | 0.275***<br>(6.884) | 0.053***<br>(3.890) | 0.008***<br>(0.352) |
| $Mobcost$ | 0.008***<br>(2.940) | 0.005**<br>(1.653) | 0.000<br>(0.127) |
| 截距项 | -0.561***<br>(-2.843) | -0.367***<br>(-3.292) | -0.078<br>(-0.622) |
| $R^2$ | 0.683 | 0.571 | 0.264 |
| A-C LM检验 | 220.039 | 187.780 | 190.644 |
| C-D Wald F检验 | 1340.228 | 578.972 | 194.188 |
| 样本数 | 276 | 301 | 253 |

注:***、**分别表示在1%、5%的水平下显著;括弧里面的数值表示标准误。

表5-18中，西部地区政府的城市偏好政策对城乡社会保障发展路径的影响效应为正向的，且通过了显著性检验，而东部地区和西部地区并不显著。这表明，相对于经济和社会化发展程度较高的区域，经济和社会化发展程度相对较低的区域的政府城市偏好政策对城乡社会保障发展路径的影响更多地体现为"属地化"效应。具体表现为，一半以上的城市"新居民"只是通过政府的区域转移政策而"被城镇化"，而非完全意义上的城镇化模式。这部分居民并不能够完全享受当地的公共服务及福利政策，特别是在社会保障、医疗及教育方面。迁移成本对西部地区城乡社会保障发展路径的影响并不显著。

从上述区域差异对城乡社会保障一体化发展路径的影响效应来看，政府的城市偏好政策对西部地区的影响效应为正且具有显著性，而对东部地区和中部地区的影响效应并不显著。然而，现实问题是：相对于东部地区，中西部地区的城镇化水平及城乡社会保障一体化水平相对较低。因此，政府的城市偏好政策不能够全面合理地解释中国新型城镇化背景下，城乡社会保障发展路径中的区域分割现象。而反观农户所面临的社会风险对城乡社会保障发展路径的影响效应，除了东部地区，社会风险在中西部地区对城乡社会保障一体化的影响效应为正且具有显著性。从城市规模的大小及发展趋势来看，中西部地区的城市规模远小于东部地区的城市规模，且中西部地区的农村居民正大量流向东部沿海省份，这种趋势透视出中国城乡社会保障一体化的区域分割呈现出显著的社会风险驱动特征。

3. 模型的稳健性检验

为了进一步验证前文结果的准确性，本节将对相关结论进行稳健性检验。采用农村社会保障财政投入增长率的波动来描述农户所面临的社会风险，可能会遗漏导致社会风险的其他因素，比如扶贫政策及相关的公共服务政策。此外，地方财政支出中，城乡公共服务支出虽然能够较为准确地刻画城乡社会保障一体化进程，然而，地方公共财政支出主要投向城市规模扩大方面。从理论上看，城市规模的扩大有利于城乡社会保障制度的整体推进。

表5-19模型（1）的两阶段广义矩估计报告了农村社会保障财政投入增长率的标准差作为社会风险代理变量的估计结果。A-C LM检验统计量为715.346，C-D Wald F检验统计量为3188.552，这表明本节所选取的工具变量是适合的。将表5-17的相关统计结果与之进行比较，各解释变量的回归

系数的符号是一致的,只是在显著性及数值大小上略有差别,这说明表5-17的估计结果是稳健的。模型(2)将地方财政公共服务投入占地方GDP的比重作为政府城市偏好政策的代理变量,各相关解释变量的估计结果显示,A-C LM检验统计量为716.627,C-D Wald F检验统计量为3249.806,这表明工具变量的选择是合适的。所以,估计结果是有效的。各期对应的解释变量系数的符号是一致的,这表明结果具有稳健性。

表5-19 两阶段广义矩估计的稳健性检验结果

| 变量 | 模型(1) | 模型(2) | 模型(3) |
| --- | --- | --- | --- |
| $Socirisk$ |  | 0.004*** <br> (5.469) |  |
| $Socipf_j$ | 0.042*** <br> (2.220) |  | 0.032*** <br> (2.381) |
| $Secrprop$ | −0.366*** <br> (−3.143) |  |  |
| $Fisprop$ |  | −0.168*** <br> (−2.817) | −0.146*** <br> (−2.267) |
| $Secuexpr$ | 0.573*** <br> (11.835) | 0.482*** <br> (9.965) | 0.608*** <br> (11.154) |
| $Iniurbanr$ | 0.001 <br> (0.584) | 0.001 <br> (0.175) | 0.001 <br> (0.554) |
| $Employex$ | 0.003 <br> (1.264) | 0.002 <br> (1.387) | 0.004 <br> (1.006) |
| $Secustan$ | 0.300*** <br> (4.016) | 0.526*** <br> (5.881) | 0.409*** <br> (4.637) |
| $Household$ | 0.045*** <br> (3.870) | 0.047*** <br> (3.804) | 0.041*** <br> (3.705) |
| $Mobcost$ | 0.001*** <br> (5.980) | 0.001*** <br> (7.690) | 0.001*** <br> (6.784) |
| 截距项 | −0.081 <br> (−1.090) | −0.211*** <br> (−3.007) | −0.230*** <br> (−3.632) |
| $R^2$ | 0.506 | 0.513 | 0.495 |
| A-C LM检验 | 715.346 | 716.627 | 708.606 |
| C-D Wald F检验 | 3188.552 | 3249.806 | 3238.215 |

注:***表示在1%的水平下显著;括弧里面的数值表示标准误。

表5-19模型（3）采用农村扶贫基金的配给作为社会风险代理变量，并采用地方财政公共服务投入占本地GDP的比重作为城市偏好政策的代理变量，估计结果显示，广义矩估计条件检验统计量为708.606，而弱识别检验统计量为3238.215。稳健性检验结果表明，本节的工具变量选择是恰当的，估计结果具有稳健性。通过对关键性变量选择的四个代理变量间的结果进行两两组合的稳健性检验分析，本节发现，农户所面临的社会风险与政府城市偏好政策对城乡社会保障发展路径的影响是可信的。

4.结论

本节采用2000~2014年中国省级面板数据，分析了新型城镇化背景下中国社会保障制度发展路径，充分考虑了遗漏变量的内生性问题的可能性，并采用两阶段广义矩估计的方法进行了分析。研究结果表明，中国城乡社会保障发展路径呈现政府城市偏好主导下，由农户面临的社会风险来驱动，而城市偏好政策在很大程度上抑制了城乡社会保障一体化的发展路径，稳健性检验结果进一步佐证了这一关键性结论。中国城乡社会保障发展路径表现出显著的区域差异，也就是经济发达的东部省份与经济欠发达的中西部省份城乡社会保障区域阻隔发展模式，而且农村居民所面临的社会风险进一步加剧了分割式发展格局。此外，本节还发现，户籍制度的无差异化、城市初始规模的扩大与城镇就业容纳程度的提升都显著促进了中国城乡社会保障一体化的进程。

## 二 新型城镇化背景下城乡社会保障制度的整合路径研究

党的十八大把实现社会保障全民覆盖作为全面建成小康社会的目标，并明确提出了统筹推进城乡社会保障体系建设的新要求和新举措。2012年，国家颁布了《城乡养老保险制度衔接暂行办法（征求意见稿）》，适用的范围是城镇职工养老保险、新型农村养老保险、城镇居民基本养老保险这三种保险中参保过两种或两种以上的人员。2015年1月3日，《国务院关于机关事业单位工作人员养老保险制度改革的决定》（国发〔2015〕2号）规定"改革现行机关事业单位工作人员退休保障制度，逐步建立独立于机关事业单位之外、资金来源多渠道、保障方式多层次、管理服务社会化的养老保险体系"，并于2014年10月1日正式实施。2016年1月，国务院出台了《关于整合城乡居民基本医疗保险制度的意见》（国发〔2016〕3号），按照"统一制度、整合政策、均衡水平、完善机制、提升服务"的总体思路来整合城镇居民基本医疗保险和新型农村合作医疗两项制度，建立统一的城乡居民基本医疗保险制度。各地方政府也针对本省份的社会保障发展状况颁布了适合本地的整合办法。然而，同时适合这一条件的人员很少。从这个方面来说，城乡居民基本养老保险制度整合仍未着眼于总体，制度意义大于实际意义。从中国城乡社会保障制度水平分割、项目分设、区域分离及群体分立的现实状况出发，本节将从实际操作层面对城乡社会保障整合的基础性条件进行剖析，并对整合路径的合理性、健康性及可持续性进行分析。

(一) 城乡社会保障整合的研究

城乡二元社会保障整合是公共管理学和社会学研究的重要课题。目前，国内学术界对统筹城乡社会保障模式存在三种观点，即统一模式、整合模式、专门模式，其中整合模式更加合理。国外学者主要通过公平权益的逻辑起点、制度优化的潜在动力、整合的动态调整策略及可持续性测度四个方面来揭示城乡社会保障整合的动态机理。[1]其研究主要分为两大路径：（1）把城乡社会保障整合过程分为决策、采纳和实施等阶段过程，通过案例描述和历史文本资料识别城乡社会保障整合不同阶段的特征[2]；（2）建立组织内外部变量与社会保障整合速率之间的统计关系假设，探讨在不同政府或公共部门间的空间扩散规律，并进行实证检验的扩散研究[3]。国内相关研究多集中于两个视角：（1）社会保障制度服务于城乡一体化的劳动力市场的经济学视角[4]；

---

[1] L. Artige, A. Dedry, P. Pestieau, "Social Security and Economic Integration," *Economics Letters*, 2014, Vol.123, No.3, pp.318-322; Selahattin İmrohoroğlu, Sagiri Kitao, "Labor Supply Elasticity and Social Security Reform," *Journal of Public Economics*, 2009, Vol.93, No.7-8, pp.867-878.

[2] Jose Cuesta, Mauricio Olivera, "The Impact of Social Security Reform on the Labor Market: The Case of Colombia," *Journal of Policy Modeling*, 2014, Vol.36, No.6, pp.1118-1134.

[3] 约翰逊：《中国农村与农业改革的成效与问题》，《经济研究》1997年第1期；R.M.Walker, "An Empirical Evaluation of Innovation Types and Organizational and Environmental Characteristics," *Journal of Public Administration Research and Theory*, 2008, Vol.18, No.4, pp.591-615; F.Damanpour, M.Schneider, "Characteristics of Innovation and Innovation Adoption in Public Organizations: Assessing the Role of Managers," *Journal of Public Administration Research and Theory*, 2009, Vol.19, No.3, pp.495-522.

[4] 邓大松、刘远风：《制度替代与制度整合：基于新农保的规范分析》，《经济学家》2011年第4期；林毓铭：《体制改革：从养老保险省级统筹到基础养老金全国统筹》，《经济学家》2013年第12期；何文炯：《劳动力自由流动与社会保险一体化》，《中国社会保障》2010年第12期。

(2) 城乡二元社会保障整合潜在动力的"软环境"政策学视角[①]，并基于不同的经济、政治和社会发展状况提出了区域性（如重庆、苏州和昆山等）城乡社会保障整合进程和整合模式[②]。

上述研究从不同侧面解释了社会保障整合的决策、实施、演变和扩散的行为机理，但由于社会保障整合是一个非常复杂的动态过程，通过单纯统计关系解释社会保障整合策略和路径的生成及扩散机理，不仅理论视阈狭窄，也无法全面揭示制度及服务整合路径生成、演变的内在因果逻辑和过程，导致以下关键性问题并未解决：(1) 新型城镇化背景下，城乡社会保障整合的关键性策略；(2) 城乡社会保障整合的基本环节——路径的生成、演变及扩散的理论分析和实证测度；(3) 新型城镇化背景下，经济政策应该如何调整和优化，以确保城乡社会保障整合路径的合理性、健康性及可持续性。这三个问题既是对相关研究的一个全新拓展，也是中国探寻新型城镇化过程时所要解决和回答的关键性问题。本节将以社会风险理论为基础，以新型城镇化为背景，提出整合城乡社会保障的路径选择。

（二）城乡社会保障整合SWOT分析

SWOT分析法是20世纪80年代初由美国旧金山大学的管理学教授韦里克（Weihrich）提出的，分别用S强项（优势）、W弱项（弱势）、O机会（机遇）和T威胁（对手）来表示。本节将采用SWOT分析方法，对整合城乡社会保障的可行性进行分析与探索；挖掘整合的内部条件，对城乡社会保障整合的既有优势和劣势进行分析；同时，探索和剖析整合的可行性的外部环境，对制度整合的机会与存在的威胁进行分析；在对这些内外部条件进行可行性及适应性分析的基础上构建Dawes战略分析矩阵，并确定城乡社会保障的整合路径。

1.制度及服务整合的内部优势

第一，统筹城乡社会保障已逐步形成共识，并上升为国家改革战略。整合目标被定位为更加公平、可持续的社会保障制度的建立。随着城乡居民社会保障项目，如新农合、新农保、农村低保、城镇居民医保及城镇居民养老

---

① 郑功成：《让社会保障步入城乡一体化发展轨道》，《中国社会保障》2014年第1期；杨翠迎、黄祖辉：《建立和完善我国农村社会保障体系——基于城乡统筹考虑的一个思路》，《西北农林科技大学学报》（社会科学版）2007年第1期。

② 胡荣：《我国社会保险制度改革的模式选择》，《社会学研究》1995年第4期。

保险的相继建立及实施，基本养老保险、基本医疗保险以及最低生活保障这三项社会保障主体项目在城乡之间各自显现出其应有的社会保障功能。这在制度层面上实现了全覆盖。尽管社会保障制度覆盖并不意味着实际全覆盖或水平全覆盖，但制度全覆盖作为实际全覆盖和水平全覆盖的基础与前提，成为整合城乡社会保障的内部优势之一。

第二，部分发达省份在城乡社会保障整合方面的典型做法，为全国层面的制度及服务整合提供了实践性参考。"地方试点→全国推广"是中国社会保障领域改革通常采用的范式。社会保障在探索阶段就是鼓励各地先行试点，新农合、新农保、农村低保、城镇居民养老保险及城镇居民医保均是从先行试点开始，然后将不同区域的经典模式推广至全国层面。部分地方，如江苏、浙江和上海等地在城乡居民基本养老保险、城乡居民基本医疗保险及城乡居民最低生活保障等的统筹方面进行了先行先试，对城乡居民的社会保障进行了整合。特别是城乡社会保障在人员安排、管理规划及资金结构等层面逐渐趋于统一；部分地区已经出现了较为成功的整合模式，如江苏的"昆山模式""苏州模式"等。在经验模式的推广及影响下，城乡社会保障的整合已由部分地方层面的行动转变为国家层面的整体行动，并且由东部发达省份向中西部省份拓展和推广，由分步探索向整体推进改革。这为城乡社会保障整合提供了牢固的实践基础。

第三，城乡社会保障整合的先行先试的模式和制度尚未定型，有较大的调整和优化空间，整合的成本小于制度完善后的改革成本。社会保障在探索阶段就是鼓励各地先行试点，因此，整个城乡社会保障体系的整合尚处于调整与优化阶段，尤其是新农合、新农保、城镇居民养老保险、城镇居民医保仍处于未完全定型的状态。在此内部优势条件下，推动城乡基本养老保险、基本医疗保险制度及服务的整合，在此阶段整合的经济成本、公众心理预期成本及社会风险等会远小于制度定型后的整合成本。从城乡社会保障水平来看，较低的社会保障水平使得制度在整合时，所需的经济补偿也相对较少。如果在制度定型后再实施改革，整合的成本所涉及的范围将更广，引起社会波动的可能性更大。

2.制度及服务整合的内部劣势

第一，由于作为城乡社会保障指导基础的社会建构路径缺乏理念支撑，其在范式、方法及策略等方面难以统一。这一方面是制度及服务"区隔"发展的逻辑结果；另一方面是由科层制体制下的横向及纵向府际关系中公共产品及公共服务提供模式的差异性所致。尽管城乡社会保障的整合路径呈现较为驳杂的趋势，但制度及服务的社会建构路径主要聚焦于基础建构、制度过渡及一体化等方面。由于中国社会保障无论是在城乡发展水平、地方政府投入力度还是转移支付的纵向及横向府际关系等方面都存在较大的差别，地区间的制度及服务模式还存在内部及外部的差别，制度及服务理念的建构也存在理念上的不一致性。这对破除"区隔化"、勾画整合理念、消除制度的"碎片化"、弥合城乡社会保障待遇"断裂化"的待遇序列产生了抑制效应，这是城乡社会保障整合的劣势。

第二，相比西方市场经济发达的国家，在不完全市场经济条件下，中国政府的主要职能不仅仅是承担社会保障立法及通过法律途径的调整和优化，从而制定社会保障制度的服务架构及运行规则体系。"大政府+大市场"的框架模式下，政府会介入企业及个人社会保障的具体事务。这导致政府、企业和个人的分工权责依然模糊，最终形成了政府主导型的社会保障运行体系，而且还由于法律体系的不健全、制衡机制的缺失和政府的强势介入，政府在整合城乡社会保障领域的失效状况也比较明显。在这种背景下，政府行为时常会由于异质性偏差而形成政策"租金"，会显著地影响城乡社会保障整合进程。因此，社会保障法律法规体系未完善及制衡机制缺失是社会保障整合的劣势条件。

3.制度及服务整合的外部机遇

第一，城乡社会保障整合的实然性和紧迫性凸显。随着中国经济的快速发展及结构的不断优化和城乡一体化进程的加快，在共享发展理念的引导下，无论是学界、政界还是全社会对城乡社会保障的统筹优化理念已形成共识。由于经济、历史及文化因素影响，社会保障城乡分割、群体分立的"碎片化"现象日益突出和严重，分配日益呈现出较为严重的"马太效应"。无论是从经济发展的层面来看全国统一的劳动力市场的建立、供给侧改革及需求侧改革和社会保障及公共服务的经济发展"引擎"，还是从社会和政治层面来看保障人的基本生存权、促进社会整体公平及实现共享发展的目标，抑或是从城镇化有序推进和信息化快速发展层面来看社会保障发展效率，加快城乡社会保障整合的进程是目前中国迫切要解决好的关键科学问题。理论界正极力呼吁并提供了多种顶层设计方案。实践中，各先行先试的地区已经开展了各种探索，部分地区已取得积极的效果。这是城乡社会保障整合的良好的外部机遇和"生态给养"。

第二，城乡社会保障整合已经具备了相应的财政与社会条件。2010年以来，中国公共财政实力显著提升，为整合提供了坚实的经济支撑。整合过程是通过收入再分配促使公共利益的重新调整。因此，这种利益分配的改革应该遵循"木桶原理"，实现帕累托增量改革。那么，需要通过加大公共财政支持力度来推动制度整合。随着中国经济的持续增长，财政收入保持年均两位数的增长速度，中央财政及地方财政在社会保障的投入水平及保障力度方面不断提升，这就为城乡社会保障整合提供了坚实的经济保障。随着城乡一体化进程的加速，城镇化率在迅速提高，城乡居民在社会保障收入水平方面的差距正逐步缩小。从发达国家城乡一体化的发展历程来看，随着城镇化的深入推进，城乡社会保障必将得到进一步的完善，并在整合城乡社会保障的基础上，最终实现社会保障的一体化。

第三，城乡社会保障整合已经具备了相应的政治条件。无论是中央政府还是地方政府都非常重视统筹城乡社会保障的发展。党的十八大以来，党中央把社会保障体系建设摆在更加突出的位置，推动我国社会保障体系建设进入"快车道"。中央政治局会议、中央政治局常委会会议、中央全面深化改革委员会会议等多次研究审议改革和完善基本养老保险制度总体方案、深化医疗保障制度改革意见等。在中央政府的高度关切和地方政府的共同努力下，城乡社会保障的统合与并轨有了先行谋划。这为城乡社会保障整合提供了政治条件。

4.制度及服务整合的外部挑战

城乡二元社会结构固化依然非常严重。从生产关系的视角来看，农民、市民成为农村、城镇各自的主要组成人员，而"农民工"成为连接城乡二元结构的重要纽带。由于历史和文化因素的影响，从中国封建社会"保甲制"开始，城乡二元经济和社会结构伴随整个中国的封建社会演变，真正的城乡二元体制形成于20世纪50年代。从经济和社会结构来看，城乡二元体制已逐渐成为中国计划经济体制的关键的、发展水平差异较大的两大经济增长极。中国自改革开放以来，虽然城乡二元结构的"壁垒"在某些方面有所突破，然而，户籍制度所"捆绑"的城乡社会保障"壁垒"依然较为稳固。国家财政在各方面明显倾向于城镇，城乡居民在就业、教育及社会保障等方面的差异依然是巨大的，这造成了城乡居民不仅在初次分配收入方面,而且在再分配收入方面的差距也日益增大。这对中国的收入分配及收入再分配结构造成了一些深层次的矛盾与"技术壁垒"。日益固化的城乡二元结构直接影响到中国经济的发展及农村居民生活水平的提升,并进一步影响到城乡社会保障的整合效率。

(三)城乡社会保障的整合路径

1.理念与路径的范式演进

首先,城乡社会保障的整合过程是一种复杂的社会建构,整合的过程涵盖路径的生成、演变、扩散及可持续性检验等基本环节。在此社会建构过程中,需结合地区GDP、城乡居民收入、消费、财政收入、人口结构等相关指标,统筹测度整合的经济条件、时点、方式、工农业关系及工业反哺农业的可行性。而创新特性——优势性、适应性、可测性和重塑性,内生变量——经济、社会和政治,以及外生变量——国际经验、模仿和竞争共同制约着城乡社会保障整合路径的形成。

其次,整合过程遵循"时间置换"原理及"渐进统一"的两阶段演进路径,而非"阵痛式"的改革。本节认为城乡社会保障的整合要经历两个阶段:第Ⅰ阶段,实现城乡社会保障制度由"区域分离"向"统分整合"的转变——以时间换可行;第Ⅱ阶段,实现城乡社会保障制度由"统分整合"向"模式统一"的转变——以时间换成效。新型城镇化背景下,路径创新可为城乡社会保障的整合搭建过渡的桥梁。

最后,运用"制度同构"的社会建构理念,提出"133"整合策略。一种制度——城乡一体化社会保障制度。三类模式——城乡"梯度式"养老保险、城乡"梯度式"低保以及城乡"梯度式"医保模式。三项举措——完善社会保障框架的内容,加强资源整合;依托新型城镇化进程,加速农民市民化;发挥公共财政作用,提高社会保障资源的配置效率。

2.城乡社会保障的整合路径选择

第一,整合策略模式的选择。整合城乡社会保障制度的出发点及最终落脚点是实现城乡社会保障制度的一体化。在理论层面,西方发达国家的学术界提出了三种可供选择的城乡社会保障整合模式:社会保障基础整合理论、社会保障统一说和社会保障三维体系说。这些理论或学说将当时不同国家的社会保障整合过程与实践进行了结合,取得了积极的效果,但针对中国的情况需要具体分析,这主要是基于中国经济、社会、政治及文化水平有自身独特的发展逻辑，机械地套用这些理论或学说不太符合现实的状况。在实践层面，不同的国家针对这些理论也提出了不同的实践模式，如日本的"整合模式"、北欧的"一体化模式"及法国的"特定模式"等。在城乡基本养老保险制度及服务整合方面，可借鉴"大社保"城乡整合理念的"宝鸡模式"、四川的"南充模式"及浙江的城乡基本养老保险统一整合模式等的实践经验；在基本医疗保险制度及服务整合方面，陕西的"西安模式"、四川的"成都模式"、广东的"东莞模式"以及江苏的"太仓模式"等为城乡居民基本医疗保险制度及服务的整合提供了实践经验。更进一步地，部分省份和地区已经实施了城乡一体化的城乡居民基本医疗保险制度模式，如"保险+服务"的江苏昆山制度及服务模式、"阶梯式"的"农民市民化、乡村城镇化、服务均等化"的上海浦东模式以及广东东莞"保大病、保住院"的"渐进统一"模式等，也为中国城乡社会保障制度的整合提供了重要的实践基础和经验借鉴。

无论是从经济、社会还是文化来看，中国都是一个地域发展不平衡的国家，这就决定了在城乡社会保障制度的整合方面不可能做到一蹴而就式的"阵痛式"转变。因此，整合过程应遵循公平、共享与适度普惠的"城乡整合理念"，并借鉴"有差别的一体化"学说。最基本的整合策略是在政府主导、社会参与下渐进推进，统筹兼顾与重点突出、把握好动态的整合节点，遵循部分差别与基本统一、机制协调促使待遇变动的连续谱系。基本整合路径分三步：短期遵循的是实现城乡社会保障制度整合与城乡基本公共服务的整合逻辑；中期遵循的是实现城乡基本社会保障制度与服务的衔接的整合逻辑；长期遵循的是实现城乡基本社会保障的一体化发展逻辑。总的来说，作为基本的社会保障应该实现城乡一体化，遵循基本社会保障制度的普适性原则。对于第二支柱和第三支柱的社会保障则应遵循社会保障制度差异性原则，即考虑现实经济状况，分步骤、分阶段地逐步展开，在公平性和机会均等的条件下，遵循社会保障制度及服务项目的差异化。

第二，整合路径的选择。(1) 社会救助制度及服务的整合路径的选择。由于社会救助人群的产生具有动态性，在城乡一体化背景下，城镇化的进程不可避免地会产生新的贫困群体及贫困脆弱性群体，应制定城乡二元社会救助制度及服务的顶层设计目标。整合的核心路径是摒弃"属地化"城乡社会救助顶层目标设计体制，并逐步由市县级统筹过渡到省级统筹，最后过渡为全国统筹。这需要打破目前户籍制度下"区隔化"的各种城乡异质性社会救助制度及服务供给项目和水平的藩篱，提升社会救助统筹层次。本节认为，整合城乡社会救助制度及服务的方向应该分步骤、分阶段地化异趋同，在中央和地方财力允许的范围内实现城乡社会救助及服务项目的整合，最终实现城乡一体化终极目标。从中国的具体背景、制度结构、区域发展水平来看，城乡社会救助制度及服务的整合应从东南沿海经济发达省份开展先行先试，从取得丰富试点经验的地区进行渐进式的扩散，等时机成熟之后，在中西部省份选择个别地区进行试点，最后全面展开。（2）社会保障体系中两大社会保障项目——基本养老保险及服务、基本医疗保险及服务的整合路径。目前来看，城乡养老保险和医疗保险在制度模式上已处于"渐进统一"过程中，主要的差别体现在管理主体、缴费水平、待遇水平等方面。城乡基本养老保险制度及服务的整合分为三个阶段（见图5-10）：目前机关事业单位与城镇职工养老保险实现了模式上的统一，进入阶段Ⅰ后，需要合并城镇居民基本养老保险、农村居民基本养老保险以及城镇职工基本养老保险，在阶段Ⅰ到阶段Ⅱ的过程中加入基本养老服务，从而完善养老保险体系。在第Ⅱ阶段需要建立国家统筹基础养老金、可转移的个人账户+企业年金及税收优惠的个人储蓄；等到制度统一后，进入阶段Ⅲ，即以国民年金及基本养老服务、职业年金和储蓄型养老金为主体的第一支柱、第二支柱及第三支柱的城乡一体化养老保险制度及服务体系。

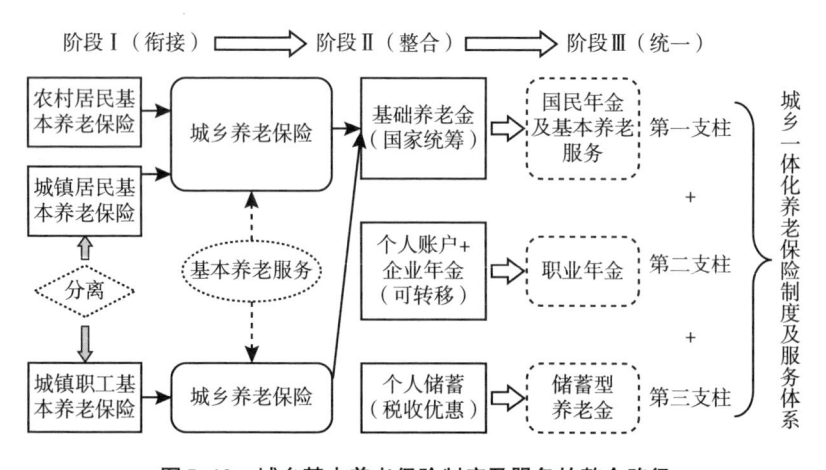

图5-10 城乡基本养老保险制度及服务的整合路径

基本医疗保险制度及服务"碎片化"和"区隔化"程度远远高于基本养老保险制度及服务；而统筹层次远低于基本养老保险。从这个意义上来说，城乡医疗保险制度的整合难度更大。从中国统筹城乡医疗保险制度及服务发展的本质要求来看，基本医疗保险制度及服务的整合亦分为三个阶段（见图5-11）。第Ⅰ阶段，首先将新型农村合作医疗和城镇居民医疗保险制度及服务进行整合，并形成统一的"城乡医疗保险"；在此基础上，进入整合的第Ⅱ阶段，在这一阶段中，按照国际的通常做法（如英国、日本和韩国等），应该加入医疗卫生服务，这一阶段的医疗保险由三部分组成，即省级层面的社会统筹医疗保险、可转移的个人账户医疗保险以及财政过渡性补贴；然后进入第Ⅲ阶段，形成第一支柱的全国统筹的国民健康保险及基本医疗服务、第二支柱的补充医疗保险以及第三支柱的个人储蓄型健康保险，从而建立起城乡一体化的"门诊+住院+大病保险"的医疗补偿机制。

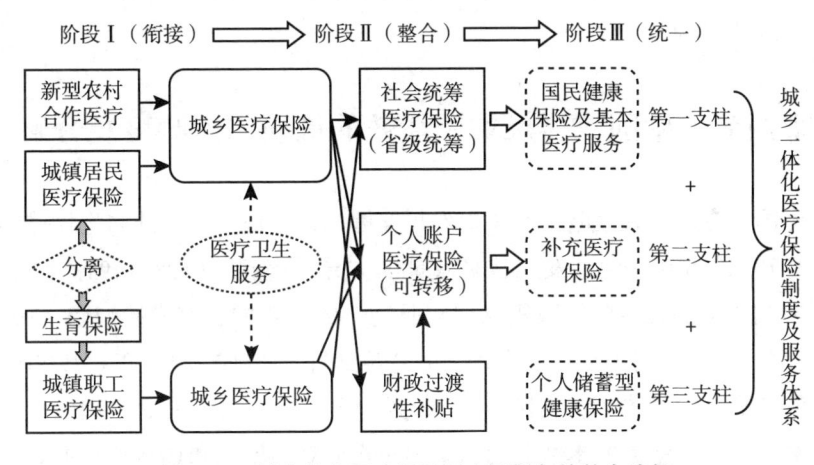

**图5-11 城乡基本医疗保险制度及服务的整合路径**

生育保险项目自2019年起并入医疗保险范围之内。其余社会保险项目，如工伤保险和失业保险，虽然本质上没有严格意义上的城乡之分，但仍然对计划经济时代的制度具有一定的"惯性"，从而形成了一定意义上的制度依赖。这主要是基于农村居民以自雇务农为主，缺乏产业制度性管理。而且，长期以来，农村剩余劳动力隐匿于"土地就业"中，因此，很难建立起完整的、以工资为基准的社会保险制度。工伤保险和失业保险并未涵盖处于劳动年龄的农村居民。随着城乡经济的一体化进程及城镇化速度的加快,农村剩余劳动力已经在城市就业。中国东南部发达省份农村传统的土地保障模式已被"瓦解",逐渐走上工业化和城乡一体化的道路,这些地方实行统一的工伤保险和失业保险制度,其余地区应根据经济和社会发展状况渐进式展开。

因此,要综合运用现代信息技术与现代治理理念提升城乡社会保障整合的综合治理能力,推进城乡一体化的"数字"社会保障的网络连接模式。遵循"数字化社保、零距离服务"的配套模式,搭建社会保障业务网上经办大厅的服务端和客户端。构建城乡一体化的社会救助及服务体系。动态调整社会保障的配套政策,建立低收入群体城乡社会救助制度的共享机制,实施城乡统一的大病住院救助、一般住院救助、门诊救助及城乡均等化的教育救助、住房救助、家庭再就业救助等制度,优化城乡基本养老保险关系异地转移接续办法及城乡居民养老保险待遇动态调整机制,为制度的整合提供最直接的制度性支持。

## 第四节 中国农村反贫困绩效的推动因素测度及分解

中国农村反贫困战略经历了由农村家庭土地承包责任制的内生性体制改革(1978~1985年)到开发式扶贫政策的"异军突起"(1986~1993年),再到开发式扶贫加社会救济政策"双轮驱动"的组合配套模式的嬗变(1994~2000年),最后演变为扶贫瞄准机制的"县到村"(2001~2014年)和2015年以来的精确扶贫模式。在农村反贫困战略全要素中,各要素对中国农村地区的脱贫贡献率有多大?本节利用《中国住户调查年鉴》和CHIPS数据对分阶段农村反贫困绩效的推动因素进行测度、分解,并进行检验。实证结果显示,1978~1985年农村贫困率下降主要得益于土地政策的内生性改革;1986~1993年,农村贫困率仍在迅速下降,经济增长因素起了主导作用,但边际收益在下降。由于1994~2000年,农村地区实施了开发式扶贫与社会救助的"双轮驱动"反贫困模式,所以贫困率下降幅度不大,从贡献率来看,主要是经济增长的正向效应被分配不合理带来的负向效应部分抵消。2001~2014年,中国农村贫困率有小幅的上升,从分解因素来看,由于经济增长因素对贫困的降低程度在逐渐减弱,而扶贫瞄准机制所发挥的收入分配效应不强，经济增长和收入分配要素的复合贡献率在下降。综观中国农村40多年的反贫困战略和路径，本节发现，经济增长因素是主导。随着中国农村贫困率和贫困缺口率的反弹，收入分配和再分配因素缓解贫困的贡献率将会上升。笔者认为，政府应从加大农村公共产品和公共服务投入力度的视角来优化农村反贫困策略和路径。

1978年以来的中国农村反贫困战略和经济的飞速增长使得中国农村绝对贫困人口总量从1978年的2.5亿人（约占农村总人口的31.65%）下降到7017万人（约占农村总人口的7.20%）。中国农村反贫困战略和实践所取得的成就为世界所公认，全球深度贫困人口的减少主要体现在中国深度贫困人口数量的减少上，这是中国对人类发展的重大贡献。农村的反贫困战略将农村发展与农村贫困家庭的就业和发展相结合，在降低贫困发生率方面发挥了关键的作用。贫困是社会的"癌症"，不同阶段的"癌变"形式是不同的，针对"病因"的反贫困战略亦需要适时调整。面对政府不同阶段的异质性反贫困战略和惊人的减贫速度，我们不禁会产生这样的疑问：在反贫困战略的全要素中，各要素的相对贡献率又是多大？哪些推动要素对农村地区的减贫贡献率最大？本节将在接下来的几个部分中分别进行测度和分解。

## 一 关于农村反贫困战略的研究

综观农村反贫困政策的发展及变化的有关评估文献，本节发现，不同时期关于反贫困问题的研究反映了农村反贫困战略的调整和变化。1978~1985年，农村地区的贫困率处于迅速下降时期，既有研究认为，这归功于经济增长因素，主要包括农村家庭土地承包责任制推行的土地经营权的改革[1]、一

---

[1] 洪兴建、高鸿桢：《反贫困效果的模型分解法及中国农村反贫困的实证分析》，《统计研究》2005年第3期；James Foster, Joel Greer, Erik Thorbecke, "The Foster-Greer-Thorbecke (FGT) Poverty Measures: 25 Years Later," *Journal of Economic Inequality*, 2010, Vol.8, No.4, pp.491-524；陈新、沈扬扬：《新时期中国农村贫困状况与政府反贫困政策效果评估——以天津市农村为案例的分析》，《南开经济研究》2014年第3期；韩军、刘润娟、张俊森：《对外开放对中国收入分配的影响——"南方谈话"和"入世"后效果的实证检验》，《中国社会科学》2015年第2期。

系列生产和流通体制的配套改革[1];也有研究将其归功于农产品收购价格的提升[2]。而1986~1993年,中国农村居民收入增速放缓,这个时期中国农村反贫困政策发挥的作用较为有限,反贫困绩效不显著。[3]随着家庭联产承包责任制的土地经营权政策"红利"消耗殆尽,以及1994~2000年中国经济发展重心由农村开始逐步转移到城市,也就是邓小平"南方谈话"后,一系列有利于吸引外资加工工业及沿海开放城市优惠政策的"落地",使得工农产品的贸易条件产生了"剪刀差",经济发展和收入分配格局呈现出"亲富性"。[4]1994~2000年,随着政府对劳动力流动管控的进一步"松绑",农村剩余劳动力开始大量涌入城市,农民工的频繁流动对抑制和消除农村绝对贫困起到了重要的作用。部分学者认为这一阶段的反贫困政策效果较为显著的原因是,"候鸟式"农民工的流动给农村带来了务工性收入[5];但也有学者认为,农村剩余劳动力进城务工对农村地区的减贫作用有限[6]。从1986年开始,中国先后出台了《国家八七扶贫攻坚计划》《1996—2000年全国科技扶

---

[1] 郭宏宝、仇伟杰:《财政投资对农村脱贫效应的边际递减趋势及对策》,《当代经济科学》2005年第5期;Luc Christiaensen, Yasuyuki Todo, "Poverty Reduction during the Rural-Urban Transformation——The Role of the Missing Middle," *World Development*, 2014, Vol.63, No.5, pp.43-58;王增文、邓大松:《农村家庭风险测度及风险抵御和防范机制研究——兼论农村社会保障制度抵御风险的有效性》,《中国软科学》2015年第7期。

[2] Björn Gustafsson, Shi Li, Hiroshi Sato, "Data for Studying Earnings, the Distribution of Household Income and Poverty in China," *China Economic Review*, 2014, Vol.30, No.5, pp.419-431;李谷成:《资本深化、人地比例与中国农业生产率增长——一个生产函数分析框架》,《中国农村经济》2015年第1期。

[3] M. Ravallion, S. Chen, "China's Progress Against Poverty," *Journal of Development Economics*, 2007, Vol.82, No.1, pp.1-42;夏庆杰、宋丽娜、Simon Appleton:《经济增长与农村反贫困》,《经济学》(季刊)2010年第3期;王增文:《农村低保救助水平的评估》,《中国人口·资源与环境》2010年第1期。

[4] 阮敬:《中国农村亲贫困增长测度及其分解》,《统计研究》2007年第11期;王增文:《农村社会救助制度的可持续性研究——基于对中国10省份33县市农村居民的调查》,经济科学出版社,2012。

[5] 罗楚亮:《经济增长、收入差距与农村贫困》,《经济研究》2012年第2期;沈扬扬:《经济增长与不平等对农村贫困的影响》,《数量经济技术经济研究》2012年第8期;Ke Zhang, John A. Dearing, Terence P. Dawson, et al., "Poverty Alleviation Strategies in Eastern China Lead to Critical Ecological Dynamics," *Science of the Total Environment*, 2015, Vol.506-507, No.1, pp.164-181。

[6] S. Appleton, L. Song, Q. Xia, "Has China Crossed the River? The Evolution of the Wage Structure in Urban China," *Journal of Comparative Economics*, 2005, Vol.33, No.4, pp.644-663;Y.Du, A. Park, S. Wang, "Migration and Rural Poverty in China," *Journal of Comparative Economics*, 2005, Vol.33, No.4, pp.688-709。

## 第五章 社会保障权益配置的收入分配逻辑

贫规划纲要》等一系列文件，这一系列文件的落实对中国农村绝对贫困人口比例的降低起到了关键性的作用。[①]

从相对贫困的反贫困政策视角来看，1986~1995年，中国农村扶贫政策对农村居民收入的增长效应不明显。[②]2001~2014年，中国经济有了新的"增长极"。2001年中国加入了WTO，之后的研究开始侧重于从收入分配的视角展开，即反贫困战略的调整和实施对中国农村的减贫作用，如金融发展对农村减贫有正向直接的影响[③]，而间接影响是通过收入分配来达到减贫效果[④]。但也有相当部分学者认为，金融发展对中国农村的减贫作用有限，甚至会提高相对贫困程度，特别是在中国农村开发式扶贫方面。王增文认为，金融市场的发展和金融衍生工具的多样化，并没有促使金融向贫困群体为主的扶贫龙头企业延伸，也没有促使其相对收入的提升。[⑤]这种现象被称为金融抑制（Financial Repression）。除此之外，财政投资拉动了中国此阶段的经济发展，这一时期各学者对财政的减贫效应进行了研究，主要观点是财政投资对农村脱贫效应的作用较为显著，但存在边际效应递减趋势。[⑥]2007年以来，随着政府公共财政对农村地区的密集投入，以农村低保、新农合和新农保为核心的农村社会保障体系逐步建立，中国农村地区公共转移支付的反贫困效率问题开始受到国内外学者的广泛关注。从既有文献来看，存在两方面的研究证据：一部分研究文献发现，公共转移支付对降低农村贫困率具有显

---

① 徐月宾、刘凤芹、张秀兰：《中国农村反贫困政策的反思——从社会救助向社会保护转变》，《中国社会科学》2007年第3期；阮敬：《中国农村亲贫困增长测度及其分解》，《统计研究》2007年第11期；刘穷志：《转移支付激励与贫困减少——基于PSM技术的分析》，《中国软科学》2010年第9期。

② A. Park, S. Wang, G. Wu, "Regional Poverty Targeting," *Journal of Public Economics*, 2002, Vol.86, No.1, pp.123-153；洪兴建、高鸿桢：《反贫困效果的模型分解法及中国农村反贫困的实证分析》，《统计研究》2005年第3期。

③ 丁志国、谭伶俐、赵晶：《农村金融对减少贫困的作用研究》，《农业经济问题》2011年第11期。

④ 叶志强、陈习定、张顺明：《金融发展能减少城乡收入差距吗？——来自中国的证据》，《金融研究》2011年第2期；吕勇斌、赵培培：《我国农村金融发展与反贫困绩效：基于2003—2010年的经验证据》，《农业经济问题》2014年第1期。

⑤ 王增文：《农村社会救助制度的可持续性研究——基于对中国10省份33县市农村居民的调查》，经济科学出版社，2012。

⑥ 郭宏宝、仇伟杰：《财政投资对农村脱贫效应的边际递减趋势及对策》，《当代经济科学》2005年第5期。

著作用①；另一部分文献则认为政府的公共转移支付对降低贫困率的作用较为有限②。

综观上述研究，本节发现，既有文献的研究切入点、研究的时间跨度以及所采用的分解变量存在如下不足：(1) 由于农村反贫困政策的实施效应存在一定的滞后性，上述研究对反贫困政策的评估时间大多在1~5年内，而政策效力释放时间跨度多在5年甚至10年以上，因此，对反贫困政策的短时间评估是有偏和不准确的；(2) 由于中国农村反贫困战略的实施并非某一项政策在发挥效力，而是一种"政策组合"的复合效应和互动效应，而既有文献大多是针对某项具体的反贫困政策，如金融政策、财政政策和社会救助政策等的绩效推进因素进行分析，缺乏对整个农村反贫困战略的减贫效果的复合效应评估，从而导致既有研究的政策含义过于强调某一项政策的重要性；(3) 随着社会经济及政治的变迁，中国农村反贫困政策有的具有延续效应而得以继续存在，而有的具有终止效应，因此，分阶段对反贫困政策绩效的推动因素进行分析显得尤为必要，既有研究在这方面显得不足。这三个方面的不足使得既有文献对实际的减贫绩效推动因素的筛选产生了干扰，导致主要因素的估计产生了偏差。

鉴于此，本节拟采用中国居民收入调查数据库（CHIPS），以及相关年份《中国住户调查年鉴》的数据对以下问题进行研究：(1) 根据中国经济、社会和政治的变迁分5个时间段分别对农村反贫困绩效的推动因素进行分析和筛选；(2) 对各种农村反贫困政策进行分类，进一步探寻各类反贫困政策的复合作用对反贫困绩效的贡献率；(3) 对影响农村居民收入的经济增长因素、收入分配因素、收入再分配因素和人口结构变动因素等降低农村贫困率的作用进行非参数分解。

---

① B.Gustafsson, Q. Deng, "Social Assistance Receipt and Its Importance for Combating Poverty in Rural China," IZA Discussion Paper, No.2758, 2007; E.Skoufias, V.Maro, "Conditional Cash Transfers, Adult Work Incentives, and Poverty," *The Journal of Development Studies*, 2008, Vol.44, No.7, pp.935-960.

② Dominique van de Walle, "Testing Vietnam's Public Safety Net," *Journal of Comparative Economics*, 2004, Vol.32, No.4, pp.661-679；刘穷志：《转移支付激励与贫困减少——基于PSM技术的分析》，《中国软科学》2010年第9期；卢盛峰、卢洪友：《政府救助能够帮助低收入群体走出贫困吗？——基于1989—2009年CHNS数据的实证研究》，《财经研究》2013年第1期。

本节的余下内容安排如下：第二部分为数据来源及研究方法；第三部分分不同时间阶段来分析农村反贫困绩效的推动因素；第四部分对不同阶段的推动因素进行归类，重点分析经济增长因素、收入分配因素、收入再分配因素以及人口结构变动因素对农村反贫困绩效的贡献率。

## 二 反贫困绩效推动因素的测度研究

### （一）数据来源

本节拟采用的数据由三部分组成：（1）1980~1987年国家统计局农户调查资料；（2）1988年、1995年、2002年以及2008年中国居民收入调查数据库；（3）2009~2015年《中国住户调查年鉴》。由于农村地区间存在较大的物价差异，本节在分析时，根据中国不同地区间的物价指数对相关地区的物价数据进行了动态调整。[①]从学者的相关文献和政府的相关文件来看，中国的反贫困历程可以分为以下几个阶段：第1阶段为1978~1985年，该阶段为农村体制改革阶段，这一阶段中本节所采用的数据为国家统计局的农村调查资料；第2阶段为1986~1993年，该阶段为中国农村开发式扶贫阶段，这一阶段中，1986~1987年的数据来源于国家统计局的农村调查资料，而1988~1993年的数据来源于CHIPS数据库；第3阶段为1994~2000年，数据来源于中国居民收入调查数据库；第4阶段为2001~2006年，第5阶段为2007~2014年，其中，2001~2008年的数据来源于CHIPS数据库，2009~2014年的数据主要来源于《中国住户调查年鉴》。

在节点选取方面：（1）由于国家统计局农户调查资料始于1980年，农村体制改革，如全面实施农村土地承包责任制的时间点也是1980年。因此，选取1978年作为起始点也是合理的。（2）部分学者将1986~1993年和1994~2000年合并成一个阶段，这主要是基于这两个阶段只是在扶贫基金的规模和方向投入上有所不同，但本节认为，随着1992年邓小平"南方谈话"的展开，经济体制和经济结构发生了突变，如农民工的出现、乡镇企业的"异军突起"等均会对农村的贫困率产生影响，因此，笔者将其分为两个阶段。

---

[①] 本节在做处理时参照了如下研究：L.Brandt，C.Holz，"Spatial Price Differences in China: Estimate and Implication," *Economic Development and Culture Change*, 2006, Vol.55, No.1, pp.43-86；夏庆杰、宋丽娜、Simon Appleton：《经济增长与农村反贫困》，《经济学》（季刊）2010年第3期。

对于第5阶段，由于2007年以来，中国反贫困的重心又重新转移到农村，随着密集的反贫困政策的"落地"，农村的公共财政投入比重提高，因此，反贫困政策的重心开始由初次分配领域向再分配领域转变。鉴于此，本节将2007年作为一个时间节点，将反贫困政策绩效推动因素的测度与分解划分为5个阶段。

#### （二）反贫困绩效推动因素的测度与分解模型

从现有衡量贫困的指标来看，测度贫困的指标有贫困发生率、贫困缺口、Sen贫困指数、FGT贫困指数等。这些贫困指标可以在不同地区、不同时间区间较好地测度贫困的程度。但从贫困的解释力来看，它们均具有一定的局限性，单个指标只能测度某一方面的反贫困状况，而且很难直观解释。由于贫困现象本身非常复杂，单个贫困指标的衡量无异于用一个点来刻画和描述一个立体几何图形。因此，为了较为全面地测度各相关要素对农村反贫困绩效的推动作用，并考察各要素贡献率的大小，本节把一些综合性较强的反贫困指数进行分解，从而求得各分解要素对农村反贫困绩效的贡献率，为中国农村下一步的"精确扶贫"提供可行的政策制定参考。

1. 贫困承受指数的测度与分解模型

贫困承受指数指的是贫困缺口（与贫困线标准所差额度）与国民收入（$GNI$）的比值大小，其含义是整个社会承受贫困的能力。该指数越大，表示社会贫困负担越重，反之则反。用 $PTI$ 表示贫困承受指数，贫困缺口总额用 $PG$ 表示，那么有：

$$PTI = \frac{PG}{GNI} = \frac{p(y - \overline{y_q})}{mx} = \frac{p}{m} \cdot \frac{y - \overline{y_q}}{y} \cdot \frac{y}{x} = O \cdot R \cdot S \quad (5\text{-}13)$$

式（5-13）中，$y$ 为农村贫困线，$\overline{y_q}$ 表示农村贫困人口的平均收入，$p$ 为农村贫困人口总数，$\overline{x}$ 为农村人均收入，$m$ 为农村总人口数，$x$ 表示个体收入。$S = \frac{y}{x}$，表示贫困线与平均收入的比值，反映的是某一农村社会贫困人口占农村总人口的平均贫困程度，表示的是贫困线指数，$S \in [0, 1]$，$S=1$ 表示农村社会人口全为贫困人口。如果动态序列 $S$ 处于递减状态，则意味着相对贫困的缓解程度在不断提升。① $O$ 为贫困发生率；$R$ 为贫困缺口率。对

---

① 在研究相对贫困时，需要对 $S$ 值进行赋值，如通常把 $S$ 设定为某一固定数值，这时贫困线为相对贫困线，这个数值会随着平均收入的上升而上升。

式（5-13）取以 e 为底的对数，得到下式：

$$\ln PTI_t = \ln O_t + \ln R_t + \ln S_t \tag{5-14}$$

进一步有：

$$\ln PTI_t - \ln PTI_{t-1} = (\ln O_t - \ln O_{t-1}) + (\ln R_t - \ln R_{t-1}) + (\ln S_t - \ln S_{t-1}) \tag{5-15}$$

对式（5-14）进行对数变换可以得到：

$$\ln(PTI_t/PTI_{t-1}) = \ln[1 + (PTI_t - PTI_{t-1})/PTI_{t-1}] = (PTI_t - PTI_{t-1})/PTI_{t-1} \tag{5-16}$$

由式（5-16）可以得到，在相关指数一定范围的变化率内，贫困承受指数（PTI）的变化率近似等于贫困发生率、贫困线指数和贫困缺口率的变化率之和。

2.Sen-Shorrocks-Thon 贫困指数（简称 SST 贫困指数）分解模型

本节借鉴徐宽和 Osberg 对 Sen 贫困指数的分解方法，进一步对 SST 贫困指数进行分解。①让 $z_j$ 表示第 $j$ 个个体相对贫困大小，也就是 $z_j$ 在 0 和 $(y-x_j)/y$ 中取较大的一个值，$j=1, 2, \cdots, m$。那么，SST 贫困指数可分解为如下的形式：

$$F_{SST}(X, y) = \frac{1}{m^2} \sum_{j=1}^{p} (2m - 2j + 1) \cdot \frac{y - x_j}{y} \tag{5-17}$$

式（5-17）中，$X$ 表示个体收入向量，$X = \{x_1, x_2, \cdots, x_m\}$，$x_1 \leqslant x_2 \leqslant \cdots \leqslant x_p \leqslant y \leqslant x_{p+1} \leqslant \cdots \leqslant x_m$，其余变量解释同式（5-13）至式（5-16）。由于下式成立：

$$\frac{1}{m^2} \sum_{j=1}^{p} (2m - 2j + 1) \cdot \frac{y - x_j}{y} = \frac{1}{m^2} \sum_{j=1}^{p} (2m - 2j + 1) \cdot z_j \tag{5-18}$$

那么，可以将式（5-18）进一步变形得到：

$$\frac{1}{m^2} \sum_{j=1}^{p} (2m - 2j + 1) \cdot z_j = \frac{2m+1}{m^2} \cdot \sum_{j=1}^{m} z_j - \frac{2}{m^2} \sum_{j=1}^{m} z_j = \bar{z}(1 + G_z) \tag{5-19}$$

由此，式（5-20）成立：

$$F_{SST}(X, y) = \bar{z}(1 + G_z) \tag{5-20}$$

其中，$G_z$ 为向量 $Z = \{z_m, z_{m-1}, \cdots, z_2, z_1\}$ 的 Gini 系数，又由于 $\bar{z} = OR$，

---

① 徐宽、Lars Osberg：《关于森的贫困度量方法及该领域最近的研究进展》，《经济学》（季刊）2001年第1期。

因此有，

$$q(X, y) = OR(1 + G_z) \qquad (5-21)$$

对式（5-21）两边取对数可以得到：

$$\Delta \ln[F_{SST}(X, y)] = \Delta \ln O + \Delta \ln R + \Delta \ln(G_z + 1) \qquad (5-22)$$

式（5-22）表示SST贫困指数的变动率由贫困发生率变动率、贫困缺口率变动率、Z的Gini系数与1之和的变动率共同决定。

3.经济增长与收入分配的分解模型

一般来说，在收入分配保持不变的条件下，经济的增长将会缓解社会人口的贫困程度；同样，在经济增长一定的状况下，合理的收入分配将会降低社会人口的贫困程度。在这一方面，已有学者进行了初步研究，Datt和Ravallion将总体人口的贫困程度的变动分为三方面的因素：经济增长因素、收入分配因素以及未知因素。①

不妨假设存在两个时间段，分别为阶段1和阶段2，$Q(y/w, L)$为贫困指数，那么，

$$Q_2 - Q_1 = G(1, 2; i) + A(1, 2; i) + \pi(1, 2; i) \qquad (5-23)$$

式（5-23）中，$G$表示经济增长因素，$A$表示收入分配因素，$\pi$表示残差项，$i$为基期。

$$G(1, 2; i) = Q(y/w_2; L_i) - Q(y/w_1; L_i) \qquad (5-24)$$

$$A(1, 2; i) = Q(y/w_i; L_2) - Q(y/w_i; L_1) \qquad (5-25)$$

只要人均收入对贫困指数的边际效应依赖于Lorenz曲线，也就是Lorenz曲线对贫困指数的边际效应与人均收入有关，则残差项便会存在。②

4.收入增长与收入再分配的分解模型

收入再分配如社会救助、社会保险、社会福利以及教育、医疗和公共卫生等公共产品和公共服务对缓解贫困起着极其重要的作用。鉴于此，本节根

---

① G. Datt, M. Ravallion, "Growth and Redistribution Components of Changes in Poverty Measures: A Decomposition with Application to Brazil and India in the 1980's," *Journal of Development Economics*, 1992, Vol.38, No.2, pp.275-295.

② 也就是说贫困指数在人均收入和Lorenz曲线之间不符合加法可分离性原理。一般来说，在考察期内人均收入与Lorenz曲线之间的关系是变动的，因此，残差项会存在。

据 Datt 和 Ravallion 的分解方法①，把绝对贫困指数的变化分解为收入增长因素和收入再分配因素。首先采用贫困线 $y$、平均收入 $x_t$ 和收入再分配曲线参数矢量 $L_t$ 来刻画农村贫困指数 $Q_t$，从第 $t$ 年到第 $t+m$ 年农村居民贫困指数的变化可以分解为：

$$Q_{t+m} - Q_t = G + RA + \pi \tag{5-26}$$

其中，收入增长因素和收入再分配因素的计算公式如下：

$$G = Q(y/w_{t+m};\ L_i) - Q(y/w_t;\ L_i) \tag{5-27}$$

$$RA = Q(y/w_t;\ L_{t+m}) - Q(y/w_t;\ L_i) \tag{5-28}$$

5. 人口结构变动因素的分解模型

由于 Foster 等提出了 FGT 贫困指数②（用 $q$ 来表示），本部分将对其进行分解，不妨设第 $j$ 部门（$j=1, 2$）人口数和相对权数为 $\mu_j$（$\mu_j = m_j/m$），那么有下式成立：

$$q_2 - q_1 = \sum_{j=1}^{n} \mu_{j_2} q_{j_2} - \sum_{j=1}^{n} \mu_{j_1} q_{j_1} \tag{5-29}$$

将式（5-29）变形可以得到：

$$\sum_{j=1}^{n} \mu_{j_2} q_{j_2} - \sum_{j=1}^{n} \mu_{j_1} q_{j_1} = \sum_{j=1}^{n} \mu_{j_2}(q_{j_2} - q_{j_1}) - \sum_{j=1}^{n} (\mu_{j_2} - \mu_{j_1}) q_{j_1} + \sum_{j=1}^{n} (\mu_{j_2} - \mu_{j_1})(q_{j_2} - q_{j_1}) \tag{5-30}$$

由式（5-29）至式（5-30）可以进一步得到：

$$q_2 - q_1 = \sum_{j=1}^{n} \mu_{j_1}(q_{j_2} - q_{j_1}) + \sum_{j=1}^{n} (\mu_{j_2} - \mu_{j_1}) q_{j_1} + \sum_{j=1}^{n} (\mu_{j_2} - \mu_{j_1})(q_{j_2} - q_{j_1}) \tag{5-31}$$

式（5-31）将总的贫困变动分解为不同部门内部的贫困变动、两部门③人口结构变动，以及两部门变动的交叉项。其中，交叉影响项是由两部门收入获取与劳动力流动概率的相关性所产生的，其精确含义为某部门人口是否有流向贫困变动部门的趋势。

---

① G. Datt, M. Ravallion, "Growth and Redistribution Components of Changes in Poverty Measures: A Decomposition with Application to Brazil and India in the 1980's," *Journal of Development Economics*, 1992, Vol.38, No.2, pp.275-295.

② J. Foster, J. Greer, E. Thorbecke, "A Class of Decomposable Poverty Measures," *Econometrica*, 1984, Vol.52, No.2, pp.761-766.

③ 在本节中两部门表示农村和城市。

## 三 农村经济增长、收入分配及贫困的变动

### （一）农村居民收入增长及居民收入变化趋势

1978~2014年，中国农村经济增长率按照不变价格测算的结果为8.383%[①]，根据中国居民收入调查数据库及2009~2015《中国住户调查年鉴》数据，农村居民人均实际收入增长率仅为3.872%（见表5-20）。

表5-20 各阶段经济增长率及农村居民收入增长率

单位：%

| 阶段 | 农村居民收入增长率（未通过B-H方法调整） | 农村居民收入增长率（通过B-H方法调整） | 经济增长率（按不变价格进行调整） |
|---|---|---|---|
| 阶段1：1978~1985年 | 4.640 | 2.867 | 9.023 |
| 阶段2：1986~1993年 | 4.525 | 3.922 | 8.425 |
| 阶段3：1994~2000年 | 3.933 | 4.136 | 8.206 |
| 阶段4：2001~2006年 | 4.016 | 3.253 | 8.177 |
| 阶段5：2007~2014年 | 4.471 | 3.895 | 7.650 |
| 总区间：1978~2014年 | 4.286 | 3.872 | 8.383 |

注：B-H法用于校正p值。因为样本量过大，即使是很小的一个p值，也可能有很多假阳性出现，所以要通过矫正来减小假阳性率。

在农村居民收入增长速度远远低于经济增长速度的现实状况下，农村居民的总收入状况和收入结构得到了显著改善。如表5-21所示，全年人均纯收入从1978~1985年的265.644元上升到2007~2014年的6706.875元，上升了24倍之多。从农村居民收入结构来看，工资性收入所占比重从1978~1985年的6.319%提升到2007~2014年的38.645%，提升了5.12倍。其中，农村剩

---

① 根据相关年份国家统计局发布的《中国统计年鉴》测算得到。

余劳动力外出务工获得的收入占了主导,其对总收入提升的贡献率从1978~1985年的微弱比例提升到了2007~2014年的27.873%;而从非企业组织中获得的劳动净收入比例却处于下降趋势。家庭经营性收入对总收入提升的贡献率从1978~1985年的2.244%迅速提升到2007~2014年的39.674%;农业收入却呈现相反的趋势,其占比从1978~1985年的91.492%迅速下降到2007~2014年的7.563%。其余变量如财产性收入、转移性收入也呈现出不同程度的上升趋势。只有政府补贴性收入指标在1978~2006年呈现负值,从2007年开始,这个指标的贡献率才变为正值,但贡献力度依然较小。这主要是与中国改革开放以来,"工业优先、农业补贴工业"的发展战略有关。近10年来,政府的再分配政策开始逐步倾向于农村地区,工业反哺农业使得政府补贴性收入对农村居民总收入的贡献率转为正值,并趋于上升。

表5-21 农村居民人均收入构成及各部分收入变化率

| 收入构成 | 1978~1985年 | 1986~1993年 | 1994~2000年 | 2001~2006年 | 2007~2014年 |
| --- | --- | --- | --- | --- | --- |
| 1.全年人均纯收入(元) | 265.644 | 1645.475 | 1915.55 | 2753.543 | 6706.875 |
| 2.工资性收入(%) | 6.319 | 8.590 | 23.380 | 31.751 | 38.645 |
| (1)在非企业组织中劳动得到的净收入 | 6.319 | 8.203 | 5.609 | 5.887 | 2.988 |
| (2)在本地企业中劳动得到的净收入 | 0.000 | 0.385 | 8.425 | 8.530 | 7.784 |
| (3)常住人口外出从业得到的净收入 | 0.000 | 0.002 | 9.346 | 17.334 | 27.873 |
| 3.家庭经营性收入(%) | 2.244 | 12.750 | 13.409 | 33.841 | 39.674 |
| 4.从农业中获得的净收入(%) | 91.492 | 72.873 | 58.145 | 28.837 | 7.563 |
| 5.财产性收入(%) | 0.00 | 0.164 | 0.170 | 0.503 | 0.792 |
| (1)利息收入与集体分红 | 0.000 | 0.002 | 0.003 | 0.004 | 0.007 |
| (2)租金收入 | 0.000 | 0.158 | 0.154 | 0.327 | 0.468 |
| (3)转让承包土地经营权收入 | 0.000 | 0.004 | 0.013 | 0.172 | 0.497 |
| 6.转移性收入(%) | 0.032 | 7.853 | 6.080 | 7.954 | 9.630 |

续表

| 收入构成 | 1978~1985年 | 1986~1993年 | 1994~2000年 | 2001~2006年 | 2007~2014年 |
|---|---|---|---|---|---|
| （1）家庭非常住人口寄回或带回的收入 | 0.000 | 6.563 | 5.185 | 6.328 | 6.434 |
| （2）农村外部亲友赠送 | 0.002 | 0.930 | 0.834 | 0.844 | 0.049 |
| （3）离退休、养老金 | 0.030 | 0.360 | 0.061 | 0.782 | 3.147 |
| 7.政府补贴性收入（%） | -0.087 | -2.230 | -1.184 | -2.886 | 3.696 |

注：由于1978~1988年的数据并没有完全区分收入中的农业收入及非农业收入，本节根据比例进行了测算。

资料来源：根据相关年份的《中国住户调查年鉴》及中国居民收入调查数据库测算得到。

### （二）农村居民收入分配变化趋势

本部分将进一步考察农村居民收入增长在不同收入层次上的变化趋势，并分析该变化趋势对贫困的影响效应。表5-22和图5-12报告了农村居民收入及其增长率在各十分位数上的变化状况。1986~1993年，农村居民收入的增长率在各十分位数上的变化差异不大。但第50%分位数及以上中高收入群体的收入增长率稍高，但在此期间内，人均收入增长率的均值提升了33.09个百分点。从1986~1993年、1994~2000年、2001~2006年以及2007~2014年这4个时间段各分位数上不同经济状况的农村家庭收入增长率的变化状况来看，处于第20%分位数上的家庭（也称为农村贫困家庭）的收入增长率在前2个时间段是下降的；而处于第80%分位数上的家庭（或称为富裕家庭）的收入增长率是上升的，而且增长率高于中等收入农户（第50%分位数上的农村家庭）。

表5-22 不同年份各十分位数上农村居民收入分布

单位：元

| 分位数 | 1978~1985年 | 1986~1993年 | 1994~2000年 | 2001~2006年 | 2007~2014年 |
|---|---|---|---|---|---|
| 第10%分位数 | 478 | 697 | 688 | 1226 | 1630 |
| 第20%分位数 | 777 | 995 | 955 | 1554 | 2158 |
| 第30%分位数 | 1029 | 1327 | 1207 | 1849 | 2568 |

第五章 社会保障权益配置的收入分配逻辑

续表

| 分位数 | 1978~1985年 | 1986~1993年 | 1994~2000年 | 2001~2006年 | 2007~2014年 |
|---|---|---|---|---|---|
| 第40%分位数 | 1187 | 1543 | 1442 | 2265 | 3172 |
| 第50%分位数 | 1351 | 1770 | 1724 | 2765 | 3899 |
| 第60%分位数 | 1520 | 2006 | 2012 | 3080 | 4374 |
| 第70%分位数 | 1790 | 2381 | 2460 | 3584 | 5125 |
| 第80%分位数 | 2055 | 2754 | 3007 | 4328 | 6232 |
| 第90%分位数 | 2627 | 3546 | 4348 | 5996 | 8694 |

资料来源：根据相关年份的《中国住户调查年鉴》及中国居民收入调查数据库测算得到。

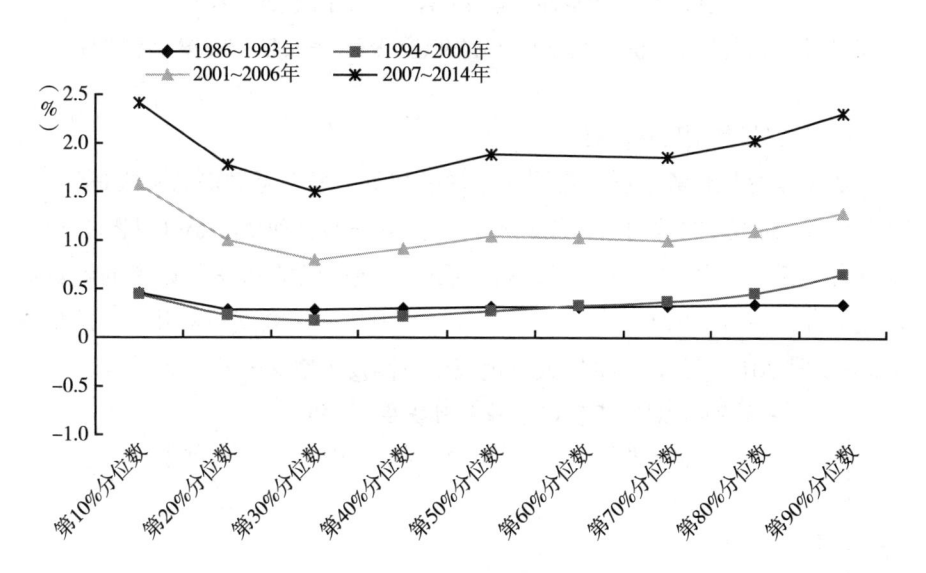

图5-12 不同年份各十分位数上农村居民收入增长率

资料来源：根据相关年份的《中国住户调查年鉴》及中国居民收入调查数据库测算得到。

图5-13报告了1978~2014年不同阶段中国农村居民收入分配差距分布状况，收入分配差距在1978~1985年上升幅度较大，之后收入分配差距开始逐步缩小，一直持续到1993年，1994年后农村居民收入分配差距又被进一步拉大，之后中国农村的Gini系数虽然处于波动状态，但一直处于0.4水平以上。因此，1994年以来，中国农村收入分配两极分化较为严重。

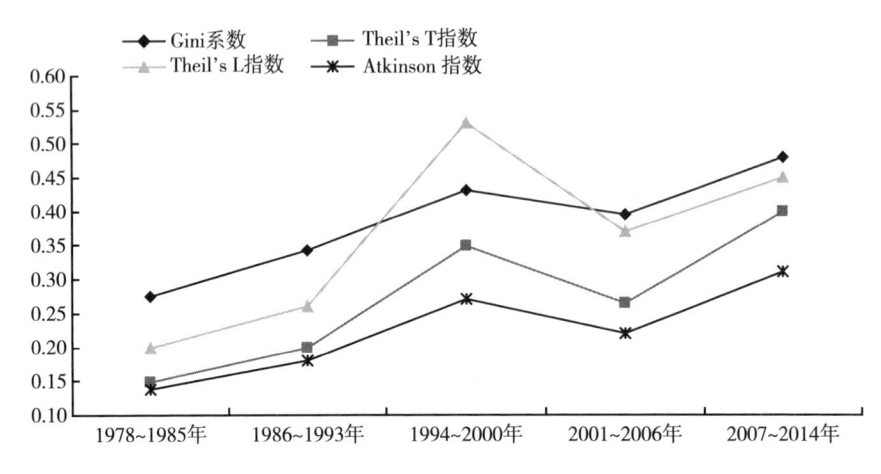

**图 5-13　1978~2014 年农村居民收入分配差距分布**

资料来源：根据相关年份的《中国住户调查年鉴》及中国居民收入调查数据库测算得到。

### （三）农村贫困变化趋势

从总体变化趋势来看，贫困人口规模和贫困率下降最快的阶段是阶段 1 和阶段 2，阶段 4 的贫困人口规模及贫困发生率的变动率较小（见图 5-14）。2008 年以后，中国农村地区用较高的低收入线取代了 1978 年以来的绝对贫困线标准，使得贫困人口规模及贫困发生率有了一定幅度的提升，但从阶段 5 来看，从 2010 年开始，贫困人口规模及贫困发生率又开始迅速下降。

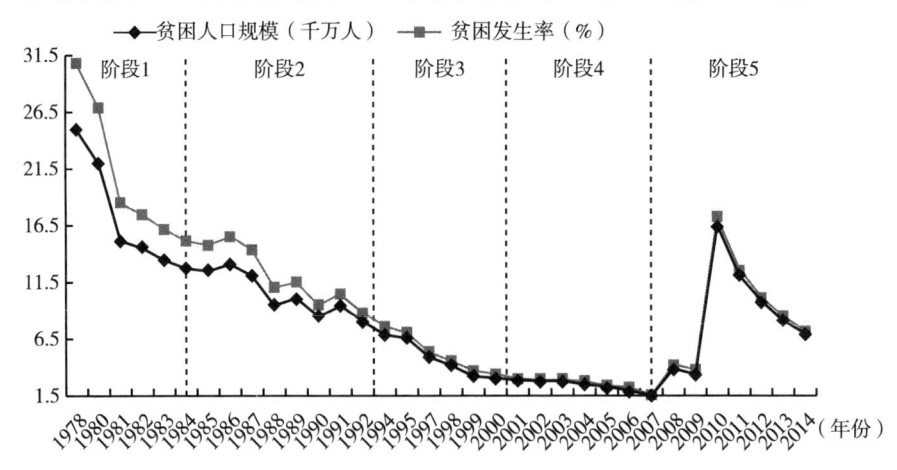

**图 5-14　1978~2014 年中国农村地区贫困人口规模及贫困发生率分布**

注：1979 年、1993 年、1996 年数据不予公开。

资料来源：相关年份的《中国住户调查年鉴》。

## 第五章 社会保障权益配置的收入分配逻辑

如表 5-23 所示,贫困发生率由第 1 阶段的 23.40% 迅速下降到第 2 阶段的 11.60%,减少了 11.80 个百分点,农村贫困人口规模减少了 1 亿多人。从其他衡量贫困的指数来看,Sen 贫困指数、FGT 贫困指数呈现不同程度的下降。这表明,中国农村反贫困政策是有效的。从阶段 2 到阶段 3 的贫困指数变化来看,贫困发生率从 11.60% 下降到 9.30%,下降了 2.3 个百分点。虽然与第 1 阶段相比,效果不明显,但从贫困人口分布、贫困类型以及扶贫政策的动向来看,反贫困政策还是有效的。阶段 2 到阶段 3,FGT 贫困指数和 Sen 贫困指数分别下降了 18.18% 和 34.38%,表明农村贫困深度下降较为显著;而从贫困缺口的变动来看,贫困缺口率却上升了 11.49%,这表明,中国农村在 1986~1993 年和 1994~2000 年的贫困强度在上升。因此,中国农村的反贫困政策在阶段 2 至阶段 3 期间的减贫效应集中体现为贫困人口总数的减少,而非贫困强度的减弱。从第 4 阶段 2001~2006 年的相关贫困指数的变动来看,Sen 贫困指数、贫困缺口率以及 FGT 贫困指数较第 3 阶段分别上升了 42.86%、44.27% 以及 133.33%,贫困深度以及贫困强度均有大幅度提升,农村贫困状况进一步恶化;从衡量贫困人口数量的指数来看,贫困发生率下降了 7.0 个百分点。而从第 5 阶段的贫困指数来看,由于考虑到物价等因素的上升,贫困线标准提高了,农村贫困发生率上升了 5.5 个百分点;Sen 贫困指数和 FGT 贫困指数较第 4 阶段分别降低了 6.67% 和 14.29%;而贫困缺口率却上升了 1.4 个百分点,较之前 4 个阶段贫困缺口率的增幅相对下降,说明贫困强度恶化的状况得到缓解。从 5 个阶段 SST 指数加对数变化状况来看,贫困承受指数和 SST 指数均呈现出先下降后上升的"U"形变化趋势。第 4 阶段和第 5 阶段的上升趋势表明,中国农村地区贫困程度及贫困社会负担在上升。从第 1 阶段到第 3 阶段,主导贫困承受指数和 SST 指数的主要指标是贫困发生率。从贫困缺口率的变动趋势来看,这样的反贫困政策所起的作用仅仅局限于贫困人口总量的下降,而非真正意义上的贫困强度的减弱。因此,中国农村地区的"返贫"现象非常突出,有的农村地区贫困人口数量甚至呈现出"钟摆式"反弹。因此,现阶段必须从更深层次的视角来反思和评价中国农村反贫困效果和质量。

表 5-23 不同年份农村主要贫困指数及其变动情况

| 贫困指数 | 1978~1985年 | 1986~1993年 | 1994~2000年 | 2001~2006年 | 2007~2014年 |
|---|---|---|---|---|---|
| 贫困发生率 | 0.234 | 0.116 | 0.093 | 0.023 | 0.078 |
| 贫困缺口率 | 0.213 | 0.235 | 0.262 | 0.378 | 0.392 |
| Sen贫困指数 | 0.088 | 0.032 | 0.021 | 0.030 | 0.028 |
| FGT贫困指数 | 0.020 | 0.011 | 0.009 | 0.021 | 0.018 |
| 贫困线指数 | 0.740 | 0.503 | 0.332 | 0.273 | 0.253 |
| 贫困发生率变动 | -0.532 | -0.943 | -0.516 | -0.230 | -0.126 |
| 贫困缺口率变动 | -0.052 | 0.193 | 0.216 | 0.337 | 0.037 |
| 贫困线指数变动 | -0.263 | -0.469 | -0.502 | -0.111 | -0.102 |
| 贫困承受指数变动 | -0.847 | -1.219 | -0.802 | -0.004 | 0.142 |
| SST指数变动 | -0.542 | -0.687 | -0.714 | 0.240 | 0.263 |

注：（1）FGT贫困指数的测算标准是 $\alpha=2$；（2）所有的变动数据指的是取对数后的变动；（3）绝对贫困线是以历年国家统计局公布的官方贫困县为标准，2008~2009年，国家统计局用较高的低收入线取代了1978年以来的绝对贫困线标准，2010年开始国家按照每天2美元的标准来制定贫困线。

资料来源：根据相关年份的《中国农村住户调查年鉴》、《中国住户调查年鉴》和中国居民收入调查数据库测算得到。

## 四 农村反贫困绩效推动因素的分解和检验

为了更细致地了解中国农村反贫困绩效的推动因素，本部分将分别考察经济增长因素、收入分配和再分配因素分解模型的实证结果。1978~2014年中国农村地区反贫困政策中，经济增长政策、收入分配和再分配政策及人口结构变动因素如表5-24所示。

表 5-24 经济增长政策、收入分配和再分配政策及人口结构变动因素

| 阶段 | 经济增长政策 | 收入分配政策 | 收入再分配政策 | 人口结构变动因素 |
|---|---|---|---|---|
| 阶段1：1978~1985年 | 家庭联产承包责任制；农产品价格调整；专项资金扶持极端贫困地区 | 靠土地获取农业收入，大致上平均分配扶贫资金 | 针对特定人群实施的社会救助救济 | 90%以上从事农业生产，人口结构较为稳定 |

续表

| 阶段 | 经济增长政策 | 收入分配政策 | 收入再分配政策 | 人口结构变动因素 |
|---|---|---|---|---|
| 阶段2：1986~1993年 | 资金、技术、物资和培训相结合的综合性投入；科技扶贫项目；信贷优惠；财税优惠；定点帮扶政策 | 按项目效益分配资金；以工代赈资金；工资性收入；人力资源开发和培训 | 针对特定人群实施的社会救助救济；农村养老保险政策（俗称"旧农保"） | 控制人口自然增长率；农村剩余劳动力外出务工 |
| 阶段3：1994~2000年 | 扶贫贴息贷款；扶贫发展基金；东部对口支援西部；信贷优惠；国际合作扶贫；异地开放政策 | 以工代赈资金；工资性收入；人力资源开发和培训 | 针对特定人群实施的社会救助救济；从"旧农保"实施到宣布失败 | 控制人口自然增长率；农村剩余劳动力外出务工；义务教育"除盲"；开发式移民 |
| 阶段4：2001~2006年 | 国际合作扶贫政策；社会扶贫资金动员政策；异地开放政策；放开农产品销售价格；免征开发性企业所得税 | 专项扶贫基金；工资性收入；人力资源开发和培训 | 针对特定人群实施的社会救助救济；"希望工程""康复扶贫工程""博爱工程"；农村危房改造 | 控制人口自然增长率；农村剩余劳动力外出务工；义务教育；开发式移民 |
| 阶段5：2007~2014年 | 减免农业税；放开农产品销售价格；国际合作扶贫政策；免征开发性企业所得税；实地开发政策；特色优势产业（1户1项目） | 专项扶贫基金；工资性收入；人力资源开发和培训；种粮直补 | 农村低保政策；农村新农保政策；农村新农合政策；农村大病医疗救助政策；农村危房改造；贫困地区三级医疗卫生网络健全政策 | 农村"二孩"政策；农村剩余劳动力外出务工；开发式移民 |

（一）经济增长因素、收入分配和再分配因素

表5-25报告了不同阶段经济增长因素和收入分配因素反映的中国农村反贫困绩效的贡献率分解结果。在不同阶段收入分配因素均会导致农村贫困

指数的上升,从总体上来看,经济增长因素对农村贫困发生率和贫困缺口率的缓解力度在逐渐减弱;而从阶段4和阶段5的贫困缺口率来看,经济增长因素不但没有降低农村贫困缺口率,反而促使其上升。这恰恰验证了印度经济学家巴格瓦蒂的"贫困化增长"(Immiserising Growth),即越增长越贫困的"悲惨增长"的结果。而收入分配因素引起农村贫困发生率、贫困缺口率等指数降低的能力却在增强,经济增长因素在缓解农村贫困方面最为有效的阶段是前3阶段,即1978~1985年、1986~1993年以及1994~2000年。第1阶段为农村体制改革,即农村土地承包责任制的实施阶段,这是农村经济制度的重大改革阶段,同时也是收入分配及收入再分配的小规模区域分配改革较为成功的阶段(见表5-26)。这次改革对农村整体贫困率的降低起了决定性的作用。

表5-25 经济增长和收入分配因素对中国农村反贫困绩效的贡献率分解

| 贫困指数 | 所有因素引起的贫困变动 | 经济增长因素引起的变动 | 收入分配因素引起的变动 | 残差项引起的变动 |
| --- | --- | --- | --- | --- |
| 阶段1:1978~1985年 | | | | |
| 贫困发生率 | −0.1270 | −0.2788 | 0.0518 | 0.100 |
| 贫困缺口率 | −0.0118 | −0.0952 | 0.0351 | 0.0483 |
| Sen贫困指数 | −0.0455 | −0.0811 | 0.0313 | 0.0043 |
| FGT贫困指数 | −0.0071 | −0.0193 | 0.0121 | 0.0001 |
| 阶段2:1986~1993年 | | | | |
| 贫困发生率 | −0.1020 | −0.1010 | 0.099 | −0.100 |
| 贫困缺口率 | 0.0643 | −0.0122 | 0.0485 | 0.0280 |
| Sen贫困指数 | −0.0115 | −0.0291 | 0.0479 | −0.0303 |
| FGT贫困指数 | −0.0029 | −0.0087 | 0.020 | −0.0142 |
| 阶段3:1994~2000年 | | | | |
| 贫困发生率 | −0.1245 | −0.1105 | 0.083 | −0.097 |
| 贫困缺口率 | 0.0649 | −0.0135 | 0.0530 | 0.0254 |
| Sen贫困指数 | −0.0076 | −0.0263 | 0.0527 | −0.0340 |
| FGT贫困指数 | −0.0072 | −0.0075 | 0.014 | −0.0137 |
| 阶段4:2001~2006年 | | | | |
| 贫困发生率 | −0.0064 | −0.0270 | 0.0269 | −0.0063 |
| 贫困缺口率 | 0.1192 | 0.0363 | 0.0710 | 0.0119 |
| Sen贫困指数 | 0.0072 | −0.0090 | 0.0192 | −0.0030 |

续表

| 贫困指数 | 所有因素引起的贫困变动 | 经济增长因素引起的变动 | 收入分配因素引起的变动 | 残差项引起的变动 |
|---|---|---|---|---|
| FGT贫困指数 | 0.0122 | −0.0026 | 0.0135 | 0.0013 |
| 阶段5：2007~2014年 | | | | |
| 贫困发生率 | −0.0034 | −0.0181 | 0.0197 | −0.0050 |
| 贫困缺口率 | 0.1330 | 0.0376 | 0.0850 | 0.0104 |
| Sen贫困指数 | 0.0004 | −0.0073 | 0.0097 | −0.0020 |
| FGT贫困指数 | 0.0780 | −0.0016 | 0.0786 | 0.0010 |

注：阶段1是以1980年为基年，阶段2是以1986年为基年，阶段3是以1994年为基年，阶段4是以2001年为基年，阶段5是以2007年为基年。

表5-26  经济增长和收入再分配因素对中国农村反贫困绩效的贡献率分解

单位：%

| 贫困指数 | 所有因素引起的贫困变动 | 经济增长因素引起的变动 | 收入再分配因素引起的变动 | 残差项引起的变动 |
|---|---|---|---|---|
| 阶段1：1978~1985年 | | | | |
| 贫困人口数 | 1.39 | −5.66 | 9.20 | −2.15 |
| 贫富差距 | −0.74 | −1.43 | 1.67 | −0.98 |
| 贫富差距×贫富差距 | −1.03 | −0.72 | 0.16 | −0.47 |
| 阶段2：1986~1993年 | | | | |
| 贫困人口数 | 2.13 | −4.73 | 8.75 | −1.89 |
| 贫富差距 | −1.63 | −2.03 | 1.25 | −0.85 |
| 贫富差距×贫富差距 | −2.00 | −1.23 | 0.20 | −0.97 |
| 阶段3：1994~2000年 | | | | |
| 贫困人口数 | −5.43 | −9.80 | 2.53 | 1.84 |
| 贫富差距 | −3.12 | −2.91 | −0.69 | 0.48 |
| 贫富差距×贫富差距 | −1.40 | −0.25 | 0.19 | −1.34 |
| 阶段4：2001~2006年 | | | | |
| 贫困人口数 | −9.79 | −11.23 | 5.79 | −4.35 |
| 贫富差距 | −3.38 | −2.79 | 1.13 | −1.72 |
| 贫富差距×贫富差距 | −2.38 | −1.35 | −0.26 | −0.77 |
| 阶段5：2007~2014年 | | | | |
| 贫困人口数 | −9.11 | −11.96 | 6.70 | −3.85 |
| 贫富差距 | −3.44 | −2.76 | 0.98 | −1.66 |
| 贫富差距×贫富差距 | −2.26 | −1.28 | −0.27 | −0.71 |

注：阶段1是以1980年为基年，阶段2是以1986年为基年，阶段3是以1994年为基年，阶段4是以2001年为基年，阶段5是以2007年为基年。

第2阶段也是中国农村贫困下降较快的时期，这一阶段政府开始实施大规模的开发式扶贫战略，扶贫政策主要是与宏观经济政策相结合，从平均分配扶贫资金转向按项目效益分配资金，放宽了地区间农村居民的迁移限制，支持劳动密集型产业。这一阶段经济增长对缓解农村贫困的作用仍占主导，而收入分配和收入再分配因素所起的作用在迅速提升，在降低贫困发生率方面，经济增长因素与收入分配因素已经十分接近。

第3阶段中，由于农村反贫困政策继续延续第2阶段的开发式扶贫的反贫困模式，只是在规模和方向上有所差异，主要针对的是一些集中"连片"的农村贫困地区的脱贫问题。这一阶段的经济增长因素和收入分配因素对降低贫困的贡献率呈现出与第2阶段相类似的趋势。从第3阶段开始，农村地区剩余劳动力外出务工已经成为一种常态，而且由于计划生育政策的深入推进，农村地区人口结构发生了重大变化，从表5-26的残差项变化来看，农村家庭规模、城乡户籍人口比例等因素会对农村的反贫困效果产生一定的影响，本节将专门讨论人口结构变化对农村贫困指数降低的贡献率。

从投入—产出效率来看，第4阶段和第5阶段收入分配因素对贫困的贡献率远大于经济增长因素的贡献率，也就是说对于农村贫困人口而言，收入分配不合理的负面影响效应已经超过了经济增长因素的正向效应：1978~2014年，中国农村居民收入差距也有缩小的阶段，即阶段3，这个阶段收入差距在缩小，可以看出，即使经济增长率为零，农村贫困发生率也会降低。再从收入再分配因素对农村反贫困绩效的贡献率来看，1978~2014年始终为正值，贡献率较大的阶段为阶段1和阶段2。2007年中国农村地区实施了如农村低保、新农合和新农保等一系列的再分配政策，再分配因素对缓解贫困的贡献率较前几个阶段有较大幅度的提升。这表明，在所有的反贫困政策中，收入分配因素、收入再分配因素发挥的作用在逐步上升，这一方面是与贫困人口的结构有关，如农村贫困人口中老弱病残人口所占比例逐步提升；另一方面也与农村贫困人口的分布有关，也就是经济增长因素发挥的作用日益有限，再分配政策发挥的作用日益显著。而且，表5-25和表5-26显示经济增长虽然能够缓解贫困，但收入分配差距过大致使贫困率再次上升。

（二）人口结构变动对农村反贫困绩效的贡献率

1978年以来，中国人口流动最显著的特征就是农村剩余劳动力源源不断地从农村流向城镇，这个流动"大军"被称为"农民工"或者"进城务工者"，从1983年的200万人①迅速增长到2014年的2.74亿人②。这使得农村地区的人口结构发生了巨大的变化，对缓解农村贫困起到了关键性的作用。③并且越来越多的农村家庭把进城获取务工性收入作为主要的收入来源。非农收入在农村家庭总收入中已经占到了80%。④因此，非农收入已经成为农村居民家庭最主要的经济来源。从表5-27可以看出，从1986~1993年和2007~2014年两阶段农户的贫困率变动来看，四类农户组别贫困率均在下降，第5阶段相比第3阶段的贫困率虽有所下降，但下降幅度较小。这一方面与贫困标准制定有关，另一方面也与劳动力流动政策相关。

表5-27显示，2001~2006年，纯农业户与非农个体经营户组间的人口结构变动效应⑤促使农村贫困率大幅下降，而非农务工户的组间人口结构变动效应⑥促使农村贫困率上升，即农户由纯农业和非农个体经营转向非农务工的人口数量的增加使得农村贫困率大幅度下降。最后，从这4个阶段总的贫困率变化来看，均呈现下降趋势。

表5-27　部门间人口结构变动因素对中国农村反贫困绩效的贡献率分解

单位：%

| 人口变动 | 纯农业户 | 非农务工户 | 非农个体经营户 | 非农务工户和非农个体经营户 | 总计 |
|---|---|---|---|---|---|
| 1986~1993年 | | | | | |
| 各组间人口份额变动 | -1.290 | 0.900 | -3.255 | 0.433 | -3.212 |
| 各组内人口份额变动 | 0.038 | 0.251 | 5.217 | 0.669 | 6.175 |
| 组间变化×组内变化 | -0.092 | 0.543 | -2.470 | 1.114 | -0.905 |
| 1994~2000年 | | | | | |
| 各组间人口份额变动 | -3.890 | 2.033 | -3.911 | 0.993 | -4.775 |
| 各组内人口份额变动 | -3.401 | -0.458 | -4.109 | -1.429 | -9.397 |

---

① B.Fleischer，D.Yang，"China's Labor Market," *Conference on China's Market Reform*，2004.
② 国家统计局：《2014年全国农民工监测调查报告》。
③ Y.Du，A. Park，S. Wang，"Migration and Rural Poverty in China," *Journal of Comparative Economics*，2005，Vol.33，No.4，pp.688-709；夏庆杰、宋丽娜、Simon Appleton：《经济增长与农村反贫困》，《经济学》（季刊）2010年第3期；王建国：《外出从业、农村不平等和贫困》，《财经科学》2013年第3期。
④ 中国家庭金融调查与研究中心出版的《中国农村金融发展报告2014》。
⑤ 指的是纯农业户人口减少，非农个体户人口增加。
⑥ 指非农务工的两个农户组间人口数量的增加。

续表

| 人口变动 | 纯农业户 | 非农务工户 | 非农个体经营户 | 非农务工户和非农个体经营户 | 总计 |
|---|---|---|---|---|---|
| 组间变化×组内变化 | 1.938 | −0.432 | 2.652 | −0.576 | 3.582 |
| 2001~2006年 | | | | | |
| 各组间人口份额变动 | −4.235 | 2.484 | −4.128 | 1.205 | −4.674 |
| 各组内人口份额变动 | −3.603 | −0.598 | −5.849 | −1.783 | −11.833 |
| 组间变化×组内变化 | 2.340 | −0.509 | 3.780 | −0.760 | 4.851 |
| 2007~2014年 | | | | | |
| 各组间人口份额变动 | −5.177 | 2.872 | −4.965 | 1.518 | −5.752 |
| 各组内人口份额变动 | −4.940 | −0.663 | −6.630 | −1.928 | −14.161 |
| 组间变化×组内变化 | 3.164 | −0.596 | 4.016 | −0.927 | 5.657 |

注：由于1978~1985年农村剩余劳动力流向城镇就业数量较少，所以没有对这一部分数据进行分解。

(三) 总结

从农村土地承包责任制到大规模开发式扶贫、从扶贫的攻坚阶段到"县→村"的"瞄准式"扶贫、从"农村低保+新农合+新农保"的再分配政策的实施到2015年的精确扶贫，中国农村反贫困的"政府模式"经历了将近40年的时间。中国农村反贫困组织管理系统在世界上是独特的，从世界上200多个国家和地区来看，没有任何一个国家或地区把反贫困作为政府的一项主要任务和职责。中国特有的政府反贫困治理模式，以及起到主导作用的反贫困体制在农村反贫困进程中体现出其独特的优势。本节通过对相关因素的分解和测度，深入剖析了各类相关因素在不同扶贫阶段所呈现出的减贫效应。农村反贫困绩效推动因素的参数与非参数检验分解以及检验结果如下。

1978~2014年中国农村绝对贫困人口总量在大幅度下降，但从5个阶段贫困强度的分解变化趋势来看，农村贫困强度在逐渐增强。从总体上来看，这主要是由于中国30多年来的扶贫方式是粗放的，农村反贫困资金和政策的主要受益者并非完全是农村赤贫群体。农村开发式扶贫基金的流向也并非完全是扶贫龙头企业。[1]

---

[1] 王增义：《中国开发式扶贫基金流向问题研究》，《中国人口·资源与环境》2012年第12期。

从不同阶段经济增长因素、收入分配因素和收入再分配因素对农村反贫困绩效的贡献率来看，经济增长因素对农村贫困发生率和贫困缺口率的降低作用在逐渐减弱。从阶段4和阶段5的结果来看，经济增长因素不但没有降低农村贫困率，反而促使其不断上升。收入分配因素和收入再分配因素对农村贫困发生率和贫困缺口率的降低能力却在迅速上升。这表明，经济增长缓解农村地区贫困的"红利"已消耗殆尽，特别是从第5阶段来看，其发挥的作用已经为负。这一方面与农村贫困人口的结构有关，如老弱病残农村人口所占比重日益提升；另一方面也与农村贫困人口的区域分布有关，农村"连片"贫困区域在逐渐减少，从而使得"零星"的贫困户分布较为分散。因此，收入分配因素及再分配因素发挥的作用越来越显著。而且，本节的测算和分解结果还显示，在阶段3到阶段5的过程中，农村居民收入分配差距在缩小时，即使经济增长率为零，农村贫困率依然会降低，而且第5阶段的收入再分配因素对农村反贫困绩效的提升贡献率较前几个阶段要大。这主要是由于2007年以来基于农村的一系列再分配政策，如农村低保、新农合和新农保、农村大病医疗救助、教育救助等的实施。

从农村人口结构变动视角来看，农村剩余劳动力进城务工对农村反贫困绩效有较高的贡献率。从20世纪80年代开始，越来越多的农村家庭剩余劳动力开始脱离农业生产，进入城镇务工获取收入，或者从事非农个体经营获得经营性收入，从而加速了农村贫困地区家庭的脱贫速度。户籍制度的"松绑"一方面使得农业经济结构发生了重大变革，农业生产效率以及粮食产量得到了大幅度提升；另一方面也使得中国的就业结构发生了较大的变化。大量的农村剩余劳动力从农业中"解放"出来，产生了中国最大的"人口红利"下的劳动力群体。农村家庭收入结构中，非农收入特别是工资性收入和经营性收入得到了大幅度的提升。2000年以来，非农收入已经大大超过了农业性收入，2014年非农收入占农村家庭总收入的80%以上。因此，户籍制度的"松绑"在使农业生产效率提升的同时，也为中国经济的快速增长提供了劳动力源泉。当然，从农村家庭的角度来看，他们获得的是工资性收入，分享的是中国经济发展的成果，实现的是中国农村贫困人口规模和贫困发生率的迅速下降。

# 第六章
# 社会保障权益配置的实践路径与决策机制

## 第一节　提升社会保障权益配置偏好的实践理路

### 一　社会保障的精神内核与权益保障的正义与公平之途

国民在脱离家庭、宗族差序格局而融入团体格局时享有的基本保障权益，构成了社会保障权益的基础。我们需要借鉴历史语境下的变迁经验，在现代化视域下以公平作为尺度进行检验，进一步探析社会保障权益保障的正义之途。

社会保障权益的基础是以公共财富为核心的社会公共资源最优占比的保障，公共财富的占比多寡直接决定了收入再分配正义与否和再分配公平水平的高低。以社会保障为核心的收入再分配机制需要将聚焦点从私人所有权的经济维度转向基于社会公共财富和社会公共资源再分配的基本公共价值尺度。充分发挥社会主义制度下社会保障公平与正义的先决条件，从而实现收入再分配的社会正义价值。

国民社会成员资格的社会应得在获取再分配资源价值优先次序上应先于个人禀赋。在经济领域，人们习惯于用"有差别的对待"来对社会经济系统的应得要义进行阐释，并有拥护者将该正义观机械地移植到再分配领域，甚至有激进者主张用"丛林法则"来诠释正义观。这些都极大地违背了再分配演进的逻辑。在收入再分配领域，无论是政府还是社会都应将自身的行动定位于"公正的旁观者"的角色，都应将以社会保障权益为核心的社会收入再分配制度安排为刚性的设计，在舍弃国家主权组织结构模式、国家统治思想等前提条件下，对公民生存权、发展权及平等权做出刚性回应。

## 第六章　社会保障权益配置的实践路径与决策机制

社会平等要素应"嵌入"以社会保障为核心的收入再分配应得理论之中，收入再分配的社会应得理论是人们对正义判断的重要尺度。[①]以社会保障权益为核心的再分配机制的社会应得性的健康运转需要一些准则、尺度和参数来保障社会公共资源的分配，如生存性边界、发展性边界、基尼系数等。因此，应从社会维度切入，区分一个人的边界产出水平中的内生性与外生性要素，在经济分配领域中加以修正。[②]由此，可以更好地融合收入再分配中的社会平等理论与收入初次分配中的经济应得理论。

社会保障权益的精神内核与收入再分配生成逻辑最终应通过正式制度安排来实现均等的社会应得，而社会主义公有制更能够体现社会保障制度的精神内核及收入再分配的生成逻辑。由于公有制、私有制直接决定了社会公共财富及基本公共资源的多寡，并由此决定了社会保障的覆盖边界与再分配程度和项目范围。资本主义私有制决定了其固有的再分配生成逻辑，也决定了社会保障"工具化"，并由此出现"泛经济化"和"泛政治化"的外在表现。[③]由于资本主义私有制的本源属性导致的社会公共财富及基本公共资源的有限性，私有财富如同"吸金石"被无限地聚集；"大市场、小国家"的自由主义模式使得资本的有机构成不断膨胀，最终使其社会化程度不断提升，财富越来越集聚于富裕阶层。中低收入群体依然沿着"穷忙人生"的生活轨迹，奔波于实现基本的生存权与发展权，以获得基本的生存保障。相反地，社会主义的包容性增长与共享性发展以马克思主义哲学和政治经济学作为其固有基因，以人本主义作为指导思想，明确了人的社会主体性地位及社会发展的根本性目的。从社会公共财富与基本公共资源视角来看，以公有制为基础的社会主义为再分配的公平性及可持续性提供了制度性保障、财政保障及前进的动力。

---

[①] Emil Dinga, "Social Capital and Social Justice," *Procedia Economics and Finance*, 2014, Vol. 8, pp. 246-253; Gregg Barak, "Social Justice and Social Inequalities," *International Encyclopedia of the Social & Behavioral Science*, 2015, pp.392-396.
[②] 姚大志：《社会正义论纲》，《学术月刊》2013年第11期。
[③] 王增文：《中国社会保障治理结构变化、理念转型及理论概化——范式嵌入与法治保障》，《政治学研究》2015年第5期。

## 二 国民再分配偏好与社会保障权益决策机制

在一个收入差距较大的社会里，被试者的社会保障再分配偏好，一方面取决于其标准化收入水平、"未知"之幕情境下的"利他"性公平正义理念与内生性要素；另一方面也取决于社会保障权益决策机制、社会化程度等外生性要素。

在收入等级和收入水平"已知"之幕情境下，社会化程度对被试者的社会保障再分配偏好水平具有显著的影响效应。在收入等级及收入水平"已知"之幕情境下，随着社会化程度的提升，被试者选择更高社会保障税（费）的概率也逐步提升。

另外，社会保障权益决策机制对被试者的社会保障再分配偏好也具有显著性的影响。在收入等级及收入水平的"未知"之幕情境下，社会保障权益决策机制的随机性决策原则（RD）比多数统治原则（MR）更能够提升被试者的社会保障再分配偏好水平；而在收入等级及收入水平的"已知"之幕情境下，社会保障权益决策机制对被试者的再分配偏好水平的影响大小则受制于个体的标准收入。对于低收入被试者，在社会保障权益决策机制中的随机性决策原则（RD）和合议制原则（DC）下有更高的再分配偏好，而高收入被试者则与之相反，从而更多地体现为被试者的"自利"动机。

# 第二节　优化社会保障分配模式结构性转型路径

## 一 促进由功能性分配向功能性与规模性分配并行转轨

现代意义上的社会保障制度是伴生于工业化革命中的生产主义体制，并在化解和转移社会风险中逐步成长和发育，其权益分配的转型过程表现为建构主义向度。从结构—功能主义视角来看，社会保障分配模式的演进过程经历了功能性分配、规模性分配及两者融合三个阶段。

从功能性分配到规模性分配再到两者融合的变迁过程是将国民权利从政治权利、经济权利和民事权利拓展至社会权利来实现"高效率—高公平"的经济社会动力系统的均衡过程。同时，社会保障分配模式从以功能性分配为主向以规模性分配为主的过渡阶段是人类社会走向公平与民主的必由之路，

## 第六章 社会保障权益配置的实践路径与决策机制

而加快这一演进过程是顺利跨越中等收入陷阱、实现经济社会包容性增长进而走向共享发展的关键性"引擎"。

中国从1993年开始建立正式的社会保障制度，经历了25年的时间，也就是在社会保障功能性分配阶段已经滞留了25年的时间。从探索现代化转型经济体中社会保障分配模式转型概率的一般性逻辑的测度结果来看，现代化转型经济体中，社会保障功能性分配主导期平均为35年左右。因此，未来中国的社会保障分配模式转型概率的提升将进入黄金期。

从社会保障分配模式转型的动力机制的回归结果来看，人口结构、全要素生产率及人类发展指数（HDI）对社会保障分配模式的转型概率的影响效应具有显著性，尤其是HDI。在一个现代化转型经济体的社会保障从功能性分配向规模性分配过渡中，HDI的正向影响效应会逐渐提升，而人口结构、全要素生产率的影响效应却在逐步降低。

因此，应从经济维度与社会维度的视角切入，即若要加快社会保障功能性分配模式向规模性分配模式转变的速度，中国需要进一步提升全要素生产率、优化产业结构布局、随经济增长状况同步地提升社会保障水平，同时要进一步提升人类发展指数。在跨越中等收入陷阱的同时，能够转变社会保障的分配模式。单一地提升社会保障水平，并非促进社会保障分配模式转型概率提升的主要动力机制，因为经济发展和社会发展主轴上承载了更多的动力机制要素。由此，社会保障分配模式的转型概率的提升应该秉承价值创造与价值分配的一体化理念。在这两者之间建立一种连接纽带和缓冲地带，使得社会保障的分配不仅仅承载的是一种"维稳"机制、一种经济动力机制或是一种社会公平机制，更是三者协同的全方位规模性再分配机制。

### 二 发挥"倒逼机制"对社会保障分配模式的推进效应

从社会保障政策纵向变动的谱系来看，社会保障分配模式始终处于动态变化之中，且时间的长轴与空间的短轴上存在演进与固化并存的格局；从结构性视角来看，社会保障分配模式则表现为自上而下的单一制决策过程，同时表现为"焦点性"社会矛盾事件隐性化的"倒逼式"改革社会化过程。这时，社会矛盾所形成的社会保障分配模式变迁的"倒逼机制"成为社会保障制度走向定型的积极推动力量。

在民生领域，与社会保障相关的焦点事件在"价值累加理论"的导引下,通过社会性舆论、新媒体、官方媒体等自下而上的渠道不断得到升级,为利益格局的进一步演进与固化形成重要的契机。

这种倒逼机制的传播路径集中表现为:与社会保障及服务相关的社会矛盾通过网络媒介不断发酵,然后进入市场化媒介的视野,通过市场化媒介的专题性报道及深度的评论,形成相对理性的意见的"中观"汇总性表达;之后,体制内媒介开始聚焦,对相关市场化媒介形成的相对一致性的意见进行进一步吸纳和提炼,形成更加"宏观"的回应性表述;最后,反馈到政府层级形成新的社会保障及服务政策,并通过体制内媒介进行全面的解读与宣传。这种倒逼机制所呈现出的统计关系为:社会的聚焦度与社会保障及服务权益配置模式改革力度存在显著的正相关关系。这种正相关关系的相关性与不同类型和层级的社会保障体系不存在亲疏关系。

目前,中国的社会保障分配模式已经呈现出较为显著的回应性特征。由此,在社会保障权益调整的实践中,应进一步正视社会保障分配模式变迁的"倒逼机制"推进效应,积极回应在社会保障权益分配优化过程中的演进性社会矛盾事件,合理规避社会保障权益分配中的固化矛盾事件,有效地发挥社会保障分配模式变迁的"倒逼机制"的正向演化效应,促使非主动性、风险性的先天不足的社会矛盾的"倒逼机制"逐步走向政府的主动性、可预期性的主动性改革升级。以"倒逼机制"存在性为基本出发点,变被动的"倒逼"为主动的发现,从而推动社会保障及服务权益分配模式的整体性改革,促进社会保障及服务政策向更加公平、公正的向度发展。

## 三 实现社会保障权益累积模式与分配准则紧密的"公共耦合"

在现代化转型背景下,社会保障权益累积模式与分配准则如何实现紧密的"公共耦合"是社会保障制度趋向公平路径并实现公平与效率的最优均衡的原生动力。

一是在社会保障体制形成的微观动力系统中,内部要素既相互冲突又相互补充且趋向均衡,这可以看作社会救助、社会保险及社会福利联动的福利经济学理论根据。然而,三者形成的权益累积模式与分配准则在匹配走向"公共耦合"的过程中,有两种改革向度。向度一:以创造性毁灭理论为基础,融合包容性发展理念的社会经济发展的选择性逻辑,从而形成新的社会保障体制，并在社会保障微观动力系统中，探寻冲突和互补性的要素特征，实现社会保障的公平性发展；向度二：以历史性的社会救助、社会保险及社会福利为核心的社会保障权益累积模式与分配准则的部分要素特征为根据，采用建构主义的理论，探寻微观动力系统趋向均衡的过程中，寻求新旧体制中的冲突与互补性要素，在计划经济时代社会保障体制的基础上以现实情境为背景逐渐建构，从而达到社会保障权益累积模式与分配准则的"公共耦合"。

二是在社会建构主义理念下，从个体、社会及国家层面来权衡社会保障新体制公平与效率的问题。相比于计划经济时期，社会保障权益累积模式与分配准则应更多地体现为个体效率的选择性逻辑特征。从国家和社会层面通过税收等优惠，激励中高收入群体和企业的缴费积极性，逐步做实个人账户。尽量降低政府对公立医疗卫生机构的直接性干预，并允许供方机制的多元化与层级化，让市场和社会力量逐步进入医疗行业，逐步形成公立医疗机构、民营营利及非营利医疗机构共存的多元供给的所有制体制。相比于市场经济时期，社会保障权益累积模式与分配准则应更多地体现为国家与社会的公平的选择性逻辑特征，充分借鉴社会保障宏观动力系统中的公平性要素，如农村五保制度的"托底性"、农村合作医疗制度的合理性和家庭养老服务提供的有效性，从而使得社会保障权益累积模式与分配准则相匹配的过程中，形成制度内要素由冲突走向互补的良性"微循环"运行机制，以及与经济、社会及政治变动的外部情境相协同的宏观稳定动力系统。

## 第三节 社会保障治理结构优化——范式嵌入与法治保障

由于中国社会保障治理的困境根源于社会保障治理的发展忽视全局性结构范式的行政性命令"突进"，那么，中国社会保障治理走出困境的唯一策略和路径便是范式结构的嵌入和充分整合相关要素，做到协同性发展。从1996年社会保险制度的建立到2014年社会保障的重新定位及顶层设计，中国社会保障治理的结构演进内制于"固化"因素。因此，社会保障治理演进的动力始终不足，理想的范式结构始终未被嵌入。从演进的动向来看，又是积极的变化。因此，中国社会保障治理的范式结构嵌入必须准确筛选，并剥离出结构演进的助推力。

## 一 提升社交媒体产生的"自下而上"的国民参与度

在"互联网+"的大背景下,提升各种社交媒体产生的"自下而上"的国民参与度。为何2007年"上海社保案"与2009年张海超"开胸验肺"事件使社会保障治理的结构得到一定程度的演进?这主要是基于两方面原因:第一,它们均属于"焦点事件",从对整个社会的影响来看,具有"议题显著性"特征,因此,它们在更大程度上推动了政府和社会的关注,这种"全民聚焦"的事件,能进一步提升国民的参与度;第二,以QQ、微博及微信为媒介的社交工具的出现、发展及功能的优化,将治理的国民参与变得可及和可行。2009年张海超"开胸验肺"事件,2014年《瞭望》周刊对中国农村地区医疗现状的描述几乎成为传统媒体和网络媒体争先报道的首要新闻,由于QQ、微博、微信的大规模转载、评论及网络电视等媒体的报道,事件处理的速率和社会保障治理的结构演进速率进一步提升。

在中国社会政治情境下,国民参与以"倒逼模式"来助推社会保障政策的议程设置与推进,也是促使社会保障政府、社会组织、私人部门及个体协同治理的关键要素之一。从网络媒体平台及工具的推陈出新速度及发展动向来看,个体对社会保障事务参与的可及性、便利性及主导性日益显著。从BBS到Blog,从QQ到微博,从微博到微信,社会组织、私人部门及国民个体参与度日益提升。在2009年张海超"开胸验肺"事件上,以微博为核心的网络社交媒体初次崭露头角,微博点击量上千万,直至2013年7月,换肺成功,并索赔工伤保险费120万元。虽然网络社交媒体BBS→Blog→QQ→微博→微信在不断地更新换代,但从新媒介的形式、可及性和便利性等方面来看,新的社交媒体工具出现意味着国民参与的广度和深度在加深。从当初的文字参与到音频参与再到"文件+音频"的"立体式"参与,均佐证了这一发展趋势。在目前中国"互联网+"的大背景下,社交媒介工具所带来的国民参与功能不仅仅是一种技术性的体验,从"互联网+"的影响广度和深度来看,以互联网为核心的社交媒介工具正对中国公共治理结构的优化产生关键性的影响。在互联网新社交媒介下,话语权不再分为强势群体和弱势群体,几乎所有参与国民在互联网环境下均是平等的。这对社会保障治理的公平性是一种前所未有的"推进"。国民的智慧能够被最大限度地发挥出来,这将对中国社会保障治理结构演进产生积极的影响。

## 二 发挥社会组织及私人部门在社会保障治理中的重大作用

鼓励中国非政府组织（NGO）、非营利性组织（NPO）及私人部门的发展,并为其打造经济发展空间。2008年的"汶川地震"、2010年的"玉树地震"及2013年的"芦山地震"等几次重大灾难性事故,使得中央政府开始意识到中国社会组织及私人部门在社会保障治理中的重大作用。党的十八届三中全会提出了"激发社会组织活力""适合由社会组织提供公共服务和解决事项交由社会组织承担决议",从而实现了中国社会保障治理的结构演进。从中国的社会组织发育历程来看,其是在一种"饥饿"状态下进行的,这种"饥饿"状态表现为大多数社会组织在制度外"夹缝"中发育起来,没有良性的"营养性土壤",在"暗生"中挣扎,它们从成立到成熟需要自身的实践环节——合理性和合法性来证明。

为何中国社会组织在制度外还能"暗生",并能发展壮大,被政府重视,从而认同其存在的合法性和合理性,直至鼓励其发展呢？本书认为,有两方面的条件：一是成长的基础条件——中国自改革开放以来经济、社会不断发展和优化；二是成熟的功能条件——中国近30年重大灾害事故中的NPO与NGO所承担的社会保障功能日益凸显出来。21世纪以来在几次大的地震中,社会组织所发挥的社会保障功能成为主要推动力量。经济和社会发展的力量,使社会组织的发展得到了一定程度的基础动力,而其在社会实践中的重要作用,促进了政府对其合理性和合法性的认同,鼓励其建立和发展。由于中国社会救助在社会保障治理中还处于较低水平,其发展空间仍然是巨大的。随着中国政府简政放权理念的深入,各种配套改革亦会齐驱并进,在社会保障领域,政府购买服务的形式越来越成为一种关键性的治理模式,为社会组织和私人部门参与社会保障治理、推动治理结构的演进提供了长期的发展动力。

## 三 建立社会保障治理的自我调适与自我适应机制

建立社会保障治理的自我调适与自我适应机制。社会保障治理作为一种制度设计,主要用于应对国民的各种社会风险。因此,社会保障治理体系应该随着社会风险的变动而自我调适和自我适应。这主要体现了贫困治理体系和社会风险治理体系上的自动更新。正是这种自动更新的机制，使得中国社会保障治理在应对人口老龄化、养老服务、反贫困等方面不断创新。因此，社会保障治理的自我调整和自我适应能力的提升，能够在社会保障政策体系尺度上，为其结构的演进与优化不断提供新的动力"引擎"。

### 四 推动社会保障资源配置的法治治理

欧美等发达国家的社会保障实践显示，社会保障治理需遵从"立法先行"的原则和导向，社会保障领域中的重大事项的治理不应过分地使用"试点权"，应将社会保障治理从完全由行政部门主导转向由国家立法机关进行决策，由法律来确立社会保障制度，依照法律来实施社会保障制度。从社会保障治理的五个尺度来看，社会保障的治理会涉及政府、社会组织、私人组织及个人等多元主体的权责分配及利益分割，如果由单一的政府作为利益分配主体势必会导致利益与权责相分离的失衡格局，最终会降低社会保障制度和政府的公信力，而社会保障的法治治理可以由立法机关主导，兼顾多元主体间的权责分配与利益分割的均衡。中国确立了"依法治国"的战略方针，这就意味着社会保障治理要有法律作为依据。"一带一路"的发展模式要求中国必须适应全球化的发展趋势。法律也要做出相应的完善和调整，例如，劳动力跨国流动、失业、医疗、养老等社会保障制度的全球化治理，社会保障治理的法治先行成为不可逆转的趋势。中国需要在社会保障治理能力和治理体系现代化方面运用法制资源和国内外实践经验，依据经济、社会和政治发展态势及社会保障自身运行规律和运行范式来规范、改革和优化传统的社会保障治理模式。

中国社会保障制度的改革已经跨越了从"无"到"有"的第Ⅰ阶段，目前已经迈入从"有"到"优"的动态调整的第Ⅱ阶段。2014年"两会"报告赋予了社会保障另一重要功能——经济发展的"引擎"动力功能。然而，社会保障制度改革仍需"顶层设计"和"系统性思维"，在社会保障治理的五个尺度上，使范式能够嵌入结构。在整个治理优化过程中，国家始终要承担重要职责，以法治的战略眼光和社会建构主义理论来综合推动社会保障治理的整体优化和结构演进。

## 第四节　实现社会保障的包容性增长和社会福祉公平目标

### 一　优化税收与社会保障制度对收入的"双调"作用

第一，国家应在包容性增长理念下，提升社会保障政策的收缴与支出等社会保障制度性设计环节及运行机制等方面对居民收入再分配的正向调节作用，减小税收政策在此方面所承载的巨大压力，逐步提高社会保障政策在优化居民收入分配中的核心调节作用。这主要是基于社会保障政策本身"劫富济贫"的属性，而作为直接税的个人所得税制度，除了直接的税费扣除标准的调节之外，政策的弹性及张力较弱。

第二，在社会保障制度体系的运行过程中，由社会保险、社会救助及社会福利所形成的结构体系能够在"保底、扩中、限高"等各尺度上进行综合性、系统性的调整，这使社会保障对收入分配的畛域更加宽广，调节力度更有张力。中国社会保障制度正处于定型的过程中，在包容性增长理念下，要动态地调整好不同发展阶段社会保障政策与经济增长的关系，短期内充分发挥社会救助政策与精准扶贫政策的协同性，将"兜底"底线公平的社会保障政策充分发挥出来，保障贫困群体的基本生存权与发展权；从中长期来看，要提升社会保险及社会福利水平。不同收入阶层的群体能够在包容性发展理念下共享经济的发展成果，通过"扩中"的社会保险政策与"限高"的社会福利政策来优化收入分配格局，从而更好地发挥社会保障制度结构对收入分配的调节作用。

第三，充分发挥与协调好直接性税收政策的"累进性"与社会保障政策的"劫富济贫"属性。在直接税税种中，目前主要是个人所得税，对于财产税、遗产税及赠予税的征收还处于空白状态。因此，仅将税收的收入再分配作用聚焦于个人所得税领域是有偏的，而且调整的空间和弹性是有限的，对Gini系数下降的贡献率仅仅为1%左右。因此，要发挥税收政策对收入再分配的调节效应，应主要从丰富税种和税源的角度入手，在税制方面应实施累进制。这将成为政府未来实施收入再分配公平性的主要策略之一。而在社会保障政策领域，一方面通过社会保障制度的定型充分发挥好社会保障在不同收入阶层之间的横向收入分配效应；另一方面发挥好社会保障代际的纵向收入分配效应,从而将社会保障"横向到边、纵向到底"的利益再分配机制发挥到最大作用,将税收与社会保障政策的"双调"作用可调整的畛域扩展到最大。

## 二 进一步平衡城乡社会保障及服务的支出结构

随着城乡统筹发展战略的深入推进和城乡社会保障及服务一体化进程的不断推进,城乡社会保障及服务水平差距呈现逐步缩小的态势,部分东部省份已经实现了城乡社会保障及服务统筹。从区域经济和社会化程度差距视角来看,经济和社会化程度相对较低的中西部省份面临更大的发展压力,以经济产出效率最大化为基本导向仍然难以将社会维度从经济维度中"脱嵌",使得社会维度建设"嵌含"于经济维度建设之中,并仍以"效率"为尺度展开。这使得财政支出结构扩大城乡社会保障及服务差距的风险不断提升。

为进一步平衡城乡社会保障及服务的支出结构,使地方政府能够在社会建设维度上提供有利于城乡公平的社会保障及服务等"软公共产品及服务",而非以经济建设维度为核心的"硬公共产品",有如下的两条政策建议。

一是在统筹城乡整体发展战略及城乡社会保障综合推进改革背景下,对经济和社会化程度相对较低的区域,要提升城乡社会保障及服务政策的执行力度与实施绩效,对地方财政支出结构中社会保障及服务支出项目要严格规范和监督,合理引导其管理和使用不被其他项目挤占;同时要重视财政支出结构中地方政府对软、硬公共产品及公共服务的支出偏好。

二是在经济发展水平较低的情境下,社会维度很难脱离于经济维度,那么,城乡社会保障及服务差距扩大就很难得到抑制。基于此,平抑城乡社会保障及服务差距不断扩大的关键是在城乡边际经济效应相等条件下消除城乡之间边际社会福利支出效应差距,以对地方政府的绩效考核的社会性转向为出发点和落脚点,促使地方政府的财政支出向农村地区倾斜。经济发展和社会发展的同步性与否,决定了财政支出结构性偏向。中国城乡社会保障及服务的差距不仅是阶段性问题,更是历史性问题。如何将经济发展和社会发展协同起来呢?包容性增长成为促使城乡社会保障及服务差距缩小的关键性策略。

## 三 保持经济增长效率与社会保障分配机制之间的均衡性

如果政府不能够有效地将部分剩余劳动以税收的形式加以征收，并以社会保障为核心的收入再分配形式进行分配，资本主义的生产方式决定了资本主义生产当事人——工人和资本家的收入水平及财富流量和存量差距水平将会随时间加速提升。这会使得一个国家在完成资本的原始积累后，极容易跌入中等收入陷阱。由此，在中国新时代背景下，对经济增长效率机制与社会保障分配公平性机制的系统理论演绎显得必要而且必需。党的十九大以来，中国社会的主要矛盾已经转化为人民日益增长的美好生活需要和不平衡不充分的发展之间的矛盾。要保持经济增长效率机制与社会保障分配公平性机制的均衡性，一是需要提升经济发展的共享性，用包容性增长理念来完善中国的收入分配与再分配的整体性格局，以社会保障基金作为资金池，通过各种资金流动形式来注入各种再分配基金，如划转国有股、成立转型基金的形式，发挥国有资本的公共性职能；二是由于资本的强势与劳动的弱势会在资本的原始积累阶段完成后继续保持较强的路径依赖格局，因此，需要将税负的重心从劳动尺度上转移到资本尺度上，用累进税制来规范资本的贪婪性，从而在更大程度上丰富和提升马克思主义的劳动价值理论及其指导实践的能力。

如果以社会福祉公平性为目标，最优的课税结构应该是偏向于对生产主体的资本进行课税，且最优的课税率为公共支出弹性；若以经济增长效率最大化为目标，最优的课税结构依然是偏向于对生产主体的资本进行课税，这时，最优的课税率为生产当事人资本水平的产出弹性。从社会福祉的尺度来看，如果社会个体以获得社会福祉最优化为目标，并以消费的形式获得自身效用最大化，最优的课税结构由OLG模型中的内生性参数来决定。经济增长效率机制与社会福祉共享机制均衡的税率区间取决于公共支出结构的动态变动格局。对资本进行课税会增加劳动供给总量，提高总税率，与此同时，通过间接的传导效应，政府的公共支出水平会提升。通过直接效应与间接传导机制，我们发现，随着资本课税率的不断提升，在资本回报率下降的同时，社会整体福祉的均等化水平不断得到提升。因此，与偏重于对劳动进行课税不同，对资本进行课税更能够体现社会整体的福祉水平和社会公平性，而且还会使得经济增长效率机制与社会福祉共享机制不断趋向均衡。

# 参考文献

［印］阿马蒂亚·森：《以自由看待发展》，任颐、于真译，中国人民大学出版社，2002。

［英］安格斯·麦迪森：《世界经济千年史》，伍晓鹰等译，北京大学出版社，2003。

蔡继明、江永基：《基于广义价值论的功能性分配理论》，《经济研究》2010年第6期。

曹信邦：《社会保障异化论》，《云南社会科学》2012年第3期。

曹信邦：《社会保障制度的政治属性》，《学海》2014年第2期。

陈斌开、林毅夫：《发展战略、城市化与中国城乡收入差距》，《中国社会科学》2013年第4期。

陈国权、陈晓伟：《法治悖论：地方政府三重治理逻辑下的困境》，《社会科学战线》2019年第9期。

陈凌、陈华丽：《家族涉入、社会情感财富与企业慈善捐赠行为——基于全国私营企业调查的实证研究》，《管理世界》2014年第8期。

陈潭、黄金：《群体性事件多种原因的理论阐释》，《政治学研究》2009年第6期。

陈新、沈扬扬：《新时期中国农村贫困状况与政府反贫困政策效果评估——以天津市农村为案例的分析》，《南开经济研究》2014年第3期。

陈云：《中国城镇居民收入差距现状及对策研究综述》，《首都经济贸易大学学报》2008年第6期。

成新轩、侯兰晶：《城乡社会保障投入差异及对策分析》，《中国软科学》2011年第S2期。

程宇丹、龚六堂：《财政分权框架下的最优税收结构》，《金融研究》2016年第5期。

［美］戴维·伊斯顿：《政治生活的系统分析》，王浦劬译，人民出版社，2012。

代玉启：《群体性事件演化机理分析》，《政治学研究》2012年第6期。

代志明：《新型农村合作医疗补偿机制歧视问题研究——以收入差异为视角》，《中国软科学》2007年第2期。

党生翠：《慈善组织信息公开的新特征：政策研究的视角》，《中国行政管理》2015年第2期。

邓大松、王增文：《"硬制度"与"软环境"下的农村低保对象的识别》，《中国人口科学》2008年第5期。

邓大松、刘远风：《制度替代与制度整合：基于新农保的规范分析》，《经济学家》2011年第4期。

丁志国、谭伶俐、赵晶：《农村金融对减少贫困的作用研究》，《农业经济问题》2011年第11期。

丁志国、赵晶、赵宣凯、吕长征：《我国城乡收入差距的库兹涅茨效应识别与农村金融政策应对路径选择》，《金融研究》2011年第7期。

董丽霞、韩奕：《社会性支出与城市居民收入不平等关系研究》，《中国人民大学学报》2013年第5期。

董拥军、邱长溶：《我国社会保障支出对公平与效率影响的实证分析》，《统计与决策》2008年第1期。

杜创、朱恒鹏：《中国城市医疗卫生体制的演变逻辑》，《中国社会科学》2016年第8期。

范子英、张军：《财政分权与中国经济增长的效率——基于非期望产出模型的分析》，《管理世界》2009年第7期。

费孝通：《家庭结构变动中的老年赡养问题——再论中国家庭结构的变动》，《北京大学学报》（哲学社会科学版）1983年第3期。

费孝通、张之毅：《云南三村》，社会科学文献出版社，2006。

封进：《中国养老保险体系改革的福利经济学分析》，《经济研究》2004年第2期。

丰雷、蒋妍、叶剑平：《诱致性制度变迁还是强制性制度变迁？——中国农村土地调整的制度演进及地区差异研究》，《经济研究》2013年第6期。

冯定星：《政策执行中的"包保责任制"——以Q市创建国家卫生城市工作

为例》,《社会发展研究》2014年第3期。

冯仕政:《国家政权建设与新中国信访制度的形成及演变》,《社会学研究》2012年第4期。

冯仕政:《社会冲突、国家治理与"群体性事件"概念的演生》,《社会学研究》2015年第5期。

傅勇:《财政分权、政府治理与非经济性公共物品供给》,《经济研究》2010年第8期。

高文书:《社会保障对收入分配差距的调节效应——基于陕西省宝鸡市住户调查数据的实证研究》,《社会保障研究》2012年第4期。

耿志祥、孙祁祥、郑伟:《人口老龄化、资产价格与资本积累》,《经济研究》2016年第9期。

龚刚、杨光:《从功能性收入看中国收入分配的不平等》,《中国社会科学》2010年第2期。

顾海、孙军:《统筹城乡医保制度绩效研究》,《东岳论丛》2016年第10期。

郭宏宝、仇伟杰:《财政投资对农村脱贫效应的边际递减趋势及对策》,《当代经济科学》2005年第5期。

郭婧、岳希明:《税制结构的增长效应实证研究进展》,《经济学动态》2015年第5期。

郭林、宋凤轩、丁建定:《人均社会保障结构水平:理论模型、实证分析及政策建议》,《东南学术》2011年第2期。

郭庆旺、吕冰洋:《论要素收入分配对居民收入分配的影响》,《中国社会科学》2012年第12期。

郭圣莉、李旭、王晓晖:《"倒逼"式改革:基于多案例的大数据分析》,《中国行政管理》2016年第9期。

郭熙保、朱兰:《中等收入转型概率与动力因素:基于生存模型分析》,《数量经济技术经济研究》2017年第10期。

国家计委宏观经济研究院课题组:《中国城镇居民收入差距适度性分析》,《宏观经济研究》2002年第6期。

果佳、唐任伍:《均等化、逆向分配与"福利地区"社会保障的省际差异》,《改革》2013年第1期。

韩冰:《全面从严治党视阈下的反特权问题探析》,《中共中央党校学报》

2016年第5期。

韩军、刘润娟、张俊森：《对外开放对中国收入分配的影响——"南方谈话"和"入世"后效果的实证检验》，《中国社会科学》2015年第2期。

韩央迪、李迎生：《中国农民福利：供给模式、实现机制与政策展望》，《中国农村观察》2014年第5期。

韩振武：《城乡社会保障并轨何以可能——苏州城乡一体化发展的启示》，《发展研究》2014年第5期。

何立新、佐藤宏：《不同视角下的中国城镇社会保障制度与收入再分配——基于年度收入和终生收入的经验分析》，《世界经济文汇》2008年第5期。

何庆光：《财政分权、转移支付与地方税收入——基于1985-2006年省级面板数据分析》，《统计研究》2009年第3期。

何文炯：《劳动力自由流动与社会保险一体化》，《中国社会保障》2010年第12期。

何文炯、杨一心：《职工基本养老保险：要全国统筹更要制度改革》，《学海》2016年第2期。

何艳玲、汪广龙：《中国转型秩序及其制度逻辑》，《中国社会科学》2016年第6期。

贺大兴、姚洋：《社会平等、中性政府与中国经济增长》，《经济研究》2011年第1期。

洪兴建、高鸿桢：《反贫困效果的模型分解法及中国农村反贫困的实证分析》，《统计研究》2005年第3期。

侯明喜：《防范社会保障体制对收入分配的逆向转移》，《经济体制改革》2007年第4期。

胡鞍钢：《利国利民、长治久安的奠基石——关于建立全国统一基本社会保障制度、开征社会保障税的建议》，《改革》2001年第4期。

胡怀国：《功能性收入分配与规模性收入分配：一种解说》，《经济学动态》2013年第8期。

胡荣：《我国社会保险制度改革的模式选择》，《社会学研究》1995年第4期。

黄应绘：《西部地区城乡居民收入差距的重新估计——基于经济收入与社会收入并重的视角》，《农业经济问题》2012年第6期。

惠宁、熊正潭：《城乡固定资产投资与城乡收入差距研究——基于1980—2009年时间序列数据》，《西北大学学报》（哲学社会科学版）2011年第4期。

简永军、周继忠：《人口老龄化、推迟退休年龄对资本流动的影响》，《国际金融研究》2011年第2期。

焦娜：《社会养老保险会改变我国农村家庭的代际支持吗？》，《人口研究》2016年第4期。

金刚、柳清瑞：《中国建立覆盖城乡社会保障体系的基本条件分析——基于国际比较的经验》，《人口与发展》2010年第2期。

景天魁：《城乡统筹的社会保障：思路与对策》，《思想战线》2004年第1期。

雷根强、蔡翔：《初次分配扭曲、财政支出城市偏向与城乡收入差距——来自中国省级面板数据的经验证据》，《数量经济技术经济研究》2012年第3期。

雷根强、黄晓虹、席鹏辉：《转移支付对城乡收入差距的影响——基于我国中西部县域数据的模糊断点回归分析》，《财贸经济》2015年第12期。

李谷成：《资本深化、人地比例与中国农业生产率增长——一个生产函数分析框架》，《中国农村经济》2015年第1期。

李汉林：《发展过程中的相对剥夺感》，《社会发展研究》2012年第1期。

李汉林、李路路：《单位成员的满意度和相对剥夺感——单位组织中依赖结构的主观层面》，《社会学研究》2000年第2期。

李郇、洪国志、黄亮雄：《中国土地财政增长之谜——分税制改革、土地财政增长的策略性》，《经济学》（季刊）2013年第4期。

李慧芳、孙津：《城乡统筹中新型城市形态创制的要素关系》，《中国人口·资源与环境》2008年第2期。

李建华、张效锋：《社会保障伦理：一个亟待研究的领域》，《哲学研究》2009年第4期。

李路路：《制度转型与分层结构的变迁——阶层相对关系模式的"双重再生产"》，《中国社会科学》2002年第6期。

李清华：《中国功能性分配格局的国际比较研究》，《统计研究》2013年第4期。

李实、罗楚亮：《中国收入差距究竟有多大？——对修正样本结构偏差的尝试》,《经济研究》2011年第4期。

李祥云:《中国高等教育对收入分配不平等程度的影响——基于省级面板数据的实证分析》,《高等教育研究》2014年第6期。

李亚珍:《财政社会保障支出对城乡收入差距的影响研究综述》,《科技视界》2013年第32期。

李永友:《公共卫生支出增长的收入再分配效应》,《中国社会科学》2017年第5期。

李永友:《转移支付与地方政府间财政竞争》,《中国社会科学》2015年第10期。

李珍、王海东:《基本养老保险个人账户收益率与替代率关系定量分析》,《公共管理学报》2009年第4期。

林山君、孙祁祥:《人口老龄化、现收现付制与中等收入陷阱》,《金融研究》2015年第6期。

林毓铭:《体制改革:从养老保险省级统筹到基础养老金全国统筹》,《经济学家》2013年第12期。

林治芬、魏雨晨:《中央和地方社会保障支出责任划分中外比较》,《中国行政管理》2015年第1期。

刘安泽、张东:《浅议长寿风险对养老金计划的影响及管理方法》,《上海保险》2007年第2期。

刘畅:《社会保障支出对经济发展与社会公平的影响研究》,《江西财经大学学报》2011年第2期。

刘德海、王维国:《维权型群体性突发事件社会网络结构与策略的协同演化机制》,《中国管理科学》2012年第3期。

刘盼、罗楚亮:《向企业征税还是向劳动者征税?——基于增长效应和福利效应的税收结构分析》,《经济科学》2018年第1期。

刘穷志:《转移支付激励与贫困减少——基于PSM技术的分析》,《中国软科学》2010年第9期。

刘万、庹国柱:《基本养老金个人账户给付年金化问题研究》,《经济评论》2010年第4期。

刘小鲁:《中国城乡居民医疗保险与医疗服务利用水平的经验研究》,《世界经济》2017年第3期。

刘晓婷、黄洪:《医疗保障制度改革与老年群体的健康公平——基于浙江的研究》,《社会学研究》2015年第4期。

刘新、刘伟:《东、中、西部教育投入和社会保障支出联合的收入差距效应》,《西北人口》2013年第4期。

刘勇、滕越、邹薇:《税收、经济增长与收入不平等》,《经济科学》2018年第1期。

龙朝阳、申曙光:《中国城镇养老保险制度改革方向:基金积累制抑或名义账户制》,《学术月刊》2011年第6期。

楼苏萍:《走向合作保险型社会政策——2003年以来我国社会政策的新发展》,《东岳论丛》2012年第4期。

卢盛峰、卢洪友:《政府救助能够帮助低收入群体走出贫困吗?——基于1989—2009年CHNS数据的实证研究》,《财经研究》2013年第1期。

陆安、骆正清:《个人账户养老金缺口的精算模型与实证研究》,《数学的实践与认识》2010年第24期。

陆铭、陈钊:《城市化、城市倾向的经济政策与城乡收入差距》,《经济研究》2004年第6期。

路向峰:《马克思社会保障思想的历史语境与当代视域》,《教学与研究》2015年第6期。

罗楚亮:《经济增长、收入差距与农村贫困》,《经济研究》2012年第2期。

罗党论、佘国满、陈杰:《经济增长业绩与地方官员晋升的关联性再审视——新理论和基于地级市数据的新证据》,《经济学》(季刊)2015年第3期。

罗文恩、周延风:《中国慈善组织市场化研究——背景、模式与路径》,《管理世界》2010年第12期。

罗翔、朱平芳、项歌德:《城乡一体化框架下的中国城市化发展路径研究》,《数量经济技术经济研究》2014年第10期。

罗云飞:《社会保障对缩小我国城镇居民收入差距的调节机制探析》,硕士学位论文,重庆理工大学,2011。

骆方金:《共享与和谐:"包容性增长"论析》,《马克思主义研究》2012年第3期。

吕承超、白春玲:《中国社会保障发展空间差距及随机收敛研究》,《财政研究》2016年第4期。

吕勇斌、赵培培：《我国农村金融发展与反贫困绩效：基于2003—2010年的经验证据》，《农业经济问题》2014年第1期。

马斌、汤晓茹：《关于城乡社会保障一体化的理论综述》，《人口与经济》2008年第3期。

马超、顾海、宋泽：《补偿原则下的城乡医疗服务利用机会不平等》，《经济学》（季刊）2017年第4期。

马超、顾海、孙徐辉：《医保统筹模式对城乡居民医疗服务利用和健康实质公平的影响——基于机会平等理论的分析》，《公共管理学报》2017年第2期。

马超、赵广川、顾海：《城乡医保一体化制度对农村居民就医行为的影响》，《统计研究》2016年第4期。

马晓河、蓝海涛、黄汉权：《工业反哺农业的国际经验及我国的政策调整思路》，《管理世界》2005年第7期。

[美]米尔顿·弗里德曼：《资本主义与自由》，张瑞玉译，商务印书馆，1986。

米增渝、刘霞辉、刘穷志：《经济增长与收入不平等：财政均衡研究激励政策研究》，《经济研究》2012年第12期。

缪小林、伏润民：《权责分离、政绩利益环境与地方政府债务超常规增长》，《财贸经济》2015年第4期。

缪小林、高跃光：《城乡公共服务：从均等化到一体化——兼论落后地区如何破除经济赶超下的城乡"二元"困局》，《财经研究》2016年第7期。

缪小林、王婷、高跃光：《转移支付对城乡公共服务差距的影响——不同经济赶超省份的分组比较》，《经济研究》2017年第2期。

莫亚琳、张志超：《城市化进程、公共财政支出与社会收入分配——基于城乡二元结构模型与面板数据计量的分析》，《数量经济技术经济研究》2011年第3期。

欧阳葵、王国成：《社会福利函数的存在性与唯一性——兼论其在收入分配中的应用》，《数量经济技术经济研究》2013年第2期。

潘孝珍：《退休年龄、退休余命与养老保险个人账户支付成本》，《暨南学报》（哲学社会科学版）2014年第4期。

仇雨临、王昭茜:《城乡居民基本医疗保险制度整合发展评析》,《中国医疗保险》2018年第2期。

亓寿伟、胡洪曙:《转移支付、政府偏好与公共产品供给》,《财政研究》2015年第7期。

饶晓辉、刘方:《政府生产性支出与中国的实际经济波动》,《经济研究》2014年第11期。

容志、陈奇星:《"稳定政治":中国维稳困境的政治学思考》,《政治学研究》2011年第5期。

阮敬:《中国农村亲贫困增长测度及其分解》,《统计研究》2007年第11期。

沈扬扬:《经济增长与不平等对农村贫困的影响》,《数量经济技术经济研究》2012年第8期。

宋士云、李成玲:《1992~2006年中国社会保障支出水平研究》,《中国人口科学》2008年第3期。

苏力:《较真"差序格局"》,《北京大学学报》(哲学社会科学版)2017年第1期。

苏治、方彤、尹力博:《中国虚拟经济与实体经济的关联性——基于规模和周期视角的实证研究》,《中国社会科学》2017年第8期。

谭中和:《如何建立公平可持续的医疗保障体系——以推进城乡医保整合为契机》,《中国医疗保险》2018年第8期。

陶然、徐志刚:《城市化、农地制度与迁移人口社会保障——一个转轨中发展的大国视角与政策选择》,《经济研究》2005年第12期。

[英]特里·伊格尔顿:《马克思为什么是对的》,李杨等译,新星出版社,2011。

[法]托马斯·皮凯蒂:《21世纪资本论》,巴曙松等译,中信出版社,2014。

万海远、李实:《户籍歧视对城乡收入差距的影响》,《经济研究》2013年第9期。

汪昊、娄峰:《中国财政再分配效应测算》,《经济研究》2017年第1期。

汪良军、童波:《收入不平等、公平偏好与再分配的实验研究》,《管理世界》2017年第6期。

汪泽英、曾湘泉:《中国社会养老保险收益激励与企业职工退休年龄分析》,

《中国人民大学学报》2004年第6期。

王建国：《外出从业、农村不平等和贫困》，《财经科学》2013年第3期。

王明琳、徐萌娜、王河森：《利他行为能够降低代理成本吗？——基于家族企业中亲缘利他行为的实证研究》，《经济研究》2014年第3期。

王婷：《我国城乡社会保障一体化政策试析》，《学术界》2014年第4期。

王小鲁：《中国城市化路径与城市规模的经济学分析》，《经济研究》2010年第10期。

王延中、龙玉其、江翠萍、徐强：《中国社会保障收入再分配效应研究——以社会保险为例》，《经济研究》2016年第2期。

王艺明：《经济增长与马克思主义视角下的收入和财富分配》，《经济研究》2017年第11期。

王增文：《城镇职工基本养老保险个人账户超额支出：测度与评价》，《社会保障评论》2017年第2期。

王增文：《动态消费支出、弹性退休激励与养老保险制度分配优化——延长职业生涯应该靠什么》，《当代经济科学》2014年第6期。

王增文：《经济新常态下中国社会保障基金均衡投资组合策略及决定因素分析——基于沪、深两市数据的比较》，《中国管理科学》2017年第8期。

王增文：《农村低保救助水平的评估》，《中国人口·资源与环境》2010年第1期。

王增文：《农村老年女性贫困的决定因素分析——基于Cox比例风险模型的研究视角》，《中国人口科学》2010年第1期。

王增文：《农村老年人口对养老服务供给主体的社会认同度研究——基于宗族网络与农村养老服务政策的比较》，《中国行政管理》2015年第10期。

王增文：《农村社会救助制度的可持续性研究——基于对中国10省份33县市农村居民的调查》，经济科学出版社，2012。

王增文：《社会保障与技术进步动态组合的经济发展驱动路径分析》，《科学学研究》2016年第9期。

王增文：《社会网络对受助家庭再就业收入差距的影响》，《中国人口科学》2012年第2期。

王增文：《中国农村反贫困绩效的推动因素测度及分解：1978—2014》，《财贸经济》2017年第9期。

王增文：《中国社会保障财政支出最优规模研究：基于财政的可持续性视角》，《农业技术经济》2010年第1期。

王增文：《中国社会保障治理结构变化、理念转型及理论概化——范式嵌入与法治保障》，《政治学研究》2015年第5期。

王增文、Antoinette Hetzler：《农村"养儿防老"保障模式与新农保制度的社会认同度分析》，《中国农村经济》2015年第7期。

王增文、邓大松：《农村家庭风险测度及风险抵御和防范机制研究——兼论农村社会保障制度抵御风险的有效性》，《中国软科学》2015年第7期。

王增文、邓大松：《倾向度匹配、救助依赖与瞄准机制——基于社会救助制度实施效应的经验分析》，《公共管理学报》2012年第2期。

王增文、何冬梅：《社会保障支出对居民收入影响机制分析——基于江苏省13市面板数据的收敛分析》，《华东经济管理》2014年第12期。

温娇秀：《我国城乡教育不平等与收入差距扩大的动态研究》，《当代经济科学》2007年第5期。

吴永求、冉光和：《养老保险制度公平与效率的测度及权衡理论》，《数理统计与管理》2014年第5期。

习近平：《坚持运用辩证唯物主义世界观方法论 提高解决我国改革发展基本问题本领》，《人民日报》2015年1月25日。

夏庆杰、宋丽娜、Simon Appleton：《经济增长与农村反贫困》，《经济学》（季刊）2010年第3期。

夏永祥：《政府强力推动与城乡一体化发展："苏州道路"解读》，《农业经济问题》2011年第2期。

向玉乔：《社会制度实现分配正义的基本原则及价值维度》，《中国社会科学》2013年第3期。

肖严华：《21世纪中国人口老龄化与养老保险个人账户改革——兼谈"十二五"实现基础养老金全国统筹的政策选择》，《上海经济研究》2011年第12期。

肖瑛：《从"国家与社会"到"制度与生活"：中国社会变迁研究的视角转换》，《中国社会科学》2014年第9期。

解垩：《与收入相关的健康及医疗服务利用不平等研究》，《经济研究》2009年第2期。

谢宇：《认识中国的不平等》，《社会》2010年第3期。

熊跃根：《转型经济国家社会保护机制的建构：中国与波兰的比较研究》，《学海》2008年第3期。

熊跃根、黄静：《我国城乡医疗服务利用的不平等研究——一项于CHARLS数据的实证分析》，《人口学刊》2016年第6期。

徐晨光、王海峰：《中央与地方关系视阈下地方政府治理模式重塑的政治逻辑》，《政治学研究》2013年第4期。

徐建炜、马光荣、李实：《个人所得税改善中国收入分配了吗——基于对1997—2011年微观数据的动态评估》，《中国社会科学》2013年第6期。

徐晴、李放：《财政社会保障支出与中国城乡收入差距——理论分析与计量检验》，《上海经济研究》2012年第11期。

徐晴、李放：《我国财政社会保障支出的差异与结构：1998~2009年》，《改革》2012年第2期。

徐淑一、朱富强：《通过收入再分配实现社会正义和社会效率》，《财政研究》2014年第11期。

徐月宾、刘凤芹、张秀兰：《中国农村反贫困政策的反思——从社会救助向社会保护转变》，《中国社会科学》2007年第3期。

薛惠元、宋君：《城镇职工基本养老保险个人账户内部收益率测算与分析》，《保险研究》2015年第9期。

薛进军、高晓淳：《再论教育对收入增长与分配的影响》，《中国人口科学》2011年第2期。

阎明：《"差序格局"探源》，《社会学研究》2016年第5期。

杨翠迎、黄祖辉：《建立和完善我国农村社会保障体系——基于城乡统筹考虑的一个思路》，《西北农林科技大学学报》（社会科学版）2007年第1期。

杨风寿、沈默：《社会保障水平与城乡收入差距的关系研究》，《宏观经济研究》2016年第5期。

杨红燕、阳义南：《城乡居民医疗保险制度满意度研究——以湖北省鄂州市为例》，《中央财经大学学报》2017年第8期。

杨俊：《对我国个人账户养老保险制度超额支出的研究与改革建议》，《社会保障研究（北京）》2015年第1期。

杨天宇：《中国居民收入再分配过程中的"逆向转移"问题研究》,《统计研究》2009年第4期。

杨天宇、侯玘松：《收入再分配对我国居民总消费需求的扩张效应》,《经济学家》2009年第9期。

杨晓兰、周业安：《政府效率、社会决策机制和再分配偏好——基于中国被试的实验经验学研究》,《管理世界》2017年第6期。

杨志勇：《分税制改革中的中央和地方事权划分研究》,《经济社会体制比较》2015年第2期。

姚大志：《社会正义论纲》,《学术月刊》2013年第11期。

姚大志：《再论分配正义——答段忠桥教授》,《哲学研究》2012年第5期。

姚树洁、冯根福、王攀、欧璟华：《中国是否挤占了OECD成员国的对外投资?》,《经济研究》2014年第11期。

姚云云、刘金良：《我国社会福利制度转型的逻辑动因及路径探索——基于"包容性发展"价值取向》,《求实》2015年第8期。

叶明：《城乡社会保障制度一体化的法制前提：农村土地国有化》,《西南民族大学学报》（人文社会科学版）2013年第5期。

叶祥松、晏宗新：《当代虚拟经济与实体经济的互动——基于国际产业转移的视角》,《中国社会科学》2012年第9期。

叶志强、陈习定、张顺明：《金融发展能减少城乡收入差距吗?——来自中国的证据》,《金融研究》2011年第2期。

俞志元：《集体性抗争行动结果的影响因素——一项基于三个集体性抗争行动的比较研究》,《社会学研究》2012年第3期。

［美］约翰·贝茨·克拉克：《财富的分配》,王翼龙译,华夏出版社,2008。

约翰逊：《中国农村与农业改革的成效与问题》,《经济研究》1997年第1期。

［美］约瑟夫·熊彼特：《经济分析史》（第3卷）,朱泱等译,商务印书馆,1994。

岳希明、张斌、徐静：《中国税制的收入分配效应测度》,《中国社会科学》2014年第6期。

曾益、任超然、汤学良：《延长退休年龄能降低个人账户养老金的财政补助吗?》,《数量经济技术经济研究》2013年第12期。

张车伟、赵文：《功能性分配与规模性分配的内在逻辑——收入分配问题的国际经验与借鉴》,《社会科学辑刊》2017年第3期。

张车伟、赵文:《中国劳动报酬份额问题——基于雇员经济与自雇经济的测算与分析》,《中国社会科学》2015年第12期。

张定胜、成文利:《"嚣张的特权"之理论阐述》,《经济研究》2011年第9期。

张国清:《分配正义与社会应得》,《中国社会科学》2015年第5期。

张海波、童星:《中国应急管理结构变化及其理论概化》,《中国社会科学》2015年第3期。

张建君:《竞争—承诺—服从:中国企业慈善捐款的动机》,《管理世界》2013年第9期。

张来明、李建伟:《收入分配与经济增长的理论关系和实证分析》,《管理世界》2016年第11期。

张苏、王婕:《养老保险、孝养伦理与家庭福利代际帕累托改进》,《经济研究》2015年第10期。

张文彤、董伟:《SPSS统计分析高级教程》(第2版),高等教育出版社,2013。

张衔、蒙长玉:《功能性与规模性收入分配关系的实证分析:马克思经济学视角》,《社会科学战线》2017年第6期。

张勋、万广华:《中国的农村基础设施促进了包容性增长吗?》,《经济研究》2016年第10期。

张勇:《基于资金净值的个人账户养老金动态调整研究》,《数量经济技术经济研究》2015年第2期。

赵怡:《我国社会保障与经济增长关系研究》,《管理世界》2007年第12期。

赵志君:《分配不平等与再分配的最优税率结构》,《经济学动态》2016年第10期。

赵志君:《收入分配与社会福利函数》,《数量经济技术经济研究》2011年第9期。

郑风田、阮荣平、刘力:《风险、社会保障与农村宗教信仰》,《经济学》(季刊)2010年第3期。

郑功成:《加快健全社会保障体系》,《人民日报》2016年2月2日。

郑功成:《加入WTO与中国的社会保障改革》,《管理世界》2002年第4期。

郑功成：《扩大中等收入群体的要点与路径》，《光明日报》2016年6月29日。

郑功成：《让社会保障步入城乡一体化发展轨道》，《中国社会保障》2014年第1期。

郑功成：《中国社会保障改革与发展战略——理念、目标与行动方案》，人民出版社，2008。

郑功成：《中国社会保障演进的历史逻辑》，《中国人民大学学报》2014年第1期。

周飞舟：《分税制十年：制度及其影响》，《中国社会科学》2006年第6期。

周弘：《福利国家向何处去》，《中国社会科学》2001年第3期。

周建军：《从"华盛顿共识"到"包容性增长"：理解经济意识形态的新动向》，《马克思主义研究》2012年第2期。

周黎安：《中国地方官员的晋升锦标赛模式研究》，《经济研究》2007年第7期。

朱富强：《社会达尔文主义信条下的主流经济学偏见——审视时下流行的"仇富说"》，《人文杂志》2013年第2期。

朱富强：《收入再分配的理论基础：基于社会效率的原则》，《学术月刊》2013年第3期。

祝伟、陈秉正：《中国城市人口死亡率的预测》，《数理统计与管理》2009年第4期。

《资本论》（第2卷），人民出版社，2004。

《马克思恩格斯全集》（第19卷），人民出版社，1963。

《马克思恩格斯全集》（第23卷），人民出版社，1972。

A.Alesina, G. M. Angeletos, "Fairness and Redistribution: US versus Europe," *Social Science Electronic Publishing*, 2002, Vol.95, No.4, pp.960-980.

A. Alesina, J. Harnoss, H. Rapoport, "Birthplace Diversity and Economic Propensity," *Journal of Economic Growth*, 2016, Vol. 21, No. 2, pp.101-138.

A.Auerbach, L.Kotlikoff, *Dynamic Fiscal Policy* (Cambridge University Press, 1987).

A. M. Okun, L. H. Summers, "Equality and Efficiency: The Big Tradeoff,"

*American Political Science Association*, 1975, Vol.13, No.3, pp.1899-1900.

A. Nunez, C. Chi, "Equity in Health Care Utilization in Chile," *International Journal for Equity in Health*, 2013, Vol.12, No.1, pp.2-16.

A. Park, S. Wang, G. Wu, "Regional Poverty Targeting," *Journal of Public Economics*, 2002, Vol.86, No.1, pp.123-153.

A. W. A. Boot, A. V. Thakor, "Self-Interested Bank Regulation," *The American Economic Review*, 1993, Vol.83, No.2, pp.206-212.

A. W. Cappelen, A. D. Hole, E. Ø. Sørensen, B. Tungodden, "The Pluralism of Fairness Ideals: An Experimental Approach," *American Economic Review*, 2007, Vol.97, No.3, pp.818-827.

A. W. Cappelen, T. Eichele, K. Hugdahl, K. Specht, E. Ø. Sørensen, "Equity Theory and Fair Inequality: A Neuroeconomic Study," *Proceedings of the National Academy of Science*, 2014, Vol.111, No.43, pp.15368-15372.

Adeline Delavande, Susann Rohwedder, "Changes in Spending and Labor Supply in Response to a Social Security Benefit Cut: Evidence from Stated Choice Data," *The Journal of the Economics of Ageing*, 2017, Vol.10, No.5, pp.34-50.

Allan H. Meltzer, Scott F. Richard, "A Positive Theory of Economic Growth and the Distribution of Income," *Research in Economics*, 2015, Vol.69, No.3, pp.265-290.

Allan H. Meltzer, Scott F. Richard, "Tests of a Rational Theory of the Size of Government," *Public Choice*, 1983, Vol.41, No.3, pp.403-418.

Andrés Rodríguez-Pose, Daniel Hardy, "Addressing Poverty and Inequality in the Rural Economy from a Global Perspective," *Applied Geography*, 2015, Vol.61, No.4, pp.11-23.

Anna Bottasso, Carolina Castagnetti, Maurizio Conti, "And Yet They Co-move! Public Capital and Productivity in OECD," *Journal of Policy Modeling*, 2013, Vol.35, No.5, pp.713-729.

Anthony B. Atkinson, "The Changing Distribution of Income: Evidence and Explanations," *German Economic Review*, 2000, Vol.1, No.1, pp.3-18.

Anthony Giddens, "Central Problems in Social Theory: Action, Structure, and Contradiction in Social Analysis," *American Journal of Sociology*, 1979, Vol.74, No.6, pp.188-189.

Antoine Dedry, Harun Onder, Pierre Pestieau, "Aging, Social Security Design, and Capital Accumulation," *The Journal of the Economics of Ageing*, 2017, Vol.9, No.3, pp.145-155.

Armon Rezai, Lance Taylor, Duncan Foley, "Economic Growth, Income Distribution, and Climate Change," *Ecological Economics*, 2018, Vol.146, No.2, pp.164-172.

Augustin Kwasi Fosu, "Growth, Inequality, and Poverty Reduction in Developing Countries: Recent Global Evidence," *Research in Economics*, 2017, Vol.71, No.2, pp.306-336.

Ayşe İmrohoroğlu, Kai Zhao, "Intergenerational Transfers and China's Social Security Reform," *The Journal of the Economics of Ageing*, 2018, Vol.11, pp.62-70.

B.Fleischer, D.Yang, "China's Labor Market," *Conference on China's Market Reform*, 2004.

B. Gustafsson, Q. Deng, "Social Assistance Receipt and Its Importance for Combating Poverty in Rural China," IZA Discussion Paper, No. 2758, 2007.

B.K. Jack, M.P. Recalde, "Leadership and the Voluntary Provision of Public Goods: Field Evidence from Bolivia," *Journal of Public Economics*, 2015, Vol.122, No.2, pp.80-93.

B.Pan, S.D.Towne, Y.X.Chen, "The Inequity of Inpatient Services in Rural Areas and the New-type rural Cooperative Medical System (NRCMS) in China: Repeated Cross-sectional Analysis," *Health Policy & Planning*, 2017, Vol.32, No.5, p.634.

Barbara Hanel, "Financial Incentives to Postpone Retirement and Further Effects on Employment—Evidence from a Natural Experiment," *Labour Economics*, 2010, Vol.17, No.3, pp.474-486.

Behrooz Kamali, Douglas Bish, Roger Glick, "Optimal Service Order for Mass-casualty Incident Response," *European Journal of Operational Research*, 2017, Vol.261, No.1, pp.355-367.

Bilin Neyapti, "Fiscal Decentralization, Fiscal Rules and Fiscal Discipline," *Economics Letters*, 2013, Vol.121, No.3, pp.528-532.

Björn Gustafsson, Shi Li, Hiroshi Sato, "Data for Studying Earnings, the Distribution of Household Income and Poverty in China," *China Economic Review*, 2014, Vol.30, No.5, pp.419-431.

Björn Gustafsson, Xiuna Yang, Gang Shuge, Dai Jianzhong, "Charitable Donations by China's Private Enterprises," *Economic Systems*, 2017, Vol.41, No.3, pp.456-469.

C. Anderson, L. Putterman, "Do Non-strategic Sanctions Obey the Law of Demand? The Demand for Punishment in the Voluntary Contribution Mechanism," *Games and Economic Behavior*, 2006, Vol.54, No.1, pp.1-24.

C. Clemens, S. Soretz, "Optimal Fiscal Policy, Uncertainty, and Growth," *Journal of Macroeconomics*, 2004, Vol.26, No.4, pp.679-697.

C. Kim, K.M.A.Saeed, A.S.Salehi, et al., "An Equity Analysis of Utilization of Health Services in Afghanistan Using a National Household Survey," *BMC Public Health*, 2016, Vol.16, No.1226, pp.2-11.

Cagri S. Kumru, Athanasios C. Thanopoulos, "Social Security Reform with Self-control Preferences," *Journal of Public Economics*, 2011, Vol.95, No.7-8, pp.886-899.

Cao Rong, "Research on the Coordination of Social Security and Economic Development in Hubei Province," *Physics Procedia*, 2012, Vol.33, pp.1803-1809.

Carlos A. Vegh, Guillermo Vuletin, "Unsticking the Flypaper Effect in an Uncertain World," *Journal of Public Economics*, 2015, Vol.131, No.6, pp.142-155.

Catherine Ruhl, Zola Golub, Anne Santa-Donato, Carolyn Davis Cockey, Debra Bingham, "Providing Nursing Care Women and Babies Deserve," *Nursing for Women's Health*, 2016, Vol.20, No.2, pp.129-133.

Chanchala Joshi, Umesh Kumar Singh, "Information Security Risks Management Framework—A Step Towards Mitigating Security Risks in University Network," *Journal of Information Security and Applications*, 2017, Vol.35, No.4, pp.128-137.

Christian Aspalter, "The East Asian Welfare Model," *International Journal of Social Welfare*, 2006, Vol.15, No.4, pp.290-301.

Christian Gollier, "Expected Net Present Value, Expected Net Future Value, and the Ramsey Rule," *Journal of Environmental Economics and Management*, 2010, Vol.59, No.2, pp.142-148.

Clemens Breisinger, Olivier Ecker, "Simulating Economic Growth Effects on Food and Nutrition Security in Yemen: A New Macro-micro Modeling Approach," *Economic Modelling*, 2014, Vol.43, No.6, pp.100-113.

Colin Jennings, Santiago Sanchez-Pages, "Social Capital, Conflict and Welfare," *Journal of Development Economics*, 2017, Vol.124, No.1, pp.157-167.

Conny Olovsson, "Quantifying the Risk-sharing Welfare Gains of Social Security," *Journal of Monetary Economics*, 2010, Vol.57, No.3, pp.364-375.

D.Altig, A.J.Auerbach, L.J.Koltikoff, K.A.Smetters, J.Walliser, "Stimulating Fundamental Tax Reform in the United States," *American Economic Review*, 2001, Vol.91, No.3, pp.574-595.

Daniel Becquemont, "Social Darwinism: From Reality to Myth and from Myth to Reality," *Studies in History and Philosophy of Science Part C: Studies in History and Philosophy of Biological and Biomedical Sciences*, 2011, Vol.42, No.1, pp.12-19.

Daniele Checchi, Cecilia García-Peñalosa, "Labor Market Institution and Income Inequality," *Economic Policy*, 2008, Vol.23, No.56, pp.602-649.

David Coburn, "Income Inequality, Welfare, Class and Health: A Comment on Pickett and Wilkinson," *Social Science & Medicine*, 2015, Vol.146, No.6, pp.228-232.

David Miller, *Political Philosophy: A Very Short Introduction* (Oxford and New York: Oxford University Press, 2003).

David Schmidtz, "Desert," in Gerald Gaus, Fred D'Agostino, eds., *The Routledge Companion to Social & Political Philosophy* (New York and London: Routledge, 2013), pp.433-435.

Desislava Stoilova, "Tax Structure and Economic Growth: Evidence from the European Union," *Contaduríay y Administración*, 2017, Vol.62, No.3, pp.1041-1057.

Dominique van de Walle, "Testing Vietnam's Public Safety Net," *Journal of Comparative Economics*, 2004, Vol.32, No.4, pp.661-679.

E. Skoufias, V. Maro, "Conditional Cash Transfers, Adult Work Incentives, and Poverty," *The Journal of Development Studies*, 2008, Vol.44, No.7, pp.935-960.

E. van Doorslaer, A. Wagstaff, H. Bleichrodt, et al., "Income-related Inequalities in Health: Some International Comparisons," *Journal of Health Economics*, 1997, Vol.16, No.1, pp.93-112.

Edward Castronova, Isaac Knowles, Travis L. Ross, "Policy Questions Raised by Virtual Economies," *Telecommunications Policy*, 2015, Vol.39, No.9, pp.787-795.

Eiji Yamamura, "Social Capital, Household Income, and Preferences for Income Redistribution," *European Journal of Political Economy*, 2012, Vol.28, No.4, pp.498-511.

Emil Dinga, "Social Capital and Social Justice," *Procedia Economics and Finance*, 2014, Vol.8, pp.246-253.

Emiliano Brancaccio, Nadia Garbellini, Raffaele Giammetti, "Structural Labour Market Reforms, GDP Growth and the Functional Distribution of Income," *Structural Change and Economic Dynamics*, 2018, Vol.44, pp.34-45.

Erhan Artuc, Frédéric Docquier, Çaglar Özden, Christopher Parsons, "A Global Assessment of Human Capital Mobility: The Role of Non-OECD Destinations," *World Development*, 2015, Vol.65, No.2, pp.6-26.

Erkmen Giray Aslim, Bilin Neyapti, "Optimal Fiscal Decentralization: Redistribution and Welfare Implications," *Economic Modelling*, 2017, Vol.61, No.1, pp.224-234.

F. Bilgel, "Rethinking Presidentialism and Democratic Survival in a Causal Framework," Working Paper, 2016.

F. Breyer, "On the Intergenerational Pareto Efficiency of Pay-as-you-go Financed Pension Systems," *Journal of Institutional and Theoretical Economics*, 1989, Vol.145, No.4, pp.643-658.

F. Damanpour, M. Schneider, "Characteristics of Innovation and Innovation Adoption in Public Organizations: Assessing the Role of Managers," *Journal of Public Administration Research and Theory*, 2009, Vol.19, No.3, pp.495-522.

F. T.Bobo, E.A.Yesuf, M.Woldie, "Inequities in Utilization of Reproductive and Maternal Health Services in Ethiopia," *International Journal for Equity in Health*, 2017, Vol.16, pp.1-8.

Facundo Alvaredo, "A Note on the Relationship between Top Income Shares and the Gini Coefficient," *Economics Letters*, 2011, Vol.110, No.3, pp.274-277.

Fahim Al-Marhubi, "A Note on the Link between Income Inequality and Inflation," *Economics Letters*, 1997, Vol.55, No.3, pp.317-319.

G. Datt, M. Ravallion, "Growth and Redistribution Components of Changes in Poverty Measures: A Decomposition with Application to Brazil and India in the 1980's," *Journal of Development Economics*, 1992, Vol.38, No.2, pp.275-295.

G. Wan, Z. Y. Zhou, "Income Inequality in Rural China: Regression-based Decomposition Using Household Data," *Review of Development Economics*, 2005, Vol.9, No.4, pp.107-120.

Gal Gerson, "Liberalism, Welfare and the Crowd in J.A. Hobson," *History of European Ideas*, 2004, Vol.30, No.2, pp.197-215.

Gareth D. Myles, "Ramsey Tax Rules for Economies with Imperfect Competition," *Journal of Public Economics*, 1989, Vol.38, No.1, pp.95-115.

Gregg Barak, "Social Justice and Social Inequalities," *International Encyclopedia of the Social & Behavioral Science*, 2015, pp.392-396.

Guillermo Cruces, Ricardo Perez-Truglia, Martin Tetaz, "Biased Perceptions of Income Distribution and Preferences for Redistribution: Evidence from a Survey Experiment," *Journal of Public Economics*, 2013, Vol.98, No.1, pp.100-112.

H. Immervoll, H. Levy, C. Lietz, et al., "Household Incomes and Redistribution in the European Union: Quantifying the Equalising Properties of Taxes and Benefits," IZA Discussion Paper, No. 1824, 2005.

H. Li, L. A. Zhou, "Political Turnover and Economic Performance: The Incentive Role of Personnel Control in China," *Journal of Public Economics*, 2005, Vol.89, No.9-10, pp.1743-1762.

H. Mylonas, "Democratic Politics in Times of Austerity: The Limits of Forced Reform in Greece," *Perspectives on Politics*, 2014, Vol. 12, No. 2, pp.435-443.

H.R. Varian, "Redistributive Taxation as Social Insurance," *Journal of Public Economics*, 1980, Vol.14, No.1, pp.49-68.

H.W.Sinn, "Why a Funded Pension System Is Useful and Why It Is Not Useful," *International Tax and Public Finance*, 2000, Vol.46, No.7, pp.389-410.

HaeJung Kim, Karen M. Hopkins, "The Quest for Rural Child Welfare Workers: How Different Are They from Their Urban Counterparts in Demographics, Organizational Climate, and Work Attitudes?," *Children and Youth Services Review*, 2017, Vol.73, No.1, pp.291-297.

Hans Fehr, "CGE Modeling Social Security Reforms," *Journal of Policy Modeling*, 2016, Vol.38, No.3, pp.475-494.

Hans Fehr, Manuel Kallweit, Fabian Kindermann, "Families and Social Security," *European Economic Review*, 2017, Vol.91, No.1, pp.30-56.

Hao Hong, Jianfeng Ding, Yang Yao, "Individual Social Welfare Preferences: An Experimental Study," *Journal of Behavioral and Experimental Economics*, 2015, Vol.57, pp.89-97.

Henning Bohn, "Should the Social Security Trust Fund Hold Equities? An Intergenerational Welfare Analysis," *Review of Economic Dynamics*, 1999, Vol.2, No.3, pp.666-697.

Henriett Rab, "Anomalies in Flexible Retirement," *Procedia Economics and Finance*, 2015, Vol.23, pp.129-133.

Humberto Godínez-Olivares, María del Carmen Boado-Penas, Steven Haberman, "Optimal Strategies for Pay-as-you-go Pension Finance: A Sustainability Framework," *Insurance: Mathematics and Economics*, 2016, Vol.69, No.3, pp.117-126.

Hung-Ju Chen, I-Hsiang Fang, "Migration, Social Security, and Economic Growth," *Economic Modelling*, 2013, Vol.32, No.3, pp.386-399.

Hyeon Park, James Feigenbaum, "Bounded Rationality, Lifecycle Consumption, and Social Security," *Journal of Economic Behavior & Organization*, 2018, Vol.146, pp.65-105.

I. M. Cockburn, J. O. Lanjouw, M. Schankerman, "Patents and the Global Diffusion of New Drugs," *American Economic Review*, 2016, Vol.106, No.1, pp.136-164.

Igor Fedotenkov, "Ignorance Is Bliss: Should a Pension Reform Be Announced?," *Economics Letters*, 2016, Vol.147, No.5, pp.135-137.

J. Alonso-García, P. Devolder, "Optimal Mix between Pay-as-you-go and Funding for DC Pension Schemes in an Overlapping Generations Model," *Insurance: Mathematics and Economics*, 2016, Vol.70, No.5, pp.224-236.

J. Brumby, B. Galligan, "The Federalism Debate," *Australian Journal of Public Administration*, 2015, Vol.74, No.1, pp.82-92.

J.C.Harsanyi, "Morality and the Theory of Rational Behavior," *Social Research*, 1977, Vol.44, No.4, pp.623-656.

J.Cai, P.C.Coyte, H.Zhao, "Decomposing the Causes of Socioeconomic-related Health Inequality among Urban and Rural Populations in China: A New Decomposition Approach," *International Journal for Equity in Health*, 2017, Vol.16, No.2, pp.2-14.

J.Esarey, T. C. Salmon, C.Barrilleaux, "What Motivates Political Preferences? Self-interest, Ideology and Fairness in a Laboratory Democracy," *Economic Inquiry*, 2012, Vol.50, No.3, pp.604-624.

J.Felipe, U.Kumar, R.Galope, "Middle-income Transitions: Trap or Myth?," Asian Development Bank Working Paper, No.421, 2014.

J. Foster, J. Greer, E. Thorbecke, "A Class of Decomposable Poverty Measures," *Econometrica*, 1984, Vol.52, No.2, pp.761-766.

J. Giles, "Is Life More Risky in the Open? Household Risk-coping and the Opening of China's Labor Markets," *Journal of Development Economics*, 2006, Vol.81, No.1, pp.25-60.

J. Kennan, "The Duration of Contract Strikes in U. S. Manufacturing," *Econometrics*, 1985, Vol.28, No.1, pp.5-28.

J. Li, L. Shi, H. Liang, et al., "Urban-rural Disparities in Health Care Utilization among Chinese Adults from 1993 to 2011," *BMC Health Services Research*, 2018, Vol.18, No.102, pp.2-9.

J. Parida, M. Sahoo, "Inequality Aversion, Efficiency, and Maximin Preferences in Simple Distribution Experiments," *American Economic Review*, 2004, Vol.94, No.4, pp.857-869.

Jakob B. Madsen, Md. Rabiul Islam, Hristos Doucouliagos, "Inequality, Financial Development and Economic Growth in the OECD, 1870-2011," *European Economic Review*, 2018, Vol.101, No.1, pp.605-624.

James Foster, Joel Greer, Erik Thorbeck, "The Foster-Greer-Thorbecke (FGT) Poverty Measures: 25 Years Later," *Journal of Economic Inequality*, 2010, Vol.8, No.4, pp.491-524.

James P. Vere, "Social Security and Elderly Labor Supply: Evidence from the Health and Retirement Study," *Labour Economics*, 2011, Vol.18, No.5, pp.676-686.

Jean-Denis Garon, "The Commitment Value of Funding Pensions," *Economics Letters*, 2016, Vol.145, No.4, pp.11-14.

Jean-Olivier Hairault, François Langot, "Inequality and Social Security Reforms," *Journal of Economic Dynamics and Control*, 2008, Vol.32,

No.2, pp.386-410.

Jin Kwon Hyun, Byung In Lim, "Redistributive Effect of Korea's Income Tax: Equity Decomposition," *Applied Economics Letters*, 2005, Vol.12, No.3, pp.195-198.

Jiri Rotschedl, "Selected Factors Affecting the Sustainability of the PAYG Pension System," *Procedia Economics and Finance*, 2015, Vol.30, pp.742-750.

Joel Feinberg, *Doing and Deserving: Essays in the Theory of Responsibility* (Princeton, New Jersey: Princeton University Press, 1970).

Johanna Avato, Johannes Koettl, Rachel Sabates-Wheeler, "Social Security Regimes, Global Estimates, and Good Practices: The Status of Social Protection for International Migrants," *World Development*, 2010, Vol.38, No.4, pp.455-466.

Johanna Wallenius, "Social Security and Cross-country Differences in Hours: A General Equilibrium Analysis," *Journal of Economic Dynamics and Control*, 2013, Vol.37, No.12, pp.2466-2482.

John B. Williamson, "Privatization of Social Security in the United Kingdom Warning or Exemplar?," *Journal of Aging Studies*, 2002, Vol.16, No.4, pp.415-430.

John B. Rawls, *A Theory of Justice* (Cambridge, MA: Harvard University Press, 1971).

John B. Rawls, *A Theory of Justice, Revised Edition* (Cambridge, MA: Harvard University Press, 1999).

John Bailey Jones, Yue Li, "The Effects of Collecting Income Taxes on Social Security Benefits," *Journal of Public Economics*, 2018, Vol.159, pp.128-145.

John Laitner, Dan Silverman, "Consumption, Retirement and Social Security: Evaluating the Efficiency of Reform That Encourages Longer Careers," *Journal of Public Economics*, 2012, Vol.96, No.7-8, pp.615-634.

Jose Cuesta, Mauricio Olivera, "The Impact of Social Security Reform on the Labor Market: The Case of Colombia," *Journal of Policy Modeling*,

2014, Vol.36, No.6, pp.1118-1134.

Juergen Jung, Chung Tran, "The Extension of Social Security Coverage in Developing Countries," *Journal of Development Economics*, 2012, Vol.99, No.2, pp.439-458.

K.Caminada, K.Goudswaard, C.Wang, "Disentangling Income Inequality and the Redistributive Effect of Taxes and Transfers in 20 LIS Countries over Time," LIS Working Paper, No.581, 2012.

K.J.Arrow, "Alternative Approaches to the Theory of Choice in Risk-taking Situations," *Econometrica*, 1951, Vol.19, No.4, pp.404-437.

K.Lee, B.Y.Kim, "Both Institutions and Politics Matter But Difficultly for Different Income Groups of Countries: Determinants of Long-run Economic Growth Revisited," *World Development*, 2009, Vol.37, No.3, pp.533-549.

K.Tsui, "Local Tax System Intergovernmental Transfers and China's Local Fiscal Disparities," *Journal of Comparative Economics*, 2005, Vol.33, No.1, pp.173-196.

K.Yan, Y.Jiang, J.F.Qiu, et al., "The Equity of China's Emergency Medical Services from 2010-2014," *International Journal for Equity in Health*, 2017, Vol.16, No.10, pp.1-8.

K.Zhu, L.Y.Zhang, S.S.Yuan, "Health Financing and Integration of Urban and Rural Residents' Basic Medical Insurance Systems in China," *International Journal for Equity in Health*, 2017, Vol.16, No.1, pp.1-15.

Ke Zhang, John A. Dearing, Terence P. Dawson, et al., "Poverty Alleviation Strategies in Eastern China Lead to Critical Ecological Dynamics," *Science of the Total Environment*, 2015, Vol.506-507, No.1, pp.164-181.

Kinam Kim, Peter J. Lambert, "Redistributive Effect of U.S. Taxes and Public Transfers, 1994-2004," *Public Finance Review*, 2009, Vol.37, No.1, pp.3-26.

Klaus Gründler, Sebastian Köllner, "Determinants of Governmental Redistribution: Income Distribution, Development Levels, and the Role of Perceptions," *Journal of Comparative Economics*, 2017, Vol.45, No.4, pp.930-962.

Koichi Miyazaki, "The Effects of the Raising-the-official-pension-age Policy in an Overlapping Generations Economy," *Economics Letters*, 2014, Vol.123, No.3, pp.329-332.

Kristy Jones, "Government or Charity? Preferences for Welfare Provision by Ethnicity," *Journal of Behavioral and Experimental Economics*, 2017, Vol.66, No.1, pp.72-77.

L.Artige, A.Dedry, P. Pestieau, "Social Security and Economic Integration," *Economics Letters*, 2014, Vol.123, No.3, pp.318-322.

L. Brandt, C. Holz, "Spatial Price Differences in China: Estimate and Implication," *Economic Development and Culture Change*, 2006, Vol.55, No.1, pp.43-86.

L.Cameron, N.Erkal, L.Gangadharan, X.Meng, "Little Emperors: Behavior Impacts of China's One-child Policy," *Science*, 2013, Vol. 339, No.6122, pp.953-957.

L.F.Ackert, J.Martinez-Vazquez, M. Rider, "Tax Policy Design in the Presence of Social Preferences: Some Experimental Evidence," *Economic Inquiry*, 2007, Vol.45, pp.487-501.

L. J. Kotlif, K. A. Smetters, J. Walliser, "Opting Out of Social Security and Adverse Selection," NBER Working Paper, No.W6430, 1998.

Lars Kunze, "Funded Social Security and Economic Growth," *Economics Letters*, 2012, Vol.115, No.2, pp.180-183.

Lewis Coser, *The Positive Aspects of Social Conflict* (New York: Jeffrey Norton, 1968).

Lixin He, Hiroshi Sato, "Income Redistribution in Urban China by Social Security System—An Empirical Analysis Based on Annual and Lifetime Income," *Contemporary Economics Policy*, 2013, Vol. 31, No. 2, pp.314-331.

Loc Duc Nguyen, Katharina Raabe, Ulrike Grote, "Rural-Urban Migration, Household Vulnerability, and Welfare in Vietnam," *World Development*, 2015, Vol.71, No.3, pp.79-93.

Luc Christiaensen, Yasuyuki Todo, "Poverty Reduction during the Rural-Urban Transformation—The Role of the Missing Middle," *World Development*, 2014, Vol.63, No.5, pp.43-58.

Luis Chávez-Bedoya, "Determining Equivalent Charges on Flow and Balance in Individual Account Pension Systems," *Journal of Economics, Finance and Administrative Science*, 2016, Vol.21, No.40, pp.2-7.

M.C.T.Challier, "Multidimensional Polarization, Social Classes, and Societal Conflict: Evidence from Medieval Towns," *Review of European Studies*, 2016, Vol.8, No.1, pp.53.

M.Devereux, D.Love, "The Effects of Factor Taxation in a Two-sector Model of Endogenous Growth," *The Canadian Journal of Economics*, 1994, Vol.27, No.3, pp.509-536.

M. Krawczyk, "A Glimpse through the Veil of Ignorance: Equality of Opportunity and Support for Redistribution," *Journal of Public Economics*, 2010, Vol.94, No.1, pp.131-141.

M.Malqvist, A.Pun, H.Raaijmakers, et al., "Persistent Inequity in Maternal Health Care Utilization in Nepal Despite Impressive overall Gains," *Global Health Actio*, 2017, Vol.10, No.1, pp.1-7.

M. Ravallion, M. Lokshin, "Who Wants to Redistribute: The Tunnel Effect in 1990s Russia," *Journal of Public Economics*, 2000, Vol.76, No.1, pp.87-104.

M. Ravallion, S. Chen, "China's Progress Against Poverty," *Journal of Development Economics*, 2007, Vol.82, No.1, pp.1-42.

Mads M. Jager, "Welfare Regimes and Attitudes Towards Redistribution: The Regime Hypothesis Revisited," *European Sociological Review*, 2006, Vol.22, No.2, pp.157-170.

Manja Gärtner, Johanna Mollerstrom, David Seim, "Individual Risk Preferences and the Demand for Redistribution," *Journal of Public Economics*, 2017, Vol.153, pp.49-55.

Manthos D. Delis, Iftekhar Hasan, Pantelis Kazakis, "Bank Regulations and Income Inequality: Empirical Evidence," *Review of Finance*, 2012,

Vol.18, No.5, pp.1811-1846.

Marcin Bielecki, Karolina Goraus, Jan Hagemejer, et al., "Small Assumptions (Can) Have a Large Bearing: Evaluating Pension System Reforms with OLG Models," *Economic Modelling*, 2015, Vol.48, No.4, pp.210-221.

Marcin Bielecki, Karolina Goraus, Jan Hagemejer, Joanna Tyrowicz, "Decreasing Fertility vs Increasing Longevity: Raising the Retirement Age in the Context of Ageing Processes," *Economic Modelling*, 2016, Vol.52, No.1, pp.125-143.

Mark Neocleous, "War on Waste: Law, Original Accumulation and the Violence of Capital," *Science & Society*, 2011, Vol.75, No.4, pp.506-528.

Markus Knell, "The Optimal Mix Between Funded and Unfunded Pension Systems When People Care About Relative Consumption," *Economica, New Series*, 2010, Vol.77, No.308, pp.710-733.

Marten Hillebrand, "On the Role of Labor Supply for the Optimal Size of Social Security," *Journal of Economic Dynamics and Control*, 2011, Vol.35, No.7, pp.1091-1105.

María Teresa Buitrago Echeverri, César Ernesto Abadía-Barrero, Consuelo Granja Palacios, "Work-related Illness, Work-related Accidents, and Lack of Social Security in Colombia," *Social Science & Medicine*, 2017, Vol.187, No.4, pp.118-125.

Melanie Sage, Melissa Wells, Todd Sage, Mary Devlin, "Supervisor and Policy Roles in Social Media Use as a New Technology in Child Welfare," *Children and Youth Services Review*, 2017, Vol.78, No.3, pp.1-8.

Michael Kaganovich, Itzhak Zilcha, "Pay-as-you-go or Funded Social Security? A General Equilibrium Comparison," *Journal of Economic Dynamics and Control*, 2012, Vol.36, No.4, pp.455-467.

Miguel Almanzar, Maximo Torero, "Distributional Effects of Growth and Public Expenditures in Africa: Estimates for Tanzania and Rwanda," *World Development*, 2017, Vol.95, No.3, pp.177-195.

Miguel Sánchez Romero, "Demography and Uncertainty in Economic Growth:

An Application to Social Security," *Cuadernos de Economía*, 2007, Vol.30, No.83, pp.27-55.

Mikael Wigell, "Political Effects of Welfare Pluralism: Comparative Evidence from Argentina and Chile," *World Development*, 2017, Vol.95, No.3, pp.27-42.

Mitchel N. Herian, Louis Tay, Joseph A. Hamm, Ed Diener, "Social Capital, Ideology, and Health in the United States," *Social Science & Medicine*, 2014, Vol.105, No.2, pp.30-37.

Monika Bednarek, "Voices and Values in the News: News Media Talk, News Values and Attribution," *Discourse, Context & Media*, 2016, Vol.11, No.2, pp.27-37.

Monisankar Bishnu, Min Wang, "The Political Intergenerational Welfare State," *Journal of Economic Dynamics and Control*, 2017, Vol.77, No.2, pp.93-110.

N. Derzsy, Z. Néda, M. A. Santos, "Income Distribution Patterns from a Complete Social Security Database," *Physica A: Statistical Mechanics and Its Applications*, 2012, Vol.391, No.22, pp.5611-5619.

N. Frohlich, J.A. Oppenheimer, C.L. Eavey, "Laboratory Results on Rawls's Distributive Justice," *British Journal of Political Science*, 1987, Vol.17, No.1, pp.1-21.

N.Kaldor, "A Model of Economic Growth," *Economic Journal*, 1957, Vol.67, No.268, pp.591-624.

N.Kaldor, "Capital Accumulation and Economic Growth," In Friedrich A. Lutz, Douglas C. Hague, *The Theory of Capital* (New York: St. Martin's Press, 1961), pp.84-115.

N.Y. Ng, J.P. Ruger, "Ethics and Social Value Judgments in Public Health," *Encyclopedia of Health Economics*, 2014, pp.287-291.

Neil Bruce, Stephen J. Turnovsky, "Social Security, Growth, and Welfare in Overlapping Generations Economies with or Without Annuities," *Journal of Public Economics*, 2013, Vol.101, No.3, pp.12-24.

Niklas Harring, Björn Rönnerstrand, "Government Effectiveness, Regulatory

Compliance and Public Preference for Marine Policy Instruments. An Experimental Approach," *Marine Policy*, 2016, Vol.71, No.5, pp.106-110.

O.Galor, "From Stagnation to Growth: Unified Growth Theory," in P.Aghion, S. N. Durlauf, *Handbook of Economic Growth* (Elsevier, 2005), pp.171-293.

Olivia S. Mitchell, Stephen P. Zeldes, "Social Security Privatization: A Structure for Analysis," *The American Economic Review*, 1996, Vol.86, No.2, pp.363-367.

Olivier Giovannoni, "Functional Distribution of Income, Inequality and the Incidence of Poverty: Stylized Facts and the Role of Macroeconomic Policy," UTIP Working Paper, 2010.

P. A. Michelbach, J.T. Scott, R.E. Matland, B.H. Bornstein, "Doing Rawls Justice: An Experimental Study of Income Distribution Norms," *American Journal of Political Science*, 2003, Vol.47, No.3, pp.523-539.

P. Glewwe, A. Park, M. Zhao, "A Better Vision for Development: Eyeglasses and Academic Performance in Rural Primary Schools in China," *Journal of Development Economics*, 2016, Vol.122, No.1, pp.170-182.

P. Gottschalk, T.M. Smeeding, "Cross-National Comparisons of Earnings and Income Inequality," *Journal of Economic Literature*, 1997, Vol. 35, No.2, pp.633-687.

P. Milgrom, J. Roberts, "Comparing Equilibria," *The American Economic Review*, 1994, Vol.84, No.3, pp.441-459.

Paul Cashin, Ratna Sahay. "Regional Economic Growth and Convergence in India," *Finance and Development*, 1996, Vol.33, No.1, pp.49-52.

Piero Gottardi, Felix Kubler, "Social Security and Risk Sharing," *Journal of Economic Theory*, 2011, Vol.146, No.3, pp.1078-1106.

Q. Meng, H.Fang, X.Liu, et al., "Consolidating the Social Health Insurance Schemes in China: Towards an Equitable and Efficient Health System," *Lancet*, 2015, Vol.386, No.2, pp.1484-1492.

Q. Yao, C.J.Liu, Z.Y.Liu, et al., "Urban-rural Inequality Regarding Drug Prescriptions in Primary Care Facilities—A Prepost Comparison of the

National Essential Medicines Scheme of China," *International Journal for Equity in Health*, 2015, Vol.14, No.58.

R.B.Denhardt, "The Future of Public Administration: Challenges to Democracy, Citizenship, and Ethics," *Public Administration and Management: An Interactive Journal*, 1999, Vol.4, No.2, pp.279-292.

R.Barro, "Economic Growth in a Cross Section of Countries," *Quarterly Journal of Economics*, 1991, Vol.106, No.2, pp.407-443.

R. Beetsma, W. Romp, "Intergenerational Risk Sharing," *Handbook of the Economics of Population Aging*, 2016, Vol.1, No.1, pp.311-380.

R.Chen, N.Li, X.Liu, "Study on the Equity of Medical Services Utilization for Elderly Enrolled in Different Basic Social Medical Insurance Systems in an Underdeveloped City of Southwest China," *International Journal for Equity in Health*, 2018, Vol.17, No.1, p.54.

R.Durante, L. Putterman, J.van der Weele, "Preference for Redistribution and Perception of Fairness: An Experimental Study," *Journal of the European Economic Association*, 2014, Vol.12, No.4, pp.1059-1086.

R.E.Ling, F.Liu, X.Q. Lu, W. Wang, "Emerging Issues in Public Health: A Perspective on China's Healthcare System," *Public Health*, 2011, Vol.125, No.1, pp.9-14.

R. J.Barro, "Government Spending in a Simple Model of Endogenous Growth," *Journal of Political Economy*, 1990, Vol.98, No.5, pp.103-125.

R. J. Hodrick, E. C. Prescott, "Post-War U.S. Business Cycles: An Empirical Investigation," *Journal of Money, Credit Banking*, 1997, Vol.29, No.1, pp.1-16.

R.Kneller, M.F.Bleaney, N.Gemmell, "Fiscal Policy and Growth: Evidence from OECD Countries," *Journal of Public Economics*, 1999, Vol. 74, No.2, pp.171-190.

R.M.Solow, "A Contribution to the Theory of Economic Growth," *Quarterly Journal of Economics*, 1956, Vol.70, No.1, pp.65-94.

R.M.Walker, "An Empirical Evaluation of Innovation Types and Organizational and Environmental Characteristics," *Journal of Public Administration*

*Research and Theory*, 2008, Vol.18, No.4, pp.591-615.

R. Mussa, "A Matching Decomposition of the Rural-Urban Difference in Malnutrition in Malawi," *Health Economics Review*, 2014, Vol.4, No.1, pp.1-10.

Renuka Mahadevan, Anda Nugroho, Hidayat Amir, "Do Inward Looking Trade Policies Affect Poverty and Income Inequality? Evidence from Indonesia's Recent Wave of Rising Protectionism," *Economic Modelling*, 2017, Vol.62, No.2, pp.23-34.

Ricardo Molero-Simarro, "Inequality in China Revisited. The Effect of Functional Distribution of Income on Urban Top Incomes, the Urban-rural Gap and the Gini Index, 1978-2015," *China Economic Review*, 2017, Vol.42, No.2, pp.101-117.

Richard V. Adkisson, Mikidadu Mohammed, "Tax Structure and State Economic Growth during the Great Recession," *The Social Science Journal*, 2014, Vol.51, No.1, pp.79-89.

Rodrigo A. Cerda, "Social Security and Wealth Accumulation in Developing Economies: Evidence from the 1981 Chilean Reform," *World Development*, 2008, Vol.36, No.10, pp.2029-2044.

Rory B. B. Lucyshyn-Wright, "Functional Distribution Monads in Functional-analytic Contexts," *Advances in Mathematics*, 2017, Vol.322, No.6, pp.806-860.

S. Aiyar, R. Duval, D. Puy, Y. Wu, L. Zhang, "Growth Slowdowns and the Middle-income Trap," *International Monetary Fund Working Paper*, No.1371, 2013.

S. Appleton, L. Song, Q. Xia, "Has China Crossed the River? The Evolution of the Wage Structure in Urban China," *Journal of Comparative Economics*, 2005, Vol.33, No.4, pp.644-663.

S.G.Jeannenney, K.Kopodar, "Financial Development and Poverty Reduction: Can There Be a Benefit without a Coat?," *The Journal of Development Studies*, 2011, pp.143-163.

S. Homburg, "The Efficiency of Unfunded Pension Schemes," *Journal of*

*Institutional and Theoretical Economics*, 1990, Vol. 146, No. 4, pp.640-647.

S. Poelhekke, "Urban Growth and Uninsured Rural Risk: Booming Towns in Bust Times," *Journal of Development Economics*, 2011, Vol.96, No.2, pp.461-475.

S.R.Beckman, J. P. Formby, W. J. Smith, "Efficiency, Equity and Democracy, Experimental Evidence on Okun's Leaky Bucket," in F. Coeell, ed., *Inequality, Welfare and Income Distribution: Experimental Approaches* (JAI Press, 2004).

S. Yuan, C. Rehnberg, X. Sun, et al., "Income Related Inequalities in New Cooperative Medical Scheme: A Five-year Empirical Study of Junan County in China," *International Journal for Equity in Health*, 2014, Vol. 13, No.1, pp.1-15.

Sagiri Kitao, "Pension Reform and Individual Retirement Accounts in Japan," *Journal of the Japanese and International Economies*, 2015, Vol. 38, No.6, pp.111-126.

Sagiri Kitao, "Sustainable Social Security: Four Options," *Review of Economic Dynamics*, 2014, Vol.17, No.4, pp.756-779.

Samuel Freeman, *Rawls* (Routledge, 2007).

Samuel P. Huntington, "The Change to Change: Modernization, Development, and Politics," *Comparative Politics*, 1971, Vol.3, No.3, pp.283-322.

Sang Hun Lim, Chikako Endo, "The Development of the Social Economy in the Welfare Mix: Political Dynamics between the State and the Third Sector," *The Social Science Journal*, 2016, Vol.53, No.4, pp.486-494.

Sarah K. Lowder, Raffaele Bertini, André Croppenstedt, "Poverty, Social Protection and Agriculture: Levels and Trends in Data," *Global Food Security*, 2017, Vol.15, No.6, pp.94-107.

Selahattin İmrohoroğlu, Sagiri Kitao, "Labor Supply Elasticity and Social Security Reform," *Journal of Public Economics*, 2009, Vol.93, No.7-8, pp.867-878.

Shantanu Bagchi, "Labor Supply and the Optimality of Social Security," *Journal of Economic Dynamics and Control*, 2015, Vol.58, No.5, pp.167-185.

Sidney Tarrow, *Democracy and Disorder* (Oxford: Oxford University Press, 1989).

Siew Ling Yew, Jie Zhang, "Socially Optimal Social Security and Education Subsidization in a Dynastic Model with Human Capital Externalities, Fertility and Endogenous Growth," *Journal of Economic Dynamics and Control*, 2013, Vol.37, No.1, pp.154-175.

Simon Kuznets, "Economic Growth and Income Inequality," *American Economic Growth*, 1955, Vol.45, No.1, pp.1-28.

Stefan Traub, Christian Seidl, Ulrich Schmidt, "An Experimental Study on Individual Choice, Social Welfare, and Social Preferences," *European Economic Review*, 2009, Vol.53, No.4, pp.385-400.

Stephane Dees, Filippo di Mauro, M. Hashem Pesaran, L. Vanessa Smith, "Exploring the International Linkages of the Euro Area: A Global VAR Analysis," *Journal of Applied Econometrics*, 2007, Vol.22, No.1, pp.1-38.

Sun Kyong Lee, Nathan J. Lindsey, Kyun Soo Kim, "The Effects of News Consumption Via Social Media and News Information Overload on Perceptions of Journalistic Norms and Practices," *Computers in Human Behavior*, 2017, Vol.75, No.5, pp.254-263.

T.B.Andersen, B.Jamtveit, "Uplift of Deep Crust During Orogenic Extensional Collapse: A Model Based on Field Studies in the Sogn-Sunnfjord Region of Western Norway," *Tectonics*, 1990, Vol.9, No.5, pp.1097-1111.

T.Snoddon, J.F. Wen, "Grants Structure in an Intergovernmental Fiscal Game," *Economics of Governance*, 2003, Vol.4, No.2, pp.115-126.

Terence C. Burnham, "Toward a Neo-Darwinian Synthesis of Neoclassical and Behavioral Economics," *Journal of Economic Behavior & Organization*, 2013, Vol.90, No.3, pp.113-127.

Thilini C.Agampodi, Suneth B.Agampodi, Nicholas Glozier, Sisira Siribaddana, "Measurement of Social Capital in Relation to Health in Low and Middle Income Countries (LMIC): A Systematic Review," *Social Science &*

*Medicine*, 2015, Vol.128, No.2, pp.95-104.

Thomas M. Richardson, Bruce Friedman, Carol Podgorski, et al., "Depression and Its Correlates among Older Adults Accessing Aging Services," *The American Journal of Geriatric Psychiatry*, 2012, Vol. 20, No. 4, pp.346-354.

Thomas Piketty, *Capital in the Twenty-First Century* (Cambridge, MA: The Belknap Press of Harvard University Press, 2014).

Thomas Piketty, "Putting Distribution Back at the Center of Economics Reflection on Capital in the 21th Century," *Journal of Economic Perspectives*, 2015, Vol.29, No.1, pp.67-88.

Tom Kennedy, Russell Smyth, Abbas Valadkhani, George Chen, "Does Income Inequality Hinder Economic Growth? New Evidence Using Australian Taxation Statistics," *Economic Modelling*, 2017, Vol. 65, No.5, pp.119-128.

Tomoaki Yamada, "A Politically Feasible Social Security Reform with a Two-tier Structure," *Journal of the Japanese and International Economies*, 2011, Vol.25, No.3, pp.199-224.

Toshihiro Ihori, "The Golden Rule and the Ramsey Rule at a Second Best Solution," *Economics Letters*, 1981, Vol.8, No.1, pp.89-93.

Trude Gjernes, Per Måseide, "Dementia, Distributed Interactional Competence and Social Membership," *Journal of Aging Studies*, 2015, Vol. 35, pp.104-110.

V.Yiengprugsawan, G.A.Carmichael, L.Lim, et al., "Explanation of Inequality in Utilization of Ambulatory Care Before and After Universal Health Insurance in Thailand," *Health Policy & Planning*, 2011, Vol.26, No.2, pp.105-114.

Vincent A. Mahler, "Government Inequality Reduction in Comparative Perspective: A Cross-National Study of the Developed World," *Polity*, 2010, Vol.42, No.4, pp.511-541.

Vincent Mahler, David Jesuit, "State Redistribution in Comparative Perspective: A Cross-National Analysis of the Developed Countries,"

*Luxembourg Income Study Working Paper*, 2004, No.392, pp.334-336.

Vincenzo Galasso, Paola Profeta, "The Political Economy of Social Security: A Survey," *European Journal of Political Economy*, 2002, Vol.18, No.1, pp.1-29.

W.A.Lewis, "Economic Development with Unlimited Supplies of Labour," *The Manchester School*, 1954, Vol.22, No.2, pp.139-191.

W.Korpi, J. Palme, "The Paradox of Redistribution and Strategies of Equality: Welfare State Institution, Inequality and Poverty in the Western Countries," *American Sociological Review*, 1998, Vol.63, No.5, pp.661-687.

Wanglin Ma, Awudu Abdulai, "Does Cooperative Membership Improve Household Welfare? Evidence from Apple Farmers in China," *Food Policy*, 2016, Vol.58, No.1, pp.94-102.

Werner Bonefeld, "Primitive Accumulation and Capitalist Accumulation: Notes on Social Constitution and Expropriation," *Science & Society*, 2011, Vol.75, No. 3, pp. 379-399.

X. Liu, H.Wong, K.Liu K, "Outcome-based Health Equity across Different Social Health Insurance Schemes for the Elderly in China," *BMC Health Services Research*, 2015, Vol.16, No.1, pp.1-12.

X.Sala-I-Martin, "Positive Theory of Social Security," *Journal of Economic Growth*, 1996, Vol.1, No.2, pp.277-304.

X. Sala-I-Martin, G. Doppelhofer, R.I. Miller, "Determinants of Long-term Growth: A Bayesian Averaging of Classical Estimates (BACE) Approach," *American Economic Review*, 2004, Vol. 94, No. 4, pp.813-835.

X. Zhang, M. E. Dupre, Q. Li, et al., "Urban-rural Differences in the Association between Access to Healthcare and Health Outcomes among Older Adults in China," *BMC Geriatrics*, 2017, Vol.17, No.1, p.151.

Xiaodi Liu, Zengwen Wang, Antoinette Hetzler, "HFMADM Method Based on Nondimensionalization and Its Application in the Evaluation of Inclusive Growth," *Journal of Business Economics and Management*, 2017, Vol.18, No.4, pp.726-744.

Xiaogang Wu, Jun Li, "Income Inequality, Economic Growth, and Subjective Well-being: Evidence from China," *Research in Social Stratification and Mobility*, 2017, Vol.52, No.6, pp.49-58.

Xinzheng Shi, "Does an Intra-household Flypaper Effect Exist? Evidence from the Educational Fee Reduction Reform in Rural China," *Journal of Development Economics*, 2012, Vol.99, No.2, pp. 459-473.

Y.Du, A. Park, S. Wang, "Migration and Rural Poverty in China," *Journal of Comparative Economics*, 2005, Vol.33, No.4, pp.688-709.

Y.Wang, J.Wang, M.Elizabeth, et al., "Growing Old Before Growing Rich: Inequality in Health Service Utilization among the Mid-aged and Elderly in Gansu and Zhejiang Provinces, China," *BMC Health Services Research*, 2012, Vol.12, No.2, pp.2-11.

Y.Wu, L.Zhang, X.Liu, et al., "Geographic Variation in Health Insurance Benefits in Qian Jiang District, China: A Cross-sectional Study," *International Journal for Equity in Health*, 2018, Vol.17, No.1, p.20.

Yasheng Huang, *Capitalism with Chinese Characteristics: Enterpreneurship and the State* (Cambridge University Press, 2008).

Yong Li, Karen Benson, Robert Faff, "Political Constraints and Trading Strategy in Times of Market Stress: Evidence from the Chinese National Social Security Fund," *Finance Research Letters*, 2016, Vol.19, No.6, pp.217-221.

Yong Wang, "Fiscal Decentralization, Endogenous Policies, and Foreign Direct Investment: Theory and Evidence from China and India," *Journal of Development Economics*, 2013, Vol.103, No.4, pp. 107-123.

Yongzheng Liu, James Alm, " 'Province-Managing-County' Fiscal Reform, Land Expansion, and Urban Growth in China," *Journal of Housing Economics*, 2016, Vol.33, No.5, pp.82-100.

Young Jun Choi, "End of the Era of Productivist Welfare Capitalism? Diverging Welfare Regimes in East Asia," *Asian Journal of Social Science*, 2012, Vol.40, No.3, pp.275-294.

Yuming Wang, Caiyun Liu, "Preliminary Research on Aging Population and

Flexible Retirement Policy of Shanghai," *IERI Procedia*, 2012, Vol.2, pp.455-459.

Z.Tan, F.Shi, H.Zhang, et al., "Household Income, Income Inequality, and Health-related Quality of Life Measured by the EQ-5D in Shaanxi, China: a Cross-sectional Study," *International Journal for Equity in Health*, 2018, Vol.17, No.1, p.32.

Z.Zhou, L.Zhu, Z.Zhou, et al., "The Effects of China's Urban Basic Medical Insurance Schemes on the Equity of Health Service Utilization: Evidence from Shaanxi Province," *International Journal for Equity in Health*, 2014, Vol.13, No.1, pp.1-11.

Zhou Yang, "Tax Reform, Fiscal Decentralization, and Regional Economic Growth: New Evidence from China," *Economic Modelling*, 2016, Vol.59, No.6, pp.520-528.

Йорг Баберовски, А. Каплуновского, "Доверие Через Присутствие, Домодерные Практики Власти в Поздней Российской Империи," *Ab Imperio*, 2008, No.3, pp.71-95.

# 后　记

　　我对社会保障权益配置的热忱，不仅仅源于对其广阔未来的探寻，更是我内心对公平正义不懈追求的真实写照。在那一篇篇期刊文献的纸海中，我倾注了满腔热血，对其进行敏锐的思辨，细致剖析社会保障权益的累积模式、分配准则，以及那隐藏在幕后的选择性逻辑。踏上学术探索的荆棘之途，我怀着对知识无尽的渴望，献身于社会保障权益配置的公平性与政策的优化、风险与应急管理，以及反贫困与民生兜底保障等领域的学术探索之中。

　　同时，我也并非只滞留在理论的高峰，更是勇敢地涉足实际工作的激流。在2017年，我创立了珞珈社会保障论坛和珞珈博士生论坛，并同步推出"CSSS"微信公众号。这些平台不仅聚焦于社会保障权益配置理论的热点议题，更是理念和灵感激荡的摇篮，在社会保障领域刻下了印记。随后，在2018年伊始，我拉开了那扇早已准备良久的大门，迎来了"非常态社会保障发展研讨"。每一次的深入交流，都能唤起团队成员心底对社会保障的思索和感悟。

　　身为一名研究者，我始终坚持用自己的研究洞见，为读者开辟一种独特的视角，帮助政策决策者深刻分析现实形势，提出建设性的意见。对于社会保障权益与收入分配的公平问题，我们不仅在公共管理学和社会学领域中孜孜不倦地探索，更是努力提升社会保障的整体质量。本书的内容是我带领我的团队多年来对中国社会保障权益配置模式及相关议题的关注和思索凝结。

　　而在这段旅程中，我有幸得到众多前辈学者的支持与指导。邓大松教授是我的良师益友，在社会保障研究领域有深厚造诣，一直是我的灯塔。在南京工作的岁月里，我与南京大学的童星教授和林闽钢教授深入交流，他们关于社会保障的哲思让我受益匪浅。与中国人民大学的李珍教授、郑功成教授，浙江大学的何文炯教授，厦门大学的高和荣教授，以及中山大学的岳经纶教授等在学术会议上的互动，是我对社会保障研究深刻理解和思考的沃土。

此外，我还要特别感谢我的团队成员，他们的辛勤工作和卓越贡献是本书的重要基石。感谢我的在读研究生张文雅、李晓琳、姚金、陈晨和罗佩玲等同学在后期书稿整理与校对工作中的努力。我的得力助手吴健与陈耀峰也为本书的出版提供了帮助，他们的成就和贡献是我们团队的骄傲。感谢教育部重点基地重大项目的资助，以及出版社的全力支持，使我们的研究成果得以广泛传播。同时，我也要感谢诸位编辑老师的耐心和专注，使本书的品质得到了保障。

如此，我在这片热土上，留下了自己的脚印，述说着我在社会保障领域的探寻与梦想。尽管时间、数据和能力的限制让我们的研究仍有不足之处，但我们热切期待读者的宝贵意见和探讨。在学术的海洋中，我们将继续扬帆远航，探寻更多未知的领域。

# 作者简介

王增文，管理学博士，武汉大学终身教授、博士生导师，入选教育部"青年长江学者"，武汉大学政治与公共管理学院副院长、教授委员会副主任委员、学位委员会委员，教育部人文社科重点研究基地武汉大学社会保障研究中心副主任，健康大数据与社会保障研究所所长，国家智库"雄安社会保障研究中心"副主任委员，获湖北省"楚天学者"称号。

国家留学基金项目、国家自然科学基金项目和国家社会科学基金项目通讯评审专家，民政部理论政策专家，湖北省委政策咨询委员会委员、湖北省政协政策协商专家，中国社会保障学会理事、养老金分会理事、社会救助分会理事，湖北省人口学会副会长。

在《中国社会科学（内部文稿）》《政治学研究》《人民日报》《中国行政管理》《中国人口科学》《中国软科学》《中国农村经济》以及 Ageing & Society、International Journal of Intelligent Systems、Journal of Business Economics & Management、International Journal for Equity in Health 等国内外权威报刊上发表论文90余篇，多篇论文被《新华文摘》《中国社会科学文摘》《人大复印资料》等转载。博士论文曾获"湖北省优秀博士论文奖"和"全国百篇优秀博士论文提名奖"。此外，完成了《社会救助政策与再就业激活体系联动机制的构建研究》等著作3部；参与编写了《社会保障学》

《社会保险》等多部教材。主持教育部重点基地重大项目、国家自然科学基金项目、国家社会科学基金项目,教育部重大攻关子课题、民政部重大招标项目、财政部重大科研项目、湖北省社科基金重点项目和一般项目、民政部委托项目、湖北省教育厅哲社基金项目等10余项,课题成果获得湖北省发展研究奖三等奖、武汉市社会科学优秀提名奖等,获得省部级以上奖励6项、厅级奖项4项。30余篇咨询报告获得中央及省部级领导的批示或肯定。主持或参与承办第二届湖北省研究生公共管理案例大赛、"公共服务与政策创新"学术研讨会、"珞珈社会保障论坛"等多项赛事及会议,在学术交流与实践方面均产生较大影响。

图书在版编目(CIP)数据

社会保障权益配置逻辑 / 王增文著. -- 北京：社会科学文献出版社，2024.6
ISBN 978-7-5228-3527-3

Ⅰ.①社… Ⅱ.①王… Ⅲ.①社会保障-资源配置-研究-中国 Ⅳ.①D632.1

中国国家版本馆CIP数据核字（2024）第079113号

## 社会保障权益配置逻辑

著　　者 / 王增文

出 版 人 / 冀祥德
责任编辑 / 仇　扬
文稿编辑 / 陈丽丽
责任印制 / 王京美

出　　版 / 社会科学文献出版社·文化传媒分社（010）59367004
　　　　　 地址：北京市北三环中路甲29号院华龙大厦　邮编：100029
　　　　　 网址：www.ssap.com.cn

发　　行 / 社会科学文献出版社（010）59367028
印　　装 / 北京联兴盛业印刷股份有限公司

规　　格 / 开　本：787mm×1092mm 1/16
　　　　　 印　张：29.5　字　数：497千字
版　　次 / 2024年6月第1版　2024年6月第1次印刷
书　　号 / ISBN 978-7-5228-3527-3
定　　价 / 198.00元

读者服务电话：4008918866

版权所有 翻印必究